Frantisek Vejdovský

Entwicklungsgeschichtliche Untersuchungen

Frantisek Vejdovský

Entwicklungsgeschichtliche Untersuchungen

ISBN/EAN: 9783743656680

Hergestellt in Europa, USA, Kanada, Australien, Japan

Cover: Foto ©ninafisch / pixelio.de

Weitere Bücher finden Sie auf **www.hansebooks.com**

Entwicklungsgeschichtliche Untersuchungen.

Von

Dr. Fr. Vejdovský,
Professor an der k. k. böhm. Karl-Ferdinand's Universität in Prag.

Mit Atlas
von 32 Tafeln und 10 Holzschnitten.

Prag.
Druck und Verlag von J. Otto.
1888—1892.

Sämmtliche Rechte vorbehalten.

Inhaltsübersicht.

	Seite
Einleitung	1— 14
Historisches über die Embryologie der Oligochaeten	4— 8
Wahl des Untersuchungsmaterials	8— 13

I. Abschnitt.

Capitel I. Bildung und Reifung des Eies . . . . . 14— 62

§ 1. Die Lage der Geschlechtsdrüsen bei Rhynchelmis . . . 15— 17
§ 2. Bildung und Wachsthum des Eies . . . . 17— 21
§ 3. Das reife Ei . . . . 22— 25
§ 4. Geschlechtsdrüsen der Lumbriciden . . . . 26— 28
§ 5. Veränderungen des Keimbläschens in den Eiersäcken von Rhynchelmis . . . . 28— 32
§ 6. Coconbildung und Eiablage von Rhynchelmis . . . . 33— 37
§ 7. Eikapseln der Lumbriciden (Structur, Eiweissflüssigkeit, Anzahl der Eier, Gestalt der Cocons) . . . . 37— 42
§ 8. Cocons der Oligochaeten im Allgemeinen . . . . . . 42— 46
§ 9. Methoden der weiteren Untersuchungen . . . . . . 46— 47
§ 10. Reifung der Rhynchelmis-Eier in den Cocons . . . . 48— 50
§ 11. Bildung und Structur der Polzellen von Rhynchelmis . 50— 57
§ 12. Bildung und Structur der Polzellen der Lumbriciden . 57— 62

Capitel II. Befruchtung des Eies.

§ 1. Nachweis der Spermatozoen auf der Eioberfläche . . . 63— 70
§ 2. Polyspermie 70
§ 3. Schicksal des Spermatozoons im Ei . . . . 71— 77
§ 4. Der männliche Pronucleus im Periplaste . . . . . . 77— 79
§ 5. Der weibliche Pronucleus . . . . 79— 81
§ 6. Der spindelförmige Periplast, die Tochterperiplaste, die Cytoplasmaspindel . . . . 81— 88
§ 7. Vereinigung des männlichen und weiblichen Pronucleus . 88— 91
§ 8. Äussere Veränderungen in der Gestalt des Eies . . . 91— 94
§ 9. Zur Geschichte des Rhynchelmis-Eies . . . . 94— 95

Capitel III. Die ersten Vorgänge der Eifurchung von Rhynchelmis.

§ 1. Das befruchtete Ei vor dem Eintritte der Zweitheilung . 96—101
§ 2. Die ersten 2 Blastomeren . . . . 101—102
§ 3. Innere Structurverhältnisse der ersten 2 Blastomeren . 102—105
§ 4. Äussere Veränderungen der ersten 2 Blastomeren . . . 105—109

		Seite
§ 5.	Stadium von 4 Blastomeren	109—115
§ 6.	Die ersten 4 Mikromeren	115—118

Capitel IV. Beurtheilung der Thatsachen und Literaturzusätze.

§ 1.	Structur des Eies	119—137
§ 2.	Der männliche Pronucleus, Ursprung und Theilung des Periplastes	137—147
§ 3.	Einiges über die sog. Attractionscentren oder „Sphéres attractives" und die sog. Polkörperchen	148—150
§ 4.	Strahlenbildung und der Begriff der Spindel	150—153
§ 5.	Reifung und Befruchtung des Eies	153—166

Capitel V. Weitere Furchungsvorgänge des Rhynchelmis-Eies bis zur Anlage des Embryo.

§ 1.	Ursprung der Mesomeren	167—170
§ 2.	Vermehrung der Mikromeren	170—172
§ 3.	Schicksal der Mesomeren	172—175
§ 4.	Furchung der Mikromeren	175—178
§ 5.	Gastrula	178—179
§ 6.	Bildung der Mesoblaststreifen	179—189

Capitel VI. Furchung des Lumbriciden-Eies.

§ 1.	Zweitheilung des Eies	191—198
§ 2.	Bildung der Gastrula	198—204
§ 3.	Schliessung des Blastoporus. Larvenstadium	204—218
§ 4.	Älteres Larvenstadium. Bildung der Mesoblaststreifen	218—227
§ 5.	Weitere Differenzirung der Mesoblaststreifen. Bildung des ersten Segmentes	228—236
§ 6.	Embryonalkörper	236—246
§ 7.	Gestalt der Lumbriciden-Embryonen	247—250
Anhang.	Über die Zwillingsbildungen der Lumbriciden	250—269

Capitel VII. Der Embryonalkörper von Rhynchelmis . 270—298

II. Abschnitt.

§ 1.	Neuere Literatur über die Entwicklung der Lumbriciden und eigene Beobachtungen	299—309
§ 2.	Hypoblast und Verdauungscanal	309—318
§ 3.	Allgemeine Differenzirung der Mesoblaststreifen. Die Leibeshöhle	318—324
§ 4.	Die Entwicklung der Leibesmuskulatur	324—335
§ 5.	Entwicklung und Morphologie der Excretionsorgane	335—362
§ 6.	Das Nervensystem	362—391
§ 7.	Das Blutgefässsystem	391—401

Die Entwicklungsgeschichte der Oligochaeten.

Einleitung.

In der neuesten Zeit ist unsere Kenntniss sowohl über die Organisation, als auch über die Entwicklung der Annulaten im Allgemeinen durch eine beträchtliche Anzahl von Forschungen bereichert worden; dass die Oligochaeten auch in der letzteren Beziehung sich einer besonderen Aufmerksamkeit der Forscher erfreut haben, beweist eine Reihe ausführlicher und meist sorgfältiger Arbeiten, die speciell diesem Fache der morphologischen Wissenschaften gewidmet wurden und die mit der berühmt gewordenen Abhandlung *A. Kovalevsky's* „Studien über die Embryologie der Würmer und Arthropoden" (1871)" anfangen. Nach *Kovalevsky's* bahnbrechenden Untersuchungen sind einige die Embryologie der Oligochaeten behandelnde Arbeiten veröffentlicht worden, von denen die sorgfältig ausgeführten die Angaben des russischen Forschers bestätigen, andererseits auch zur Vervollkommnung unserer Kenntnisse über die allgemeine Entwicklungsgeschichte wesentlich beitragen.

Es bedarf also einer Rechtfertigung, wenn ich zu wiederholten Malen neue Untersuchungen in dieser Richtung vorgenommen habe und die Frucht dieser fünfjährigen Arbeit in der vorliegenden Schrift den Fachgenossen vorlege. Sie steht nämlich in innerem Zusammenhange mit meinen früheren, die Organisation der Annulaten behandelnden Monographien und am genauesten schliesst sie sich an das „System und Morphologie der Oligochaeten", ja sie ist im wahren Sinne des Wortes aus diesem hervorgegangen. Eine Anzahl der hier niedergelegten und auf rein anatomischem Wege gewonnenen Resul-

tate führten mich, wiewohl auch eine Reihe meiner Vorgänger, zu
der Überzeugung, dass es durchaus unmöglich ist, sich über die morphologische Bedeutung der oder jener Organe auszusprechen, wenn dieselben entwicklungsgeschichtlich nicht genauer ermittelt werden
konnten. Aus der grossen Reihe von Beispielen führe ich nur die
sog. Leydigsche Punktsubstanz und die Exkretionsorgane an.

Was die erstere anbelangt, so liegen bisher ausschliesslich
äusserst zahlreiche Angaben über deren Anordnung und histologischen
Bau vor; trotzdem kann man nicht behaupten, dass man über den
Ursprung und die morphologische Deutung der genannten nervösen
Substanz im Klaren wäre; es geht im Gegentheil aus den diesbezüglichen Arbeiten hervor, dass so viele Ansichten und Vermuthungen
über das erwähnte Nervengewebe ausgesprochen wurden, als es Autoren
gibt, welche die „Punktsubstanz" auch am eingehendsten untersucht
haben. Hier kann nur die Entwicklungsgeschichte verlässlichere Aufschlüsse darbieten.

Dasselbe kann man von den Exkretionsorganen der Oligochaeten
behaupten; im fertigen Zustande stellen dieselben ein vielfach verschlungenes, in complicirten Windungen verlaufendes Kanälchensystem
dar, welches bei den einzelnen Formen unserer Wurmgruppe bis in
die feinsten Einzelnheiten verfolgt wurde; trotz dem ist es nicht
möglich, alle die Formen der bisher genauer bekannten Exkretionsorgane auf das eine und dasselbe Princip zurückzuführen, indem
die gegenseitigen Beziehungen der gerade wichtigsten Bestandtheile
der Oligochaeten-Nephridien wenig berücksichtigt wurden. Die Entwicklungsgeschichte lehrt nun, dass die im fertigen Zustande auch am
complicirtesten gebauten und im Verlaufe nicht selten durchaus
unentwirrbaren Nephridien auf eine ganz einfache Form zurückzuführen sind.

Man deutet die Oligochaeten als degenerirte Polychaeten; diese
Auffassung ist wohl berechtigt und gewinnt vornehmlich ihre Stütze
in dem zuerst von mir entdeckten degenerirten, des Nervensystems,
Mundes und Afters entbehrenden Larvenstadium, welches sich in
diesem Zustande noch bei Lumbriciden und vielleicht auch bei Crio-

drilus erhalten hat und welches als solches nur nach eigenem larvalen Exkretionssystem erkennbar ist. Die in so mannigfaltigen Formen vorkommenden Polychaetenlarven sind gewiss ursprünglicher; trotz dem aber gibt es in der Entwicklungsreihe, oder besser in der Umwandlung der Oligochaetenlarven zum Annulaten, Fragen, die sich gerade bei den Oligochaeten verlässlicher als bei Polychaeten beantworten lassen. Um ein Beispiel anzuführen, kann man nur auf die Deutung des Annulatenkopfes hinweisen: dem einen Zoologen erscheint der letztere als eine unbestimmte Anzahl von Segmenten, der andere fasst den Kopf bloss als das erste Segment mit Kopflappen auf, dem dritten scheint die Bezeichnung des Kopfes als „Kopfmundsegment" am vortheilhaftesten zu sein, zweifelsohne, um der famosen Deutung auszuweichen, nach welcher der Kopf der Annulaten eigentlich nur in dem Kopflappen zu suchen ist. — Die Entwicklungsgeschichte der Oligochaeten liefert nun auch in dieser Beziehung eine befriedigende Auskunft.

Aber noch ein anderer Umstand war es, der mich zur Vornahme der vorliegenden entwicklungsgeschichtlichen Studien herausforderte. Aus den in der Abhandlung *Kovalevsky's* gegebenen Abbildungen ist ersichtlich, dass man die Eier von Rhynchelmis als ein sehr günstiges Object für die Verfolgung der inneren Vorgänge während der Befruchtung und Furchung betrachten darf, indem der genannte Forscher hier einige Einzelnheiten darstellt, die man in den kleinen Eiern anderer entwicklungsgeschichtlich untersuchten Thiere nur nach Behandlung mit gewissen Reagencien wiederfinden kann. Meine in dieser Beziehung gehegten Erwartungen haben sich thatsächlich bestätigt. Als ich nämlich im Frühlinge 1884 die in der Zweitheilung begriffenen Eier von Rhynchelmis auf Schnittserien untersucht habe, bekam ich Bilder der Kern- und Plasmatheilung zu Gesicht, die durchaus von den bis dahin bekannten diesbezüglichen Verhältnissen völlig verschieden waren, indem ich hier zuerst auf das Unzweideutigste sicherstellen konnte, dass der Anlass zur Theilung des Eies und der nachfolgenden Furchungsstadien nicht vom Kerne, sondern von dem umliegenden hyalinen Plasma ausgeht, so nämlich, dass die sog.

Attractionscentra früher zum Vorschein kamen, bevor die Theilung der Kerne beendet wurde. Und ferner gieng aus den entsprechenden Praeparaten hervor, dass die als „Polkörperchen" der sog. Attractionscentra bekannten Bestandtheile der letzteren nichts anderes als neue Anlagen für die künftigen „Attractionscentra" darstellen. Dadurch erschloss sich mir ein dankbares Gebiet für neue Untersuchungen, welche auch entschieden haben, dass ich die bis dahin errungenen Resultate über die eigentliche Entwicklung von Rhynchelmis, d. h. die Furchung und Organogenie gewissermassen abgeschlossen habe, um die Vorgänge der Befruchtung und Blastomerentheilung in den Frühlingsperioden von 1884—1885 genauer zu ermitteln.

Anstatt einer umfassenden historischen Übersicht der Oligochaeten-Embryologie begnüge ich mich an dieser Stelle mit der Zusammenstellung der Arbeiten, welche den gleichnamigen Gegenstand behandeln; gleichzeitig betrachte ich für zweckmässig, auch die Arten aufzuzählen, an denen die betreffenden Untersuchungen angestellt wurden.

1. In der ältesten Periode der Oligochaetenkunde kann natürlich von einer Entwicklungsgeschichte keine Rede sein; bekanntlich handelte es sich damals nur um den Streit, ob die Lumbriciden vivipar, oder ovovivipar seien, ein Streit, der auch später kein Ende nahm, als *Lyonett* und *Leo*,[1]) die bisher als eigentliche Eier betrachteten Cocons erkannt haben. Die in dem eiweissartigen Coconinhalte befindlichen Embryonen von „L. trapezoides" hat zuerst *Dugès*[2]) erkannt.

2. Von den Forschern der nachfolgenden Periode kann man nur *D'Udekem*[3]) hervorheben, welcher Lumbricus terrestris entwicklungsgeschichtlich untersuchte. Er beschreibt die Eifurchung, doch allen Umständen nach standen ihm, wie seinen nächsten Nach-

---

[1]) *J. Leo*, Über die Fortpflanzung der Regenwürmer. Isis, 1820. col. 386—387.
[2]) *A. Dugès*, Rech. sur la circ., la resp. et la reprod. Annel. abranches. Ann. Sc. nat. 1828. p. 284—337.
[3]) *J. D'Udekem*, Developpm. du Lumbric terrestre. — Mém. cour. et mém. Sav. etrang. Acad. Belg. XXVII. 1855—56.

folgern, *Ratzel* und *Warschavsky*,[1]) degenerirte und zersetzte Entwicklungsstadien zu Gebote. *D'Udekem* beschreibt ferner und bildet ab mehrere Embryonalstadien, erwähnt das Gehirnganglion und die Exkretionsorgane, von welchen letzteren schwierig zu entscheiden ist, welches Stadium derselben er beobachtete. In derselben Weise hat *D'Udekem*[5]) die Entwicklungsgeschichte von Tubifex behandelt.

3. Wie die moderne Entwicklungsgeschichte der niederen Thiere im Allgemeinen, so beginnt auch die der Oligochaeten insbesondere mit der angezogenen Arbeit *Kovalevsky's*, welcher angeblich zuerst an Tubifex seine Beobachtungen anstellte, später aber, nachdem ihm die äusserst günstigen Eier von Rhynchelmis (Euaxes) zu Gebote standen, liess er Tubifex bei Seite und liefert ausgezeichnete Mittheilungen über die Entwicklung dieses Wurmes — Mittheilungen, deren Ergebnisse auch von den späteren Forschern meist nur bestätigt wurden. Der Verfasser bemerkt (pag. 20.), dass der Unterschied zwischen Tubifex und Rhynchelmis nur darin liegt, dass beim ersteren „die Keimstreifen an ihren hinteren Enden nicht zusammenhängen, sondern weit von einander abrücken, und dass man an deren hinteren Enden nicht zu einer grossen, sondern zu drei und in späteren Stadien zu fünf Zellen sieht, und dass die Keimstreifen selbst von fünf Läng-reihen von Zellen bestehen."

Von den Lumbriciden hat *Kovalevsky* angeblich „Lumbricus agricola" und einen von ihm „als L. rubellus v. Gr."[6]) bestimmten Regenwurm verfolgt. L. agricola hielt er in Gefangenschaft in feuchter Erde unter dem Moose und sie legten ihm „im Winter, im Januar und Februar ziemlich viel Eierkapsel ab". Die letzteren enthielten immer drei oder vier Embryonen, selten mehr oder weniger. Die Cocons von „L. rubellus" wurden ihm von Fischern gebracht, welche dieselben im Dünger auffanden. „Sie waren viel kleiner und enthielten

---

[1]) *Ratzel* und *Warschavsky*, Zur Entwicklungsgesch. der Regenwürmer. — Z. f. w. Z. XVIII. 1868.

[5]) *J. D'Udekem*, Hist. Nat. du Tubifex des Ruisseaux. — Mém. cour. et mém. Sav. étrang. Acad. Belg. XXVI. 1854—55.

[6]) Der angeführte Autorname „v. Gr." soll wahrscheinlich *Grube* andeuten, während L. rubellus von *Hoffmeister* aufgestellt wurde.

nur je ein Ei." Ich erwähne absichtlich diese detaillirte Beschreibung *Kovalevsky's*, da ich mich überzeugt habe, dass die von ihm als „L. rubellus" bestimmte Art kaum die von *Hoffmeister* beschriebene vorstellt. Die Entwicklung und namentlich die Gestalt der Embryonen, wie sie von *Kovalevsky* auf Taf. VII. Fig. 17. und 18. dargestellt sind, entsprechen keinesfalls denen vom echten L. rubellus. Ich möchte die von Kovalevsky untersuchte Art als Allolobophora foetida proclamiren, wenn hier wieder die Angabe nicht vorliegen würde, dass die Cocons nur je ein Ei enthielten. Bei All. foetida ist in den Cocons immer eine grössere Anzahl Eier und Embryonen vorhanden und auch die Cocons von All. foetida sind nicht „viel kleiner als die von L. agricola". Ich werde demnach die zweite, von Kovalevsky unter dem Namen „L. rubellus" angeführte Art im Verlaufe der Darstellung der Lumbricidenembryologie als „Lumbricus sp. Kov." anführen.

4. Der nächstfolgende Verfasser [7]) theilt einiges über die Entwicklung von Lumbricus rubellus mit und etwas später behandelt derselbe die Embryologie von Criodrilus lacuum.[8]) *Kleinenberg* [9]) untersuchte angeblich Lumbricus teres und „Lumbricus trapezoides Dugès", die er nach *Dugès* bestimmt hat. Die systematische Angehörigkeit der ersteren Art konnte bisher nicht sichergestellt werden, da sie von keinem Autor, der sich mit der Classification der Lumbriciden befasste, wiedergefunden wurde. Lumbricus teres Dugès ist aber keinesfalls identisch mit dem gleichnamigen Oligochaeten, den *Delyell* abbildet und welcher höchst wahrscheinlich mit Lumbriculus variegatus übereinstimmt. *Kleinenberg* beschreibt nun von dem ver-

---

[7]) *B. Hatschek*, Beitr. zur Entwickl. und Morphologie der Anneliden. — Sitzungsber. Akad. Wiss. Wien 1876. — Studien z. Entwicklungsgesch. d. Anneliden. — Arb. zool. Inst. Wien. I. 1878.

[8]) *N. Kleinenberg*, The developm. of the Earthworm (Lumbricus trapezoides Dug.) — Quart. Journ. Microsc. Sc. 1880.

[9]) *L. Oerley*, (Morpholog. and Biolog. Observat. on Criodrilus lacuum — Quart. Journ. microsc. Sc. 1887. pag. 552.) sagt: „Two years later Hatschek recognised this worm etc." Im Interesse der Wahrheit erlaube ich mir zu bemerken, dass ich auf Ansuchen des Verfassers der Criodrilus-Entwicklung die genannte Art für seine Zwecke bestimmt habe, was der Autor in seiner Arbeit allerdings zu verschweigen für angemessen hält und auf diese Weise den Irrthum *Oerley's* veranlasst.

meintlichen L. teres Dugès die Cocons, welche kleiner sind als die von L. trapezoides Dugès, „more resembling a lemon in shape, often with the ends greatly elongated to form two fine processes. These capsules are olive coloured". „The albumen of the capsules of L. teres is colourless or faintly tinged with greenisch, is much more dense and of a nearly uniform aspect; it does not *dissolve*, except very slightly, in water or in dilute acids." Nach diesen Eigenschaften, ferner nach dem Umstande, dass L. teres in der Nähe von Wässern lebt, wäre es zu urtheilen, das die Art am nächsten dem Allurus tetraëder steht, deren Cocons und Eiweiss dieselben Eigenschaften besitzen. Dagegen spricht die von *Dugès* gelieferte Beschreibung desselben Wurmes und ferner, dass in den Cocons 4—20 Eier vorkommen, die sämmtlich befruchtet werden und sich entwickeln.[10])

Was Lumbricus trapezoides[11]) anbelangt, so hat man es hier sicher nur mit der Art zu thun, die ich früher als Allolobophora cyanea Sav. (Allolobophora turgida Eisen) angeführt habe. Die richtige Beschreibung der Cocons und der darin befindlichen Embryonen stimmt durchaus mit meinen Beobachtungen überein, welche ich an der genannten Art angestellt habe. Ich werde auf die Angaben *Kleinenberg's*, sowie auf jene *Hoffmeister's*, der ebenfalls die Cocons von seinem „L. communis, var. cyaneus" beschreibt, zurückkommen.

Bučinský[12]) referirt eingehend über die Resultate der Arbeiten seiner Vorgänger (pag. 11—30) und schildert dann die Entwicklung von Lumbricus terrestris. *Salensky*[13]) untersuchte Branchiobdella.

Dann habe ich[14]) mehrere organogenische Beobachtungen mitgetheilt, welche ich theils an Embryonen von Rhynchelmis, theils

---

[10]) Der generischen Angehörigkeit nach muss man „L. teres" zu Allolobophora einreihen und nicht, wie Oerley thut, zu Lumbricus.

[11]) Im „System und Morphologie der Oligochaeten" führe ich unrichtig „L. trapezoides" als Synonym mit Allolobophora carnea an.

[12]) *Bučinský*, Къ вопросу о развитіи дождеваго червяка (Lumbricus terrestris) Odessa 1881.

[13]) *Salensky* Études sur le developpem. des Annélides (Deuxième partie). Dévelop. Branchiobdella. Archives de Biologie. T. VI. 1887. p. 1—60.

[14]) *F. Vejdovský*, System und Morphologie der Oligochaeten, Prag 1884.

an den erwachsenen Würmern einzelner Oligochaetenfamilien (Aphanoneura, Chaetogastridae, Naidomorpha, Tubificidae) angestellt habe. Bald daran [15]) berichte ich vorläufig über die Reifung, Befruchtung, Furchung und Keimblätteranlage von Rhynchelmis. Ausführlich bearbeitete ich diesen Gegenstand in meinem böhmisch geschriebenen Buche: „Zrání, oplození a rýhování vajíčka", welches im Jahre 1886 verfasst und als Festschrift zum hundertsten Geburtstage von *Joh. Ev. Purkyně* von der böhm Gesellschaft der Wissenschaften in den „Preisgekrönten Schriften"[16]) herausgegeben wurde. Die hier enthaltenen Capitel über Rhynchelmis sind in dem vorliegenden Buche wörtlich übersetzt und durch Zusätze über die Entwicklung der Lumbriciden erweitert und vervollständigt. Gleichzeitig mit meiner Arbeit erschienen die letzteren, die Embryologie der Lumbriciden behandelnden Mittheilungen *E. Wilson's*,[17]) in denen der Verfasser seine Erfahrungen über die Anlage der Keimblätter, des Nervensystems und vornehmlich der Nephridien niedergelegt hat. Derselbe untersuchte zuerst „Lumbricus olidus Hoffm." und später, wie er in dem „Postscript" seines letzten Aufsatzes erwähnt, noch „L. communis (trapezoides)" und „Lumb. agricola".

Die Wahl des Untersuchungsmaterials. Die Eier der niederen Oligochaeten unterscheiden sich bekanntlich von den der Lumbriciden, Criodriliden und sämmtlicher regenwurmartigen Formen durch die verhältnissmässig bedeutende Grösse, indem sie eine grosse Menge des Nahrungsdotters enthalten, während die Eier der letztgenannten Familien sehr klein sind, da sich ihr Protoplasma auch im reifen Zustande nicht zu deutlicheren Dotterkörnchen differencirt. Dieser äussere Unterschied in der Form der Eier muss sich voraussetzlich auch in der Furchung und Larvenbildung manifestiren und somit trachtete ich beide Eiarten der betreffenden Formen mir in genügender Menge

---

[15]) *F. Vejdovský*, Embryonalentwicklung von Rhynchelmis. Sitzungsber. kön. böhm. Gesellsch. Wiss. Prag 1886.

[16]) Zrání, oplození a rýhování vajíčka (Reifung, Befruchtung und Furchung des Eies). Spisův poctěných jubilejní cenou král. spol. nauk v Praze. Číslo I. (Preisgekrönte Schriften der kön. böhm. Gesellsch. Wiss. Prag. Nro. I.). Mit 10 Tafeln und 8 Holzschnitten. 1887. (Verfasst im J. 1886.)

[17]) *E. Wilson*, The Germ-bands of Lumbricus. — Journ. of Morphology. 1. 1887, pag. 183.

zu verschaffen. Die nur je ein Ei enthaltenden Cocons, wie die der Naidomorphen, Enchytraeiden, Chaetogastriden etc. erwiesen sich als zur Untersuchung durchaus ungünstig; einerseits, dass sie bezüglich der Kleinheit der Cocons ungemein schwierig zu präpariren sind, andererseits, dass man sie nicht in grösserer und nothwendiger Menge erhalten kann. Die Untersuchung der Eier von Branchiobdella, die ich bereits vor *Salensky* vorgenommen habe, führte mich — in Bezug auf die zu lösenden Fragen — zu keinen befriedigenden Resultaten, ebenso wie die angestellten Beobachtungen an den Tubificiden, deren Cocons man zwar in genügender Menge (von Tubifex, Iliodrilus und Limnodrilus) erhalten kann, deren Eier aber nur in Einzelnheiten günstigere Aufschlüsse darbieten können. Ich begnügte mich daher mit der Sicherstellung der Thatsachen, dass die übereinstimmenden Vorgänge der Polkörperbildung, des Spermaeindringens in das Ei und der Furchung bei der genannten Familie wie bei Rhynchelmis limosella stattfinden. Die letztgenannte Art lieferte mir, wie seinerzeit *Kovalevsky*, das ausgezeichnete Untersuchungsmaterial, an dem man sowohl die Furchung und Keimblätterbildung, als die Anlage und Bildung der meisten Organe mit der allergrössten Zuverlässigkeit verfolgen kann. Ich habe demnach vor einigen Jahren die Embryologie von Rhynchelmis von Neuem vorgenommen und nachdem ich über die Furchung und die nachfolgende Entwicklung dieses Wurmes eingehendere Kenntnisse gewonnen habe, glaubte ich, wie bereits oben erwähnt, die Vorgänge der Reifung und Befruchtung an dessen Eiern beobachten zu können, was mir auch in befriedigender Weise gelang.

Da man aber die Untersuchungen nur in den ersten Frühlingsmonaten vornehmen kann, und es überhaupt unmöglich ist, sämmtliche nothwendigen Stadien der letztgenannten Vorgänge in einem Jahre zu Gesicht zu bekommen, so dauerte es fünf Jahre, bevor ich mich entschlossen habe, die gewonnenen Resultate in vollem Inhalte zu veröffentlichen.

Im Laufe der Studien an Rhynchelmis suchte ich noch andere nächstverwandte Repräsentanten embryologisch zu untersuchen und es gelang mir im Frühling 1885 eine Anzahl Cocons von Lumbriculus variegatus zu erbeuten. Die Eier dieses Wurmes sind ebenfalls wie die von Rhynchelmis dotterreich, aber die Furchung und Keimblätterbildung ist dieselbe wie bei den Lumbriciden. Auch die Beschaffenheit der Eiweissflüssigkeit, sowie der Umstand, dass in der letzteren meist nur je ein winzig kleines Ei sich befindet, erinnert auf die bekannten Verhältnisse der Lumbriciden, was gewiss nicht ohne Interesse ist, wenn man erwägt, dass man auch in unseren Tagen eine tiefe Kluft zwischen sogenannten Limicolen und Terricolen zu legen versucht. Aber das spärliche Vorkommen der Cocons von Lumbriculus und die äusserst schwierige Manipulation bei dem Auspräpariren der sehr leicht verletzbaren Furchungs- und Embryonal- stadien dieses Wurmes aus der dichten und zähen Eiweissflüssigkeit hinderte mich die ganze oder nur annäherungsweise vollständigere Entwicklungsgeschichte desselben kennen zu lernen. Nachdem ich dagegen erkannt habe, dass man hier auch in entwicklungsgeschichtlicher Beziehung mit einem Verbindungsgliede zwischen den sogenannten Limi- und Terricolen es zu thun habe, warf ich mich um so lieber auf die Embryologie der Lumbriciden, deren Cocons man durch künstliche Züchtung sämmtlicher einheimischen Arten in kleineren Terrarien in beliebiger Menge erhalten kann. Die für die meisten Arten ganz charakteristische Coconform werde ich weiter unten näher darzustellen versuchen; hier gebe ich nur die Übersicht der Lumbriciden, welche ich entwicklungsgeschichtlich verfolgt habe:

1. **Lumbricus terrestris** Linné (L. herculeus Savigny — Rosa).
2. **L. rubellus** Hoffmeister.
3. **L. purpureus** Eisen.
4. **Allolobophora foetida** Savigny.
5. **Allolobophora chlorotica** Savigny.
6. **Allolobophora trapezoides** Dugès, wurde sowohl in deren bläulichen, als weisslichen, grauen und dunklen Formen untersucht. Man bezeichnet diese Art nach *Eisen* als All. turgida, aber *Hoffmeister* bildet richtig die bläuliche und dunkle Varietät ab, von denen die erstere gewiss mit *Savigny's* Ent. cyaneum übereinstimmt.

Aus meinen embryologischen Untersuchungen ergibt sich ferner, dass die genannte Art mit dem „Lumbricus trapezoides", deren Entwicklung *Kleinenberg* bearbeitete, identisch ist.

7. **Allolobophora putra** Hoffm. (Syn. Enterion rubidum? Sav., Lumbricus puter Hoffm., Allolobophora subrubicunda Eisen, Rosa. Allolobophora constricta(?) Rosa. — **Non**: Dendrobaena rubida Vejdovský).

8. **Dendrobaena octaëdra** Savigny. Diese Art habe ich in meinem „System und Morphologie der Oligochaeten" nicht zutreffend als mit „Ent. rubidum" Sav. und „L. puter" Hoffm. identificirt, da ich die oben als Allolobophora putra bezeichnete Art nicht gekannt habe. *Rosa* reiht die uns beschäftigende Form zur Gattung „Allolobophora" ein, was sich aus nachfolgenden Gründen nicht als zutreffend erweist.

Dendrobaena octaëdra gehört durch ihre äussere Färbung zu den schönsten einheimischen Arten und da sie bisher nur wenig bekannt ist, so stehe ich nicht an, hier eine genauere Beschreibung derselben anzuknüpfen. Sie lebt in Wäldern, Gärten, aber auch auf wenig feuchten Localitäten, überall im Rasen, nicht weit unter der Oberfläche. Die Länge des lebenden Wurmes beträgt höchstens 50 mm., die im Alkohol conservirten Exemplare contrahiren sich dagegen bis auf 25—30 mm. Länge.

Die vorderen Segmente sind auf der Rückenseite mit bleigrauen, bläulichen, oder violetten, matt glänzenden und nur selten irisirenden Zonen geziert, welche letzteren als mittlere Ringel an jedem röthlichen oder rothbraunen Segmente hervortreten. Die Alkoholexemplare sind dagegen ganz roth oder nur schwach violett gefärbt und überhaupt zeigen sie ähnliche Färbung wie Lumbricus purpureus, was bereits *Rosa* auffallend war.

Sämmtliche mir neuerdings zu Gebote stehenden und aus zahlreichen Fundorten Böhmens herstammenden Exemplare dieser schönen Art haben einen stark angeschwollenen Gürtel, welcher mit dem 29. Segmente anfängt und mit dem 33. aufhört; somit besteht er aus 5 Segmenten. Die Anzahl der Körpersegmente variirt zwischen 70—100.

Die Gürtelwülste, oder „Tubercula pubertatis" befinden sich am 31., 32. und 33. Segmente.

Die Borsten sind bekanntlich in 8, durch gleiche Intervalle von einander entfernten Reihen angeordnet.

Die äusseren Öffnungen der Nephridien sind sehr regelmässig vertheilt, d. h. die ersten 2—3 Nephridien-Paare münden nach aussen zu beiden Seiten des Körpers, seitlich vor der inneren Borste des Rückenbündels, wohingegen die der übrigen Segmente seitlich von der äusseren Borste der Bauchreihen sich befinden. So wiederholt es sich bis zum letzten Körpersegmente. Die Nephridioporen vom 6., zuweilen erst vom 8. Segment angefangen, sind sehr beträchtlich und sofort auffalend, wie bei keinem anderen Regenwurme.

Die Eileiter münden nach aussen dicht *neben* den äusseren Bauchborsten des 14. Segmentes, die Samenleiter in dem Intervalle zwischen der äusseren Bauch- und der inneren Rückenborste des 15. Segmentes.

Die Bauchborsten des 16., sowie die des 31. Segmentes (des dritten Gürtelsegmentes) stellen lange gerade Stäbchen vor, die weit nach aussen hervorragen und wohl bei dem Copulationsacte functioniren.

Bei einem Exemplare fand ich, dass der erste Rückenporus zwischen dem 5. und 6. Segmente sich befindet.

Der Muskelmagen befindet sich im 17. Segmente, die Kalkdrüsen des Oesophagus im 12. und 13. Segmente.

Die Samensäcke, die man gewöhnlich, aber nicht zutreffend als „Vesiculae seminales" bezeichnet (als Vesiculae seminales functioniren bei der Oligochaeten nur die als „Atrien" der Samenleiter bekannten epiblastischen Höhlungen), sind bei Dendrobaena octaëdra in zwei Paaren vorhanden, nämlich im 12. und 13. Segmente; das dritte, rudimentäre, nicht immer nachweisbare Paar im 10. Segmente. Bei jüngeren Exemplaren ist gewöhnlich nur ein, mit Sperma gefülltes Samentaschenpaar leicht erkennbar, während die übrigen 2 Paare meist zusammengeschrumpft erscheinen. In den völlig geschlechtsreifen Würmern treten dagen sämmtliche drei Paare äusserst deutlich hervor, und zwar im 10., 11. und 12. Segmente. Sie sind birnförmig und münden in den Intersegmentalfurchen des 10/11., 11/12., und 12/13. Segmentes nach aussen, und zwar in der geraden Mittellinie, die man zwischen den äusseren Bauch- und inneren Rückenborsten der erwähnten Segmente zieht.

Die Eiweissdrüsen sind in 5 Paaren vorhanden, im 10., 11., 12., 13. und 14. Segmente.

9. Allurus tetraëder Savigny.

Zur genaueren Kenntniss dieser Art theile ich an dieser Stelle einige Erfahrungen mit, die sich auf die äusseren und inneren Organisationsverhältnisse beziehen.

Die Nephridioporen des 3—12. Segmentes befinden sich etwas seitlich vor der äusseren Rückenborste, dicht an der Intersegmentalfurche.

Am 13. Segmente befinden sich die Samenleiteröffnungen zwischen den Reihen der Bauch- und Rückenborsten, die Nephridioporen fast in der Intersegmentalfurche des 12/13. Segmentes, seitlich von der äusseren Bauchborste.

Die Eileiter münden am 14. Segmente und zwar nicht wie bei den vorigen Arten, äusserlich von den Bauchborsten, sondern innerhalb der Bauchborstenbündeln, d. h. seitlich von den inneren Borsten der Bauchreihen. Der Nephridioporus wie am 13. Segmente.

Die Samentaschen zu 2 Paaren, im 9. und 10. Segmente münden in der Intersegmentalfurche zwischen dem 9/10. und 10/11. Segmente nach aussen.

Der Gürtel vom 22—26. Segmente mit hohen Längsleisten an der Bauchseite des 23—25. Segmentes.

Die Spermatophoren sind keilförmig und ich fand dieselben in zwei Fällen am 19. Segmente.

Capitel I.

Die Bildung und Reifung des Eies.

Ich habe bereits in meinem Werke ausführlicher die Vorgänge der Eibildung bei den Oligochaeten behandelt; wenn ich nun von Neuem auf diesen Gegenstand zurückkomme, so geschieht es aus dem Grunde, weil ich über neue und, wie ich glaube, wichtige Thatsachen berichten kann.

Sowohl bei Rhynchelmis als Lumbriciden entstehen die Geschlechtsdrüsen bereits in Embryonen, deren vordere Segmente gut entwickelt sind, während das hintere Körperende bisher nur undeutliche Andeutung der Segmentbildung zeigt. Bei Rhynchelmis geht die Differenzirung der ursprünglichen Keimzellen zu Ei- und Spermazellen so langsam vor sich, dass es beinahe ein ganzes Jahr dauert, bevor die Begattung und Eiablage erfolgen kann. Schon aus diesem Grunde empfiehlt es sich, diesen Differenzirungsmodus zu verfolgen; es gibt aber noch zwei andere Gründe, die mich die Eibildung zu ermitteln veranlassten:

1. Rhynchelmis gehört zu denjenigen Oligochaeten, bei denen die Lage der Geschlechtsdrüsen in den betreffenden Segmenten nicht wie bei Tubificiden und den meisten Lumbriculiden ermittelt werden konnte, und dies aus dem einzigen Grunde, weil dessen Embryone, bei welchen es einzig und allein möglich ist, die Lage der Geschlechtsdrüsen genau zu erkennen, in dieser Hinsicht nicht näher untersucht wurden.

2. Die Bestandtheile des Eies unterliegen während der Reifung gewissen und wichtigen Umwandlungsvorgängen und es erscheint sehr zweckmässig, diese Theile während der Eibildung nach dem jetzigen Stande der Wissenschaft zu verfolgen, um zur Klärung der vorhandenen Controversen beizutragen.

§. 1. Die Lage der Geschlechtsdrüsen bei Rhynchelmis.

In einer Arbeit [18]) habe ich angegeben, dass die Eierstöcke des genannten Wurmes, im Gegensatze zu den übrigen Oligochaeten, weit in die hinteren Körpersegmente, nämlich in das 50—54. Segment verlegt werden, später aber [19]) habe ich hervorgehoben, dass es mir nicht gelang, dieselben hier wiederzufinden. Die erstere Angabe widerspricht dermassen den bekannten Verhältnissen anderer Oligochaeten, dass man sie immer mit einem Bedenken annehmen kann und sich die Alternität vorlegen muss: entweder ist die angeführte Angabe nicht zutreffend, oder hat man es in dieser Beziehung in Rhynchelmis mit einer völlig abweichenden Form zu thun, indem die Geschlechtsdrüsen der übrigen Oligochaeten in denselben Segmenten, oder in der Nähe der letzteren liegen, wo die Mündungen der Geschlechtswege vorhanden sind.

Die anatomischen Befunde an den geschlechtsreifen Würmern sind keinesfalls im Stande, diese dunkle Frage zu entscheiden, vielmehr muss man nur die Entwicklungsgeschichte von Rhynchelmis zu Rathe ziehen. Und thatsächlich führt der letztere Weg zu der Überzeugung, dass Rhynchelmis gewissermassen im Bezug auf die definitive Lage der Eierstöcke eine abweichende Form darstellt. Denn, während bei anderen Oligochaeten die Ovarien in ihrer ursprünglichen Lage (in bestimmten Segmenten) eine Zeitlang fortbestehen, zerfallen sie bei Rhynchelmis, und zwar frühzeitig, in grössere traubenförmige Gruppen, die durch die ebenfalls zerfallenden Spermazellen weit nach hinten verdrängt werden.

In dem oben erwähnten Embryonalstadium findet man also die bereits angelegten Geschlechtsdrüsen im IX., X. und XI. Segmente. (In einem Falle fand ich, dass die Drüsen der einen Seite in 3, die der anderen Seite in 2 Paaren, nämlich nur im X. und XI. Segmente vorhanden waren.) Das jüngste Stadium einer Geschlechtsdrüse besteht aus je 2—3 grossen Keimzellen (Taf. XII., Fig. 18.), die nicht selten in Theilung begriffen sind, welche Thatsache darauf hinweist *das die ursprüngliche Anlage jeder Geschlechtsdrüse nur einer Zelle ihren Ursprung verdankt.* Diese Zelle theilt sich nun durch directe Theilung in dem Masse, dass man fortschreitend 4, 6, 8 etc. Zellen findet, und schliesslich, zu Ende des Coconlebens, ist der junge Wurm mit 3 Paar traubenförmigen Geschlechtsdrüsen versehen, die aus zahl-

---

[18]) *Vejdovský,* Anatomische Studien an Rhynchelmis Limosella, Z. f. w. Z. Bd. XXVI. 1876.
[19]) *Vejdovský,* System und Morphologie der Oligochaeten. 1881. pag. 57.

reichen Elementen bestehen (Taf. XXVI., Fig. 22., 21.) und an den Dissepimenten des VIII./IX., IX./X. und X./XI. Segmentes befestigt sind, dort nämlich, wo die erste ursprüngliche Zelle sich befand. Da nun diese Drüsen in den ersten Embryonalstadien, gleich nach der Herausbildung der betreffenden Segmente überhaupt nicht nachweisbar sind, muss man dafür halten, dass die erste Zelle eben nur als Product der Umwandlung eines Peritonealelements zur Keimzelle aufzufassen ist, welche letztere durch weitere Theilung die traubenförmige Gestalt der Geschlechtsdrüse verursachte.

Es ist aber sowohl in den ersten, als späteren Stadien unmöglich zu sicherstellen, welche von den genannten 6 Drüsen die Hoden, und welche die Eierstöcke vorstellen; man kann nur durch die Verfolgung des Differenzirungsprocesses der Keimzellen zu Samen- und Eierzellen, oder — per analogiam — durch Berücksichtigung der Geschlechtsdrüsen anderer verwandten Formen beurtheilen, dass die vorderen zwei Paare den Hoden, das hintere Paar dagegen den Eierstöcken angehört. Somit sind die Elemente sämmtlicher Drüsen sowohl bezüglich der Lage als Structur so übereinstimmend, dass man hier bloss von Keimdrüsen, keinesfalls aber von Hoden und Eierstöcken reden kann.

Jede Zelle dieser embryonalen Organe hat 0·012 mm. im Durchmesser, besteht aus einem hyalinen, structurlosen Plasma und enthält einen grossen runden Kern (Taf. XXVI., Fig 24.); es sind aber keine deutlicheren sog. Nucleolen wahrzunehmen. In einzelnen Elementen sieht man die in Zweitheilung begriffenen Kerne, welcher Process hier ohne jede Spindelbildung sich abspielt, so dass die Keimzellen sich akinetisch theilen.

Sobald der junge Wurm freies Leben anfängt, vervollständigen sich auch die Geschlechtsdrüsen, was sich vornehmlich an der Vermehrung der Elemente sämmtlicher 6 Drüsen manifestirt und vom April bis October fortschreitet. Die Vorgänge der Differenzirung der Keimelemente zu Ei- und Spermazellen wird hoffentlich erst in einem späteren Capitel dieser Schrift eingehend behandelt werden; derzeit begnügen wir uns mit Statuirung der die Eier allein betreffenden Thatsachen.

Bereits anfangs October findet man keine Spur nach den urprünglichen Eierstöcken und Hoden, indem deren ursprüngliche Elemente sich durch fortschreitende Theilung dermassen vermehrt haben, dass sie nach und nach — in den Samen- und Eiersäcken eingeschlossen — nach hinten rücken und sich noch auch während dieser Vorgänge vermehren. Doch geht die Theilung der Kerne der späteren Eizellen rascher vor sich als die entsprechende Vermehrung des Cytoplasma und so finden wir, dass in dem letzteren ungemein zahlreiche Kerne eingebettet erscheinen. Zu dieser Zeit beginnen sich die Samentaschen, die Eiweissdrüse und die Atrien (Samenblasen) der Samenleiter durch Einstülpung der Hypodermis zu bilden. Die Trichter der Samen- und Eileiter sind bisher nur unbedeutend entwickelt. Die Samensäcke verlaufen auf der Rücken-, die Eiersäcke auf der Bauchseite zu beiden Seiten des Magendarmes. Beide Säcke der einen Seite sind in eine gemeinschaftliche Membran eingeschlossen (Taf. III. Fig. 2.). Gegen Ende October und Anfang November — in einigen Jahren (wie z. B. J. 1886) noch früher — beginnt die Spermabildung und zu dieser Zeit erscheinen bereits die mächtigen und gut entwickelten Trichter der Samen- und Eileiter. Da nun die Eibildung sehr langsam vor sich geht, während die Spermatozoen durch rasche Bildung die Samensäcke zu füllen beginnen, findet die interessante Erscheinung statt, dass die letzteren sich bedeutender ausdehnen und die in unteren Säcken befindlichen Eielemente nach und nach in die hinteren Segmente verdrängen, so dass es schliesslich scheint, als ob die Ovarien thatsächlich im 50—54. Segmente liegen würden. Wenn man nun jüngere Stadien der Samensäcke zu Gesicht bekommt, so wird man vergebens nach den Eierstöcken, oder besser, Eierklumpen in den angegebenen Segmenten suchen, da sie mehr in der vorderen Körperregion sich befinden und umgekehrt können sie noch weiter hinter das 54. Segment verschoben werden. Denn nicht nur die Samensäcke selbst, sondern auch die enorm langen Samenleiter mit ihren Atrien tragen zur Verschiebung der Geschlechtselemente weit nach hinten bei; dieselben ziehen nämlich nicht selten vom 10. (Ausmündung) bis in das 30. Segment hin. Man kann aber längere oder kürzere Atrien mit Samenleitern finden, von denen die ersteren durch den mächtigen Drüsenbeleg fast die ganze Höhlung der Samensäcke ausfüllen und die Samenelemente bis ganz nach hinten verdrängen. Je nach der Länge der Samenleiter findet man entsprechend die Eierklumpen i m47—65. Segmente als lange traubenförmige Gebilde, von denen sich die reifen Eier losreissen und von hier an die lange Strecke bis zu den Eileitern durchmachen müssen.

§. 2. Die Bildung und das Wachsthum des Eies.

Mittels der Nadeln ist es möglich, grössere traubenförmige Gruppen der sich bildenden Eier aus dem Körper herauszupraepariren und dieselben von den jüngsten durchsichtigen Stadien bis zu den weiter ent-

wickelten Elementen zu verfolgen, was sich auch als Controle der mittels
der Schnittmethode untersuchten Entwicklungsstadien empfiehlt. Denn
nur auf diesem letzteren Wege kann man sich mit grösserer Zuverlässigkeit über die Structur sämmtlicher Eibestandtheile und deren Veränderungen im Laufe der Entwicklung überzeugen. Zu diesem Zwecke
wählen wir einen Querschnitt des Eiersackes etwa aus dem 50. Segmente (Taf. III., Fig. 1.), welcher allerdings sämmtlichen nachfolgenden
und vorangehenden entspricht, insoferne hier die Eizellen ihre Entwicklung durchmachen. Zu beiden Seiten des Darmkanales findet man
mächtige, in allen Stadien der Entwicklung begriffene und in eine
gemeinschaftliche Hülle — den Eiersack — eingeschlossene Eigruppen
(*os*, auch Taf. III., Fig. 2.). Bei stärkerer Vergrösserung sieht man auf
Fig. 2. auch die Reste der Spermatozoen in dem Samensacke, dessen
Wandungen (*ts*) sich in Folge des mächtig entwickelten Eies so dicht
an einander legen, dass deren Vorhandensein eben nur auf diesem
Wege sicher zu stellen ist. An den Wandungen sieht man ferner
3 Querschnitte der Blutgefässe (*ce*), welche der ganzen Länge nach
auf den Säcken verlaufen und offenbar zur Ernährung der hier vorhandenen Elemente dienen.

In dem Eiersacke findet man vorzugsweise die jungen Eizellen;
jüngere, im Zustande der Kerne ohne deutliche Zellbegrenzung befindliche Stadien gibt es hier nicht mehr. Die durch eine Reihe von
Segmenten geführten Längsschnitte (z. B. zwischen dem 42—50. etc.
Segmente) zeigen, dass diese in ungeheuerer Menge vorhandenen Eizellen einen langen, mehrere Segmente durchtretenden und durch die
betreffenden Dissepimente eingeschnürten Strang bilden. Hier kann
man mehrere Stadien der Eibildung sicherstellen. Die jüngsten Stadien befinden sich auf der inneren Wand des Eiersackes und kann
man dieselben in der ganzen Länge der Längschnitte durch mehrere
Segmente verfolgen. Sie unterscheiden sich sowohl durch die Gestalt,
als auch gewissermassen durch die Structur von den älteren Stadien.
In Fig. 2., Taf. III. sieht man diese jüngsten Zellen mit *b* bezeichnet
und die ganze Gruppe derselben ist bei stärkerer Vergrösserung (Zeiss
Imm. I. oc. 2.) auf Taf. III., Fig. 3. *a* abgebildet. Dieses Stadium ist
sehr interessant; die einzelnen Elemente berühren sich meist nicht,
wie in den späteren Stadien, und sind demnach von äusserst variabler
äusserer Gestalt. Meist trifft man hier birnförmige, aber auch ganz
unregelmässig contourirte, lappenförmige Gebilde, aus welchem Umstande man auf eine amoebenartige Bewegung derselben während
des Lebens urtheilen kann. Die Länge der birnförmigen Zellen hat

in der Längsachse 0·013 mm.; eine deutlichere Zellmembran ist schwierig nachweisbar, ebenso wie eine Körnelung des Cytoplasmas; das letzere ist völlig homogen, glänzend, im Pikrokarmin sich überhaupt nicht, oder nur diffus gelb, bei grösseren Elementen schwach rosaroth färbend. Innerhalb des Cytoplasma liegt ein verhältnissmässig grosser Kern, von 0·008 mm. im Durchmesser. Auch dieser zeigt keine schärferen äusseren Umrisse, ja bei einzelnen Kernen scheint es, als ob sie direct in das Cytoplasma übergiengen. Aber chemisch unterscheidet sich das Karyoplasma doch von dem umliegenden Cytoplasma: denn obwohl das Karyoplasma ebenfalls fast homogen zu sein scheint, so färbt es sich doch viel intensiver roth. Das Körperchen, welches man als „Nucleolus" bezeichnet, ist überall in dem Karyoplasma der vermeintlich jüngsten Stadien vorhanden, aber es färbt sich zu dieser Zeit durchaus nicht und erscheint als blasses, schärfer contourirtes, glänzendes Pünktchen.

Also in jedem, auch dem jüngsten Stadium sind sämmtliche Postulate der Zelle vorhanden; deutlicher treten sie allerdings in späteren Entwicklungsstadien hervor. In Folge einer Erstarrung der äusseren Protoplasmaschicht kommt eine deutliche Zellmembran zum Vorschein, wodurch die amoebenförmige Eizelle eine ovale, oder kuglige (solange sie sich noch nicht berühren), nicht mehr veränderliche Gestalt annimmt. (Taf. III. Fig. 3. c.) Nachdem die Zellen etwas heranwachsen, legen sie sich dicht aneinander und werden so 6- bis vielseitig. (Taf. III. Fig. 3. b), Fig. 2., 5.)

Ich muss auf einige wesentlichere Veränderungen in dem Zellinhalte dieses Stadiums hinweisen. Das Cytoplasma ist durchaus homogen, sich nicht färbend; hier und da erscheint eine Spur nach feinen Körnchen, aber in so unbedeutender Menge, dass es noch unmöglich ist, von einer Structur zu reden. Der bis zur Grösse von 0·01 mm. herangewachsene und intensiv sich färbende Kern tritt ungemein schön in dem hyalinen Cytoplasma hervor; er hat eine scharfe äussere Membran und ist von kugliger oder schwach elliptischer Gestalt. Das Karyoplasma besteht: 1. aus der hyalinen, wenig durchscheinenden Grundsubstanz, und 2. aus der färbbaren Kernsubstanz, welche bei sehr starken Vergrösserungen in der Form von intensiv rosaroth sich färbenden Körchen besteht. 3. In dieser Substanz tritt ungemein schön ganz und überall excentrisch gelagert, das sog. Kernkörperchen. Es ist rein kuglig und besteht aus de u centralen homogenen, tief roth im Pikrokarmin sich imbibirenden Inhalte und der äusseren, farblosen und ziemlich dicken Hülle. (Taf. III. Fig. 5.)

Aus diesen Eizellen, und vorzugsweise an der Peripherie der Eierstöcke, bilden sich die definitiven Eier. Das Wachsthum und die Vervollkommnung sämmtlicher Bestandtheile, sowohl des Cyto- als Karyoplasmas, und des Kernkörperchens geht gleichen Schrittes und gleichzeitig vor sich. Das junge Ei erscheint als eine bedeutende Erhöhung auf der Oberfläche der Eierstockstraube (Taf. III. Fig. 2. v), indem dessen sämmtliche Theile bedeutend an Grösse zunahmen und ihre Structur viel deutlicher erkennen lassen. Das Cytoplasma besteht zwar in ihrer Grundsubstanz noch aus einer klaren Flüssigkeit, in der sich zahlreiche lichtbrechende Körnchen zu gruppiren beginnen; etwas später (Taf. III. Fig. 4.) entstehen aus diesen Körnchen, namentlich in der Umgebung des Kernes, unregelmässig verlaufende und zum wiederholtenmalen sich verzweigende Fädchen, die meist von der Peripherie des Kernes zur Eimembran hinziehen. So entsteht das Cytoplasmareticulum, das später, nachdem das Cytoplasma dichter wird und sich zu Dotterkügelchen umzuwandeln beginnt, sehr undeutlich wird, ebenso wie der hyaline Hof um den Kern, welcher letztere ganz excentrisch zu liegen kommt. Die excentrische Lage des Kernes ist dadurch charakteristisch, dass sich der letztere vom Centrum gegen den freien Eipol nähert, somit von der Stelle weit entfernt ist, wo das sich bildende Ei mit dem Eistocke zusammenhängt. (Vergl. Taf. III. Fig. 5.) Der Kern kehrt nicht mehr in seine ursprüngliche centrale Lage, sondern verweilt auch im reifen Ei ganz excentrisch und macht hier alle die später beschriebenen Veränderungen durch.

Der Kern des jungen Eies trägt den Charakter des sog. Keimbläschens; seine Wandung ist sehr scharf contourirt und es gelang mir nicht, eine Porosität dieser Kernmembran sicher zu stellen. Sie scheint sehr resistent zu sein und nimmt sehr langsam die Aufhellungsflüssigkeiten, wie das Terpentin- und Nelkenöl auf. Während des Lebens ist die Grundsubstanz des Kernes ganz flüssig, wie man sich durch dessen Zerdrücken überzeugen kann. Sowohl in diesem Zustande, als an gefärbten Präparaten kommt ein zierliches Kerngerüst zum Vorschein (Taf. III. Fig. 4.), welches sich im Pikrokarmin nicht färbt und sich eher durch seinen Glanz auszeichnet; es sind mehr oder weniger verästelte Fäden, die hier und wieder verdichtete Plasmaknoten zeigen. Ganz excentrisch und an vielen Präparaten fast dicht an der Kernmembran ist das Kernkörperchen (von 0·013 mm Grösse) gelagert und sowohl durch diese bedeutende Grösse, als durch seine intensive Färbung mit Pikrokarmin sehr markant in dem Kerninhalte hervortretend (Taf. III. Fig. 4. k). Die Umhüllung, welche früher so deutlich zu sehen war, kann man jetzt nicht unterscheiden; vielleicht hat sich die letztere durch das stattfindende Wachsthum des inneren Inhaltes bedeutend abgeplattet, so dass sie jetzt zur scharfen Begrenzung desselben beigetragen hat. Bezüglich des Kernkörperchens kann man jetzt aber so viel sicherstellen, dass es nicht mehr homogen ist, indem es eine Anzahl dunkelroth sich färbender Körnchen aufweist, so dass man jetzt von einer Structur desselben reden kann.

Die geschilderten Veränderungen in dem Eiinhalte hat offenbar nur die Ernährung hervorgerufen, die nicht nur die Vermehrung und Modification des Cytoplasmas, sondern auch den Kern und das Kernkörperchen beeinflusste. Diese Veränderungen schreiten aber noch weiter fort, denn das noch mit dem Eierstocke zusammenhängende Ei ernährt sich und wächst heran. Die ganz markanten Folgen dieser Vorgänge manifestiren sich im Cytoplasma, deren Partikeln sich zu Dotterkügelchen umzuwandeln beginnen. Nur ein unbedeutender Theil des ursprünglichen hyalinen Plasma bleibt auch weiterhin in Form des oben erwähnten Hofes rings um den Kern zurück und hier verlaufen radienartig zierliche Strahlen des feinkörnigen Cytoplasma von den Wandungen des Keimbläschens (Taf. III. Fig. 6.).

Die Ernährung und das Wachsthum betrifft auch den Kern und das Kernkörperchen. In dem ersteren vermehrt sich zuerst noch bedeutend der Kernsaft ebenso wie das Kerngerüst. Das Kernkörperchen zeigt die Folgen der Ernährung nicht nur in seiner deutlicheren Structur, sondern auch in dessen Theilungsvermögen. Nachdem nämlich das Kernkörperchen die oben angedeutete Grösse erlangt hat, beginnt es sich einzuschnüren (Taf. III. Fig. 5. k), was gewiss auf dessen Theilung hinweist. Solche Stadien kommen nur selten zum Vorschein, und ich folgere daraus, dass die Theilung sehr rasch erfolgen muss. Dass es aber thatsächlich so geschieht, beweist die Thatsache, dass in den reiferen Eiern in der Regel zwei Kernkörperchen vorhanden sind. Das neu entstandene Kernkörperchen liegt anfänglich in der Nähe des älteren und ist etwas kleiner als dieses (Taf. III. Fig 6. k); später entfernt es sich mehr oder weniger und wächst zu der Grösse des ersteren heran.

Auch an den sich zur Theilung anschickenden, sich theilenden, oder soeben abgetheilten Kernkörperchen kann man nicht jene dicke, farblose Umhüllung sicherstellen, welche wir an dem Kernkörperchen der Eizellen hervorgehoben haben und welche man in den entwickelten Eiern vor dem Antritte der Maturation findet.

§. 3. Das reife Ei.

Nachdem die Eier etwa 0·65 bis 0·8 mm. im Durchmesser[20]) erlangt haben, trennen sie sich von den Eierstöcken los und liegen dann frei in den Eiersäcken; insgesammt nehmen sie dann die Lage vor den Eierstöcken an, somit etwa zwischen dem 30—40. Segmente. Hier wird auf die Eier theils von den Wandungen der Eiersäcken, theils von den Eierstöcken, theils von den Gefässen und dem umliegenden Gewebe ein allseitiger Druck ausgeübt, in Folge dessen sie ganz unregelmässige Gestalten annehmen. Die halbflüssige Beschaffenheit des Dotters erlaubt aber den Eiern, dass sie sich auch dem engsten Raume, welchen sie durchdringen müssen, anpassen können; somit

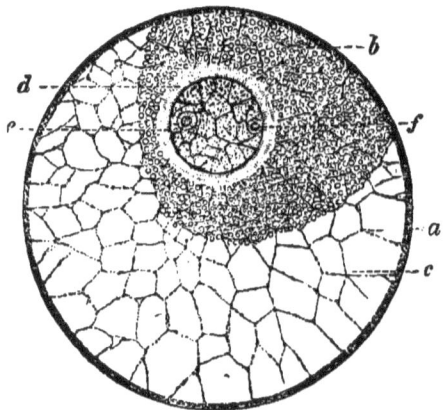

Fig. 1. *Diagramm des reifen Eies.*
a Die periphere Protoplasmaschicht. — *b* Dotter. — *c* Cytoplasmanetz. — *d* Protoplasmahof um den Kern. — *e* Kern (Keimbläschen) mit Kernnetz. — *f* Kernkörperchen.

verletzen sich die Eier auch nicht, wenn sie die äusserst engen Dissepimentlücken passiren müssen. Sie bewegen sich in der Richtung gegen die Eileiter, also von hinten nach vorn; es ist aber äusserst schwierig anzugeben, auf welche Art und Weise diese Bewegung zu Stande kommt. Die Undurchsichtigkeit des Körpers erlaubt überhaupt

---

[20]) Die Eier sämmtlicher Individuen sind nicht gleich gross; die kleinen Würmer legen überhaupt auch viel kleinere Eier ab als die grossen Exemplare; die oben angegebenen Dimensionen betreffen die Eier der mittleren Grösse.

nicht diesen Vorgang am lebenden Thiere zu verfolgen. Es ist möglich, dass es durch langsame peristaltische Contraction der Eiersäcke geschieht, andererseits kann man voraussetzen, dass die später entwickelten Eier auf die älteren einen gewissen Druck ausüben und auf diese Weise zum Vorrücken zwingen, schliesslich aber ist nicht ausgeschlossen, dass die Eier selbst sich durch amoebenartige Bewegungen nach vorne begeben können. Das letztere scheint mir aber wenig zulässig.

Diese Eier, welche also an den Schnitten durch den ganzen Körper überhaupt sehr unregelmässig und in ihren Umrissen, meist lappenförmig und in Folge der Dissepimente eingeschnürt erscheinen, sind in der Wirklichkeit rein kugelig, worüber man sich überzeugen kann, wenn es gelingt, dieselben künstlich aus dem Körper herauszupräpariren. Man braucht nur den Wurm in eine schwache Lösung Chrom-Osmiumsäure zu werfen und nöthigenfalls auch einen unbedeutenden Schnitt auf der Körperoberfläche auszuführen; dann quellen die Eier, indem sie freien Durchtritt haben, sammt der Eiersackmembran direct in die genannte Flüssigkeit hervor und nehmen allmälig eine rein kugelige Gestalt an.

Die so isolirten und erhärteten Eier zeigen an Querschnitten nachfolgenden Bau: Unter der äusserst feinen Dottermembran, die man künstlich von der Eisubstanz überhaupt nicht abheben kann, erstreckt sich eine 0·003 mm. hohe Schicht des peripherischen Plasma, welches sich im Pikrokarmin intensiver färbt und deshalb ohne grössere Schwierigkeit wahrzunehmen ist (Holzschnitt Fig. I. *a*). Sie besteht aus einer hyalinen Grundsubstanz, in welcher äusserst feine, aber doch deutliche, im Pikrokarmin intensiv sich färbende Plasmakörnchen eingebettet sind. Bei starken Vergrösserungen ist es nicht schwierig sicher zu stellen, dass diese Körnchen regelmässig schichtenweise und concentrisch in der Grundsubstanz angeordnet sind, in einigen Fällen scheint es aber, dass sie hier unregelmässig zerstreut sind. Diese Körnchen sind denjenigen gleichzustellen, die man viel deutlicher an den Fasern des Cytoplasmanetzes wahrnimmt. Im Leben ist diese Protoplasmaschicht braun.

Der weit grösste Theil des Eies ist vom Dotter eingenommen (*b*), welcher aus dicht neben- und aneinander liegenden glänzenden und gelblichen Kügelchen, welche sich in der Chromsäure nicht auflösen, dagegen in der Essigsäure und reducirten Chromsäure lösbar sind. In den grösseren Kügelchen gewahrt man je 1—4 oder noch mehrere kleinere Körperchen derselben Beschaffenheit, wie die kleineren Dotterkügelchen, nur scheint es, dass die inneren Körperchen aus einer flüssigeren Substanz bestehen. In späteren Entwicklungsstadien, namentlich während der Bildung des definitiven Darmepithels, scheint es, als ob diese inneren Körperchen knospen und sich meist in 4 neue Elemente theilen würden; auf diese Erscheinungen werden wir in einem späteren Capitel zurückkommen. Überhaupt aber kann man die Dotterkügelchen des Eies von Rhynchelmis mit den Elementen des sogenannten weissen Dotters des Vogeleies vergleichen.

An den gut präparirten und gefärbten Schnitten durch die reifen Eier von Rhynchelmis und noch besser an jenen von Lumbriculus (Taf. I. Fig. 7.) tritt in der Dottermasse sehr schön das Cytoplasmareticulum auf, dessen Fäden in den mannigfaltigsten Richtungen verlaufen (Holzschnitt Fig. I. c), sich verzweigen und unter einander anastomosiren. Es scheint mir, dass das Reticulum in der Umgebung des Kernes dichter ist, als in der Nähe der Peripherie des Eies. Die Verfolgung des Fadenverlaufes ist dadurch erleichtert, dass hier die intensiver sich färbenden Plasmapartikeln vorhanden sind, die nicht selten, vornehmlich bei Lumbriculus, eine bedeutende Grösse erreichen und den Eindruck kleiner „Nucleoli" machen. Die Grundsubstanz der Fäden färbt sich nur unbedeutend rosaroth.

In der nächsten Umgebung des Keimbläschens erstreckt sich der oben erwähnte Hof, welcher aus einem hyalinen Plasma besteht und in den reifen Eiern nur schwierig nachweisbar ist, zumal die Dotterkügelchen nicht selten die Wandung des Kernes berühren. Deutlicher tritt der perinucleare Hof, wie wir jetzt provisorisch diese Zone nennen, an denjenigen Eiern hervor, welche in der Chromessigsäure erhärtet wurden. Hier verlaufen noch die äusserst feinen Plasmastrahlen radienartig zum Keimbläschen (Holzschnitt Fig. 1. d). Welcher Natur dieselben sind, ist ziemlich schwierig zu entscheiden, indessen glaube ich nicht zu irren, dass man es hier mit modificirtem Plasma zu thun hat, aus welchem das Cytoplasmareticulum besteht; die Radien entsprechen wohl denjenigen, welchen wir in den späteren Furchungskugeln begegnen werden. Sie dienen offenbar zur Nahrungszufuhr für die Kernsubstanz.

Der Kern des erwachsenen Eies zeichnet sich durch eine resistente, glänzende, dicke, meist doppeltcontourirte Membran aus, die Pikrokarmin diffus gelb färbt, und es gelang mir auch mit den stärksten Vergrösserungen das Vorhandensein weder von Porenkanälchen, noch von irgend welchen Vertiefungen in derselben nachzuweisen. Sie ist offenbar Product des inneren Kerninhaltes, d. h. des granulösen

Karyoplasma, welches auf der höchsten Stufe seiner Entwicklung, wie es eben in dem geschilderten Stadium ist, vielleicht nur dadurch von dem Cytoplasma abweicht, dass es keine Dotterkügelchen enthält. In der dichten Plasmakörnelung des Keimbläschens kann man sich nur sehr schwierig von der Netzbildung überzeugen; doch sieht man an feinen Schnitten die Fäden des Netzes, welche offenbar viel resistenter sind als in den früheren Stadien. Das Karyoplasma färbt sich im Pikrokarmin durchaus nicht. Die Lage des Kernes ist ganz excentrisch, d. h. er liegt weit von dem Pole entfernt, mittels welchem das Ei mit dem Eierstocke zusammenhieng.

Ganz deutlich treten in dem körnigen Inhalte des Kernes die Kernkörperchen auf, welche Bezeichnung mir vorläufig passender zu sein scheint, als vielleicht „Nucleoli", worüber später mehr. Sie sind in der Regel zwei (Holzschn. Fig. 1. f), ausnahmsweise 3—4. In dem ersteren Falle erlangen sie 0·009 mm. im Durchmesser und entstanden wohl durch Theilung des ursprünglichen, homogenen Kernkörperchens. Nun kann die Theilung auch weiter fortschreiten und bald nur ein, bald beide Gebilde betreffen. In dem ersteren Falle finden wir 3 Kernkörperchen, deren Grösse sich so verhält, dass zwei gleich grosse kleiner sind als das grösste dritte. Im Falle, wo sich beide ursprüngliche Kernkörperchen getheilt haben (Taf. III. Fig. 8.), findet man 4 gleich grosse Gebilde.

Immer aber sind die Kernkörperchen gleich gestaltet; sie sind kuglig und bestehen aus dem inneren chromatischen Inhalte und der äusseren achromatischen Umhüllung. Die letztere (Taf. III. Fig. 9. k) ist glänzend, bald gleichmässig dick, bald einseitig dicker und auf der ganzen Peripherie porös. Man kann voraussetzen, dass durch die Poren die flüssige Nahrung in das Innere des Kernkörperchens eindringt, da man bei guten Vergrösserungen und günstiger Beleuchtung ganz deutlich wahrnehmen kann, wie einzelne Poren erweitert und mit einem flüssigen Inhalte angefüllt sind.

Der innere chromatische Theil des Kernkörperchens färbt sich in dem erwachsenen Eie meist nur sehr schwach, obwohl die Kügelchen durch ihren intensiven Glanz sehr leicht nachweisbar sind; offenbar veranlasst die dicke, homogene Membran des Kernes, dass die Färbemittel nur wenig oder überhaupt nicht in das Innere der Kernkörperchen eindringen. Man muss also auch den Kernkörperchen eigene Structur zuschreiben, die allerdings erst später während der Maturation ganz überzeugend hervortritt.

§. 4. Die Geschlechtsdrüsen der Lumbriciden.

Über die erste Anlage der Keimdrüsen bei der genannten Familie kann man sich an den ebenfals in den Cocons lebenden Embryonen überzeugen; meist sind aber die letzteren weiter in der Organisation fortgeschritten und die Segmente in voller Ausbildung vorhanden. Die jüngsten Stadien der Geschlechtsdrüsen von Allolobophora trapezoides fand ich in nachfolgenden Verhältnissen: Am vorderen Dissepimente des X. Segmentes 3 Zellen in je einer Gruppe; am vorderen Dissepimente des XI. Segmentes ebenso 3 Zellen, im XIII. Segmente dagegen nur 2 Zellen und diese noch im Stadium der Theilung begriffen, so dass auch hier zu schliessen ist, dass es ursprünglich nur je eine Zelle war, welche die späteren Bestandtheile der Keimdrüsen producirte. Denn die späteren Stadien der letzteren sind traubenförmige Gebilde, die aus verhältnissmässig grossen, gut begrenzten Zellen bestehen, die in allen Drüsen durchaus übereinstimmend sowohl in Gestalt, als Structur hervortreten. Es ist sehr schwierig, sich vom Vorhandensein dieser indifferenten Keimzellen an Querschnitten zu überzeugen, da sie arm an chromatischen Elementen, in den umliegenden Geweben der ganz engen Leibeshöhle eingebettet sind. So erkläre ich mir, das *R. S. Bergh*,[21]) der die indifferenten Keimdrüsen bei Lumbriciden zuerst entdeckte, dieselben erst in späteren, traubenförmigen Stadien abbildet. Ich habe vorgezogen, wie in allen Richtungen, mich zuerst am lebenden Materiale von dem Stande der Entwicklung einzelner Organe und somit auch der Keimdrüsen zu überzeugen. Die Keimzellen der Lumbriciden sind etwas kleiner und ebenso etwas heller als bei Rhynchelmis. Die erste Zelle entstand wohl durch Wucherung einer „Peritonealzelle", die sich später durch indirecte Theilung zur traubenförmigen Drüse herausgebildet hat. Die Schnitte durch die letztere ergeben, dass die Keimzellen aus einem hyalinen Plasma bestehen, in welchem ein grosser Kern mit Gerüst und undeutlichen chromatischen Elementen vorhanden ist. Die Lage der Keimdrüsen der Lumbriciden ist nicht dieselbe wie bei Rhynchelmis; während nämlich bei dem letzteren diese Organe im Raume zwischen Nephridium und Bauchstrang (am Dissepimente) befestigt sind, liegen die Keimdrüsen der Lumbriciden, wenigstens bei der oben genannten Art dicht unterhalb dem Nephridiostom des betreffenden Segmentes,

---

[21]) *R. S. Bergh*, Untersuch. über den Bau und die Entwicklung der Geschlechtsorgane der Regenwürmer Z. f. w. Z. Bd. 44. 1886.

ja es scheint in vielen Fällen, als ob der Hals des Nephridiostoms selbst die Basis der Drüse bildete; dies vornehmlich im Stadium, wo bereits deutliche Trauben vorhanden sind. Sonst bildet *Bergh* die Lage der Geschlechtsdrüsen (l. c. Tab. XXI. Fig. 10.) richtig ab, wie er auch zuerst hervorhebt, dass die Hoden und Ovarien die einzigen Theile des Geschlechtsapparates sind, die schon während des Coconlebens angelegt werden.

Über die Differenzirung der Elemente der Keimdrüsen zu Samen- und Eizellen habe ich keine Erfahrungen. Auch über die ersten Momente der Kernmetamorphose während der Maturation, die offenbar in den Eiersäcken (Receptacula ovorum *Bergh*) stattfindet, konnte ich mich in dem Masse, wie bei Rhynchelmis, nicht überzeugen. Das Schicksal des Kernkörperchens der reifen Eier ist mir durchaus unbekannt.

Neuerdings sind auch einige, die feinere Structur des Eies verschiedener Oligochaeten betreffenden Angaben mitgetheilt worden, die bereits an dieser Stelle besprochen werden können. Zunächst gibt *Neuland*[22]) an, dass er im Keimbläschen von „Lumbricus agricola" stets „mehrere solide Keimflecke", gefunden. Dieselbe Mittheilung hat bekanntlich schon früher *Claparède* gemacht, während später *Ratzel* die Duplicität des „Keimfleckes" als eine seltene Erscheinung bezeichnet. Ich, und etwas später *Bergh*, konnten diese Angaben nicht bestätigen, vielleicht aus dem Grunde, dass wir L. terrestris in Bezug auf den feineren Bau des Eies nicht untersucht haben. Die jetzt geschilderten Verhältnisse des Eies von Rhynchelmis erklären uns nun, dass die von *Claparède* hervorgehobene und von *Neuland* bestätigte Duplicität des Kernkörperchens auch in den kleinen Eiern einiger Lumbriciden vorkommen kann. In seiner Abbildung veranschaulicht der letzt genannte Autor, dass der ursprüngliche Keimfleck in Theilung begriffen ist, während von der Differenzirung desselben in körnige, oder besser, fadenförmige Elemente und die äussere Umhüllung keine Erwähnung gemacht wird.

Horst[23]) beschreibt die Ovarien von Acanthodrilus Büttikoferi, in denen „the basal portion of the ovary consists of indifferent germinal cells, while its inferior half contains several fully developped eggs". Nach meinen Erfahrungen sind die basalen Zellen

---

[22]) *C. Neuland*, Ein Beitrag zur Kenntniss der Histologie und Physiologie der Generationsorgane des Regenwurmes. — Inaug. Dissert. Bonn. 1886.
[23]) *R. Horst*, Descript of Earthworms. III. On Acanthodrilus Büttikoferi. — Notes from Leyden Museum. Vol. IX., pag. 291.

in den die Eier bereits producirenden Ovarien anderer Oligochaeten als deutlich erkennbare Eizellen vorhanden. Allerdings aber muss den Verhältnissen der chromatischen Elemente in den indifferenten Zellen einerseits und den Samen- und Eizellen andererseits nähere Aufmerksamkeit gewidmet werden.

Eine sehr interessante Mittheilung über die Eibildung von Eudrilus silvicola liefert neuerdings *F. E. Beddard*.[24]) Das sich bildende Ei ist an seiner Peripherie umgeben von den gewöhnlichen Keimzellen, die sich nicht mehr zu Eiern entwickeln, sondern sich in der Weise umwandeln, dass ihr Plasma verschmilzt und als eine fibröse Substanz erscheint; hier und wieder liegen zerstreute Kerne, die in späteren Stadien degeneriren, und das Ei befindet sich in einer halbflüssigen Substanz. Aber in der nächsten Umgebung des Eies befindet sich eine einfache Schicht säulchenförmiger Körperchen, die wahrscheinlich, wie *Beddard* richtig vermuthet, ebenfalls einer Keimzellenschicht ihren Ursprung verdanken. Dadurch, so wie durch die Art und Weise, wie die Eier von Eudrilus in die Eileiter gelangen, unterscheidet sich diese Gattung von allen übrigen, genauer in dieser Beziehung bekannten Oligochaeten. Sie erinnert aber auch auf die mehrmals hervorgehobene Eigenthümlichkeit des Eies der Säugethiere.

§. 5. Über die Veränderungen des Keimbläschens in den Eiersäcken von Rhynchelmis.

Die während der sog. Reifung stattfindenden Veränderungen, welche das Ei in den Eiersäcken durchmacht, sind ungemein schwierig zu verfolgen. Wie überhaupt die ganze Eibildung nur mittels der Schnittmethode verlässlicher zu ermitteln ist, so habe ich auch das weitere Schicksal des Eies, nämlich die Reifung, an den durch den ganzen Körper geführten Schnitten verfolgt, oder auch auf einzelnen Eiern, die es mir unverletzt aus dem Körper auszupraepariren gelang. Obwohl nun in diesem Abschnitte manches fehlt, was zur genaueren Kenntniss der Reifung unentbehrlich erscheint, so scheint es mir doch, dass ich durch einige Angaben zur Vervollständigung unserer Kenntnisse über die in Rede stehenden Vorgänge beizutragen im Stande bin. So genau können meine Mittheilungen allerdings nicht

---

[24]) *F. E. Beddard*, Note on the Structur and Development of the ovary in an Annelid (Eudrilus). — Journ. of Anatomy and Physiologie. Vol. XXII.

sein, wie die über die Reifung von Ascaris megalocephala, an deren durchsichtigen, wenn auch kleinen Eiern, die Metamorphose des Kernes vor der Bildung der Polkörperchen von mehreren Forschern neuerdings — wenn auch mit meist abweichenden Resultaten — auf Schritt und Tritt verfolgt werden konnte.

In dem im vorigen Capitel dargestellten Zustande verbleibt das Ei nicht, es beginnt in den nächst folgenden Stadien zu reifen, welcher Vorgang nur den Kern betrifft, während die übrige Eisubstanz auch weiterhin unverändert verbleibt. Die erste Veränderung ist die, dass der Kern an seiner ganzen Oberfläche bedeutend zusammengeschrumpft erscheint, die Membran bildet zahlreiche Faltungen und scheint auf der Oberfläche wie in Resorption begriffen. Diese Erscheinung ist so auffalend, dass ich anfangs der Meinung war, dass man es hier mit einer Schrumpfung des Kernes in Folge der Reagencienwirkung zu thun hat. Da aber die Kerne der jüngeren Eier ihre Formen zu gleichen Bedingungen unverändert behielten, musste ich richtig dafür halten, dass diese scheinbare Schrumpfung und unregelmässige Umrisse an der Oberfläche des Kernes nur Folgen bestimmter innerer Vorgänge sind.

Die auffallendste Metamorphose sieht man also an der Kernmembran; sie ist stark gefaltet, hier und da entbehrt sie ihrer scharfen Umrisse und dann dringt der innere Inhalt in die nächst liegende Umgebung des Kernes ein, somit in den hyalinen perinuclearen Hof. Sonst verbleibt aber der Kerninhalt auch jetzt dicht, körnig und färbt sich nicht, ebenso wie die Kernkörperchen. Die Resorbirung der Keimbläschenmembran geht aber offenbar schnell vor sich, da man deren Spuren nur in wenigen nächst folgenden (vorderen) Eiern — in Form von glänzenden und in Folge der Pikrinsäure gelb gefärbten Fetzchen und Fasern — sicherstellen kann, die in der Umgebung des veränderten Kernes herumliegen. Je dicker die Membran ist, um so langsamer geht die Resorbirung vor sich, und in einem Falle, wo das Ei in der Chrom-Essigsäure erhärtet wurde, fand ich die stark contrahirte und zerfallende Membran, im Ganzen aber ziemlich erhalten, während der innere Kerninhalt ausserhalb derselben sich befand. (Taf. IV. Fig. 18.)

Meist aber kommen die auf Taf. III. Fig. 7. dargestellten Fälle zum Vorschein; die Membran ist meist resorbirt, die innere Substanz stark contrahirt und entsendet unregelmässige Ausläufer in den perinuclearen Hof. Die Kernkörperchen veränderten nur unbedeutend ihre Beschaffenheit; ihre äussere Umhüllung erscheint als ein breiter, hyaliner Hof ohne scharfe Umrisse, die inneren Körnchen färben sich intensiv roth; offenbar beginnt auch die äussere Umhüllung zu resorbiren, infolge dessen die Färbemittel in das Innere eindringen können.

In den nächst folgenden Stadien kommen ganz neue Erscheinungen in Betracht: die Kernmembran ist spurlos verschwunden; der Innere Inhalt sieht ganz anders aus. Die Körnelung und das Gerüst sind nicht mehr nachweisbar, wahrscheinlich zerfliessen sie in der hyalinen Grundsubstanz, die jetzt als der eigentliche Character des veränderten Keimbläschens hervortritt. Dieses Stadium gewann ich durch die Erhärtung der Eier in der Chromsäure, während die in der Chrom-Essigsäure conservirten Eier die geschilderten Verhältnisse nur undeutlich erkennen lassen.

Die Substanz des ursprünglichen Kernes erscheint hier als ein homogenes, im Pikrokarmin diffus sich färbendes Plasma, das nach der Art einer Amoebe zerfliesst; auf Fig. 16. Taf. III. sieht man, diese amoebenartige Figur des früheren Kernes. Im Durchmesser erlangt die Grösse dieses veränderten Kernes 0·065 mm. In einem Falle gelang es mir den Schnitt direct durch das Centrum dieses Stadiums zu führen und kann somit bestimmtere Angaben über dessen Structur mittheilen; der Schnitt wurde nämlich so geführt, dass in jede Hälfte je ein Kernkörperchen zu liegen kam. Das letztere ist nun der wichtigste Bestandtheil des veränderten Kernes, indem es eine ebenso markante Metamorphose aufweist. Das Kernkörperchen hat in diesem Stadium seine eigene Structur, indem dasjenige, was wir bisher als Körnchen des Kernkörperchens bezeichnet haben, als verdickte Knoten eines Fadens sich kundgeben; kurz und gut, die Kernkörperchen unserer Eier sind chromatische Kernfaden oder „boyau nucleinien". *Carnoy's.* Im Verlaufe der bisher geschilderten Vorgänge hat sich nämlich jedes Kernkörperchen vergrössert, indem es jetzt im Durchmesser 0·016 mm. hat. Die frühere doppelt contourirte und poröse Umhüllung ist verschwunden, indem sie sich ebenfalls resorbirt hat, wie die Kernmembran, und verschmilzt mit dem äusseren homogenen Plasma (Taf. III. Fig. 16.) in Form von unregelmässigen und diffus roth sich färbenden Strahlen. Die Resorption der porösen Umhüllung hat zur Folge, dass sich dieser chromatische Knäuel entfaltet und Färbemittel imbibirt. Mittels starker Vergrösserungen (Zeiss Imm J.) kann man leicht sicherstellen, dass die Grundsubstanz des Knäuels eine hyaline, homogene Flüssigkeit ist, in welcher ein feines und zierliches Netz sich erstreckt; dasselbe besteht aus feinen Fädchen und grösseren Kügelchen, die als Knötchen an den ersteren befestigt sind, oder besser als Verdickungen der ersteren sich kundgeben. Die intensive Färbung sowohl der Knötchen, als des Fadenwerkes erleichtert die Verfolgung des metamorphosirten Kernkörperchens, welches jetzt ganz und gar den Kernen des späteren Blastomeren gleichkommt. Die amoebenartigen Stadien des ursprünglichen Kernes sind an Längsschnitten durch den ganzen Körper verhältnissmässig spärlich, so dass es scheint, dass sie nicht lange in dieser Form verharren. Thatsächlich zeigen auch die Nachbareier in den nächst vorderen Segmenten eine weitere Metamorphose, d. h. eine Reduction in der Grösse und in der äusseren Gestalt des Kernes, dessen pseudopodienartige Fortsätze sich eingezogen haben und jetzt als undeutliche Lappen erscheinen (Taf. III. Fig. 17.); das Plasma wird anscheinlich dichter, verändert sich aber weiter nicht, ebenso wie die chromatischen Kernfäden.

In weiterem Fortschritte der Metamorphose wird der Kern rein kuglig, zeigt auch eine schwache Contour (Taf. III. Fig. 17.) und färbt sich intensiver roth, in Folge dessen die Structur der chromatischen Fäden viel undeutlicher als in den vorigen Stadien zu erkennen ist. Die Körnchen derselben kann man deutlicher in einer radiären Zusammenstellung an der Peripherie wahrnehmen. So entstand der neue Kern, der namentlich in den Eiern deutlich hervortritt, die in der Chrom-Essigsäure erhärtet wurden. Aber von der Structur desselben kann man wenig sagen; die chromatischen Knäuel treten sehr schwach hervor und es scheint nicht selten, dass sie ganz fehlen (Taf. III. Fig. 17"). Im Grossen und Ganzen machen diese neuen Kerne den Eindruck jener Kernformen, die man bei einigen Infusorien (mit Ausnahme von Acineten und Vorticeliden) trifft, und dies um so mehr, dass die Kerne nicht in der kugligen Gestalt fortdauern, sondern eine ellipsoidische Form annehmen, diejenige, welche *Bütschli*[25]) bei manchen Infusorien vor deren Theilung darstellt. Den hyalinen Hof in der Umgebung der so veränderten Kerne gelang mir an meinen Präparaten nicht sicher zu stellen, obwohl ich nicht zweifle, dass er hier vorhanden sein muss.

Die in der früheren Lage, d. h. in der Nähe der Eiperipherie liegenden Kerne verlängern sich allmälig und werden somit schlanker, bis sie die Gestalt kurzer Spindeln annehmen. Längs der letzteren, d. h. an deren Oberfläche, ziehen feine Längsstreifen, die sich in der ganzen Länge durch dieselbe Lichtbrechung auszeichnen, doch war ich nicht im Stande, eine aequatoriale Verdickung wahrzu-

---

[25]) *O. Bütschli*, Studien über die ersten Entwicklungsvorg. der Eizelle, die Zelltheilung etc. 1876. Frankfurt. Vergl. Taf. IX., X., XI., XII.

nehmen, worauf höchst wahrscheinlich die Art der Präparation Schuld trägt, und so kann ich namentlich vom Schicksale und weiterer Metamorphose des chromatischen Kernfadens nicht ausführlichere Aufschlüsse liefern, weil ich die in dieser Richtung untersuchten Würmer bloss in der Chromsäure erhärten liess. Nur darüber kann ich noch mittheilen, dass an beiden Spindelpolen (Taf. I. Fig. 2.) grössere, hyaline und kuglige Höfchen erscheinen, welche aus einer farblosen Substanz bestehen, über deren Ursprung ich mich bei Rhynchelmis nicht äussern kann; ist es ein Product des Cytoplasma oder des ursprünglichen Keimbläschens? Ich glaube, dass diese polaren Plasmaanhäufungen von dem oben geschilderten perinuclearen Höfchen herrühren. Die Verfolgung des letzteren ist in den späteren Stadien der Keimbläschen-Metamorphose, wie gesagt, ungemein schwierig und ich kann momentan keine Gründe für die ausgesprochene Auffassung liefern. Doch kann man voraussetzen, dass der perinucleare Hof des reifen Eies später nicht verschwinden konnte und tritt vielleicht bei der Herausbildung der Spindel in der doppelten Anhäufung des Plasma an den Polen der letzteren. Später werden wir zwar Gelegenheit haben, diese Auffassung durch directe Beobachtung zu unterstützen, dass nämlich der ursprüngliche perinucleare Hof, — oder, wie wir ihn weiter unten als Periplast bezeichnen wollen, — eigentlich die Bildung der Spindel verursacht und sich schliesslich in die polaren Periplaste theilt: aber wir können uns auch bei dem reifenden Eie von Lumbriculus auf übereinstimmende Vorgänge, wie bei Rhynchelmis berufen, wenn wir auch bei dem ersteren den ganzen Process nicht verfolgt haben. Bei Lumbriculus nimmt nämlich auch der definitive Kern die spindelförmige oder besser tonnenförmige Gestalt an und wir sehen in Taf. I. Fig. 4., dass sich die Elemente des chromatischen Fadens in dem Aequator zum sog. Muttersterne angeordnet haben. Aber die Kernspindel ist selbst in eine äussere, ebenfalls spindelförmige, aus zarten achromatischen Fäden bestehende Scheide eingeschlossen. Die Fäden treten namentlich deutlich in der Nähe der Polen hervor, wo sie an den diffus sich färbenden homogenen „Centren", d. h. jenen polaren Periplasten endigen, oder besser ihren Ursprung nehmen; rings um die Periplasten gruppiren sich die Cytoplasmaradien, und es ist nicht schwierig in der angezogenen Abbildung sich zu überzeugen, dass die letzteren eben nur aus dem Cytoplasmareticulum entstehen.

Die geschilderten Stadien der Eier von Rhynchelmis findet man nur in den vorderen Theilen der Eiersäcke, in der Nähe der Eileiter und werden bald, mit der gut ausgebildeten Spindel abgelegt.

§. 6. Die Coconbildung und Eiablage von Rhynchelmis.

Es ist unmöglich den Vorgang der Eiablage und die Art der Coconbildung an den im Freien lebenden Würmern zu beobachten, indem bekanntlich Rhynchelmis am Grunde von sumpfigen und sandigen, stehenden Wässern und Flüssen sich aufhalten. Wenn sie nun die Eier legen wollen, so kriechen sie aus den tiefen Schichten gegen die Oberfläche und befestigen ihre Cocons auf verschiedene Wasserobjecte, namentlich Steine, einige Pflanzen und im Mangel an letzteren an deren Wurzeln und nicht selten auf die sich zersetzenden Überreste der letzteren. Ziemlich leicht kann man sich von dieser Thätigkeit der Würmer überzeugen, wenn man dieselben in den geräumigen Glasgefässen oder Aquarien hält, — was allerdings nothwendig ist, soll man die Entwicklungsgeschichte Schritt für Schritt verlässlich verfolgen.

Die Eiablage hängt immer von einem gewissen Temperaturgrade ab, und allerdings von der vorangehenden völligen Reife der Geschlechtselemente. Wie ich bereits früher constatirt habe, [26]) gelangen die Geschlechtsdrüsen zur völligen Entwicklung im Winter; auch bei —12° und —13° R. wurden geschlechtsreife Rhynchelmis gefunden, was zu der gewiss nicht unbegründeten Auffassung Anlass gab, dass man es hier mit einer rein arktischen Form und vielleicht mit einem Repraesentanten der gewesenen Glacialfauna zu thun habe. Die am 28. December 1875 mit vollständig entwickeltem Geschlechtsapparate versehenen Würmer legten aber im Freien keine Eier ab, wogegen sie in die Temperatur von 16° R. übertragen die mit Eiern gefüllten Cocons producirten und dieselben an die Stengel von Fontinalis befestigten.

Dasselbe wiederholte sich auch bei meinen letzteren fünfjährigen Beobachtungen. Die im natürlichen Zustande lebenden Würmer legten die Eier weder im Januar, noch Februar ab, und erst am Anfange der wärmeren Märztage 1883 fand ich deren Cocons. Der Anfang des genannten Monates 1885 war sehr kalt und es gelang mir weder in der Elbe, noch in der Moldau bei Prag die Cocons zu finden; dagegen in den warmen Tagen am 15., 17., 22. etc. März war es möglich, eine grosse Anzahl der Cocons zu sammeln, welche an den Wurzeln des Schilfrohres befestigt waren und die in ersten Furchungsstadien befindlichen Eier enthielten. Da der Frühling im J. 1886

---

[26]) Anatomische Studien an Rhynchelmis (l. c.).

sich sehr verspätet hat und erst Ende März eine günstigere Temperatur aufbrach, war ich erst Anfang April im Stande, eine genügende Menge der Cocons zu sammeln.[27])

Anders bei den in Gefangenschaft gehaltenen Würmern; wie 1875 im December, so auch in den letzten 5 Jahren im Februar in's warme Zimmer gebracht, legten sie Cocons bereits nach 2—4 Tagen ab. Die Lebensweise ist hier dieselbe wie im Freien; die Würmer halten sich am mit sandigem Sumpfe belegten Boden der Gefässe, oder auch, zu dichten Knäueln verwickelt, an den Wasserpflanzen, die theils wegen der Oxydirung des Wassers, theils als Basis für die zu befestigenden Cocons der Würmer hier eingetaucht wurden. Von diesen Wasserpflanzen mögen vornehmlich Fontinalis und Roripa genannt werden, die immer mit grösserer Anzahl Cocons besetzt waren, während die Ästchen von Elodea canadensis nur in seltenen Fällen die Cocons trugen.

Nachdem der Wurm seine Zeit erkannt hat, verlässt er das gemeinschaftliche Knäuelnest und kriecht vom Boden des Gefässes an den Pflanzenstengeln unruhig von einem zum anderen herumschleichend. Ein solcher ist in der Regel im Begriffe einen Cocon abzulegen, was auch äusserlich nach einem weisslichen Anfluge am 8—16 Segmente kenntlich ist. Nicht selten kann man beobachten, dass zwei Würmer gleichzeitig den gemeinschaftlichen Knäuel verlassen und sich auf ihren Irrwegen begegnend sich anfangs gegenseitig mit ihren Rüsseln schlagen, später aber schlängeln sie sich mit den vorderen Theilen des Körpers um einander, um schliesslich sich umschlingend und mit entgegengesetzen Körperenden an sich legend, sich zu begatten. Dabei legt sich das 9. Segment des einen Wurmes an dasselbe des anderen, so dass das Samentaschensegment mit den äusseren Öffnungen der Samenleiter in Berührung kommt. Es wollte mir auch scheinen, dass sich das Distalende der Eiweissdrüse ein wenig hervorgestülpt hat, doch konnte mich nicht ganz genau davon überzeugen, da es ganz unmöglich ist, der Würmer „in coitu" habhaft zu werden; dieser Act dauert überhaupt nicht lange und bei leisester Berührung trennen sich die Würmer rapid von einander los und schleichen wieder fort.

Nach einer Zeit dieses unruhigen Hin- und Herschleichens schlängelt sich schliesslich der Wurm mit hinterem Körper um den Pflanzenstengel, mittels des Rüssels die Stelle antastend, wo er den

---

[27]) Zu jeder Zeit dieser embryologischen Untersuchungen betheiligte sich in ausgiebiger Weise am Sammeln des Materiales Herr Prof Cand. Ant. Stolc, wofür ich ihm zu grossem Danke verbunden bin.

Cocon befestigen wollte. Es scheint, dass er im weiteren Herumkriechen aufhört, nachdem er solchen günstigen Punkt gefunden hat; dann legt er sich nämlich fest an die betreffende Stelle etwa mit 16. Segmente an und sich fast rechtwinklig umbiegend, ragt er steif mit dem Rüssel in's Wasser hinein.

Der weissliche Anflug der oben erwähnten Segmente wird von nun an intensiver und geht in einen bläulich violetten Ton über. Auch nur schwach mit Nadel berührt, oder durch ein anderes vorüberschleichendes Individuum, oder im Wasser frei herumschwimmenden Copepoden in seiner Ruhe gestört, verliert der Wurm fast augenblicklich den erwähnten Anflug und flieht rasch zum Boden des Gefässes, oder schleicht unruhig an den Wasserpflanzen herum. Falls er aber aus der Ruhe nicht gestört wird, schwillt der Wurm nach und nach am 8—16. Segmente an, wodurch dieser Körpertheil schärfer über das übrige Niveau des Körpers hervortritt. Diese Anschwellung erkläre ich mir aus der reichlichen Sekretausscheidung der Hypodermisdrüsen der betreffenden Gürtelsegmente, wodurch der künftige Cocon sich anlegt, welcher auch bald ganz deutlich in seinen Umrissen hervortritt, nachdem der ganze Raum zwischen dem 8—16. Segmente durch das Ausscheiden der Eiweissflüssigkeit mächtig anschwillt. Die Eiweissflüssigkeit wird vermeintlich von der Eiweissdrüse producirt. Das Hautdrüsensekret erstarrt allmälig an der Oberfläche und wird so zur Coconmembran, während die Eiweissflüssigkeit eine wasserklare Substanz vorstellt, die sich sowohl im Wasser, als Alkohol niederschlägt, in der verdünnten Essig- und Chromsäure dagegen sich auflöst. Der soeben angelegte Cocon ist ganz weich und wird mit dem hinteren Ende an die Pflanze befestigt; nach einer kurzen Zeit erstarrt derselbe und schnürt den Wurmkörper an zwei Stellen, nämlich am 8. und 16. Segment so mächtig ein, dass derselbe an diesen Zonen bis auf $1/4$ des natürlichen Umfanges contrahirt wird. Die aus dem Cocon hinausragenden Vordersegmente erscheinen dann als ein fadenförmiger, gewöhnlich stark röthlicher und schlingenartig gebogener Fortsatz (Taf. III. Fig. 10). Höchstwahrscheinlich, dass durch die Einschnürung der Coconmembran sich eine grössere Menge der Blutflüssigkeit in den vorderen Körpersegmenten angehäuft hat und die Circulation unregelmässiger wird.

Es ist schwierig, die Zeit zu bestimmen, in welcher das Auslassen der Eier aus den Eileitern in die Eiweissflüssigkeit erfolgt. Durch directe Beobachtung habe ich Fälle sichergestellt, dass ein Wurm Abends eines Tages mit einem völlig angelegten, ja fertigen

Cocon versehen war und denselben noch am nachfolgenden Tage unverändert mit herumschleppte. Nicht selten streift er ihn ab, ohne die Eier hineinzulegen. Im grossen und ganzen scheint die Annahme berechtigt zu sein, dass die Menge der in den Eiersäcken angehäuften und reifen Eier die frühere oder spätere Ablage derselben und Abstreifung der Cocons veranlasst. Im allgemeinen gilt nämlich die Regel, dass die Eier unmittelbar nach der vollständigen Verfertigung der Cocons und Anfüllung derselben mit Eiweissflüssigkeit nach aussen befördert werden. Dies in folgender Weise: Unter gleichzeitigen und offenbar schmerzhaften Contractionen des Vorderkörpers quellen aus den Öffnungen der Eileiter zuerst langsam, später sehr rasch hinter einander die halbflüssigen, bräunlichen Eier hervor, die nach dem Ausschlüpfen aus dem Körper sich im vorderen Theile des Cocons anhäufen und je nach der Menge mehr oder weniger den betreffenden Körpertheil verdecken. Nach meinen Notizen dauert das Auslassen der Eier 10—25 Minuten, woraus zu schliessen ist, dass jedes Ei eine verhältnissmässig längere Zeit zu seiner Ablage braucht. Dann beginnt die Coconabstreifung, was wieder 5—6 Minuten dauert. Der hintere Pol ist, wie gesagt, an der Pflanze befestigt, während der vordere, gleich dem ganzen Cocon, den Körper umgibt; der Wurm zieht nun den Vorderkörper in den Cocon zurück, wobei sich die bisher in einem Häufchen befindlichen Eier gleichmässig in der ganzen mittleren Coconanschwellung vertheilen. Der vordere Pol bleibt geöffnet (Taf. III. Fig. 11.), während der hintere sich meist ganz verschliesst.

Die Anzahl der Eier in einzelnen Cocons ist, wie bereits *Kovalevsky* erwähnt, sehr verschieden; ich habe 1—22 gefunden. Die leeren Cocons kann man meist am Ende der Geschlechtssaison, etwa gegen Ende April in grösserer Menge finden.

Kaum hat der von reifen Eiern strotzende Wurm einen Cocon abgelegt, sucht er bereits wieder eine neue Stelle, wo er den zweiten absetzen möchte, welchen er, so wie auch in manchen Fällen den dritten, vierten u. s. w. in die nächste Umgebung des ersteren befestigt. Wenn aber andere Würmer einen Cocon an einer günstigen Stelle gefunden haben, befestigen auch sie auf dieselbe, oder in deren nächste Umgebung ihre Eikapseln. So kann man nicht selten an einem einzigen kleinen Pflanzenstengel 10—15 und mehr Cocons finden.

Die frisch gelegten Eikapseln sind ganz weich, ja sogar schleimig, da die äussere Coconmembran bisher nicht vollständig erstarrte.

Dieser ungünstigen Beschaffenheit ist zuzuschreiben, dass es mir nicht gelang, sicher zu stellen, wie sich im ersten Momente der Eiablage die Spermatozoen verhalten; auch in den nächst folgenden Stadien habe ich nämlich die ursprüngliche Gestalt und Anzahl der Spermatozoen nicht nachweisen können, die gewiss im Verlaufe der Eiablage aus den Samentaschen gleichzeitig in die Cocons gelangen und sogleich sich in die Eisubstanz einbohren. In der Eiweissflüssigkeit gelang es mir nämlich in keinem einzigen Falle weder Spermatozoenklumpen, noch isolirte Spermatozoen zu finden.

§. 7. **Die Eikapseln der Lumbriciden.**

Will man sich die zu embryologischen Zwecken nothwendig grosse Anzahl von Cocons der Lumbriciden verschaffen, so ist es unentbehrlich, wie bereits bemerkt, die Regenwürmer in besonderen Terrarien zu halten. Ich habe zu diesem Zwecke einlitrige Töpfe und Blechkisten gewählt, in denen einzelne isolirte Arten gehalten wurden. Dieselben legen ihre Cocons meist auf der Oberfläche der Erde, man findet aber einzelne Eikapseln in den tieferen Schichten zerstreut, — eine Regel, die sich auch bei den im Freien lebenden Würmern wiederholt. In der letzteren Beziehung habe ich mir grössere Komposthaufen anlegen lasssen, in denen sich bald mehrere Arten, wie L. rubellus, Allolobophora putra, foetida etc. versammelten und hier ihre Cocons in beliebiger Menge abgelegt haben. Schliesslich habe ich in meinem Garten besonders gewählte und isolirte Rasenplätze während der heissen und trockenen Sommersaison 1885 tagtäglich begiessen lassen, in Folge dessen sich hier Allolobophora trapezoides in grosser Menge einfand und zwischen den Graswurzeln ihre Cocons hinterliess; war der Boden allzuviel nass, so befanden sich die Cocons beinahe auf der Oberfläche, welche Regel sich auch bei Allolobophora chlorotica an den Ufern der Bäche und Flüsse wiederholt; in den trockenen Localitäten findet man dagegen die Cocons viel tiefer in der Erde vergraben. Die frisch gelegten Cocons sämmtlicher von mir untersuchten Arten kann man nach der blassen, bis weisslichen Farbe, so wie nach einem besonderen schleimigen Fortsatze erkennen, welcher später zu Grunde geht, oder vertrocknet, so dass die Cocons der Lumbriciden, der Gestalt nach, im grossen und ganzen den von Rhynchelmis gleichkommen.

Die frisch gelegten, oder bald nach der Ablage gefundenen Cocons von L. rubellus, Allolobophora foetida, All. putra, die ich in dieser Beziehung speciell untersucht habe — sind ziemlich weich, anfangs weisslich, später gelblich, an beiden Polen in kurze bräunliche Stiele auslaufend. Auffallend ist aber der schleimige, ganz weiche und durchsichtige schlauchförmige Fortsatz (Taf. XX. Fig. 7. *f*) des einen, — ich möchte sagen — vorderen Poles; derselbe erreicht bei L. rubellus mehr als 10 mm. Länge und ist in den meisten Fällen, bald an der ganzen Oberfläche, bald zum Theile mit kleinen Sandkörnchen oder Humuspartikeln (z) belegt. Bei jeder Verletzung fällt der Fortsatz vom Cocon ab und nimmt niemals die feste pergamentartige Beschaffenheit der eigentlichen Coconmembran an, da er, wie gesagt, meist vertrocknet und in diesem Falle nicht erkennbar ist. Die genauere Verfolgung des frischen Zustandes des besagten Fortsatzes ergibt, dass er auch den erweiterten Theil des Cocons in Form einer durchsichtigen Schicht umgibt und schliesslich mit den Rändern des hinteren Stieles zusammenfliesst. Es ist also evident, dass der schleimige Fortsatz eine Duplicatur der eigentlichen Coconmembran darstellt, dass er aber die hornige Beschaffenheit der letzteren nicht angenommen hat. Eine Erklärung dieser doppelten Coconumhüllung zu geben ist ziemlich schwierig, da es absolut unmöglich ist, den Process der Coconbildung bei Lumbriciden zu beobachten. Ich kann auch nicht angeben, an welchen Segmenten sich die Eikapsel anlegt; höchst wahrscheinlich geschieht dies auf den Segmenten, welche die Geschlechtsdrüsen, die Samentaschen, Eiweissdrüsen und Eileiter enthalten, somit auf denselben Segmenten, wie wir dies bei Rhynchelmis angetroffen haben. Allerdings wird hier nur die hornige Coconmembran gebildet, während die schleimige Umhüllung entweder von den vorderen oder hinteren Segmenten secernirt wird. Das letztere scheint mir wahrscheinlicher, da ich von einigen Arten zur Zeit der Coconbildung mehrere Exemplare zu Gesicht bekam, deren Gürtel mit einer schleimigen Masse umhüllt war, die dem erwähnten Fortsatze der fertigen Cocons nicht unähnlich ist. Auch die Länge des schleimigen Coconfortsatzes spricht zu Gunsten dieser Auffassung.

Die **Structur** der hornigen Coconmembran spricht dafür, dass die letztere ein Product der Hypodermis ist; sie besteht nämlich aus einem Gewirr von durcheinander verflochtenen Fasern, ähnlich denjenigen, die man in der Cuticula verschiedener dickhäutiger Würmer, wie z. B. von Sternaspis und Gordius seit lange kennt. Es gibt aber Arten, deren Cocons auf der Oberfläche noch eine homogene, nicht gleich verdickte Schicht tragen, welche dann als zierliche Felderung erscheint. Sehr deutlich sind derartige Areolen auf der Oberfläche der

Cocons von Allurus (Taf. XX., Fig. 13a), weniger erkennbar sind dieselben auch bei Allolobophora chlorotica.

Die feinere Structur der Coconmembran habe ich nicht näher untersucht, glaube aber, dass die letztere wenigstens aus zwei Schichten besteht, einer äusseren, homogenen, und einer inneren, dickeren Schicht, die aus Fasern besteht, die in zwei Richtungen verlaufen. Dadurch ist die Coconmembran der Cuticula des Leibesschlauches gleichwertig und die Ähnlichkeit zwischen beiden ist noch grösser, als die ganze Oberfläche der Coconmembran ungemein zahlreiche Kreuzchen trägt, die eben durch den Verlauf der Fasern und das Vorhandensein der Porenkanälchen verursacht werden. Dagegen unterscheidet sich die Coconmembran von der gewöhnlichen Cuticula des Leibesschlauches durch ihre Starrheit und die hornige Beschaffenheit, sowie durch die Widerstandsfähigkeit gegen die Einwirkung der äusseren Einflüsse. Einzelne leere Cocons von L. rubellus habe ich im Humus auch nach drei Jahren unverletzt gefunden.

Die **Eiweissflüssigkeit** ist milchartig und der äusseren Consistenz nach bald sehr dicht, undurchsichtig, wie bei Lumbricus rubellus, Allolobophora chlorotica und trapezoides und Dendrobaena; bald flüssig und durchscheinend, wie bei Allolob. putra, bald ganz klar, wie bei Allurus tetraëder, in welcher letzteren Beziehung die Eiweissflüssigkeit jener von Rhynchelmis ähnlich ist. Eine Eigenthümlichkeit zeigt das Eiweiss von Allolob. foetida; in den frischgelegten Cocons, oder kurz nach diesem Acte ist es flüssig, fast milchweiss mit einem graulichen Tone. Zur Zeit aber, als die Eifurchung beginnt, coagulirt die Eiweissflüssigkeit und erstarrt schliesslich in der Weise, dass sie eine gummiartige Beschaffenheit annimmt, ja nicht selten wird sie ziemlich hart und im Wasser beinahe unlösbar, während bei den übrigen Arten sie bald und leicht sich im Wasser auflöst und je nach dem zugesetzten Wasserquantum eine mehr oder weniger weissliche Flüssigkeit erscheint. Diese Eigenthümlichkeit des Eiweisses von Allolob. foetida veranlasst, dass man die Furchungsstadien nur mit grossen Schwierigkeiten auspräpariren kann; sie befinden sich auch nicht innerhalb des zähen Eiweisses, sondern direct unterhalb der Coconmembran.

Die **Anzahl** der innerhalb der Cocons befindlichen Eier ist mannigfaltig; bei Lumbricus rubellus und Dendrobaena 1 bis 2, bei Allolob. putra, chlorotica etc. höchstens 3, bei All. trapezoides trifft man in der Regel nur ein befruchtetes Ei, während später je nach der Art der Furchung 1—2 Embryonen zum Vorschein kommen. Die Cocons von All. foetida enthalten eine grössere Anzahl Eier, nämlich bis 20, aus denen allerdings nur 2—6 Embryonen hervorgehen. Die übrigen degeneriren meist aus nachfolgenden Gründen:

1. Die Eier sind nicht befruchtungsfähig, weil sie unreif sind.
2. Die reifen Eier werden nicht befruchtet, wenn sie nämlich mit Spermatozoen nicht in Berührung kommen.
3. Die Furchung geht anormal vor sich.
4. Das Wachsthum der Zwillingsembryonen findet in ungünstigen Achsen statt.

Die unreifen Eier kann man nur in den frisch gelegten Cocons finden. Sie unterscheiden sich von den reifen nur durch einen ziemlich kleinen Kern mit grösserem Kernkörperchen, während sie bezüglich der Beschaffenheit des Cytoplasma und der Grösse den reifen Eiern gleichkommen. Ein derartiges Ei von All. foetida ist auf Taf. XIII, Fig. 10 dargestellt. Das Cytoplasma besteht aus einer hyalinen Grundsubstanz, in der sich ein ungemein zierliches Plasmanetz erstreckt. In der nächsten Umgebung des Kernes ist das Plasma fein granulirt, durchscheinend. Der Kern hat eine centrale Lage, ist scharf contourirt, blass und enthält ein grosses, lichtbrechendes Kernkörperchen. Nach Aussen ist das Ei von einer ziemlich resistenten Membran umgeben. Dass das Ei der weiteren Entwicklung nicht fähig ist, beweist der Umstand, dass ich es stundenlang ohne jede Veränderung beobachtete, während die übrigen Eier desselben Cocons in der Furchung begriffen waren.

Derartige Eier können aber auch befruchtet werden, d. h. die Spermatozoen können, und zwar gleich in grösserer Menge in den Dotter hineindringen, ohne jedoch mit dem Kerne zu verschmelzen. Ein solches Ei ist auf Taf. XIII., Fig. 11. von Allolobophora putra (Vergr. Zeiss Imm. J. oc. II.) abgebildet Es hat eine ovoide Gestalt und ist von einer Dottermembran umhüllt, die regelmässig an den befruchteten Eiern der Lumbriciden erscheint. Im Eidotter ist das Reticulum im frischen Zustande nicht nachweisbar, der Dotter selbst besteht aus einem grobkörnigen Plasma, in dessen Centrum sich wieder der scharf contourirte, von einem hyalinen Plasmahöfchen umgebene Kern befindet. Das Kernkörperchen ist unverändert. Ganz verschieden von dem Eikerne sind die im Dotter gelagerten Körper von verschiedener Grösse und Gestalt; die kleinsten (*a, a*) sind deutliche Zellen mit hyalinem Plasma und dunklerem kugligen Kerne, welchen Bau auch das grössere Gebilde (*b*), allerdings viel deutlicher aufweist; namentlich der Kern mit zahlreichen glänzenden Körnchen tritt sehr schön hervor. Die drei übrigen Körper (c, c, c) fasse ich als stark erwachsene Kerne auf, an deren Peripherie nichts von einem Cytoplasma wahrnehmbar ist Meiner Ansicht nach hat man es hier mit umgewandelten Spermatozoen zu thun, da solche in normaler fadenförmiger Gestalt in der Umgebung des Eies sich bewegten; die in die Eisubstanz eingedrungenen wuchsen zu den kugligen Gebilden heran, und zwar vielleicht auf die Kosten des Eidotters. Die kleinen, ganz an der Peripherie des Eies befindlichen Zellen (a, a) kamen vielleicht später mit der Eisubstanz in Berührung, während die grossen Gebilde sich hier eine längere Zeit ernähren. Anders kann ich mir diese jedenfalls interessante Erscheinung nicht erklären; die Abbildung ist nach lebendem Objecte gezeichnet.

Die degenerirten Eier erscheinen in der Eiweissflüssigkeit als braune, bis schwarze Schildchen — oder kugelförmige Gebilde, entbehren der Kerne und sind bekanntlich öfters als Furchungsstadien beschrieben worden.

Die Gestalt der Cocons ist nur für einige Arten charakteristisch, ebenso wie deren Farbe und Grösse. Die kleinsten Cocons producirt Allurus; dieselben sind bald kuglig, bald verlängert, mit einem langen, starren Stiele und immer von einer grünlichen oder ganz grünen Farbe (Taf. XX., Fig. 13.). Die Oberfläche der Coconmembran ist mit kreisförmigen oder polygonalen cuticularen Feldchen verziert. Sowohl die Gestalt, als die grüne Farbe der Cocons verursacht, dass sie einem Sporogonium der Laubmoose nicht unähnlich sind. (Frühling bis Herbst.)

Grösser als die Cocons von Allurus sind diejenigen von Allolobophora putra, mit denen auch, was die Gestalt und Farbe anbelangt, die Eikapseln von Lumbricus purpureus übereinstimmen (Taf. XX., Fig. 9). Sie sind birnförmig, mit einem verlängerten, röhrenförmigen Pole, während der entgegengesetzte fadenförmig ausläuft. Der Farbe nach sind sie ockergelb. (Mai, Juni bis October.)

Fast derselben Gestalt und Farbe, allerdings aber sehr variirend und von bedeutenden Dimensionen, sind die Cocons von Allolobophora foetida (Taf. XX., Fig. 14.). (Mai, September.)

Die citronenförmigen, nur auf einem Pole in einen fadenförmigen Fortsatz auslaufenden und wenig in der Form variirenden Cocons sind für Dendrobaena octaëdra charakteristisch und sogleich nach ihrer milchweissen Farbe erkennbar (Taf. XX., Fig. 12.). (April, Juli, August.)

Ebenfalls weiss, aber mit einem grünlichen oder grauen Anfluge sind die Cocons von Allolobophora chlorotica (Taf. XX., Fig. 15.), die man auch leicht, meist nach der tonnenförmigen Gestalt erkennt. (Juni, Juli.) *Hoffmeister* fand die Cocons dieser Art bereits im Mai.

Die Cocons von Lumbricus rubellus laufen an beiden Polen in schlanke Fortsätze aus und wegen ihrer braunen oder schwärzlichen Farbe kann man sie vom Humus, in welchem sie lose zerstreut werden, nicht unterscheiden (Taf. XX., Fig. 7.). (Hochsommer.)

Durch die grössten, mir bekannten Cocons der einheimischen Lumbriciden zeichnet sich Allolobophora trapezoides aus; sie sind hellgelb und meist nur mit einem Stiele versehen. (Juli, seltener im September.) (Taf. XX., Fig 6.) Vergl. auch die Angaben *Hoffmeisters*.

§. 8. Über die Cocons der Oligochaeten im allgemeinen.

Die älteren Autoren, wie *Lyonett* und *Leo*, beschrieben zuerst die Cocons der Lumbriciden als die eigentlichen Eier; *Dugès*[28]) liefert ebenfalls eine gute Beschreibung der Cocons, während er die eigentlichen Eier in den Psorospermien der Hoden sehen zu müssen glaubte. Dagegen hat er auch Entozoen — vielleicht frei lebende Nematoden — innerhalb der Cocons beobachtet.

Dugès fand die Cocons des in Gefangenschaft gehaltenen „L. trapezoides" 2—6 Zoll tief in der Erde, von „L. amphisbaena" dagegen mehr an der Oberfläche, aber in der feuchten Erde; die letzteren sind viel kleiner, von gelblich grünlicher, während beim ersteren Regenwurme mehr von bräunlicher Farbe (l. c. p. 331.). In einem Cocon von „L. trapezoides" fand *Dugès* „un monstre formé de deux individues accolés, soudés dans une partie de leur longueur, comme j'en ai depuis observé d'autres, quoique avec une conformation moins symmétrique." Die Beschreibungen der Cocons von All. trapezoides („L. trapezoides") und Allurus tetraëder („L. amphisbaena") sind ganz richtig ebenso wie die Erwähnung der wenn auch in verschiedenen Achsen verwachsenen Zwillingsembryonen von der erstgenannten Art.

---

[28]) l. c.

Hoffmeister [29]) erwähnt die Cocons als „Eier", die je einen oder mehrere Embryonen enthalten. Bei „L. agricola" (p. 16) „sind sie von verschiedener Grösse, je nachdem sie 3, 4, 5 oder 6 Embryonen enthalten: die grössten sind wie kleine Erbsen". Die Eier von „L. communis cyaneus" hat *Hoffmeister* (p. 25) „am frühesten im Mai gefunden, doch legen sie deren auch noch im Juni und später noch einmal im Herbste. Sie sind hellgelb, heller als die der vorigen Arten („L. agricola und rubellus"), haben öfter nur eine Spitze, als zwei, enthalten 2—3, bis 6 Embryonen, manchmal nur einen einzigen, ohne dass deshalb das Ei kleiner ist, als wenn es drei enthielte. Die gewöhnliche Grösse ist die eines Senfkornes".

Die Cocons von „L. riparius" fand Hoffmeister (p. 30) im Mai und Juni; „sie sind schmutziggelb, meist einspitzig, und von Grösse eines Senfkornes".

Eine sehr genaue Beschreibung der Cocons von „L. terrestris" lieferte dann *D'Udekem*; er fand mehrere Eier in einer Hülse; die Grösse der Cocons ist sehr verschieden, bei den einen 2—3 mm. in der Länge und 1—2 mm. in der Breite, bei anderen 3—5 mm. Länge und 2—3 mm. Breite. Sie sind länglich und was die Consistenz anbelangt, „corneo-membraneuse", wie *Dufour* erwähnt. Sie bestehen aus mehreren Schichten gekrümmter und sehr feiner Fasern, die durch eine amorphe gelbliche Substanz verkittet sind. Hier findet man 2, 3, 4, oder noch mehrere Eier derselben Structur wie im Eierstocke, aber die „vesicule et la tache germinative ont entièrement disparée; les granules du vitellus sont plus nombreux et plus condensés". — Die Cocons befinden sich in der Erde. Nach dieser Beschreibung wäre zu schliessen, dass *D'Udekem* die Eier nicht lange nach der Ablage beobachtete, als nämlich das Keimbläschen sich zur Spindel umwandelte; aber dem ist nicht so, da diesem Forscher nur degenerirte Eier zu Gesicht kamen, welche er in verschiedenen Gestalten als Furchungsstadien beschreibt; dem entsprechen wohl die Abbildungen *D'Udekem*'s.

Von den übrigen regenwurmartigen Oligochaeten kennt man nur die wahrhaft riesigen Cocons von Megascolex (Pleurochaeta), wie sie *Beddard* [30]) beschreibt und abbildet; dieselben standen ihm in zwei Exemplaren zu Gebote, von denen das grössere 3·9 cm. in der Länge und 1·85 cm. in der Breite hatte. „The cocoons are glassy in

---

[29]) *Hoffmeister*, Die bis jetzt bekannten Arten aus der Fam. der Regenwürmer, pag. 16.
[30]) *F. E. Beddard*, Anatomy and Histology of Pleurochaeta Moseleyi — Transact. Roy. Soc. Edinbourg. XXX. 1883. pag. 505.

appearence and of a dull bottle-green colour, the smaller specimen with three bands of a darker green at one end, the larger specimen of a uniform colour. Each cocoon appeared to have two openings, one at each end; the anterior opening was obvious, but of the existence of the other I was not quite able to satisfy myself." In einem Cocon fand *Beddard* zwei Embryonen „surrounded by a quantity of firm coagulated matter, which no doubt is the remains of the food yolk". Kein Zweifel, dass die Cocons von Megascolex von dem allgemeinen Typus der Eierkapseln der Lumbriciden nicht abweichen. In dieser Beziehung sind gewiss die Eierhülsen von Criodrilus sehr auffallend, wie dies bereits der erste Beobachter derselben *Hoffmeister* (l. c. p. 42) hervorhebt, indem er sagt: „Von ganz ausgezeichneter Gestalt und Bildung sind die Eierhülsen, nach deren ungemein häufigem Vorkommen man auf eine grössere Häufigkeit des Wurmes schliessen sollte. Sie sind grösser, als bei irgend einem Annelid, von spindelförmiger Gestalt, die Enden lang ausgezogen, und wohl $1\frac{1}{2}''$ bis $2''$ lang, gedreht und gekrümmt oder auch gerade, in der Mitte am dicksten. Die Farbe und Consistenz der häutigen Schale ist dieselbe, wie bei den grössten Arten von Lumbricus, nur ist sie weit dicker, hellgelb oder graulichgelb; wenn die jungen ausgekrochen sind, werden sie braun. Trotz der Grösse dieser schotenförmigen Eierhülse enthalten sie doch nur 3—6 Embryonen, also nicht mehr, als die von L. agricola. Sie fanden sich in grossen Bündeln an den Wurzeln aller am seichten Ufer stehenden Wasserpflanzen, besonders der Sagittarien und Nymphäen, zwischen altem Reisig um den Mytilus polymorphus." Aus der späteren Beschreibung der Cocons von Criodrilus, wie sie *Hatschek*[31]) liefert, ist zu entnehmen, dass das eine Ende in einen „langen, unregelmässigen Faden ausgezogen ist, der kein Lumen enthält; mit letzteren sind sie meist an Wasserpflanzen befestigt". Man findet hier meist 5, aber einzeln auch 20 junge Criodrilen.

Die Abbildungen dieser Cocons lieferten *Hoffmeister*, *Vejdovský*[32]) und ganz neuerdings *Oerley*.[33]) Der letztgenannte Autor hat die Structur dieser Cocons an Querschnitten untersucht und gibt an, dass sie aus 3 Schichten bestehen: aus einer inneren gelblichen und homogenen, einer äusseren fibrösen und einer mittleren Schicht, die aus verflochtenen Fasern besteht. Mittels der elastischen Fasern der fibrösen Schicht sind die Cocons an Wasserobjecten befestigt.

---

[31]) Studien etc. l. c.
[32]) System und Morphologie etc.
[33]) l. c.

Wir wollen jetzt die übrigen Oligochaeten-Familien der Reihe nach in Bezug auf die Gestaltsverhältnisse der Cocons einzelner Repraesentanten besprechen und die bisher mitgetheilten diesen Gegenstand behandelnden Angaben zusammenstellen.

Die Cocons von Rhynchelmis sind zuerst von *Menge*[34]) beschrieben und abgebildet worden, ebenso wie von mir,[35]) indem ich auch auf die äussere Structur der Coconmembran aufmerksam gemacht habe. Ferner lieferte ich[36]) eine Beschreibung und Abbildung der Eikapseln von Phreatothrix. *D'Udekem*[37]) hat bereits früher eine Darstellung der Cocons von Tubifex rivulorum geliefert und ich kann hinzufügen, dass die Eihülsen von Limnodrilus denen von Tubifex gleichkommen. Neuerdings erwähnt *Štolc*[38]) dass er die Cocons eines anderen Tubificiden — Ilyodrilus coccineus — beobachtete, die sich wesentlich von den der erst genannten Gattungen unterscheiden, indem sie nur sehr kurze polare Fortsätze besitzen und gruppenweise auf den Wurzeln der Wasserpflanzen befestigt werden.

Die Cocons der Enchytraciden scheinen bezüglich der Form und der Zahl der Eier nicht bei sämmtlichen Repraesentanten dieser Familie übereinzustimmen. *D'Udekem*[39]) hebt hervor für Enchytraeus galba, wie ich für Anachaeta[40]) das Vorhandensein nur eines einzigen Eies in dem kleinen, etwas abgeplatteten Cocon, dessen vorderer Pol mit einer stöpselartigen Chitinmasse verpfropft ist. Dagegen sollen nach *Michaelsen*[41]) die mehrere Eier enthaltenden Cocons von Enchytraeus Beumeri — der Abbildung nach — jenen der Tubificiden entsprechen.

Die von *D'Udekem*[42]) zuerst bei den Naidomorphen (Stylaria) beobachtete Eikapsel enthält nur ein Ei; der genannte Autor schreibt darüber: „à l'un de ses pôles il y a un prolongement terminé en pointe arrondie; à l'autre pôle, s'en trouve également un, mais cy-

---

[34]) *Menge A.*, Zur Rothwürmer-Gattung Euaxes. — Wiegmann's Archiv f. Naturg. 1845.
[35]) *Vejdovský F.*, Anatomische Studien etc. l. c.
[36]) *Vejdovský F.*, Über Phreatothrix, eine neue Limicolengattung Z. w. Z. Bd. XXVII. 1876.
[37]) *D'Udekem* Hist. nat. du Tubifex etc. l. c.
[38]) *A. Štolc*, Über Ilyodrilus coccineus. Zoolog. Anz. 1886.
[39]) *D'Udekem*, Développ. Lombric etc. l. c. pag. 49.
[40]) *Vejdovský*, Monographie der Enchytraeiden. Prag. 1879.
[41]) *Michaelsen*, Untersuchungen über Enchytraeus Moebii. 1886.
[42]) *D'Udekem*, Développ. Lombric. etc. l. c. pag. 57.

lindrique et tronqué brusquement à son extrémité. La capsule est cornéo-membraneuse, légèrement jaunâtre: elle est revêtue d'une espèce de réseau de filaments, qui la fixent aux feuilles ou aux corps aquatiques." Dasselbe habe ich [43]) bei Stylaria lacustris und Štolc [44]) bei Nais elinguis beobachtet.

Die Cocons der Chaetogastriden hat bisher nur einzig und allein D'Udekem [45]) angeblich von Ch. diaphanus (?) beobachtet und abgebildet. „Après la ponte il est entouré exactement par une capsule; jamais on n'y trouve plus d'un oeuf. Un petit pédicule attache la capsule aux corps aquatiques." Wie in anderen Beziehungen, die ich näher in meinem Werke hervorgehoben habe, nähern sich also die Chaetogastriden auch bezüglich der Form der Cocons jenen von Branchiobdella. Wenn sich auch neuerdings gegen die Angehörigkeit des letzteren Wurmes zu den Oligochaeten einige Stimmen hören lassen, so muss ich auch diese Übereinstimmung in der Coconform der Chaetogastriden und von Branchiobdella besonders hervorheben und bezüglich der letzt genannten Gattung auf die neueste Darstellung dieses Gegenstandes auf die Arbeit von *Voigt* [46]) hinweisen.

Auf die Schilderung der vermeintlichen Cocons von Aeolosoma, wie sie seinerzeit *Maggi* [47]) gegeben hat, verzichte ich einzugehen, da es hier durchaus unklar bleibt, ob er thatsächlich Cocons, oder encystirte Würmer gesehen hat; worüber später mehr.

§. 9. Methoden der weiteren Untersuchungen.

Bevor ich zur Schilderung der weiteren Vorgänge der Entwicklung des Eies und dessen Structur nach der Ablage übergehe, betrachte ich für zweckmässig, über die angewandten Untersuchungs-Methoden einige Bemerkungen zu machen.

Die völlig durchsichtige Eiweissflüssigkeit von Rhynchelmis, in der die Eier eingebettet sind, erlaubt die Beobachtung der äusseren Veränderungen, ebenso wie die Furchung des Eies und die Bildung des Embryo. Die Untersuchung der lebenden Objecte ist unentbehrlich,

---

[43]) *Vejdovský*, System und Morphologie etc
[44]) *A. Štolc*, Příspěvky ku studiu Naidomorph. Sitzungsber. kön. böhm. Gesellsch. Wiss. Prag. 1887. pag. 151.
[45]) *D'Udekem*, Dévelop. Lombric. etc. l. c. pag. 53.
[46]) *Voigt*, Untersuch. Varietätenbild. bei Branchiobdella. Inaug. Dissert. 1884.
[47]) *L. Maggi*, Intorno al genere Aeolosoma. — Soc. Ital. Scien. Nat. Vol. I. J. 1865.

wenn man richtig die inneren auf den Dauerpraeparaten zum Vorschein kommenden Vorgänge beurtheilen soll. Gewisse äussere Veränderungen in der Form des Eies zeigen nämlich auf übereinstimmende, in regelmässigen Perioden hinter einander folgende Processe der Befruchtung und Furchung des Eies. In dieser Beziehung habe ich folgendermassen verfahren: Die im Momente der Eiablage beobachteten Cocons wurden vorsichtig in das in einer Uhrschale befindliche Wasser übertragen und hier sowohl im auf- als durchfallenden Lichte beobachtet. Dasselbe geschah durch die ganze Zeit der Entwicklung. Die Zeit jeder stattgefundenen Erscheinung wurde notirt, wornach die Conservirung der Eier zum Zwecke der Ermittlung der inneren Verhältnisse vorgenommen wurde. Zu diesem Zwecke wurde der eine, meist vordere Coconstiel mit der Pincette ergriffen, der andere mit einem angrenzenden Theile der Coconanchwellung mittels der Schere abgeschnitten und der so geöffnete Cocon in eine Lösung der Chromsäure geworfen, in der etwa $1/4 - 1/2\%$ der Essigsäure beigemischt war. Hier habe ich den Cocon meist 12 Stunden gehalten, so dass die Eier theilweise erhärtet wurden und die Eiweissflüssigkeit sich allmälig zu einer wässerigen Substanz auflöste. Jetzt war es schon möglich die Eier durch einen auf die Coconmembran mittels der Nadel ausgeübten Druckes direct in die Chrom-Essigsäure zu entleeren, wo sie vollständig erhärteten und dann in den 30%, 50%, 90% und absoluten Alkohol gebracht wurden. Die dann mittels des Pikrokarmins und der Schnittmethode hergestellten Praeparate sind wunderschön und lassen ungemein deutlich die sich theilenden Kerne, das hyaline und granulöse Plasma, so wie die Dotterelemente erkennen. Die blosse Chromsäurelösung erweist sich in dieser Beziehung nicht günstig, doch conservirte ich auch hier namentlich die Furchungsstadien.

Die mit der Osmium- und Pikrinsäure praeparirten Eier liefern nicht befriedigende Praeparate; nach der ersteren treten zwar die chromatischen Elemente sehr schön hervor, aber die hyalinen sog. Centra und die Strahlenbildung erlischt ganz in der Dottermasse, während die in Pikrinsäure erhärteten Eier sehr spröde sind.

Was die Lumbriciden-Cocons anbelangt, so habe ich in gleicher Weise die Eiweissflüssigkeit mit Schere und Nadel auf ein Objectglas herauspraeparirt und nach einem Wasserzusatz die Eier aus derselben befreit; die verschiedenen Reifungs-, Befruchtungs- und Furchungsstadien wurden zuerst im frischen Zustande untersucht und später mittels der Osmium-, beziehungsweise Chrom-Essigsäure fixirt.

§. 10. Die Reifung der Rhynchelmis-Eier in den Cocons.

Die frisch gelegten Eier sind rein kuglig, bräunlichgrau und bewahren sowohl äusserlich, als im Innern dieselbe Structur, welche wir, solange sie noch in den Eiersäcken verweilten, erkannt haben. Nur die Spindel ist bedeutend verlängert, indem sie 0·070 mm. Länge hat, und demnach viel schlanker ist als früher (Taf. III. Fig. 15.).[48] Es besteht aus feinen, scharf lichtbrechenden Fäden, an den man hin und wieder intensiver sich färbende Protoplasmakörnchen sicherstellen kann. Die Spindelfäden ziehen zwischen den polaren Plasmaanhäufungen, die von verschiedenen Autoren meist als „Attractivcentra" und von *E. van Beneden* als „Attractivkugeln" bezeichnet werden und die wir weiterhin als „Periplaste" unterscheiden und deren Ursprung und Bedeutung eingehender auseinandersetzen wollen. Diese Periplaste verhalten sich nicht gleich in allen Eiern, obwohl sie überall aus einem homogenen Plasma bestehen; sie sind bald hyalin, bald färben sie sich diffus rosa, oder sie zeigen schliesslich undeutliche concentrisch-radiale Fäden, die wohl als Fortsetzungen der Cytoplasmastrahlen zu betrachten sind. Die letzteren kann man ziemlich weit in dem umliegenden Dotter verfolgen, wo sie schliesslich spurlos aufhören. Die längs und etwas weiter von der Spindel verlaufenden Strahlen fliessen von beiden Seiten zusammen und bilden ununterbrochene Fäden, die als äussere Umhüllung der Kernspindel fungiren.

Sehr häufig liegt diese, mit ihren polaren Periplasten und Strahlen von manchen Autoren nach dem Vorgange *Whitman's* als „Archiamphiaster" bezeichnete Spindel, in einem besonderen elliptischen Hofe, welcher durch seine Färbung von der des umliegenden Dotters völlig abweicht (Taf. III. Fig. 14.). Es ist nämlich dieser Hof schön schwefelgelb, während der übrige Dotter sich mehr rosa färbt. Da diese Erscheinung der doppelten Färbung (im Pikrokarmin) bei anderen Eiern nicht vorkommt, so lege ich derselben keine Bedeutung bei, versuche aber darüber eine Erklärung zu geben. Ich meine nämlich, dass die gelbe Färbung des Hofes in der Umgebung der Spindel aus der verschiedenen Beschaffenheit der Grundsubstanz des Cytoplasma, in dem die Dotterkügelchen eingebettet sind, hervorgeht. Früher (pag. 29.) haben wir hervorgehoben, dass sich durch ähnliche Färbung die

---

[48] Die Lage der Spindel in dieser Figur ist nicht richtig wiedergegeben, indem der Lithograph das Ei um 90° umgedreht hat. Die Spindel ist immer dem animalen Pole genähert.

dicke, zusammengeschrumpfte Kernmembran auszeichnete und dass sie in einem Falle nach der Befreiung des inneren Plasmainhaltes unverletzt in der nächsten Umgebung des neuen spindeförmigen Kernes verblieb. Nun bin ich der Ansicht, dass sich diese Membran mit dem Keimbläschengerüste schliesslich doch resorbirt und ihr Product, wahrscheinlich eine schleimige Substanz, in der nächsten Umgebung, also dort, wo die Spindel sich befindet, zerfliesst. Diese schleimige Substanz also färbt sich diffus mit der Pikrinsäure, während sie Karmin nicht aufnimmt.

Taf. III. Fig. 15. stellt ein Ei vor, in dessen Spindel sich der ursprüngliche chromatische Mutterstern bereits in 2 Tochtersterne getheilt hat, und zwar in Form von sehr undeutlichen, und somit nur schwierig nachweisbaren, ziemlich schwach sich färbenden Schlingen oder Stäbchen, deren Structur zu ermitteln auch mit den stärksten Vergrösserungen durchaus unmöglich ist. Wenn man aber die letzten Stadien der Spindelbildung in den Eiersäcken einerseits und im Eie nach der Ablage andererseits vergleicht, so kann man nachfolgende Thatsachen statuiren: Der chromatische Kernfaden (Kernkörperchen) des amoeboiden Eikernes (umgewandelten Keimbläschens) hat die centrale, d. h. aequatoriale Lage in der später entstandenen Spindel eingenommen und, wie wir bei Lumbriculus constatirt haben, sich zum Mutterstene umgebildet.

Der umgebildete Kern hat eine tonnenförmige Gestalt und die achromatischen äusseren Spindelfasern gestalten sich als Fortsetzungen der Strahlen, die aus dem Cytoplasmareticulum hervorgehen. So gestalten sich die Verhältnisse bei Lumbriculus (Taf. I. Fig. 4.) und offenbar auch bei Rhynchelmis, bei dem wir wieder die Tochtersterne gefunden haben. Bei der Kleinheit der chromatischen Elemente ist allerdings durchaus unmöglich den Segmentationsmodus des Kernfadens und die Spaltung der Stäbchen zu ermitteln.

Die für Rhynchelmis und Lumbriculus statuirten Vorgänge habe ich ferner in übereinstimmenden Verhältnissen auch bei Clepsine verfolgt, ohne auch hier wegen der Kleinheit der chromatischen Elemente über die Segmentirungs- und Spaltungsprocesse der Schleifen, resp. Stäbchen in's Klare zu kommen.

Aber auch bei Bothrioneuron [19]) fand ich die ersten Spuren der Spindelbildung noch im Mutterkörper (Taf. I. Fig. 3.). Es ist

---

[19]) Bothrioneuron ist ein höchst interessanter Repraesentant der Tubificiden, welchen A. Štolc, (Přehled českých Tubificidů. Sitzungsber. kön. böhm. Gesellsch. Wiss. Prag. 1886.) beschrieben hat. Dieser fadenförmige Wurm zeichnet

demnach höchst wahrscheinlich, dass diese Spindelbildung für alle Oligochaeten und Rhynchobdelliden, deren Eier sich durch grosse Menge des Dotterinhaltes auszeichnen, giltig ist; ich habe wenigstens bei Limnodrilus denselben Kern, wie bei Rhynchelmis gefunden. Nebst dem ist es *A. Schneider*[50]) gelungen, die Spindel im Eie von Tubifex zu constatiren. Derselbe bildet ab diese Spindel von tonnenförmiger Gestalt, aus Fäden zusammengesetzt und im Aequator mit unregelmässig zerstreuten Körnchen versehen. Unmittelbar an den Spindelpolen veranschaulicht *Schneider* die Strahlen ohne Periplaste. Im Eierstocke soll das Ei von Tubifex, dem genannten Autor zufolge, nur Keimbläschen und Keimfleck besitzen; in den zur Ablage reifen, aber noch in Eierstöcken befindlichen Eiern wandelt sich das Keimbläschen zur Spindel um; auf welche Weise, erfährt man allerdings nicht. „Durch Färbungsmittel, auch durch Essigkarmin, findet keine Färbung weder der Aequatorialplatte, noch der Kernspindel statt." Nach alledem zweifle ich nicht, dass auch bei Tubifex dieselben von mir an Rhynchelmis und Lumbriculus sichergestellten Verhältnisse stattfinden. Es ist auch möglich, dass bereits *Ratzel* einige Spuren der Spindelbildung gesehen hat.

§. 11. Die Bildung und Structur der Polzellen von Rhynchelmis.

I. Wie der ursprüngliche Kern und die nachfolgenden Umwandlungsproducte desselben, so bewahrt auch die Spindel die excentrische Lage bis zur Bildung der Polzellen. Diesem Vorgange gehen aber einige Veränderungen in der äusseren Gestalt des Eies voran, die man auf die Contraction des Eiinhaltes zurückführen kann und welche durch ihre Regelmässigkeit sowohl bezüglich der Zeitfolge, als Wiederholung derselben Gestalt in einzelnen Phasen während der Bildung der Polzellen charakteristisch sind; denn diese Formveränderungen wiederholen sich nicht nur bei der Sprossung der ersten, sondern auch der zweiten Polzelle.

Diese Veränderungen sind an dem beiliegenden Holzschnitte veranschaulicht und durch die Ziffern wird die Zeit der äusseren

---

sich vornehmlich aus durch eine am Kopflappen befindliche wimpernde Längsgrube, die mit einem Gehirnnerven in Verbindung steht, gewiss ein Merkmal, in dem die mit grosser Phantasie begabten Zoologen das Rudiment eines uralten Organs und vielleicht Vorgänger der Vertebratenepiphyse suchen würden. Über andere Eigenthümlichkeiten der erwähnten Tubificiden später mehr!

[50]) *A. Schneider*, Das Ei und seine Befruchtung. Breslau. 1883.

Gestalt bezeichnet. Verfolgen wir nun eine Reihe dieser Veränderungen je nach der Form und Zeit:

Das in einem, um 10 Uhr 25 Min. abgesetzten Cocon befindliche Ei ist rein kugelig (*A*). Erst um 11 Uhr nahm es eine kegelförmige Gestalt (*B*) an, um von jetzt an sich mehr und mehr zum animalen Pole (*C*) zu verengen, welche Form dann in einer Viertelstunde (11 Uhr 15 Min.) ihre volle Ausbildung erlangt. Die Verengung zum animalen Pole schreitet fort, so dass derselbe höckerartig (*D*)

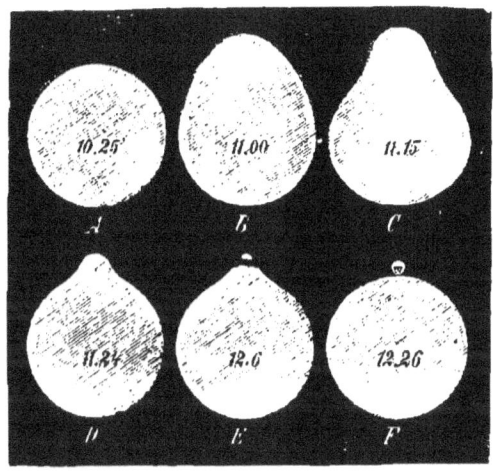

Fig. 11. *Veränderungen des Eies vor und nach der Sprossung der Polzellen.*

(Die Ziffern bezeichnen die Zeit dieser Vorgänge von 10 Uhr 25 Minuten vormittags, bis 12 Uhr 26 Minuten nachmittags.)

und beim auffallenden Lichte ganz weiss erscheint, während der übrige Theil des Eies bräunlich, wie das frisch gelegte Ei ist. Nachher erscheint an demselben Pole ein undeutlicher Zipfel (*E*), an dessen Scheitel um 12 Uhr 6 Min. ein klarer, durchscheinender und glänzender Tropfen zum Vorschein kommt, welcher bei schwacher Vergrösserung aus einem homogenen Protoplasma besteht. Um 12 Uhr 26 Min. tritt dieser Tropfen in Form eines Kügelchens auf, in welchem man auch bei schwacher Vergrösserung, bei welcher man diese Erscheinungen im frischen Zustande zu verfolgen vermag (Zeiss A, oc. II.), eine deutliche Körnelung (F) wahrnehmen kann.⁵¹) Nachdem auf solche Weise die erste Polzelle zu Stande gekommen ist, kehrt das Ei wieder in seine kuglige Gestalt zurück und befindet sich im Stadium einer ziemlich lange dauernden Ruhe. Ich habe in dieser Beziehung einige Dutzend Eier beobachtet und von allen kann man annäherungsweise behaupten, dass sie zwei volle Stunden in dieser kugligen Gestalt verharren. Dann findet die zweite Knospung statt; bei einzelnen Eiern geschieht es freilich um einige Minuten früher oder später. Das geschilderte, bereits die erste Polzelle tragende Ei nahm von neuem die kegelförmige Gestalt um 2 Uhr 15 Min. an, die zur völligen Ausbildung um 2 Uhr 20 Min. kam. Um 2 Uhr 24 Min. erschien wieder der obere verengte und der untere kuglig erweiterte Theil; bald nachher, um 2 Uhr 35 Min., trat die verengte, stielförmige Basis der ersten Polzelle auf; nun hatte es den Anschein, als ob sich das Ei geöffnet hätte, und kehrte wieder in die kuglige Gestalt zurück. Um 2 Uhr 40 Min. kam an der Basis der ersten Zelle das zweite kleinere Körperchen zum Vorschein.

In einem Falle, wo das Ei um 10 Uhr 15 Min. (vorm.) abgesetzt wurde, knospete die zweite Polzelle erst um 3 Uhr 16 Min. (nachm.) hervor.

Wir müssen auch besonders den Punkt auf der Eiperipherie hervorheben, wo die erste Polzelle erscheint. In den Cocons, wo nur ein oder nur einige wenige Eier vorhanden sind, kann man die Bildung der Polzellen leicht beobachten, da die Eier mit beträchtlicheren Flächen unter einander sich nicht berühren; wo aber eine grössere Anzahl Eier sich befindet, da ist die Knospung der Polzellen viel schwieriger zu verfolgen. Nach allen in dieser Richtung angestellten Beobachtungen geht aber soviel hervor, dass die Pollzellen an jedem Punkte der Eiperipherie erscheinen können, somit auch auf demjenigen, wo sich zwei Eier berühren. Wenn sie an dieser Stelle hervorknospen, dann kann man sich über deren Vorhandensein nur an Querschnitten überzeugen, in welchem Falle die Polzellen allerdings deformirt erscheinen, und zwar in dem Masse, wie es der enge Raum zwischen beiden Eiern erlaubt. Wenn man ferner die

---

⁵) In sehr vielen Fällen, namentlich aber in der letzten Entwicklungsperiode, welche in die wärmere Frühlingssaison fällt, entsteht anstatt der kleinen, durchsichtigen Polzelle eine grosse, dotterreiche Kugel, welche einem Blastomer ähnlich ist und sich auch noch zu wiederholtenmalen theilen kann. Die zweite Polzelle erschien dann viel später und in normaler Gestalt. Ich betrachte diesen Fall der Polzellenbildung für eine pathologische Erscheinung, welche aber bei den Lumbriciden als normaler Vorgang gilt und demnach immer erwähnungswerth ist.

Lage der Cocons berücksichtigt, — welche in den Aquarien abgesetzt, regelmässig an den Pflanzenästen und Blättern derart aufgehängt sind, dass ihre längere Achse lothrecht zur Basis der Aquarien steht, — und wenn wir ein bestimmteres Verhältniss bezüglich der Position der Polzellen an den Eiern zu dieser Lage zu bestimmen versuchen, so gelangen wir zu dem Resultate, dass hier angesichts der Coconachsen keine Regel ist, da die Polzellen sich auf den mannigfaltigsten Punkten der Eieroberfläche befinden; genug, die Schwerkraft wirkt in dieser Beziehung keinesfalls auf die Eier. Man kann nur so viel als gewiss annehmen, dass die Polzellen an der Stelle hervorknospen können, welche die nächste jenem Punkte ist, wo sich der ursprüngliche Kern, resp. dessen Spindel befand.

Die ursprüngliche Lage der Spindel war wohl die tangentiale zur Oberfläche des Eies, wie dies bereits von mehreren Forschern hervorgehoben wurde. Später findet man aber die Spindel in einer schiefen Stellung zur Peripherie, so dass man voraussetzen muss, dass hier eine Drehung stattfand. Dabei bewegt sich wahrscheinlich die ganze Spindel zur Oberfläche, welcher Act durch die geschilderten Contractionsvorgänge der übrigen Eisubstanz unterstützt wird. Die Spindel kann sich nun auch während dieser Contraction drehen, bis sie in die Richtung eines Eiradius, und somit vertical zur Eiperipherie kommt. Wenn sie aber die Eiperipherie während der Drehung erlangt, so treffen wir sie immer in schiefer Stellung; eigentlich muss ich bemerken, dass ich die Spindel in den meisten Fällen in dieser Lage an Schnitten vorfand, während ich in einer Reihe von Praeparaten, die ich von diesem Stadium besitze, nur an 2 die Spindeln in verticaler Lage zur Eiperipherie constatiren kann. Es ist möglich, dass die schiefen Spindeln erst während der Knospung der ersten Polzelle die verticale Position einnehmen, doch kann ich keinen Beweis für diese Ansicht anführen. Im Gegentheile sehen wir auf der Taf. IV. Fig. 19. sv, und 21. v, dass das Ei eben im Begriffe ist, die erste Polzelle zu produciren, trotzdem die Spindel ganz schief zur Eiperipherie sich befindet.

An denselben Schnitten bemerkt man weiter, dass die Spindeln die periphere Protoplasmaschicht durchdringen, so dass der Eidotter in directen Zusammenhang mit der Eimembran kommt; die Dottersubstanz veranlasst also die weisse Färbung des oben erwähnten Hügels während der Contraction des Eies.

Aus anderen Schnitten, die durch zwei sich im Cocon berührende Eier geführt wurden, ist zu schliessen, dass die Spindel mit einer gewissen Gewalt die Dottermasse durchdringen muss, und wenn sie schliesslich bis zur Eiperipherie gelangt ist, um hier zur Polzelle hervorzuknospen, so hat sie nicht nur mit der Membran desselben Eies, sondern auch mit dem Drucke des anliegenden Eies zu kämpfen, um auf der Oberfläche die Polzelle zu produciren. Der offenbar vorhandene Widerstand der Substanz des anliegenden Eies manifestirt sich in der Form der Spindel (Taf. IV. Fig. 18'. sv), die bald eine bogen- bald eine S-förmige Gestalt annimmt und in beiden Fällen schief zur Eiperipherie liegt.

Die Schnitte durch die mehr oder weniger sich der Eiperipherie genäherten Spindeln zeigen zwar sehr instructiv deren histologische Structur, weniger lehrreich sind sie dagegen zur Erklärung des Schicksales und der Veränderungen der chromatischen Elemente. Auf der Taf. IV. Fig. 18'. sieht man die nur aus Fasern bestehende Spindel mit Periplasten, aber weder eine chromatische Substanz, noch eine aequatoriale Spindelplatte kommt hier zum Vorschein. Ebenso in Fig. 19. und 21. Vergleicht man aber diese dicht an der Peripherie liegenden Spindeln mit den ursprünglicheren tangentialen, oder bereits umgedrehten (Taf. III. Fig. 15. 14. sv), so sind gewisse Abweichungen in der äusseren Gestalt ziemlich auffallend: hier sind nämlich die Spindeln schlank und bedeutend verlängert, dort dagegen sind die Spindeln verkürzt und ziemlich breit, somit mehr tonnenförmig. Ich erkläre mir diese letzte Erscheinung dadurch, dass sich die Spindeln, indem sie einen gewissen Druck auf die Eimembran ausüben, in der Längsachse verkürzen, im Aequator dagegen anschwellen.

Die angezogene Fig. 21. (v) belehrt uns gewissermassen von dem Schicksale der chromatischen Elemente, die wir in der tangentialen Spindel in Form der sog. Muttersterne sichergestellt haben. Dieselben der äusseren Hälfte sind nun offenbar bis dicht an die Peripherie des äusseren Periplastes gerückt (Fig. 21. k) und bilden den sog. Tochterknäuel. Derselbe ist aber nur mittels der stärksten Vergrösserungen erkennbar und besteht aus einem Kränzchen von glänzenden, farblosen, ziemlich scharf contourirten Körperchen, die offenbar modificirte, zur Herstellung der Tochterkerne sich anschickende, oben erwähnte Schleifen oder Stäbchen vorstellen. Sie scheinen geschlossen zu sein und erscheinen demnach als glänzende Kügelchen; doch zweifle ich nicht, dass man es hier noch mit zweischenkeligen Schleifen zu thun hat, denen wir in später darzustellenden Furchungsstadien begegnen werden, wo diese Verhältnisse viel deutlicher, wenn sie auch anfangs der chromatischen Elemente entbehren, erkennbar sind.

In der citirten Fig. 21. sieht man auch, dass der vordere Periplast (cs') dicht der Eimembran anliegt, während die Cytoplasmastrahlen einseitig in den Dotter auslaufen. Der hintere Periplast lässt die normalen Gestaltsverhältnisse erkennen.

II. Die auf der Oberfläche des Eies befindlichen, mittels der Chromessigsäure erhärteten und mit Pikrokarmin gefärbten Polzellen lassen sehr genau ihre Structur erkennen und liefern zugleich den Beweis, dass sie weder bezüglich der Grösse, noch der Structur gleich sind. Die erste eben knospende Zelle erscheint als ein unregelmässig kugliges Körperchen (Taf. IV. Fig. 22.) mit einer hyalinen Grundsubstanz, in welcher lichtbrechende, in regelmässig concentrischen Reihen angeordnete Körner gelagert sind. Der Kern hat sich noch nicht herausgebildet, indem wir in dem unteren Theile der Zelle jene glänzende farblose Körperchen sehen, die wir oben als den sog. Tochterknäuel bezeichnet haben. An demselben Praeparate sehen wir weiter, dass wenigstens ein Theil der Spindel aus dem Eie ausgetreten ist, deren Fäden mit dem Inhalte der Polzelle in Verbindung stehen und hier sich zu jenen concentrischen Körnchenreihen anordnen. An der ersten, etwas älteren und von der Oberfläche betrachteten Polzelle (Taf. IV. Fig. 25.) sieht man die äussere Membran, den Plasmainhalt und den sich aus oben erwähnten Knäuelschleifen bildenden Kern; die glänzenden Körperchen haben sich nämlich zu einem maulbeerförmigen Körper zusammengruppirt; deutlichere chromatische Elemente sind nirgends nachweisbar.

Als ganz entwickelte erste Polzelle muss man offenbar diejenige betrachten, welche bereits an der Scheitel, oder etwas seitlich von der zweiten Polzelle haftet, wie es Fig. 34., Taf. IV. veranschaulicht. Beide Zellen haben ihre äusseren Membranen und sind von einer besonderen, wahrscheinlich schleimartigen Substanz der Dottermembran umhüllt (r). Die vordere Polzelle ist grösser und zu einer Seite des zweiten Körperchens geneigt, welches Verhalten sich an allen Eiern regelmässig und ausnahmslos wiederholt und bereits an frischen Eiern wahrnehmbar ist. Die Grundsubstanz der ersten Polzelle ist das oben erwähnte hyaline Cytoplasma mit spärlicher Granulation, deren Ursprung also in den zerfallenen Fasern eines Theiles der Spindel zu suchen ist, während die hyaline Grundsubstanz aus dem vorderen Periplaste hervorgeht. Sie besitzt ferner ihren Kern, welcher eine zierliche, netzförmige Structur aufweist und eben aus den oben erwähnten Schleifen des Tochterknäuels entstand; doch entbehrt dieser Kern der chromatischen Nucleolen. Rings um den Kern färbt sich das

Cytoplasma ein wenig diffus und man kann hier mit den schärfsten
Vergrösserungen eine schwache Strahlung des Cytoplasma wahrnehmen.
Die erste Polzelle ist jedenfalls vollkommener als die zweite, bei
welcher der Kern nicht einmal die völlig maulbeerförmige Gestalt
erreicht hat, indem er sich eher nur der knäuelförmigen Form an-
nähert (vergl. Fig. 34., Taf. IV.) und der äusseren, glatten Kernmembran entbehrt. Ebenso fehlt hier die radienartige Structur des
Cytoplasmas. Auf diesem Stadium verharrt überhaupt der Kern der
zweiten Polzelle.

Allen Eigenschaften nach sind die Polzellen als echte, aber sehr
unvollkommen entwickelte Zellen aufzufassen, welche, nachdem sie
keine chromatischen Elemente enthalten, nicht lange fortbestehen
können. Thatsächlich ist ihre Existenz eine sehr kurze; noch früher
nämlich, bevor die erste Theilung des Eies in zwei Blastomeren stattfindet, resorbirt sich die zweite und gleich darauf die erste Polzelle
und es bleibt nur ein tellerförmiges Überbleibsel derselben an der
Oberfläche des ersten Blastomers (Taf. I. Fig. 11), worauf auch dasselbe
schliesslich zu Grunde geht.

Wir haben bisher die Structur beider Polzellen geschildert und
die Art der Entstehung der ersten Polzelle erkannt; es ist gewiss
vom Interesse, zu erfahren, wie das zweite Polkörperchen zu Stande
kommt. Das Cytoplasma der ersten Polzelle besteht aus dem vorderen
hyalinen Periplast und aus den Partikeln des grösseren Theiles der
Spindel; der andere Theil der Spindel mit dem Tochterknäuel und
Periplast gibt offenbar Anlass zur Bildung einer neuen Spindel.
Thatsächlich zeigen die unmittelbar nach der Hervorknospung der
ersten Polzelle hergestellten Schnitte, dass dicht unterhalb der letzteren
sich ein ellipsoider, glänzender Körper befindet, dessen Pole sich intensiver diffus roth färben. Mit schwächeren Vergrösserungen ist es
unmöglich sich über dessen Structur zu überzeugen; aber sehr starke
Vergrösserungen (Imm. J., oc. II.) zeigen, dass die diffus sich färbenden Pole dieses Körperchens neue Periplaste vorstellen, von denen
aber nur äusserst undeutliche Plasmaradien ausstrahlen. Die aequatoriale Zone dieser jungen Spindel (Taf. IV., Fig. 24.) ist farblos;
feine Fäden ziehen von dem einen Pole zum anderen und im Aequator
befinden sich glänzende Kügelchen, offenbar die ursprünglichen, jetzt
aber bereits modificirten Theile des Kernfadens, die sich zur Bildung
des Muttersternes anschicken. Es ist kaum nothwendig besonders hervorzuheben, dass dieses Gebilde derjenigen Spindel entspricht, die sich aus
dem definitiven amoeboiden Kerne im reifen Eie herausbildet; und

wie aus diesem die definitive, langgestreckte Spindel zu Stande kam, so entsteht in dem geschilderten Stadium ebenfalls dieselbe, aber etwas kürzere Spindel, aus der sich einerseits die zweite Polzelle, andererseits der definitive weibliche Pronucleus bildet., welcher der weiteren Theilung nicht fähig ist.

Auf die Bedeutung der geschilderten Thatsachen nicht nur in morphologischer, sondern auch in physiologischer Beziehung werden wir später noch zurückkommen.

———

Bevor wir die entsprechenden Vorgänge der Polzellenbildung der Lumbriciden kennen lernen werden, müssen wir bemerken, dass ganz dieselben Erscheinungen während der Entstehung der Polzellen bei Clepsine tessulata stattfinden, wo ich besonders auch die Veränderungen der äusseren Gestalt des Eies verfolgen konnte.

Mit Ausnahme der Lumbriciden liegen bisher keine Angaben über die Polzellen der Oligochaeten vor; *A. Schneider* (l. c.), der bekanntlich bei Tubifex die sog. Richtungsspindel nachwies, behauptet, dass es ihm auch „bei sorgfältiger Untersuchung" nicht gelang, die Polzellen bei diesem Wurme zu finden. Ich kenne dieselben aber aus eigener Erfahrung sehr gut; sie ähneln den von Rhynchelmis, die erste Polzelle ist aber verhältnissmässig grösser.

§. 12. **Die Bildung und Structur der Polzellen der Lumbriciden.**

Die Polzellen der Lumbriciden sind bereits bekannt; *Kovalevsky* (l. c.) gibt an, dass er zwei Richtungskörper bei Lumbricus sp. Kov. gesehen hat.

Kleinenberg (l. c. p. 120) erwähnt ganz im allgemeinen „two or three polar globules — protoplasmic corpuscles containing one or more large vacuoles".

Bučinsky behauptet dagegen bei L. terrestris drei Polzellen beobachtet zu haben. Diese letzte Angabe ist richtig; bei allen von mir untersuchten Arten, somit auch bei L. rubellus sieht man überall, und zwar auch in späteren Furchungsstadien, drei Polzellen, deren Bildung ich in nachfolgender Weise sichergestellt habe.

1. Das Ei von Lumbricus rubellus erscheint in der Eiweissflüssigkeit nicht lange nach seiner Ablage, — d. h. in den Cocons, welche noch den oben erwähnten schleimigen Fortsatz tragen — als

ein schneeweisser Punkt und hat im Durchmesser 0·14 mm. Es ist rein kugelig, durchsichtig, da in seinem Protoplasma nur äusserst spärliche Körnchen hin und wieder zerstreut sind. Nach aussen ist das Ei von einer abgehobenen Dottermembran umgeben, so dass zwischen derselben und dem Dotterinhalte sich ein breiter, hyaliner Hof erstreckt, welcher offenbar mit einer wässerigen Flüssigkeit erfüllt ist. Nur reife, sich entwickelnde Eier sind von diesem Hofe umgeben, und zwar ist derselbe in späteren Stadien breiter als während der ersten Entwicklungsvorgänge; allen Umständen nach kommt dieser Hof erst zu Stande, als das Sperma in das Ei eingedrungen ist, da bei den unreifen Eiern die Dottermembran überhaupt fehlt, bei den unreifen, aber mit Sperma impregnirten Eiern erscheint sie als eine schmale, hyaline Zone. Somit schliesse ich, dass nach diesem letzten Vorgange das Ei eine wässerige Flüssigkeit auszuscheiden beginnt, welche sich zwischen die Eisubstanz und die ursprüngliche Dotterhaut ansammelt. Dass der so entstandene Hof thatsächlich mit einer wässerigen Substanz erfüllt ist, beweist die Einwirkung des Alkohols, welcher letztere sogleich dieselbe extrahirt, in Folge dessen die Membran zusammenschrumpft; ähnliches kommt auch bei den Nephelis- und Clepsine-Eiern zum Vorschein. Auch die Reifungs- und Befruchtungsvorgänge erfolgen in gleicher Weise, wie bei Lumbriciden, wie ich bei Nephelis sicherstellen konnte.

In dem Protoplasma des Eies, das ich auf die Structur mit Reagentien und Färbungsmitteln nicht eingehender verfolgt habe, durchscheint die im lebenden Zustande vertical zur Eiperipherie stehende Spindel, an deren Oberfläche und in deren Umgebung man zwar deutliche Längsstreifung, aber nur sehr kleine polare, hyaline Centra wahrnehmen kann (Taf. XIII., Fig. 1., 2.).

Während der weiteren Entwicklung verlängert sich das Ei allmälig gegen den animalen Pol und verengt sich hier (Taf. XIII., Fig. 3., 4.) zugleich zu einer kegelförmigen Scheitel, in deren medialen Achse die Richtungsspindel gelagert ist. Bald darnach fängt dieser polare Kegel an sich einzuschnüren (Taf. XIII., Fig. 5.) und es beginnt aus dem Eie ein kleiner Theil zur neuen Zelle zu knospen; die Spindel liegt mit der vorderen Hälfte in der Knospe, mit der hinteren im Eie selbst.

Die Einschnürung schreitet fort, wobei sich die obere Knospe zuerst etwas abplattet und nachdem sie sich vom Eie ganz abgeschnürt hat, gewinnt sie die Gestalt eines regelmässigen Kügelchens;

so entstand die erste Polzelle, die bezüglich der Structur des Protoplasma mit dem des Eies völlig übereinstimmt. Ich habe versäumt, die Zeitfolge der einzelnen geschilderten Stadien zu notiren, und kann nur so viel sagen, dass die Vorgänge ziemlich rasch nach einander folgen, jedenfalls unverhältnissmässig rascher, als wie wir bei Rhynchelmis gefunden haben. Das einzige, was mir in dieser Beziehung bekannt ist, kann ich kurz mittheilen: Das erste, oben erwähnte Stadium, wo die Spindel bereits fertig und in verticaler Richtung zur Eiperipherie gefunden wurde, habe ich in einem Cocon sichergestellt, den ich um 9 Uhr 45 Minuten vorm. geöffnet habe; die geschilderten Vorgänge der Bildung der ersten Polzelle spielten sich innerhalb 45 Minuten ab, so dass um 10 Uhr 30 Minuten die erste fertige Polzelle am animalen Pole des etwas abgeplatteten Eies aufsass. Diese Abplattung schreitet auch später fort, allerdings nur am animalen Pole, und das Ei erstreckt sich mehr in die Breite als in die Längsachse; es nähert sich in dieser Beziehung dem schildchenförmigen Stadium von Rhynchelmis.

Jetzt folgt die Bildung der zweiten und dritten Polzelle. Der Rest des Kernes verbleibt im Eie, unterhalb der ersten Polzelle in Form eines hyalinen, tonnenförmigen Gebildes (Taf XIII., Fig. 6.), das ich, wie gesagt, mit Reagentien nicht näher untersucht habe, das aber gewiss mit dem entsprechenden Stadium der zweiten Polzelle von Rhynchelmis übereinstimmt. Denn ebenso wie hier, so verlängert sich auch das tonnenförmige Körperchen zur Spindel und es erfolgt bald die Bildung der zweiten Polzelle.

Gleichzeitig gehen übereinstimmende Processe in der ersten Polzelle vor sich; dieselbe vergrössert sich ein wenig, wird undurchsichtig und bildet am oberen Pole einen kleinen stumpfen Fortsatz (Taf. XIII., Fig. 6, *p*.). Derselbe fängt sich an abzuschnüren und es entstehen bald aus der ersten Polzelle zwei beinahe gleich grosse Elemente, zu denen sich also noch das dritte Gebilde, das ich als die zweite Polzelle bezeichnete, hinzugesellt.

2. Mit Reagentien habe diese Vorgänge an den Eiern von Allolobophora foetida verfolgt, zu welchem Zwecke ich die aus der Eiweissflüssigkeit isolirten Eier mit Chromessigsäure und Pikrokarmin behandelte.

Es ist nämlich durchaus unmöglich im frischen Zustande auch die oben sichergestellten Spindeln etc. in den Eiern der genannten Art zu verfolgen, da die Eisubstanz hier im Gegensatz zu L. rubellus und anderen Arten ganz undurchsichtig ist; es ist bloss möglich, sich von einem reichen Cytoplasmanetz zu überzeugen, das wir auch an unreifen Eiern derselben Art hervorgehoben haben. In den reifen Eiern sind nur in den Maschen des Reticulums noch feine Dotterkügelchen eingestreut, wodurch das Ei ganz undurchsichtig wird. Ein solches Ei ist auf Fig. XIII., Taf. 7. im frischen Zustande abgebildet; in dem breiten, mit wässeriger Substanz gefüllten Saume bewegen sich zahlreiche Spermatozoen, während am animalen Pole sich die erste Polzelle befindet. Dasselbe Ei wurde dann auf die oben erwähnte Weise fixirt und in Fig. XIII., Taf. 8. bei Vergr. Zeiss Im. J. oc. II. abgebildet. Die erste Polzelle hängt mit dem Eie durch ein feines Stielchen zusammen und ist offenbar im Begriffe, sich loszutrennen, was auch während der Praeparirung meist geschieht, da die Polzellen der Lumbriciden nicht, wie bei Rhynchelmis, mit dem Ei-inhalte intensiver zusammenhängen.

Auffallend ist gewiss die schön zum Vorschein kommende Spindel der ersten Polzelle, die fast die ganze Länge der letzteren einnimmt; die chromatischen Elemente sind im Aequator der Spindel zur Bildung des Muttersterns zusammengetreten. In demselben Stadium der Entwicklung befindet sich auch die im Ei befindliche Spindel (sp), die aber etwas länger und mit deutlicheren polaren Periplasten als die erste versehen ist.

In Fig. XIII. Taf. 9. ist ein anderes Ei aus demselben Cocon abgebildet, das sich insoweit weiter in der Entwicklung fortgeschritten erweist, als einmal das männliche Element sich mehr dem Eicentrum angenähert hat, während die Spindel nach aussen zur zweiten resp. dritten Polzelle zu sprossen beginnt. Die neue Zelle wird hier offenbar durch den vorderen Periplast angelegt, doch gelang es mir nicht zu sicherstellen, ob auch an der Bildung dieser Zelle sich das Eiplasma betheiligt hat; es ist wahrscheinlicher, dass nur das Plasma des Periplastes und die Partikeln der einen Spindelhälfte — also gleich wie bei Rhynchelmis — diese Polzelle zusammensetzen.

Die Lumbriciden besitzen also drei Polzellen, die sich aber während der späteren Entwicklungsstadien, d. h. zur Zeit, als sich aus den ersten 4 Makromeren die Mikromeren zu bilden beginnen, von ihrer Ursprungsstelle lostrennen und bald von einander getrennt, bald zusammenhängend an verschiedene Punkte der Furchungsstadien sich ansetzen (Fig. XIII. Fig. 17. 18.); nicht selten bleiben einzelne Polzellen in der peripheren Flüssigkeit suspendirt, wo sie zwar länger als bei Rhynchelmis fortbestehen, indem sie sich höchst wahrscheinlich aus dieser Flüssigkeit ernähren, nichts desto weniger degeneriren sie schliesslich spurlos. Dieser Zerfallprocess ist gewiss interessant und obwohl ich ihn nicht genau verfolgte, so theile ich das Wahrgenommene mit, indem ich glaube, hiermit zur Kenntniss der Biologie der Zelle beizutragen. Die erste Spur der Degeneration manifestirt sich in dem Anschwellen der einzelnen Polzellen, resp. in der eigenthümlichen Vacuolenbildung in dem Plasmainhalte, während der Kern seine Grösse nicht verändert. Es kann geschehen, dass eine Polzelle von der Nachbarschwester absorbirt wird, und dass diese ebenso grosse Vacuolen in ihrem Plasmainhalte entstehen lässt. Sodann zerfallen diese Vacuolen und bilden einen lichtbrechenden Klumpen, der schliesslich zu Grunde geht. Eigenthümlich verhalten sich die ursprünglich kleinen und homogen sich färbenden Kerne der Polzellen nach der Resorption des Plasmainhaltes; sie degeneriren nicht gleichzeitig, sondern wachsen vielmehr heran zu grossen Kugeln, die sich aber nicht mehr mit Pikrokarmin färben, da sie keine chromatischen Elemente mehr erkennen lassen, sondern aus einem reichlichen Kernsafte bestehen, welcher zwischen den Maschen eines schönen Kernreticulums enthalten ist. Die Kerne degeneriren am spätesten.

Noch einer Eigenthümlichkeit während der Polzellenbildung — mit welcher allerdings das Eindringen des Sperma in den Eiinhalt gleichzeitig vor sich geht — muss ich gedenken. Ich habe oben angegeben, dass das Ei von L. rubellus nicht lange nach seiner Ablage schön durchsichtig ist, indem in dessen Plasma nur äusserst spärliche lichtbrechende Körnchen zerstreut sind. Während der Bildung der ersten Polzelle wird das Plasma allmälig mehr und mehr undurchsichtiger, indem sich die Dotterkörnchen vermehren und die Verfolgung der inneren Vorgänge nur äusserst undeutlich erkennen lassen. Während der Bildung der zweiten Polzelle ist das Ei von L. rubellus ganz undurchsichtig, mit Dotterkörnchen angefüllt und gleicht in dieser Beziehung dem Eie von Allolob. foetida. Die Vacuolenbildung in den Polzellen von „L. trapezoides" hat auch *Kleinenberg* constatirt; derselbe beschreibt auch das Ei des genannten Regenwurmes. Das Ei hat etwa 0·14 und 0·10 mm. im Durchmesser; sein Protoplasma entbehrt der Dotterkörperchen und ist also blass und durchscheinend; man unterscheidet hier zwei Substanzen; eine compactere mit feinen Granula vertheilt sich in ein Netz mit verhältnissmässig grossen Maschen; die andere Substanz ist eine homogene, eiweissartige Flüssigkeit zwischen den letzteren. Die Oberfläche des Protoplasma ist etwas verdichtet, als ob es eine Art Rindenschicht bildete.

Ähnlich beschreibt auch *Bučinsky* (l. c. p. 33) das Ei von L. terrestris, in welchem neben den von mir erwähnten Bestandtheilen noch „grössere helle Tröpfchen", die bedeutend lichtbrechend sind, vorkommen sollen. Den Kern kann man nur in einzelnen Fällen nachweisen. Die Abbildung, so wie die angeführte Beschreibung des genannten Autors machen aber den Eindruck, dass er ein degenerirendes, nicht befruchtetes Ei vor sich hatte, zumal er von der abstehenden Dottermembran und hellem Hofe keine Erwähnung thut, obwohl dies bei den reifen Eiern, in denen der Kern nicht nachweisbar ist, sicher der Fall ist. Die erwähnten lichtbrechenden Fetttropfen kommen thatsächlich nur in degenerirenden Eiern vor.

Capitel II.

Die Befruchtung des Eies.

§. 1. Nachweis der Spermatozoen auf der Eioberfläche.

Wie es sich mit dem Sperma in dem ersten Momente der Eiablage verhält, kann man nichts Bestimmtes sagen. Die künstliche Befruchtung ist hier durchaus unmöglich und die ersten Spuren des veränderten Samenfadens am Eie von Rhynchelmis erscheinen erst etwa anderthalb Stunde nach der Eiablage. In den eben abgesetzten Cocons gelang es mir nichts zu finden, was an Sperma erinnern würde, obwohl es gewiss, auch bei schwachen Vergrösserungen, mit denen man die frischen Cocons beobachten kann (Zeiss A. und C. oc. II.), deutlich hervortreten müsste, da die Spermatozoen von Rhynchelmis sich bekanntlich durch eine bedeutende Länge auszeichnen. Es ist mir demnach sehr wahrscheinlich, dass die Samenfäden während der Zeit des Austretens der Eier aus den Eileitern, gleichzeitig durch Contractionen der Samentaschen, theils vereinsamt, theils zu Bündeln vereinigt entleert werden und sich sogleich in die Eier einbohren, und zwar so tief, dass man auf der Oberfläche ihr Vorhandensein nicht wahrnehmen kann. Nach den weiter unten mitgetheilten Thatsachen ist es möglich, dass in einzelne Eier mehrere Spermatozoen eindringen, dass aber meist nur ein davon zur Geltung kommt, d. h. nur das einzige Sperma wächst heran und verändert seine Gestalt.

Der ganze Vorgang braucht aber, soweit er sich verfolgen lässt, eine ausführlichere Darstellung, und hier dessen Resultate:

Das um 8 Uhr vormitt. abgelegte und sofort zur Untersuchung genommene Ei zeigte — bei der oben angedeuteten Vergrösserung —

auf seiner Oberfläche weder eine Veränderung der Gestalt, noch äussere Fortsätze.

Fig. III. *Das auf der Oberfläche des Eies auftretende Sperma.*
(Vergr. Zeiss A. und C. oc. II.)

a) In der Eimembran erscheint die Mikropyle.
b) Aus der Öffnung tritt ein glänzender Tropfen — das wachsende Sperma — hervor.
c) Das Sperma vergrössert sich zu einem Kügelchen.
d) Gewinnt eine birnförmige Gestalt und befindet sich in einer, vom Eie ausgeschiedenen, schleimartigen Umhüllung (Dottermembran).
e) Polyspermatische Befruchtung: 6 Spermatozoen auf der Oberfläche des Eies.
f) Eine andere Gestalt des herangewachsenen Spermatozoons.
g) Von den oben (e) angedeuteten 6 Spermatozoen sind nur 2 herangewachsen.
h) Das sich zur Bildung der ersten Polzelle bereitende Ei mit dem seitlich hervorragenden Sperma.
i, j) Zwei hinter einander folgende Spermaformen.
k, l) Das sich in das Ei allmälig einsenkende Sperma.
m) Rest des Sperma auf der Eioberfläche in Form von einem undeutlichen Kügelchen, welches in dem nächsten Momente ganz in der Eisubstanz verschwindet. Gleich darauf erscheint die erste Polzelle.

Um 9 Uhr 20 Min. erschien dagegen in einem Punkte der Eiperipherie eine winzig kleine, aber doch deutliche Öffnung, — um so deutlicher, als sich die Eimembran und das Protoplasma ringsum zu einer lippenartigen Umrandung erhoben hat (Fig. III. *a*).

Gleich darnach erweiterte sich diese Öffnung und aus deren Tiefe trat anfangs ein undeutlicher, heller und glänzender Tropfen (*b*) hervor, welchen, sowie sämmtliche spätere Formen desselben, ich ursprünglich als die Polzelle betrachtete; nachdem ich mich aber auf einer recht grossen Anzahl der Eier von der übereinstimmenden Gestalt des Gebildes, sowie von einer anderen Art der Polzellenbildung überzeugt habe, erkannte ich in dem erwähnten Tropfen das Gebilde eines ganz anderen Ursprunges.

Das anfangs ganz undeutliche und bei oberflächlicher Untersuchung leicht übersehbare, tropfenartige Körperchen wuchs um 9 Uhr 30 Min. zu einem kugligen, bläschenartigen, scharf contourirten, homogenen und stark lichtbrechenden Gebilde heran (Fig. III. *c*). Gleich im nachfolgenden Momente verlängerte sich das Körperchen kegelförmig (*i*) und nicht selten entstand auf dessen Basis selbst eine höckerartige Erhöhung (*h*), deren ich bereits in meiner vorläufigen Mittheilung Erwähnung gemacht habe, wo ich allerdings noch nicht genau die Bedeutung des in Rede stehenden Körperchens erkannt habe.

In dem nächsten Augenblicke veränderte das Gebilde wieder seine Gestalt, indem es sich an beiden Enden verengerte und nachdem es an seinem freien Ende ein deutliches, angeschwollenes Köpfchen herausgebildet hat, erschien es an seiner Oberfläche oft mit Längsfurchen versehen (Fig. III. *d*). Die angezogene Figur ist bei Vergr. Zeiss *C*, oc. II. gezeichnet und somit erweist sich das Körperchen von bedeutenden Dimensionen. Bei derselben Vergrösserung ist auch sichtbar, dass das Gebilde von einer äusserst feinen, offenbar schleimigen Substanz umhüllt ist, von ganz ähnlicher, wie wir sie oben bei den Polzellen hervorgehoben haben; beide Umhüllungen sind als modificirte Theile der Dottermembran aufzufassen.

Unverändert in seiner Structur, fängt das Körperchen bald darauf an zu verschwinden, d. h. es dringt augenscheinlich in den Eiinhalt hinein, wie es Fig. III. *k*, *l*, *m* veranschaulicht. In dem letzten Stadium sieht man nur einen undeutlichen Fortsatz, welcher in dem nächstfolgenden Augenblicke verschwindet. Und in diesem Momente kann man wieder auf demselben Punkte diejenige Öffnung wahrnehmen, die wir gleich am Anfange beobachtet haben; sodann verwächst aber auch diese Mikropyle — denn es ist nichts anderes, als die Öffnung wodurch das Sperma in das Ei eingedrungen ist — und das Ei nimmt wieder seine in dem früheren Capitel erwähnte kegelförmige Gestalt an, indem es sich anschickt, die erste Polzelle zu produciren. Die Beziehungen zwischen dieser äusseren Veränderung der Eigestalt und des eben geschilderten Körperchens wird durch die Zeit angedeutet, die ich oben verzeichnet habe: „Das um 8 Uhr vormitt. gelegte Ei."

Die Mikropyle erschien
um 9 Uhr 20 Min. und gleich daran der Tropfen, welcher
um 9 „ 30 „ zu einem Kegelchen herangewachsen ist.
Um 9 „ 40 „ dringt das Körperchen vollständig in das Ei ein.
Um 9 „ 56 „ kommt die erste Polzelle zum Vorschein.

Obwohl nun die von mir beobachteten Fälle meist mit der angegebenen Zeitfolge übereinstimmen, so kann man doch diesen Zeitvorgang nicht als constant ansehen, da ich gefunden habe, dass das tropfenartige Körperchen weit früher auf der Eioberfläche zum Vorschein kommt, als das Ei zur Knospung der ersten Polzelle gelangt.

Es entsteht nun die Frage, wie man das eben geschilderte Körperchen auffassen soll?

Ich glaube kaum zweifeln zu können, dass man es hier mit einem, seine Gestalt allerdings veränderten Spermatozoon zu thun hat. Man kennt nämlich die Spermatozoen der Samentaschen als lange fadenförmige Elemente mit schraubenförmig gewundenem Köpfchen und langem Schwanzfaden; in diesem Zustande kommen die Spermatozoen gewiss in die erste Berührung mit dem Ei; aber das Eindringen und die ersten Veränderungen der Spermatozoen im Eie kann man selbstverständlich an den so grossen und undurchsichtigen Eiern. wie die von Rhynchelmis nicht genau ermitteln. Aber die geschilderte Gestalt des Spermatozoons und dessen Verhalten zum Eie, — diese beide Umstände zeigen auf übereinstimmende Erscheinungen, in welchen der Samenfaden bei dem Contacte mit dem Eie anderer Thiere bekannt ist. Es ist unmöglich auf alle in dieser Beziehung mitgetheilten Beobachtungen hier einzugehen, doch will ich wenigstens einer Angabe Erwähnung thun, welche die von uns beobachteten Thatsachen erklärt. Nach *Fol* ist es nur ein einziges Spermatozoon, das sich an der Befruchtung betheiligt, indem es mit einer kleinen, vom Eie gebildeten Vorragung in Berührung kommt; der Kopf des Sperma bohrt sich in das Ei hinein, während der Schwanz noch einige Zeit sichtbar ist, später sich aber wahrscheinlich zu einem blassen, kugelförmigen Körper umwandelt, der schliesslich in die Masse des Eies aufgenommen wird. So wurde an lebenden Eiern von Asterias glacialis beobachtet und ebenso hier wie bei Rhynchelmis bleibt eine kraterförmige Öffnung in der Eimembran, welche erst nach dem völligen Eindringen in das Ei verwächst.

Gegenüber den Angaben Fol's erfahren wir dagegen aus den Mittheilungen anderer Beobachter, dass nicht das ganze Sperma, sondern nur dessen Kopf und der Hals in den Eiinhalt eindringen, während der Schwanz zu Grunde geht, oder die Mikropyle verstopft. Namentlich der Hals des Sperma wächst nach solchen Angaben bedeutend heran.

Diesen Angaben kann man in unserem Falle in Ermangelung an directer Beobachtung nur die Thatsache gegenüberstellen, dass bei den Spermatozoen von Rhynchelmis der erwähnte Hals nicht nachgewiesen wurde, während der Kopf und der Schwanz hier wahrhaft enorme Länge erreichen. Ebenso sind bei reifen Spermatozoen anderer Oligochaeten die halsartigen Anschwellungen nicht nachgewiesen worden, wie überhaupt die meisten Arten nur fadenförmige, des Köpfchens entbehrende Sparmatozoen besitzen. Hier kann man also keinen Unterschied zwischen Kopf, Hals und Schwanz statuiren.

Und doch wiederholen sich auch während der Eibefruchtung der Lumbriciden ganz übereinstimmende Vorgänge in der Umwandlung der Spermatozoen, wie bei Rhynchelmis.

In den frisch gelegten oder nicht lange nach der Ablage geöffneten Cocons der Lumbriciden trifft man die Spermatozoen bald einzeln in der Eiweissflüssigkeit zerstreut, bald zu dichten Klumpen vereinigt, welche letztere aus einer hyalinen Grundsubstanz bestehen und an die Spermatophoren erinnern. Derartige Gebilde habe ich nur bei Allolobophora foetida in zwei, drei Fällen beobachtet.

Was die Eier anbelangt, so nimmt man in deren Umgebung und zwar meist in der hyalinen Flüssigkeit der Dottermembran lebende und lebhaft bewegliche Spermatozoen in grösserer Menge (Taf. XIII. Fig. 7.) wahr, und dies auch in solchen Eiern, die durch ein Sperma schon befruchtet worden sind. Sonst geht die Befruchtung des Lumbriciden-Eies Hand in Hand mit der Bildung der Polzellen neben einander, wie ich bei Lumbricus rubellus sicherstellen konnte. Das Eindringen des Samenfadens habe ich auch hier nicht beobachtet; derselbe befindet sich offenbar bereits im Eie (Taf. XIII. Fig. 1.), dessen Spindel sich zur Bildung der ersten Polzelle anschickt, obwohl man auch im durchsichtigen Dotter nichts Ähnliches wahrnehmen kann. Das betreffende Ei wurde, wie bereits oben angegeben, zuerst um 9 Uhr 45 Min. beobachtet. Bald darauf erschien seitlich vom animalen Pole dicht unterhalb der Eimembran ein hyalines Feldchen, an dessen Peripherie zahlreiche Plasmastrahlen sich anordneten (Taf. XIII. Fig. 2. *pt*.). Das Gebilde vergrösserte sich bald, nahm eine kugelförmige Gestalt an, und begann mit einem Theile aus der Dottermasse nach aussen herauszutreten, und zwar in Form eines klaren, hyalinen keilförmigen Körperchens (Taf. XIII. Fig. 3. *pt*.), ganz derselben Gestalt, wie wir bei Rhynchelmis bereits geschildert haben. Ferner nahm sowohl der äussere, als innere Theil des Körperchens eine kuglige Gestalt an (Taf. XIII. Fig. 4. *pt*.) und der äussere begann in den Eiinhalt einzudringen; in dem Momente, als die letzte Spur des Körperchens von der Eioberfläche verschwand, erschien die Einschnürung zur Bildung der ersten Polzelle.

Für die von uns beobachteten Fälle sind also die Angaben gleichgiltig, ob der Schwanz der Samenfäden sammt dem Kopfe in das Ei hineindringt, oder ob er ganz oder in einem Theile sich abtrennt. Wir haben sowohl bei **Rhynchelmis**, als bei **Lumbricus rubellus** und schliesslich auch bei **Nephelis**, — wo die gleichen Vorgänge der Spermametamorphose stattfinden, — markante Spuren des Samenfadens in dem mächtigen, glänzenden Körperchen gesehen, welches erst nachträglich auf der Eioberfläche zum Vorschein kommt. Dies geschieht nun allerdings erst ziemlich spät, nachdem das Ei längst abgelegt wurde, und aus diesem Grunde drängt sich die Frage auf, warum schon früher die Samenelemente in den ersten Momenten nach der Eiablage nicht zum Vorschein kamen?

Diese Frage ist schwierig zu beantworten, indem, wie wir bereits angegeben haben, die ersten Beziehungen zwischen Ei und Sperma sich der Beobachtung entziehen. Somit versuche ich zu combiniren und meine Vermuthungen folgendermassen zu formuliren:

Entweder das ganze Spermatozoon (d. h. sammt dem Schwanze), oder nur dessen Theil dringt sehr früh, höchst wahrscheinlich bereits während der Ablage, in das Ei hinein und verbleibt hier dicht unterhalb der Eimembran, indem es als feiner Faden die dichte Dottermasse nicht durchdringen kann. Während dieses Ruhestadiums absorbirt das Sperma einen Theil des Eiplasmas, und in Folge dieses Processes wächst es in allen seinen Theilen; namentlich ist es der Schwanz (entweder der ganze oder nur ein Theil desselben), welcher in Folge der aufgenommenen homogenen Substanz nach einer Zeit (1 bis 2 Stunden) mächtig aufschwillt, kuglig wird und allmälig an Grösse zunimmt. Zu dieser Zeit genügt dem umgewandelten Sperma der enge

Raum unterhalb der Eimembran nicht mehr und es tritt demnach durch die früher zu Stande gekommene Mikropyle theilweise auf die Oberfläche des Eies, wie wir es in Form eines Kügelchens, Keilchens etc. gesehen haben. So schickt sich das Sperma an, die dichte Dottermasse durchzudringen, um von der Eiperipherie in's Centrum zu gelangen.

Ferner wirft sich eine andere Frage auf, was ist mit dem Spermakopfe und dem darin enthaltenen Kerne geschehen? Dieselben machen gewiss gleich nach dem Eindringen in das Ei bestimmte und wichtige Veränderungen durch, über welche ich leider nur sehr unbestimmte Aufschlüsse geben kann. Es ist nämlich ungemein schwierig, die Eier im Momente des Hervordringens des Sperma nach aussen, zum Schneiden zu praepariren, da man mit dem Übelstande rechnen muss, dass die angeschwollenen Spermatheile während der Praeparation mit Chromessigsäure, Alkohol etc. leicht sich vom Eie abtrennen, und wenn es doch gelingt, die in unverletztem Zustande conservirten Eier zu erlangen, so hat man wieder mit grossen Hindernissen zu kämpfen, um während der Einbettung in's Parafin die richtige Achse zu treffen. Nach längeren Versuchen habe ich schliesslich folgendermassen manipulirt. Die in Chromessigsäure erhärteten Eier von Rhynchelmis mit den hinausragenden Spermaelementen wurden mittels der Pipette auf den gewöhnlichen Objectträger übertragen und hier unter schwacher Vergrösserung in solche Stellung gebracht, dass das Spermakörperchen in bestimmter seitlicher Lage sich befand. Jetzt wurde das Praeparat gefärbt, entwässert und mit Terpentinöl aufgehellt, worauf das Ei vorsichtig in derselben Lage mit einigen Parafintropfen benetzt wurde. So fixirt, konnte das Ei in eine grössere Menge Parafin eingebettet und geschnitten werden.

Es gelang mir aber nur in zwei Fällen die Eier in dem Momente zu conserviren, als die Spermakörperchen äusserlich zum Vorschein kamen, und in einem Falle, als es bereits grösstentheils wieder in das Ei hineingedrungen ist. Der Schnitt durch ein solches Stadium ist auf der Taf. IV. Fig. 10 dargestellt; die Richtungsspindel (v) befindet sich noch dicht unterhalb der Eioberfläche; seitlich am Eie liegt das erwähnte, durch die Einwirkung der Reagentien am äusseren Ende etwas zusammengeschrumpfte Körperchen (s). Die im frischen Zustande beobachtete, wahrscheinlich schleimartige Substanz der Dottermembran umhüllt das Körperchen und ist in dieser Beziehung derjenigen Masse gleich, welcher wir an den Polzellen begegnet haben. Das Körperchen selbst ist von keilförmiger Gestalt und befindet sich mit dem vorderen Ende bereits in der Dottermasse. Inwieferne das Praeparat belehrt, besteht das Körperchen aus zwei Theilen, dem äusseren, bläschenförmigen, welcher sich als eine schwach diffus sich färbende, glänzende und membranlose Substanz erweist; der innere Theil färbt sich dagegen intensiv roth und es scheint, dass er eine Körnelung enthält; indessen gelang es mir nicht die feinere Structur zu erkennen; die Plasmastrahlen, welche wir bereits in frischen Lumbricideneiern desselben Entwicklungsstadiums kennen gelernt haben, treten auch, obwohl undeutlich, in dem geschilderten Eie von Rhynchelmis hervor.

§. 2. Die Polyspermie.

Ich habe oben hervorgehoben, dass 2, 3—6 Spermatozoen in das Ei eindringen und hier heranwachsen können. Derartige Stadien sind im Holzschnitte Fig. III. veranschaulicht. Die äusseren Veränderungen dieser Körperchen habe ich namentlich in einem Falle beobachtet, wo 6 Gebilde (*e*) auf einem Bogen der Eiperipherie zum Vorschein kamen; alle waren gleich und in der Gestalt von sehr kleinen kugligen Tropfen. Dieselben wuchsen aber nicht mehr zu keil- oder birnförmigen Körperchen heran, wie es bei den durch ein einziges Sperma befruchteten Eiern die Regel ist, sondern drangen fast gleichzeitig und unverändert in das Ei hinein. Ihr Schiksal ist mir unbekannt.

Ein anderer Fall, welchen ich beobachtet habe, ist in Fig. III. *g* dargestellt, wo 2 gleiche und bedeutend herangewachsene Spermatozoen an der Oberfläche des Eies vorhanden sind und während derselben Zeit und der gleichzeitig stattfindenden Gestaltsveränderungen sich in den Eiinhalt eingesenkt haben. Auch hier habe ich keine Erfahrungen über deren Schicksal und Verhältniss zum weiblichen Vorkern.

Einen gewiss interessanten Fall des überfruchteten, aber unreifen Eies von Allolobophora putra haben wir bereits oben beschrieben; derselbe liefert uns zugleich den Nachweis, dass die in den Dotter eingedrungenen Spermatozoen hier zu enorm grossen Körpern heranwachsen können, wobei vornehmlich die Kerne sich ganz ausserordentlich vergrössern (Vergl. Taf. XIII., Fig. 11. *a—c*) und den Cytoplasmakörper bis zur Unkenntniss verdrängen; dagegen scheint es, dass an den in reife Eier eingetretenen Spermatozoen das Cytoplasma vorherrscht, während der männliche Pronucleus sich anfangs nur unbedeutend vergrössert.

§. 3. **Das Schicksal des Spermatozoons im Eie.**

Beide Bestandtheile des befruchtenden Elementes dringen sehr frühzeitig und rasch in die Dottermasse ein und so viel ich nach meinen Praeparaten von Rhynchelmis urtheilen kann, müssen sie von der Oberfläche bis in das Centrum gewissermassen mit Gewalt vordringen. An frischen Eiern von Lumbricus rubellus kann man anfangs die Bewegung des umgewandelten Spermatozoons von der Peripherie bis zum Centrum beobachten, aber nur selten gelingt es, die richtige, kuglige Form desselben wahrzunehmen, vielmehr scheint es, dass es amoebenartige Bewegungen auszuüben im Stande ist, um schliesslich an die definitive Stelle im Eie, d. h. in das Centrum angelangt, die kuglige Gestalt anzunehmen. An lebenden Eiern von Rhynchelmis kann man wieder statuiren, dass das umgewandelte Sperma in den mannigfaltigsten Punkten der Eiperipherie erscheinen kann, dass es sich aber nach dem Eindringen in das Ei zuerst mehr dem unteren Pole anzunähern versucht, um erst von hier in das Eicentrum zu gelangen. An den Längsschnitten durch das Ei, welches im Begriffe ist, die erste Polzelle zu produciren, kann man ohne grössere Schwierigkeiten die Schnitte in der betreffenden Achse führen, wobei man sich überzeugt, dass die Lage des umgewandelten Spermatozoons thatsächlich in der Nähe des unteren Eipoles sich befindet. Der mediale Schnitt eines solchen Eies ist in Fig. 19., Taf. IV. dargestellt. Fast in der verticalen, vom oberen Pole der Richtungsspindel zum anderen Eipole geführten Achse liegt ein Schnitt durch das umgewandelte Spermatozoon (c), welches sowohl durch seine Grösse, als den Inhalt in der Dottermasse hervortritt. Die äusseren, ziemlich scharfen Contouren des im Durchmesser 0·039 mm. breiten Schnittes sind noch unregelmässig (im Gegensatze zu der späteren, rein kugligen Gestalt des Spermatozoons), der innere Inhalt ist hyalin, fast homogen und nur mit stärkeren Vergrösserungen sieht man, dass hier eine unbedeutende Menge einer plasmatischen, äusserst feinkörnigen Substanz unregelmässig zerstreut ist und mit Pikrokarmin sich nicht färbt. In der Umgebung dieses hellen „Feldchens" sammelt sich das feinkörnige Eiprotoplasma an, welches sich rosaroth färbt und in wenige und kurze Radien in den Eidotter ausstrahlt und offenbar mit dem Reticulum des Eiplasmas in Verbindung steht.

In dem nachfolgenden Schnitte ist das Bild des Spermatozoon-Durchschnittes elliptisch und das Plasmanetz regelmässiger angeordnet (Taf. IV., Fig. 20, c). Auf der Peripherie dieses Schnittes sieht man auch den anderen Spermatheil: nämlich den durch sehr unbedeutende Dimensionen und undeutliche Structur sich auszeichnenden Kern. Derselbe verräth sich deutlicher an den mit Terpentinöl aufgehellten Praeparaten, indem die genannte Flüssigkeit langsamer in dessen Wandungen als in die umliegende Substanz eindringt und dieselben durch stärkere Lichtbrechung viel deutlicher hervortreten lässt. Ich wurde nur auf diesem Wege auf das Vorhandensein des Spermakernes (*sp*) aufmerksam gemacht, während an meinen ähnlichen Dauerpraeparaten, welche mittels des Nelkenöls aufgehellt und in den Canadabalsam eingeschlossen wurden, keine Spur nach dem erwähnten Kerne nachweisbar ist. Es ist aber auch möglich, dass der Druck des Deckgläschens zum völligen Schwunde des Kernes in den erwähnten Praeparaten beitragen konnte, wie es auch in den übrigen von dem entsprechenden Stadium angefertigten Praeparaten der Fall war. Nachdem ich diesen Mangel in den Dauerpraeparaten erkannt habe, habe ich vorgezogen, die frisch gefertigten, im Terpentinöl, beziehungsweise in einer Mischung von Terpentin- und Nelkenöl, oder schliesslich in Alkohol-Nelkenöl aufgehellten Schnitte zuerst zu untersuchen; die meisten der Abbildungen sind auch nach dieser Methode wiedergegeben.

Also der im Terpentinöl beobachtete männliche Vorkern liegt an der Peripherie des elliptischen Feldchens in einem halbmondförmigen hyalinen Hofe, welcher letztere hier allerdings nicht so deutlich hervortritt, wie wir in späteren Stadien finden werden; das feinkörnige umliegende Cytoplasma macht seine Umrisse sehr undeutlich. Der Kern selbst hat eine maulbeerförmige Gestalt und besteht anscheinlich aus kleinen, hyalinen Kügelchen von resistenten Wandungen. Im grossen und ganzen macht der Kern den Eindruck eines Knäuels, doch entbehrt er durchaus der chromatischen Elemente.

Nach allen Umständen ist also dieser Kern, wie wir ihn erkannt haben, durchaus abweichend von dem gewöhnlichen Kerne des reifen Spermatozoons, so lange der letztere z. B. in den Samentaschen verweilt; er musste demnach innerhalb des Eies gewisse Umwandlungen durchmachen, die sich durch directe Beobachtung nicht ermitteln lassen. Man kann nur so viel statuiren, dass die Gestalt dieses Spermakerns ebenso wie dessen Structur denjenigen Verhältnissen entspricht, welche wir während der Bildung des weiblichen Pronucleus erkennen werden. Die Umwandlung des Kernes (wie sich derselbe im Kopfe des reifen Spermatozoons findet) zum männlichen Vorkerne im Eie werden wir später zu erklären versuchen.

Wir müssen ferner als erwiesen voraussetzen, dass die geschilderte hyaline Kugel innerhalb des Eies mit seinem peripheren Kerne demselben glänzenden Körper entspricht, welchen wir an der Oberfläche des Eies sichergestellt haben und welcher von hier in die Dottermasse eingedrungen ist. Wie lange nun dieses Gebilde sammt dem Kern an dieser Stelle verbleibt und die bisher erkannte Structur beibehält, vermag man nicht mit Bestimmtheit zu sagen, da in allen nachfolgenden Stadien die hyaline Kugel mit dem peripheren Höfchen und männlichem Pronucleus bereits im Eicentrum erscheint.

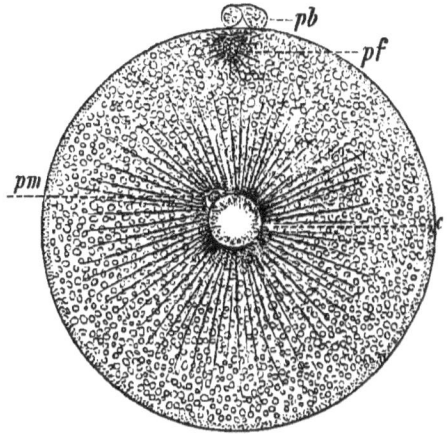

Fig. IV. *Das Ei 15 Min. nach der Herausbildung der zweiten Polzelle.*

pb Polzellen; *pf* der weibliche Vorkern; *c* der Periplast; *pm* der männliche Vorkern mit seinem Hofe.

Zum Zwecke der weiteren Schilderung werden wir von jetzt an die hyaline Kugel als „Periplast" und den Kern im peripheren Hofe als männlichen Vorkern unterscheiden.

Allen Umständen nach verweilt also der Periplast mit dem Vorkerne zur Zeit der Bildung der ersten Polzelle im unteren Pole des Eies; nachdem aber auch die zweite Polzelle und der weibliche Pronucleus zu Stande kamen, liegt der etwas vergrösserte und schön hervortretende Periplast im Centrum des Eies und ist von jetzt an viel leichter zu beobachten.

Es ist gewiss von Bedeutung, dass der Periplast das Eicentrum eingenommen hat, während der Eikern ganz excentrisch, unweit von der Basis der Polzellen sich befindet. Betrachten wir ein Ei desselben Stadiums, nämlich 15 Minuten nach der Hervorsprossung der zweiten Polzelle (Taf. IV., Fig. 27., Holzschnitt Fig. IV.). Der Periplast c liegt im Centrum des Eies und hat auf allen median geführten Durchschnitten im Durchmesser 0·086 mm. An einem Theile seiner Peripherie befindet sich ein halbmondförmiger, unbestimmt contourirter Hof, welcher letztere einen sehr schön hervortretenden männlichen Vorkern enthält (pm). Rings um den Hof und den Periplast verlaufen in der Dottermasse sehr lange und zahlreiche Plasmastrahlen, die namentlich in den in Chromessigsäure erhärteten Eiern zum Vorschein kommen. Die Structur sämmtlicher bisher genannter Bestandtheile ist sehr verändert, indem sie wesentlich von der im vorigen Stadium besprochenen abweicht.

1. Der Periplast selbst ist scharf contourirt, so dass dessen Inhalt sehr beträchtlich von dem umliegenden Eiplasma abweicht. An der inneren Peripherie des Periplastes sind dicht neben einander radial angeordnete kurze, aus feinkörnigem Plasma bestehende Strahlen, während der innere Raum desselben aus einer homogenen und hyalinen Flüssigkeit besteht, welche sich in einzelnen Praeparaten diffus roth färbt und auch hier und da zerstreute punktförmige Granula enthält (Taf. VI., Fig. 12). Nun sahen wir, dass der Periplast auch im vorigen Stadium eine unbedeutende Plasmamenge enthielt, während im ursprünglichen Zustande, — als er sich in der keilförmigen Gestalt an der Oberfläche befand, — sein ursprüngliches Plasma nur ganz homogen war. Wenn also die Menge des erwähnten feinkörnigen Protoplasmas in dem jetzigen Stadium so deutlich und in strahlförmiger Anordnung hervortritt, so müssen wir dafür halten, dass diese Plasmavermehrung nur in Folge des Eindringens des äusseren umliegenden Eiplasma in das Innere des Periplastes erfolgt, oder besser, der Periplast absorbirt nach wie vor das Eiplasma, aus welchem sich die Partikeln strahlförmig von den äusseren Umrissen nach innen anordnen.

2. Der Hof, in welchem der männliche Vorkern sitzt, befindet sich bald seitlich, bald in dem gegen den animalen Eipol gerichteten Punkte an der Peripherie des Periplastes. Seine Umrisse sind undeutlich und treten nur infolge der klaren Grundsubstanz des Hofes aus dem körnigen und im Pikrokarmin lebhaft sich färbenden Protoplasma hervor. Nur einige wenige plasmatische Fäden, die von der

Peripherie zu den Wandungen des Vorkernes verlaufen, bilden die eigentliche Structur des Hofes (Vergl. Taf. VI., Fig. 12).

3. Der männliche Pronucleus tritt überaus deutlich in diesem Hofe hervor, und zwar als ein 0·018 mm. messendes, im ganzen kugliges, aber infolge der Reagentien (?) ein wenig unregelmässiges Körperchen (Taf. IV., Fig. 36.; Taf. VI., Fig. 12). Seine Membran ist sehr resistent, die innere Substanz ein hyalines Karyoplasma, welche sich nur unterhalb der Membran als eine niedrige Schicht intensiver roth färbt und im Innern kann man ein Kernreticulum sicherstellen (Taf. IV., Fig. 36.). Sehr intensiv, ja dunkelroth sich färbende und glänzende, kuglige Chromatinkörperchen, zu 5—6, sind in der peripheren Plasmaschicht gelagert, doch treten hier nicht selten auch grössere oder kleinere Körperchen auf, die sich nur wenig oder auch gar nicht tingiren und lediglich durch ihren Glanz auffallend sind. Ich betrachte sie als sich bildende Chromatinelemente, da wir in späteren Entwicklungsstadien finden werden, dass sich die Anzahl der besprochenen Körperchen bedeutend vermehrt hatte, aber nicht durch Theilung der vorhandenen „Nucleolen", sondern als knotenartige Verdickungen des Kerngerüstes.

Der Periplast mit dem seitlichen Hofe und dem darin enthaltenen männlichen Vorkern sind demnach Theile des in das Eicentrum eingedrungenen Elementes, über dessen Ursprung wir jetzt zuverlässiger, als in früheren Stadien uns aussprechen können. Betrachtet man die Organisation der Samenfäden aus den Samentaschen, so findet man hier eben die Theile, die wir jetzt im Centrum des Eies hervorgehoben haben. Der Periplast selbst ist der umgewandelte Schwanz oder, wenn man will, ein Theil desselben, der Hof an der Peripherie des Periplastes entspricht wohl dem Kopfe, dessen Plasma sich demnach ebenfalls vermehrt hat, und der männliche Pronucleus stellt gewiss nur den umgewandelten Kern des ursprünglichen Spermatozoons vor.

Ich glaube kaum zu irren, wenn ich annehme, dass die fortschreitenden Vorgänge der statuirten Veränderungen vornehmlich an der Ernährung beruhen; andere Erklärung ist vorderhand nicht möglich. Thatsächlich kann man auch vom ersten Anfange, als das Spermatozoon in das Ei eingetreten ist, zuerst kurze, dann deutlichere und in dem letzten Stadium ganz mächtige Protoplasmaströme in der Form von Radien verfolgen, die zum Periplaste confluiren und ihm offenbar die Ernährungstheilchen zuführen, in Folge dessen sowohl der männliche Pronucleus, als auch der Periplast heranwachsen. Denn bereits die Erscheinung, dass wir in den ersten deutlicheren Spuren des männlichen Vorkernes keine „Nucleolen" nachweisen konnten, welche erst in dem letzten Stadium so deutlich zum Vorschein kamen, unterstützt die einzig mögliche Erklärung, dass alles Erkannte aus den Assimilationsvorgängen erfolgt, was sich auch später noch deutlicher in der Vergrösserung des Vorkernes und der eigenthümlichen Thätigkeit des Periplastes manifestirt. Aber die Ernährung des Periplastes und des männlichen Pronucleus findet statt nicht etwa durch besondere plasmatische Fortsätze — so dass hier von einem auf die Art der Ernährung der Amoeben (mittels der Pseudopodien) erinnernden Processe keine Rede sein kann — die Ernährung der genannten Theile beruht auf einem endosmotischen Einsaugen der flüssigen Substanz durch ihre ganze Oberfläche. Diese vermeintliche allseitige Thätigkeit wirkt offenbar auch auf das umliegende Plasmamedium, in welchem die Ströme der flüssigen und körnigen Substanz sich um das ganze Gebilde strahlenartig anordnet. Sowohl im Periplaste, als im männlichen Vorkerne sieht man thatsächlich, dass sich hier zuerst der wasserklare Inhalt vermehrt hat und das so assimilirte Plasma sich nachträglich zu einem dichteren, festen Zustande, in die Plasmafäden anordnet. Der in Folge der Ernährung vergrösserte männliche Pronucleus zeichnet sich durch die lebhaft sich färbenden „Nucleolen" aus, die ebenfalls als Producte dieses Processes aufzufassen sind.

Auch in nachfolgenden Stadien spielen diese Erscheinungen die Hauptrolle und wir werden später auf das bereits Erkannte zurückkommen.

Was die **Lumbriciden** anbelangt, so ist bezüglich des männlichen Vorkernes nur wenig zu sagen. Das umgewandelte Spermatozoon wandert, wie oben erwähnt, von der Peripherie gegen das Centrum des Eies, man kann es in einzelnen frischen Eiern verfolgen, aber von dem umgewandelten Kerne ist nichts zu sehen. Auch die befruchteten, mit Chromessigsäure behandelten und nachher mit Pikrokarmin gefärbten Eier von Allolobophora foetida zeigen einen grossen Periplast, je nach der Stufe der Entwicklung bald excentrisch, bald im Eicentrum, aber in den wenigen von mir untersuchten Fällen gelang es mir auch auf diesem Wege den umgewandelten Kern des Spermatozoons nicht nachzuweisen. Offenbar muss derselbe noch sehr klein sein und ebenfalls wie bei Rhynchelmis in diesem Stadium der chromatischen Elemente entbehren. Somit entzieht er sich der Beobachtung, namentlich in so kleinen Eiern, wie die der Lumbriciden. Übrigens hatte ich mit denselben Schwierigkeiten bei *Nephelis* zu kämpfen, um den männlichen Vorkern zu finden; die Eier dieses Blutegels entsprechen in allen Vorgängen der Reifung und Befruchtung den der Lumbriciden, wie bereits aus dem Vergleiche der oben geschilderten Thatsachen dieser Oligochaeten mit den Darstellungen *Bütschli's* (l. c.) hervorgeht. Nur konnte ich hier den umgewandelten Spermakern in den ersten Stadien der Befruchtung, nachdem nämlich das Spermatozoon in das Ei eingedrungen ist, ebenso nicht nachweisen; später aber, nachdem das ganze Element das Eicentrum eingenommen hat, und namentlich in den, eine längere Zeit (30 Min.) mit Chromessigsäure behandelten Eiern gelang es mir, sehr instructive Praeparate des uns beschäftigenden Gegenstandes zu gewinnen. Aber auch *Bütschli* bildet dieses Stadium ab, welches mit unserer Fig. 27. Taf. IV. von Rhynchelmis fast identisch ist. Auch bei *Nephelis* liegt im Centrum ein grosser hyaliner Periplast, an dessen Peripherie sich ein halbmondförmiges Feldchen mit dem einige Chromatinkörperchen enthaltenden männlichen Vorkerne befindet (Vergl. *Bütschli* l. c. Taf. I. Fig. 3.).

§. 4. **Der männliche Pronucleus im Periplaste.**
(Taf. IV. Fig. 29., 30.; Taf. VI. Fig. 13—16.)

Der männliche Pronucleus verbleibt nicht in seinem Hofe an der Peripherie des Periplastes, sondern wandert in das Innere des letzteren. Dies erfolgt im ganzen rasch, ist aber möglich an den Eiern eines und desselben Cocons diesen interessanten Vorgang auf Schritt und Tritt zu ermitteln.

Etwa 30 Minuten nach der Hervorsprossung der zweiten Polzelle fängt nämlich der männliche Vorkern an in den Periplast einzudringen, der ihn umgebende Hof plattet sich mehr auf der Peripherie des letzteren ab (Taf. VI. Fig. 13.), der Vorkern kommt selbst in die Umrisse des Periplastes zu liegen und es ist schon zu sehen, dass er mit dem inneren Plasmanetze in Berührung kommt, das sowohl in Form von Körnchen als Fasern sich in dessen Nähe ansammelt. Das Eindringen des Vorkernes in das Innere des Periplastes geht aber mit gewisser Gewalt vor sich, indem man im nachfolgenden Stadium sieht (Taf. VI. Fig. 14.), dass der Spermakern einen Druck auf die Periplastsubstanz ausübt, wodurch sich die letztere um so mehr abplattet, je weiter der Pronucleus in den inneren Raum eindringt. Doch rückt der Spermakern nicht allein vor, sondern mit ihm zugleich folgt auch der periphere Plasmahof. Der Kern selbst wird während dieses Vorganges stark comprimirt und ich weiss nicht, ob man diese Erscheinung als Folge einer Contraction oder als eine amoebenartige Kernbewegung auffassen soll. Ich bin eher zu der letzt genannten Ansicht geneigt, indem wir ähnliche Erscheinungen am weiblichen Vorkerne während dessen Annäherung zum männlichen Pronucleus erkennen werden. Schliesslich ist aber möglich, dass die Bewegung des männlichen Vorkernes an der Contraction des im peripheren Hofe enthaltenen Protoplasma abhängig ist, welches ebenfalls in den Periplast einzudringen versucht.

Sei es dem nun, wie man will, die Tendenz des männlichen Vorkernes, auch mit seinem plasmatischen Hofe in den Periplast zu gelangen, ist in Fig. 14. ersichtlich und thatsächlich sehen wir in dem nächstfolgenden Stadium — 35 Min. nach der Hervorknospung der zweiten Polzelle (Taf. IV. Fig. 30.; Taf. VI. Fig. 15.), dass der männliche Pronucleus sammt seinem Hofe bereits in den Periplast eingedrungen ist. Der letztere hat sich in Folge dessen ein wenig vergrössert und wieder die ursprünglich kuglige Gestalt angenommen. Das Plasma des früher peripher liegenden Hofes ist mit dem Periplastinhalte vollständig verschmolzen und der unweit von der Peripherie des Periplastes befindliche Vorkern erscheint als ein an den Fäden des protoplasmatischen Netzwerkes angehängtes Körperchen. Bei starken Vergrösserungen und namentlich an den mit Alkohol-Nelkenöl aufgehellten, bisher nicht im Canadabalsam eingeschlossenen Praeparaten sieht man, dass das erwähnte, äusserst zarte Gerüst sich in einer homogenen, flüssigen Grundsubstanz von der Peripherie des Periplastes zu den Wandungen des männlichen Pronucleus — wie zu einem Centralknoten — verzweigt. Meiner Ansicht nach wird durch die Fäden die Nahrung dem Kerne zugeführt, indem man bereits in diesem Stadium eine, wenn auch nicht beträchtliche Vergrösserung desselben wahrnehmen kann (Taf. VI. Fig. 15.).

Bald darnach sinkt der Vorkern mehr in das Centrum, ja sogar bis an die Basis des Periplastes und unter einer Volumzunahme als auch Vergrösserung seiner Nucleinkügelchen wird er allmälig kugelförmig. In diesem definitiven Zustande ist der Periplast reich von Protoplasmafäden durchflochten, so dass man hier von einer spongioplasmatischer Beschaffenheit reden könnte.

Namentlich in den in blosser Chromsäure erhärteten Eiern ist das protoplasmatische Netz des Periplastes äusserst dicht, während der männliche Vorkern in solchen Praeparaten ziemlich schwierig nachweisbar ist, da sich die Nucleinelemente nur unbedeutend färben;

dagegen ist in den in Chromessigsäure erhärteten Eiern das Netzwerk des Periplastes grossmaschig und regelmässiger angeordnet. In Fig. 16. Taf. VI. sieht man die von der Peripherie des Periplastes zum männlichen Vorkerne strahlenförmig verlaufenden Plasmafäden, die sich seitlich wieder verzweigen und auf diese Weise untereinander anastomosiren.

Auf der äusseren Peripherie des Periplastes hat sich inzwischen ein grösseres Quantum des feinkörnigen Eiprotoplasmas angesammelt, in Folge dessen hier ein bedeutend breiter Hof gebildet wird (Taf. IV. Fig. 30.; Taf. VI. Fig. 16.). Derselbe ist offenbar ein Product der ungemein zahlreichen Strahlen, die monocentrisch hierher confluiren und das ernährende Vorrathsmaterial an die Peripherie des Periplastes zuführen. Je weiter von dem Periplaste, um so zarter werden auch diese Strahlen, und verzweigen sich schliesslich in das eigentliche intravitelline Cytoplasmareticulum.

§. 5. Der weibliche Pronucleus.

Fünf Minuten nach der Bildung der zweiten Polzelle kann man an den Längsschnitten durch das betreffende Ei Nachfolgendes statuiren: Der Rest der zweiten Richtungsspindel besteht aus einem kleinen Theile dieser letzteren, an dessen Basis sich ein neues kernartiges Gebilde mit Ausschluss der Mitwirkung der Spindelfäden zu bilden beginnt (Taf. IV. Fig. 26.). Man sieht hier ein deutliches, aus einem ziemlich dunkel sich färbenden Protoplasma bestehendes Feldchen, welches in gewöhnliche Plasmaradien ausstrahlt. Die Spindel hängt bisher mit dem distalen Pole mit der Eiperipherie zusammen, mit dem proximalen Pole legt sie sich dagegen an ein kernartiges (pf) Gebilde — den weiblichen Pronucleus — an, welcher eben im Centrum des erwähnten Protoplasmahofes liegt. Seiner Winzigkeit wegen — es hat nur 0·008 mm. im Durchmesser —, hauptsächlich aber in Folge der völligen Abwesenheit einer chromatischen Substanz ist für das weniger erfahrene Auge sehr schwierig erkennbar; nur der starke und auffallende Glanz der bläschenartigen Elemente, aus denen es besteht, erinnert auf sein Vorhandensein.

Die erwähnten Bläschen sind bezüglich der Gestalt vollständig denjenigen gleich, welche wir an dem sich zum männlichen Pronucleus umbildenden Kerne des Spermatozoonkopfes gefunden haben (Vergl. Taf. IV. Fig. 20. sp), wie auch in anderen Beziehungen beide Körperchen gleich sind. Der weibliche Vorkern tritt deutlicher zur

Zeit hervor, als der Periplast sammt dem männlichen Pronucleus sich im Centrum des Eies befindet; dies aber nicht vielleicht in Folge einer Umwandlung seines Inhaltes, sondern lediglich durch seine Volumzunahme; denn die Structur ist dieselbe wie im vorigen Stadium.

Etwa zur Zeit, als der männliche Pronucleus in den Periplast einzudringen im Begriffe ist, befindet sich am animalen Eipole, unterhalb der Polzellen, eine deutliche Vertiefung (Taf. IV., Fig. 28) und in derselben der oben erwähnte, in sehr kurze Radien auslaufende Plasmahof.

In demselben sitzt nun der zierliche, maulbeerförmige weibliche Vorkern, welcher aus bläschenförmigen homogenen Kügelchen besteht (Taf. IV., Fig. 35.). Von nucleolusartigen Nucleinkörperchen ist auch hier noch keine Rede, wenigstens ist es nicht möglich, dieselben auch mit den schärfsten Vergrösserungen nachzuweisen. Der oben besprochene Spindelrest löste sich offenbar auf und sein Plasma betheiligt sich an der Bildung des erwähnten plasmatischen Hofes.

Erst 35 Minuten nach der Herausbildung der zweiten Polzelle, als nämlich der männliche Vorkern an den Fäden des Periplast-Reticulums aufgehängt erscheint (Taf. IV., Fig. 30.), wird auch der weibliche Pronucleus deutlicher durch das Vorhandensein des Nucleininhaltes. Er ist auch unbedeutend herangewachsen, büsst seine ursprünglich maulbeerförmige Gestalt ein und wird glatt kuglig oder ein wenig verlängert (Fig. 31.); die Wandungen der gewesenen Kügelchen erscheinen jetzt als ein Netzwerk, resp. ein Fadenknäuel innerhalb des Vorkernes, dessen Grundsubstanz das homogene Plasma ist, und fast in jedem Maschenraume tritt dicht mit dem Faden verbunden je ein intensiv roth sich färbender „Nucleolus" auf. Das Wachsthum und das Vorhandensein des letzteren kann man bei dem weiblichen Pronucleus lediglich als Folge der Ernährung aus dem denselben umgebenden Protoplasmahofe erklären.

Somit sind die Vorgänge der Umwandlung und Ernährung sowohl des männlichen, als auch des weiblichen Pronucleus übereinstimmend und das Resultat dasselbe. Nachdem aber der weibliche Vorkern 0·016 mm. Grösse erlangt hat, wächst er nicht weiter und verbleibt in seinem ursprünglichen Plasmaneste in einem Ruhestadium während der ganzen Zeit, wo der männliche Vorkern sich weiter vervollständigt und im Gegensatze zu dem ersteren bedeutend an Grösse zunimmt.

Zur Zeit also, als unterhalb der Polzellen in dem animalen Eipole der weibliche Pronucleus sitzt und im Eicentrum sich der Periplast mit dem männlichen Vorkern befindet, zu dieser Zeit liegt uns ein Stadium vor, welches weder dem gewöhnlichen Eie, noch einer gewöhnlichen Zelle entspricht, wie wir usuell anzunehmen gewohnt sind. Hier nämlich liegt in dem Eicytoplasma (dem Bildungs- und Nahrungsdotter mit dem Cytoplasmareticulum) auch das Spermacytoplasma in Form des Periplastes; diese zwei Plasmaarten sind also als Charakter dieses Stadiums aufzufassen. Doch gibt es hier keinesfalls zwei völlig entwickelte Zellen, indem die für die morphologische Dignität einer Zelle charakteristischen Elemente — die Kerne — sich im Stadium der Pronuclei befinden; der weibliche Pronucleus liegt in dem oberen Pole des Eicytoplasma, der männliche Pronucleus dagegen in dem Spermacytoplasma im Centrum des Eies. Den Begriff des Pronucleus werden wir später zu definiren versuchen. Beide Vorkerne müssen nun eine innigere Verbindung eingehen, um den echten Zellkern zu produciren.

§. 6. Der spindelförmige Periplast; die Tochter-Periplaste; die Cytoplasmaspindel.

Während der Zeit, als der weibliche Pronucleus sich in der Mitte des protoplasmatischen Hofes in dem animalen Pole des Eies in einem Ruhestadium befindet, oder besser gesagt, als er sich in seiner Structur vervollständigt, spielen sich im Centrum des Eies wichtige und bisher nicht einmal geahnte Veränderungen ab, welche den Periplast und den darin befindlichen männlichen Vorkern betreffen; der letztere ist zu einer gewissen Grösse herangewachsen und enthält auch eine grössere Anzahl chromatischer Elemente.

Etwa 45 Minuten nach der Hervorknospung der zweiten Polzelle erfolgt nämlich eine Umwandlung der Gestalt des Periplastes; derselbe büsst seine kuglige Form ein und verlängert sich in einer Achse des Eies, welche die zwischen dem animalen und vegetativen Eipole geführte Hauptachse vertical durchschneidet.

Die Verlängerung des Periplastes hat zur Folge die Bildung einer Spindelform, indem sich derselbe vom mittleren, aufgeschwollenen Aequator zu beiden Polen allmälig verengt und dabei rund wird (Taf. VI., Fig. 17.). Innerhalb dieses spindelförmigen Gebildes befindet sich der Spermakern bisher zwar an dem Fadengerüste aufgehängt, aber das letztere ist jetzt nicht mehr so dicht, wie wir in dem kugligen Periplaste constatirt haben; es sind hier nur einige wenige und dazu noch schwierig wahrnehmbare zwischen den Umrissen des spindelförmigen Periplastes und der Wandung des männlichen Pronucleus hinziehende Fäden zurückgeblieben. In Folge der Verlängerung und Abplattung des Periplastes nimmt auch der männliche Vorkern die entsprechende, verlängerte Gestalt an, die aber an meinen zahlreichen Praeparaten sehr veränderlich ist.

Die Einwirkung dieser Periplastverlängerung zur Spindel manifestirt sich aber auch in dem umliegenden Hofe des feinkörnigen Eiplasmas, zu welchem die Cytoplasmastrahlen bisher in monocentrischer Anordnung verliefen. Das erwähnte Plasma gruppirt sich nämlich zu zwei Haufen auf die beiden Spindelpole, während nur eine schwache Plasmaschicht auch die übrige Oberfläche der Spindel umgibt. Dieses verschiedene Plasmaquantum erkläre ich mir aus dem Mechanismus der Protoplasmastrahlen; die polaren sind nämlich zahlreich und lang (Taf. VI., Fig. 17. r), während sie um so kürzer werden, je weiter sie zum Spindelaequator fortschreiten (r'). Ferner kann man diese Abnahme der Strahlen in der Nähe zum Spindelaequator ebenfalls nur als eine Folge der erwähnten Verlängerung ansehen, welche gewiss einen Druck auf das umliegende Plasma ausübt und den ursprünglich monocentrischen Hof zum Auseinandertreten zu zwei neuen Haufen zwingt, wodurch allmälig auch die dicentrische Strahlung entsteht.

Die Umbildung des Periplastes zur Spindel erkläre ich mir also dadurch, dass in dessen hyalinem Inhalte eine gegen zwei Pole gerichtete Spannung eintritt, wodurch sich der Periplast zuerst abplattet, schliesslich aber die spindelförmige, runde Gestalt annimmt. Gegen diese Auffassung könnte man allerdings einwenden, dass auf die Umänderung des Periplastes auch andere Bestandtheile des Eies, vornehmlich aber dessen Dotter oder vielmehr der plasmatische Inhalt einwirken könnte. Dieser Einwand könnte auch besonders dadurch berechtigt sein, dass im Laufe dieses Processes, wie wir später noch eingehender erkennen werden, der ganze Eiinhalt einer Abplattung unterliegt und auf diese Weise, d. h. durch einen Druck, auch auf die Veränderung des Periplastes zur Spindel beitragen könnte. Diesen Einwand kann man aber durch den Hinweis auf die Thatsache beseitigen, dass der Periplast sich früher zur Spindel umbildet, bevor die eigentliche Eiabplattung erfolgt; und ferner, dass der letzterwähnte Vorgang einseitig zu Stande kommt, d. h. es entsteht zuerst die Abplattung auf der animalen, später auf der vegetativen Hemisphäre, während die Periplastspindel symmetrisch ist und somit die auf dessen Herausbildung wirkenden Kräfte gleichmässig thätig sein mussten.

Zweitens könnte man einwenden, dass der Anlass zur Verlängerung von dem männlichen Vorkerne ausgeht und dass die Umbildung des Periplastes zur Spindel erst secundär eintritt. Dieser Einwand wird aber einfach durch die Beurtheilung der Fig. 17. auf der Taf. VI. beseitigt, wo man sieht, dass der männliche Vorkern lediglich in dem Gerüste aufgehängt, frei in der Spindel liegt und deren Umrisse nicht berührt.

Mir scheint also die Auffassung die richtigste zu sein, dass die Spannkraft nur in dem hyalinen Plasma des Periplastes beruht; und dass dem so ist, beweisen sämmtliche nachfolgende Stadien der Spindelumwandlung zu Tochterperiplasten. Es ist mir möglich, an Praeparaten den ganzen Entwicklungsvorgang dieser Spindel sicherzustellen.

Das hyaline Plasma des ursprünglichen Periplastes — ich möchte ihn auch als Monoplast bezeichnen — verharrt nämlich nicht in der Gestalt der Spindel, sondern fängt sich mehr an deren Polen anzusammeln, welchen Vorgang man am passendsten als „Zerfliessen" nach zwei Richtungen bezeichnen kann. Das Plasma dringt nämlich in die Mittelpunkte der polaren Ansammlungen des feinkörnigen Cytoplasmas und gibt auf diese Weise Anlass zur Herausbildung hyaliner, bestimmt, aber nicht scharf contourirten Kügelchen, in deren Umgebung sich dann je eine ringförmige Zone von feinkörnigem Cytoplasma befindet und gleichmässig in die Dottermasse ausstrahlt (Taf. VI., Fig. 18.). Es bildet sich demnach an beiden Spindelpolen je ein neuer Periplast und von jetzt an liegt uns die echte dicentrische Figur der Plasmastrahlung vor. Aber der grösste Theil des hyalinen Periplastplasmas befindet sich bisher noch rings um den mehr oder weniger spindelförmig verlängerten männlichen Pronucleus, nach wie vor von zarten Plasmafäden durchsetzt (Taf. VI., Fig. 18.). Bald darauf ist es aber ersichtlich, dass die polaren hyalinen Kugeln — die Tochterperiplaste oder Diplaste — an Grösse zunehmen, während die zwischen den Polen sich erstreckende Plasmaspindel weit schlanker und fast vollständig mit grossem männlichen Pronucleus ausgefüllt ist (Tafel VI. Fig. 19.). Hier sind die Tochterperiplaste beinahe fertig, indem sich das hyaline Spindelplasma ganz an beide Pole vertheilt hat, so dass der männliche Vorkern von jetzt an nur nach der linken und rechten Seite durch das zerfliessende Plasma beeinflusst wird; er nimmt auch die Gestalt der wirklichen Spindel an (Tafel V., Fig. 4., 5.; Tafel VI., Fig. 20.).

Der Inhalt der Tochterperiplaste nach deren vollständigen Ausbildung ist anfangs derselbe, wie wir am ursprünglichen kugligen Mutterperiplaste gefunden haben, nämlich das homogene, mehr oder weniger diffus sich färbende Plasma.

Oben habe ich bereits darauf hingewiesen, dass die Umwandlung des Periplastes zur Spindel auch auf den äusseren Cytoplasmahof einwirkt, welcher sich zu zwei neuen, polaren Gruppen getheilt hat und nur in einer unbeträchtlichen Schicht auch die übrige Spindeloberfläche bedeckte. Durch das nachfolgende Zerfliessen des Spindelplasmas zu beiden Polen wird auch eine Wirkung auf dieses Cytoplasma hervorgerufen, indem dasselbe gleichfalls in Spannung geräth und die früher auch in der Aequatorialregion ganz deutlichen Strahlen (Tafel VI., Fig. 17., 19.) bald früher, bald später zu Grunde gehen; die Oberfläche des männlichen Vorkernes wird von einer verhältnissmässig niedrigen Schicht des feinkörnigen Cytoplasmas umhüllt, welches sich nach der Behandlung mit Chromessigsäure und Pikrokarmin intensiver färbt. Je mehr sich nun der spindelförmige männliche Pronucleus verlängert, um so intensiver wird die Spannung auf die äussere Cytoplasmaschicht ausgeübt, was zur Folge hat, dass sich dieses äussere Plasma zu feinkörnigen Fäden anordnet, welche meridianartig auf der Oberfläche des männlichen Pronucleus hinziehen und um so deutlicher auftreten, je mehr die Tochterperiplaste zu ihrem definitiven Stadium sich annähern. Die Umhüllung eines solchen spindelförmigen männlichen Pronucleus wird dann tonnenförmig, mit zarten Cytoplasmafäden an der Oberfläche (Taf. VI., Fig. 20., 23.).

Aber der ursprüngliche, homogene Inhalt der Tochterperiplaste verharrt nicht lange in diesem Zustande; frühzeitig beginnt sich hier ein undeutliches Netz anzulegen. Wie zu dem kugligen Mutterperiplaste — so lange der männliche Vorkern auf seiner Peripherie sich befand — die Strahlen des äusseren Plasmahofes zusammenliefen, um ihm ein Nahrungsmaterial zuzuführen, welches assimilirt sich dann als ein Vorrath zur Ernährung und zum Wachsthum des Pronucleus in Form eines Plasmanetzes angeordnet hat: so geschieht es auch übereinstimmend in jedem der Tochterperiplaste. Nachdem nämlich das Plasma des ursprünglichen Periplastes sich gleich an beide Tochterkugeln vertheilt und die weitere Streckung der tonnenförmigen Figur aufgehört hat (Taf. VI., Fig. 20., 22., 23.), so sieht man, dass ungemein zahlreiche Cytoplasmastrahlen vorhanden sind, welche wie je eine Sonne aus dem Dotterinhalte zierlich hervortreten. Zu dieser Zeit gibt es auch in den Tochterperiplasten ein Reticulum, das sich nicht selten ganz regelmässig in radienartige Stränge anordnet und anscheinlich mit den Cytoplasmastrahlen zusammenfliesst. Schliesslich ist der Raum der Tochterperiplaste mit derartigen Radien förmlich angefüllt (Taf. VI., Fig. 20.). Namentlich an der Peripherie der Tochterperiplaste sammelt sich eine grössere Menge der Plasmakörnchen und von ihnen hin schreiten in den Periplastinhalt äusserst feine, kleine körnchenführende Filamente concentrisch fort. (Taf. VI, Fig. 22. 23. 24.) Lediglich die Centra der Periplaste entbehren der Körnelung, indem hier eine neue Assimilation des aufgenommenen Materiales beginnt: in Form eines kleinen, centralen, glänzenden und ein wenig diffus

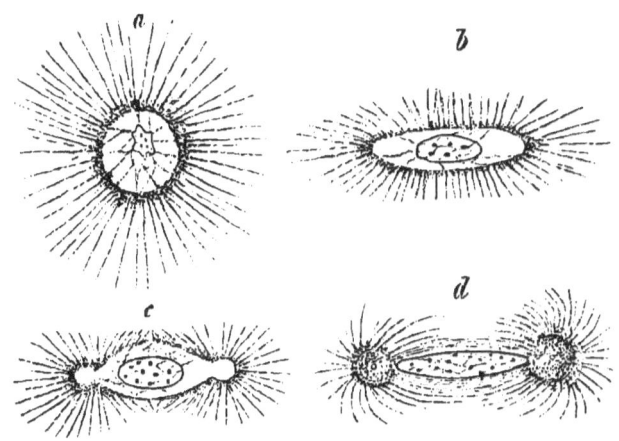

Fig. V. *Die Umwandlung des Periplastes (Monoplastes) zur Spindel und Tochterperiplasten (Diplasten).*

sich färbenden Kügelchens bildet sich hier der neue Ausgangspunkt zu neuen — Enkelperiplasten, von denen später mehr.

Betrachten wir noch einmal die von uns geschilderten Thatsachen. Der Mutter-Periplast (Holzschn. Fig. V. *a*) bildet sich zur Spindel um (Fig. V. *b*), welche zu 2 Tochterperiplasten zerfliesst (*c*, *d*). Durch die so stattfindende Spannung wirkt das Plasma des Mutter-Periplastes auf den männlichen Vorkern ein, welcher aus der kugligen allmälig eine rein spindelförmige Gestalt annimmt. Durch diese Spannung wird aber auch auf den umliegenden Cytoplasmahof in der Weise eingewirkt, dass sich auch der letztere in der entsprechenden Längsachse erstreckt und sein Plasma sich zu Filamenten anordnet, die sich also gleich gestalten, wie die Plasmastrahlen an der Peripherie der Tochterperiplaste (Holzschn. Fig. V. c, d).

Wir unterscheiden also:

1. Eine Periplastspindel, welche bald von der entsprechend langen Spindel des männlichen Vorkernes eingenommen wird.

2. Eine Cytoplasmaspindel, die sich als eine äussere Umhüllung der ersteren kundgibt.

Allerdings müssen wir schon von vornherein hervorheben, dass man unter der Bezeichnung „Spindel" nicht dasjenige Gebilde verstehen darf, welches erst später in dem sich theilenden Zellkerne auftritt, und vornehmlich bezüglich der Structur von den eben besprochenen Spindelformen abweicht.

Im Verlaufe seiner Metamorphose nimmt der männliche Pronucleus fortschreitend an Grösse zu und lässt namentlich die schön dunkelroth sich färbenden Nucleinkügelchen erkennen. Die Zahl der letzteren ist nicht beständig; ich habe in der kugligen Form nur einige wenige hervorgehoben; wenn nun in dem spindelförmigen männlichen Pronucleus 10—14 Körperchen zum Vorschein kommen, so muss man dafür halten, dass sich die ursprünglichen Kügelchen während der geschilderten Vorgänge vermehrt haben. Über die Art dieser Vermehrung kann ich allerdings nur Vermuthungen aussprechen, da es unmöglich ist, sich durch directe Beobachtung darüber zu überzeugen. Bestimmt kann ich nur behaupten, dass sich die „Nucleolen" hier nicht durch Theilung vermehren, dass sie also einer anderen Art sind als die „Kernkörperchen" im Eie vor der Reifung. Mir scheint die Erklärung viel plausibler zu sein, dass sich während der Ernährung und des Wachsthums des männlichen Pronucleus auch dessen Fadengerüst vermehrt, welches als Träger der Nucleinelemente zu deuten ist. Dann wäre es allerdings fraglich, ob der Kernfaden des Pronucleus ein continuirliches Gebilde vorstellt.

Den Übergang von der kugligen zu spindelartiger Form des männlichen Vorkernes kann man an Fig. 17—20, Taf. VI. verfolgen. Nur an einigen wenigen Praeparaten ist es mir gelungen die Pronuclei in rein spindelförmiger, aufgeblähter, glatter Gestalt zu conserviren. In den meisten Praeparaten finde ich dieselben dagegen in der Längsachse stark zusammengeschrumpft (Fig. 21—23, Taf. VI.). Ich kann nicht entscheiden, ob man es hier mit einer Einwirkung der Reagentien zu thun habe, oder ob es ein Zustand einer Contraction des männlichen Vorkernes ist. Für beide Voraussetzungen kann ich Gründe anführen:

Dass man es hier mit ursprünglich glatten Spindeln zu thun hat, die sich erst durch die Einwirkung der Reagentien verändert haben, beweisen die inhaltslosen Höhlen in der Umgebung des männlichen Pronucleus (Fig. 21., 22., 23. Taf. VI.), die ebenfalls die Gestalt einer Spindel wiederholen. Dagegen kann die Ansicht von der selbständigen Contraction des männlichen Pronucleus durch mehrere Gründe belegt werden, und zwar:

1. Derartiger Pronucleus ist nur in der Längsachse zusammengeschrumpft und seine polaren Enden sind meist gut erhalten, glatthäutig. Würde nun die unregelmässige Gestalt der äusseren Umrisse bloss durch die Einwirkung der Reagentien hervorgerufen, so müssten die Pronuclei auch auf den Polen zusammenschrumpfen.

2. Fig. 21., 22., 23. und 24. auf der Taf. VI. veranschaulichen die Spindeln der männlichen Vorkerne aus einem und demselben Cocon; man sieht hier, dass die ersten drei (21., 22. und 23.) im ganzen dieselben Verhältnisse der äusseren zusammengeschrumpften Gestalt wiederholen; somit könnte man annehmen, dass die ursprüngliche Spindelform durch die Reagentien deformirt wurde. Aber der in Fig. 24. dargestellte, gleichzeitig mit denselben Reagentien behandelte Pronucleus ist nicht zusammengeschrumpft, sondern glatt angeschwollen und offenbar in der ursprünglichen Gestalt erhalten; derselbe wurde aber in dem Momente fixirt, als er mit dem weiblichen Pronucleus die Copulation eingeht.

In Fig. 21. sieht man auch, dass der weibliche Vorkern im ganzen unverletzt und somit in seiner natürlichen Gestalt erscheint. Würden also die Reagentien die Zusammenschrumpfung der männlichen Vorkerne hervorrufen, so müsste sich dessen Folge auch in den in Fig. 21. und 24. abgebildeten Kernen manifestiren.

Bevor wir auf die weiteren Vorgänge der Befruchtung eingehen, wollen wir zweier Erscheinungen Erwähnung machen, die von der bisher geschilderten Regel abweichen.

Auf der Taf. V. Fig. 2 sieht man nämlich 2 sehr grosse Tochterperiplaste, deren homogenes Plasma sich diffus im Pikrokarmin färbt (c^2). Zwischen beiden Periplasten befindet sich nun der männliche Vorkern in einem hyalinen Raume (c), von dem man nicht sagen kann, ob er noch dem Überreste des mütterlichen Periplastes entspricht, oder nur einen Hohlraum vorstellt, von dessen Umrissen sich der verhältnissmässig kleine männliche Pronucleus zurückgezogen hat.

Auf der oberen und unteren Oberfläche des mittleren Raumes strahlen kurze Cytoplasmaradien aus. Also der kleine Spermakern, und die grosse periplastartige, den letzteren umgebende Höhlung, sind die Eigenthümlichkeiten, die mir von den normalen, oben geschilderten Verhältnissen sehr abweichend zu sein scheinen. Andererseits ist das eben besprochene Ei auch dadurch abweichend, dass dessen periphere Protoplasmaschicht sich nur am oberen Pole zur Bildung der polaren Keimscheibe ansammelt; der untere Pol entbehrt überhaupt der plasmatischen Schicht.

Eine andere und zwar sehr interessante Abweichung liefert das auf Taf. V. Fig. 9 dargestellte Ei. Hier ist eine sehr regelmässige und normale Periplastspindel vorhanden, an deren Polen man zierliche Cytoplasmasonnen sieht. Aber diese Spindel entbehrt des Spermakernes! Nur recht undeutliche Spuren des ursprünglichen Plasmanetzes sind hier wahrnehmbar, sonst ist die Grundsubstanz farblos. Aus diesem Ei habe ich die vollständige Schnittserie angefertigt, vergebens trachte ich aber das Vorhandensein des Pronucleus zu constatiren, woraus man schliessen kann, dass der letztere auf irgend eine mir unbekannte Weise zu Grunde gehen, dass aber trotzdem die Periplastspindel zu Stande kommen konnte. Der weibliche Pronucleus ist dagegen vorhanden. Die Frage, ob sich das Ei weiter entwickeln kann oder nicht, kann ich allerdings nicht beantworten.

§. 7. Die Vereinigung des männlichen und weiblichen Pronucleus.

Die Verlängerung des männlichen Vorkernes, wie wir dieselbe in dem vorgehenden Abschnitte erkannt haben, kann bis zur bestimmten Grenze gehen; an meinen Praeparaten finde ich die grösste Länge des männlichen Pronucleus 0·050 mm., in einem Falle 0·064 mm; zu dieser Zeit ist der weibliche Vorkern bereits in seiner Nähe und bald darauf erfolgt die Verschmelzung. Wie war es denn aber mit dem weiblichen Pronucleus während der geschilderten Vorgänge?

Zuletzt behandelten wir denselben, als er unweit unterhalb des animalen Eipoles in dem körnigen Plasmahofe sich befand und hier sich vervollständigte und in diesem Zustande eine Anzahl Nucleinkörperchen enthielt. Als er nun die Grösse 0·016 mm. erlangt hat, wächst der weibliche Vorkern nicht mehr und verlässt sein protoplasmatisches Lager, indem er sich direct zum männlichen Pronucleus begibt. Das letzte erfolgt etwa 40 Min. nach der Hervorknospung der zweiten Polzelle; 45 Min. nach diesem Acte sehen wir den weiblichen Vorkern bereits weiter nach unten verschoben (Taf. V. Fig. 1. *pf*), indem er den Protoplasmahof verlassen hat (*dpf*). Die Bewegung zum männlichen Pronucleus geschieht sehr langsam, so dass während derjenigen Veränderungen, die wir bei der Bildung der Tochterperiplaste aus der mütterlichen Kugel statuirt haben, sich der weibliche Pronucleus nur in einer unbedeutenden Entfernung von seinem ursprünglichen Lager befindet. Ja, wir sehen auf der Taf. V. Fig. 2, dass der weibliche Vorkern noch bedeutend vom männlichen Pronucleus entfernt ist, als die Tochterperiplaste bereits fertig vorliegen. Sonst muss ich verzeichnen, dass es ziemlich schwierig ist beide Vorkerne in einem Schnitte zu treffen; nur ein wenig schräg ausserhalb der Hauptachse des Eies geführter Schnitt genügt, dass der eine Vorkern in das eine, der andere in das nachfolgende Praeparat zu liegen kommt. So ist aus Fig. 5. Taf. V. ersichtlich, dass das Ei so durchgeschnitten wurde, dass der männliche Pronucleus hier vorhanden ist, während der weibliche Vorkern in dem nächstfolgenden Schnitte (Taf. V. Fig. 6) sich befindet. Und dasselbe gilt auch für Fig. 3, 4, 7, dass in dem einen Schnitte lediglich der männliche Pronucleus mit seinen Periplasten getroffen wurde, während der weibliche Vorkern in einem der Nachbarschnitte enthalten ist. Es ist aber möglich, dass der letztere und der männliche Vorkern nicht in derselben Ebene liegen, da sie nicht selten auch in den streng verticalen Schnitten nicht gemeinsam zum Vorschein kommen, und der eine von dem anderen auf die Dicke von 2—3 Schnitten entfernt ist.

Die unbedeutenden Dimensionen des weiblichen Vorkernes erschweren auch ungemein dessen Erkenntniss in der glänzenden Dottermasse; meist kann zur Entdeckung desselben der intensiv sich färbende Protoplasmahof beitragen, in welchem der weibliche Pronucleus eingebettet ist.

Der auf dem Wege zum männlichen Vorkerne befindliche weibliche Pronucleus verändert weder seine Grösse, noch Structur und Gestalt; er wächst also nicht mehr, besteht aus dem Kernfaden mit einigen wenigen (4—5) Nucleinelementen, die sich meist intensiv mit Pikrokarmin färben, aber viel kleiner sind, als die des männlichen Pronucleus. Bei der Verlassung seines Lagers schleppt der weibliche Vorkern mit sich auch seinen Protoplasmatheil, welcher in Folge dessen auf dem oberen Pole des Hofes dünner wird und seine Körnchen sich strahlförmig anordnen, wie man aus Fig. 2. und 9.

Taf. VI. ersehen kann. Die Bewegung des weiblichen Pronucleus wirkt auf die moleculare Structur des Protoplasmas in der Weise, dass das letztere durch seine Strahlen eine kometenförmige Gestalt annimmt.

Der wandernde weibliche Pronucleus ist niemals regelmässig, d. h. kuglig oder überhaupt glatt contourirt, sondern bildet auf seiner Peripherie mehr oder weniger deutliche Läppchen, wodurch er eine amoebenförmige Gestalt annimmt. Aller Wahrscheinlichkeit nach bewegt sich der Eikern amoebenartig zum Spermakerne, da man auf eine andere Art der Bewegung nicht urtheilen kann.*) Die Strahlen der Periplastsonnen kommen überhaupt nicht in Berührung mit diesem Vorkerne.

Als nun der männliche Vorkern seine grösste Länge in Folge der Periplastspannung erlangt hat, kommt der weibliche Pronucleus in die nächste Nachbarschaft und dies bald in die aequatoriale, bald polare Region (Taf. V. Fig. 8.; Taf. VI. Fig. 21. *pf*) mit ihm. In dem letzten Falle scheint es allerdings, als ob er unter dem Einflusse der Periplaststrahlen stünde, dann aber müssten die letzteren eine Veränderung in ihrer Form zeigen, was nicht der Fall ist.

Schliesslich kommen beide Vorkerne in Berührung, d. h. der weibliche legt sich direct an den männlichen Pronucleus an und dann fällt eine Veränderung beider Elemente in's Auge. Der männliche Pronucleus schwillt an, sein Fadennetz tritt sehr deutlich hervor und die Nucleinelemente färben sich ungemein intensiv mit Pikrokarmin (Taf. VI. Fig. 24. *pm*). Der soeben mit dem letzteren zusammenhängende weibliche Pronucleus schwillt ebenfalls und noch bedeutender an, wird kuglig, vergrössert sich, wobei es gleichzeitig ersichtlich ist, dass hier keine Kernmembran vorhanden ist, sondern dass es eben nur das Fadennetz ist, welches seine Umrisse hervortreten lässt (Taf. VI. Fig. 24. *pf*). Der weibliche Vorkern ist in diesem Zustande mehr einem Polyeder ähnlich, dessen Kanten den Netzfäden entsprechen. Der ganze weibliche Vorkern ist glänzend, aus einer hyalinen, aber zähen Substanz bestehend, die sich in den Räumen des Fadennetzes befindet; die Fäden selbst bestehen aus winzig kleinen, in diesem Stadium achromatischen Körnchen, von

---

*) Der letzte Rest des Periplastes der zweiten Richtungsspindel ist so unbedeutend, dass man ihn in der Umgebung des weiblichen Vorkernes auch mit den besten optischen Mitteln und Reagentien nachzuweisen nicht im Stande ist. Allerdings aber dürfte man dafür halten, dass dieser, wenn auch in einer Spur vorhandene Periplast der zweiten Richtungsspindel die Bewegung des weiblichen Pronucleus unterstützt.

denen das eine oder andere auf die Gestalt und Beschaffenheit der Nucleinkörperchen erinnert; aber die eigentlichen, früher so deutlich auftretenden Nucleinkügelchen sind gänzlich verschwunden. Im grossen und ganzen erinnert dieser weibliche Vorkern im Zustande der Copulation auf das erste Stadium seiner Entstehung, als er nämlich gleich nach der Hervorknospung der zweiten Polzelle zum Vorschein kam; hier ist er aber viel voluminöser, was ich mir dadurch erkläre, dass sich die „Nucleolen" aufgelöst haben und die so entstandene hyaline Flüssigkeit die Anschwellung des Vorkernes veranlasste. Es ist also während der Copulation eine regressive Metamorphose des weiblichen Vorkernes eingetreten; wie nun der unveränderte männliche Vorkern auf den ersteren einwirkt, vermag ich nicht anzugeben.

Leider gelang es mir nämlich nicht, die Stadien der nächstfolgenden Veränderungen beider verschmelzenden Elemente zu Gesicht zu bekommen, denn das, was ich weiter schildern kann, ist bereits die eigentliche Furchungsspindel, deren allererstes Stadium mir unbekannt geblieben ist. Aber der Moment der ersten Berührung beider Kerne und vornehmlich das passive Verhalten des weiblichen Pronucleus, welcher höchst wahrscheinlich vom männlichen Vorkerne absorbirt wird, verdient eine nähere Aufmerksamkeit der künftigen Forscher. Auch die vorherrschende Grösse des männlichen und die unbedeutenden Dimensionen des weiblichen Vorkernes ist der einzig in dieser Beziehung beobachtete Fall; nach den meisten verlässlichen Angaben sind die copulirenden Elemente von gleicher Grösse. Nur bei den Echinodermen ist etwas analoges bekannt, aber umgekehrt: der männliche Vorkern ist klein und der weibliche Vorkern gross; und diese Erscheinung erklärt O. *Hertwig* in der Weise, dass die verschiedene Grösse des ersteren wesentlich durch die Zeit bedingt wird, in welcher die Verschmelzung erfolgt, ob sie nämlich vor, nach oder im Laufe der Polzellenbildung, oder erst dann zu Stande kommt, als die Polzellen bereits fertig vorliegen. Bei Rhynchelmis ist es aber evident, dass der männliche Vorkern die Hauptrolle spielt; er ist das thätige Element, welches auf den weiblichen Pronucleus einwirkt.

§. 8. Die äusseren Veränderungen in der Gestalt des Eies.

Das soeben abgelegte Ei fanden wir in der rein kugligen Gestalt, welche es später vor der Hervorknospung einer jeden Polzelle verändert; aber nach diesem Processe kehrt es wieder in das ursprüngliche kuglige Stadium zurück. Weiter müssen wir auch die Thatsache hervorheben: bevor das Ei zur Bildung der ersten Polzelle gelangt, ist die periphere Protoplasmaschicht ganz geschlossen, so dass der Dotter auf keiner Stelle mit der Eimembran in Berührung kommt (Taf. III. Fig. 14. 15. p).

Aber während des Aufsteigens der Richtungsspindel zur Eioberfläche fanden wir, dass das periphere Cytoplasma an dieser Stelle auseinandergieng und auf diese Weise den Platz sowohl der Spindel als dem Eidotter gemacht hat (Taf IV. Fig. 19. 21. p). Diese Region, wo sich später der weibliche Pronucleus mit seinem Protoplasmahofe befindet, ist thatsächlich frei vom peripheren Cytoplasma, das Ei ist dann an seinem oberen Pole schwach abgeplattet, ja es kann auch eine undeutliche Vertiefung bilden, wie Fig. 26., 27. und 28. auf der Taf. IV. veranschaulichen, obwohl das Ei in allen übrigen Theilen die kuglige Gestalt beibehält. Eine bedeutendere und deutlichere Veränderung in dieser äusseren Gestalt findet zur Zeit statt, als der im Centrum befindliche Periplast den männlichen Pronucleus in sich aufnimmt, während der weibliche Vorkern bisher in seinem ursprünglichen Plasmalager sich befindet (Taf. IV. Fig. 30.). Damals ist das Ei auf seiner animalen Hemisphaere mehr abgeplattet und bildet nur einen centralen Hügel, in dessen Scheitel eben der weibliche Vorkern eingebettet ist. Die untere Hemisphaere ist noch kuglig. Aber in der peripheren Protoplasmaschicht gehen bemerkenswerthe Veränderungen vor sich; sie schreitet von der aequatorialen Zone des Eies gegen die animale und vegetative Hemisphaere fort, wo sich das Protoplasma allmälig concentrirt. Auf der vegetativen Fläche bildet das Protoplasma ein ununterbrochenes Feld (p'), dessen äusserer Rand eine Verdickung zeigt, indem sich hier das Protoplasma in grösserer Menge ansammelt als im Centrum. Auf der animalen Hemisphaere ist die Protoplasmaschicht gerade an der Scheitel des erwähnten Hügels unterbrochen, wo der weibliche Pronucleus aufbewahrt ist (pf).

In dem medialen Meridionalschnitte sehen wir den Durchschnitt des oberen Protoplasmafeldes (p), das eben durch die genannte centrale Unterbrechung in zwei Hälften getheilt ist. Während der Fortsetzung der im Periplaste und in beiden Vorkernen stattfindenden Veränderungen geht auch eine grössere und intensivere Ansammlung des peripheren Cytoplasma an beiden Eipolen vor sich. Diese Vorgänge kann man auch an frischen Eiern beobachten, indem das periphere Plasma bei dem durchfallenden Lichte hellbraun und schwach durchscheinend erscheint, während die übrige Dottersubstanz völlig dunkel und undurchsichtig ist. So sieht man in Fig. 10. p, Taf. I.

eine bedeutendere Plasmaansammlung, worauf das Ei sich sogleich rings um den centralen Hügel abplattet und erscheint dann auf seiner Oberfläche bei dem auffallenden Lichte, wie Fig. 6. *p*, Taf. I. veranschaulicht. Die Abplattung schreitet nun fort, wobei das Plasma auch den gegenüberliegenden Pol erreicht, wo es an medialen Meridionalschnitten im ganzen übereinstimmende Gruppen bildet, wenn auch die Ansammlung des Protoplasma in allen Stadien und bei allen Eiern nicht in gleichem Masse stattfindet. Die Abweichungen von der allgemeinen Regel (welche in Fig. 1., 4., 7., 9. und 11. auf der Taf. V. abgebildet ist und den ganzen Vorgang der Plasmaansammlung veranschaulicht) sind in Fig. 3. und 8. Taf. V. abgebildet, wo man ersehen kann, dass an dem einen Pole sich eine grössere Menge Plasma als an dem gegenüberliegenden angesammelt hat. Schliesslich gibt es auch nicht selten Fälle, wo die Plasmaansammlung nur auf dem oberen Pole stattfindet, während sie auf dem unteren gänzlich fehlt, wie in Fig. 2. Taf. V. dargestellt ist. Schliesslich kenne ich auch Fälle, wo die der äusseren peripheren Protoplasmaschicht entbehrenden Eier überhaupt keine polaren Ansammlungen bilden und sich somit auch weiter nicht entwickeln können, wenn sie auch das Stadium mit der Furchungsspindel erlangt hätten. (Taf. V. Fig. 10. Auf die hier abgebildeten Doppelspindel werden wir weiter unten näher eingehen.)

Die definitive Form solcher Eier, in welchen sich die periphere Protoplasmaschicht auf die beiden Polen concentrirt hat, ist oben und unten vollständig abgeplattet, scheibenförmig. Wo die Protoplasmaconcentrirung normal vor sich gieng, wie es bei den weit meisten Eiern der Fall ist, erscheint im Centrum der Oberfläche des animalen Poles ein kreisförmiger, tief brauner und meist hell contourirter Ring mit einem centralen, ebenfalls blassen Flecke (Taf. I. Fig. 7. 8. *p*); wenn der letztere fehlt, so ist das erwähnte Feld gleichmässig braun. Diese polaren Ringe oder Scheibchen stellen eben die geschilderten Protoplasmaansammlungen vor; der centrale, blasse Fleck bezeichnet am animalen Pole die Stelle, wodurch die Polzellen hervorknospten.

Ich betrachte als zweckmässig, eine Erklärung des Mechanismus der so interessanten Erscheinung zu versuchen, wie es die Abplattung des Rhynchelmiseies ist. Dieselbe fängt an, als die merkwürdigen Vorgänge der Periplasttheilung zu Tochterperiplasten erfolgt, und so müssen wir eben nur von diesem Processe ausgehen, wenn wir die äusseren Gestaltsveränderungen des Eies erklären wollen.

Der kuglige, mütterliche Periplast übt gewiss auf die umliegenden Dotterschichten einen gleichmässigen Druck aus; anders dagegen, wenn er sich in der einen Achse zur Bildung der Tochterperiplaste ausspannt; dann concentrirt sich der Druck auf die beiden Pole und von hier aus wird er auch auf den Dotter und in der letzten Instanz auf die periphere Plasmaschicht übertragen. Dieses gewiss viel flüssigere Plasma als der Dotter selbst wird dadurch in der Aequatorialzone des Eies gezwungen auseinander zu weichen und mit der inzwischen stattfindenden und fortschreitenden Abplattung auf den animalen und vegetativen Pol sich zu sammeln. Nur dadurch kann ein Gleichgewicht zwischen den inneren Eibestandtheilen (den Periplasten und dem männlichen Vorkerne) einerseits und der umliegenden Masse (dem Dotter und den polaren Plasmaansammlungen) eintreten.

§. 9. Zur Geschichte des Rhynchelmis-Eies.

Das frische Ei von Rhynchelmis wurde bisher nur von *Kovalevsky* eingehender untersucht; derselbe erwähnt, dass er nicht im Stande war, hier einen Kern zu finden, indem er sagt: „Eins, was ich behaupten kann, ist das Fehlen des Kernes im gelegten Eie, welches weder durch Pressen, noch durch Schneiden des Eies aufzufinden war." Dagegen fand er auf der Eioberfläche „eine etwas hellere, runde Stelle, welche aus reinem, kleine Fettkörper enthaltenden *Protoplasma* bestand." *Kovalevsky* betrachtete diesen Körper anfangs für den eigentlichen Kern, aber in den nachfolgenden Stadien erwies sich diese Ansicht als falsch, indem diese Stelle einerseits membranlos war und andererseits betheiligte sie sich nicht an der Eifurchung.

Was nun die kreisförmige Stelle auf der Eioberfläche anbelangt, so ist es gewiss, dass der genannte Forscher entweder die Polzellen, oder die Protoplasmascheibe beobachtete, welche letztere allerdings nicht hell, sondern nur hell contourirt ist; denn die Färbung der Protoplasmascheibe ist auch im frischen Zustande braun und färbt sich im Pikrokarmin intensiv roth. Unerklärlich ist mir nur die Angabe, dass *Kovalevsky* diese Stelle bereits an den frischen Eiern gesehen hat, während sie in der Wirklichkeit erst lange nach der Hervorknospung der Polzellen zum Vorschein kommt. Durch diesen Umstand, sowie auch dadurch, dass *Kovalevsky* das fragliche Gebilde allzu klein (l. c. Fig. 1.) abbildet, halte ich dafür, dass er eher die Polzellen vor sich hatte. Über andere äussere Veränderungen des

Eies thut unser Forscher keine näheren Angaben, als die, dass das Ei eine Stunde nach seiner Ablage eine ellipsoide Gestalt annimmt, in welcher bereits zwei Kerne vorhanden waren, von denen er aber nicht im Stande ist zu sagen, wie sie entstanden. Etwas weiter betrachtet *Kovalevsky* „den hellen Fleck" als den zerfallenen und auf die Eioberfläche ausgetretenen Kern.

Alle diese Angaben sind mir unerklärlich; falls sie aber richtig sein sollten — worüber ich begründeten Zweifel hegen muss —, dann könnte ich die Vermuthung nicht unterdrücken, dass *Kovalevsky* die Eier einer ganz anderer Art als Rhynchelmis limosella (Euaxes filirostris) vor sich hatte.

Capitel III.

Die ersten Vorgänge der Eifurchung von Rhynchelmis.

§. 1. Das befruchtete Ei vor dem Eintritte der Zweitheilung.

Nach den meisten bisherigen und übereinstimmenden Angaben wird festgestellt, dass durch die vollständige Verschmelzung beider Vorkerne ein Furchungskern zu Stande kommt. Von einem solchen, nämlich von dessen Gestalt, Structur und Grösse kann ich in unserem Falle nichts mittheilen, da es mir nicht gelang, die Eier in bestimmter und dazu nothwendiger Zeitfolge anzutreffen. Ich verfolgte zwar eine grosse Menge der Eier von deren Ablage reihenfolge bis zum Stadium der Abplattung — welcher Vorgang etwa 50 Minuten nach der Bildung der zweiten Polzelle bereits äusserlich deutlich erkennbar ist — worauf ich die Structur und Gestalt des Kernes durch die Schnittmethode zu ermitteln versuchte. So gelang es mir auch die Vorkerne in Copulation zu finden, wie im vorigen Capitel bereits dargestellt wurde. Aber das directe Produkt dieser Verschmelzung — einen Furchungskern — zu erkennen, gelang mir nicht; ich fand in den nächsten, vielleicht aber doch bereits allzu verspäteten Entwicklungsperioden nur diejenigen Stadien, wo bereits die Furchungsspindel sich zu bilden anfängt, aus welchen Thatsachen ich zu schliessen genöthigt bin, dass die Verschmelzung beider Vorkerne sehr rasch vor sich geht und gleich darauf sich die Furchungsspindel zu bilden beginnt.

Die erste Veränderung des Vereinigungsproductes beider Vorkerne habe ich an einem zufälligerweise in Chromosmiumsäure (ohne Essigsäure) conservirten Eie sichergestellt, welche Mischung zur Folge hat — offenbar die Einwirkung der Osmiumsäure — dass die Tochterperiplaste, ebenso wie die Cytoplasmastrahlen fast ganz verwischt werden (Taf. XII. Fig. 1.). Die Stellen, welche in den normal behandelten Eiern von den Periplasten eingenommen werden, sind an jedem Pole von einem ganz unbestimmt contourirten und diffus sich färbenden Plasma erfüllt. Von einer Kernmembran, ebenso wie von einem Kernnetze ist hier keine Spur vorhanden; nur eine diffus sich färbende, wolkenartige Contour innerhalb der hyalinen Spindelmasse dürfte, wie es deutlicher in den späteren Stadien zum Vorschein kommt, auf die ursprünglichen Kernumrisse hinweisen. Die Fadenelemente treten dagegen sehr instructiv hervor, indem sie stark mit Pikrokarmin imbibirt sind; sie befinden sich in der Aequatorialzone der hyalinen Spindelfigur und bestehen aus zahlreichen Stäbchen- oder Schleifenelementen, die offenbar sich zur Bildung der Tochtersterne anschicken. Wie sich nun diese Chromatinschleifen im Hinblick auf ihre Zahl, Längsspaltung etc. verhalten, darüber kann ich selbstverständlich keine detaillirten und bestimmten Angaben mittheilen; die Kleinheit der Elemente und die absolute Unmöglichkeit, sich von den Vorgängen im lebenden Zustande zu überzeugen, dürften die nachfolgende unvollkommene Darstellung des beobachteten Sachverhaltes entschuldigen.

Die nachfolgenden Stadien der ersten Kerntheilung habe ich sämmtlich in der Chromessig-Osmiumsäure conservirt und bin dadurch in einigen Beziehungen zu sehr befriedigenden Resultaten gelangt. Vornehmlich, was die Lage und Gestalt des ursprünglichen Furchungskernes(?) anbelangt, liefern die auf die angegebene Weise hergestellten Praeparate ganz verlässliche Aufschlüsse.

Betrachten wir ein nur wenig älteres, auf erwähnte Weise conservirtes Stadium (Taf. XII, Fig. 2.). Die grossen, aus einer fast homogenen Grundsubstanz gebildeten Periplaste (c), in denen ein feines Plasmanetz durchzieht, befinden sich an den Polen eines hyalinen, spindelförmigen Raumes, von dem ich nicht sagen kann, ob er von einer Flüssigkeit erfüllt ist oder derselben entbehrt; das erstere ist mir wahrscheinlicher, da ich glaube, dass die Periplaste durch eine Plasmabrücke in Verbindung stehen müssen, und diese Brücke wäre der oben erwähnte hyaline Raum. Innerhalb dieser hyalinen Spindel liegt nun ein anderes Gebilde, welches an den nicht gut praeparirten Eiern gar nicht zum Vorschein kommen kann, so undeutlich und schwach tritt es hervor. Ich meine die bereits im vorigen Stadium erwähnte Contour des männlichen Vorkernes, welche in unserer Abbildung

(Taf. XII. Fig. 2. v) zwar nicht ganz deutlich hervortritt, aber nach der diffusen Färbung mit Pikrokarmin namentlich auf seinen Polflächen wahrnehmbar ist. Diese tonnenförmige Figur des Furchungskernes entstand offenbar durch die Resorption der Membran des gewesenen männlichen Vorkernes, oder, wenn man will, des Furchungskernes. Nur die chromatischen Schleifen oder besser Stäbchen sind übriggeblieben, wie sie auch im weiteren tonnenförmigen Stadium vorliegen (ts). Die polaren, aus zahlreichen, nicht näher bestimmbaren stäbchenförmigen Gebilden angeordneten Tochtersterne sind durch feine Filamente verbunden; dieselben sind von achromatischer Beschaffenheit, doch immer als blosse Fortsetzungen der chromatischen Stäbchen aufzufassen. Auf diese Weise entsteht die sog. achromatische Kernspindel, welche allerdings erst in späteren Stadien ihre vollständige Entwicklung erreicht. Aber bereits in diesem Stadium sieht man eine schwach angedeutete Zellplatte, welche im Aequator der die Kerntonne umhüllenden feinfaserigen Cytoplasmaspindel verläuft (cp).

Im weiteren Stadium (Taf. XII., Fig. 3.) unterliegen die soeben geschilderten Verhältnisse der noch mehr verlängerten Tonnenfigur der Chromatinelemente (ts), sowie die Kernspindel (v) und die die Periplaste verbindende Brücke keinen Veränderungen; nur die Zellplatte tritt viel deutlicher hervor, und zwar in zwei Reihen parallel neben einander liegenden Pünktchen, die man als Verdickungen der cytoplasmatischen Fäden auffassen muss. Die Chromatinelemente in der inneren Tonne sind schon kleiner, indem ein Theil derselben zur Bildung der Verbindungsfilamente verwendet wurde. Das Plasma der Periplaste wird in diesem Stadium ebenfalls dichter und fängt an sich mit Ausnahme des Centrums (c') zu einem Netze anzuordnen, wo nur ein homogenes Plasma concentrirt erscheint.

In dem, etwa 60 Minuten nach der Bildung der zweiten Polzelle in der aequatorialen Zone durchgeschnittenen Eie — welche Schnitte durch das scheibenförmige Stadium parallel mit den polaren Flächen leicht ausführbar sind — erreichen die geschilderten Vorgänge in der Umbildung der uns beschäftigenden Elemente ihren Culminationspunkt und man gewinnt durch die angegebene Methode die ungeahnten und reizvollen Bilder, von denen ich das eine in Fig. 4., Taf. XII. bei schwacher Vergrösserung (Zeiss oc. II., C)*) wiedergebe. Der Schnitt wurde ein wenig schräg geführt und somit erscheinen die Periplaste

---

*) Die ganze Amphiasterfigur ist so gross, dass sie bereits mit blossem Auge an den durchscheinenden Praeparaten wahrnehmbar ist.

nicht von gleichen Dimensionen und nicht gleich structuirt. Sie sind von einem Protoplasmahofe umgeben, ebenso wie die Spindel selbst, die in der Aequatorialebene von einer deutlich hervortretenden Zellplatte in zwei gleiche Hälften getheilt ist (Taf. XII., Fig. 5. *cp*). Lange, feinkörnige Plasmastrahlen verlaufen radienartig in den Dotter und bilden 2 zierliche Sonnen; gegen die Peripherie der Periplaste wird das Plasma mehr dicht und somit färbt es sich intensiver mit Pikrokarmin. Die Plasmabrücke zwischen beiden Periplasten färbt sich nur ungemein schwach, oder bleibt auch ganz farblos. Um so mehr tritt hier die Spindel (*as*) hervor, deren Fäden als ziemlich scharfe, glänzende Linien sich erweisen. Die Deutlichkeit, mit welcher die Spindel im Vergleiche mit den vorigen Stadien (Vergl. Taf. XII., Fig. 2., 3. *as*) auftritt, ist hervorgerufen theils durch die grössere Spannung der ganzen Figur, theils dadurch, dass die polaren chromatischen Körperchen sich mehr an der Bildung der Verbindungsfäden betheiligten. Man sieht nämlich, dass sie (Fig. 5. *ts*) nur recht undeutlich, punktförmig und nur noch mit den stärksten Vergrösserungen wahrnehmbar sind. Die tonnenförmige Figur nimmt jetzt den ganzen Raum ein, welchen wir in Fig. 2., 3. als diffus sich färbende Contour des ursprünglichen männlichen Vorkernes (*v*) erkannt haben. Über die Grenzen derselben tritt die Spindel nicht mehr hinaus und die Räume zwischen den Periplasten und den betreffenden Spindelpolen (Fig. 2., 3., 5., *r, r*) dienen nur zur Herstellung der Tochterkerne aus den chromatischen Stäbchen. Man sieht sie auch in dem Stadium, als die Spindel (Taf. XII., Fig. 6., *r*) in der grössten Spannung sich befindet und somit viel schlanker ist als in den vorigen Stadien.

Übrigens werden wir Gelegenheit finden die Räume zwischen den Periplasten und Spindelpolen auch in weiteren Furchungsstadien sicherstellen zu können.

Ganz eigenthümliche Veränderungen erscheinen in den Periplasten (Vergleiche Tafel XII., Fig. 4., 5., *c*). Es sind sehr grosse Kugeln, deren Grundsubstanz das hyaline Plasma ist; die Umrisse derselben sind ziemlich scharf contourirt, gewiss aber schärfer als in früheren Stadien. In der homogenen Grundsubstanz ist ein äusserst zierliches, intensiv roth sich färbendes Plasmanetz vorhanden, dessen Fäden an der Peripherie einfach und äusserst fein sind, im weiteren Verlaufe zum Centrum an Stärke mehr und mehr zunehmen und seitliche Anastomosen entsenden. Ganz dicht ist das Reticulum im Centrum des Periplastes, wo es sich um eine neue hyaline Kugel gruppirt, um die Kugel, welche als Anlage eines neuen Periplastes aufzufassen ist (c'). Wir sehen also, dass sich in dem Tochterperiplaste dieselben Vorgänge abspielen, welche wir bereits in dem Mutterperiplaste erkannt haben; nur sind die geschilderten Verhältnisse in dem letztgeschilderten Stadium viel deutlicher zu erforschen als im Mutterperiplaste. Auch jeder der Tochterperiplaste theilt sich zu neuen „Enkelperiplasten", die wir aber mit Rücksicht auf ihre Mutterperiplaste wieder als Tochterperiplaste bezeichnen wollen. Während aber der ursprüngliche Periplast sich durch blosses Umfliessen des Spermakernes in zwei Tochterperiplaste getheilt hat, ist die Theilung der jetzt uns beschäftigenden gleichnamigen Gebilde eine andere, nämlich endogene; und zwar bildet sich im Centrum eines jeden Periplastes eine homogene Kugel, die sich schliesslich durch blosse Einschnürung in zwei neue, gleichgestaltete Elemente theilt. Dieser Vorgang manifestirt sich auch in der Anordnung des umliegenden Plasmanetzes, wie wir weiter unten erkennen werden. Die Theilung des neuen endogenen Periplastes kann also bereits in dem eben besprochenen Stadium stattfinden (Taf. XII., Fig. 5., d).

Es ist natürlich sehr schwierig die in der völligen Ausbildung befindliche Spindel in den Meridianschnitten zu bekommen, indem man die Schnitte nur auf's Gerathewohl führen kann und zu diesem Zwecke noch eine grosse Anzahl der scheibenförmigen Eier verwenden muss. Mir gelang es nur einigemal und habe ich ein derartiges Praeparat in Fig. 11. auf der Taf. V. abgebildet; es ist dies also ein in der Spindelachse geführter Schnitt durch das scheibenförmige Ei (Taf. I. Fig. 7. und 8.). Die Spindel erreicht in ihrer grössten Ausstreckung 0·23 mm. Länge, ist in der Aequatorialzone nur wenig angeschwollen und wiederholt somit nur die oben geschilderte, etwas mehr verlängerte Tonnenform. Die aus den chromatischen Elementen bestehenden Tochtersterne sind hier ganz undeutlich, ebenso wie die Aequatorialplatte, doch erkläre ich mir diese Erscheinung dadurch, dass ich die diesbezüglichen Eier nur mit der Chromessigsäure behandelt habe. Die übrigen Verhältnisse des hier abgebildeten Eies stimmen übrigens durchaus mit denjenigen im Aequatorialschnitte dargestellten überein und habe ich mich somit damit begnügt, den erwähnten Meridianschnitt nur bei schwacher Vergrösserung (Zeiss C, oc. 2.) zu wiedergeben. Auffallend sind hier allerdings die polaren Plasmaansammlungen (p, p'), die durch die intensive Färbung mit Pikrokarmin sofort in die Augen fallen.

Die Umbildung der Tochtersterne zu den sog. Tochterknäueln, resp. zur Herstellung der Tochterkerne, geschieht in derselben Weise wie bei der nachfolgenden Blastomerentheilung; da hier die Elemente viel deutlicher zu verfolgen sind als während der Zweitheilung, so werden wir erst bei einer späteren Gelegenheit über das weitere Schicksal der Chromatinelemente berichten können.

§. 2. Die ersten zwei Blastomeren.

Bevor sich das abgeplattete Ei in zwei Furchungskugeln theilt, findet noch eine Veränderung statt, die nämlich, dass sich das Ei von neuem auf dem animalen und vegetativen Pole auswölbt und auf diese Weise in das ursprüngliche mehr oder weniger kuglige Stadium zurückkehrt. Es ist dies allerdings nicht eine echte Kugel (Taf. I. Fig. 12.), indem die protoplasmatische Scheibe (p) des animalen Poles fortbesteht und sich auch ein wenig über die Oberfläche des Eies erhebt, ebenso wie sich der vegetative Pol mannigfach auswölben kann. Diesen Unregelmässigkeiten in der kugligen Eigestalt verdankt man aber die Erkenntniss der Hauptachse, so wie die Verfolgung der ersten Furche, welche bald darauf zu Stande kommt. Sie ist meridional, geht aber nicht durch die polaren Protoplasmascheibchen, sondern verläuft ausserhalb derselben und es entstehen in Folge dessen zwei anfangs sehr ungleich grosse Kugeln (Taf. I. Fig. 13., 14.). Die kleinere von denselben entbehrt der Protoplasmascheiben (b), welche sich nur an die grössere Kugel (a) beschränken. Die Scheibe am animalen Pole ist regelmässig kreisförmig und entbehrt meist des helleren Centrums, welches während der Umwandlung der scheibenförmigen zur kugligen Eigestalt ganz von Protoplasma erfüllt wurde.

Während der Beobachtung im frischen Zustande kann man das Wachsthum dieser Blastomeren verfolgen, und zwar vergrössert sich zuerst die grössere Kugel, die wir von jetzt an als hintere bezeichnen werden. Sie verlängert sich zuerst bedeutend in der Längsachse, was sich auch auf dem Protoplasmascheibchen kundgibt (Taf. I. Fig. 15. p.); dasselbe vertieft sich nicht selten und dann bildet der umliegende Dotter an dessen Rande einen lippenartigen Wulst, wie man aus Fig. 16. Taf. I. ersehen kann, wo das betreffende Stadium im Profil abgebildet ist. Das Scheibchen verlängert sich eben bis zu der Furche zwischen beiden Blastomeren (Taf. VI. Fig. 27.), und wie die Längsschnitte veranschaulichen (Taf. VII. Fig. 4. p), greift das Plasma oft tief in die Dottersubstanz ein. (Der angezogene Längsschnitt ist durch ein Ei geführt, wo sich die Plasmaansammlung nur am animalen Pole gebildet hat.)

Kovalevsky hat die äussere Veränderung des Plasmascheibchens gut veranschaulicht und bezeichnet es im Texte als „helle Stelle", in der Tafelerklärung als „Bläschen", somit kann ich von neuem darauf hinweisen, dass es aus der Beschreibung des genannten Forschers nicht ganz klar hervorgeht, ob er die Polzellen, oder die von mir geschilderten Plasmaanhäufungen beschreibt. Unrichtig aber ist gewiss die Auffassung *Kovalevsky's*, dass die grosse Kugel mit „dem hellen Flecke" als vordere, die andere kleinere als hintere zu betrachten sei. Er sagt: „Es bildeten sich also zwei Furchungskugeln, eine hintere — kleine, und eine vordere — grössere. Auf der grösseren blieb auch der helle Fleck, welcher der allgemeinen Form des Eies folgend auch anfangs ellipsoid wurde, sich aber später am hinteren Ende zuspitzte."

Im allgemeinen kann man aber nur so viel behaupten, dass die Form des Plasmascheibchens im Laufe der ersten Furchungsstadien sehr veränderlich ist, bald länglich, bald mehr erweitert, nicht selten auch ohne jede Veränderung, und somit ganz kreisförmig (Taf VI. Fig. 26.).

§. 3. Die inneren Structurverhältnisse der ersten zwei Blastomeren.

Die nicht lange nach der Abschnürung des vorderen Blastomers horizontal, d. h. parallel mit der Fläche der Protoplasmascheibchen geführten Längsschnitte beweisen, dass die Einschnürung lediglich auf der Eioberfläche zu Stande kam, dass sich somit bisher keine Grenzmembran zwischen der vorderen und hinteren Kugel gebildet hat. Dieses Stadium hat eine biscuitförmige Gestalt (Taf. VII. Fig. 1., 2.).

Die Verfolgung der Periplaste und des Kernes in jedem Blastomere liefert sehr interessante und wichtige Resultate; sie zeigt zunächst, dass die vordere Kugel im späteren Entwicklungsstadium sich befindet und somit als eine Knospe der hinteren, älteren Kugel betrachtet werden kann. Hier ist nämlich der Kern und die Periplaste in der Entwicklung etwas vorgeschritten.

Betrachten wir zunächst die vordere Kugel *b* in Taf. VII. Fig. 1. Auffallend ist hier in der ersten Reihe das grosse hyaline Centrum, nämlich der Periplast, welchen wir in dem Eie vor der Theilung gefunden und besonders hervorgehoben haben, dass es endogen bereits neue Tochterperiplaste anlegt. Also dieser Mutterperiplast erscheint bald kuglig (an Schnitten kreisförmig), bald der Länge oder Breite nach erweitert (Taf. VII. Fig 1., 2., 3. c). In seiner hyalinen Grundsubstanz verlaufen meist unter einander anastomosirende, äusserst feine Plasmafäden, die namentlich bei starken Vergrösserungen eine radiale Anordnung erkennen lassen (Taf. VII. Fig. 6. pa). Sie bestehen aus einem dichteren Protoplasma, an dessen Oberfläche grössere und kleinere intensiver sich färbende Körnchen und Knötchen zerstreut sind. Die Anordnung der Plasmafäden ist dadurch regelmässiger, dass sie zu zwei neuen Centren verlaufen (c^2). Die letzteren sind neue Tochterperiplaste, deren Ursprung wir dahin erklärt haben, dass sich die primäre centrale, aus homogenem Plasma bestehende Kugel einschnürt und schliesslich zu 2 neuen Kugeln theilt. Die letzteren treten in weiterer Entwicklung auseinander, und werden an ihren Umrissen nur durch die Plasmafäden brückenartig verbunden. Dadurch entsteht innerhalb des alten Periplastes (Taf. VII. Fig. 6.) eine tonnenförmige, von einem zarten Plasmanetz umhüllte Figur. Rings um den Mutterperiplast verlaufen monocentrisch die bekannten Plasmastrahlen, während die inneren Strahlen des Periplastes eine dicentrische Anordnung haben.

Wie verhält sich nun der Kern zu dieser Plasmafigur? Er befindet sich bisher ausserhalb des Periplastes, und zwar in einer aus einem feinfaserigen Netze bestehenden Umhüllung, welche letztere nichts anderes ist, als die oben zu wiederholtenmalen erwähnte spindelförmige Cytoplasmafigur, die jetzt zu einem schlanken brückenartigen Strange (Taf. VII. Fig. 1., 2., 6. m) zwischen den Kernen beider Blastomeren hinzieht. Ich habe in Fig. 6. durch die Buchstabe j' die Stelle angedeutet, wo sich der Kern befindet; es ist dieselbe, die wir früher als Raum zwischen dem Periplaste und dem Spindelpole erkannt haben. Der Kern selbst ist in dem in Fig. 1. und 6. reproducirten Praeparate so undeutlich, dass ich dessen Contouren nicht genau erkennen konnte und somit auch in den Abbildungen nicht wiedergegeben habe.

Betrachten wir nun die zweite Kugel (a). Der Mutterperiplast unterscheidet sich keinesfalls von dem des vorderen Blastomers; er zeigt somit dieselbe Gestalt und Anordnung des Plasmanetzes und der umliegenden Cytoplasmastrahlen. Auch die Tochterperiplasten (d') haben dieselbe Structur wie dort, sie liegen hier aber nicht in der Längsachse beider Kugeln, wie in dem vorderen Blastomer, sondern haben eine mehr schiefe Lage eingenommen. Auch der Kern ist in der Entwicklung weiter fortgeschritten (j). Man sieht zwar, dass er noch in der Cytoplasmaumhüllung liegt (Taf. VII. Fig. 5 n), aber er ist schon kuglig, mit äusserer Membran umgeben, besitzt einen

Kernfaden und einige kleine Nucleinelemente. Dieser Kern befindet sich etwa vor dem Aequator der Periplastsonne, welche von den Plasmafäden der Tochterperiplasten gebildet wird. Es ist interessant das Verhalten der Periplaste und Kerne in dem etwas älteren als das soeben geschilderte Stadium zu verfolgen (Taf. VII. Fig. 2.). Der Kern der vorderen Kugel j' befindet sich bereits vollständig in dem Mutterperiplaste (c) eingebettet und in dem übereinstimmenden Lageverhältnisse zu den Tochterperiplasten (c), wie der Kern der hinteren Kugel des vorigen Stadiums. Hier aber sehen wir, dass die Tochterperiplaste der vorderen Kugel in der Längsachse sich befanden, während sie jetzt eine quere Lage einnehmen und darnach vertheilen sich auch ihre Plasmaradien. Wir müssen somit dafür halten, dass die Faserspindel mit den Tochterperiplasten sich in diese Querlage gedreht hat (Taf. VII. Fig. 2. d, d'). Die faserige Cytoplasmabrücke zwischen beiden Mutterperiplasten (Fig. 2. m), ein Überrest der alten cytoplasmatischen Spindel, hat sich in diesem Praeparate noch sehr gut erhalten und dient an ihren Polen als eine äussere Umhüllung der Kerne beider Blastomeren.

Fig. 3. in Taf. VII. veranschaulicht eine Fortsetzung der in 2 vorigen Stadien dargestellten Vorgänge; die Tochterperiplaste haben sich vollständig in die Querachse der Blastomeren umgedreht und sich gleichzeitig vergrössert. Namentlich treten sie sehr markant in der hinteren Kugel hervor, indem sich bereits jetzt an deren äusseren Peripherie eine grössere Anzahl der intensiver sich färbenden Protoplasmakörnchen angesammelt hat (d'). Es ist auch evident, dass diese Tochterperiplaste auseinandertreten, und zwar in Folge des Eindringens des grossen reifen Kernes (j). Die frühere Kernumhüllung hat sich offenbar resorbirt und dient zur Vermehrung derjenigen hyalinen Grundsubstanz, in welcher die jetzt ganz deutlich dicentrisch ausstrahlenden Radien verlaufen. In dem vorderen, etwas jüngeren Blastomer ist die Umdrehung der Periplaste in die Querachse noch nicht vollendet (Taf. VII. Fig. 3. c').

Das eben beschriebene Stadium besteht aus zwei Kugeln, die durch eine Scheidewand von einander geschieden sind und sich somit als ganz selbständige Blastomeren kundgeben; auf welche Art und Weise diese Grenzmembran entstand, habe ich nicht näher zu ermitteln versucht.

Ein in Taf. VII. Fig. 4. dargestellter, in der Längsachse geführter Medialschnitt veranschaulicht das Verhalten der Protoplasmascheibe (p) zum Dotter, in welchen sie tief eingreift und bis zu der

Theilungsgrenze zwischen beiden Blastomeren hinzieht. Die Höhle zwischen beiden Furchungskugeln ist als Überrest der Vorgänge zu betrachten, die sich bei der Bildung der Zellmembranen beider Furchungskugeln abgespielt haben. Diese Höhle zwischen den ersten 2 Furchungskugeln ist bereits oft beobachtet und als eine primäre Furchungshöhle (!) gedeutet worden. Es ist überflüssig, eine solche Auffassung zurückzuweisen, einmal, dass es unmöglich ist, dass eine Furchungshöhle bereits zwischen zwei ganz gleich gestalteten Furchungskugeln zum Vorschein kommen könnte, ein anderesmal, dass derartige Höhle öfters auch während des späteren Furchungsprocesses zwischen je zwei Kugeln zum Vorschein kommt (vergl. Taf. IX. Fig. 11., 14.). Gewiss ist diese Erscheinung von den Verhältnissen der Zell- und Kernplatte abhängig.

§. 4. **Äussere Veränderungen der ersten zwei Blastomeren und die Erklärung derselben aus den inneren Vorgängen.**

Es ist eine allgemeine Regel von jedem Blastomer, dass es sich früher oder später vor der bevorstehenden Theilung vergrössert; es wiederholt sich daher dasselbe, was wir an dem sich entwickelnden Eie erkannt haben; es wächst heran und theilt sich. So auch bei den ersten zwei Blastomeren: die vordere, bisher weit kleinere Kugel als die hintere, wächst, nachdem sie durch die Membran von der letzteren geschieden ist, rasch heran bis zu der Grösse des hinteren Blastomers (Taf. I. Fig. 17. *b*); dann sind beide Elemente von mehr oder weniger halbkugliger Gestalt. Nachher vergrössert sich wieder die hintere Kugel (Taf. I. Fig. 18. *a*), um sich bald darnach oder gleichzeitig mit dem stattfindenden Wachsthum in der Querachse zu erweitern. Die Protoplasmascheibe auf der Oberfläche bezeichnet die Richtung der Längsachse. Unmittelbar nach der Verlängerung der hinteren Kugel wiederholt sich dieselbe Erscheinung auch auf dem vorderen Blastomer (*b*), das aber nicht weiter wächst, sondern in derselben Grösse verharrt.

Diese gewiss interessanten und auffallenden Phaenomene, von denen man sich allerdings nur durch die Beobachtung der frischen Furchungsstadien überzeugen kann und für welche sich die Rhynchelmis-Cocons als überaus günstige Objecte erweisen, kann man nur aus den inneren Vorgängen erklären. Dass dem thatsächlich so ist, darüber belehren ganz verlässlich die in der Längsachse geführten Horizontalschnitte, wie Fig. 7. und 8. in Taf. VII. veranschaulichen.

Vergleicht man nämlich die oben geschilderten Stadien — als nämlich die erste Theilung der Blastomeren stattgefunden hat, z. B. Fig. 3. auf Taf. VII. — mit dem in Fig. 7. derselben Tafel dargestellten Stadium, so begegnen wir eigentlich einer Fortsetzung der Erscheinungen, welche wir dort erkannt haben. In dem vorderen Blastomere (Taf. VII. 7. *b*) tritt ein schönes, halbkreisförmiges, helles Feld hervor (*c*), in welchem äusserst zierlich die dicentrischen Strahlen der Periplaste (*c'*) angeordnet sind; die letzteren sind schon ganz gut entwickelt und erreichen 0·064 mm. im Durchmesser. Die innere Substanz besteht aus einem hyalinen Protoplasma, das sich auch ein wenig diffus rosa färbt, indem es sich bisher nicht zu einem Plasmanetze angeordnet hat. Dieses in Fig. 12. (*c'*) Taf. VIII. stark vergrösserte Stadium zeigt, dass das intensiv sich färbende körnige Protoplasma sich an der Peripherie der Periplaste ansammelt — allerdings weit reichlicher als in dem vorigen Stadium — und dass beide Periplaste durch eine aus feinen Plasmastrahlen bestehende Brücke zusammenhängen. Die Periplaste legen sich nicht dicht dem Kerne an, sie sind eher von demselben entfernt; der Kern selbst ist von beiden Seiten wie zusammengedrückt, was aber nicht die Folge der Einwirkung der Reagentien ist, indem die übrigen Elemente des Eies in ihren Formen gut erhalten sind. Die einzig mögliche Erklärung dieser zusammengedrückten Kernform, auf die wir weiter unten noch mehrmals zurückkommen werden, lässt sich eben nur durch die Verfolgung des Eindringens des Kernes zwischen die ursprünglich genäherten Periplaste erklären. Bereits in Fig. 3. *j* Taf. VII. sehen wir, wie der rasch heranwachsende Kern zwischen diejenigen Periplaste eindringt, und da er hier nicht genügenden Raum gefunden, so schrumpft er beiderseits zusammen. Wenn nun in Fig. 7. Taf. VII. *j* und Taf. VIII. Fig. 12. die Periplaste nach und nach von einander weichen, so erstrecken sich auch die dieselben verbindenden Plasmafilamente und der Kern gewinnt einen genügenden Raum zur Herstellung seiner Gestalt; dies muss vielleicht aber doch langsam vor sich gehen und so erklären wir die fast vierseitige Form des erwähnten Kernes. Übrigens findet man ganz entsprechende Formverhältnisse des Kernes in allen ähnlichen Stadien und ich kann bereits an dieser Stelle auf die ganze Serie der allmäligen Kernrestaurirung vor der Spindelbildung hinweisen, wie sie in Fig. 18., 19., 12. und 21. in verschiedenen Furchungsstadien zum Ausdrucke kommt.

Der eben geschilderte Kern ist sehr markant, zunächst durch seine resistente Umhüllung und weiter durch das dichte Reticulum, in welchem äusserst zahlreiche, glänzende und verhältnissmässig grosse Nucleinkörperchen (Nucleolen) eingebettet sind; dieselben liegen meist an den Fasern des Reticulums. Man darf hier aber nicht von einem „Hauptnucleolus" und „Nebennucleolen" reden.

In der hinteren Kugel (Taf. VII. Fig. 7. a) sieht man die Tendenz der Mutterperiplaste zu selbständigen Gebilden auseinanderzutreten (d), deren Centra von den Tochterperiplasten eingenommen sind (d'). Zwischen diesen befindet sich die sehr gut entwickelte und aus feinen Fäden bestehende Spindel (v). Die Fäden gehen von den Peripherien der Periplasten aus. Die Nucleolen sind nicht mehr nachweisbar. In der Aequatorialzone findet eine gürtelförmige Verdickung der Spindelfasern — die Zellplatte —, welche auch in den Dotter sich erstreckt (Taf. VIII. Fig. 12. cp).

Beurtheilt man nun die Lage der Periplaste und des Kerns im Stadium Fig. 3. Taf. VII., so geht hervor, dass hier diese Elemente im Centrum der hinteren Kugel liegen, während in Taf. VII. Fig. 7. sowohl die Periplaste als deren Plasmastrahlen dicht unterhalb der Zellmembran, also ganz excentrisch gelagert sind. Durch die Verlängerung des ursprünglichen Kernes zu Spindelfigur, oder noch besser und richtiger, durch das Auseinanderweichen der Tochterperiplasten, welche ursprünglich in der Längsachse der Kugel situirt waren, findet auch die Veränderung in der äusseren Gestalt der Kugel statt, indem sich dieselbe mit dem Fortschreiten des erwähnten Vorganges in der Querachse erweitert. Und nachdem bald darauf dieselben Processe sich auch in der vorderen Furchungskugel abgespielt haben kommt das in Taf I. Fig 18. abgebildete Stadium zu Stande, dessen horizontaler Längsschnitt in Fig. 8. Taf. VII. dargestellt ist.

Sowohl in der vorderen als auch in der hinteren Furchungskugel sind Spindeln zwischen den Periplasten vorhanden; die der hinteren Kugel sind weit von einander entfernt und in der Mitte derselben liegt je ein grosser, hyaliner Tochterperiplast (Taf. VIII. Fig. 13. c'). in dem sich noch ein drittes (c''), neues Gebilde zu entwickeln beginnt. Die zwischen beiden Tochterperiplasten hinziehende Spindel ist in der Aequatorialzone stark eingeschnürt und somit in zwei Hälften getheilt (v' und v''). Dass die Fäden auf beiden Spindelhälften thatsächlich dem Cytoplasma angehören, beweist die gleiche Färbung und dieselbe körnige Structur, durch welche die Radien rings um die Periplaste sich auszeichnen. Die Fasern der Kernspindel sind aber gänzlich geschwunden, vielleicht unterliegen sie einem Resorptionsprocesse. Unmittelbar vor den Periplasten und in der Faserhülle der Cytoplasmaspindel liegen 2 neue, junge Tochterkerne, deren Entdeckung aber mit grossen Schwierigkeiten verbunden ist, indem sie deutlicherer Chromatinelemente entbehren. Erst mittels der stärksten Vergrösserungen (Imm.) kann man sich von deren Vorhandensein (γ', γ'') überzeugen. Auf der einen Seite sehen wir eine Gruppe dicht aneinander gedrängter, kugelförmiger Gebilde (γ'), auf der anderen Seite sind diese vermeintlichen Kügelchen verlängert. Inwieferne diese Elemente als die von den Autoren beschriebenen Tochterknäuel oder die entsprechenden Stadien der Tochterkerne zu betrachten sind, kann man nicht auf den so winzig kleinen und schwierig zu verfolgenden Körperchen ermitteln. Ich meinerseits kann nur sehr ungenügende Angaben darüber mittheilen. Mittels der Immersion kann man wahrnehmen, dass jeder Tochterkern in dem geschilderten Stadium aus Theilen besteht, die man annäherungsweise als Kügelchen bezeichnen kann; aber dieselben sind vollkommen achromatisch und anscheinlich von gelatinoser Beschaffenheit. Auf der einen, gegen die Periplaste gerichteten, somit äusseren Seite ist die Contour dieser Körperchen bogenförmig oder mehr geschlossen, nicht selten auch gekrümmt (Taf. VIII. Fig. 13. *a*, 13. *b*; Fig. 14. *a*, *b*), und nach dieser Gestalt könnte man dieselben als umgewandelte Segmente der Tochtersterne betrachten.

Es ist nun gewiss, dass mit diesen bogenförmigen Elementen eine gelatinose, homogene Substanz zusammenhängt, welche offenbar dem entspricht, was von den Autoren als Grundsubstanz des Kernes verstanden wird. Der äusseren Beschaffenheit nach kann dieselbe keinesfalls aus dem Cytoplasma herstammen, sondern lediglich als ein Product der ursprünglichen Schleifen oder Stäbchen aufgefasst werden.

In jedem hyalinen Kügelchen, dicht an seiner Contour, also an den Schleifchen, erscheint ein intensiv sich färbendes Körnchen, aber unbedeutend, dass man es auch bei den stärksten Vergrösserungen leicht übersehen kann. Durch die Verfolgung anderer, weiter fortgeschrittener Stadien, wo die Körnchen grösser sind, wird man auf das Vorhandensein dieser chromatischer Körperchen aufmerksam gemacht, denn es sind dies dieselben Elemente, die man als „Nucleolen" bezeichnet und die wir in dem ruhenden Kerne als Nucleinkörperchen erkannt haben. Dieselben entstehen also erst nachträglich, und zwar in directem Zusammenhange mit den Elementen des späteren Kernfadens.

Die Tochterkerne werden deutlicher unmittelbar vor den Periplasten, also an der Stelle, wo wir in den Anfangsstadien der Kernspindelbildung den freien Raum zwischen der resorbirten Kernmembran und Periplast hervorgehoben haben (Taf. XII. Fig. 2., 3., 5. *r*, *r*).*) Hier ist also eine Substanz angesammelt, aus welcher sich die sich bildenden Tochterkerne ernähren und die beschriebene Gestalt annehmen. Diese Substanz ist meiner Ansicht nach der flüssige Inhalt des männlichen und weiblichen Vorkernes (resp. des Furchungskernes), der sich an beiden Polen der Kernspindel nach der Resorbirung der Kernmembran angesammelt hat und offenbar von den sich aus den Schleifen (Tochterknäueln) reconstruirenden Tochterkernen absorbirt wird.

Die zwischen die genäherten Periplaste eintretenden Tochterkerne zeigen deutliche Contouren des Kernnetzes, oder besser des Kernfadens und erscheinen als aus grösserer Menge**) hyaliner, scharf contourirter Säckchen bestehender Körper, von denen ein jedes ein deutliches Nucleinkörperchen enthält. Das vollständige Eindringen der Tochterkerne zwischen die neu gebildeten Periplaste erfolgt erst zur Zeit, als die Zellplatte vollständig entwickelt ist; dabei erscheint deutlicher auch die Kernmembran, die nicht als Product des Tochterkernes, sondern als eine verdichtete Schicht des unverbrauchten Plasma des alten Kernes zu deuten ist; auf einem späteren Furchungsstadium habe ich diese Membran in Taf. IX. Fig. 3' dargestellt.

§. 5. Stadium von vier Blastomeren.

Betrachtet man die Form und Structur des in Taf. VII. Fig. 8. abgebildeten Stadiums, so kann man leicht dafür halten, dass der nächste, aus demselben hervorgegangene Zustand durch 4 Kugeln charakterisirt wird, von denen zwei vordere und zwei hintere gleich gross sein dürften. Thatsächlich erscheint bei der Beobachtung der lebenden Eier die erste Spur der Theilung auf dem hinteren Blastomere, und zwar als eine mediane Vertiefung; und da in dieser Stelle auch die Protoplasmascheibe sich befindet, so scheint es auf den ersten Blick, dass auch die letztere getheilt wird und dadurch zwei

---

*) Vergl. auch Holzschnitt Fig. VII. *A*, *B*, *C*.
**) Die Anzahl der Schleifen (oder Stäbchen), somit auch der kugelförmigen Gebilde im Tochterkerne ist eine bedeutende und der Undeutlichkeit wegen gelang es mir nicht dieselbe in praeciser Weise sicherzustellen.

gleich grosse hintere Blastomeren zu Stande kommen (vergl. Taf. I. Fig. 19.).

Aber die wirkliche Furche und Zellplatte bildet sich nicht in der Mediallinie der Protoplasmascheibe, sondern spaltet die hintere Kugel unsymmetrisch in ein kleineres linkes und ein grösseres rechtes Blastomer,[*] welches letztere als Träger der Protoplasmascheibe sich erweist (Taf. I. Fig. 20.).

Die Furche der hinteren Kugel ist bereits auf der Oberfläche deutlich, indem sie von der ersten meridionalen Furche vertical nach unten fortschreitet; sie ist aber noch nicht ganz ausgebildet, als sich in entgegengesetzter Richtung von der meridionalen Furche gleichzeitig die andere Furche in der vorderen Kugel bildet und dieselbe in zwei gleich grosse Hälften theilt. Die Folge dieses Vorganges muss offenbar die sein, dass fast gleichzeitig 4 Blastomeren zu Stande kommen und dass ein dreikugliges Stadium, wie *Kovalevsky* annimmt, nicht existiren kann; ich glaube eher, dass der genannte Forscher das von mir in Taf. I. Fig. 19. abgebildete Stadium für das fertige Furchungsproduct gehalten hat, in dem anscheinlich drei fast gleich grosse Blastomeren entwickelt sind. Nach den inneren Verhältnissen — wie wir die Anordnung der sich bildenden Tochterkerne erkannt haben — kann ein Stadium von drei Blastomeren — wenigstens eine längere, während der Beobachtung leicht zu constatirende Zeit — nicht existiren.

Das Resultat der Theilung der ersten zwei Blastomeren zu 4 Kugeln (in der nächstfolgenden Periode) ist in Taf. I. Fig. 21. dargestellt. Auffallend ist gewiss die beträchtliche Asymmetrie dieses Stadiums, indem sich die hintere Kugel nicht zu zwei gleichen Hälften getheilt hat, sondern das rechte Blastomer (*a*) mit der Protoplasmascheibe über das linke, weit kleinere (*a'*) vorherrscht, welches, was

---

[*] Die Bezeichnung der rechten und linken Seite bei diesem, so wie bei dem nachfolgenden Stadium ist nicht immer leicht, und vornehmlich nicht auf dem conservirten Materiale. Für die richtige Auffassung beider Seiten ist es nothwendig, die furchenden Eier immer nur im frischen Zustande bis zu diesem Stadium zu verfolgen, wodurch man stets die Lage der, wenn auch bereits früher degenerirten Polzellen im Auge halten kann. Nach der Lage derselben kann man dann die rechten und linken Blastomeren unterscheiden. Die Protoplasmascheiben sind in dieser Beziehung bei Rhynchelmis nicht massgebend, da sie auch am Anfange der Bildung von 4 Blastomeren sowohl auf dem animalen als vegetativen Pole des grössten Makromers ihren Sitz haben, indem sie bisher nicht zu einem gemeinschaftlichen Plasmanest verschmolzen sind. So kann man bei der ungünstigen Lage den animalen für vegetativen Pol und die rechten Blastomeren für die linken betrachten, wie ich thatsächlich irrthümlich in meiner vorläufigen Mittheilung angegeben habe.

die Grösse anbelangt, den vorderen zwei Blastomeren (b, b') gleichkommt. Im ganzen kann man zu dieser ersten Periode der Entstehung von 4 Kugeln zwei linke (eine vordere b und eine hintere a') und ferner zwei rechte (eine grosse hintere a und eine kleine vordere b') unterscheiden. Dieses Stadium verharrt aber nicht lange in der besagten Gestalt, indem die grosse Kugel in ein bestimmtes Gleichgewicht zu den übrigen drei Blastomeren zu kommen trachtet, und sie ist es auch, welche eine symmetrische Anordnung in dieses ursprünglich asymmetrische Stadium einführt. Dazu trägt allerdings auch das Wachsthum der übrigen drei Blastomeren bei und so bietet die Beobachtung dieser 4 Kugeln im frischen Zustande eine sehr interessante Erscheinung der Bewegung und der äusseren Veränderungen sämmtlicher Bestandtheile. Ein horizontaler Längsschnitt erklärt auch die hier stattfindenden Erscheinungen. Es ist zunächst die innere Protoplasmaströmung in der hinteren rechten Kugel und ein partielles Übertragen derselben an das linke kleine Blastomer. Zweitens trägt dazu auch die Verschmelzung beider polaren Protoplasmaansammlungen bei, und schliesslich wirkt auf die äusseren Veränderungen der Blastomeren das Wachsthum der vorderen zwei Kugeln und die damit in Verbindung stehende Umwandlung der Kerne zu Spindeln.

Fig. 15 und 16. in Taf. VIII. veranschaulicht uns die Protoplasmaströmung im aequatorialen Horizontalschnitte. Das Protoplasma ergiesst sich durch einen breiten Strom in die Umgebung des in der Nähe der Zellmembran liegenden Kernes. Ein Theil dieses Stromes geht auch in die linke Kugel über und man sieht, dass ein Theil der Zellmembran zwischen diesen beiden Blastomeren sich wahrscheinlich resorbirt hat. Aber der weit grösste Theil des Protoplasma verbleibt nur in der rechten grossen Kugel und erscheint auf den Praeparaten als ein dunkel gefärbter Fleck, in welchen wohl bei stattfindender Strömung auch die Dotterkügelchen eindringen können.

Während dieser Vorgänge gestalten sich die Kerne zu Spindeln, welche dann innerhalb des Dotterinhaltes eine bestimmte Lage einnehmen. Durch die Drehung der Spindeln zur Erlangung der definitiven Lage in neuen Blastomeren findet die interessante Gruppirung sämmtlicher 4 Kugeln statt, welche ich in zwei hintereinander folgenden Stadien Taf. II. Fig. 22. und 23. dargestellt habe. Wenn man nun das vorige Stadium (Taf. I. Fig. 21.) mit dem nächstfolgenden (Taf. II. Fig. 22.) vergleicht, so findet man, dass die grosse Kugel (a) vertical unter dem vorderen rechten Blastomer (b') zu liegen kommt. Zu diesen zwei Kugeln stehen die übrigen zwei Blastomeren (a' und b) ganz schräg. An frischen Objecten scheint es, als ob diese letzteren Blastomeren zu einem einzigen ellipsoiden Körper verschmelzen, indem es unmöglich ist, auf deren Oberfläche die tiefe Furche wiederzufinden, welche im vorigen Stadium zwischen ihnen verlief. Aber auf den erhärteten Praeparaten sieht man die Andeutung der Grenzmembran zwischen beiden Elementen. Die stattgefundene Anschwellung und vielleicht auch die rotirende Bewegung der sich bildenden Spindeln wird durch eine raschere Zunahme des inneren Inhalts veranlasst.

In Fig. 23. Taf. II. ist die Fortsetzung dieser Umgestaltung sämmtlicher 4 Kugeln dargestellt. Die Kugeln a und b' nehmen eine schräge Lage zu den übrigen zwei b und a' ein, welche letzteren bedeutend verkürzt erscheinen. Zu dieser Zeit haben die Spindeln die definitive Lage eingenommen; die Kugel a' und b werden eingeschnürt und gegenüber den Kugeln a und b' in der Weise situirt, dass ein kreuzförmiges, durchaus symmetrisches Stadium zu Stande kommt, wie es in Taf. II. Fig. 24. dargestellt ist. Die grösste Kugel a liegt nach hinten und ist nach vorne und seitlich von den übrigen 3 Kugeln b', b, a' umstellt.

Dies ist die definitive Gestalt des Furchungsstadiums von 4 Blastomeren, wie es auch *Kovalevsky* richtig abbildet, aber weniger richtig auffasst. Wie bereits oben erwähnt, soll nach dem genannten Forscher in dem zweikugligen Stadium das grosse Blastomer (a) als vorderes, das kleinere als hinteres aufgefasst werden. In weiterer Entwicklung theilt sich nach *Kovalevsky* nur die erstere in zwei Kugeln und die linke von diesen letzteren wieder zu zwei Elementen, so dass nach dieser Darstellung die hintere Kugel (unsere vordere) in dem zu Stande kommenden kreuzförmigen Stadium sich überhaupt nicht theilen sollte. Ferner sagt der genannte Autor: „es entstehen also vier kreuzartig gelagerte Kugeln, von denen die grösste hintere sich am frühesten vom Eie abgetheilt hat." Dem ist aber sicher nicht so, denn die grosse hintere Kugel mit ihrer Protoplasmaansammlung weist immerwährend auf die ursprüngliche Beschaffenheit des Eies hin; die übrigen drei Kugeln sind eher als ihre Nachkommen aufzufassen. Übrigens halte ich dafür, dass die Beobachtung der äusseren Veränderungen der Blastomeren jeden Zweifel von der richtigen Auffassung meiner Darlegungen beseitigt.

Die Art und Weise, in welcher die beiden polaren Plasmaansammlungen der hinteren Kugel zu einem gemeinschaftlichen Plasmaneste confluiren, kann man gut auf verticalen Längsschnitten durch das Stadium von 4 Blastomeren ermitteln. In den Eiern, wo sich das Plasma nur auf dem oberen Pole angesammelt hat, wie wir bereits oben erwähnt haben, erfolgt in dem Stadium von 4 Blastomeren nur eine Senkung des Plasma von der Oberfläche in das Innere des grossen Blastomers, in Folge dessen sich dasselbe in der Umgebung des das Centrum der Kugel einnehmenden Kernes ansammelt. Anders dagegen, wo es 2 polare Plasmaansammlungen gibt; dieselben verschmelzen dann von beiden Polen in dem Centrum der Kugel, allerdings wieder in der Kernumgebung. Die Strömung dieses Protoplasma ist in Taf. IX. Fig. 1. und 2. von einer Schnittserie durch das Stadium Taf. II. Fig. 24. dargestellt. Die durch *rs* angegebene Schnittebene ist auf der Taf. IX. Fig. 1. veranschaulicht; man erkennt, dass die beiden gegenseitigen Ströme bisher nicht zusammenfliessen, ebenso wie weiter im Inneren in der Umgebung des Periplastes, wie Fig. 2. Taf. IX. darstellen soll. In Folge dieses Vorganges verschwindet nicht selten die Protoplasmascheibe fast gänzlich von der Oberfläche des hinteren grossen Blastomers und erscheint nur theilweise erst in späteren Stadien, nachdem nämlich sich die Spindel zur Oberfläche nähert, um sich hier zur Hervorknospung der Mikro- und Mesomeren zu theilen.

Das vollständige Verschmelzen beider Protoplasmaansammlungen zu einer einzigen centralen Gruppe findet sehr langsam statt, ja man kann auch in späteren Stadien finden dass gewisse Grenzen zwischen beiden polaren Strömungen existiren und auf ihren Ursprung hinweisen. Aber in den meisten Fällen sehe ich, dass ein einziges Protoplasmanest in der engsten Umgebung des Kernes, resp. dessen Spindel vorhanden ist.

Die Spindeln und Periplaste im Stadium von 4 Blastomeren wiederholen sich in ihrer Gestalt und Structur wie in den ersten zwei Kugeln; ja sie stimmen auch darin mit den ersteren überein, dass sie ursprünglich im Centrum der Blastomeren entstehen und erst secundär die einseitige Lage einnehmen, indem sie sich zur Oberfläche der Kugeln begeben. Wenn ich also zu wiederholtenmalen darauf zu sprechen komme, so geschieht es aus zwei Gründen:

erstens, um zu zeigen, dass dieselben Erscheinungen wie im Stadium von zwei Blastomeren sich auch hier wiederholen, und zweitens, dass ich hier einige Stadien der Spindelbildung gefunden habe, welche in dem Stadium von 2 Blastomeren mir zu finden nicht gelang.

Bereits zur Zeit, als die hintere grosse Kugel ihre definitive Lage einnimmt, entstehen meist in allen Blastomeren die Spindeln, worauf sie gleich ihre definitive Lage einnehmen.

Während der Theilung der ersten zwei Blastomeren zu 4 befinden sich die Tochterperiplaste, wie gesagt, beinahe im Centrum der neuen Furchungskugeln; nachdem aber die neuen Kerne hineingedrungen sind, verändern sie sogleich ihre ursprüngliche Stelle und wandern zur Oberfläche der Kugeln. Führt man z. B. einen Schnitt durch das in Taf. II. Fig. 23. abgebildete Stadium in der Ebene xy, erhalten wir das in Taf. IX. Fig. 11. reproducirte Bild. Die Spindeln liegen ganz excentrisch, fast dicht neben einander und der obere Periplast legt sich dicht an die Zellmembran an. Die Lage dieser Spindeln bezeichnet nämlich die Stelle und Richtung, wo die neuen Blastomeren entstehen sollen. Sie ist offenbar nicht ursprünglich, indem die Spindeln ganz excentrisch liegen, während die Kerne früher das Centrum der Blastomeren eingenommen haben; die Spindeln haben also ihre Stelle verändert und sich dabei gewiss umgedreht. Einen directen Beweis für diese Behauptung kann man nicht geben, vielmehr muss man sich nur an die analogen Vorgänge des vorigen Stadiums berufen. Dagegen haben wir in dem geschilderten Stadium von 4 Blastomeren auch eine wichtige Begründung für diese Auffassung, nämlich in der hinteren grossen Kugel. Die durch die letztere geführten Schnitte (Taf. IX. Fig. 10.) beweisen, dass die Spindel anfänglich nicht die definitive Lage einnimmt, sondern dass sie sich in einer Querlage befindet; erst nicht lange darauf, nachdem die beiden Plasmaansammlungen confluirt haben, findet die definitive Lage der Spindel in der Längsachse des kreuzförmigen Stadiums statt, wie in Fig. 17. Taf. VIII. (v) dargestellt ist.

Die angezogene Abbildung führe ich deshalb an, um zu veranschaulichen, in welcher Reihenfolge die Bildung der Spindeln vor sich geht; während nämlich die hintere Kugel bereits mit einer gut entwickelten Spindel versehen ist, befindet sich dieselbe in der vorderen mittleren Kugel (b) erst im Anfange der Bildung, d. h. der Kern dringt erst zwischen die Tochterperiplaste ein (v^3), wie deutlicher bei stärkerer Vergrösserung auf der Taf. VIII. Fig. 18. dargestellt ist und auf die ähnliche Erscheinung im Stadium von 2 Kugeln erinnert. Wir sehen zugleich, dass beide Periplaste in der

Querachse der Kugel gelagert sind, während, wie wir bald sehen werden, das neue Blastomer — nämlich das Mikromer — sich in der verticalen Achse bildet; es muss sich also die ganze Spindel umdrehen, um die definitive Lage einzunehmen. Dasselbe wiederholt sich auch in anderen Blastomeren.

Bevor ich nun auf die Schilderung der Mikro- und Mesomerenbildung eingehen werde, betrachte ich als zweckmässig, annäherungsweise die Zeit anzugeben, in welcher die eben beschriebenen Veränderungen stattgefunden haben. Es ist nämlich die bedeutend lange Dauer charakteristisch, in welcher das Stadium von 4 Blastomeren verbleibt, und dies gilt nicht nur für Rhynchelmis, sondern auch für sämmtliche Clepsinen, die bezüglich der Bildung der Blastomeren mit dem erstgenannten Oligochaeten durchaus übereinstimmen. Ich habe in dieser Beziehung Nachfolgendes notirt.

Das Ei hat sich um 10 Uhr 25 Min. in die ersten zwei Blastomeren getheilt.

Die Vergrösserung der vorderen Kugel bis zu der gleichen Grösse mit den hinteren erfolgt um 10 Uhr 40 Min.

Die Vergrösserung der hinteren Kugel um 11 Uhr 5 Minuten.

Die Vertiefung der hinteren Kugel in der Medianlinie um 11 Uhr 14 Min.

Von dieser Zeit an bis 3 Uhr 30 Min. nachmittags dauerte die äussere Veränderung und die innere Anordnung der 4 Kugeln, welche bald nach der Entstehung der Furche auf dem hinteren Blastomer zu Stande kamen und sich zu der erwähnten kreuzförmigen Figur anordneten.

§. 6. Die ersten vier Mikromeren.

Zu dieser Zeit beginnt im inneren Winkel der hinteren Kugel eine kleine, halbkugelförmige Zelle zu knospen, welche um 4 Uhr nachmittags die definitive Grösse erlangt hat und die centrale Lage zwischen den grossen Kugeln einnimmt, die wir weiterhin als Makromeren — während die kleinen Zellen als Mikromeren — bezeichnen werden.

Jeder der nachfolgenden Knospung geht auf der Oberfläche des betreffenden Makromers die Bildung eines kleinen, braunen Scheibchens voran, demjenigen ähnlich, welches wir früher nur auf dem hinteren Makromer erkannt haben. Allerdings sind aber die vor der Bildung der Mikromeren zu Stande gekommenen Scheibchen weit kleiner und undeutlicher und verschwinden auch bald, nachdem sich über dieselben je ein halbkugliger, weisser Hügel hervorwölbt, welcher bald darauf in das neue Mikromer heranwächst. Dieselben Vorgänge wiederholen sich übrigens auch bei Clepsinen, wo die braunen Flecke allerdings viel deutlicher wahrnehmbar sind.

Auf diese Weise ist auch das erste Mikromer zu Stande gekommen (Taf. II. Fig. 25. m^1). Bald daran bildet sich auf dem linken seitlichen Makromer über dem braunen Scheibchen das zweite Mikromer (m^2) in Form eines Hügelchens, während an dem vorderen Makromer nur das Scheibchen angedeutet ist (m^3).

Das rechte seitliche Makromer entbehrt überhaupt noch einer Andeutung zur Bildung des Mikromers, was aber bald geschieht, als auch das zweite Mikromer fertig ist und das dritte sich in Gestalt eines Hügels anlegt; damals erscheint auch das Protoplasmascheibchen auf dem seitlichen rechten Makromer. Was die Zeit anbelangt, so haben wir hervorgehoben, dass das erste Mikromer um 4 Uhr zum Vorschein kam; um 4 Uhr 15 Min. waren 3, um 5 Uhr sämmtliche 4 Mikromeren fertig. Sie ordnen sich so an, dass sie nicht direct über die Makromeren zu liegen kommen, sondern die Lage über den Furchen einnehmen, oder anders gesagt, die Mikromeren alterniren mit den Makromeren (Taf. II. Fig. 26 m^1—m^4). Man braucht nicht besonders hervorzuheben, dass diese Hervorknospung der Mikromeren auf jener Fläche der Makromeren vor sich gieng, wo sich im Stadium von 2 Furchungskugeln die Polzellen befanden — also am animalen Pole; hier spielen sich auch die nächstfolgenden Vorgänge der weiteren Zellbildung ab.

Die eben von mir mitgetheilten Angaben von dem Ursprunge der Mikromeren stimmen durchaus nicht mit denjenigen überein, welche *Kovalevsky* in dieser Beziehung liefert.*) Nach diesem Autor entstehen die ersten zwei Mikromeren aus der rechten und linken Kugel; dieselben theilen sich wieder und auf diese Weise sollen 4 Mikromeren zu Stande kommen. Nach dieser Darstellung würde sich das hintere und vordere Makromer an der Production der kleinen Zellen gar nicht betheiligen, was allerdings sehr auffallend sein müsste, falls sich die Angaben des russischen Forschers als richtig heraus-

---

*) In der vorläufigen Mittheilung gebe ich zwar an, dass die Mikromeren in der von *Kovalevsky* angegebenen Weise entstehen, was offenbar nicht richtig ist. Ich habe damals die Details der Kovalevsky'schen Schilderung übersehen und mich in dieser Beziehung nur nach der Abbildung des genannten Autors gerichtet.

stellen würden. Ich habe aus diesem Grunde die Darstellung des ganzen Vorganges absichtlich ausführlich darzustellen versucht, um die Unzulässigkeit der Angaben *Kovalevsky's* nachzuweisen.

Der Inhalt der Mikromeren ist ein helles, feinkörniges Protoplasma, die Kerne gleichen den der Makromeren. Das helle Protoplasma der Mikromeren ist dasselbe, welchem wir in der Umgebung der Kerne, resp. der Periplaste in den ersten drei vorderen Makromeren begegnet haben, in dem hinteren Makromer ist es dasjenige Plasma, welches in der Umgebung des vorderen Periplastes vorkommt, während der hintere Periplast in dem dunkelroth sich färbenden, dichten und offenbar zähflüssigen Plasmaneste eingebettet ist.

Das Verhalten dieser Plasmaarten tritt sehr schön an medialen verticalen Längsschnitten zu der Zeit hervor, als das erste Mikromer bereits fast fertig erscheint, aber die Theilung des Kernes noch nicht ganz vollendet ist. Dasselbe habe ich auf der Taf. IX. Fig. 5. in dem Totalschnitte dieses Stadiums, sowie in ähnlichem Zustande auch auf der Taf. IX. Fig. 3. abgebildet. Einige interessantere Details bedürfen einer eingehenderen Darstellung.

In Fig. 5. ist vor allem der beträchtliche, im Pikrokarmin intensiv sich färbende Plasmahof (pr) auffallend; die sich dicht an einander legenden Plasmakörnchen ordnen sich in ungemein zahlreichen, in den umliegenden Dotter ausstrahlenden Radien an. Es ist dasselbe Plasma, welches früher von den beiden Polen sich in die Umgebung des Kernes angehäuft hat. Das Innere dieses dichten Plasmas geht in die hyaline Grundsubstanz über, nämlich in den Mutterperiplast (c), in welchem äusserst feine Fädchen strahlenförmig zu dem inneren, in der Bildung begriffenen Tochterperiplaste verlaufen (c'). Der im Zustande der Theilung begriffene Kern steckt mit der einen Hälfte (j) in dem Mutterperiplaste, während die andere Hälfte (j') in das eben hervorgeknospte Mikromer hineinragt. Aus dem Makromer b sprosst soeben das Mikromer m^3. Die Verhältnisse dieser Mikromeren und der Kerne sind deutlicher in dem stark vergrösserten Theile des um etwas jüngeren Stadiums (Taf. IX. Fig. 3.). Der Protoplasmahof ist derselbe wie in Fig. 5.; auch der Periplast, während die Tochterperiplaste in den nächstfolgenden Schnitt übergiengen. Das Mikromer m' ist bereits grösstentheils hervorgeknospt und nimmt einen Theil des feinkörnigen Plasmas mit, welches von der äusseren Halbkugel des Periplastes ausstrahlt. Nur dieses Protoplasma betheiligt sich an der Bildung der Mikromeren, während die dichte, dunkel sich färbende Substanz in dem hinteren Makromer als ein Vorrath zu der bevorstehenden Bildung der Mesomeren verharrt. Aber in jenem Strome des hyalinen Protoplasmas ist die hintere, grössere Spindelhälfte gelagert, während die vordere, kleinere bereits im Mikromere steckt. Beide Hälften hängen bisher durch eine stielförmige Brücke zusammen, welche aus feinen, aber sehr deutlichen Spindelfasern besteht. Die Spindelhälften sind Umhüllungen der reifenden Tochterkerne, welche eben auf deren Polenden gelagert sind. Die Kerne selbst enthalten bereits ein deutliches Reticulum, d. h. sie bestehen aus einer Anzahl von Maschenräumen, welche von glänzenden Fasern umgrenzt sind und den Eindruck eines Polyeders machen. Die in den Periplasten steckenden Kerntheile sind entwickelter, als die bisher in den Spindelfasern befindlichen, indem die letzteren noch bestimmter Contouren entbehren, und es scheint, als ob sie mit den Spindelfasern zusammenhängen. Die Nucleinkörperchen färben sich intensiv roth, und durch diese Eigenthümlichkeit, ebenso wie durch den starken Glanz treten sie in beiden Kernen sehr deutlich hervor.

Die wichtigste Erscheinung auf diesen Kernen ist die Bildung der äusseren Kernmembran, wie in Fig. IX. Taf. 3'. abgebildet; es ist hier ersichtlich, dass das gesammte Kernnetz, oder, um die richtigere Bezeichnung anzuwenden, der Kernfaden nach aussen von einer feinen Umhüllung umgeben ist, welche ich erst durch eine gute Immersion ermitteln konnte. Diese äussere Membran ist kein Product des neuen Kernes, sie bildet sich auch nicht aus dem Cytoplasma, sondern sie ist eine directe Fortsetzung der Spindelumhüllung; der Kern wird also von einem Theile der alten Kernsubstanz umgeben.

Das dritte Mikromer (m^3) ist in unserer Abbildung nur durch einen undeutlichen Hügel angedeutet, in welchen der äussere Periplast der Spindel v eingreift. Dieser Periplast ist weit kleiner als der innere, welcher ein Lager für den Kern des vorderen Makromers bildet. Berücksichtigt man die kleine Menge des Protoplasmas in den vorderen drei Makromeren, so können wir bereits aus diesem Stadium voraussetzen, dass dieselben nur eine unbeträchtliche Anzahl Mikromeren produciren können; und dem ist thatsächlich so, wie wir weiter unten erkennen werden.

Capitel IV.

Beurtheilung der Thatsachen und Literatur-Zusätze.

In den vorhergehenden drei Capiteln begegnen wir einer Reihe von Thatsachen, die sich für die Lehre von der Structur und Biologie der Zelle als neu herausstellen, und demnach verdienen bereits jetzt zusammenfassend und mit Hinweisen auf das bereits Bekannte beurtheilt zu werden.

§. 1 Structur des Eies.

I. Die jüngste Eizelle von Rhynchelmis, die man als solche zu erkennen vermag, besteht aus einem homogenen, hyalinen Cytoplasma mit Kern, in welchem letzteren *ein einziges* Kernkörperchen vorhanden ist. In dem Cytoplasma dieses Stadiums konnte man keine netzförmige Structur nachweisen, wie dieselbe von *Fromann* und *Heitzmann* für die thierischen, von *Strasburger* und anderen für die pflanzlichen Zellen postulirt wird. Aus diesem Grunde muss man das Protoplasma in seinem ursprünglichen Zustande als eine structurlose Substanz betrachten und die späteren, auch complicirtesten Organisationserscheinungen der Zelle sind als Producte der Ernährungs-, Assimilations- und Wachsthumsprocesse anzusehen.

Im weiteren Vorgange der Eibildung haben wir zunächst sichergestellt, dass sich ein Theil der hyalinen Grundsubstanz der Eizelle zu Fäden differenzirt und ein Plasmanetz vorstellt, wie richtig von *Flemming* (Mitom) und *Carnoy* (Reticulum) für das Zellplasma überhaupt (Paramitom oder Enchylema) hervorgehoben wird. Das Plasmanetz tritt sehr schön in den jüngeren Eizellen hervor, so lange es

nicht von den Dotterkügelchen verdeckt wird; nun sollen sich die
Stränge des Reticulums selbst durch eine netzförmige Structur auszeichnen, wie früher *Fromann, Klein, Heitzmann* und neuerdings
Carnoy dargestellt haben. Diese netzige Structur des Flemming'schen
Mitoms ist in unseren dotterreichen Eiern äusserst schwierig nachweisbar; trotzdem es mir aber nicht gelang, die secundären Fibrillen
dieses Netzes zu ermitteln, so stehe ich aus theoretischen Gründen
nicht an, eine solche Structur anzunehmen. Die feinste Strahlenbildung in der Umgebung des Periplates liesse sich wenigstens nicht
anders erklären, als durch die Auflösung der ursprünglichen Componenten des Cytoplasmareticulums. Andererseits spricht die in den reifen
Eiern von Rhynchelmis und Lumbriculus sichergestellte Netzstructur
noch mehr zur Gunsten dieser Auffassung, da in der Plasmasubstanz
der Netzstränge noch grössere, knotenförmige, deutlicher gegen die
Färbungsmittel reagirende Körperchen gelagert sind, die aber während
der Eifurchung an Deutlichkeit abnehmen. Diese Elemente entsprechen
aber keinesfalls den *Hanstein'schen* Mikrosomen, indem sie grösser
sind und sich ebenso intensiv mit Pikrokarmin färben, wie die Chromatinkörperchen der Zellkerne. Über ähnliche nucleolusförmige, ja nicht
selten zellartige Elemente im Dotter der Eier liegen bereits mehrere
Angaben vor. Bereits früher sind ähnliche Gebilde im Dotter einiger
Wirbelthiere beschrieben worden und später hat *Balbiani* im Dotter
der Myriopoden derartige Elemente kennen gelehrt. Vielleicht gehören auch die „Nebenkerne" vom Ei von Ascaris megalocephala in
diese Kategorie. Ganz neuerdings theilt *Leydig* (Zoolog. Anzeiger
pag. 626. 1887), wie früher *Will* (Zool. anz. 1884) mit, dass er derartige „kernähnliche Körper im Dotter des unbefruchteten Eies"
gefunden hat. Er bemerkt, „dass die Körper von zweierlei Art seien,
wovon die einen im Aussehen mit Keimflecken übereinstimmen, während die anderen wie Verdichtungen der Knotenpunkte des Spongioplasma sich darstellen". *Leydig* verspricht uns Beobachtungen anzuführen, „welche darauf hinweisen, dass wirklich die Keimflecke es
sind, die in den Dotter übertretend zu solchem intravitellinen Körper
werden". Vorderhand kann ich allerdings nicht wissen, ob die von
Leydig erwähnten Elemente mit meinen „nucleolusartigen" Körperchen übereinstimmen; der Beschreibung des genannten Forschers nach
muss ich allerdings dafür halten. Dagegen kann ich nicht mit demselben
übereinstimmen, dass die Körperchen von dem Kernkörperchen herstammen. Sie stellen nichts anderes vor, als verdichtete und vergrösserte cytoplasmatische Elemente, die an den bestimmten Stellen des

Reticulums entstehen und nur als Reservematerial für die künftige Bildung der Reticularfäden und Plasmastrahlen dienen. Sehen wir doch namentlich bei Lumbriculus, dass während der Strahlenbildung in der Umgebung der Tochterperiplaste (Taf. I. Fig. 4.) sich die Körperchen zu feinkörnigen Plasmasträngen auflösen, die sich radienartig rings um die Periplaste anordnen.

Im reifen Eie von Rhynchelmis ist neben dem Dotterinhalte diejenige Plasmaschicht am auffallendsten, die ich als periphere bezeichnet habe. Dieselbe stellt eine verdichtelte Plasmaschicht vor, in welcher schichtenweise und concentrisch intensiver sich färbende Körnchen gelagert erscheinen und die ich mit den *Hanstein'schen* Mikrosomen, oder mit den gleichnamigen Partikeln vergleichen möchte, welche *Ed. v. Beneden**) in Eiern und Spermatozoen von Ascaris megalocephala beschreibt. Diese Schicht ist für die reifen Eier von Rhynchelmis und Clepsine sehr charakteristisch und wichtig für die weitere Eientwicklung, indem sie zur Bildung des Embryonalkörpers das nöthige Material liefert. Sie ist nicht nur für diese dotterreichen Eier bezeichnend, sondern scheint auch in den dotterarmen, mit feinkörnigem Inhalte versehenen Eiern vorzukommen. *Fol***) führt dieselbe auch für die Eier von Toxopneustes und Pterotrachea an, und zwar unter dem Namen „couche limitante du vitellus" und „sarcode enveloppe". Sie kommt auch nach meinen Erfahrungen in übereinstimmenden Verhältnissen bei Clepsinen vor.

Diese periphere Schicht besteht also aus einer fast homogenen Grundsubstanz, in welcher die Mikrosomen schichtenweise eingebettet sind. Von dieser Schicht nun gehen die Fäden des innerhalb des Dotters verzweigten Netzes aus, um sich später, d. h. in der Umgebung des Kernes, resp. der Periplaste in Plasmaradien anzuordnen. Ähnliche Structur hat auch *Ed. van Beneden* in den Eiern von Ascaris megalocephala sichergestellt; die Peripherie der Eier ist von einer „couche corticale" gebildet, mit welcher die Fäden des Plasmanetzes in Verbindung stehen, wie es die Abbildungen dieses Forschers (l. c. Fig. 75., 78. und 80.) am deutlichsten veranschaulichen. *Van Beneden* kommt aber noch zu einem anderen wichtigen Resultate, welches die Schichtung der Mikrosomen in der peripheren Plasmaschicht von Rhynchelmis erklärt. Der genannte Forscher hat

---

*) *Ed. van Beneden*, Recherches sur la maturation de l'oeuf, la fécondation et la division cellulaire. Arch. Biologie. T. IV. 1884.
**) *H. Fol*, Rech. sur la fécondation et le commenc. de l'hénogenie chez divers animaux. — Mém. d. l. Soc. phys. et d'hist. nat. Genève. 1879.

nicht nur in den Eiern, sondern auch in der Kopfanschwellung der Spermatozoen von Ascaris eine merkwürdige Anordnung des Plasma gefunden, nämlich in Form von feinen Filamenten, deren knotenartige Verdickungen die oben erwähnten Netzkörperchen sind. Ich muss mich auch der geistreichen Auffassung *Carnoy's**) und *van Beneden's* anschliessen, nach welcher man in diesem feinen Netze die Contractionsfähigkeit des Eies und des Sperma suchen darf.

Man kann voraussetzen, dass die periphere Protoplasmaschicht auch in gewissen Modificationen vorkommen kann, indem ich glaube, dass die polaren Protoplasmaansammlungen in den reifen, aber bisher nicht befruchteten Eiern von Sternaspis**) den von uns behandelten

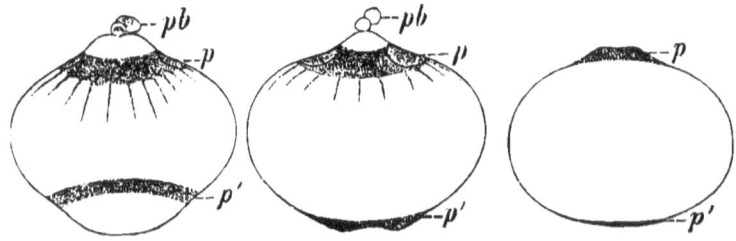

Fig. VI. *Das Ei von* **Clepsine tessulata** *zur Zeit der Plasmaansammlung zu beiden Polen.*
Drei nachfolgende Stadien: *p* der animale, *p'* der vegetative Plasmaring, *pb* Polzellen.

Verhältnissen entsprechen. Auch hier hängen die polaren Protoplasmaansammlungen vermittels der Protoplasmastränge mit dem Plasmanetze, welches zu dem Keimbläschen centrirt ist, zusammen.

Während aber bei Sternaspis die Concentration des Bildungsplasma an beiden Polen bereits im Laufe der Eibildung stattfindet, sammelt sich dasselbe bei Rhynchelmis erst nach der Polzellenbildung und dem Eindringen des Spermatozoon in das Ei an. Dieselbe Erscheinung ist auch für Clepsine giltig, wie bereits früher *Grube* und *Robin* und neuerdings *Whitman* dargestellt haben. Aber auch dem letztgenannten Forscher ist unbekannt geblieben, wo der ursprüngliche Sitz des späteren polaren Plasma sich befindet, obwohl er in einigen

---

*) *Carnoy*, Biologie Cellulaire. 1884. pag. 196.
**) *Vejdovský*, Untersuch. über die Anatomie, Physiologie und Entwicklung von Sternaspis. Denkschriften kais. Akad. Wissenschaften in Wien 1881.

Abbildungen richtig das geschichtete periphere Plasma veranschaulicht (l. c. Taf. XIII. Fig. 62., 63.).*) Nach meinen Untersuchungen geschieht nun die Ansammlung des peripheren Plasma zu beiden Polen in derselben Weise wie bei Rhynchelmis. Die beiliegenden Abbildungen veranschaulichen diesen Process bei Clepsine tessulata (Fig. VI. *a, b, c*). Auf der animalen Hemisphaere bildet die obere Protoplasmazone (*p*) einen Ring, so dass die Eischeitel noch mit Dotter erfüllt ist, ebenso wie bei Rhynchelmis (Fig. 6, *p*. Taf. I.). Aber hier concentrirt sich das Protoplasma zu den Polen ununterbrochen an der ganzen Peripherie, während es bei Clepsine in eigenthümlichen Strängen strömt, die von *Whitman* als „Ring-rays" bezeichnet werden. In dem unteren Plasmaringe (*p'*) habe ich dieselben nicht beobachtet; hier ist die untere Plasmaansammlung überhaupt früher fertig als am animalen Pole (Fig. VI. *b*). Im grossen und ganzen sind aber die Eier von Clepsine nie in dem Masse abgeplattet wie bei Rhynchelmis. Die Bedeutung der Protoplasmaansammlungen haben wir bereits theilweise erkannt und werden sie auch weiter kennen lernen: sie liefern das gesammte Material zum Aufbau des Körpers mit Ausnahme des Darmepithels und man könnte sie auch als plasmatische Keimscheiben bezeichnen.**)

Inwieferne die Erscheinung der Concentrirung des Bildungsplasma zu einem oder zu beiden Polen in dem thierischen Eie verbreitet ist, kann man derzeit noch nicht angeben: ich glaube aber, dass sie in den dotterreichen Eiern früher oder später vor der Befruchtung eintritt. Am bekanntesten ist dieser Process bei dem reifenden Eie der Fische, wo die Plasmaanhäufung meist am animalen Pole stattfindet. Aus einigen neueren Arbeiten geht hervor, dass die Anhäufung des Bildungsplasma unabhängig von der Befruchtung vor sich geht (*M. Kovalevski*), indem das Protoplasma in Form von Strängen aus dem inneren Dotter und von der Peripherie in ununterbrochener Schicht strömt. Nach anderen Autoren, wie *Kupffer, Oellacher* etc. endet diese Plasmaansammlung am animalen Pole vor dem

---

*) *Whitman* (The embryology of Clepsine. — Quart. Journ. Micr. Sciences. 1878. Vol. 18.) äussert sich über den Vorgang folgendermassen: „Fifteen minutes after the elimination of the polar globules a ring-like depression, or constriction, appears in the yolk around the oral pole and in this depression a transparent, liquid substance (*nuclear?*) is collected, forming the first polar ring."
**) Über die Bedeutung der polaren Plasmaansammlungen von Clepsine äussert sich *Whitman* folgendermassen: „Before the cleavage both discs plunge deep into the egg, and possibly contribute some elements to the nucleus, which may either induce or stimulate the molecular changes, which result in the formation of the formation of *primary clea eye amphiaster*."

Anfange der Furchung (Gadus, Perca, Gobius etc.), nach *M. Kovalevsky* dauert dieser Vorgang bei Carassius die ganze Zeit der Furchung. Am vegetativen Pole findet keine Plasmaansammlung statt.

Nach den angeführten Beispielen ist zu schliessen, das die Concentrirung des peripheren oder inneren Bildungsplasma zu einem oder zu beiden Eipolen sehr variabel ist und dass die wesentliche Bedeutung dieser Erscheinung nur in einer Ausprägung der Pole des künftigen Embryo liegt.

Es ist aber aus den angeführten Beispielen auch ersichtlich, dass die Plasmaansammlung bei den einen Eiern später, bei anderen früher stattfinden kann, dass es somit unmöglich ist, nach der Vertheilung des Bildungs- und Nahrungsdotters besondere Kategorien der Eier zu unterscheiden. *Balfour* unterscheidet bekanntlich nach der erwähnten Vertheilung beider Plasmaarten die Eier als a) *alecithale*, in denen das „Deuto- und Protoplasma" gleichmässig vertheilt sind; b) *telolecithale*, in denen der Nahrungsdotter am vegetativen Pole concentrirt ist, und c) *centrolecithale*, wo sich der Nahrungsdotter im Eicentrum befindet.

Nach dieser Eintheilung würde das Ei von Rhynchelmis und Clepsine in die leztgenannte Gruppe angehören; aber die äussere plasmatische Schicht ist nicht selten so unbedeutend, dass man die Eier als alecithale betrachten könnte. Nachdem nun nach der stattgefundenen Bildung der Polzellen sich die periphere Protoplasmaschicht nur an dem animalen Pole concentrirt, so würde uns aus dem früher centrolecithalen ein telolecithales Eistadium vorliegen, während in dem Falle, wo das Bildungsplasma sich auf beiden Polen befindet, wie es bei Sternaspis schon während der Eibildung und bei Rhynchelmis und Clepsine in der normalen Eientwicklung bekannt ist, — in diesem Falle müsste man eine neue Kategorie für die Eier genannter Würmer aufstellen.

II. Die homogene Grundsubstanz der jungen Eizellen differencirt sich also im Laufe der Entwicklung zu dem eben behandelten Netzwerke, der peripheren Plasmaschicht und zu dem eigentlichen Dotter, welcher den weit grössten Theil des Eies einnimmt. Die zu diesen Bestandtheilen des Cytoplasma nicht verwendete Grundsubstanz ist in dem reifen Eie nur in äusserst spärlicher Menge vorhanden, lässt sich aber an feinen Schnitten zwischen den Dotterkügelchen nachweisen. Dieselbe ist aber nicht identisch mit dem Plasma des perinuclearen Hofes, indem sich das letztere immer hyalin erweist und in dieser seiner Eigenschaft von *Leydig* sogar nur für einen Hohlraum gehalten wird, während die erstere eine schwach diffuse Färbung mit Pikrokarmin annimmt. Der perinucleare Plasmahof, oder kurz Periplast ist in der ursprünglichen jungen, mit hyalinem Inhalte versehenen Eizelle nicht nachweisbar; erst später, nachdem die Dotterkügelchen aufzutreten beginnen, tritt er, wenn auch sehr undeutlich, hervor. Derzeit ist der Periplast nicht nur von einer grossen Anzahl der Eier, sondern auch der gewöhnlichen somatischen Zellen bekannt und aus theoretischen Gründen dürfte er in jeder lebensfähigen Zelle vorhanden sein. Ich will einige Fälle anführen, wo der Periplast mit Sicherheit nachgewiesen wurde, und zwar zunächst in Eiern. Nach *Leydig*,*) welcher den von uns behandelten Eibestandtheil zu den Erscheinungen allgemeiner Art im Eikörper zählt, und denselben als eine Höhlung auffast, „welche vom Spongioplasma des Dotters abgesteckt erscheint und mit hellem, sehr weichem, dem Flüssigen sich näherndem Plasma erfüllt wird", — also noch *Leydig* rührt „die erste Beobachtung, welche auf diesen Hohlraum um das Keimbläschen, und die von ihm ausstrahlenden Hohlgänge zielt, vom *Pflüger* her. Anlässlich seiner Studien über das Ei der Säugethiere spricht der genannte Physiolog von einem blassen, ringförmigen Hof, der scharf umgrenzt das Keimbläschen umgebe, und sagt dann wörtlich: „Man könnte dies auch so auffassen, es bestände im Ei um das Keimbläschen eine Höhle, welche durch radiär verlaufende, sich allmählich verjüngende Kanäle mit der Zona pellucida zu communiciren scheint."

In den Eiern der Fische ist ferner ein dotterfreier Raum um das Keimbläschen von *His, Hoffmann* und *Van Bambeke* gesehen worden. *Leydig* ist der Ansicht, dass man nach dem Verhalten der Dotterkügelchen von einem inneren und äusseren Dotter sprechen könnte. *E van Beneden* erwähnt um das Keimbläschen des Kanincheneies eine homogene, dotterfreie Masse „couche centrale" die offenbar dem Periplaste entspricht. Auf die Angaben von *Brass* werden wir weiter unten eingehen, bemerken aber schon an dieser Stelle, dass er den Periplast sowohl in den Eiern, als somatischen Zellen und schliesslich — was gewiss von Bedeutung ist — bei Protozoen gefunden hat.

An dieser Stelle handelt es sich mir lediglich um Aufführung einiger Beispiele, welche auf die übereinstimmenden Verhältnisse mit den Eiern von Rhynchelmis und wohl auch der Lumbriciden hinweisen. Somit habe ich mich in der Literatur nicht eingehend umgesehen, um alle bekannten Fälle des Periplastvorkommens anzuführen.

---

*) *Leydig*, Zelle und Gewebe 1885. *Leydig*, Untersuch. zur Anatomie und Histologie der Thiere. Band 1883.

Ich erwähne bloss, dass mir neuerdings eine Arbeit zu Gesicht kam, deren Verfasser, *Wielowiejski**) einige Fälle des Periplastes in den Eiern von Gryllotalpa vulgaris, Serranus, Pyrrhocoris apterus etc. in den für Rhynchelmis typischen Gestaltverhältnissen beschreibt und abbildet, während er für andere Eier hervorhebt, dass es ihm nicht gelang, den Periplast, oder, wie er denselben bezeichnet — die Contractionszone — aufzufinden, und bei anderen betrachtet er schliesslich dieselbe als ein Artefact.

Aus theoretischen Gründen muss, meiner Ansicht nach, nicht nur das Ei, sondern auch jede, der indirecten oder kinetischen Theilung fähige Zelle mit einem hyalinen Hofe um den Kern — oder Periplaste — versehen werden. Es ist zwar schwierig, je nach der Beschaffenheit der Zelle, denselben in jedem Falle, und namentlich nach der Behandlung mit ungünstigen Reagentien, zu entdecken. Kein Wunder also, dass dieser Erscheinung bisher verhältnissmässig spärliche Aufmerksamkeit geschenkt wurde. An manchen älteren Abbildungen finde ich hier und wieder eine Andeutung des hyalinen Hofes, aber die verschiedenen Autoren beachteten offenbar nur wenig dessen Vorkommen; umsoweniger kümmerten sie sich um dessen physiologische Function. Das bisher in dieser Beziehung geleistete hat vor wenigen Jahren *Leydig* sorgfältig zusammengestellt und die bisherigen spärlichen Angaben über das Vorkommen des Periplastes durch seine Beobachtungen bereichert. Ich erlaube mir sämmtliche diese Angaben zusammenzustellen:

1854 erwähnt *Leydig***) einen hyalien Raum um den Kern des Eies im Eierstocke von Notommata centrura.

1872 bildet *Solbrig* den Periplast in den Ganglienzellen der Schnecke ab.

1878 spricht *Paul Mayer****) von einem bedeutenden Raume um den Kern in den Drüsenzellen der Phronimiden und bildet denselben zu wiederholtenmalen ab.

1879 beobachtete *C. Heider*†) den uns beschäftigenden perinucleären Hof in den Drüsenzellen des Kopfes von Lernanthropus und bemerkt zugleich, dass radiale Streifen aus dem Zellinhalte in denselben eindringen.

---

*) Studyja nad komórką zwierzęcą. Cz. I. Badania nad jajkiem zwierzęcem. pag. 126—215. Rozprawy i sprawozdania z posiedzen. Akadem. Umiętn. Krakow. Tom. XVI. 1887.
**) *Leydig*, Bau der Räderthiere. Z. w. Z. 1854. Taf. III. Fig. 23.
***) *Mayer P.*, Carcinologische Mittheilungen. Mitt. Zool. Stat. Neapel 1878.
†) *Heider*, Die Gattung Lernanthropus. Arb zoolog. Inst. Wien. 1879.

In seinen letzten zwei unlängst erschienenen Schriften widmete der ausgezeichnete Forscher in Bonn*) seine Aufmerksamkeit dem von uns behandelten Gegenstande und nennt unseren Periplast einmal „freier Raum um den Kern", ein anderesmal „Höhlung um den Kern". Nach *Leydig* entsteht zuerst dieser Raum und erst nachträglich dringt der Kern nach der Art der Knospung hinein. Er ist ausgefüllt mit einer der Flüssigkeit sich nähernden Substanz und hier spielen sich die weiteren Kernveränderungen ab. In dem frischen, furchenden Eie kann man statt des Kernes einen hellen und homogenen Fleck wahrnehmen, welcher von der Substanz der Furchungskugeln nicht scharf abgegrenzt ist. Diesen Fleck betrachtet *Leydig* für eine „Höhle" im Protoplasma, in welche der Kern mit seinem Netze erst secundär sprosst. In Bezug auf die oben angeführte Definition ist allerdings eigenthümlich, dass *Leydig* constant von einer Höhle spricht, obwohl er früher in derselben ein hyalines Plasma mit Reticulum erkannt hat.

Die grosse Anzahl der Fälle, in welchen der verdienstvolle Bonner Forscher den Periplast sichergestellt hat, lassen hoffen, dass die Zellen fast sämmtlicher Gewebe mit dem hyalinen Hofe um den Kern versehen sind. Ich führe nachfolgende Beispiele an:

1. In den gelblichen Partien des *Fettkörpers* von Trichodes alvearius zieht um den Zellkern ein hyaliner Raum, welcher oft Läppchen in das Zellplasma aussenden kann.

2. In den grossen Zellen der *Malpighischen Drüsen* von Sarcophaga carnaria ist ebenfalls ein grosser Raum um den Kern mit einem feinen, blassen Netzwerke. Desgleichen bei Musca vomitoria, in den Larven von Cetonia aurata und den Raupen mancher Motten.

3. Sehr günstige Objecte in dieser Beziehung sind die Epithelzellen im Darme verschiedener Raupen, ebenso wie im Magen der Onisciden. Überall dieselben Structurverhältnisse des hyalinen Hofes um den Kern.

4. Aber auch in den kleineren Zellen, wie z. B. um den Kern der Muskelfasern der Darmmuskeln der Raupe von Bombyx neustria, hat *Leydig* den Periplast entdeckt.

5. In anderen Fällen kann man sich erst unter gewissen Umständen von dem Vorhandensein des Kernperiplastes überzeugen.

---

*) *Leydig*, Zelle und Gewebe. 1885. — Untersuchung. zur Anat. und Histologie d. Thiere 1883.

So z. B. scheint es, als ob der grosse Kern in den Zellen der Schleimdrüsen einer Larve der Gattung Chironomus völlig mit dem gewöhnlichen Protoplasma umgeben würde. Aber die Bedeckung des Praeparates mit dem Deckgläschen genügt, um einen schönen perinuclearen Hof mit Strahlung hervortreten zu lassen.

In den Ganglienzellen der einheimischen Landschnecken — Limax und Arion — scheint es ebenfalls bei erster Ansicht, als ob der erwähnte Hof fehlte, aber bei starken Vergrösserungen wiederholt sich dasselbe, was oben über Periplast gesagt wurde. Namentlich in den absterbenden Ganglienzellen tritt ein überaus schöner Hof auf.

6. Auch bei den Wirbelthieren beobachtete *Leydig* den Periplast: in den Blutzellen, Knorpelzellen und im Epithel der Urodelen. Ebenso die mit dem Periplast in Verbindung stehende Strahlung ist für diese Zellen charakteristisch.

Schliesslich ist mir der hyaline Periplast um die Kerne des Gallertgewebes von Obelia gelatinosa bekannt.

Die erwähnte Strahlenbildung hat, wie bereits oben angegeben, ihren Ursprung eigentlich in dem Cytoplasmareticulum, indem die Strahlen durch Auflösung eines Theiles desselben in feine Plasmaradien zu Stande kamen. Die Strahlen verlaufen bis zur Peripherie des Kernes und durchdringen somit radienartig den Periplast.

Meiner Ansicht nach ist die radiale Structur rings um den Kern überall in den reifen Eiern und Zellen vorhanden, wenn es auch nicht immer gelingt, dieselbe, ebenso wie den Periplast, zu entdecken. Aus den oben angeführten Beispielen des Periplastes geht auch meist hervor, dass hier thatsächlich die Strahlenbildung vorhanden ist.

Nach *Ed. van Beneden* ist die radiale Structur in der Umgebung des Kernes charakteristisch für die Eier des Kaninchens, der Seeigel und derjenigen von Ascaris megalocephala. *Štolc**) bildet eine schöne Strahlenbildung in dem sich entwickelnden Eie von Stylaria lacustris ab.

III. Der Kern der jungen Eizellen von Rhynchelmis hat eine centrale Lage; später aber, als sich das junge Ei mit reichlichem Dottermateriale anzufüllen beginnt und dadurch aus der gemeinschaftlichen Eierstockstraube hinausragt, dann kann man dasselbe bereits als monaxon betrachten, indem das Keimbläschen sich von dem ursprünglichen Centrum gegen die Peripherie nähert. Es ist

---

*) A. Štolc, Příspěvky k studiu Naidomorph. Sitzungsber. kön. böhm. Gesellsch. Wissensch. Prag. 1886.

eben die Dottermasse, welche den Kern gegen den künftigen animalen Pol verdrängt, während der andere Theil des Eies, mittels welchen das junge Ei mit dem Eierstocke zusammenhängt, dem vegetativen Pole entspricht.

Für die Beurtheilung der Kernstructur muss man immer von dessen Entwicklung ausgehen. In dem Stadium der jungen Eizelle besteht der Kern aus einer homogenen Grundsubstanz, welche dem Cytochylema sehr ähnlich ist, aber von demselben sich doch ein wenig unterscheidet, indem es wahrscheinlich mehr condensirt ist und sich auch in diesem Zustande schwach rosa färbt. Erst in fortschreitender Eientwicklung differenzirt sich ein Theil der Grundsubstanz zum Kernnetze (Kerngerüst *Flemming*), welches schliesslich in den reifen Eiern so dicht sein kann, dass dessen Maschen und der in diesen enthaltene Kernsaft kaum noch wahrnehmbar sind. Durch die enorme Entwicklung seiner Elemente gewinnt der Kern des Eies eine bedeutende Grösse und wird als Keimbläschen bezeichnet.

In dem Kerne der jungen Eier fanden wir nun ein Kernkörperchen, das sich während des weiteren Wachsthums meist zu zwei, aber auch 3—4 Tochterelementen theilte, die aber durchaus dieselbe Structur haben und bezüglich der Grösse je 2 übereinstimmen. Diese sog. Kernkörperchen sind mit dicken Hüllen umgeben, ich möchte sagen, sie sind encystirt. Wie verhalten sich nun diese Kernkörperchen zu den entsprechenden Elementen in den Eiern anderer Thiere, den Elementen der Furchungskugeln und Gewebszellen? In dem Kernreticulum der Spinndrüsen der Larven von Chironomus ist nach der Entdeckung *Balbiani's* ein chromatischer Fadenknäuel vorhanden, und *Strasburger* nimmt an, dass dieser Knäuel in allen Zellarten, solange dieselben im Ruhestadium sich befinden, existirt, wenn es auch nicht immer gelingt, denselben nachzuweisen; es wäre nämlich schwerlich zu erklären, dass das genannte Gebilde in den einen Zellen vorhanden ist, in anderen dagegen fehlt.

Ganz richtig beurtheilt nun *Carnoy**) das chromatische Element des Kernes; nach diesem Forscher ist dieser „boyau ou filament nucléinien (Kernfaden *Strasburger*, cordon nucléaire *Balbiani*) ein einziger Faden von eigenthümlicher Structur, die man allerdings nur an grossen Kernen demonstriren kann, die aber auch in kleineren Kernen vorkommen muss. Es besteht nämlich aus der achromatischen, äusseren Scheide und der inneren Chromatin- oder Nucleinsubstanz.

---

*) *Carnoy*, Biologie cellulaire. 1884.

Der typische Kernfaden ist überall gleich dick, namentlich in jungen Zellen, aber in den älteren schnürt sich derselbe ein und wird rosenkranzartig. Die Einschnürung kann so weit gehen, dass einzelne Segmente auseinander gehen und in diesem Falle als Nucleolen beschrieben wurden. In den Eiern soll dieser Fall fast regelmässig vorkommen, dass nämlich der Faden in tropfenförmige oder kugelförmige Segmente zerfällt, welche man als „Keimflecke" bezeichnet.

Nach *Flemming**) kommt der „Nucleolus" bald einzeln, bald in grösserer Anzahl vor. Er ist kuglig, glänzender als die übrige Kernsubstanz, nicht selten kann man in dessen Inneren gewisse vacuolenartige Räume erkennen. Sie sind an den Fäden des Kernreticulums suspendirt, und wo es mehrere „Nucleolen" gibt, da soll man nach *Flemming* einen Hauptnucleolus unterscheiden.

Nach unseren Beobachtungen verhält es sich mit dem chromatischen Elemente folgendermassen: Es ist ein ursprünglich homogenes Kügelchen, das sich theilen und in den ersten Phasen die keimfleckartigen Elemente produciren kann. Aber sämmtliche diese Elemente sind eigentliche Kernfäden, in den meisten Fällen der reifen Eier je 2, seltener je 4, die aber bezüglich des Volums den ursprünglichen 2 gleichkommen: wenn sie zu 3 vorkommen, dann gleicht die Grösse des einen Gebildes der Summe der übrigen zwei Körperchen. Es sind also chromatische Fäden, die erst während der Reifung deutlich auftreten, nachdem sich ihre structurlose, poröse Hülle resorbirt hat. Jedes Element besteht aus einem äusserst feinen Faden, an dem reihenweise knotenartige, intensiv sich färbende Verdickungen vertheilt sind. Die chromatischen Kernfäden im Eie von Rhynchelmis entsprechen also weder den Nucleolen *Strasburger's*, *Flemming's* und *Retzius'*, nach denen die „Nucleolen am Reticulum zu Stande kommen", noch den Keimflecken *Carnoy's*, sondern einzig und allein dem „boyau nucléinien" des letzt genannten Forschers. Die Mehrzahl der Kernfäden in einem Eie erkläre ich mir dadurch, dass hier die Segmentirung des ursprünglichen Elementes sehr früh vor sich geht, dass aber das Resultat der späteren Kerntheilung dasselbe ist wie bei der normalen kinetischen Kerntheilung, dass sich die erwähnten 2—4 Kernfäden doch schliesslich zum Muttersterne im Sinne *Flemming's* anordnen.

IV. Die Eizelle führt sämmtliche Eigenschaften der gewöhnlichen somatischen oder Gewebszelle; aber das reife Ei besitzt bereits so ab-

---

*) *Flemming*, Zelle etc

weichende Charaktere gegenüber der gewöhnlichen Zelle und scheint viel complicirter organisirt zu sein, so dass manche Autoren die Frage aufstellen konnten, ob man es hier nur mit einer einzigen Zelle zu thun hat! Meine Auffassung des, wenn auch so complicirten Eies wie das von Rhynchelmis, ist die, dass es eine einfache Zelle ist, die aber für die Erhaltung der Art so ausgerüstet ist, dass es allen Anforderungen der künftigen Entwicklung Genüge leisten kann. Die Differenzirung des Bildungs- und Nahrungsdotters ist hier allzu auffalend, als dass wir auf die Functionen dieser Bestandtheile nochmals hinweisen sollten. Der den Kern umgebende Periplast ist sowohl den Eiern, als somatischen Zellen gemeinschaftlich und werden wir dessen physiologische Bedeutung weiter unten genauer zu besprechen haben. Es bleibt uns zur Vergleichung nur der Kern der somatischen Zelle und des Keimbläschens des Eies übrig. Sind diese zwei Gebilde thatsächlich so verschieden, dass man das Ei von der gewöhnlichen Zelle ganz abweichend betrachten kann? Und wenn nicht, wie soll man den Bau erwähnter Gebilde erklären?

Vergleicht man nämlich das Keimbläschen des Eies von Rhynchelmis mit dem ruhenden Kerne eines Blastomers, z. B. mit dem Kerne eines Makromers oder Mikromers, so muss man auf den ersten Blick allerdings nicht unwesentliche Unterschiede zwischen beiden constatiren:

1. In dem grossen Keimbläschen ist zunächst die äussere dicke und ganz selbständige Membran auffallend, während dieselbe am Kerne der Blastomeren — und wohl auch der meisten späteren somatischen Zellen — sich dicht an den inneren Inhalt anlegt, so dass sie als eine selbständige Membran nur im letzten Stadium der Kerntheilung (Vergl. Taf. IX. Fig. 3') bei starken Vergrösserungen deutlicher zum Vorschein kommt.

2. In dem Keimbläschen des Eies ist der grosse innere Raum auffallend, welcher mit dem Kernsafte erfüllt ist und in welchem sich die ursprüngliche Grundsubstanz zum Kernreticulum differenzirt hat. Das feine plasmatische Reticulum des Keimbläschens fehlt dem Kerne des Blastomers und ist somit als ein specieller Charakter des Eies und vielleicht der meisten definitiven Gewebszellen im Ruhestadium zu betrachten. Die Erklärung dieser Eigenthümlichkeit werden wir weiter unten zu liefern versuchen.

3. Der Kernfaden in den Keimbläschen der Eier kann einzeln oder in mehrern Elementen vorhanden sein, immer aber ist er auf ein ziemlich unbedeutendes Volum reducirt. Dasselbe kann man statuiren

bezüglich der chromatischen Elemente in den meisten Zellen während des Ruhestadiums. Der Kernfaden besteht hier aus einem feinen achromatischen Filamente, an dem chromatische Elemente — die Nucleinkügelchen — als knotenförmige Verdickungen reihenweise angeordnet sind und das Ganze sich als ein Reticulum kundgibt.

In dem ruhenden Kerne eines Blastomers sehen wir dagegen das dem Kernfaden entsprechende Gebilde als einen grossen Körper entwickelt, welcher als solcher nur als „Kern" betrachtet und unter diesem Namen angeführt wird. Thatsächlich aber, wenn man von der äusseren und, wie gesagt sehr schwierig nachweisbaren Kernmembran abstrahirt, hat man es hier mit dem achromatischen Kernfaden zu thun, welcher in Form eines Knäuels oder eines Reticulums hervortritt, an dem sich erst nachträglich die „Nucleolen" im Sinne *Flemming's* und *Retzius'* entwickeln. Aus diesem Vergleiche geht evident hervor, dass die „Kernkörperchen" des Keimbläschens keinesfalls den „Nucleolen" des Zellkernes entsprechen, sondern dass der Kern der Zelle, mit Ausschluss seiner Membran, dem „Kernkörperchen" des Keimbläschens entspricht. Der achromatische Kernfaden mit seinen Nucleolen ist identisch mit den oben erwähnten Kernfäden des Keimbläschens. Die glänzende hyaline Grundsubstanz des Blastomers, welche sich in den Räumen zwischen dem Kernfadenknäuel mit seinen Nucleinkörperchen befindet, ist keinesfalls dem Kernsafte des Eies gleichzustellen, indem sich dort kein Karyoplasmareticulum entwickelt.

Der uns soeben beschäftigenden und, wie ich hoffe, durch die voranstehende Auseinandersetzung ihrer Lösung nahe stehenden Frage hat bisher auch *E. van Beneden* seine Aufmerksamkeit gewidmet, indem er fragt: „Est-ce que le corpuscule chromatique que l'on trouve dans la vésicule germinative et que l'on y désigne sous le nom de nucléole est l'équivalent des nucléoles des cellules ordinaires? Je ne les pense pas. La question de savoir si les nucléoles des cellules ordinaires sont des simples renflements du réseau formé par des filaments chromatique n'est pas encore résolue. Pour ma part j'incline à croire qu'il n'en est pas ainsi; je pense que les nucléoles se rattachent au reticulum, mais qu'ils ne sont pas formés d'une substance identique à celle qui constitue les filaments réticules. Mais qu'ils soient une portion de la charpente chromatique du noyau, comprenant la membrane et le réticulum chromatique ou qu'ils soient distincts de cette charpente, toujours est-il que le nucléole de cellule ... Il vaudrait donc mieux lui conserver le nom de *tâche germinative* ou, si l'on veut être plus exact, l'appeler, comme je l'ai fait plus haut, le *corpuscule germinative*" (Keimkörperchen).

Meiner Ansicht nach wird sich der „Keimfleck" der meisten Eier nach eingehenden Untersuchungen eben so wie bei Rhynchelmis als ein Kernfaden herausstellen. *Carnoy* (Biologie cellulaire p. 237.) erwähnt Ähnliches von den Eiern von Pleurobrachia: „Le boyau de nucléine, au lieu de se scinder pour former les taches germinatives ordinaires, s'est maintenu au centre de la vésicule, en s'entourant d'une membranule. On constate la même chose dans les oeufs de certaines ascidies, fig. 100." Und nicht nur das, *Carnoy* erwähnt ganz dieselben Verhältnisse für das entwickelte Keimbläschen von Nephthys, wie wir für Rhynchelmis hervorgehoben haben, indem er sagt: „Signalons encore une particularité que nous n'avons trouvé mentionnée nulle part. Le taches de *Wagner* se conduisent parfois comme les pelottes nucléiniennes dont nous venons de parler. Elles agissent comme autant de centres qui individualisent une portion plasmatique, nettement limitée à la périphérie, et finissent par simuler de vrais noyaux. La vésicule germinative devient alors une sorte de cellule multinucléée. Nous avons constaté ce fait a diverses reprises chez les insectes, les mollusques, les vers, spécialement sur les oeufs de Nephthys fig. 99."

Carnoy bezeichnet derartige Kernfäden als „nucléole-noyau". Aus den angeführten Beispielen dürfte man dafür halten, dass die thierischen Eier in dieser Beziehung thatsächlich von den somatischen Zellen verschieden sind und dass es vortheilhafter wäre, die Eikerne als „Keimbläschen" zu bezeichnen. Dagegen möchte ich nachfolgende zwei Gründe anführen:

1. Es gibt Eier, deren „Keimbläschen" nur die Gestalt und Structur einer Gewebszelle beibehält. Ich selbst kenne derartiges Verhalten bei den reifen Eiern der Gordiiden.

2. Andererseits gibt es Fälle, wo in anderen Zellen und namentlich in Protozoen und Algen ein keimbläschenartiger Kern vorhanden ist. Auch in dieser Beziehung verdanken wir *Carnoy* befriedigende Belehrung. Der genannte Forscher sagt darüber (l. c. p. 236): „Cette particularité intéressante se rencontre chez plusieurs proto-organismes: on la constate dans les grégarines, fig. 96., certains radiolaires et rhizopodes, quelques algues, les Spirogyra par exemple, les thèques de champignons fig. 24. etc. Elle se présente également dans les cellules ordinaires des tissus." In dieser letzten Beziehung führt *Carnoy* die Hodenzellen (Metrocyten) des jungen Lithobius an,

welche äusserst instructiv und sorgfältig *Gilson* in seinen ausgezeichneten Studien über die Entwicklung der Spermatozoen der Arthropoden (Taf. 1. Fig. 1, 10., 14., 16., 17.) abbildet und beschreibt.

Nach den angeführten Beispielen ist es nicht rathsam, den Kern der Eier mit besonderem Namen zu bezeichnen, indem derselbe dem gleichnamigen Bestandtheile der übrigen Zellen gleichkommt. Auf die vermeintlichen Ursachen der enormen Entwicklung des Kernsaftes und Kernreticulums, sowie der auffallenden cystenförmigen Umhüllung des Kernfadens werden wir weiter unten eingehen.

V. In den dotterreichen Eiern kann man schwierig von einer centralen Lage des Kernes reden, indem der letztere meist zum späteren animalen Pole — und zwar sehr frühzeitig — verdrängt wird. Dasselbe gilt auch von manchen dotterarmen Eiern. Dieser Lage entspricht auch die concentrische Anordnung sämmtlicher Plasmaschichten. Das Ei von Rhynchelmis, ebenso wie das der Clepsinen ist in dieser Beziehung sehr charakteristisch und es scheint mir zweckmässig, diese Schichten nochmals hervorzuheben:

1. Die periphere Protoplasmaschicht — couche corticale *E. van Beneden's* —, die man als Bildungsschicht bezeichnen kann.

2. Die sehr beträchtliche und auffallendste Nahrungsdotterschicht — couche intermediaire *E. v. B.* —, in welcher sich das Plasmanetz verzweigt.

3. Die hyaline perinucleare Schicht, oder Periplast — couche centrale *E. v. B.*

4. Der Kern mit Kernsaft, Reticulum und Kernfaden.

Die hier geschilderte concentrische Anordnung der einzelnen Plasmaschichten ist nicht neu; man unterscheidet seit lange verschiedene Zonen des Cytoplasma auch in gewöhnlichen Gewebszellen, und zwar eine äussere, durchsichtige, mehr oder weniger homogene Plasmaschicht und den inneren, granulirten Inhalt. Es fehlt auch nicht an verschiedenen Bezeichnungen, mit denen man erwähnte Zonen belegt; so wird die äussere, homogene Schicht von *de Bary* als Epiplasma angeführt; von anderen Forschern, die sich namentlich mit Protozoen und Eiern beschäftigt haben, wird dieselbe Schicht als Ectoplasma, Periplasma oder Protoplasma in eigenem Sinne des Wortes unterschieden, während die innere Schicht als Deutoplasma, Deuteroplasma, Endoplasma, Metaplasma, Polioplasma etc. bezeichnet wird. Neuerdings sind von einer Seite 5—6 Plasmaschichten nicht nur in den Eiern, sondern auch in den Gewebszellen, und was wichtig ist, auch in den einzelligen Protozoen, wie Amoeben, Gregarinen und

Infusorien, ähnliche und vielleicht homologe Schichten beschrieben worden.

Es handelt sich nämlich um die Beobachtungen von *Brass*, welcher mit ganz abweichenden Ansichten über den Bau und die Physiologie der Zelle auftritt. Derselbe erkennt überhaupt keine Kernmembran an, indem er dieselbe als eine verdichtete Plasmaschicht auffasst und den Kern als eine centrale Partie des Zellplasma betrachtet, welche allerdings selbständig functioniren kann. Dieser centrale Theil steht im Zusammenhange mit der nächst umliegenden Schicht, dem sog. „Nähr- oder Ernährungsplasma", und zwar mittels eigenthümlicher Pseudopodien, mit welchen er die Nahrung aufnimmt und dieselbe auf complicirtem Wege assimilirt; die Producte dieser Assimilation erscheinen in Form von Körperchen, die wir als Kernkörperchen oder Nucleoli oder auch als Chromatin und Nuclein zu bezeichnen gewohnt sind. Der von *Brass* aufgestellte Satz lautet wörtlich: „Die chromatische Substanz, also jener Theil der Zelle, welcher die Knäuel und Kernfiguren, das Faden- und Netzwerk bildet, muss ich als secundär in die Zelle eingelagertes, für das Leben der Zelle unter Umständen nicht absolut nothwendiges Nahrungsmaterial ansehen." Meiner Ansicht nach betrachtet *Brass* die sog. Nucleoli vom morphologischen Standpunkte aus als aus derselben Substanz bestehend, wie den eigentlichen Kernfaden, was offenbar nicht haltbar ist. Und ferner meint er, dass die plasmatischen Körperchen auf den Fäden des Cytoplasmareticulums derselben Beschaffenheit sind, wie die „Nucleolen" des Kernes, was ebenfalls aus den oben angegebenen Gründen nicht richtig ist. Der Satz des genannten Autors lautet wörtlich, wie folgt: „Die chromatische Substanz wird aus der aufgenommenen Nahrung durch einen complicirten Assimilationsprocess des Nähr- und hellen Kernplasmas gebildet, sie wird zum grössten Theil innerhalb der Gewebszellen im Kerne abgeschieden, bei freien Zellen und einigen Eizellen jedoch auch gleicherweise in anderen Plasmaschichten, wie z. B. im Nahrungsplasma, sie erweist sich dann Reagentien gegenüber sowohl innerhalb des Kernes, als auch innerhalb der Zellsubstanz vollständig gleichartig. Sie erleidet später im Kerne eine Reihe von Umwandlungen, welche mit der Bildung der Fäden, Knäuel u. s. w. schliessen".

Eine jede Zelle ist nach Brass' Darstellung concentrisch structuirt, indem sie aus mehreren Protoplasmaschichten besteht, die vom physiologischen Standpunkte aus eine wichtige Rolle spielen. Aber diese physiologische Function ist eine ganz andere, als wir dargestellt haben.

Die hyaline, strahlige Schicht rings um den Kern — das Nährplasma Brass' — enthält winzig kleine Körnchen, die in Strahlen angeordnet auch Fäden bilden können. Aus diesen werden durch Assimilation innerhalb des Kernes die Nucleolen hergestellt. — Weiter nach aussen um die Nährplasmaschicht lagert sich nach *Brass* das „Nahrungsplasma", welches in den Eiern als Dotter, aber auch in den gewöhnlichen Zellen als eine grobkörnige Substanz erscheint und aus Eiweissstoffen, oder besser aus stickstoffhaltigen und fettartigen Verbindungen besteht. — Die äussere charakteristische Schicht, welche *Brass* nicht nur in den Eizellen, sondern auch in den Infusorien sichergestellt hat und welche aus einem hyalinen, feinkörnigen Plasma besteht, ist von dem Verfasser als ein „Athmungsplasma" bezeichnet. Zu derselben knüpft sich noch ein „Bewegungsplasma" und vielleicht noch andere Schichten an, die man aber direct nicht nachweisen kann.

Ich stimme mit *Brass* überein, dass wir „zum grössten Theil dem Plasma gegenüber noch auf rein morphologischem Standpunkte stehen; es sind die physiologischen Eigenschaften desselben nur höchst unvollkommen bis jetzt untersucht und erkannt worden". Aus den erwähnten Zellschichten, die *Brass* gefunden hat, ist zu ersehen, dass dieselben weit verbreitet sind, nur scheint es, dass sie kaum die Functionen ausüben, die ihnen der genannte Autor zuschreibt. Zunächst muss ich die Ansicht, dass der Kern einer Membran entbehre, zurückweisen; dieselbe lässt sich sowohl an conservirten, als an lebenden Zellen nachweisen. Ebenso weiss ich nichts von den Pseudopodien, mittelst welcher die Nahrung aus der „Nährschicht" aufgenommen und zu Chromatinkörperchen assimilirt wird. Die Verfolgung der Eibildung beweist am klarsten, dass der „Nucleolus" in den jüngsten Eiern vorhanden ist, welcher sich allerdings später, wie der ganze Zellkörper vergrössert. Der hyaline Plasmahof um den Kern vermittelt keinesfalls die Ernährung des letzteren, da die Plasmastrahlen sich direct an die Kernwandung ansetzen und zu diesem Behufe allerdings den Hof (unseren Periplast) durchsetzen müssen. Die sog. Nucleolen, oder, wie ich sie bezeichnet habe, die Nucleinkörperchen, entstehen sicher nur secundär an den Kernfäden und sind richtig als Reservematerial für die künftigen Functionen des Kernes zu betrachten. Sie vermehren sich während das Wachsthums des männlichen Vorkernes und lösen sich im weiblichen Pronucleus auf, wodurch derselbe während der Copulation mit dem ersteren bedeutend anschwillt, indem dessen Karyochyma durch die erwähnte Auflösung sich wesentlich vermehrt hat.

Das „Athmungsplasma" dürfte unserer peripheren Plasmaschicht entsprechen, falls *Brass* noch eines „Bewegungsplasma" und vielleicht noch anderer, nicht näher definirbaren Schichten Erwähnung machen würde.

Im grossen und ganzen ist nun die Darstellung der concentrischen Anordnung des Protozoenkörpers, wie sie *Brass* liefert, ganz richtig, und wenn man hier in Einzelnheiten mit demselben Autor nicht übereinstimmen kann, so ist die Sicherstellung vornehmlich des hyalinen Hofes um den Kern der Protozoen, wie sie *Brass* beschreibt, bedeutungsvoll. Nach derselben, und um so mehr nach meiner Auffassung müsste man allerdings während der Theilung des Protozoenkörpers alle die Erscheinungen und Vorgänge postuliren, wie ich sie bei der kinetischen Zelltheilung resp. Eifurchung dargestellt habe. Es müsste somit wenigstens in der ersten Periode ein deutlicher Periplast um den Kern der Protozoen zum Vorschein kommen und sich weiter zu zwei Diplasten oder Tochterperiplasten zerfliessen; ferner müsste zuerst eine monocentrische und dann eine dicentrische Plasmastrahlung und Cytoplasmaspindel entstehen, wie ich es bei der Bildung der ersten zwei Blastomeren geschildert habe.

Die bisherigen Darstellungen der Theilung der Protozoen, wie sie namentlich von *Gruber**) für Euglypha, *R. Hertwig***) für Actinosphaerium, *Blochmann****) und *Fisch* †) für Flagellaten — *Bütschli* ††) und anderen für die Ciliaten geliefert worden sind, scheinen allerdings gegen meine Auffassung zu sprechen, doch glaube ich, dass die Anwendung der günstigeren Reagentien, nämlich derselben, mit denen ich die Eifurchung des Rhynchelmis-Eies behandelt habe, zu denselben Resultaten führen müsste, wie ich in den vorgehenden Capiteln dargestellt habe.

§. 2. Der männliche Pronucleus. — Der Ursprung und die Theilung des Periplastes.

Ich habe sowohl in den früheren Capiteln, als auch in den vorstehenden Betrachtungen auf das Vorhandensein und die Function

---
*) *A. Gruber*, Der Theilungsvorgang von Englypha alveolata. Z. f. w. Z. Bd. XXXV. J. 1881.
**) *R. Hertwig*, Über die Kerntheilung bei Actinosphaerium Eichhornii. Jen. Zeitschft. f. Nat. Bd. XVII. 1884.
***) *F. Blochmann*, Bemerkungen über einige Flagellaten. Z. f. w. Z. Bd. XI. 1881.
†) *C. Fisch*, Untersuchungen über einige Flagellaten etc. ibidem. Bd. XLII. 1885.
††) *O. Bütschli*, Studien über die ersten Entwicklungsvorgänge der Eizelle etc. 1876.

des Periplastes ein besonderes Gewicht gelegt; es bleibt nun übrig, dessen Ursprung und Schicksal zu beurtheilen.

Nach den meisten bisherigen Darstellungen betheiligen sich an der Befruchtung des Eies nur die geschlechtlichen Vorkerne, d. h. der männliche und weibliche Pronucleus; dem Spermacytoplasma ist bisher wenig Aufmerksamkeit gewidmet worden, wie aus der nachfolgenden kurzen historischen Übersicht auf's deutlichste hervorgeht. Sämmtliche Forscher, die eingehender den Befruchtungsvorgang verfolgt haben, beschreiben und bilden übereinstimmend ab das in das Ei eingedrungene veränderte Sperma als ein mehr oder weniger deutlich hervortretendes Körperchen, zu welchem die Plasmastrahlen verlaufen. Dem in vielen Fällen beobachteten hellen Hofe ist bisher keine grössere Aufmerksamkeit geschenkt worden. Aus zahlreichen Berichten über diesen Gegenstand führe ich nur einige an, um zu zeigen, dass im grossen und ganzen dieselben Erscheinungen am männlichen Pronucleus beobachtet wurden, wie ich oben dargestellt habe, dass aber die complicirten Structurverhältnisse und das Schicksal desselben Vorkernes und dessen Umgebung, welche ich als Periplast bezeichnet habe, nicht erkannt blieben.

Bütschli und *Hertwig* fanden in den Eiern von Nephelis zwei Strahlensysteme und in jedem der letzteren zu je einem kleinen Körperchen, welche sie als „Kerne" auffassen, von denen *Hertwig* den einen als „Spermakern", den anderen als „Eikern" bezeichnet. *Bütschli* war bekannt, dass diese Elemente in der Essigsäure anschwellen und einen flüssigen Inhalt mit einigen dunklen Körnchen enthalten. Ferner, dass die „Kerne" auf die Kosten des „Centralhofes" wachsen, in welchen sie später eintreten. Nach dieser Darstellung hätte man bei Nephelis mit denselben Verhältnissen es zu thun, wie bei Rhynchelmis; und thatsächlich entspricht die Abbildung *Bütschli's* (l. c. Taf. I. Fig. 3.) unserem Holzschnitte Fig. III. Aber jene Deutlichkeit der Umrisse und der Structur des „Centralhofes", welcher unserem Periplaste entpricht, können offenbar in dem weniger dichten Dotter des kleinen Nephelis-Eies nicht so schön hervorteten. Aber *Bütschli* erkennt zugleich die Wanderung des Kernes von der Peripherie in das Centrum des Hofes.

Im Gegensatze zu *O. Hertwig* hat früher *E. van Beneden* dem „Spermakerne" den Werth eines „Nucleolus" beigelegt, während er unseren Periplast für Nucleus hielt, ebenso wie früher *Auerbach* bei Ascaris. Auch von *Strasburger* ist der Periplast als Nucleus und der eigentliche Pronucleus als „Nucleolus" aufgefasst worden, was auch für den weiblichen Vorkern gilt, dessen plasmatischer Hof als Nucleus aufgefasst wurde.

Weitere Mittheilungen *O. Hertwig's* über das Ei von Toxopneustes lauten etwa in dem Sinne, dass das Karyoplasma des Centralhofes in die Gestalt eines Amphiasters früher übergeht, als der eigentliche Nucleus verschwindet. Schliesslich fasst auch *Whitman* unseren Periplast von Clepsine als Nucleus auf, den männlichen Vorkern dagegen als „Pronucleolus male".

Wie *Bütschli* und *Hertwig*, so erkannte auch *Fol* den echten männlichen Vorkern, welcher in einem hyalinen Hofe liegt. Sobald nämlich das Sperma mit dem Eiplasma verschmilzt, bildet es einen hellen Fleck, welcher zum Centrum eines Strahlensystemes wird. Dieses „Centre male" hat also seinen Ursprung im Sperma und aus demselben bildet sich der männliche Pronucleus. Derselbe verändert seine Gestalt und vergrössert sich, indem er das Dotterplasma absorbirt. Aber die Entstehung des eigentlichen Pronucleus fasst *Fol* in einer Weise auf, mit der man kaum übereinstimmen kann, indem er sagt: „L' attraction est donc exercée non pas tant par un simple zoosperme que par le résultat de la fusion de cet élément mâle avec la sarcode vitellaire et c' est cette union qui donnaira naissance au pronucléus mâle. Ce pronucléus, qui a tous les caractéres d' un veritable noyau, est donc formé par l'alliance de deux protoplasmes qui n'on subi aucun mélange avec la substance de noyaux préformés." *Fol* geht allerdings von dem Standpunkte aus, dass der Kern der Spermamutterzelle sich nicht an der Bildung der Spermatozoen betheiligt, die somit aus dem Zellplasma entstehen. Es dringt nach dieser Auffassung nur die protoplasmatische Substanz in das Ei hinein und bildet ein „centre mâle", welches sofort nach seiner Ausbildung monocentrisch von Strahlen umgeben ist, welche den Dotterstrahlen des Spindelamphiasters gleichkommen. Dieses Centrum wird bald daran von einem hellen Hofe umhüllt, d. h. mit einer Protoplasmasubstanz ohne jede Beimengung der Dotterkörnchen; also um das „zoosperme modifié" entsteht ein Stern.

Auch *Selenka's* Beobachtungen über die Entstehung des männlichen Vorkernes stimmen im wesentlichen mit den *Fol's* überein und bieten auch wenig zur Erklärung der von uns geschilderten Vorgänge. Um den Kopf des Spermatozoon bildet sich eine strahlenförmige Figur, als deren Mittelpunkt ein den Kopf des Spermatozoon umgebender heller Hof erscheint, der durch eine Ansammlung körnchenfreien Protoplasmas gebildet wird. Die Strahlen nehmen an Länge so zu, dass sie schliesslich das ganze Ei durchsetzen.

Was die angeführten Beobachtungen anbelangt, so sind die von uns beobachteten Vorgänge schwierig mit denselben in Einklang zu bringen. Sowohl bei Rhynchelmis als Allolobophora foetida dringt offenbar das Sperma mit dem Kopfe in das Ei ein und verändert hier seine Gestalt. Der lange stäbchenförmige Kern des reifen Sperma von Rhynchelmis ist anscheinlich homogen und structurlos, aber während der Verfolgung seiner Entwicklung gewahrt man die netzige Structur des Kernes, die für die Kerne der Spermazellen charakteristisch ist. Wenn es nun in dem Eie selbst gewisse und wichtige Veränderungen durchmacht, so betreffen die letzteren nicht nur den Kern selbst, sondern auch das Spermaplasma. Der erstere schwillt an und gewinnt eine maulbeerförmige Gestalt, die wir auch bei der Bildung des weiblichen Pronucleus sichergestellt haben. Die Anschwellung des normalen Spermatozoonkernes geschieht offenbar auf die Kosten der Nucleinkörperchen, da der so veränderte männliche Vorkern ganz farblos ist. Erst später, durch die weitere Ernährung und Assimilation entstehen wieder die chromatischen Kügelchen, wie wir in dem männlichen Pronucleus sichergestellt haben, als er das Centrum des Eies mit seinem angeschwollenen Periplaste eingenommen hat. Der männliche Vorkern stellt also keine neue Formation, sondern eine Fortsetzung des veränderten Spermatozoonkernes vor. Und dass es dem so ist, beweisen die classischen Untersuchungen *E. van Beneden's* über die Befruchtung des Ascariscies.

Aber was das sog. „Centrum" anbelangt, welches mit unserem Periplaste identisch ist, so ist es keinesfalls Product des Eiplasmas, sondern der protoplasmatische Theil des ursprünglichen Sperma, um welchen sich die Strahlen des Cytoplasmareticulums angeordnet haben und in welchem in definitiver Entwicklung der männliche Pronucleus gelagert erscheint. So ist es wahrscheinlich auch bei Ascaris megalocephala, wie ich aus der angezogenen Arbeit des belgischen Forschers annehmen darf. Es gilt hier als Regel, dass nur ein Sperma in das Ei eindringt, und dies auf dem sog. Impregnationspolster. Von hier aus tritt das Sperma unter der amoebenartigen Bewegung des Kopfes in die Eisubstanz ein. Nachdem das Sperma in das Innere angelangt ist, wird sein Plasma weniger körnig, der Kern wird zäher und färbt sich unbedeutend. Nach dem völligen Eindringen in das Ei schwindet der zähe Schwanztheil des Sperma, indem er wahrscheinlich von dem Dotter verdaut wird. Nachdem es das Eicentrum erreicht hat, besteht es aus einem Chromatinkügelchen, in dessen Umgebung eine helle, von einer Schicht körnigen oder netzförmigen Protoplasmas umgebene Perinuclearzone entsteht. Die Perinuclearzone stellt nach *Ed. van Beneden* einen Theil des ursprünglichen Sperma vor und färbt sich diffus. Ich glaube nach dieser Darstellung, dass dieselbe mit dem Periplaste übereinstimmt, zumal auch zu dessen Peripherie die Plasmastrahlen centrirt sind. Die letzteren sind zwar undeutlich, was aber offenbar nur Folge der Reagentien ist (*v. Beneden* hat die Essigsäure nicht angewandt und macht auch keine Erwähnung von dem Vorhandensein der Strahlen, zeichnet sie aber an einigen Figuren, z. B. auf Taf. XVI. Fig. 2., 4. etc). Ich zweifle nicht, dass die Plasmastrahlen in allen Stadien der Entwicklung des männlichen Vorkernes und dessen „Zone périnucléaire" oder des Periplastes vorkommen.

Nach sämmtlichen hier angeführten und nicht angezogenen Angaben ist es sicher, dass jenem hyalinen Hofe — dem Periplaste um den männlichen Vorkern — obwohl er in dem späteren Zellleben eine höchst wichtige Rolle spielt, keine grössere Aufmerksamkeit geschenkt wurde, denn selbst *Ed. van Beneden* legt der „zone périnucléaire" keine grössere Wichtigkeit bei. Betrachten wir aber, inwieferne das Sperma von Ascaris von dem des Rhynchelmis zu der Zeit abweicht, als es mit dem Eie in Berührung kommt. Dadurch, dass das Sperma von Ascaris die Gestalt einer gewöhnlichen Zelle hat, während das Sperma von Rhynchelmis eine beträchtlich modificirte Zelle mit Kopf und Schwanz ist. Der letztere stellt aber einen zur leichteren Bewegung organisirten Apparat dar, durch welchen der Contact des Eies mit dem Sperma ausserhalb des Mutterkörpers ermöglicht wird. Sobald aber diese Berührung zu Stande kommt, verändert sich die Gestalt: sei es, dass der ganze Schwanztheil, sei es, dass nur ein Theil desselben zu einem kugligen Gebilde anschwillt, an dem der halbmondförmige Kopf mit dem Kerne sitzt. In dieser Gestalt befindet sich das Sperma im Centrum des Eies und in derselben Gestalt entspricht es vollständig dem Sperma von Ascaris. Aber bei Rhynchelmis kommt diese Gestalt und Grösse zu Stande erst in Folge der secundär stattfindenden Absorption des Plasmas aus dem Eiinhalte, und nachdem dieser Process seinen Culminationspunkt erreicht hat, dringt der Spermakern in sein Centrum — den Periplast, oder mit anderen Worten: das befruchtende Element kehrt in die Gestalt der urspünglichen kugligen Spermazelle zurück. Erst in diesem Momente steht das Sperma von Ascaris und Rhynchelmis auf gleicher Stufe der Entwicklung und in diesem Zustande dürften wohl die Spermatozoen sämmtlicher Thiere übereinstimmen. Entweder behält nämlich das Sperma die ursprüngliche Zellgestalt, wie bei Ascaris, oder es gelangt zu dieser Gestalt und Grösse erst durch die erfolgte Plasmaabsorption aus dem Eiinhalte, wie bei Rhynchelmis und vielleicht bei allen Thieren, deren Spermatozoen fadenförmig sind. In diesem Falle — aber *nur* in diesem Falle — ist es gleichgiltig, ob sich nur ein Theil des Schwanzes (der sog. Hals) oder der ganze Schwanz zum Periplaste umbildet.

Wenn also keine bestimmte Angaben über das Verhalten der Spermatheilen zu dem sog. Centrum in den Eiern vorliegen, so kann ich doch wenigstens zwei Mittheilungen anführen, in denen die Vermuthung ausgesprochen wird, dass der Schwanz des Spermatozoons zum hellen Hofe, d. h. zum Periplaste aufquillt. Derartige Vermuthungen haben *Flemming* und *O. Hertwig* ausgesprochen. Der erstere fand schon am reifen Ovarialei von Toxopneustes eine radiäre Structur des Dotterplasmas, welche auf das Centrum des Eies centrirt war. Das Eindringen des Spermatozoon hat er nicht beobachtet, hält aber dafür, dass aus dem hinteren Kopftheil und Schwanze durch Aufquellung der helle Hof des Spermakerns entsteht, welcher sich von jetzt ab zeigt. Ebenso wie bei Rhynchelmis, liegt der Spermakern zuweilen schräg, oft sogar umgekehrt, das stumpfe Ende nach dem Centrum des Eies hingewendet. Es scheint also sicher zu sein, dass es die Wirkung der Protoplasmas ist, welche ihn nach dem Eikern hintreibt.

Eine ähnliche, aber doch verschiedene Meinung hat *O. Hertwig* ausgesprochen: „Viel näher liegt es," sagt er im ‚Problem der Befruchtung' (pag. 315), „die Ursache für die Strahlenbildung in der Spermasubstanz zu suchen, da unmittelbar nach geschehener Befruchtung sich um den Samenfadenkopf eine Strahlung bildet und sich mit ihm nach dem Eikern zu bewegt.

Man hat zwar dagegen eingewandt, dass die färbbare Spermasubstanz, wie *Flemming* am genausten beschrieben hat, nicht genau das Centrum der Strahlung einnehme, sondern etwas ausserhalb derselben an der dem Eikern abgewandten Seite liege, dass die Strahlung daher dem Spermakern vorauswandere und ihn gleichsam als passiven Theil nach sich ziehe.

An der Richtigkeit der Beobachtungen, von welchen ich mich selbst überzeugt habe, ist nicht zu zweifeln. Doch scheint mir der

Sachverhalt, soweit ihn mein Bruder und ich neuerdings haben feststellen können, ein noch complicirter zu sein." Und ferner:

„Der Kopf der Samenfäden setzt sich nämlich aus zwei verschiedenen Substanzen zusammen, welche ich als Nuclein und Paranuclein unterscheide. Ersteres bildet bei den Seeigeln die Spitze des Kopfes, letzteres den von *Selenka* so genannten Hals. Das eine tingirt sich in Farbstoffen stark, das letztere nicht. Sowohl *Flemming*, als auch mein Bruder und ich haben nun öfters beobachtet, dass der Kopf des Samenfadens bald nach seinem Eindringen in den Dotter eine Drehung erfährt, so dass das sog. Halsende dem Centrum des Eies zugekehrt wird. An diesem bildet sich die Strahlung, während die aus Nuclein bestehende Spitze excentrisch zu ihm liegt. Ich habe wiederholt den Eindruck gewonnen, wenn es mir auch nicht geglückt ist, klare Bilder zu erhalten, als ob das Paranuclein als feines Stäbchen bis in das Centrum der Strahlung hineinreiche. Wenn dies richtig ist, dann würde das Paranuclein, welches sich wegen seiner geringen Menge und da es nicht tingbar ist, im Dotter der Beobachtung leicht entzieht, das Attractionscentrum sein."

Die Beobachtungen *O. Hertwig's* sind offenbar richtig, nur geht aus ihnen hervor, dass die Verfolgung der Periplastbildung und des Spermakernes bei Echinodermen viel schwieriger ist, als bei Rhynchelmis und Lumbriciden. Wenn wir aber anstatt „Paranuclein" den Namen Cytoplasma des Spermatozoons anwenden, dann haben wir es auch bei den Echinodermen mit demselben Periplaste zu thun wie bei Rhynchelmis.

Doch genug; ich glaube durch die angezogenen Arbeiten nachgewiesen zu haben, dass in allen beobachteten Fällen dieselben Verhältnisse sichergestellt wurden, wie ich sie bei Rhynchelmis mit grösserer Sicherheit verfolgen konnte; das Resultat dieser Untersuchungen ist nun das, dass der Periplast dem Spermaplasma seinen Ursprung verdankt.

Die grosse Bedeutung des Periplastes in der Biologie des Eies und aller nachfolgender Zellen liegt an der Hand, wenn man alle die sich hier abspielenden Vorgänge erwägt, die wir in den vorigen Capiteln auseinander gesetzt haben und die wir jetzt in einer übersichtlichen Reihe recapituliren wollen.

Die ursprüngliche Substanz des Periplastes war ein hyalines, homogenes Plasma in der Gestalt eines anfänglich scharf contourirten Kügelchens, welches sich im Centrum des Eies anfänglich als ein fremdes, der Eisubstanz eigentlich nicht angehörendes Gebilde herausstellte. Die Abnahme der ursprünglich scharfen Periplastcontouren und die scheinbare Confluirung derselben mit der Dottersubstanz erfolgt allmälig erst später und ist namentlich durch das zu Standekommen der Cytoplasmastrahlen hervorgerufen. Durch die letzteren wird die Zufuhr der flüssigen Nahrung in die Periplastsubstanz wesentlich befördert, dieselbe vom Periplaste absorbirt, assimilirt und die Folge dieses Processes manifestirt sich in der Anlage und später in der reichen Herausbildung eines zierlichen Periplastnetzes. (Man begegnet hier offenbar ähnlichen, ja denselben Vorgängen der Ernährung und Reticulumbildung, die wir bereits im Cytoplasma der jüngsten Eizellen constatirt haben.) Auf die Kosten des letzteren erfolgt die Volumzunahme und die Vermehrung der Nucleolen des männlichen Pronucleus.

Der Periplast ist es einzig und allein, welcher die Theilung des Eies einführt; es geschieht dies bereits zur Zeit, wo die Geschlechtskerne sich bisher nicht vereinigt haben. Die Theilung des ursprünglichen, monocentrischen Periplastes, oder, wie wir ihn bezeichnet haben, des Mutterperiplastes (auch Monoplastes) lässt sich auf die Strömung, oder besser auf das Zerfliessen dessen Substanz nach zwei entgegengesetzten Richtungen zurückführen. Dadurch wird die erste Theilungsachse des Eies bestimmt und es entstehen schliesslich zwei neue Periplaste — die Tochterperiplaste (auch Diplaste) mit dicentrischer Plasmastrahlung.

In jedem neuen, ursprünglich aus structurloser Substanz bestehenden Periplaste spielen sich nun dieselben Vorgänge der Ernährung und Assimilation ab, wie in dem Mutterperiplaste; es entstehen wieder neue Plasmanetze und die Periplaste wachsen fast bis zu der ursprünglichen Grösse der mütterlichen Kugel heran. Alles dies geht sehr rasch vor sich und noch zur Zeit der Conjugation beider Geschlechtskerne legen sich wieder neue — Enkelperiplaste — an, indem die Assimilationsvorgänge in den Tochterperiplasten viel rascher stattfinden als die Theilung und der Aufbau der Tochterkerne. Dadurch dringen die letzteren nicht in die Tochterperiplaste ein, sondern kommen direct zwischen die durch feine Fäden zusammenhängende Enkelperiplaste zu liegen, d. h. sie dringen direkt in die neue Cytoplasmaspindel ein. Vergl. Fig. VII. **C. D. E.,** *tk*.

Die Enkelperiplaste entstehen aber nicht in derselben Weise, wie die Tochterperiplaste, nämlich nicht durch das Zerfliessen der letzteren, sondern innerhalb der Tochterkugeln, oder, wie wir uns ausgedrückt haben, endogen. Diesem Vorgange ist so zu verstehen: Im Centrum eines jeden Tochterperiplastes concentrirt sich das Product der Assimilation in der Form einer homogenen Substanz, die als ein hyalines und glänzendes Kügelchen aus den Strahlen des Tochterperiplastes — jetzt also wieder Mutterperiplastes — hervortrit. Dieses Plasmakügelchen wächst zu einer gewissen Grösse heran, um sich schliesslich zu zwei neuen Kugeln — den Enkel-, resp. Tochter periplasten — zu theilen. Diese neuen Kugeln entfernen sich von einander und sind an ihrer Peripherie nur durch feine Plasmastrahlen des Mutterperiplastes verbunden. Dadurch kommt also eine Plasmaspindel zu Stande. Die neu entstandenen Periplaste wachsen nun auf Kosten der Tochterperiplaste, deren Plasmastrahlen sich wieder dicentrisch anordnen, wohl aber mit den Radien des Cytoplasmareticulums in organischem Zusammenhange stehen. Vergl. Fig. VII. **A. B. C.**, p.

Das zur Bildung der Strahlen nicht verbrauchte Plasma der Tochterperiplaste sammelt sich nach der völligen Herausbildung der Enkelperiplaste in deren Umgebung und bildet hier bereits im Stadium der ersten zwei Blastomeren voluminöse Ansammlungen, die sich in dem Stadium von 4 Blastomeren noch mehr vergrössern und das zur Bildung der Mikromeren nothwendige Material vorstellen.

Die endogene Bildung der Tochterperiplaste aus den Mutterkugeln wiederholt sich auch in den ersten 4 Blastomeren, so dass die Tochterkerne auch hier nicht in die Tochterperiplaste, sondern direct in die Cytoplasmaspindel zu liegen kommen. Es erhellt daraus, dass die Theilung der ersten Blastomeren verhältnissmässig rascher vor sich geht als in späteren Furchungsphasen und dass die Kerne der ersteren eigentlich kein Ruhestadium durchmachen. Das letztere findet erst in den Mikromeren statt, und zwar dadurch, dass die Tochterperiplaste nicht mehr in der Mutterkugel ihren Ursprung nehmen, da der Tochterkern direct in die letztere eindringt und hier eine Zeit lang verweilt, um hier die definitive Gestalt und Structur anzunehmen. Der Periplast bildet um denselben einen mehr oder weniger breiten hyalinen Hof, dessen Plasma sich später, vor dem Eintritte der Zelltheilung an zwei Polen ansammelt und die dicentrische Strahlenbildung hervorruft. Dasselbe wiederholt sich nun in allen Mikro- und Mesomeren, sowie in den Gewebszellen. Wie die sich theilenden Elemente an Grösse abnehmen, so wiederholt sich dieses Verhältniss vornehmlich auch an den Periplasten, die später — in den kleinen Theilungsproducten der Blastomeren — fast unkenntlich erscheinen.

Wichtig für die Beurtheilung der künftigen gegenseitigen Lage der Blastomeren und vielleicht auch der somatischen Zellen ist die Thatsache, dass es wieder die Periplaste sind, die eine solche bestimmen. Sie legen sich, wie gesagt, als je ein hyalines Kügelchen im Centrum des alten Periplastes an. Die Kugel theilt sich und die Thei-

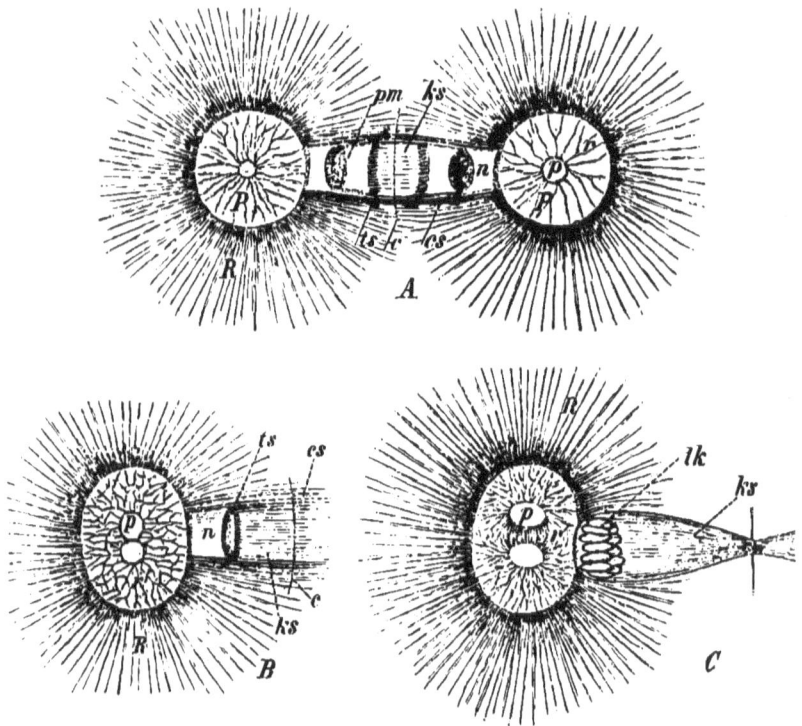

Fig. VII. *Halbschematische Darstellung der Periplast- und Strahlenbildung während der Zweitheilung.*

P Mutterperiplast; *p* Tochterperiplast; *π* Enkelperiplast.
R Mutterstrahlen; *r* monocentrische Tochterstrahlen; *r'* dicentrische Tochterstrahlen; *ϱ* Enkelstrahlen.
pm Umrisse des gewesenen männlichen Pronucleus nach der Vereinigung mit dem weiblichen Pronucleus.
ks Kernspindel; *ts* Tochtersterne; *c* Zellplatte; *cs* Cytoplasmaspindel; *n* Raum, wo die Umbildung der Tochtersterne zu den sog. Tochterknäueln stattfindet.

A. Die Tochterperiplaste *P* werden zu Mutterperiplasten, indem sie neue Tochterperiplaste *p* anlegen. — Zwischen beiden Periplasten erstreckt sich die Cytoplasmaspindel *cs* (im optischen Längsschnitte betrachtet), innerhalb deren die Umrisse des gewesenen männlichen Pronucleus (*pm*) wahrnehmbar sind. In den letzteren befindet sich die junge Kernspindel (*ks*) mit den polaren Tochtersternen (*ts*). Die Cytoplasmaspindel ist bereits durch die Zellplatte (*c*) halbirt.

lungsebene kann allerdings die verschiedenste sein, bald senkrecht, bald horizontal mit der Kernspindel. Nun haben wir während der Zweitheilung des Eies gesehen, dass sich die Periplaste, noch bevor der sich bildende Tochterkern zwischen dieselben eintrat, allmälig in die Axe umgedreht haben, welche der definitiven Lage der künftigen vier Blastomeren entspricht.

Hierdurch glaube ich einen eclatanten Nachweis erbracht zu haben, dass es nicht der Kern, sondern wieder das Spermaplasma ist, welches die Lageveränderung des Kernes zur Theilungsebene beeinflusst. Diese Thatsache erklärt verschiedene Controversen, welche in der Literatur über die Theilungsaxen der Zellen vorliegen und die ich an dieser Stelle nicht im Speciellen anführen kann.*)

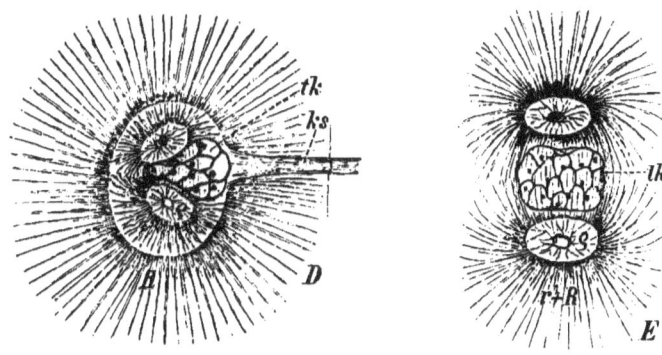

B. Der Tochterperiplast theilt sich zu zwei neuen Kugeln (p), wodurch auch die ursprüngliche monocentrische Strahlung zur dicentrischen (r') wird.

Die Kernspindel hat sich bis an die Pole der Umrisse des gewesenen männlichen Pronucleus verlängert.

C. Die Tochterperiplaste (p) treten auseinander, die dicentrisch radiale Strahlenbildung (r') tritt deutlich hervor.

Der aus dem Tochterstern direct sich umbildende Tochterkern (tk) (der sog. Tochterknäuel) befindet sich in dem oben erwähnten Raume (n in A. und B.)

D. Der fertige Tochterkern (tk) dringt zwischen die beiden Tochterperiplaste ein, in denen bereits neue Plasmastrahlen (ϱ) sich zu bilden beginnen.

E. Der neue Amphiaster, deren Periplaste wieder zu Mutterperiplasten werden. Die Strahlen der früheren Stadien (r' + R) fliessen zusammen. Der Tochterkern befindet sich unverletzt innerhalb der Cytoplasmaspindel.

---

*) Nach der Fertigstellung des Manuscriptes dieser Schrift ist mir die sorgfältige Arbeit von *G. Platner* „Die Karyokinese bei den Lepidopteren als Grundlage für eine Theorie der Zelltheilung" zu Gesicht gekommen, wo auch dieser Gegenstand besprochen wird. Leider konnte ich diese, sowie auch andere der hier enthaltenen Angaben nicht mehr berücksichtigen.

§. 3. **Einiges über die sog. Attractionscentren oder „Sphéres attractives" und die sog. Polkörperchen.**

Die geschilderten Vorgänge in der Umbildung des ursprünglichen monocentrischen Mutterperiplastes zu dicentrischen Tochterperiplasten sind unzweifelhaft von grosser Bedeutung für die Auffassung des Mechanismus der Zelle; es scheint mir somit berechtigt, ja nothwendig zu sein, auf die wichtigsten Mittheilungen der vorigen Forscher über den Ursprung und die Function dieser Eibestandtheile hinzuweisen, welche durchaus unter dem Namen „Attractionscentra" angeführt werden und welche neuerdings *Ed. van Beneden* als „Sphéres attractives" bezeichnete.

Die centrisch radiale Anordnung der Eisubstanz vor der Befruchtung war schon *Ed. van Beneden*, *Kupffer*, *Flemming* und *L. F. Henneguy* bekannt. Während der letztgenannte Autor (Division des cellules embryonnaires chez les Vertébrés. Compt. rend. 1882) richtig darauf hinweist, dass in dem Forellencie zuerst eine monocentrische Strahlenbildung um den Kern entsteht, und dass sich das Centrum durch Verlängerung zu zwei Tochtersonnen theilt: bezweifelt später *Flemming* die Richtigkeit seiner früheren Beobachtung; im Gegentheile gibt derselbe an, dass das zwischen dem Ei- und Spermakerne befindliche „Centrum" am Pole des künftigen Furchungskernes zu Stande kommt und auf dem anderen Pole eine neue Sonne entsteht, ohne jedoch mit der ersteren zusammenzuhängen.

Meist werden unsere Tochterperiplaste als eine Anhäufung des homogenen Protoplasmas aufgefasst, welche wahrscheinlich erst zur Zeit stattfinden soll, als der Kern die Theilung des Eies und der Zelle überhaupt veranlasst.

Ed. van Beneden hebt zuerst das Vorhandensein eines kleinen Körperchens im „Centrum" der Sonnen in den Eiern der Dicyemiden hervor; dasselbe wird als „corpuscule polaire" angeführt. Ebenfalls wies *Flemming* in dem auch als „central area" bezeichneten homogenen Plasma ein Körperchen nach, welches sich schwach färbt und aus diesem Grunde vom genannten Beobachter als Anfang des neuen Kernes aufgefasst wird. Auch *O. Hertwig* hat die Existenz eines solchen sich färbenden Körperchens im Centrum unserer Tochterperiplaste wahrgenommen und bildet es überall (wahrscheinlich aber nur schematisch) als ein sehr kleines Gebilde ab, und zwar in den Stellen, wo angeblich die Fäden der definitiven Furchungsspindel enden sollen („Polarsubstanz oder das Polarkörperchen"). Ebenfalls *Strasburger* und andere Autoren, welche den Nachweis zu erbringen versuchen, dass das besagte Körperchen eine Kernsubstanz vorstellt, indem es sich i m m e r färbt. Gegen diese letztere vermeintliche Beschaffenheit des „Polkörperchens" tritt zuerst energisch *Mark* auf, indem er hervorhebt, dass verschiedene Reagentien nicht gleiche Effecte hervorrufen, und beruft sich zugleich zu mannigfaltigen Bedingungen, in welchen das in Rede stehende Körperchen in den Eiern von Limax campestris erscheint. *Mark* zeigt auch richtig darauf hin, dass gewisse Säuren mehr als andere fähig sind, die Differenzirung dieses Körperchens deutlicher zu machen. Andererseits behauptet auch der genannte Forscher, dass die ganze „Area" nach der Behandlung mit Essigsäure gewöhnlich fast völlig homogen, nicht selten auch auffallend deutlich und scharf begrenzt erscheint, in wenigen Fällen dagegen aus einer körnigen Substanz bestehend. In einigen Fällen des Amphiasters ist sie von einem grossen, mehr oder weniger abgeplatteten Körperchen erfüllt, welches beinahe so gross ist wie die „Area" selbst, und schliesslich in den ersten Stadien der Bildung der Furchungsspindel aus weniger zerstreuten oder bestimmter gruppirten zähen Körperchen besteht. *Mark* hält dafür, dass alle diese Veränderungen durch die Einwirkung der Essigsäure hervorgerufen sind, während nach der Erhärtung in der Chromsäure im Centrum der „Area" ein kleines, glänzendes, scharf contourirtes Körperchen erschien. Die Auffassung *O. Hertwig's* und *Strasburger's*, nach welchen das in Rede stehende Gebilde eine ausgeschiedene Partie des alten Nucleus vorstellen sollte, erscheint *Mark* nicht zulässig, nach meiner Meinung ist sie bedeutungslos. Das Schicksal und der Ursprung des Körperchens ist *Mark* unbekannt geblieben.

Die Beobachtungen und kritischen Bemerkungen *Mark's* sind ganz richtig; wenn er aber die Gestaltsveränderungen des „Polkörperchens" in der „Area" nach einer bestimmten Zeitfolge verfolgt hätte, so müsste er auf das Unzweideutigste zu dem Resultate kommen wie wir, dass das „Polkörperchen" nichts anderes ist als die endogene Anlage zur Bildung der künftigen Periplaste. Unverständlich ist mir nur die Angabe des genannten Forschers, nach welcher die Körperchen schliesslich die Gestalt zerstreuter, zäher Gebilde annehmen sollten; vielleicht handelt es sich hier um die an der Peripherie des sich anlegenden jungen Tochterperiplastes bildenden Tochterstrahlen, die ebenfalls aus feinen Körnchen bestehen, allerdings aber regelmässiger angeordnet sind.

Die Systeme der Plasmastrahlen um die Periplaste, ebenso wie die letzteren sind in den Eiern weit deutlicher zu verfolgen als während der Theilung der gewöhnlichen Gewebszellen; nichtsdestoweniger sind die Periplaste auch hier bekannt; wenn ich nun die meisten älteren diesbezüglichen, bereits von mehreren Seiten zusammengestellten und beurtheilten Angaben übergehe, so muss ich doch auf die zuletzt mitgetheilten, denselben Gegenstand berührenden Angaben Carnoy's hinweisen. Derselbe hat die „corpuscules polaires" in allen Gruppen der Arthropoden gefunden, am meisten aber bei den Myriapoden und Crustaceen; bei den übrigen Arthropoden sollen sie seltener vorkommen. Im ganzen ist ihr Inhalt flüssig und nach der Meinung des Autors stellen diese Gebilde nur zufällige Modificationen des cytoplasmatischen Enchylema vor; sie spielen nach Carnoy keine wichtigere Rolle während der Theilung.

§. 4. Die Strahlenbildung und der Begriff der Spindel.

Mit der Bildung und Theilung des mütterlichen Periplastes hängt auch das Zustandekommen der mono- und dicentrischen Strahlen zusammen. Wie Carnoy, so glaube auch ich nachgewiesen zu haben, dass diese Strahlenbildung aus dem Cytoplasmareticulum hervorgeht und dazu dient, die nothwendigen Nahrungspartikeln dem Periplaste und dem darin steckenden Kerne zuzuführen. Das Zerfliessen des Mutterperiplastes zu töchterlichen Kugeln muss offenbar auch auf die bisher monocentrische Anordnung der Strahlen einwirken, und wir haben thatsächlich erkannt, dass die in der Aequatorialzone der sich bildenden Periplastspindel befindlichen Strahlen allmälig an Länge abnehmen und ihr Plasma eine schwache Spindelschicht bildet. Um die Tochterperiplaste entstehen also zwei neue Strahlenbildungen, die man sammt den ersteren, der Cytoplasma- und Kernspindel, als Amphiaster bezeichnen kann.

Die Strahlen dieses Amphiasters führen auch den Tochterperiplasten die nothwendige Nahrung zu, in Folge dessen sich in denselben die radiäre Anordnung des Plasma kundgibt. Die so zu Stande gekommenen Plasmastrahlen in den Periplasten sind in der definitiven Herausbildung so dicht angeordnet, dass es scheint, als ob hier überhaupt kein selbständiger Periplast vorhanden wäre, zumal auch die Contouren desselben durch die Anhäufung der Plasmakörnchen anscheinlich verwischt werden. So geschieht es auch, dass die äusseren Cytoplasma- oder Mutterstrahlen mit den inneren oder

Periplaststrahlen in organischem Zusammenhange sich befinden. Wie nun im Centrum eines jeden Periplastes sich das neue Tochtergebilde ebenfalls einfach anlegt, so findet man hier auch ursprünglich die monocentrische Plasmastrahlung. Nachdem sich aber das innere Periplastkügelchen durch Einschnürung zu zwei neuen Tochterperiplasten getheilt hat, so manifestirt sich dieser Vorgang auch an der dicentrischen Anordnung der ursprünglich monocentrischen Plasmastrahlung, welche um so deutlicher hervortritt, je mehr sich die beiden Tochterperiplasten von einander entfernen. Vergl. Fig. VII. **B. C.** *r'*.

So können wir die Fortsetzung der ursprünglichen Strahlen des befruchteten Eies zu den der nachfolgenden Blastomeren und vielleicht sämmtlicher somatischen Zellen continuirlich verfolgen — ein Gesetz, welches wir auch für die Periplaste statuiren konnten.

Die Bezeichnung „Spindel" habe ich im Verlaufe der Darstellung der Befruchtungsvorgänge mehreremals angewandt.

1. Zunächst habe ich hervorgehoben, dass sich der Mutterperiplast zu einem spindelförmigen Gebilde erstreckt (Taf. VI. Fig. 17.).

2. Mit der Fortsetzung dieser Periplastverlängerung nimmt auch der ursprünglich kuglige männliche Vorkern die spindelförmige Gestalt an. (Taf. VI. Fig. 20.)

3. Ob der durch die Vereinigung des spindelförmigen männlichen Pronucleus und des kugligen weiblichen Vorkernes vermeintlich hervorgegangene Furchungskern eine spindel- oder tonnenförmige Gestalt eine längere Zeit beibehält, gelang mir nicht nachzuweisen. Die Umrisse der ursprünglichen Tonnenfigur des ursprünglichen männlichen Vorkernes scheinen dafür zu sprechen. (Vergl. Fig. VII. **A.** *pm.*)

4. Die Umwandlung des kugligen Mutterperiplastes zum spindelförmigen manifestirt sich in hervorragender Weise auf dem umgebenden feinkörnigen Cytoplasma, welches durch die Ausstreckung des männlichen Pronucleus in eine Spannung geräth und dessen Mikrosomen sich auf der Oberfläche des ersteren in filamentartige Längsstränge anordnen. Was die Structur anbelangt, so stimmen diese Filamente mit den der Cytoplasmastrahlen überein, indem sie demselben Materiale ihren Ursprung verdanken. Diese Cytoplasmaspindel tritt überall als die äussere Umhüllung der eigenen Kernspindel auf und verhütet somit, dass die Eisubstanz sich mit der Substanz der Kernspindel nicht vermischen kann. Vergl. Fig. VII. **A. B.** *cs.*

5. Trotzdem wir die ursprüngliche Tonnenform in den Momente nach der vollendeten Verschmelzung beider Kerne nicht beobachtet haben, so können wir doch die Entstehung der inneren Spindel, d. h. der Kernspindel beurtheilen (Taf. XII. Fig. 2. 3.). Die angezogenen Figuren veranschaulichen zur Genüge, dass sich die Membran des männlichen Vorkernes ganz resorbirt hat und nur die Segmente des Kernfadens an der Bildung der Spindel theilnahmen Die Schleifen der rechten und linken Hälfte stehen nämlich anfangs durch feine, später sehr deutlich und dicht neben einander verlaufende achromatische Filamente in Verbindung; die Lichtbrechung dieser Fäden ist eine andere als die der Cytoplasmaspindel. Vergl. auch Fig. VII. **A. B.,** *ks*.

Die angeführten Spindelformen haben nur eine vorübergehende Dauer, da sie in dem sich theilenden Eie oder Blastomer nur während der Verfolgung des ganzen Theilungsprocesses nachweisbar sind. Wenn man die Theilung nicht nach bestimmter Zeitfolge untersucht, so entziehen sich die meisten dieser spindel- oder tonnenförmigen Gebilde der Beobachtung, wie z. B. die Periplastspindel, die Spindel des männlichen Vorkernes und die Furchungsspindel. Am deutlichsten tritt hervor die Cytoplasmaspindel, die meist auch als achromatische Spindel angeführt wird und über deren Ursprung die mannigfaltigsten Ansichten ausgesprochen wurden. Ich führe von diesen nur die auffallendsten an.

Bobrecky und in seinen ersten Arbeiten *Fol* haben angegeben, dass die Fasern der Spindel mit den der Cytoplasmaradien gleichwerthig sind und dass sie von den Centren (unseren Periplasten) in den Kern eindringen. *Fol* hat später seine Meinung dahin verändert, dass die intranucleare Substanz zwischen beide Pole in der Form von Fäden ausgespannt wird und dadurch sich zur Spindel anordnet. *Mark* hält dafür, dass die Spindelfasern theils aus dem Kern, theils aus dem Zellplasma herrühren, während es nach *Bütschli, O. Hertwig* und *Fol* nicht nothwendig ist, dass sich das letztere zur Spindel umbildet.

Von den neuesten Ansichten über den Ursprung der Spindel stehen sich die von *Strasburger* und *Carnoy* ziemlich schroff gegenüber. Die Auffassung von *Strasburger* lautet in dem Sinne, dass das Cytoplasma von Spirogyra von den Polen aus in den Kern eindringt und hier die Spindelfasern bildet. Die letzteren treten innerhalb der Kerne auf, deren Membran noch ganz auch auf den Polen erhalten ist. Die ungemein grosse Menge der Spindelfasern spricht dafür, dass es unmöglich ist, dass dieselben von der Kernsubstanz herrührten.

Ich glaube, dass man hier mit einer optischen Täuschung rechnen muss; übrigens die Beurtheilung meiner Abbildungen, die theils nach Oberflächenpraeparaten (Taf. VIII. Fig. 12.), theils nach den longitudinalen Durchschnitten (Taf. VIII. Fig. 21.) hergestellt sind, lassen keinen Zweifel aufkommen, dass die Fasern der Spindel einzig und allein auf der Oberfläche der Kerne verlaufen und durch Spannung des umliegenden Cytoplasma entstehen konnten.

Übrigens darf man nicht übersehen, dass die eigentliche Kernspindel, die ich besser als Nucleinspindel bezeichnen möchte, sich mit ihren Polen nicht an die Periplaste anlegt (Taf. XII. Fig. 2.), sondern von denselben durch einen Zwischenraum geschieden ist, welcher dadurch entstand, dass sich hier das nach der Resorption der Membran des männlichen Vorkernes (nach der Vereinigung mit dem weiblichen Pronucleus) zerfliessende Kernplasma angesammelt hat. (Vergl. Fig. VII. A. B. n.) Hier ordnen sich die Dyastern zur Herstellung neuer Tochterkerne an. Somit entstehen die Fäden der Nucleinspindel selbständig und dürfen auch mit den Cytoplasmafäden nicht verwechselt werden.

Aus diesen Gründen muss ich mich gegen die Auffassung *Carnoy's* aussprechen, welcher mit aller Entschiedenheit — ebenfalls wie früher *Flemming, Zacharias* und *Pfitzner* — behauptet, dass die Spindel aus dem Karyoplasma gebildet wird. *Carnoy* beobachtete eine grosse Anzahl von Fällen, wo die Kernmembran noch völlig erhalten, während die Spindel bereits entwickelt war; in der letzteren entstanden die Spindelfasern durch die Anordnung des Kernreticulums und stellten ein ununterbrochenes System von Fasern vor, d. h. sie hörten im Aequator nicht auf, wie *Ed. van Beneden* dafür hält, welcher letztere Autor die Spindel als ein aus zwei Kegeln bestehendes Gebilde auffasst.

§. 5. Die Reifung und Befruchtung des Eies.

Der Periplast des unbefruchteten Eies wird sich voraussetzlich in gleicher Weise verhalten, wie in den Blastomeren und in allen durch die kinetische Theilung sich auszeichnenden Zellen. Im Eie gehen zwar die eigenthümlichen Resorptionsvorgänge des Keimbläschens voran, welche wir weiter unten zu erklären versuchen werden —, aber das Resultat ist dasselbe, wie in jedem Mikromer oder in jeder somatischen Zelle, indem der ursprüngliche monocentrische Periplast zu zwei Tochterperiplasten zerfliesst und auf diese Weise der „Archiamphiaster" entsteht. Dass man es hier mit denselben Vorgängen der Bildung der Cytoplasmaspindel und Strahlen zu thun hat, wie bei der Blastomerenbildung, glaube ich durch die oben gelieferte Beschreibung der sog. Richtungsspindel von Lumbriculus und Rhynchelmis nachgewiesen zu haben.

Wie in den Blastomeren, so dreht sich auch die Spindel des unbefruchteten Eies bis zu der definitiven Achse, in welcher die Theilung, resp. Knospung erfolgen kann; die Bildung der Polzellen ist nämlich nicht anders aufzufassen als ein Sprossungsvorgang, und derselbe kann sich wiederholen, so lange rings um den im Eie zurückgebliebenen Kern ein theilungsfähiger Rest des Periplastes nachweisbar ist. Die Knospung wiederholt sich sowohl bei Rhynchelmis als den Lumbriciden zweimal nach einander und das Resultat derselben ist der winzig kleine weibliche Vorkern, an dessen Peripherie es auch mit den besten optischen Hilfsmitteln unmöglich ist, eine Spur des Periplastes nachzuweisen. Trotz dem muss man annehmen, dass hier doch ein Quantum des hyalinen Plasmas aus dem hinteren Periplaste zurückgeblieben ist, welches aber nicht mehr im Stande ist, den weiblichen Pronucleus zur weiteren Theilung zu bewältigen.

Somit bleibt der letztere unthätig in seiner Ursprungsstelle liegen und vervollkommnet sich bloss allmälig durch die Herausbildung einiger weniger Nucleinkörperchen und die früher vorhandene Plasmastrahlung erlischt vollständig. Somit kann sich der weibliche Pronucleus nicht weiter theilen und es muss ein neues Element hinzukommen, um diesen Vorgang anzuregen.

Durch das inzwischen eingedrungene Sperma wird thatsächlich dieses Postulat erfüllt. es wird ein neuer des weiteren Lebens und der Theilung fähiger Periplast *ersetzt*. Aus allen in den betreffenden Capiteln geschilderten Vorgängen darf man aber mit grosser Wahrscheinlichkeit annehmen, dass dieser wichtige Bestandtheil des befruchteten Eies doch von dem männlichen Vorkerne abhängig ist, indem er sich nicht früher theilt. als er den letzteren in sein Centrum eingenommen und für denselben ein Plasmaquantum zur weiteren Ernährung vorbereitet hat. In Folge dessen wächst der männliche Pronucleus zu einer beträchtlichen Grösse heran, und es vermehren und vergrössern sich gleichzeitig seine ursprünglich spärliche und äusserst kleine Nucleinkörperchen. Das letztere aber bereits zur Zeit, als sich der Periplast zu zwei Tochterkugeln getheilt hat, was zur

Folge hat, dass auch der männliche Pronucleus die Spindelform annimmt. In dieser Beziehung unterliegt der letztere der Einwirkung des Periplastes.

Trotzdem aber erfolgt die Theilung des männlichen Pronucleus erst dann, als der letztere sich mit dem weiblichen Vorkerne vereinigt hat.

In Anbetracht der bisherigen, ziemlich schroff gegenüberstehenden Ansichten über den Begriff der Befruchtung scheinen mir die von mir sichergestellten Thatsachen von Bedeutung zu sein, indem sie, meiner Ansicht nach, im Stande sind, die herrschenden Gegensätze gewissermassen zu beseitigen.

Nach der einen Schule, welche unter der Führung O. *Hertwig's* steht, versteht man in der Befruchtung die Vereinigung des „Ei- und Spermakernes", welche letzteren nicht von den Kernen der übrigen Zellen verschieden sein sollen. Durch das völlige Durchdringen der Substanzen beider Kerne entsteht ein neuer Kern — der Furchungskern —, „welcher mit allen für die weitere Entwicklung nöthigen Lebenseigenschaften ausgerüstet ist". Diese Lehre hat viele Anhänger gefunden, von welchen namentlich *Strasburger* zu nennen ist.

Der einzige Vertreter der anderen Richtung, *Ed. van Beneden*, betrachtet dagegen diesen Act, — indem er in den weit meisten Fällen die vollständige Verschmelzung der Vorkerne von Ascaris megalocephala nicht sicherstellen konnte, — als eine Erscheinung von untergeordneter Bedeutung und fasst die Befruchtung auf als eine Substitution gewisser Bestandtheile der einen Zelle mit den der anderen. Nach dieser Definition wäre die Befruchtung als eine Verjüngung des Eies zu betrachten. Nach *Ed. van Beneden* ist der „Spermakern" nur ein Halbkern, ebenso wie der weibliche Pronucleus, welche für sich allein nicht im Stande sind, sich weiter zu vermehren. Dass der „Spermakern" (Pronucleus mâle) kein echter Kern ist, beweist nach *Ed. van Beneden* die Thatsache, dass derselbe nur zwei chromatische Elemente enthält, anstatt vier, mit denen die Spermamutterzellen versehen sind. Und dass der Eikern (pronucleus femelle) ebenfalls als ein Halbkern zu deuten ist, beweist die Thatsache, dass hier an der Bildung unserer Polzellen (globules polaires) sich zuerst 4, dann zwei chromatische Schleifen betheiligen.

Mit Bezugnahme auf die Auffassung der geschlechtlichen Elemente, des Sperma- und Eikernes, oder des männlichen und weiblichen Vorkernes, müssen wir Nachfolgendes hervorheben. Bei Rhynchelmis fanden wir die übereinstimmenden Gestaltsverhältnisse beider Kerne in dem ersten Stadium ihrer Entstehung: sowohl der männliche als weibliche Pronucleus sind winzig kleine, maulbeerförmige, der Chromatinelemente entbehrende Gebilde, welche letzteren sie erst nachträglich durch die Ernährung und Assimilation gewinnen. Die maulbeerförmige Gestalt der Vorkerne wird durch die Anordnung des Kernfadens verursacht. In dem ganz reifen Zustande kann man die Vorkerne durch keinen besonderen Charakter von den Kernen der Blastomeren, oder auch der späteren Gewebszellen unterscheiden; allerdings aber kommen hier die Schleifen nie so deutlich zum Vorschein, wie bei Ascaris megalocephala.

In morphologischer Hinsicht ist also sehr schwer, den Sperma- und Eikern als Pronuclei aufzufassen. Anders dagegen, wenn man erwägt, dass dieselben nicht im Stande sind, sich weiter zu theilen.

Bei dem weiblichen Pronucleus konnten wir diese Unfähigkeit dadurch erklären, dass wir in dessen Umgebung — nach der Bildung der zweiten Polzelle — keinen Periplast nachweisen konnten, von dem doch die Theilung ausgeht. Aber nach seinem Eindringen in das Ei ist der männliche Vorkern von einem mächtigen, theilungsfähigen Periplaste begleitet, der sich auch, wie wir ausführlich dargestellt haben, theilt; trotz dem aber verharrt der männliche Pronucleus in seinem einfachen Zustande und wenn er auch die Form der Cytoplasmaspindel wiederholt und seine Nucleinkörperchen sich bedeutend vermehrt und vergrössert haben, so erfolgen doch in seinem Innern keine für die kinetische Theilung charakteristische Umbildungen.

Diese Thatsachen sprechen wohl dafür, dass die geschlechtlichen Kerne in physiologischer Hinsicht keine echte, der Theilung fähige Elemente vorstellen und dass sie also thatsächlich als Pronuclei zu deuten sind, wenn man sie auch nicht als „Halbkerne" bezeichnen kann. Dieselben unterscheiden sich bei Rhynchelmis auch bezüglich der Dimensionen sehr bedeutend; der männliche Pronucleus zeichnet sich durch wahrhaft enorme Grösse aus, während der weibliche Pronucleus ein winzig kleines Körperchen vorstellt, welches erst dann bedeutender anschwillt, als er sich mit dem ersten vereinigt. Inwieferne und ob das vollständige Durchdringen beider Geschlechtskerne zur Herstellung des Furchungskernes zu Stande kommt, gelang es in unserem Falle nicht vollständig zu ermitteln; aus dem Umstande aber, dass zunächst die Nucleinkügelchen des weiblichen Vorkernes geschwunden sind, während dieselben des männlichen Pronucleus unverletzt an dem Kernfaden verharrten, können wir dafür halten, dass die genannten Elemente hier in morphologischer Hinsicht wenig in's

Gewicht fallen. Wichtiger ist hier offenbar der Kernfaden des männlichen und weiblichen Pronucleus, über deren Schicksal wir allerdings keinen Aufschluss zu geben im Stande sind. Trotz dem ich nämlich in dieser Beziehung sorgfältig die hinter einander folgenden Stadien auf Schnitten untersucht habe, gelang es mir nicht sicherzustellen, ob thatsächlich ein Furchungskern zu Stande kommt, oder ob während der späteren Vereinigungsphase sich die Schleifen der Kernfäden direct zur Herstellung des Muttersternes anordnen. Mir scheint das letztere wahrscheinlicher, zumal ich mir die Art und Weise nicht klar vorstellen kann, auf welche das völlige Durchdringen der Substanzen beider Vorkerne stattfinden sollte. Man kann wohl als sicher annehmen, dass die Kernsäfte beider Vorkerne völlig verschmelzen, nicht aber der Kernfaden des männlichen mit dem des weiblichen Pronucleus.

Meine Auffassung des Befruchtungsvorganges lautet also dahin, dass während der Polzellenbildung das theilende Element — der Periplast — aus dem Eie fast spurlos eliminirt wird und demnach durch das Spermaplasma in Form eines neuen, energisch sich theilenden Periplastes ersetzt werden muss. Die eigentliche Theilung der Eier erfolgt aber erst nach der Vereinigung beider Geschlechtskerne, wobei aber ein Furchungskern im Sinne *Hertwig's* nicht zu Stande kommen muss. Durch diesen Satz glaube ich die Lehre *Ed.· van Beneden's* von der Befruchtung resp. Verjüngung des Eies erweitert und die Annahme des Hermaphroditismus des befruchteten Eies hier auf das Eclatanteste bestätigt zu haben, indem ich gezeigt habe, dass nicht nur die Bestandtheile der Furchungsspindel aus männlichen und weiblichen Elementen bestehen, sondern dass auch das Eicytoplasma männlicher und weiblicher Natur sein muss.

In dem von mir beobachteten Falle ist es durchaus unmöglich nach den angewandten Untersuchungsmethoden die männlichen und weiblichen Kernschleifen in den Blastomeren und allen nachfolgenden Gewebszellen nachzuweisen. Aber der Unterschied zwischen dem männlichen und weiblichen Cytoplasma ist vornehmlich in den ersten Blastomeren auffallend, indem das erstere sowohl in chemischer als physikalischer Beziehung von dem weiblichen verschieden ist. Allerdings aber ist dieser Unterschied erst in den vollkommen differenzirten Zellen wahrnehmbar, wie es aus nachfolgenden Betrachtungen hervorgeht.

Die morphologischen Charaktere, d. h. die Structur des befruchteten Eies wiederholt sich nicht nur in den Blastomeren, sondern auch in allen nachfolgenden Gewebszellen, so lange dieselben durch die kinetische Theilung sich vermehren. Wir werden auf dasselbe in den späteren Capiteln bei der Schilderung der Mikro-, Makro- und Mesomerenbildung genauer eingehen. Es geht daraus hervor, dass alle diese Nachkommen des befruchteten Eies hermaphroditischer Natur sein müssen, indem hier der morphologische Unterschied zwischen dem männlichen und weiblichen Plasma hervortritt. Dass es aber ebenso in den verschiedensten fertigen Gewebszellen der Fall ist, haben wir durch das oben gegebene Verzeichniss der *Leydig'schen* Beobachtungen über das Vorhandensein des Periplastes begründet.

Nun liegt kein Grund vor, warum auch die sog. Urkeimzellen nicht hermaphroditischer Natur sein sollten, indem sie — in unserem Falle — der Umwandlung und Vermehrung einer einzigen sog. Peritonealzelle ihren Ursprung verdanken. Dieselben lassen aber keinen Unterschied zwischen einem männlichen und weiblichen Plasma erkennen, indem sie aus einer homogenen, hyalinen Grundsubstanz bestehen, in welcher der grosse Kern liegt. Erst durch den weiteren Differenzirungsprocess dieser Urkeimzellen zu Ei- und Spermazellen tritt der Gegensatz zwischen dem weiblichen und männlichen Plasma hervor. Die Art, in welcher es in den ersteren geschieht, haben wir während der Schilderung der Eibildung darzustellen versucht, allerdings aber wissen wir nicht, wie grosse Zahl der Theilungen eine Keimzelle durchmachen muss, um zur Eizelle zu werden. Hierüber sind noch eingehendere Untersuchungen nothwendig, ebenso wie über die Differenzirung derselben Elemente zu Spermazellen, um die geschlechtliche Differenzirung genauer definiren zu können.

Wir können für beide Arten der Keimzellen nur das allgemeine Gesetz hervorheben, dass sie sich bis zu gewissem Grade rasch und, wie gesagt, akinetisch theilen können; dann hört dieser Process auf und es erfolgt die Arbeitstheilung in doppelter Weise:

1. Die einen Keimzellen bauen sich zu Eiern auf, indem sie die aufgenommene Nahrung zum Bildungsplasma, resp. zum Dotter assimiliren; die Vermehrung wird zu dieser Zeit unterdrückt; der ursprüngliche Kern wird durch die reichere Ernährung zum Keimbläschen, während die Theilung des Kernfadens dadurch verhütet wird, dass sich derselbe mit einer resistenten Membran umhüllt; er wird encystirt. Durch diese Vorrichtung wird der Eizelle die Gelegenheit geboten, sich mit einer Menge des Nahrungs- und Bildungsmateriales zum Aufbaue des künftigen Embryonalkörpers zu versehen. Nach der Vollendung dieser Thätigkeit kommt das mit allen Postulaten einer

hermaphroditischen Zelle ausgerüstete Ei in ein Ruhestadium und trachtet sich bald darnach durch Theilung zu vermehren. Es gibt aber einige Hindernisse, die sich ihm in diesem Vorgange in den Weg stellen, nämlich der enorm zum Keimbläschen herangewachsene Kern mit seiner resistenten Membran und die cystenförmige Umhüllung der Kernfäden. Zu den jetzt eintretenden Resorptionsvorgängen, wodurch der Kerninhalt reducirt und der Kernfaden aus seiner Umhüllung befreit wird, scheint also das Ei selbst Impuls zu geben. Das in dem erwachsenen Eie in spärlicher Menge vorhandene männliche Plasma, welches in Form des Periplastes das Keimbläschen umgab, zerfliesst zu zwei Tochterperiplasten, die chromatischen Elemente des reducirten Kernes ordnen sich zuerst zum Mutterstern und es entsteht während der gleichzeitigen Bildung der Cytoplasmafäden die sog. Richtungsspindel. Nach der Herausbildung der Tochtersterne und der nachfolgenden Reconstruirung derselben zu Tochterkernen bildet sich auf dem vorderen Pole die erste Polzelle, während der hintere Tochterkern in den hinteren Periplast eindringt, um sich zur zweiten Spindel umzuwandeln. Dann wiederholt sich die Theilung in derselben Weise wie früher. Bei der ersten Theilung kommt der vordere Periplast ganz nach aussen und mit ihm die vordere Hälfte der Spindel. Die erste Polzelle besteht also vorzugsweise aus dem männlichen Plasma und die winzige Menge des Cytoplasma, welches aus den mitgenommenen Spindelfasern mitgenommen wird, reicht keinesfalls zur Ernährung des Kernes aus, welcher sich also nicht weiter theilen kann. Um so weniger kann sich die zweite Polzelle theilen, die noch kleiner ist indem sie nur der Hälfte des hinteren Periplastes ihren Ursprung verdankt; sie ist auch noch unvollkommener als die erste Polzelle, indem es hier nicht einmal zur völligen Reconstruirung des Kernes kommt. Diese zweite Polzelle geht auch früher zu Grunde als die erstere.

Der Rest des Periplastes im Eie ist so unbedeutend, dass er nicht einmal im Stande ist, eine Theilung des hier zurückgebliebenen Keimbläschenrestes, der zum weiblichen Vorkern wird, einzuführen, und es hört überhaupt jede weitere Theilung auf.

Die bis jetzt vorgetragenen Betrachtungen betreffen die dotterreichen Eier von Rhynchelmis, aber bei den dotterarmen Eiern der Lumbriciden kann der Periplast ein grösseres Quantum des Eiplasmas bewältigen und so entsteht bei der ersten Theilung der Richtungsspindel eine grössere Polzelle, die das Aussehen eines Blastomers hat. Das hier vorhandene weibliche Plasma unterstützt offenbar die Vervollkommnung des Kernes und des Periplastes und es kommt daher zu einer nochmaligen Theilung dieser ersten Polzelle zu zwei secundären Elementen. Das der zweiten Polzelle von Rhynchelmis entsprechende Körperchen bleibt einfach, während bei Amphorina coerulea nach den Untersuchungen von *Trinchese**) auch diese zweite Polzelle sich noch theilen kann, indem auch sie, wie die erste, ein genügendes Quantum des weiblichen Plasma enthält. Schliesslich erlischt aber die Vermehrung der Polzellen, indem offenbar das Quantum des in den Periplasten vorhandenen Plasma zu diesem Vorgange nicht ausreicht.

Wenn es nun unmöglich ist, mit den jetzigen optischen und chemischen Hilfsmitteln in den Kernen der Polzellen einen geschlechtlichen Charakter nachzuweisen, so kann man aus den geschilderten Beobachtungen so viel erkennen, dass das Cytoplasma der Polzellen vornehmlich demjenigen entspricht, welches bei der Befruchtung mit dem Spermakerne in der Form des Periplastes in das Ei eingedrungen ist; kurz und gut, bei der Polzellenbildung wird das männliche Cytoplasma aus dem Eie eliminirt und bei der Befruchtung durch den Periplast ersetzt. Beide Processe hängen also eng zusammen.

2. Wenn die Differenzirung der Keimzellen zu Eizellen vornehmlich auf dem reicheren Ernährungsprocesse des Cytoplasma beruht, wobei die Theilung durch die Encystirung des Kernfadens restringirt, ja ganz sistirt wird, so finden wir bei der Spermazellenbildung gerade das umgekehrte Verhältniss: hier spielt die Vermehrung der Spermazellen die Hauptrolle, während die Anhäufung des Cytoplasma, welches die Zellen offenbar zu Eiern umbilden müsste, unterbleibt; auf diese Weise wird das überflüssige weibliche Plasma der zu wiederholten Malen sich theilenden und unter verschiedenen Namen angeführten Zellen eliminirt und (wenigstens in unserem Falle) in einer besonderen Kugel — dem Cytophor — accumulirt. Die Spermazellen bestehen demnach vorzugsweise aus dem männlichen Plasma und wird vielleicht nur ein unbedeutender Theil des nicht ganz eliminirten weiblichen Plasma zur Bildung des Schwanzes verbraucht. Schliesslich aber hört die Theilung der Spermazellen (im weiteren Sinne des Wortes) auf, indem die Theilungsfähigkeit sowohl der Kerne als des Cytoplasma erlischt. Die letzten Producte der Kerntheilung sind die Kerne der fertigen Spermatozoen, die nachher bei der Befruchtung als Spermakerne functioniren und, indem sie der weiteren Theilung —

---

*) *Trinchese*, I primi momenti dell'evoluzione nei molluschi. — Mem. R. acad. dei Lyncei. T. 7.

gleich dem weiblichen Vorkerne — nicht fähig sind, als männliche Pronuclei zu deuten wären. Ich möchte demnach den Begriff eines Pronucleus folgendermassen definiren: Derjenige Kern einer Geschlechtszelle, welcher die Fähigkeit der weiteren Theilung einbüsst, stellt den Vorkern vor, welcher wohl in der morphologischen, keinesfalls aber in physiologischer Beziehung dem gewöhnlichen Kerne gleichkommt.

An der Bildung des weiblichen Vorkernes betheiligt sich nach allen diesbezüglichen Beobachtungen ein Theil des Kernfadens des modificirten Keimbläschens, wobei die Polzellen auf der Eioberfläche hervorsprossen. Bei der Bildung des männlichen Vorkernes kann von einer entsprechenden Erscheinung keine Rede sein. Ich glaube nämlich, wenn man die Befruchtung mit Recht als eine Substitution gewisser Eibestandtheile auffassen soll, dass die den Polzellen entsprechende Elementbildung nicht nothwendig, ja unmöglich ist. Es genügt hier, wenn sich der weiter nicht theilende Kern des Spermatozoons mit einem Theile seines Cytoplasma erhält, um in das Ei eindringen und dasselbe mit einem Theilungselemente — dem Periplaste — versehen zu können.

Aber auch aus anderen, theoretischen Gründen ist die Polzellenbildung bei irgend einem Stadium der Spermazellen (im allgemeinen) unmöglich, weil dadurch die Spermabildung — analog dem Eie nach der Polzellenbildung — sistirt würde, und sollten sich diese Spermazellen wieder zu Spermatozoen weiter entwickeln, so müsste dieser Vorgang durch Vereinigung mit einem anderen Elemente von neuem angeregt werden, d. h. sie müssten wieder befruchtet werden!

Bezüglich der Zellentheilung kann man nach den vorliegenden Beobachtungen so viel als berechtigt annehmen, dass sich an diesem Vorgange in gleicher Weise sowohl der männliche Theil des Cytoplasma, als der reife Kern betheiligt, dass man somit von einem Vorherrschen des letzteren über das Cytoplasma nicht reden kann; man könnte eher das Gegentheil behaupten, zumal man sicherstellen kann, dass zunächst der Mutterperiplast sich zu Tochterperiplasten theilt und die weiteren Theilungsvorgänge sich erst nachträglich im Kerne abspielen. Nichtsdestoweniger stehe ich nicht an, anzunehmen, dass die Zelle sich nur mit der Betheiligung des Kernes zu theilen vermag, dass somit der letztere die weiteren Schicksale des Elementarorganismus beeinflusst. Dies sieht man am klarsten an der Function des männlichen Pronucleus, als derselbe das Centrum des Eies eingenommen hat. Der Periplast, also das Spermaplasma, ist bereits theilungsfähig, als es sich durch die stattgefundene Ernährung bis zum gewissen Grade vermehrt hat. Nicht so der Pronucleus; derselbe wächst ebenfalls zu einem voluminösen Gebilde heran, welches aber nicht theilungsfähig ist, indem es hier offenbar an gewissen inneren Elementen fehlt, die nicht durch die Ernährung, sondern durch directe Substitution ersetzt werden können. Dieser Process kommt durch die Vereinigung mit dem weiblichen Pronucleus zu Stande.

Die geschlechtlichen Vorkerne von Rhynchelmis sind, was die Grösse anbelangt, verschieden, während sie bei anderen Thieren gleiche oder fast gleiche Dimensionen erreichen. Sonst sind sie morphologisch gleich gebaut, so dass man in dieser Beziehung keine Unterschiede statuiren kann. Also die Substanz, aus welcher sie bestehen, scheint dieselbe zu sein; dieselben Kernfäden, dieselben Nucleinkörperchen und derselbe Kernsaft ist sowohl im männlichen als weiblichen Pronucleus vorhanden. Diese Erscheinung scheint mir in Anbetracht der Möglichkeit wichtig zu sein, dass sich in günstigen Fällen zwei vereinigte männliche Vorkerne zur echten Furchungsspindel umwandeln könnten. Dies allerdings nur in den Eiern, welche polysperm befruchtet wurden. Dass es dem so sein kann, beweisen einige Praeparate von Eiern, welche zwei Furchungsspindeln enthalten, oder neben der normalen Furchungsspindel noch eigenthümliche, anormal herausgebildete Kerne mit Strahlenbildungen zum Vorschein bringen. Meiner Ansicht nach wurden solche, meist verlängerte, neben den normal sich furchenden existirende Eier in demselben Cocon polysperm befruchtet. Um aber allen möglichen Missverständnissen vorzubeugen, bemerke ich gleich, dass es durchaus pathologisch entwickelte Eier waren, in denen erwähnte Spindelbildungen zum Vorschein kommen; sie bestehen nur aus dem Nahrungsdotter, während die periphere Plasmaschicht fehlt. Und wenn auch die Furchungsspindeln normal entwickelt erscheinen, so machen derartige Eier den Furchungsprocess keinesfalls durch, indem sie höchstens unregelmässige Kugeln oder Buckeln zu Stande kommen lassen, worauf sie zerfallen und eine bräunliche, schmierige Masse hinterlassen.

Wie kann man also die auf der Taf. V. Fig. 10. abgebildete Duplicität der Furchungsspindeln erklären? Nach derselben könnte man dafür halten, dass das unbefruchtete Ei ursprünglich mit zwei

Kernen ausgerüstet durch zwei Spermatozoen befruchtet wurde, so dass in Folge dessen zwei Furchungsspindeln zu Stande kommen konnten. In Hunderten von Fällen gelang es mir aber nicht einmal in einem sich bildenden Eie zwei Kerne zu statuiren, so dass die soeben ausgesprochene Ansicht sich als wenig zulässig erweist. Es ist mir viel wahrscheinlicher, dass die eine Spindel normal durch die Vereinigung des männlichen und weiblichen Vorkernes, die andere aber durch Vereinigung von zwei anderen männlichen Vorkernen zu Stande kam, freilich aber kann ich nicht angeben, auf welche Art und Weise; jedenfalls müssten sich die Vorkerne so an einander legen, dass die Periplaste zu einem gemeinschaftlichen Theilungscentrum zusammenfliessen.

Die oben vorgetragene Ansicht von der Beschaffenheit des männlichen Vorkernes steht gewiss im schroffen Gegensatze mit den Postulaten derjenigen Forscher, welche nachzuweisen versuchen, dass aus den männlichen Keimzellen die hier in den Kernen vorhandene weibliche Substanz entfernt werden müsse, damit dieselben rein männlich werden, — dies allerdings in analoger Weise, wie aus dem unbefruchteten Eie die Polzellen hervorgehen, wodurch die männlichen Kernbestandtheile eliminirt werden.

Vornehmlich soll es ein kernführendes Plasma sein, welches seitlich an den Spermatozoenbündeln verschiedener Thiergruppen vorkommt und das weibliche Element vorstellt. Neuerdings hat *Gilson* in seinen ausgezeichneten Untersuchungen über die Spermatogenese der Arthropoden*) diesem Gegenstande eine besondere Aufmerksamkeit gewidmet und führt das in Rede stehende Element als „noyau femelle" an, doch bemerkt er allerdings dabei: „Par l'application de ce mot *femelle* aux élémentes précités nous ne voulons nullement préjuger de leur véritable nature, et nous n'entendons pas nous déclarer partisan décidér de la théorie du sexe des cellules, telle que *Sedgwick-Minot* l'a formulée." **)

Von Bedeutung wäre es gewiss, dass *Gilson* den „weiblichen Kern" in einigen Fällen bereits in den ersten Stadien der Zweitheilung in der Spermamutterzelle beobachtet hat. Wenn man aber

---
*) La Cellule. Tome I. p. 36. 1885.
**) *Sedgwick Minot.* Journal de micrographie de Pelletan. 1881. p. 71. et 199.

berücksichtigt, dass „noyau femelle" nicht überall vorkommt, sondern in der Gruppe der Arthropoden von *Gilson* bei den meisten Insecten nachgewiesen wurde (Lepidopteren, fig. 35 –47.; Coleopteren fig. 53., 72., 75., 82., 93., 94. und 103. etc.), während er bei den Crustaceen, Arachniden und Myriopoden meist nicht nachweisbar ist, so wird das in Rede stehende Element eine andere Bedeutung haben; von dem Ursprunge desselben weiss man nichts.

Zur eigenen Belehrung, vornehmlich um mich von dem vermeintlichen Vorhandensein eines „noyau femelle" zu überzeugen, habe ich die Spermabildung von Rhynchelmis vorgenommen.*) In den ersten Stadien der Kerntheilung der Spermamutterzellen habe ich nichts wahrnehmen können, was auf die den Polzellen des Eies entsprechenden Elemente erinnern dürfte. Dagegen erscheint der „noyau femelle" in späteren Stadien, als das Cytophor bereits entwickelt ist und in dessen Aequatorialzone die sich entwickelnden Spermatzoen bündelförmig gruppirt erscheinen. Das genannte Element ist eine ziemlich grosse Zelle, welche in allen Stadien nicht in gleichen Gestalts- und Grösseverhältnissen vorkommt. Sie umgibt meist die obere Hemisphaere des Cytophors und erstreckt sich auf die „Köpfchen" des Spermatozoenbündels. Ihr Protoplasma ist in den jüngeren Stadien feinkörnig, der Kern gross und deutlich, in späteren Stadien aber, als die Samenfäden bereits sehr verlängert sind, erscheint das Cytoplasma der Deckzelle — so möchte ich das Element bezeichnen — grobkörnig, mit zahlreichen lichtbrechenden (fettartigen?) Körperchen und einem anscheinlich degenerirenden Kerne versehen. Es scheint auch, dass die Zelle bald zu Grunde geht, indem deren Inhalt vielleicht von den sich bildenden Spermatozoen verdaut wurde.

Das letztere ist für unsere Zwecke eine Nebensache; es handelt sich nur um den Nachweis, dass die Deckzelle mit den Polzellen des Eies nicht vergleichbar ist, indem sie auch nicht an allen Cytophoren nachweisbar ist, sondern nur an eizelnen Spermatozoenbündeln vorkommt. Ich habe bisher versäumt, den Ursprung dieser Deckzelle zu ermitteln.

Schliesslich müssen wir noch darauf hinweisen, dass in den Metrocyten von Lithobius nach den angezogenen Untersuchungen

---

*) Da es mir aus einer brieflichen Mittheilung bekannt ist, dass Prof. *Gilson* die Spermabildung der Würmer bearbeitet und dabei auch Rhyncheimis — diese in jeder Beziehung äusserst günstige Oligochaetengattung — berücksichtigt, so habe ich verzichtet, meine in dieser Richtung errungenen Erfahrungen in extenso und mit Abbildungen zu veröffentlichen.

Gilson's ein keimbläschenartiger Kern vorhanden ist, welcher nach der Analogie bei den Eiern und unserer Auffassung zufolge die Theilung der Spermamutterzellen oder deren nächsten Stadien restringiren sollte. Dem ist offenbar so, denn dem genannten Forscher zufolge wurde derselbe Kern nur im Herbste bei den jungen Thieren sichergestellt.

Auf die Consequenzen der hier vorgetragenen Ansichten vermag ich an dieser Stelle nicht einzugehen: es würde mich weit von dem in dieser Schrift behandelten Thema abführen. Ich habe mich bei den voranstehenden Betrachtungen streng an die beobachteten Thatsachen gehalten und alles vermieden, was zu einer Zweideutigkeit führen dürfte. Auf diese Weise glaube ich nachgewiesen zu haben, dass jede Zelle hermaphroditisch ist, indem sie aus männlichem und weiblichen Cytoplasma besteht, und dass ihr Kern aus Theilen des männlichen und weiblichen Pronucleus hervorgeht. Selbstverständlich müsste sich ein deratiger Hermaphroditismus auch für die einzelligen Organismen herausstellen.

Vor kurzem sind von mehreren Seiten Beobachtungen mitgetheilt worden, wonach auch die parthenogenetischen Eier Polzellen oder „Richtungskörper" produciren sollten. Zuerst hat *Weismann*, soviel ich weiss, eine solche Mittheilung gemacht, dass die Sommereier der Daphniden die Polzellen „herausstossen". Allerdings aber hat der genannte Forscher eine Hypothese von der „Continuität des Keimplasmas" aufgestellt, die eine solche „Herausstossung der Richtungskörper" postulirt. Nun ist es auffallend, dass meine auf Thatsachen basirenden Folgerungen diametral von denen *Weismann's* verschieden sind, allerdings nur in Bezug auf das Cytoplasma, dessen geschlechtliche Differenzirung im Verlaufe der sog. Reifung, Befruchtung und Furchung hervortritt, während *Weismann* seine Hypothese auf dem Vorhandensein von zweierlei Kernplasmen aufstellt und das Cytoplasma durchaus unberücksichtigt lässt. Darüber kann kein Zweifel sein, dass die Kerne ebenfalls aus zweierlei geschlechtlichen Plasmaarten bestehen müssen, wenn über den Hermaphroditismus der Zelle eine Rede sein soll; aber von der Beschaffenheit dieser Plasmaarten in den Zellkernen können wir natürlich nur Vermuthungen aussprechen. Sonst glaube ich, dass die Lehre des Freiburger Forschers aus dem Grunde nicht haltbar ist, weil sie die bei der sog. Reifung des Eies sich abspielenden Vorgänge auch für die männlichen Keimzellen (in welchem Stadium?) postulirt, was nach meiner Auffassung durchaus unmöglich ist und sich auch hoffentlich niemals nachweisen lassen wird.

Wichtiger wäre es jedenfalls, sollte sich die Angabe *Weismann's* bestätigen, dass die parthenogenetischen Eier der Daphniden die Polzellen produciren. Um mich in dieser Beziehung zu unterrichten, habe ich die äusserst günstigen Eier einer Coccide — Mytilaspis (Lepidosaphes) conchaeformis — zur Untersuchung gewählt und deren Entwicklung auf Schritt und Tritt in dem herauspraeparirten Eileiter verfolgt, trotz aller Bemühung aber nichts davon sicherstellen können, was auf die Polzellenbildung hinweisen sollte. Ich hoffe seinerzeit nähere Angaben darüber mittheilen zu können.*)

Ich erlaube mir dieses Capitel mit einem Mahnworte *Weismann's* abzuschliessen: „Hier ist noch Vieles zweifelhaft und man muss mit weiter gehenden Schlüssen zurückhalten . . ."

---

*) Die gedankenreiche Schrift *Weismann's* „Über die Zahl der Richtungskörper" etc. ist mir erst nach der Vollendung des vorliegenden Heftes dieser Arbeit zu Gesicht gekommen, so dass ich dieselbe nicht mehr berücksichtigen konnte.

Capitel V.

Die weiteren Furchungsvorgänge des Rhynchelmis-Eies bis zur Anlage des Embryo.

§ 1. Ursprung der Mesomeren.
(Fortsetzung zu Cap. III, § 6.)

Die zunächst sich bildenden Furchungskugeln stehen, was die Grösse anbelangt, etwa zwischen den Makro- und Mikromeren, aus welchem Grunde — aber nur aus diesem Grunde — wir sie als Mesomeren bezeichnen werden. Sie entstehen auf dieselbe Art und Weise, wie die Mikromeren, aber nur aus dem an Protoplasma reichen und in dem hinteren Makromer befindlichen Neste. Das erste Mesomer sprosst in der Form eines weissen Hügels hinter den Mikromeren hervor, wächst rasch heran, verharrt aber nicht in seiner Ursprungsstelle, sondern bewegt sich nach vorne, in Folge dessen es die ersten vier inzwischen sich weiter vermehrenden Mikromeren verdrängt (Taf. II., Fig. 27.).

Sobald das erste Mesomer seine definitive Grösse und Stelle eingenommen hat, bildet sich das zweite Mesomer in der Gestalt einer Knospe über dem bräunlichen Protoplasmaschildchen, welches der Bildung dieser Furchungskugeln überhaupt, wie bei den Mikromeren, vorangeht. Fig. 34. auf der Taf. II. veranschaulicht dieses Stadium in der Profillage; hoch über die vermehrten Mikromeren erhebt sich das erste Mesomer (mr^1), hinter demselben folgt die neue, entsprechend grosse Kugel (mr^2). Sobald das letztere völlig zu Stande kommt, bewegt es sich ebenfalls nach vorne und verdrängt das vordere Mesomer, so dass schliesslich beide Kugeln vorn, auf der linken und rechten Seite von den Mikromeren umgeben werden (Taf. II., Fig. 28.

mr^1, mr^2). Und schliesslich entsteht auf ganz dieselbe Weise das dritte Mesomer (Taf. II., Fig. 29. mr^3) in einer Reihe hinter den beiden vorderen Kugeln, mit denen es im Bezug auf die Gestalt, Farbe und Grösse übereinstimmt. Aber dieses dritte Mesomer bewegt sich nicht mehr nach vorne, sondern verbleibt auf seiner Ursprungsstelle, d. h. auf dem inneren Rande des hinteren Makromers; mit der Herausbildung dieses Mesomers wird nämlich der weitere Sprossungsprocess ähnlicher Furchungskugeln beendet und somit kann dasselbe durch kein neues Element nach vorne verdrängt werden.

Nach *Kovalevsky* entsteht das erste Mesomer aus dem hinteren Makromer; was aber den Ursprung der zweiten und dritten Kugel anbelangt, so sind die Angaben des genannten Forschers irrthümlich; der Beschreibung *Kovalevsky's* zufolge soll das zweite Mesomer durch die Quertheilung des ersten zu Stande kommen; die vordere dieser neu entstandenen Kugeln soll weiter ebenfalls durch Quertheilung zwei Elemente produciren, wonach sich die hintere Kugel durch eine Längsfurche theilt und so entstehen vier grosse Furchungskugeln, die ich als Mesomeren bezeichnet habe. Die Beurtheilung meiner Abbildungen Fig. 34. und 29. auf der Taf. II. behebt aber jeden Zweifel über den Ursprung der Mesomeren, die Verfolgung der einzelnen Stadien auf Längsschnitten erklärt uns nebst dem auch die Ursprungsbedingungen dieser Blastomeren. Was die Bildungsweise des vierten Mesomers, resp. die Theilung der hinteren Kugel anbelangt, so ist die Angabe *Kovalevsky's* richtig und wir werden später noch genauer diesen Process zu besprechen haben.

Verfolgen wir nun den Ursprung der Mesomeren an den betreffenden Längsschnitten. Nachdem das erste Mikromer seine definitive Entwicklung erlangt hat, dringt der hintere Tochterkern zwischen beide Tochterperiplaste hinein (Taf. IX., Fig. 5. c^1), welche rasch heranwachsen und sich in der Weise drehen, dass die neue Kernspindel zunächst eine schiefe, dann ganz senkrechte Lage zur Peripherie des Makromers einnimmt (Taf. IX., Fig. 6.). Das Protoplasma (Bildungsplasma) legt sich dicht an die Zellmembran an, wodurch es auf der Oberfläche des Makromers eben als das mehrfach erwähnte bräunliche Scheibchen erkennbar ist; dasselbe erhebt sich nun als ein Hügel mit dem eingedrungenen vorderen Periplaste und dem vorderen Tochterkerne (sammt Cytoplasmaspindel). Bald darnach erfolgt die Einschnürung und ein Theil des Protoplasma tritt in das sich bildende Mesomer ein. Der Rest des Protoplasma im hinteren Makromer ordnet sich von Neuem an zu demselben Processe (Taf. IX.,

Fig. 7. *pr*). während das Plasma des Mesomers sich rings um den Periplast gruppirt, innerhalb dessen der Kern im Ruhestadium sich befindet (*mr*).

Nach der Herausbildung eines jeden Mesomers erfolgt eine auffallende Abnahme des Protoplasma in dem hinteren Makromer, wie man aus dem Vergleiche von Fig. 6., 7., 8. (*pr*) auf der Taf. IX. ersehen kann. Es ist ersichtlich, dass von dem hinteren Makromer so viel Protoplasma entfernt wird, als es zu Herausbildung eines Mesomers nothwendig war; und nachdem die dritte Kugel entstanden ist (Fig. 9. mr^3, Taf. IX.) und sich dicht hinter dem zweiten Mesomer gestellt hat (mr^2), dann entbehrt das hintere Makromer fast vollständig des dichten und intensiv im Pikrokarmin sich färbenden Protoplasmanestes. Nur ein unbedeutendes, die hintere Spindel- und Kernhälfte begleitendes Protoplasmahöfchen, welches in dem Makromer zurückbleibt, ist als Rest derjenigen Substanz zu betrachten, welche man mit vollem Rechte als Bildungsplasma bezeichnet.

Auf dem Längsschnitte Taf. IX., Fig. 9. sieht man, dass dieses Furchungsstadium bereits beträchtlich sich in die Höhe auswölbt, indem auf der Basis der ursprünglichen vier Makromeren die Mikro- und Mesomeren in der Weise angeordnet sind, dass das ganze Stadium eine pyramidenförmige Gestalt annimmt. Das erste Mesomer bildet die Scheitel des Furchungsstadiums.

Was die Structur der Mesomeren anbelangt, so bewahrt ihr Protoplasma dieselbe Beschaffenheit, welche wir in dem Protoplasmaneste des hinteren Makromers erkannt haben; es ist eine dichte, zähflüssige und in Pikrokarmin intensiv roth sich färbende Substanz. Aber in den Mesomeren ist dieses Plasma sehr auffallend, indem es spiralig angeordnete Strahlen bildet, die um die centralen Periplaste dicht neben einander verlaufen. So sehen wir es in Fig. 7. und 8. auf der Taf. IX. (mr^1, mr^2). Diese eigenthümliche Structur der Protoplasmaradien ist bisher nur in wenigen Fällen, namentlich durch die Beobachtungen von *Mark*, *Flemming* etc. bekannt geworden. Meiner Ansicht nach kommt der spiralförmige Verlauf der Strahlen nur durch die Drehung der Periplaste zu Stande, welche Bewegung wohl auch auf das dichte und zähflüssige Zellplasma einwirkt.

Das ursprüngliche Verhalten der Mutter- und Tochterperiplaste der Mesomeren habe ich im Speciellen nicht untersucht, nach einigen Praeparaten kann man aber mit grosser Wahrscheinlichkeit dafür halten, dass auch hier die Tochterperiplaste endogen in dem Mutterperiplaste entstehen, noch bevor der Tochterkern völlig reconstruirt

*

erscheint. In dem Horizontalschnitte durch das erste Mesomer (Taf. X., Fig. 15, *mr*) sehen wir das letztere von den Mikromeren umgeben. Das Plasma dieser grossen Kugel erscheint nicht von gleicher Beschaffenheit: die äussere mächtige Schicht besteht aus der oben erwähnten dichten, zähflüssigen Substanz, welche zu den spiralig verlaufenden Strahlen angeordnet ist. Im Centrum der Zelle liegt ein grosser glänzender Kern, welcher aus dem vielfach gewundenen Kernfaden mit grossen, intensiv sich färbenden Nucleinkörperchen besteht.

Den breiteren hyalinen, mit spärlicher Granulirung erfüllten Hof rings um den Kern betrachte ich als Mutterperiplast, innerhalb dessen die Tochterperiplaste entstanden, von denen der eine an einem Pole des Kernes sich befindet, während der andere in den nächst folgenden Schnitt übergieng. Das granulirte Plasma des Mutterperiplastes hat sich um den Tochterperiplast zu zierlichen Radien angeordnet.

Auch an den verticalen Längsschnitten durch die Mesomeren, wie dieselben auf der Taf. IX., Fig. 7., 8., 9. (*mr, mr^1 — mr^3*) veranschaulicht sind, sieht man überall den hellen Hof rings um den Kern; er stellt offenbar den Mutterperiplast dar, während die Tochterperiplaste an solchen medianen Verticalschnitten natürlich nicht zum Vorschein kommen können.

§ 2. Vermehrung der Mikromeren

erfolgt zur Zeit der Mesomerenbildung theils durch die wiederholte Theilung der ersten vier, theils durch die Entstehung neuer kleiner Zellen aus den vorderen drei Makromeren. Der letztere Vorgang kann sich allerdings nur so lange wiederholen, so lange der Vorrath des hyalinen, die Kerne der Makromeren umgebenden Protoplasma ausreicht; aus diesem verharrt nur noch ein unbedeutendes Quantum rings um die Kerne.

Was die Vermehrung der ursprünglichen vier Mikromeren anbelangt, so theilen sich dieselben zunächst in der Längs- und dann in der Querachse und die so entstandenen Producte vertheilen sich am Vorderrande der Mesomeren (Taf. IX., Fig. 8. *u^1—u^4*, Fig. 9. *u*) als ein von der Basis des vorderen Makromers sich erhebender Wall. An der rechten und linken Seite werden die Mesomeren von den Mikromeren umrandet, welche durch neue Sprossung aus den vorderen Makromeren entstehen. Dies geschieht immer in der Weise, dass zunächst auf der Oberfläche des Makromers ein brauner Fleck zum Vorschein kommt und nachträglich über demselben ein weisses Hügelchen hervorsprosst, welches sich bald zum kugeligen Mikromer herausbildet.

Die zur Theilung sich vorbereitenden Mikromeren lassen den complicirten Process der Bildung der Tochterperiplaste nicht mehr erkennen, wie wir in den ersten Blastomeren gefunden haben. In dem Periplaste des Mikromers kann man nämlich die neuen, endogen sich bildenden Tochterperiplaste nicht sicherstellen, sondern dringt der Kern des Mikromers direct in die hyaline Kugel hinein. Sobald aber dies zu Stande kommt, zerfliesst der Periplast zu zwei Polen des Kernes und so entsteht auf kürzerem Wege die dicentrische Strahlung des umliegenden Protoplasmas (Taf. VII., Fig. 11., Taf. VIII., Fig. 20.).

An den horizontal geführten Schnitten durch die Furchungsstadien mit einem oder zwei Mesomeren gewinnt man eine genauere Kenntniss von der Vermehrung der Mikromeren. Derartige zwei Schnitte sind auf der Taf. X., Fig. 15. und 16. veranschaulicht. Auf dem ersteren sieht man einen fast aequatorialen Durchschnitt des vorderen Mesomers (*mr*), dessen Bau wir in dem vorgehenden Abschnitte dargestellt haben; an dieser Stelle wollen wir nur erwähnen, dass sich das Mesomer von den umliegenden fünf Mikromeren nur durch die äussere, in spiralig verlaufenden Radien angeordnete Plasmaschicht unterscheidet. Der Inhalt der Mikromeren ist durchaus eine hyaline Grundsubstanz mit schwach rosa sich färbenden, spärlichen und gleichmässig zerstreuten Körnchen. Drei rechts liegende Mikromeren sind bereits mit polaren Periplasten versehen, während die übrigen zwei Mikromeren derart durchgeschnitten erscheinen, dass ihre Periplaste in die Nachbarschnitte übergiengen. Die Periplaste und Plasmastrahlen weichen nicht vom den gleichnamigen Gebilden ab, welche wir in den Makromeren constatirt haben. Der Kern des unteren rechten Mikromers zeigt noch keine Veränderung und befindet sich offenbar noch im Ruhestadium, ebenfalls wie der Kern des entsprechenden, in Fig. 16., Taf. X. abgebildeten Stadiums. Man findet hier den normalen Kernfaden mit zahlreichen Nucleinkörperchen und homogener, hyaliner Grundsubstanz. Die erste Veränderung, die man in anderen Schnitten an solchen Kernen statuiren kann (Taf. VIII., Fig. 20.), erweist sich als eine Anschwellung des Kernes und dessen sehr glänzende Grundsubstanz, die sich offenbar vermehrt hat. Die Nucleinkörperchen treten nicht in gleicher Gestalt und Grösse hervor; in der angezogenen Abbildung sieht man 2—3 solche in normaler Grösse, aber die übrigen sind bedeutend kleiner, oft nur wie undeutliche, roth gefärbte Körnchen. Es ist ersichtlich, dass hier ein Resorptionsprocess stattfindet, dessen Folge die Vermehrung des Kernsaftes und die Vergrösserung des Kernes ist. Die übrigen Zellen der in Fig. 15., Taf. X. dargestellten Stadien zeigen bereits eine vorgeschrittene Kerntheilung, wo man vornehmlich die allmälige Abnahme der Nucleinkörperchen und die spindelförmigen Kerne sicherstellen kann. In Fig. 16., Taf. X. sieht man andere Stadien der Kerntheilung. In der einen Zelle (*a*) ist bereits eine Cytoplasmaspindel entwickelt, innerhalb deren die bisher der Aequatorialebene genäherten Dyasteren sich befinden. Ähnliches Stadium der Kerntheilung eines Mikromers ist in Fig. 14., Taf. IX. veranschaulicht. Der Mutterstern (Taf. X., Fig. 27., 27'.) ist offenbar zu Tochtersternen auseinandergetreten; die näheren Vorgänge sind allerdings hier, wie in den Makromeren, der Kleinheit der chromatischen Gebilde halber nicht genauer zu ermitteln.

In den Nachbarstadien (Taf. X., Fig. 16. *b* und *b'*) sieht man das ursprüngliche, durch die Zellplatte zu zwei neuen Elementen getheilte Mikromer (*b*, *b'*), aber die Spindelhälften hängen bisher durch ihre Fäden zusammen. Beide Hälften sind nicht gleich lang, ebenso wie die neu entstandenen Mikromeren nicht von gleicher Grösse erscheinen. Die aus den ursprünglichen Tochtersternen sich reconstruirenden Tochterkerne (Tochterknäuel) treten innerhalb der Spindelfasern durch ihren Glanz deutlicher hervor (Taf. X., Fig. 18.). Die Elemente, aus welchen die sich bildenden Kerne bestehen, erinnern auf jene kugelförmigen Gebilde, die wir in den sich theilenden Makromeren (Taf. VIII., Fig. 14. *a*, *b*; Fig. 13. *a*, 13. *b* etc.) speciell hervorgehoben haben, nur sind sie in unserem Stadium der Mikromerentheilung in der Entwicklung weiter vorgeschritten und schicken sich eben an, sich zur Bildung des Kernfadens anzuordnen. Die bereits früher angelegten Nucleinkörperchen sind in dem eben besprochenen Stadium bedeutend vergrössert und immer im innigsten Zusammenhange mit dem Kernfaden.

§ 3. Schicksal der Mesomeren.

Bald nach der Herausbildung sämmtlicher drei, gleich grosser, hinter einander stehender Mesomeren beginnt sich das hintere derselben zu vergrössern und erweitert sich in der Querachse (Taf. II., Fig. 20. *mr³*), während die vorderen zwei Kugeln in ihrer ursprünglichen Grösse und Gestalt verharren. Die Ursache der Verlängerung des dritten Mesomers beruht in der definitiven Lage der Kernspindel, welche hier verhältnissmässig rasch — und offenbar rascher als in den vorderen zwei Mesomeren — zu Stande kommt, und es entstehen sehr früh die Tochtersterne und die sog. Tochterknäuel (Taf. X., Fig. 17. dc). In der Aequatorialzone der Cytoplasmaspindel erfolgt auch die deutliche Spaltung der Zellplatte (pv). Das Protoplasma der so entstandenen Halbkugeln des früher einfachen Mesomers ist sehr dicht und in regelmässige und gerade (nicht mehr spiralige) Strahlen angeordnet, welche zu den grossen, hyalinen und scharf contourirten Periplasten centrirt sind. In einigen Praeparaten kann ich auch die endogene Bildung der Tochterperiplaste wahrnehmen (Taf. IX., Fig. 13.).

Das hintere Mesomer ist also seiner Zweitheilung nahe, welche letztere auch bald darnach erfolgt und so entstehen aus dem ursprünglichen Mesomer zwei neue Kugeln (Taf. II., Fig. 31. ms), welche auch sogleich zur Grösse des Muttermesomers heranwachsen, so dass sie in dieser Beziehung den vorderen zwei bisher einfachen und unveränderten Mesomeren gleichkommen. Nicht lange darauf machen aber auch die vorderen zwei Kugeln denselben Theilungsprocess durch und zwar theilt sich zuerst das mittlere und bald darnach das vordere Mesomer in der Längsachse zu je zwei neuen Mesomeren, in Folge dessen ein Stadium von 6 Mesomeren zu Stande kommt, die fast von gleicher Grösse und Gestalt erscheinen. Ich habe dieses Stadium in der Profillage in Fig. 35., Taf. II. veranschaulicht, wo aber die vorderen zwei Mesomerenpaare (ms^1, ms^2) noch nicht die definitive Grösse erreicht haben.

Die Anordnung dieser 6 Mesomeren ist anfänglich nicht so regelmässig, dass die Kugeln der einen Hälfte in symmetrischer Lage zu den der anderen sich befänden; es fehlt hier offenbar an genügendem Raume, aus welchem Grunde je eine Kugel der einen Seite zwischen zwei Mesomeren der anderen Seite eingreift. Und derartige Anordnung wiederholt sich auch in weiteren Stadien, nachdem sich die vorderen Mesomeren zu Mikromeren zu theilen beginnen (Taf. II., Fig. 32.). Dieser Process fängt an mit der Theilung des ersten Mesomerenpaares und zwar in der Querachse. Dadurch entstehen 4 Blastomeren, von denen die des vorderen Paares — ohne heranzuwachsen — sich sogleich in der Längs- und nachher in Querachse theilen und das Product dieses Vermehrungsprocesses sind 4 kleine Zellen, die sich nicht vergrössern, sondern die Gestalt und Grösse der Mikromeren annehmen (Taf. II., Fig. 32. *1—4*.).

Die hinteren zwei Blastomeren (der ursprünglichen Mesomeren) wachsen dagegen fast zur Grösse ihrer Mutterzellen heran (Taf. II., Fig. 32. ms^2), um sich wieder in der Längs- und Querachse zu theilen, wodurch sie wieder neue Mikromeren produciren (Taf. II., Fig. 33. *1,3* in der Profillage). Die Mesomeren des mittleren Paares (Taf. II., Fig. 32. ms^1) theilen sich in der Querachse zu neuen vier Kugeln, welche beinahe dieselbe Grösse erreichen, wie ihre Mutterzellen, und behalten dieselbe Anordnung, wie die ursprünglichen 6 Mesomeren. Nun theilt sich in der Querachse das vordere Paar, wodurch die Kugeln $m\sigma$ und $m\varrho^2$ entstehen, welche in Fig. 33. (Taf. II.) in der Profillage veranschaulicht sind. Dem Blastomer $m\sigma$ verdanken ihren Ursprung die kleineren Zellen m^1, m^2 in Fig. 1., Taf. XI., aus welchen wieder Mikromeren entstehen. In derselben Weise theilen sich auch die hinteren Kugeln, welche in Fig. 33., Taf. II. und Fig. 1., Taf. XI. durch $m\varrho^2$ bezeichnet sind.

Infolge dieses regelmässigen, ja gesetzmässigen Theilungsprocesses haben sich die Mikromeren bedeutend vermehrt und verdecken in Form eines halbkreisförmigen Schildchens die inzwischen sich furchenden Makromeren (Taf. XI., Fig. 2. *m*). Der Rest der ursprünglichen Mesomeren des mittleren Paares in der angezogenen Figur ($m\varrho$) bewahrt noch die Gestalt und Grösse der ursprünglichen Kugeln. Bald aber theilen sich die Kugeln $m\varrho$ auf ganz dieselbe Art und Weise, wie die früheren Producte der vorderen Mesomeren und zerfallen schliesslich in die Mikromeren, deren Zahl ich nicht sicherstellen konnte (Taf. XI., Fig. 3. *m*).

Während der geschilderten Mikromerenbildung verharrt das hinterste Mesomerenpaar in seiner ursprünglichen Lage, Grösse und Gestalt; die hinteren 2 Kugeln theilen sich bisher überhaupt nicht und betheiligen sich somit keinesfalls an der Vermehrung der Mikromeren. Zur Zeit also, als die Theilung der vorderen zwei Mesomerenpaare ihrer Vollendung nahe ist, liegen die Mesomeren des letzten Paares am hinteren Rande der aus Mikromeren gebildeten Scheibe und treten durch ihre Grösse und ausgewölbte Gestalt auf der Oberfläche des betreffenden Furchungsstadiums hervor (Taf. XI., Fig. 4. *ms*).

Nach *Kovalevsky's* richtiger Angabe gehen die hinteren Kugeln durch die Theilung des ursprünglichen unpaarigen Blastomers hervor; er bezeichnet dieselben als g''' und g''''. Da der genannte Forscher die Schnitte durch die bisher geschilderten Stadien nicht hergestellt hat, so blieben ihm die Verhältnisse der polaren Protoplasmaanhäufung in dem hinteren Makromer ganz unbekannt. *Kovalevsky* schildert demnach die hinteren Kugeln als directe Nachkommen der mit dem Dotterinhalte gefüllten Makromeren. Dieser Inhalt soll sich nach dem russischen Autor in den Kugeln g, g''' und g'''' auflösen und „in sehr feine Pünktchen" zerfallen. Wir haben dagegen sicherstellen können, dass während der Knospung der Mesomeren aus dem hinteren Makromer kein einziges Dotterkügelchen an der Bildung der ersteren participirt, sondern dass es nur das dichte Protoplasma war, welches auch später den alleinigen und ausschliesslichen Inhalt der Mesomeren vorstellt.

§ 4. Furchung der Makromeren.

Die ursprünglichen vier, in horizontaler Ebene angeordneten Makromeren verharren im Verlaufe der Bildung der ersten Mikro- und Mesomeren in einem Ruhestadium; auch zur Zeit, als sich das hintere Mesomer zu zwei Tochterkugeln getheilt hat, findet man die Makromeren in der ursprünglichen Grösse und Gestalt. Erst während der Theilung der vorderen Mesomeren zu Mikromeren, oder auch etwas früher, erscheinen neue, aus den Makromeren hervorgegangene Blastomeren. Dieselben erweisen sich der Gestalt und dem Inhalte nach wie ihre Mutterkugeln, indem sie nur aus Dotter bestehen. Was dagegen die Regelmässigkeit bei der Entstehung einzelner Kugeln anbelangt — wie wir solche bei den Mikromeren und namentlich bei den Mesomeren hervorgehoben haben — so kann bei der Bildung der Makromeren über eine solche keine Rede sein; hier beginnt sich nämlich die neue Kugel bald aus den hinteren, bald aus den vorderen drei Makromeren gleichzeitig zu bilden. So sehen wir in Fig. 35. (Taf. II.), dass sich im Stadium mit sechs Mesomeren zwei neue Blastomeren aus dem vorderen und rechten Makromer herausgebildet haben, während in einem späteren Stadium, welches in Fig. 32. (Taf. II.) reproducirt ist — wo nämlich das vordere Mesomerenpaar sich bereits zu Mikromeren getheilt hat — die vorderen drei Makromeren unverändert vorliegen, während nur aus dem hinteren Makromer eine neue grosse Kugel hervorgieng. Ein anderes Verhältniss der Makromeren-Theilung sehen wir in Fig. 1. (Taf. XI.) dargestellt. Das ursprünglich grösste hintere Makromer hat sich hier zu zwei neuen Elementen getheilt, wovon das grössere A die frühere Lage einnimmt, während das kleinere a auf die Lage des linken und vorderen Makromers derart eingewirkt hat, das dieselben von ihren ursprünglichen Stellen verdrängt erscheinen. Das Makromer B ist unverändert, während D sich bedeutend vergrössert hat und C eben im Begriffe ist ein neues Blastomer c zu produciren.

Die weiteren Furchungsstadien der Makromeren sind in Fig. 2., 3. und 4. (Taf. XI.) veranschaulicht, sonst ist aber durchaus unmöglich, die einzelnen Furchungsproducte derselben der Reihe nach zu verfolgen. Aus der Unregelmässigkeit, welche aus den angeführten Beispielen bei der Bildung der Makromeren ersichtlich ist, habe ich nur nachfolgende drei Gesetze statuiren können:

1. Jedes Makromer vergrössert sich vor dem Eintritte der Theilung.
2. Die neu entstandenen und direct unterhalb der Mikro- und Mesomeren liegenden Makromeren sind kleiner als die Mutterkugeln, aus denen sie hervorsprossen.
3. Die grösseren Mutterkugeln verschieben sich mehr zum vegetativen Pole der Furchungsstadien; in Folge dieser Erscheinung finden wir die Makromeren in der Weise angeordnet, dass die kleinsten direct unter und rings um die Mikromeren sich befinden, die grössten dagegen ganz auf dem vegetativen Pole zu liegen kommen (vergl. namentlich Fig. 4. und 5., Taf. XI.). An der Basis der Mikromeren erfolgt überhaupt die raschere Theilung, als am vegetativen Pole, wodurch die verschiedene Grösse der Makromeren erklärt wird.

Während der Theilung der Mesomeren war die Tendenz der Anordnung derselben in der Längsachse sehr auffallend; aber die in zwischen sich furchenden Makromeren wirken auf die Mikromeren in der Weise ein, dass die letzteren sich zuerst zu einer Scheibe anordnen, und nachdem die Makromeren sich noch bedeutender, namentlich an deren Basis vermehrt haben, erhebt sich die früher ganz flache Mikromerenscheibe zu einer Hemisphaere. Die neu entstandenen kleineren Makromeren dringen nämlich unter die Mikromeren ein und veranlassen dieselben zur Bildung des pyramidenförmigen (Taf. II., Fig. 35.), später mehr abgerundeten (Taf. II., Fig. 32., Taf. XI., Fig. 2., 3., 4.) Stadiums. Die grössten Makromeren befinden sich somit immer an dem unteren Pole und man kann im frischen Zustande derselben keine Kerne sicherstellen, da die letzteren von einer hohen Dotterschicht umhüllt werden. Die weit kleineren Makromeren an der Peripherie der Mikromerenhemisphaere lassen dagegen sehr deutlich durchscheinende Kerne erkennen (Taf. XI., Fig. 5.).

Die Verfolgung der Kerntheilung in den Makromeren ist sehr schwierig, da es unmöglich ist sämmtliche Veränderungen und Einzelnheiten dieses Vorganges zu ermitteln: der dichte und glänzende Dotterinhalt erschwert die Beobachtung dieser Processe. Im Grossen und Ganzen kann man nur soviel sagen, dass die Kerntheilung der Makromeren sehr langsam vor sich geht, dass die Periplaste ungemein klein sind und das feinkörnige Protoplasma in sehr spärlicher Menge vorhanden ist, in Folge dessen die Plasmastrahlen höchst undeutlich hervortreten. Dies sind aber eben die Ursachen, aus denen man den langsamen Theilungsvorgang der Makromeren erklären kann.

Von den in diesem Abschnitte geschilderten Furchungsstadien entspricht Fig. 3, Taf. XI. dem von *Kovalevsky* in seiner Fig. 10., Taf. III. abgebildeten, welches letztere sich fast durch dieselbe Anordnung der Mikromeren auszeichnet, wie in meiner Abbildung; nur die Makromeren scheint *Kovalevsky* in allzugrosser Anzahl darzustellen. Dieser Vergleich ist aber nur soweit zulässig, als man die oberflächliche Gestalt der erwähnten Stadien berücksichtigt, keinesfalls aber, wenn man die Querschnitte beurtheilt, welche *Kovalevsky* abgebildet hat. In dieser Beziehung muss ich bemerken, dass die Herstellung der Querschnitte der geschilderten Stadien zu keinem befriedigenden Resultate führen kann, und hat offenbar unseren Autor zu der ganz irrthümlichen Auffassung über den Ursprung des Mesoblastes und überhaupt zur Unterscheidung aller drei Blätter verführt. Denn nach der Darstellung des genannten Forschers sieht man in seiner Fig. 27. (Querschnitt aus der Mitte der Fig. 10.) „sehr deutlich drei von einander geschiedene Zellenreihen. Die oberste wird durch sehr helle Zellen gebildet, welche kein einziges grosses Dotterbläschen enthalten und aus ganz durchsichtigem Protoplasma und feinen punktartigen Kernchen bestehen. Diese Zellen bilden das Sinnes-, sensorielles oder oberes Blatt. Die zweite Reihe besteht aus bedeutend grösseren Zellen, welche, besonders die der linken Seite, eine bedeutende Anzahl von Dotterbläschen enthalten. Diese Schicht bildet das mittlere oder Muskelblatt und stammt von den Zellen l und h Fig. 6. ab. Die nach unten gelegenen grösseren, fast ausschliesslich aus Dotterbläschen zusammengesetzten Zellen bilden das untere — oder, wie wir aus ihrem weiteren Schicksale ersehen werden, das Darmdrüsenblatt, oder genauer den Darmdrüsenkern"... Die Zellen des mittleren Blattes sollen ferner nach hinten unmittelbar „an die zwei grossen hinteren Zellen k und k' stossen".

Nach der voranstehenden, absichtlich wörtlich reproducirten Darstellung sollen also in den von uns geschilderten Stadien, wo die eigentliche Furchung noch nicht beendet wurde, bereits alle drei Keimblätter vorhanden sein und namentlich „das mittlere Blatt" dadurch angelegt werden, dass hier die Producte der ursprünglichen zwei seitlichen von den ersten 4 Makromeren in's Spiel kommen und an die hinteren Kugeln, welche wir als Mesomeren bezeichneten, anstossen sollen. Ich muss diese Angaben als durchaus unrichtig ansehen, da es mir nicht gelang die Mesoblastanlagen in der von *Kovalevsky* angegebenen Weise zu finden. Es ist überhaupt in diesen Stadien nichts vorhanden, was man als Mesoblastelemente, welche sich zwischen Epi- und Hypoblast befinden sollten, proclamiren könnte. Die als mittleres Blatt von *Kovalevsky* bezeichneten Elemente sind offenbar die obersten Hypoblastzellen, die, wie wir weiter unten sehen werden, ziemlich klein und auch dotterarm sind, so dass sie bei oberflächlicher Beobachtung als nicht zum Hypoblast angehörige Elemente angesehen werden können. Überhaupt aber ist die Mesoblastanlage in den geschilderten Stadien nur in den hinteren zwei in einem Ruhestadium befindlichen Mesomeren vorhanden.

§ 5. Gastrula.

Durch die Darstellung des bisherigen Furchungsprocesses gelangen wir zum Stadium, das man mit Gastrula vergleichen muss. Zur Begründung dieser Auffassung kann man auf folgende zwei Momente hinweisen.

1. Nach der Bildung der Mikro- und Mesomeren, sowie nach der Theilung der vorderen 2 Paare der letzteren zu Mikromeren nahm das Furchungsstadium auf seinem animalen Pole schliesslich eine halbkugelförmige Gestalt an und besteht hier aus Mikromeren und nur einem Paare der Mesomeren, welche letzteren die mediale Längsachse bestimmen, an deren hinterem Pole sie aufsitzen (Taf. XI., Fig. 5, *ms*). Sämmtliche diese Elemente bilden somit ein continuirliches Epithel, das obere Keimblatt oder das Epiblast.

2. Aus den ursprüglichen vier Makromeren entstand schliesslich eine weit grössere untere Halbkugel, welche mit ihrem oberen Theile tiefer in die einschichtige obere Epiblasthemisphaere eingreift und sich meist dicht an deren Elemente anlegt, während sie in späteren Stadien immer durch eine unbedeutende Furchungshöhle vom Epiblaste geschieden ist. (Vergl. Taf. X., Fig. 22.) Die Elemente dieser

unteren Hemisphaere, also die bisher als Makromeren bezeichneten Kugeln, stellen das untere Blatt oder das Hypoblast vor.

Diese zwei Keimblätter sind überhaupt charakteristisch für ein Gastrulastadium. Allerdings aber kann hier von einer typischen Gastrula (Leptogastrula *Haeckel*) keine Rede sein, was aus den wahrhaft enorm grossen Hypoblastzellen erklärlich ist; dieselben bilden somit keine Darmhöhle, sondern ordnen sich an in mehreren Schichten über und neben einander. Die vorherrschende Grösse des Hypoblastes und die unbedeutenden Dimensionen des Epiblastes — veranlassen auch, dass das erstere nicht vollständig in das letztere eindringt, sondern mit weit grösserem unteren Abschnitte hinausragt. Hiedurch erklärt man auch den enorm grossen Blastoporus, welcher durch den Kreis umschrieben wird, in welchem sich das Epiblast zu den Umrissen des Hypoblastes anlegt. In dem Gastrulastadium von Rhynchelmis sieht man eine typische „Pachygastrula" im Sinne *Haeckels*.

In der engen, spaltförmigen Primitivhöhle zwischen dem Epi- und Hypoblast findet man auf einzelnen Schnitten bald spärlicher, bald zahlreicher vorhandene mesenchymatöse Zellen (vergl. Taf. X., Fig. 22., Fig. 21. *d*), welche sich meist dicht den oberen Hypoblastzellen anlegen und nur durch die Beschaffenheit des Plasmas und die unbedeutenden Dimensionen von den dotterreichen Hypoblastelementen sich unterscheiden. Welche Bedeutung diese Zellen haben, kann ich nicht entscheiden, höchst wahrscheinlich aber entsprechen sie denjenigen Elementen der Lumbricidenlarven, aus welchen sich bei den letzteren die larvaren Excretionsorgane aufbauen; in den Schnitten durch das Gastrulastadium von Rhynchelmis ist es allerdings höchst schwerlich sich vom Vorhandensein so feiner Canälchen, wie die Excretionsorgane der Lumbriciden, zu überzeugen. Das von uns als Gastrula bezeichnete Stadium hat auch *Kovalevsky* beobachtet und bildet dasselbe in Fig. 11. vom oberen Pole ab.

§ 6. Bildung der Mesoblaststreifen.

In dem Gastrulastadium scheint Rhynchelmis nur eine sehr kurze Zeit zu verharren, indem die grossen Mesomeren frühzeitig die Oberfläche des Epiblastes verlassen und in die primäre Furchungshöhle eindringen.

Dieser Process findet statt durch die gleichzeitige Thätigkeit sowohl des Epi- als Hypoblastes und schliesslich beider Mesomeren.

Diese letzteren dringen nämlich unter den Rand der Mikromeren hinein, so dass es scheint, als ob das Epiblast deren Oberfläche umwachsen würde. Die Längsschnitte zeigen dagegen sehr überzeugend, dass das Eindringen in die Furchungshöhle von den Mesomeren ausgeht, wohl aber auch von den Hypoblastzellen unterstützt wird; die letzteren haben sich nämlich bedeutend vermehrt und umgeben die ganze untere Peripherie der Mesomeren, so dass die letzteren in einer Hypoblastgrube liegen (vergl. Taf. X., Fig. 22., *ms*).

Solange sich die Mesomeren auf der Oberfläche befanden, konnte man sie als Epiblastbestandtheile betrachten; nach ihrem Eindringen zwischen beide primäre Blätter stellen sie aber Anlagen eines neuen Blattes vor, und wir werden sie weiterhin als Promesoblasten bezeichnen. In diesem einfachen Zustande verharren nun die Promesoblasten nicht lange; sobald sie nämlich zur Hälfte zwischen das Epi- und Hypoblast eingedrungen sind (Taf. X., Fig. 22. *ms*), beginnen sie bereits neue Elemente durch Knospung zu produciren. In der angezogenen Abbildung sehen wir, dass zwei Zellen vollständig vorliegen, während die dritte noch mit der Promesoblastkugel zusammenhängt. Die Knospung findet gleichzeitig aus beiden Promesoblasten statt und es entstehen anfänglich einfache Zellreihen, indem die Knospungsproducte sich hinter einander stellen. Von der Oberfläche ist es nicht möglich diese Reihen zu beobachten, aber auf den Querschnitten treten sie sehr deutlich hervor. Fig. 20. auf der Tafel X. zeigt einen etwas schiefen Schnitt durch das betreffende Stadium, wo die Promesoblasten durchgeschnitten sind, und mit der linken Kugel hängt eine Zellreihe (*ks*) zusammen, während auf der rechten Hälfte noch die Epiblastzellen getroffen erscheinen. Die betreffenden Producte der Promesoblasten erstrecken sich links und rechts halbkreisförmig unterhalb des Epiblastes, d. h. in der Gastrulahöhle, welche sich in Folge dessen um so deutlicher erweitert (Taf. X., Fig. 21. *ks*).

Die von den Promesoblasten producirten Zellreihen werden wir weiterhin als Keim- oder Mesoblaststreifen bezeichnen.

Ihre Zellen verharren aber nicht in einer einfachen Reihe, sondern theilen sich früher oder später, nach einiger Entfernung von den Promesoblasten, zunächst zu zwei, von denen die eine Zelle sich dem Epiblaste, die andere dem Hypoblaste anlegt. Noch weiter nach vorne theilen sich diese zwei Zellen zu zwei und jeder Keimstreif besteht aus vier Zellreihen. Der Vermehrungsprocess der Zellreihen in den Keimstreifen ist in Fig. 25. und 26., Taf. X. veranschaulicht. Die erstere Figur ist nach einem mit Chromsäure behandelten Praeparate wiedergegeben, und man kann in dem dichten Plasmainhalte der Promesoblasten den Kern nicht wahrnehmen; Fig. 26. ist dagegen nach einem in Chromessigsäure erhärteten Eie reproducirt und man sieht in dem Promesoblaste die normale Cytoplasmaspindel, die Periplaste und den bisher sich zur Theilung nicht anschickenden Kern. Die Keimstreifszellen, anfänglich zu einer, weiter zu mehreren Reihen angeordnet, liegen nicht in der durch die Spindel des Promesoblastes angedeuteten Achse; wenn also ein neues Mesoblastelement zu Stande kommen soll, muss sich die Spindel drehen — eine Regel, die wir in den vorgehenden Capiteln näher erörtert haben.

Das soeben beschriebene Stadium der Keimstreifbildung hat *Kovalevsky* richtig in seiner Fig. 11. und 12. von der Oberfläche abgebildet und schreibt darüber: „Durch die Bedeckung von Zellen des oberen Blattes werden die Zellen k und k' zu Zellen des mittleren Blattes, mit denen sie auch ihrer inneren Consistenz nach vollständig übereinstimmen. Diese beiden Zellen bleiben aber auch nicht ganz passiv, vielmehr sondern sie an ihrem vorderen Ende kleinere Zellen ab, welche sich unmittelbar an das mittlere Blatt anreihen." *Kovalevsky* nimmt also an, dass unsere Keimstreifen aus zwei Anlagen hervorgehen, und dass die Promesoblasten sich erst secundär an diesem Processe betheiligen. Unsere frühere Darstellung des Gastrulastadiums, so wie die frühzeitige Knospung der Promesoblasten zu Keimstreifen, welche von Anfang an paarig angelegt werden, beweisen am klarsten, dass das mittlere Blatt keinesfalls von den kleinen Epiblastzellen herstammen kann, sondern einzig und allein den grossen Promesoblasten am hinteren Pole der Gastrula seinen Ursprung verdankt. Übrigens hat *Kovalevsky* dieselben Bilder der Keimstreifenbildung, wie ich, vor sich gehabt, nur fasst er sie anders auf. Sein ursprüngliches mittleres Blatt, welches also angeblich aus den kleinen Epiblastzellen hervorgehen soll, bildet Anfangs eine ununterbrochene Zellschicht in der Höhle zwischen dem Epi- und Hypoblaste. Die vermeintlich später erfolgende paarige Anordnung des mittleren Blattes glaubt nun *Kovalevsky* folgendermassen zu erklären: „In Folge der schnelleren Ausbreitung der Zellen des oberen Blattes und vielleicht auch der Theilung der Zellen (Fig. 28. *n*) bildet sich ein Riss in der Mitte der Zellen des Muskelblattes, und die Zellen derselben lagern sich in zwei Stränge, welche schon auf der Fig. 11., noch besser an den nachfolgenden zu sehen sind. Diese Stränge bilden unter dem oberen Blatte rings um die Scheibe einen

Wall und endigen nach hinten in die jetzt durch Theilung viel kleiner gewordenen Zellen k und k'.

Die Vermehrung der Zellen in den Mesoblaststreifen muss offenbar nach einer bestimmten Regel vor sich gehen, so zwar, dass die einen zur bestimmten Zeit durch die Sprossung der Promesoblasten zu Stande kommen, während die bereits vorhandenen die Theilung eingehen. Dieser Process lässt sich nur am lebenden und günstigeren Materiale — als es die Eier von Rhynchelmis sind — ermitteln. Ich werde in einem späteren Capitel einige, in dieser Richtung angestellten Beobachtungen der Bildung der Mesoblaststreifen der Lumbriciden mittheilen, wodurch am klarsten der Nachweis erbracht wird, dass die Mesoblaststreifen, oder das mittlere Blatt *Kovalevsky's*, einzig und allein aus den ursprünglichen Mesoblastanlagen (Promesoblasten) hervorgehen.

Fig. 21. (Taf. X.) veranschaulicht uns nun das Verhalten der Keimblätter: das Epiblast stellt eine aus cylindrischen Zellen bestehende Schicht vor, deren Elemente aber nicht von gleicher Höhe sind, indem die der Peripherie sich nähernden nach und nach niedriger werden; die Hypoblastzellen sind noch gross und theilen sich bisher langsam.

Aber in dem nächstfolgenden, in Fig. 23., Taf. X. abgebildeten Stadium vermehren sich sowohl die Epiblast- als Hypoblastzellen. Die ersteren sind bedeutend niedriger als früher und umgeben mehr als die animale Hemisphaere. Die Mesoblaststreifen (*ks*) verlaufen in der Gestalt von aequatorialen Wülsten ringsum die Keimkugel. An den Stellen aber, wo die Mesoblaststreifen sich dem Epiblaste anlegen, wird das letztere höher, d. h. seine Zellen erscheinen von cubischer Gestalt, ihr Protoplasma ist dicht und färbt sich auch in Pikrokarmin intensiver roth, als die übrigen Epiblastzellen. Man sieht auch, dass die cubischen Epiblastzellen bereits eine deutliche Cuticularschicht (*cu*) zu produciren im Stande sind.

Auf der angezogenen Abbildung sieht man ferner, dass die Mesoblaststreifen ganz unabhängig vom Epiblaste dastehen, d. h. dass die Zellen des letzteren zwischen die Elemente der Keimstreifen nicht eindringen. Auf dem rechten Mesoblaststreifen sieht man nebstdem, dass hier eine grössere Zelle vorhanden ist, während die übrigen viel kleiner erscheinen. Andere Schnitte durch dasselbe Stadium, die ich aus oekonomischen Gründen nicht abgebildet habe, veranschaulichen, dass die Zellen der Mesoblaststreifen in beständiger Theilung sich befinden und dass die Elemente dieser Vermehrung nicht nur zur Verlängerung der Keimstreifen verwendet werden, sondern dass die überflüssigen Zellen aus den Mesoblaststreifen nach aussen treten und zwischen die mageren Epiblastelemente eindringen. Wir werden auf diese bedeutungsvolle Erscheinung weiter unten zurückkommen. Niemals aber verlaufen die Mesoblaststreifen auf dem Rande des Epiblastes, welche Thatsache gewiss gegen die Annahme *Kovalevsky's* spricht, dass sie durch Verdickung der Epiblastelemente zu Stande kommen.

Die in diesem Stadium bereits bedeutender vermehrten Hypoblastelemente sind nicht von gleicher Grösse; die der oberen Hemisphaere theilen sich viel rascher und bilden unter dem Epiblaste eine beinahe epithelartige Schicht, welche die übrigen grösseren polygonalen Hypoblastzellen bedeckt. Bezüglich des Inhaltes sind sowohl die kleinen als grossen Hypoblastzellen gleich, d. h. mit Dotterelementen erfüllt. Dem eben beschriebenen Querschnitte entspricht das auf der Taf. XI., Fig. 7. und 8. von der Oberfläche abgebildete Stadium (Vergröss. Zeiss C. oc. II. nach einem in Chromsäure erhärteten Praeparate). In Fig. 7. ist dieses Stadium in der Profillage gezeichnet und veranschaulicht den Verlauf und die Anordnung der Keimblätter. Mehr als die obere, ein wenig abgeplattete Hemisphaere ist vom Epiblaste bedeckt, während die untere Halbkugel aus Hypoblastzellen besteht. Der hintere Pol des Stadiums ist charakterisirt durch die grossen Promesoblasten *ms.* von denen die Mesoblaststreifen unter dem Epiblaste als Aequitorialwülste zum vorderen Pole verlaufen. Hier erscheinen andere fast senkrecht zu den Keimstreifen stehende, parallel neben einander verlaufende Zellgruppen (*k*).

Dasselbe von der unteren (vegetativen) Seite beobachtete Stadium (Taf. XI., Fig. 8.) zeigt die eigentliche Lage der erwähnten vorderen Zellgruppen (*k*), welche sich nach vorne berühren, nach hinten dagegen auseinander gehen. Inwieferne man dieselben von der Oberfläche bei dem auffallenden Licht und der erwähnten Vergrösserung beobachten kann, muss man dafür halten, dass sie aus je zwei Zellschichten bestehen; sonst aber scheint es, dass die Gestalt dieser vorderen Streifen sehr veränderlich ist, wie aus dem Vergleiche mit Fig. 6. (Taf. XI. *k*) hervorgeht.

Aus technischen Gründen ist es ganz und gar unmöglich, sich von der Structur der vorderen Zellgruppen verlässlich zu überzeugen; nur der Vergleich einer grösseren Anzahl der Praeparate von der Oberfläche führt zu der Überzeugung, dass die in Rede stehenden Gebilde als Anlagen des ersten Segmentes oder des Kopfes des zukünftigen Annulaten zu deuten sind. Was ferner den Ursprung derselben anbelangt, so kann es keinem Zweifel unterliegen, dass sie aus den Mesoblaststreifen hervorgehen: die letzteren kamen nämlich auf dem vorderen Pole in Berührung und nachdem sie ihre Elemente beständig vermehrt haben, erscheinen sie als deutlich wahrnehmbare Verdickungen (Taf. XII., Fig. 7.), welche sich schliesslich von den Muttersträngen abschnüren und die Anlage des ersten Segmentes oder des Kopfes vorstellen, wie in Fig. 6., 7. und 8. (*k*), Taf. XI. dargestellt ist.

Leider gelang es mir nicht eine tiefere Einsicht über die Kopfanlagen in diesem ersten Stadium ihrer Entstehung zu gewinnen, da es recht schwierig ist die Schnitte in der günstigen Lage und nothwendigen Feinheit zu führen. In einigen Fällen, wo es mir gelang die Schnittserien durch diese Kopfanlagen anzufertigen, fand ich dagegen nichts besonderes, wodurch sich dieselben von den Anlagen der übrigen Segmente unterscheiden sollten. Ich fand nämlich eine paarige Zellgruppe ohne besondere centrale Höhle, gerade so, wie man es von der Oberfläche sicherstellen kann. Die Zellgruppen berühren sich in der Medianlinie der Bauchseite und erweitern sich zu beiden Seiten der Hypoblastzellen gegen die Dorsalseite, nach und nach an Dicke abnehmend. *Kovalevsky* veranschaulicht einen derartigen Schnitt in seiner Fig 33., Taf. V.

Das weitere Stadium zeigt, dass das Epiblast den grösseren Theil des Hypoblastes bedeckt (Taf. XI., Fig. 9., 10.). Die Mesoblaststreifen verlaufen zu beiden Seiten dieses auf der Bauchseite nackten Hypoblastes, wobei die Anlagen des ersten Segmentes deutlicher als früher hervortreten.

Das besprochene Stadium ist in Bezug auf die Mesoblaststreifen in einem Querschnitte auf der Taf. X., Fig. 24. abgebildet, wobei die Verhältnisse zwischen dem Epi- und Hypoblaste klar hervortreten. Die Elemente des Epiblastes sind an den Stellen, wo sie die Mesoblaststreifen bedecken, cubisch und überhaupt höher, als in den übrigen Theilen, wo sie ganz abgeflacht und mager erscheinen. Dies erklärt sich aus der bereits oben berührten Thatsache, dass die einzelnen Elemente aus dem Verbande der Mesoblaststreifen austreten und zwischen die flachen und offenbar weniger theilungsfähigen Epiblastzellen eindringen und zur Bildung der Epiblastwülste Anlass geben. Die Elemente des so regenerirten Epiblastes sind an Protoplasma reicher, können sich in ergiebiger Weise theilen und auf diese Weise zur Schliessung des noch ziemlich weiten Blastoporrestes beitragen.

Der angezogene Querschnitt ist etwa in der Hälfte der Mesoblaststreifen geführt, welche letzteren hier als geschlossene Säckchen erscheinen. Die äussere epitheliale Platte legt sich an das Epiblast an und stellt die Somatopleura vor, während die innere Platte der Splanchnopleura entspricht. Die Hypoblastelemente gestalten sich in der äussersten Schicht als ziemlich kleine, abgeplattete Elemente, die nicht selten epithelartig angeordnet sind, wobei auch ihr Dotterinhalt nicht selten zu einer feinkörnigen Plasmasubstanz modificirt erscheint. Diese peripherischen Hypoblastzellen können auch aus dem Verbande des soliden Hypoblastes austreten und in den engen, spaltförmigen Raum zwischen dem Epi- und Hypoblast eindringen; auf diese Weise stellen sie mesenchymatöse Elemente vor, die aber in diesen Stadien um so schwieriger nachweisbar sind, je undeutlicher die primäre Furchungshöhle hervortritt.

Die sonst ganz flachen Zellen des Epiblastes erheben sich über die Mesoblaststreifen (Taf. X., Fig. 24. *ks*) als cubische, plasmareiche Elemente, welche eine feine Cuticula auf der Oberfläche absondern. Weiter nach unten sind die Epiblastzellen wieder niedriger und schliesslich ganz abgeflacht wie auf der oberen Hemisphaere. Die verschiedene Grösse und Höhe der Epiblastzellen erklärt sich am besten an solchen Schnitten, in welchen die Kerntheilungsfiguren der Mesoblastzellen enthalten sind. In Anbetracht der bisherigen Anschauungen über die morphologische Deutung der Keimblätter kann man hier die Thatsache constatiren, dass sich einzelne Mesoblastzellen vergrössern und theilen; die Theilungsproducte dieser Zellen ordnen sich aber nicht ausschliesslich zur weiteren Bildung, resp. Vervollständigung der Mesoblaststreifen an, sondern treten aus dem epithelialen Verbande derselben aus, um direct zwischen die flachen Elemente des ursprünglichen Epiblastes einzudringen und sich hier mit den letzteren an der Herstellung des cubischen Epithels zu betheiligen.

Die Sicherstellung der besprochenen Vorgänge an der Bildung, resp. Vervollständigung des Epiblastes durch die Mesoblastelemente, ist, wie gesagt, leicht an solchen Praeparaten ermöglicht, welche durch die günstigen, zur Statuirung der karyokinetischen Vorgänge nothwendigen Reagencien hergestellt wurden. Wo es nicht der Fall war, wo z. B. die betreffenden Stadien nur mit Chromsäure erhärtet waren, wie es bei unserer Darstellung (Taf. X., Fig. 23., 24.) der Fall war, dann erkennt man zwar die vergrösserten Mesoblastzellen der Somatopleura (wie in Fig. 23. links), aber von den Theilungsfiguren kann man sich hier nicht überzeugen; es können aber auch diese vergrösserten Zellen direct in das Epiblast eindringen und sich hier theilen; schliesslich kommen solche Figuren zu Gesicht, wo die getheilten Mesoblastzellen sich bereits in der epithelartigen Anordnung im ursprünglichen flachen Epiblaste befinden (Fig. 24. rechts).

Gleichzeitig mit der eben geschilderten Regeneration, resp. Stärkung des Epiblastes durch die Mesoblastelemente, schreitet die Keimstreifenverschiebung vom animalen zum vegetativen Pole der Embryonalkugel fort. *Kovalevsky* erklärt diesen Vorgang durch ein rascheres Wachsthum des oberen Blattes, also durch eine Umwachsung des Hypoblastes und der Mesoblaststreifen, und diese Deutung des russischen Forschers ist allgemein angenommen worden. Meiner Ansicht nach kann man eine solche Erklärung nicht als richtig betrachten, zumal man hier mit einer Reihe von gleichzeitigen Vorgängen rechnen muss, deren Resultat die schliessliche Verschiebung der Mesoblaststreifen auf die Bauchseite der Keimkugel ist. Dass die Epiblastzellen einer „Umwachsung" der grossen Embryonalkugel nicht fähig sind, geht aus ihrer mageren, ganz flachen Gestalt hervor, wodurch sie auch an der Theilungsenergie abnehmen. Dagegen muss man als den wichtigsten und massgebendsten Factor in dieser Richtung die fortschreitende Furchung, resp. Theilung der Hypoblastzellen, betrachten, welche Auffassung durch eine Reihe von Thatsachen begründet ist.

In dem von uns als Gastrula bezeichneten Stadium bestand das Epiblast aus verhältnissmässig nicht beträchtlicher Anzahl von cylindrischen und cubischen Zellen, das Hypoblast aus grossen Dotterzellen; zwischen beiden Blättern haben wir eine spaltförmige Furchungshöhle constatirt. Die ersten Rudimente der Mesoblaststreifen verliefen nun auf der animalen Fläche des Hypoblastes fast parallel neben einander. Wenn wir die Mesoblaststreifen später bedeutend von einander entfernt und links und rechts vom Hypoblaste verlaufend finden, so darf man als sehr wahrscheinlich betrachten, dass es die Hypoblastelemente waren, welche sich namentlich auf der oberen Fläche bedeutender vermehrt haben und auf diese Weise zum Auseinanderrücken der Mesoblaststreifen nach links und rechts Anlass gaben. Auf diesem Wege werden die Mesoblaststreifen bis auf den vegetativen Pol verschoben. Wir haben hier also mit einer gewöhnlichen Einsenkung des soliden Hypoblastes in das Epiblast zu thun, welcher Vorgang der Einstülpung des Hypoblastes bei der totalen, aequalen Furchung wesentlich entspricht, wo allerdings die sich vermehrenden Hypoblastzellen von Anfang an einen hohlen, nach aussen sich öffnenden Sack (Urdarm) bilden; in unserem Falle wird die Bildung einer solchen Höhle nur durch die enorme Grösse der Hypoblastzellen beeinträchtigt.

Obwohl die Angaben *Kovalevsky's* über den Ursprung der Mesoblaststreifen sehr unbestimmt lauten, so kann man doch soviel aus denselben annehmen, dass die Keimstreifen sowohl aus den grossen Promesoblasten, als aus den Epiblastzellen herstammen und in diesem letzteren Falle als eine Verdickung des Epiblastrandes erscheinen. Die mehreremals in den Handbüchern der Zoologie und Embryologie reproducirte, gewiss aber nicht ganz zutreffende Fig. 30. (Taf. IV.) der Abhandlung *Kovalevsky's* — welche meiner Fig. 23. (Taf. X.) entspricht — gibt der letzterwähnten Auffassung des genannten Forschers über den Ursprung der Mesoblaststreifen auf den Rändern des Epiblastes ihren Ausdruck.

Darüber kann offenbar keine Rede sein: zunächst sehen wir in unserer Fig. 23. (Taf. X.), dass das Epiblast sich noch weit über die Mesoblaststreifen erstreckt und dieselben bedeckt. Zweitens haben wir erkannt, dass einzelne Elemente aus dem Verbande der Mesoblaststreifen heraustreten und an der Vervollständigung des Epiblastes theilnehmen. Bei einer weniger zuverlässigen Methode kann nun leicht geschehen, dass die Zellen der eigentlichen Mesoblaststreifen so innig sich an und zwischen die Epiblastelemente anlegen können, dass die Streifen selbst als blosse Epiblastverdickungen scheinbar hervortreten. Auch die etwas schief geführten Querschnitte können zu einer solchen Auffassung Anlass geben.

Man kann also die in dem letzten Abschnitte geschilderten Vorgänge folgendermassen zusammenfassen:

Die Gestaltsverhältnisse des Epiblastes in den beschriebenen Stadien zeigen überhaupt darauf hin, dass es nur das Hypoblast ist, welches die Verschiebung der Mesoblaststreifen zur Bauchfläche des künftigen Embryo veranlasst und durch die Vermehrung seiner Elemente auf die Gestaltsverhältnisse der Epiblastzellen einwirkt. Die Anfangs hohen und mit reichem Plasma erfüllten Zellen des oberen Blattes (Taf. X., Fig. 21., 22. *ep*) werden im Verlaufe der weiteren Entwicklung flacher und mit spärlicherem Plasma und mageren Kernen versehen (Taf. X., Fig. 23., 24. *ep*). In diesem Zustande vermehren sie sich durch eigene Theilung nicht mehr, da man hier die gewöhnlichen karyokinetischen Figuren nicht findet.

Nur diejenigen Epiblastpartien, welche sich über den Keimstreifen erstrecken, erscheinen aus cubischen, nicht abgeflachten Elementen zusammengesetzt. Dies haben wir dadurch erklärt, dass sich

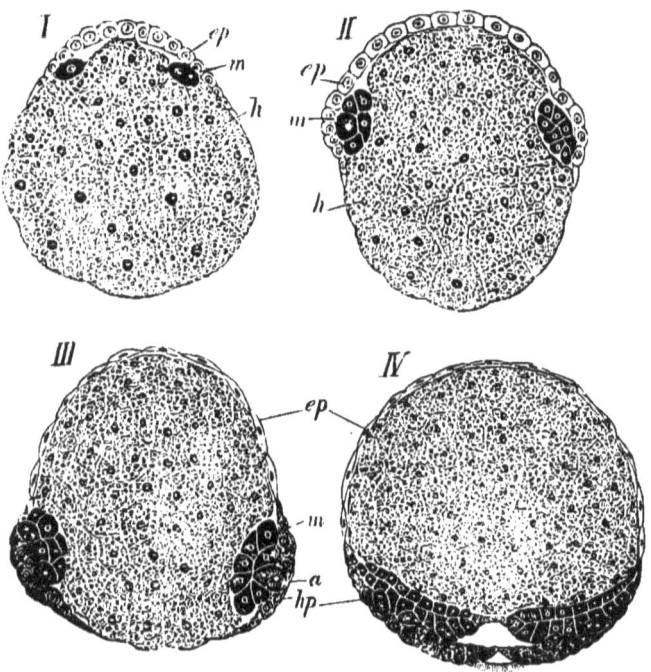

Fig. VIII *Halbschematische Darstellung der Keimstreifsverschiebung vom animalen zum vegetativen Pole.*

Allgemeine Buchstabenbezeichnung: *ep* Epiblast; *h* Hypoblast; *m* Mesoblaststreifen; *hp* Hypodermis; *a* die sich theilende und zwischen die Epiblastelemente eindringende Mesoblastzelle.

das primitive Epiblast durch einzelne Mesoblastzellen ergänzt. Diese plasmareichen Elemente können sich auch weiter theilen und durch ihre Producte zur Erweiterung des Epiblastes beitragen. Die gleichzeitig fortschreitende Vermehrung der äusseren Hypoblastzellen veranlasst dagegen, dass die anfänglich hohen Epiblastzellen durch den allseitigen Druck der ersteren abgeflacht werden.

Die Einsenkung des Hypoblastes in das obere Blatt hat also zur Folge, dass einerseits die Mesoblaststreifen von den Seitentheilen der Keimkugel allmälig nach unten verschoben werden, andererseits werden die Elemente des ursprünglichen Epiblastes durch die überflüssigen Zellen der Mesoblaststreifen ersetzt und das äussere Blatt dadurch gewissermassen regenerirt. Wenn schliesslich die Mesoblaststreifen ganz auf die untere Fläche des Hypoblastes verschoben werden oder — anders gesagt — wenn sich das Hypoblast tiefer in das Epiblast einsenkt, nähern sich die Ränder des letzteren auf der Bauchseite in dem Masse zu einander, dass der ursprünglich weite Blastoporus nach und nach verengt und schliesslich ganz geschlossen wird.

Der ganze Process wird in dem beiliegenden Diagramme veranschaulicht.

Man muss somit den ganzen Vorgang der Blastoporusschliessung — die wir in dem nachfolgenden Abschnitte noch eingehender erkennen werden — nicht auf die Umwachsung (Epibolie), sondern auf eine Art der Invagination zurückführen, wobei alle drei Hauptbestandtheile — das Epi- und Hypoblast, sowie die Mesoblaststreifen gleichzeitig thätig sind. Auf der Bildung der letzteren sind natürlich nur die Promesoblasten betheiligt.

Über die mesenchymatösen Elemente, die ich in der spaltförmigen Furchungshöhle zwischen Epi- und Hypoblast sichergestellt habe, kann ich in diesen späteren Stadien keine genaueren Aufschlüsse geben, da sie hier nicht mehr zum Vorschein kommen. Wahrscheinlich gehen sie während der Verschiebung der Mesoblaststreifen spurlos zu Grunde.

Capitel VI.

Furchung des Lumbriciden-Eies.

Dank der durchsichtigen Coconmembran und der hyalinen Eiweissflüssigkeit, war es möglich die Furchungsvorgänge von Rhynchelmis im frischen Zustande Schritt für Schritt und mit allergrösster Zuverlässigkeit zu verfolgen. Nicht so bei den Lumbriciden; bei allen in der Einleitung genannten Arten dieser Familie hat man bei der Untersuchung der Entwicklungsvorgänge mit bedeutenden Hindernissen zu kämpfen, wie bereits Eingangs dieser Schrift ausdrücklich hervorgehoben wurde. Die einzelnen Furchungsvorgänge kann man in der günstig auspräparirten Eiweissflüssigkeit an einem und demselben Eie höchstens in drei, vier nach einander folgenden Stadien ermitteln, später aber treten bereits Degenerationserscheinungen und Missbildungen ein, so dass man nur aus recht grosser Anzahl einzelner Stadien die ganze Furchungsreihe erschliessen kann. Diese ungünstige Eigenthümlichkeit der Lumbriciden-Eier hatte nun zur Folge, dass die Autoren, welche über die Furchung der in Rede stehenden Würmer berichten, nur höchst mangelhafte und meist irrthümliche Angaben über diese Entwicklungsvorgänge mittheilen, und nur dadurch konnte sich die Lehre von einer „typischen Gastrula" der Lumbriciden in die Wissenschaft einnisten und hartnäckig — durch die vermeintlichen, in jedem Falle aber irrthümlichen Beobachtungen — erhalten. Zur verlässlichen Ermittlung der Entwicklung und somit in der ersten Reihe der Furchung des Lumbriciden-Eies ist zunächst nothwendig sich eine möglichst grosse Anzahl der Cocons zu verschaffen und zu diesem Zwecke die Würmer in besonderen Terrarien zu züchten. Aus den einzelnen nach einander folgenden und verschiedenen Lumbriciden-Arten gewonnenen Furchungsstadien kommt man erst zu der richtigen Einsicht, dass die Furchung dieser Oligochaeten eigentlich keinesfalls von den entsprechenden Processen von Rhynchelmis abweicht.

Ich habe verzichtet auf die inneren Vorgänge der Kerntheilung der Lumbriciden einzugehen; in einzelnen Fällen, wo es mir gelang die betreffenden Stadien unverletzt aus der dichten Eiweissflüssigkeit zu befreien und mit günstigen Reagentien zu fixiren, konnte ich dieselben oder ähnliche Structurverhältnisse constatiren, wie bei Rhynchelmis.

§ 1. Die Zweitheilung des Eies

habe ich bei mehreren Arten gefunden und die von Allolobophora foetida auf der Taf. XIII., Fig. 12. abgebildet. Die Blastomeren sind von gleicher Gestalt und Grösse, woraus zu schliessen ist, dass das Ei sich direct zu zwei gleich grossen Hälften getheilt hat. Auch die Structurverhältnisse des Dotters sind in beiden Kugeln dieselben: die Höhlung zwischen beiden Blastomeren, die wir bereits bei Rhynchelmis erwähnt haben, existirt auch bei den Lumbriciden. Wenn man nun entsprechender Weise das eine Blastomer als das vordere, das andere als das hintere bezeichnet, so kann man sich über die weitere Theilung orientiren und sicherstellen, dass die ersten vier Kugeln in derselben Weise wie bei Rhynchelmis entstehen. Das vordere Blastomer theilt sich nämlich durch eine Meridionalfurche zu zwei Kugeln, von denen die rechte Anfangs grösser ist als die linke (Taf. XIII., Fig. 13.), bald aber wächst die erstere zur gleichen Grösse mit der linken heran. Das hintere Blastomer zeigt bereits eine Einschnürung (Taf. XIII., Fig. 13., 14.), welche andeutet, dass es sich in derselben Weise zu zwei ungleichen Kugeln theilt, einer rechten, grösseren und einer linken, kleineren (*a"*), und als die fast senkrechte Furche zu der ersten äquatorialen zu Stande kam, entsteht das Stadium von vier Blastomeren, welche sich in derselben Weise anordnen, wie bei Rhynchelmis. Das linke Blastomer wächst zur gleichen Grösse mit den vorderen zwei Kugeln heran, das rechte ist etwas grösser und kommt ganz nach hinten zu liegen, so dass man es hier mit dem kreuzförmigen Stadium von Rhynchelmis zu thun hat. Aber die verschiedene Grösse der Blastomeren ist hier nicht so auffallend, indem die drei vorderen Kugeln bis zur Grösse der hinteren heranwachsen. Nur bei Allolobophora putra habe ich drei kleinere vordere und eine grössere hintere Kugel gefunden. Bei Allolobophora trapezoides vergrössert sich neben der hinteren

Kugel auch das vordere, mittlere Blastomer, während die beiden lateralen etwas kleiner sind (Taf. XIV., Fig. 17.).

Die hier geschilderten ersten Furchungsstadien wurden von sämmtlichen Autoren gesehen, die sich mit der Embryologie der Lumbriciden beschäftigt haben. *Kovalevsky* beobachtete die ersten Furchungsstadien von „Lumbricus agricola": das Ei theilt sich „in zwei ganz gleiche Hälften, wobei leicht zu sehen ist, dass die Theilung des Keimbläschens der Theilung des Eies vorangeht". „Dann theilt sich eine der Furchungskugeln und es entstehen drei Kugeln (Fig. 2.); und jetzt theilt sich die grosse Kugel mit der kleinen fast zu gleicher Zeit, und so entstehen sechs Kugeln." Ich habe die Furchung der genannten Art nicht verfolgt und konnte mich von der Richtigkeit dieser letzten Angabe, wonach gleichzeitig sechs Blastomeren entstehen sollten, nicht überzeugen. Nach allen Erfahrungen, die ich aus den Furchungsvorgängen der Oligochaeten gewinnen konnte, muss ich die erwähnte Mittheilung nur mit einer Reserve annehmen, da ich mich überhaupt niemals mit der Thatsache bekannt gemacht habe, dass eine grössere Anzahl von Blastomeren die gleichzeitige Furchung eingehen sollte.

Nach *Bučinsky* theilt sich das Ei von L. terrestris „gewöhnlich" in zwei fast gleich grosse Blastomeren, und zwar durch eine äquatoriale Furche; aber in einzelnen Fällen pflegt das eine Segment kleiner zu sein als das andere.*) Vielleicht haben wir es hier mit denselben Vorgängen der Theilung und des Wachsthums zu thun, wie wir bei Rhynchelmis eingehend dargestellt haben. — Bei der weiteren Segmentirung theilt sich eine Kugel in zwei Blastomeren, in Folge dessen ein Stadium von drei Kugeln erscheint, von denen die eine weit grösser ist, als die beiden anderen. Durch gleichzeitige Theilung sämmtlicher dieser Kugeln entsteht die doppelte Zahl von Kugeln etc. *Bučinsky* bestätigt demnach fast wörtlich die Angabe *Kovalevsky*'s, ferner bemerkt er aber, dass es ihm in einigen Fällen gelang eine andere Furchung sicher zu stellen, solche nämlich, wo vier Segmente vorhanden waren.**)

---

*) l. c. „Uglublenija eti vdajutsja postepenno vъ massu jajca i děljatъ jego na dvě priblizitelno ravnyja časti; chotja i zděsь možno nerědko vstrětitь i takija uklonenija, pri kotorychъ odinъ izъ segmentovъ značitelьno raznitsja otъ drugago po svoej veličině."

**) l. c. „Izъ etogo fakta okazyvajetsja, čto ostavšijsja bolšij segmentъ prežde odnovremennago dělenija vsjechъ trechъ segmentovъ dělilsja na dvě samostojatelьnyja časti i sъ dvumja prežnimi davalъ stadiju, sostojaščuju izъ 4-chъ segmentovъ. Poslědnie prodolžajutъ dělitьsja vъ obyknovennomъ porjadkě."

Was die Beobachtungen *Kleinenberg's* über die Furchung von „L. trapezoides" anbelangt, so kann man sie jedenfalls für die eingehendsten in dieser Beziehung betrachten; indessen darf man die von diesem Autor mitgetheilten Thatsachen nicht für ein typisches Beispiel der Lumbriciden-Furchung annehmen, indem er eine Art zu diesem Zwecke gewählt hat, deren Eier meist je zwei Embryonen produciren, was allerdings — wie man später sehen wird — in der mannigfaltigsten Weise vor sich gehen kann, wie auch die gegenseitige Lage der Zwillingsembryonen in den verschiedensten Axen stattfindet. Das, was *Kleinenberg* über die späteren Furchungsstadien von „L. trapezoides" mittheilt, ist ein buntes Durcheinander von Beobachtungen über Zustände, die einmal Einzelembryonen, ein anderesmal die sich anlegenden und von dem Verfasser auch als solche erkannten Zwillinge vorstellen. Indem nun *Kleinenberg* dafür hält, dass jedes Ei je ein Zwillingsstadium produciren muss, fasst er die Einzelembryonen so auf, dass hier nur ein Individuum auf die Kosten des anderen zu Stande kommt, welches letztere aber nichts anderes, als die in einem späteren Abschnitte dieser Schrift eingehender darzustellenden Excretionszellen vorstellt.

Von den allerersten Furchungsvorgängen von „L. trapezoides" liefert dagegen *Kleinenberg* eine Beschreibung, die mit meiner wesentlich übereinstimmt: er hat die ersten zwei Blastomeren in derselben Gestalt, wie ich, gefunden und erwähnt ebenfalls eine Höhlung zwischen denselben. „Sometimes the centres of the planes of contact become slightly excavated, and so separate, leawing between them a central lentiform space, while the margins still remain firmly adhaerent." Dann hat *Kleinenberg* ebenfalls ein dreikugeliges Stadium beobachtet, wie dasselbe von *Kovalevsky*, *Ratzel* und *Warschavsky* und *Bučinsky* erwähnt wurde. „But the division into three blastomers does not occur in all the eggs of L. trapezoides, and is not indispensable to the regular progress of development." Wie es sich aber weiter mit den drei erwähnten Kugeln verhält, erfährt man vom Verfasser nichts, da er weiter nur die Furchung schildert, welche zur Bildung der Zwillinge führt.

Was das dreikugelige Stadium anbelangt, so kenne ich nur eine Art — nämlich Allurus tetraëder — deren Eier dasselbe während der Furchung durchmachen. Das Ei theilt sich durch eine äquatoriale Furche zu zwei gleich grossen Kugeln a und b. Die erstere bezeichnen wir als hinteres Blastomer; das vordere b theilt sich meridional zu zwei neuen Blastomeren b' und b'' (Taf. XIII.,

Fig. 19.), die fast zu gleicher Grösse mit *a* heranwachsen. Somit haben wir es hier mit einem dreikugeligen Stadium zu thun, wie es von L. terrestris und in seltenen Fällen von „L. trapezoides" bekannt ist. Das hintere Blastomer *a* theilt sich nämlich nicht gleich zu zwei gleich grossen Kugeln, sondern verharrt in seinem einfachen Zustande, bis es, wie die vorderen Furchungskugeln, je eine kleine, hyaline Zelle am animalen Pole producirt hat. Auf diese Weise entsteht ein Stadium mit drei dotterreichen Makromeren und drei durchsichtigen Mikromeren (Taf. XIII., Fig. 19.).

In diesem Stadium verharrt das Ei eine längere Zeit (in der herauspräparirten Eiweissflüssigkeit aus dem Cocon beinahe eine Stunde), während welcher sich in den Mikromeren bereits jene merkwürdigen Vorgänge abspielen, die wir später bei den larvalen Excretionszellen genauer erkennen werden: es bilden sich nämlich im Cytoplasma der Mikromeren vielfach verschlungene Canälchen, wodurch die Zellen wie durchbohrt erscheinen (Taf. XIII., Fig. 19., *m*). Die eine klare Flüssigkeit enthaltenden Canälchen der drei Mikromeren hängen offenbar zusammen, in Folge dessen und der steten Auffüllung derselben mit der Flüssigkeit die Mikromeren in dem Masse anschwellen, dass sie wie eine Kuppel den Makromeren aufsitzen, wobei es nicht selten recht schwierig ist, die Grenzen und Kerne der Mikromeren wahrzunehmen. Durch eine mächtige Contraction wird nun die Flüssigkeit aus den Zellen entleert und die Mikromeren erscheinen in ihrer ursprünglichen Gestalt und Grösse, ohne Canälchen und offenbar in einem Ruhestadium. Dann kommen die Kerne und Zellmembranen recht deutlich zum Vorschein.

Meiner Ansicht nach manifestirt sich in der erwähnten Flüssigkeit der Mikromeren ein Excretionsprocess bereits während der Furchung, erlangt aber seinen Culminationspunkt in den später geschilderten Larvenstadien.

Inzwischen vergrössert sich das hintere Makromer *a*, in seinem Plasma entsteht zuerst eine zierliche monocentrische, dann eine dicentrische Plasmastrahlung, was darauf hinweist, dass die Vorgänge der Blastomerentheilung in derselben Weise sich wiederholen, wie bei Rhynchelmis. Bald schnürt sich das Blastomer *a* ein und es entstehen zwei Kugeln *a'* und *a"*, die sich in der Weise anordnen, wie Fig. 20., Taf. XIII. veranschaulicht. Die durchsichtige Eiweissflüssigkeit von Allurus erlaubt diese Beobachtung unter dem Deckgläschen und ohne Wasserzusatz, infolge dessen man auch das weitere Schicksal dieser Blastomeren ermitteln kann. Nach der definitiven Herausbildung der neuen Makromeren — wobei die ursprünglichen drei Mikromeren (m) ihre Thätigkeit eingestellt haben — entsteht eine Drehung derselben, wie Fig. 21 (a', a'') von der Oberfläche und Fig. 22 im optischen Durchschnitte veranschaulicht. Bei der definitiven Anordnung der Makromeren kommt das Blastomer a' nach hinten zu liegen, während die übrigen grossen Kugeln sich so stellen, dass a'' nach links, b'' nach rechts und b' nach vorne zu liegen kommt, so dass schliesslich wieder das kreuzförmige Stadium zu Stande kommt, wie wir für All. foetida und trapezoides hervorgehoben haben. Mit der letzteren stimmt Allurus auch darin überein, dass sich das Blastomer b' vergrössert, während die seitlichen a'' und b'' kleiner bleiben. Der einzige Unterschied liegt darin, dass die ersten drei Mikromeren früher zu Stande kamen, als sich das hintere Makromer getheilt hat.

Die Mikromerenbildung bei Allolob. trapezoides, foetida, Lumb. rubellus erfolgt nämlich erst nach der vollendeten Bildung der ersten vier Makromeren und kommt zu Stande in ganz derselben Weise, wie bei Rhynchelmis. Die Kugel, welche ich analog dem grössten Makromer von Rhynchelmis als die hintere bezeichnet habe (Taf. XIV., Fig. 16., 17a'.), fängt an in dem inneren Rande, mit welchem sie die übrigen drei Zellen berührt, zu sprossen, und es erhebt sich über das Niveau der Makromeren ein blasser, der glänzenden Dotterkügelchen entbehrender Hügel (Fig. 16. a'). Dies ist der Anfang des Mikromers, welches in den mit Chromessigsäure behandelten und mit Pikrokarmin gefärbten Flächenpraeparaten ganz dieselben Structurverhältnisse der Spindeln aufweist, welche wir für Rhynchelmis statuirt haben. Auch die Stellung der Spindel und Kerne in den übrigen drei Blastomeren erinnert an denselben Process der künftigen Mikromerenbildung, wie bei Rhynchelmis. Thatsächlich entstehen auf dem animalen Pole die ersten vier Mikromeren und ordnen sich in der Weise an, dass jedes derselben über die Furche zwischen je zwei Makromeren zu liegen kommt. Ich habe ein derartiges Stadium von Allolob. foetida in Fig. 17., Taf. XIII. nach einem mit Osmiumsäure fixirten und mit Pikrokarmin gefärbten Praeparate in der Profillage dargestellt. Sowohl die Makro- als Mikromeren sind mit runden Kernen versehen, in denen regelmässig je zwei intensiv sich färbende Kernkörperchen vorhanden sind — eine Regel, der wir auch bei späteren Furchungsstadien begegnen werden.

Die Details der weiteren Furchung der Lumbriciden ist sehr schwierig zu erforschen und man muss eine ungeheuer grosse Anzahl der Cocons bald nach der Ablage öffnen, um den Übergang von den bisher geschilderten zu den späteren, häufiger vorkommenden Stadien zu Gesicht zu bekommen.

Im Nachfolgenden werde ich demnach einzelne Entwicklungsstadien von verschiedenen Arten beschreiben, von denen wohl zu ersehen ist, dass auch die weitere Furchung des Lumbriciden-Eies wesentlich der von Rhynchelmis entspricht, wenn es auch nicht möglich ist die den Mesomeren der letzt genannten Gattung entsprechenden Blastomeren sicher zu stellen.

Die dem eben besprochenen Stadium nächstfolgende Furchungsphase zeichnet sich durch die Vermehrung sowohl der Mikro- als Makromeren aus. Dieses Stadium von Lumbricus rubellus ist in Fig. 18., Taf. XIII. dargestellt. Das Makromer a' hat sich hier zu Segmenten a und a' getheilt, so dass man es jetzt mit fünf Makromeren zu thun hat, die in einer rosettenförmigen Anordnung sich befinden. Von den vier ursprünglichen Mikromeren haben sich die beiden hinteren vergrössert und dazu sind noch vier neue kleinere Zellen hinzugekommen. Dasselbe Stadium von All. foetida ist in Fig. 2., Taf. XIV. vom vegetativen Pole abgebildet.

Was die Beschaffenheit des Protoplasma der Blastomeren von Lumbricus rubellus anbelangt, so findet man sowohl die Mikromeren als Makromeren gleichgestaltet, indem ihr Zellinhalt eine undurchsichtige, bräunliche Substanz vorstellt, in welcher ein blasser Kern eingebettet ist. Aber bei Allolob. foetida differenzirt sich der Inhalt der neu entstandenen, den Mikromeren entsprechenden Kugeln zu einer hyalinen Substanz, die namentlich an der äusseren Peripherie als eine kernchenfreie Flüssigkeit erscheint.

In Fig. 1—6. der Taf. XIV habe ich eine Reihe von Furchungsstadien von All. foetida abgebildet, muss aber ausdrücklich hervorheben, dass ganz dieselben oder nur wenig abweichende Furchungsstadien auch für Allolobophora trapezoides giltig sind, die allerdings nur je einen Einzelembryo zu produciren im Stande sind.

Die ursprünglich als kleine, aus den Makromeren entstandene Furchungskugeln vergrössern sich bald und erreichen beinahe die Grösse der letzteren. Nur durch die etwas trübere Beschaffenheit des Protoplasma der ursprünglichen Makromeren unterscheiden sich die auf der vegetativen Hemisphaere befindlichen Furchungskugeln. Nun findet man bei All. foetida, dass eine grössere Anzahl der den Mikromeren entsprechenden Zellen vorhanden sind, während am vegetativen Pole bloss zwei grössere Kugeln erscheinen. Ein derartiges Stadium habe ich in der Profillage in Fig. 1., Taf. XIV. abgebildet, wo man drei animale und zwei grössere, mit dichterem Plasma erfüllte vegetative Kugeln sieht. Ein wenig älteres Stadium ist von vorne dargestellt (Taf. XIV., Fig. 3.), wo die animalen Zellen in der Weise sich vermehrt haben, dass das Makromer b des in Fig. 1. abgebildeten Stadiums ein neues Segment b' (Fig. 3.) abgegeben hat, während β (Fig. 1.) sich zu β' und β'' (Fig. 3.) getheilt hat. Es theilen sich nun fast gleichzeitig sowohl die animalen als vegetativen Zellen, welche letzteren nach und nach die ursprüngliche undurchsichtige Beschaffenheit verlieren und namentlich von der Oberfläche aus betrachtet fast dasselbe Aussehen bieten, wie die am animalen Pole befindlichen Kugeln. So gelangen wir schliesslich zu Stadien, die in Fig. 4. und 6. auf der Taf. XIV. abgebildet sind und von der Oberfläche aus betrachtet aus fast gleich grossen Elementen bestehen. Aber im optischen Durchschnitte sieht man doch den Unterschied zwischen den Zellen des animalen und vegetativen Poles. In Fig. 5., Taf. XIV., welche nach einem lebenden, von der Oberfläche aus betrachteten Furchungsstadium dargestellt ist, kann man keinen Unterschied in der Beschaffenheit des Protoplasmas und Differenzirung der Blastomeren erkennen; sie sind fast gleichartig, nur die oberen fünf Zellen (α—ζ) mehr als die übrigen durchsichtig. Im optischen Durchschnitte (Fig. 6) sieht man thatsächlich, dass die erwähnten Zellen eine Schicht am animalen Pole bilden und säulenförmig gegen das Centrum des Stadiums gestellt (α—ζ) sind. Die Kugeln des vegetativen Poles (a—d) sind dagegen viel grösser, zwar durchsichtig, aber doch mit einem mehr grobkörnigen Plasmainhalte versehen. Die Zellen c und d werden allmählig ganz durchsichtig.

Ähnliches, etwas jüngeres Stadium von Allolob. trapezoides ist im optischen Durchschnitte in Fig. 3., Taf. XX. dargestellt, wo man zwei grosse vegetative Zellen sieht, während die seitlichen sich zu theilen beginnen, um neue animale Elemente zu produciren. Fig. 4. auf der Taf. XX. stellt dasselbe Stadium von der Oberfläche vor. Desgleichen von Lumbricus rubellus in Fig. 10., 11., Taf. XX.

Das geschilderte Stadium, dessen Furchungskugeln in einfacher Schicht um ein Centrum gruppirt sind, möchte ich als eine Blastosphaera bezeichnen. Die centrale Furchungshöhle ist nur bei Lumbricus rubellus deutlicher, niemals aber erscheint sie so bedeutend, wie sie von manchen Seiten erwähnt wird. Bei Allolobophora foetida und trapezoides legen sich die Zellen des animalen und vegetativen Poles so dicht an einander, dass das centrale Lumen der Furchungshöhle in den meisten Fällen ganz verwischt wird.

Die zuletzt beschriebenen Furchungsstadien sind von meinen Vorgängern verschieden aufgefasst worden, obwohl es keinem Zweifel unterliegen kann, dass sowohl *Kovalevsky* als *Bučinsky* fast dieselben Stadien von L. terrestris vor sich gehabt haben; der erstere theilt nur sehr wenig darüber mit, indem er sagt: „Bei der weiteren Theilung werden die Unterschiede in der Grösse der Furchungskugeln fast vollständig ausgeglichen, und so erhalten wir ein Object, das auf der Taf. VI. abgebildet ist." Nur nach dieser Abbildung glaube ich schliessen zu müssen, dass *Kovalevsky* ein ähnliches Furchungsstadium beobachtete, wie es von seinem nächsten Nachfolger, *Bučinsky*, etwas eingehender dargestellt wurde und welches mit dem von uns bei Allolob. foetida, trapezoides und Lumbricus rubellus beobachteten übereinstimmt. Nur soll bei L. terrestris nach der Darstellung des genannten Autors (l. c. Fig. 3.) eine noch grössere Furchungshöhle vorhanden sein. Sonst glaube ich, dass *Bučinsky* darin nicht Recht hat, wenn er angibt, dass erst seit diesem Stadium eine Differenzirung in der Grösse und dem Plasmainhalte der Furchungskugeln eintritt.

§. 2. Bildung der Gastrula.

Fast sämmtliche Autoren, die sich mit der Embryologie der Lumbriciden befasst haben, nehmen an, dass hier „eine typische Gastrula" vorkommt. Diese Bezeichnung resultirt wahrscheinlich aus ungenügenden Beobachtungen, die in dieser Beziehung zuerst von *Kovalevsky* angestellt wurden. „Von diesem Stadium an," — so schildert der genannte Autor die Entstehung des uns beschäftigenden Furchungsstadiums — „beginnt der grosse Haufen zugleich mit der Vermehrung der Zellen sich etwas abzuflachen, wobei die Zellen, welche die untere Fläche bilden, ihr körniges Aussehen verlieren und auch viel heller werden..." „Man beobachtet dabei eine kleine, abgeflachte Furchungshöhle, welche auf dem vorhergehenden Stadium nur als eine einfache Spalte zu sehen war." „Auf diesen Stadien können wir nach der Lagerung und dem Bau der Zellen selbst zwei Zellenschichten oder Blätter unterscheiden. Die obere, aus Kernchen enthaltenden Zellen bestehende werden wir als oberes oder Sinnes-Blatt (v. Remak), die untere, aus kernfreien Zellen bestehende als unteres Blatt bezeichnen. Die weiteren Veränderungen bestehen in der Einstülpung, und die Öffnung derselben geht in die Mundöffnung über."

Die Beobachtungen der weiteren Furchungsvorgänge bei Lumbriciden sind höchst schwierig und man muss recht zahlreiche Stadien zu

Gesicht bekommen, bevor man im Stande ist ein Urtheil über das
Schicksal der oben dargestellten Kugeln des animalen und vegetativen
Poles zu fällen. Wenn ich die Schwierigkeiten bei diesen Untersuchungen genau kenne, so kann ich mit vollem Gewissen die Angaben *Kovalevsky's* über die Bildung der Gastrula als ganz verfehlt
und seine Abbildungen nur als schematisch bezeichnen. Richtig hat
Kovalevsky nur die Abflachung des betreffenden Stadiums beobachtet.

Die „typische Gastrula" der Lumbriciden hat eine allgemeine
Anerkennung erreicht und ist als solche aus theoretischen Gründen
von einem Autor (Hatschek) der „Amphigastrula" von Rhynchelmis
gegenübergestellt worden. *Bučinsky* scheint nicht eingehendere Beobachtungen über die Bildung der Gastrula angestellt zu haben, nimmt
aber eine Einstülpung des vegetativen Poles in das animale an. Schliesslich darf man sich nicht wundern, dass alle diese Angaben auch neuerdings von *Wilson* bestätigt werden. Die Arbeit dieses Autors verdient
aber hier, wie in manchen anderen, später eingehend zu besprechenden
Beziehungen kein Vertrauen, da sie die unbegründeten und deshalb
von vielen Seiten zurückgewiesenen Angaben eines anderen Autors
(Hatschek) als richtig annimmt und dieselben zu bestätigen versucht.
So verhält es sich auch mit der Mittheilung über die Furchung von
„L. olidus" (sic!). Nach *Wilson* ist die Furchung „unequal and in
its general features is similar to that of L. communis (trapezoides)
as described by Kleinenberg". „The gastrula is formed by embolic invagination." Dass von einem solchen Vorgange — wenigstens bei den
von mir untersuchten Arten — keine Rede sein kann, beweisen nachfolgende Thatsachen, die ich speciell an Allolobophora putra
sichergestellt habe und die ich durch Beobachtungen an anderen
Arten unterstützen kann: die Resultate dieser Untersuchungen weisen
nun darauf hin, dass die Gastrula der Lumbriciden mit der von
Rhynchelmis wesentlich übereinstimmt.

Die hyalinen Zellen, die wir auf der animalen Hemisphaere des
bisher geschilderten Furchungsstadiums erkannt haben, theilen sich
nach Allem viel rascher als die der vegetativen Hälfte, welche letztere
nur aus zwei oder vier grossen Kugeln besteht, die der Beschaffenheit ihres Plasmainhaltes und der Grösse nach mit der ursprünglichen
Eiform übereinstimmen und den Makromeren von Rhynchelmis entsprechen. Dieses Stadium von Allolob. putra ist in Fig. 9. auf
der Taf. XIV. von der unteren Seite abgebildet. Die Zellen der animalen Hemisphaere sind bereits in grösserer Anzahl vorhanden und
bedecken von oben und seitlich die erwähnten zwei Zellen.

In dem nächsten Stadium theilen sich aber die letzt erwähnten vegetativen Zellen viel rascher als die animalen Kugeln, wonach die Beschaffenheit des Cytoplasmas sich bald verändert. Die Zellen der animalen Hälfte bestehen aus feinkörnigem, weniger durchsichtigem Inhalte, während die Elemente der vegetativen Hemisphaere mit hyalinem, fast homogenem, glänzendem Plasma erfüllt sind. Meiner Ansicht nach findet diese Erscheinung darin ihre Erklärung, dass die oberen, bisher in einem Ruhestadium befindlichen Zellen von jetzt an rascher assimiliren, als die in der beständigen Theilung begriffenen Kugeln des unteren Blattes; wir können nämlich von jetzt an die Zellen der animalen Hälfte als epiblastische, die der anderen Hälfte dagegen als hypoblastische bezeichnen. Das beschriebene Stadium von Allolobophora putra hat eine ellipsoide Gestalt und ist in Fig. 10., Taf. XIV. von der Oberfläche und in Profillage dargestellt. Die aus feinkörnigen, dunkeln Zellen bestehende Schicht stellt das Epiblast vor, während die Hypoblastzellen hyalin erscheinen. Die letzteren sind theilweise vom Epiblaste bedeckt, während ein grösserer Theil der Hypoblastzellen unbedeckt ist. Der vordere Pol des Stadiums ist durch eine Zelle gekennzeichnet, die sich in Bezug auf den Inhalt von den übrigen Zellen des oberen Blattes nicht unterscheidet, wohl aber durch die beträchtlicheren Dimensionen von denselben verschieden ist. In der angezogenen Abbildung ist die Zelle zwar nicht so auffallend, indem sie von den umliegenden Elementen theilweise bedeckt ist. Anders dagegen, wenn man das Stadium im optischen Längsschnitte betrachtet, wonach die Gestaltsverhältnisse beider Keimblätter ganz klar hervortreten. Ich habe diesen optischen Längsschnitt in Fig. 11., Taf. XIV. veranschaulicht. Zwischen dem einschichtigen Epiblaste und den Hypoblastkugeln sieht man nur unbedeutende Lücken als Reste der ursprünglichen Furchungshöhle, d. h. der spaltförmigen Höhle, welche zwischen den animalen und vegetativen Zellen oben erwähnt wurde.

Dank der Durchsichtigkeit dieses Stadiums erscheinen die beiden Keimblätter in der angezogenen Abbildung in ungemein deutlicher Ausprägung. Die Epiblastzellen (e) bedecken halbkreisförmig die grossen Hypoblastkugeln (h), welche sich zu zwei Schichten anzuordnen beginnen, ohne jedoch Anlass zu einer Höhlung zu geben. Am vorderen Pole sieht man die grosse Epiblastzelle x, während nach hinten eine ebenfalls vergrösserte Kugel m erscheint, von der aber recht schwierig zu entscheiden ist, ob sie als ein vergrössertes Epi- oder Hypoblastelement zu deuten ist. Es gelang mir nämlich durch directe Beobachtung die Entstehung dieser Zelle nicht sicher zu stellen, und ich kann somit nur die Vermuthung aussprechen, dass sie ein vergrössertes Epiblastelement vorstellt. Zur Begründung dieser Ansicht führe ich nur die Thatsache an, dass die Zelle *m* direct mit den gewöhnlichen Epiblastzellen zusammenhängt, während sie mit dem Hypoblaste in keiner näheren Beziehung zu stehen scheint. Ich glaube somit, dass sich eine gewöhnliche, kleine Zelle zwischen das Epi- und Hypoblast eingesenkt und hier sich bedeutend vergrössert hat.

Das betreffende Stadium habe ich auch von der Bauchseite abgebildet (Taf. XIV., Fig. 14.), wo man ersehen kann, dass die erwähnte Zelle *m* in der Medianlinie liegt und sich von den übrigen Zellen durch eine reichlichere Strahlenbildung um den Kern kennzeichnet. Die vordere Epiblastzelle *x* hat eine enorme Grösse erreicht und ist mit einem grossen glänzenden Kern mit zwei Kernkörperchen versehen.

Das beschriebene Stadium von Allolobophora putra glaube ich also mit Recht als Gastrula auffassen zu müssen; sie entstand hier wie bei Rhynchelmis durch eine raschere Theilung der Hypoblastelemente, welche sich nach und nach, ohne sich zur Bildung einer Höhle zusammenzustellen, in das inzwischen wachsende Epiblast eingesenkt haben, wodurch die Gastrula von dem vegetativen Pole aus als allmälig abgeplattet erscheint. Die Abplattung also, über welche zuerst *Kovalevsky* bei „Lumbricus agricola" berichtet, wird man auf diesen Process zurückführen können. Da nun auch bei All. putra keine „Urdarmhöhle" vorhanden ist und die Hypoblastzellen nur theilweise vom Epiblaste bedeckt sind, so liegt uns hier wieder eine Pachygastrula, wie bei Rhynchelmis, vor.

Ein jüngeres Stadium, welches ich als ein Übergangsstadium von dem in Fig. 9. (Taf. XIV.) abgebildeten zu der eben beschriebenen Gastrula betrachte, habe ich auf der Taf. XX., Fig. 16. von der Oberfläche und in Fig. 12. und 13. auf der Taf. XIV. im optischen Durchschnitte in zwei nach einander folgenden Stadien dargestellt. In Fig. 12. sieht man, dass die Epiblastzellen nicht von gleicher Höhe sind, indem die des hinteren Poles stark abgeplattet erscheinen, während die am vorderen Pole sich über die übrigen hervorwölben. Namentlich zeichnet sich die vordere Zelle durch ihre Grösse von den übrigen aus und ist bereits mit einer lichtbrechenden Secretvacuole versehen; die letztere Eigenthümlichkeit dieser polaren Zellen werden wir später eingehend behandeln.

Was uns bei dem geschilderten Stadium zunächst interessirt, ist die rege Theilung der grösseren, glänzenden Hypoblastzellen, die wir als Nachkommen der ursprünglichen zwei grossen Furchungskugeln vom Stadium Fig. 9. ansehen müssen. Ferner ist hier auffallend, dass die Zellen keine bestimmte Anordnung haben, sondern eher als ein Haufen grosser hyaliner Kugeln innerhalb des Epiblastes liegen. In Fig. 12. (Taf. XIV.) sieht man namentlich zwei in der Theilung begriffene grosse Hypoblastzellen, welche nach der etwa 30 Minuten dauernden Theilung schliesslich die in Fig. 13., Taf. XIV. reproducirte Anordnung annehmen. Wenn aber in diesem Stadium die grosse Zelle *m* des späteren Gastrulastadiums bisher nicht vorhanden ist, so muss man dafür halten, dass dieselbe erst nach der vollbrachten Anordnung der Hypoblastkugeln zu Stande kommt.

In dem Gastrulastadium selbst spielt überhaupt die rasche Theilung und die definitive Anordnung der Hypoblastzellen die wichtigste Rolle, während die Epiblastzellen sich während dieses Processes mehr passiv verhalten, trotzdem sie sich weiter, aber nur sehr langsam theilen. Später scheint die Vermehrung der letzteren intensiver zu sein, was offenbar von einem reicheren Stoffwechsel abhängig ist und sich auch in dem äusseren Aussehen der Zellen kundgibt. Die ersteren werden nämlich mit einem hyalinen, fast homogenen Cytoplasma versehen, während umgekehrt die Hypoblastzellen von jetzt an mit undurchsichtigen, grobkörnigen und dotterartigen Plasmapartikeln erfüllt sind (Taf. XIV., Fig. 15., *h*). Die untere Fläche des Hypoblastes ist der ganzen Länge nach unbedeckt.

Wie verhält es sich nun mit der grossen, unpaarigen Zelle *m* in dem geschilderten Gastrulastadium? Dies ist aus der Fig. 15., (Taf. XIV., *m*) ersichtlich; sie theilt sich zu zwei Elementen, welche sowohl durch ihre Grösse, als durch den Inhalt und radienartige Anordnung des Cytoplasma auffallend sind.

Die beschriebene Gastrulabildung ist nicht nur für Allolobophora putra giltig; ich habe sie auch bei Allolobophora trapezoides, ferner bei All. foetida und Lumbricus purpureus sicherstellen können und glaube behaupten zu dürfen, dass dieser Vorgang der Gastrulabildung für alle Lumbriciden als typisch anzusehen ist; die unbedeutende, in den meisten Fällen nur spaltförmige Furchungshöhle verhindert wohl die Bildung einer „typischen Gastrula".

Das Gastrulastadium von Allolobophora putra ist durch eine bilaterale Symmetrie ausgezeichnet, ebenso das von All. trapezoides und Lumbricus purpureus. Die bilaterale Symmetrie ist hier sowohl durch die grossen Promesoblasten, als vornehmlich durch die enorme vordere Epiblastzelle ausgeprägt. Schwieriger ist die Symmetrie bei Allolob. foetida zu ermitteln, was seinen Grund hauptsächlich darin hat, dass hier die grossen Epiblastzellen, oder, wie wir sie weiter unten bezeichnen werden — die Excretionszellen, durchaus fehlen. Auch die verhältnissmässig späte Entstehung der Promesoblasten ist für diese Art charakteristisch, wobei allerdings zu erwägen ist, dass die Verfolgung dieses Vorganges mit bedeutenden Schwierigkeiten verbunden ist. In Fig. 8., Taf. XIV. habe ich das Stadium mit den in Einsenkung begriffenen Hypoblastzellen (*h*) in das äusserst schwache Epiblast (*e*) dargestellt. Von der Bauchseite ist das Stadium bedeutend abgeplattet. Die Hypoblastzellen sind rein kugelig, mit dichtem, fettigem Inhalte versehen, welcher auch in späteren Stadien in gleicher Beschaffenheit erscheint. Von der Bauchseite aus betrachtet, ist das Gastrulastadium kreisförmig und man sieht hier (Taf. XIV., Fig. 7.) nichts von den Promesoblasten. Die letzteren erscheinen in etwas späterem Stadium und haben ganz dieselbe Beschaffenheit des Protoplasma wie die Hypoblastzellen, nur zeichnen sie sich durch ihre bedeutende Grösse aus (Taf. XV., Fig. 1. *m*). Sie entstehen offenbar wie bei Allolob. putra auf dem hinteren Gastrularande, rücken aber später mehr gegen die Rückenseite zwischen das Epi- und Hypoblast. Die angezogene Abbildung gehört allerdings bereits einem späteren Stadium an, solchem nämlich, wo die Epiblastränder sich bedeutend auf der Bauchseite genähert haben und der Blastopor hinten als ein stark verengter Schlitz (*b*) erscheint. Aber die entsprechenden Charaktere der Promesoblasten sind hier nach wie vor erhalten.

Bevor wir auf die weiteren Entwicklungsvorgänge der Lumbriciden eingehen werden, müssen wir nochmals auf die drei durchbohrten Zellen von Allolob. putra hinweisen, die wir bereits während der Furchung bei dieser Art sichergestellt haben und die vermuthen lassen, dass ein Excretionsprocess schon sehr früh stattfindet. Es gelang mir nicht ähnlich sich gestaltende Elemente auch bei irgend einer anderen Art zu statuiren und ebenso kann ich nichts von dem Schicksale und Verhalten dieser Zellen bei Allolobophora putra zu den späteren grossen Epiblastzellen mittheilen. Namentlich gelang es mir nicht sicher zu stellen, ob eine von den ersten — und wie gesagt durchbohrten — Mikromeren der vergrösserten Epiblastzelle entspricht, die wir am vorderen Pole der Gastrula hervorgehoben und darauf hingewiesen haben, dass diese Zelle zu gewissen Zeiten mit grosser Vacuole versehen ist. Diese Vacuole enthält eine hyaline, lichtbrechende Flüssigkeit, welche sich nach und nach in dem Plasmainhalte anhäuft und schliesslich durch plötzliche Contraction der Zelle — nach der Art der Protozoenvacuole — nach aussen entleert wird. In den nachfolgenden Abschnitten werde ich die polaren Zellen als Excretionszellen anführen und bemerke von vornherein, dass derartige Elemente für sämmtliche Lumbriciden — mit Ausnahme von Allolobophora foetida — charakteristisch sind. Sie kommen meist zu drei, aber auch zu vier bis fünf vor, doch kann ich nicht mit Bestimmtheit angeben, ob sie durch Theilung der ursprünglichen einzigen Zelle zu Stande kommen, oder ob sie der Vergrösserung der kleinen Epiblastzellen ihren Ursprung verdanken. In den späteren Entwicklungsstadien sind diese Excretionszellen sowohl durch ihre Grösse als Inhalt und die Contractionsfähigkeit sehr auffallend. Bei einigen Arten verharren die Excretionszellen sehr lange auf der Oberfläche und sind als Bestandtheile des Epiblastes leicht erkennbar, während sie bei anderen Formen sehr früh, bereits im Gastrulastadium sich zwischen das Epi- und Hypoblast einsenken. Ein derartiges Gastrulastadium von Lumbricus purpureus habe ich in Fig. 14., Taf. XVIII. abgebildet. Das aus cubischen Zellen bestehende Epiblast bedeckt die ganze Rückenfläche, während sie gegen die Bauchfläche nach und nach niedriger werden. Die grossen Promesoblasten befinden sich mehr auf der Rückenseite zwischen dem Epi- und Hypoblast, doch bezeichnen sie immer den hinteren Pol des Körpers. Der vordere Körperpol wird dagegen durch die drüsigen Excretionszellen (x) gekennzeichnet, die ebenfalls zwischen dem Epi- und Hypoblaste liegen, aber auf der Bauchfläche doch noch unbedeckt erscheinen. Ihr grobkörniger, dunkler Plasmainhalt und die in verschiedenen Richtungen sich schlingenden intracellulären Canälchen weisen auf ihre Drüsennatur hin. Weiter unten werden wir die physiologische Function dieser merkwürdigen larvalen Organe eingehend besprechen, sowie die Angaben früherer Autoren über diesen Gegenstand kritisch beleuchten.

§. 3. **Schliessung des Blastoporus. Das Larvenstadium.**

Während der Theilung der Hypoblastzellen und Einsenkung derselben in das Epiblast erweitern sich die Zellen des letzteren durch den auf dieselben geübten Druck und so erstreckt sich allmälig das obere Blatt vom Rücken zu beiden Seiten und schliesslich auch zur Bauchfläche. In Folge dieses Vorganges verengt sich der Blastoporus und da die Schliessung von hinten nach vorne fortschreitet, so ist der Blastopor hinten verengt und nach vorne erweitert. Derartige Stadien sind jedoch ziemlich schwierig zu finden, vornehmlich auch dadurch, dass der von Epiblasträndern umschriebene Blastoporus nur von der Bauchseite und erst nach gewissen Beobachtungserfahrungen — bei hoher Einstellung — sicher zu stellen ist. Thatsächlich habe ich derartige Stadien nur recht spärlich gefunden und dies noch in solchen Entwicklungsformen, deren vorderen Excretionszellen gewissermassen verkümmert waren. Eines solcher Stadien habe ich in Fig. 4., Taf. XVI. abgebildet. Der Blastopor stellt hier eine ziemlich grosse Öffnung vor, die nach vorne sich bedeutend erweitert, nach hinten dagegen stark verschmälert erscheint. Von diesem hinteren Ende schreitet nun die Schliessung des Blastoporus nach vorne fort, wodurch die Öffnung allmälig kleiner wird, wie es das Stadium von Allolobophora trapezoides Fig. 10., Taf. XIX. in der Profillage veranschaulicht. Man sieht hier, dass am Vorderrande des Blastoporusrestes eine grosse Excretionszelle (x) hoch über die Oberfläche der Larve hervorragt, indem sie eben eine grosse mit hyaliner Flüssigkeit erfüllte Vacuole enthält. Die Zellen des Epiblastes stellen grosse, vielseitige Elemente mit klarem Cytoplasma und runden Kernen vor.

Der Blastopor wird schliesslich auf eine runde oder ovale Öffnung reducirt, die sich ganz auf den vorderen Körperpol, direct unter die grossen Excretionszellen (wenn sie vorhanden sind) beschränkt, wie es Fig. 2. (Taf. XVI.) von Allolobophora putra und Fig. 16. (Taf. XVIII.) und Fig. 2. (Taf. XV.) von Allolob. foetida veranschaulichen.

Der Blastoporusrest beschränkt sich nur auf das Epiblast und kommt daher in keine näheren Beziehungen zum Hypoblaste, dessen bisher unregelmässig angeordnete Elemente sich in diesen Stadien zur Bildung einer Urdarmhöhle anzuordnen beginnen und dadurch einen allseitig geschlossenen Sack bilden. Von allen Arten fand ich aber auch Stadien, an denen es mir niemals möglich war, eine Öffnung im Epiblaste — d. h. den Blastoporusrest — sicher zu stellen, wobei allerdings zu berücksichtigen ist, dass man an so winzig kleinen Objecten die Beobachtungen nur an Flächenpräparaten, nicht aber an Schnitten anzustellen vermag. Auch die ungünstigen Eigenthümlichkeiten der sich bildenden Larven, wie z. B. der stark lichtbrechende Inhalt der Hypoblastelemente von Allolob. foetida und chlorotica, erschweren recht bedeutend die Entdeckung des Blastoporusrestes.

Das Stadium also, dessen Hypoblast bereits grösstentheils vom Epiblaste, bis auf den kleinen Blastoporusrest — umwachsen ist, stellt das jüngste Larvenstadium vor, dessen nähere Beschreibung die nachfolgende ist:

Das Larvenstadium der Lumbriciden erkennt man in der auspräparirten Eiweissflüssigkeit nach einer rotirenden Bewegung, welche um so lebhafter ist, je dünner das Eiweiss der einzelnen Arten ist und je weniger der Larvenkörper mit dem sich entwickelnden Annulatenkörper beladen ist. Die Larven der Arten mit flüssigem, durchsichtigen Eiweiss bewegen sich also viel rascher als die mit der dichten Eiweissflüssigkeit. Als Beispiel der ersteren führe ich Allurus tetraëder und Allolobophora putra an; die Larven der letztgenannten Art rotiren äusserst rasch, so dass es nöthig ist dieselben eine ziemlich lange Zeit zu beobachten, bevor sie gewissermassen müde die Bewegungen einzustellen beginnen und in diesem Zustande ihre Organisation erkennen lassen. Die rotirenden Bewegungen werden durch den dichten Flimmerbesatz der Bauchfläche ausgeübt, und zwar schlagen die Wimpern von hinten nach vorne. Die in der Profillage betrachtete Larve von Allolob. putra (Taf. XV., Fig. 7.) erscheint auf der Rückenseite abgeflacht, auf der Bauchseite abgerundet, nach vorne verschmälert, nach hinten etwas erweitert. Die Epiblastzellen der Rückenseite sind ganz flach, die der Bauchfläche etwas höher und mit Flimmercilien besetzt. Der vordere und hintere Körperpol ist durch grosse Zellen ausgezeichnet, welche eingehender besprochen werden müssen.

Am Vorderende sieht man zwei solche Zellen (x), die nur auf der Rückenfläche vom Epiblast bedeckt zu sein scheinen, während sie nach unten frei liegen und mit einem dunkeln, undurchsichtigen Inhalte erfüllt sind, den wir bereits früher erwähnt haben. Am hinteren Pole liegt auf der Rückenseite das grosse Promesoblast (m) und dessen nächstes Theilungsproduct (ma), beide mit hyalinem, körnigem Inhalte versehen; im jüngeren Stadium pflegt nur das ursprüngliche nicht getheilte Promesoblast (m) vorhanden zu sein.

Dieselbe Larve habe ich auch von der Rückenfläche abgebildet (Taf. XV., Fig. 6.); sie ist von fast kugeliger, nur nach vorne ein wenig verschmälerter Gestalt; die Abbildung veranschaulicht die allgemeine Lage der Excretionszellen und Promesoblasten. Von den ersteren (x), die zu drei vorhanden sind, befindet sich die mittlere auf der Rückenseite, während die beiden seitlichen, theilweise von der medianen bedeckt, auf der Bauchseite links und rechts gelagert sind. Die grossen, auf der Rückenfläche des Hypoblastes am hinteren Pole liegenden Promesoblasten (*m*) zeichnen sich durch die grossen, bläschenartigen, mit hyalinem Plasma und je zwei glänzenden Kernkörperchen versehenen Kerne aus; zu beiden Seiten der Promesoblasten befinden sich nun die ersten Theilungsproducte (*ma*) derselben, auf die wir weiter unten noch zurückkommen werden.

Dasselbe mehr von der Bauchseite und im optischen Durchschnitt betrachtete Stadium ist in Fig. 8., Taf. XV. dargestellt. In den Epiblastzellen sind die Kerne durchaus mit je zwei Kernkörperchen versehen (*e*); das Hypoblast bildet einen allseitig geschlossenen Sack — das Mesenteron — dessen grosse Zellen mit grobkörnigem, dotterreichem Inhalte erfüllt sind. Das ein wenig ältere Stadium ist in Fig 9., Taf. XV. dargestellt, wo sich die mediane Excretionszelle in der Querachse getheilt hat (*x*) und es sind jetzt vier solche Elemente vorhanden, welche aber nicht in jeder Larve in dieser Anzahl vorkommen, indem die ursprünglichen drei Drüsenzellen auch später fungiren können.

Die Larven der übrigen Lumbriciden entsprechen in diesem jüngsten Stadium der beschriebenen Gestalt von Allolob. putra und weichen nur in Einzelnheiten von derselben ab. So ist z. B. die Larve von Allolobophora trapezoides, von der Rückenfläche aus betrachtet, nach vorne mehr als hinten erweitert, was aber von dem Zustande der Excretionszellen abhängig ist (vergl. Taf. XIX., Fig. 8., 9.); sie kann auch ganz elliptisch werden, wie Fig. 7. auf der Taf. XIX. veranschaulicht, oder beinahe regelmässig kugelig, wie die Larve von Dendrobaena octaëdra.

Fig. 15—19. auf der Taf. XVIII. veranschaulicht die Larvengestalt von Lumbricus purpureus in verschiedenen Lagen, woraus man ersehen kann, dass dieselbe von dem Contractionszustande der Excretionszellen abhängig ist.

Das beschriebene Stadium ist meiner Ansicht nach der freilebenden Larve der Polychaeten gleichzustellen, doch müssen wir die nähere Vergleichung derselben einem der späteren Capitel dieser Schrift überlassen; wir wollen bei dieser Gelegenheit nur darauf aufmerksam machen, dass es in den Larven der Lumbriciden an Organen fehlt, die für die Larven der Polychaeten charakteristisch sind, wie der Schlund und After, Sinnesorgane und Nervensystem. Das Cocon-

leben der ersten Entwicklungsstadien veranlasst demnach, dass die
Larven der Lumbriciden stark degenerirt erscheinen. Der in den
meisten Fällen nachweisbare Blastoporusrest entspricht dem Munde
der Polychaetenlarven, während der Schlund bei den Lumbricidenlarven
nicht zur Entwicklung gelangt, ebenso wie der Enddarm und After.
Die Abwesenheit der Sinnesorgane und des Nervensystems erklärt
sich aus dem Umstande, dass die Larven der Lumbriciden bisher
nicht mit der Aussenwelt in Berührung kommen.

Es fragt sich nun, was berechtigt uns das von uns als Larven
beschriebene Stadium als solche zu betrachten? Wir thuen dies nach
der Äusserung von zwei Functionen, nämlich der freien Bewegung
und der Excretion.

Was die Bewegung anbelangt, so sahen wir, dass dieselbe durch
die auf der Bauchseite befindlichen Wimpern ausgeführt wird, welche
jetzt allerdings nur in bestimmter Richtung, nämlich von vorne nach
hinten schlagen. Sie entstehen sehr frühzeitig, bald darnach, als sich der
Blastopor hinten zu schliessen begann und — was für die morphologische Bedeutung derselben sehr auf das Gewicht fällt — erscheinen sie
zunächst auf den grossen Epiblastzellen, welche wir in der Äquatorial-
zone vom Stadium 7—9 auf der Tafel XV. abgebildet haben. Es bedarf aber einer gewissen Erfahrung diese Wimpern auf den erwähnten
Zellen zu finden, so fein und undeutlich und nur auf einzelnen Zellen
sie vorkommen (Taf. XV., Fig. 9. e), während sie auf den meisten
Nachbarzellen gänzlich fehlen. Bei der vollständigen Schliessung des
Blastoporus befinden sich die Wimpern ganz auf der Bauchfläche,
wie wir in den späteren Stadien denselben begegnen werden.

Das wichtigste Merkmal des Larvenstadiums der Lumbriciden
sind die Excretionszellen, deren Ursprung wir bereits kennen und
auf deren Function wir schon theilweise hingewiesen haben. Im
Larvenleben entfaltet sich nun die excretorische Function dieser
grossen Elemente in vollem Masse und wir wollen dieselbe an einigen
Beispielen näher betrachten.

Bei Lumbricus purpureus, dessen Excretionszellen verhältnissmässig die grössten Gebilde vorstellen, erkannten wir dieselben
in dem Gastrulastadium als von der Bauchseite ganz unbedeckt
(Taf. XVIII., Fig. 14. x). Bereits in diesem Stadium findet man in
dem dichten, grobkörnigen Inhalte dieser Zellen helle, gewundene
Canälchen. Mit dem Fortschreiten der Entwicklung, d. h. bei dem
völligen Verwachsen der Epiblastränder auf der Bauchseite bleiben
die Excretionszellen Anfangs ganz nackt, indem sie rascher als das

umliegende Epiblast heranwachsen und durch den periodisch entstehenden Canälchenknäuel noch bedeutender anschwellen, so dass sie hoch über das Niveau des Larvenkörpers hinausragen (vergl. Fig. 16., 18., 19., Taf. XVIII. *r*). In Fig. 17., Taf. XVIII. (*x*) sieht man die theilweise, in Fig. 16., Taf. XVIII. die gänzliche Umwachsung der Excretionszellen durch das Epiblast; der Blastoporusrest befindet sich immer unterhalb der Excretionszellen (Taf. XVIII., Fig. 15., 16., 19. *bl*).

Ich habe die Entstehung der Canälchen in den Excretionszellen von Lumbricus purpureus nicht auf Schritt und Tritt untersucht und namentlich auch die Verbindung derselben mit den larvalen Pronephridien nicht erkannt, weil ich diese Art zu der Zeit untersucht habe, wo mir die letztgenannten Organe durchaus unbekannt waren, sonst empfiehlt sich Lumbricus purpureus nicht zur Verfolgung der larvalen Pronephridien, da das Archenteron dicht dem Epiblaste anliegt. Auf die höchst interessante Anordnung der Canälchennetze in den Excretionszellen von Lumbricus purpureus werden wir somit erst später zurückkommen, nachdem wir nämlich den Zusammenhang dieser Zellen mit den larvalen Pronephridien von Allolobophora putra etc. erkannt haben.

Wir wählen zu diesem Zwecke ein etwas älteres Larvenstadium der letztgenannten Art, wo bereits die Mesoblaststreifen in der Anlage weiter vorgeschritten sind und die Function der Excretionszellen viel deutlicher als in den nächst frühen und späteren Stadien in's Auge fällt. Wir gehen von dem Momente aus, wo die genannten Elemente sich im Ruhestadium befinden. Ein derartiges Stadium ist in Fig. 11., Taf. XV. dargestellt. Am vorderen Körperpole der Larve sieht man dieselben drei Drüsenzellen, die wir bereits früher (in Fig. 6., Taf. XV.) erkannt haben; das Stadium ist insoweit fortgeschritten, als die Promesoblasten (*m*) bereits die einreihigen Mesoblaststreifen producirt haben (*ks*). In den vorderen Drüsenzellen erkennt man nach schwachem Druck mit Deckgläschen glänzende, runde Kerne mit Kernkörperchen und deutlichen Grenzen der einzelnen Elemente. (Ein ähnliches Stadium, wo sich aber die mediane Drüsenzelle zu zwei Tochterzellen getheilt hat, ist ebenfalls im Ruhestadium in Fig. 12., Taf. XV. abgebildet.)

Beobachtet man nun das besprochene Larvenstadium eine längere Zeit, so erkennt man in dem Plasmainhalte der Drüsenzellen allmälig entstehende vacuolenartige Räume, die mit einer hyalinen Flüssigkeit erfüllt, nach und nach zum Vorschein kommen und durch Anfangs unbedeutende, allmälig aber an Dimensionen zunehmende Canälchen untereinander verbunden, schliesslich zusammenfliessen, wodurch ein continuirlicher, aber in den verschiedensten Schlingen verlaufender intracellulärer Gang zu Stande kommt und sich durch alle drei Zellen hin erstreckt. Die im Ruhestadium so deutlich hervortretenden Zellengrenzen werden nun ganz verwischt, so dass es scheint, als ob hier eine einzige, grosse, durch ein verschlungenes Canälchen durchbohrte Drüse vorhanden wäre (Taf. XV., Fig. 13. *x*, von der Bauchseite gesehen). Die angewendeten Reagentien und Färbungsmittel überzeugen uns allerdings, dass die Kerne und Zellmembranen nach wie vor existiren, aber in Folge der gleichzeitigen Thätigkeit der Zellen im frischen Zustande ist es sehr schwierig dieselben nachzuweisen. Der in der dunklen und grobkörnigen Zellensubstanz gewundene Canal ist in seinem Verlaufe nicht von gleichem Durchmesser und schnürt sich an einzelnen Stellen mehr oder weniger ein, was auf das Contractionsvermögen der Zellensubstanz selbst hinweist. Die in dem intracellulären Canale befindliche Flüssigkeit ist eine homogene, wasserklare Substanz, welche nach einer reichlicheren Anstauung schliesslich durch eine mächtige Contraction der Excretionszellen nach aussen entleert wird. Vornehmlich ist es die mediane Dorsalzelle, welche durch einen kleinen, aber doch leicht nachweisbaren Porus auf der vorderen Rückenseite des Epiblastes mit der Aussenwelt communicirt (Taf. XV., Fig. 14. *p*). Nach der stattgefundenen Contraction kehren die Excretionszellen in das frühere Ruhestadium zurück und dann erscheinen wieder die drei (beziehungsweise vier) normalen, grobkörnigen, nicht intracellulär durchbohrten Zellen, wie Fig. 11. auf der Taf. XV. veranschaulicht.

Nicht selten bildet sich in einer der drei Excretionszellen eine grosse Vacuole, in der sich die wasserklare, homogene Excretionsflüssigkeit anstaut und durch plötzlich stattfindende Contraction der Zelle nach aussen entleert wird. Ich habe bereits früher dieser Vacuole in jüngeren Entwicklungsstadien von Allolobophora putra erwähnt, wo man aber die energische Thätigkeit derselben nicht so deutlich verfolgen kann, da der Excretionsprocess zu dieser Entwickelungsperiode sehr langsam vor sich geht, während in dem letztgeschilderten Larvenstadium die Thätigkeit der Excretionszellen als eine sehr energische erscheint. Zur näheren Kenntniss dieses eigenthümlichen Processes wollen wir die Larve von Allolobophora trapezoides verfolgen. In Fig. 4. auf der Taf. XIX. ist das Vorderende der Larve im optischen Längsschnitte und bei starker Vergrösserung (Zeiss Imm. J. oc. II.) vorgeführt; die äussere Wandung der

Larve ist durch einige durchsichtige Epiblastzellen (*e*) gebildet. Am vorderen Pole sieht man eine grobkörnige, mit braunen Partikeln erfüllte Drüsenmasse, in welcher drei sehr deutlich hervortretende, glänzende, kugelige Kerne mit Kernkörperchen zum Vorschein kommen (*x*). Die beiden unteren Kerne sind etwas kleiner als der vordere Kern, welcher der grössten der oben erwähnten Excretionszellen angehört. Die Zellgrenzen scheinen verwischt zu sein, wodurch ein scheinbares Syncytium mit drei Kernen entsteht. Die ganze Masse ist nämlich im Begriffe die durchscheinenden und symmetrisch verlaufenden Canälchen zu bilden, wodurch die Anschwellung der ohnehin grossen Zellen erklärt wird. Die Canälchen (*k*) verbinden sich nach hinten brückenweise in der äusserst schwierig nachweisbaren primitiven Leibeshöhle zwischen dem Epi- und Hypoblast (*h*), um schliesslich in die feinen, weiter unten darzustellenden Flimmerorgane anderer Arten zu übergehen.

Nachdem die Flüssigkeit auf die oben angegebene Weise nach aussen entleert wurde, nimmt die Larve eine ganz andere, äussere Gestalt an (Taf. XIX., Fig. 5.). Die Excretionszellen (*x*) bilden dann einen kugeligen oder ovoiden Fortsatz am vorderen Pole der hier etwas abgeplatteten Larve. Von den Canälchen ist in diesem Zustande keine Spur nachweisbar, während die Kerne durch die contrahirte, grobkörnige, undurchsichtige und wie gesagt bräunliche Plasmamasse ganz verdeckt werden; dagegen kann man aus der schwach buckelartigen Oberfläche des Apparates auf die Zahl der Zellen schliessen. Nach einer kurzen Zeit beginnt nun von neuem der excretorische Process, welcher durch allmälige Wucherung des Apparates eingeführt wird. Dann kommen die drei grossen Zellen deutlich zum Vorschein (Taf. XIX., Fig. 6. *x*), indem ihr Plasmainhalt nach und nach durchsichtiger wird und zwar anfänglich im Centrum einer jeden Zelle, während die Peripherie noch ganz undurchsichtig ist. Hierdurch treten die Kerne wieder sehr schön hervor.

Die Zellen füllen sich offenbar mit einer flüssigen Substanz, welche sowohl auf ihre Volumzunahme als die Durchsichtigkeit einwirkt. Später concentrirt sich die hyaline Flüssigkeit in der oben angegebenen Weise auf die vacuolen- oder canälchenartigen Räume, die bald untereinander zusammenfliessen und den erwähnten Canälchenknäuel verursachen.

Die Anlage der Canälchen kann sehr regelmässig vor sich gehen, indem dieselben zuerst in beiden seitlichen Zellen zu Stande kommen

(Taf. XIX., Fig. 7. k) und erst nachträglich in der medianen Zelle verschmelzen.

In dem Falle aber, dass es nicht zur Vereinigung der beiderseits liegenden Canälchen kommt, oder aber, wenn das Canälchen nur in einer der lateralen Zellen früher entsteht, während die Zelle der anderen Seite bisher unthätig bleibt und erst später sich durchbohrt: in diesem Falle kommt es in der functionirenden Zelle zur Bildung eigenthümlicher voluminöser und bei der Beobachtung sofort in's Auge fallender Vacuole, die wir bereits erwähnt und in Fig. 8., 9. u. 10. auf der Taf. XIX. veranschaulicht haben. In Fig. 8. sieht man auf der rechten Seite eine nicht thätige, magere und mit dichtem, grobkörnigem und undurchsichtigem Inhalte erfüllte Zelle (x), während in der linken Zelle eine grosse Vacuole (v) vorhanden ist, welche offenbar auf Kosten des spärlich vorhandenen Plasma zu Stande kam. Bald aber bildet sich das intracelluläre Canälchen auch in der Zelle der rechten Seite (Taf. XIX., Fig. 9. x), welches sich auch auf die mediane Zelle erstreckt, infolge dessen der ganze Excretionsapparat mächtiger anschwillt, wobei die erwähnte Vacuole der linken Seite (v) hoch über denselben hinausragt. Während aber die Flüssigkeit aus den Canälchen sehr regelmässig und bald nach deren Anfüllung entleert wird, verharrt die Vacuole eine ziemlich lange Zeit in ihrem ursprünglichen Zustande (Taf. XIX., Fig. 10. v), da sie höchst wahrscheinlich mit dem oben erwähnten Excretionsporus nicht communicirt; die Flüssigkeit der Vacuole wird schliesslich durch ein Platzen der Zellwandung entleert.

Die geschilderten Vorgänge sind gewiss höchst interessant und es ist demnach sehr eigenthümlich, dass sie von den früheren Forschern nicht erwähnt werden. Man wird zwar einwenden können, dass die beschriebenen Erscheinungen vielleicht nur auf zufällige und bedeutungslose Vorgänge zurückzuführen sind, die auch anders zu deuten wären. Dem gegenüber muss ich hervorheben, dass die excretorische Function der Zellen in allen von mir beobachteten Arten — mit Ausnahme von All. foetida — in derselben Weise sichergestellt wurde, und sie wiederholt sich überhaupt mit einer Regelmässigkeit, welche für die physiologische Thätigkeit dieses Apparates charakteristisch ist.

Um also die constanten Vorgänge der larvalen Excretion auch für andere Arten giltig zu machen, will ich noch dieselben durch Beobachtungen an Lumbricus purpureus belegen. Auch hier findet die anfänglich bilateral-symmetrische Anlage der Excretionscanälchen in den seitlichen, bauchwärts liegenden Zellen statt (Taf. XVIII., Fig. 16. *x*), während die mediane, dorsal liegende Zelle unverändert erscheint: sie wird dadurch fast unkenntlich, d. h. durch die angeschwollenen lateralen Zellen gegen den Rücken hin verdrängt. Nachdem nun die Anfüllung der ventralen Zellen mit der Excretionsflüssigkeit ihren Culminationspunkt erreicht hat, findet man die Canälchen in einer zierlichen, rosettenförmigen Anordnung (Taf. XVIII., Fig. 18. *x*), indem dieselben im Centrum jeder Zelle zusammenfliessen und hier durch einen gemeinschaftlichen Gang verbunden sind. Dann beginnt die mediane Zelle (*a*) anzuschwellen, wodurch auch ihr Kern deutlich zum Vorschein kommt; aus dem gemeinschaftlichen Quergange entsteht ein Ausführungsast, welcher durch einen äusserst kleinen und somit in diesem Stadium meist schwierig nachweisbaren Porus nach aussen mündet.

Die bisher geschilderten Excretionszellen functioniren ursprünglich selbständig, d. h. sie üben die excretorische Function als gewöhnliche Epiblastdrüse aus, ohne mit einem inneren Excretionsapparate im Zusammenhange zu stehen; diese Thatsache haben wir bereits in dem Stadium sicherstellen können, wo der weite Blastoporus von Allolobophora putra in der Schliessung begriffen war. Aber schon in ein wenig älterem Larvenstadium von Allolobophora trapezoides konnten wir kurze und namentlich während der Anfüllung des inneren Lumens mit Excretionsflüssigkeit angeschwollene und dadurch deutlichere Canälchen sicherstellen, welche in der äusserst engen primitiven Leibeshöhle zwischen den Epi- und Hypoblast verliefen und mit den intracellulären Canälchen der drei grossen Excretionszellen im Zusammenhange standen. Hierdurch können wir mit Bestimmtheit dafür halten, dass die grossen Excretionszellen bereits in den jüngeren Larvenstadien sich mit den inneren Canälchen in Verbindung setzen. Allerdings aber ist es sehr schwierig, in so kleinen Objecten, wie diese Stadien, in denen die primitive Leibeshöhle fast vollständig mit dem Mesenteron erfüllt ist, die Existenz der inneren Canälchen nachzuweisen. Dagegen gelingt es mit ziemlicher Sicherheit in späteren Stadien.

Was das Hypoblast anbelangt, so haben wir hervorgehoben, dass die Zellen dieses Keimblattes ursprünglich keine Höhle gebildet, sondern dass sie als eine solide Kugel die Furchungshöhle erfüllt haben. Erst im Verlaufe der Blastoporusschliessung ordneten sich diese

Zellen derart an, dass sie schliesslich einen allseitig geschlossenen Sack bilden, dessen grosse, mit dotterreichem Plasma gefüllte Zellen sich dicht an das Epiblast anlegen und dadurch die Furchungshöhle fast vollständig einnehmen. Die Höhle dieses Mesenterons ist mit einer hyalinen Flüssigkeit erfüllt; ob sie bereits in dem bisher geschilderten Larvenstadium mit dem Überreste des Blastoporus zusammenhängt, gelang es mir bei keiner Art sicher zu stellen; in einigen Fällen wollte mir scheinen, dass sich thatsächlich eine Öffnung zwischen den Hypoblastzellen gebildet hat, welche sich unmittelbar an den Blastoporusrest anschmiegt, da sich bisher keine stomadaeale Einstülpung gebildet hat. In den meisten Fällen habe ich aber keine solche Communication des Mesenterons mit der Aussenwelt nachgewiesen. Wenn also die Larve bereits in diesem Stadium eine Nahrung zu sich nimmt, so kann dies lediglich durch den Blastoporusrest und die vermeintliche Öffnung im Hypoblaste — welche letztere nur durch das Auseinandertreten der Hypoblastzellen entstehen konnte — zu Stande kommen.

Literatur. Ich habe die Structurverhältnisse der Excretionszellen, sowie deren physiologische Function absichtlich ausführlich darzustellen versucht, da dieselben von den früheren Forschern gar nicht, oder nur höchst oberflächlich berührt wurden. *Kovalevsky* erwähnt die grossen Zellen von Lumbricus sp. Kov. (Lumbricus rubellus); er hat aber nur zwei solche beobachtet, was vielleicht auf einer irrthümlichen Beobachtung beruht, denn die in Rede stehenden Zellen sind wenigstens zu drei vorhanden und ich habe diese Anzahl auch bei dem einheimischen Lumbricus rubellus Hoffm. sichergestellt (Taf. XX., Fig. 8. *x*.), doch niemals gesehen, dass sie sich zu mehreren Zellen theilen würden, wie *Kovalevsky* für seine Art angibt. Es scheint mir übrigens zweckmässig zu sein, die diesbezügliche Stelle aus der Abhandlung des russichen Forschers wörtlich anzuführen; man kann daraus auch erkennen, wie derselbe die Entstehung der Promesoblasten auffasst. Es heisst in der angezogenen Arbeit (pag. 22.): „Das früheste Stadium, welches ich hier beobachtete, war die beginnende Einstülpung (Fig. 9. und 10.); auf dem ersten, von der Fläche betrachteten Stadium sieht man eine noch sehr unbedeutende Vertiefung, welche von den sich erhebenden Rändern begrenzt wird. Ganz nach vorn sehen wir zwei sehr grosse Zellen (*a*) des oberen Blattes, welche durch das sich einstülpende untere Blatt Anfangs einfach in die Länge gezogen sind, sich aber bald in mehrere theilen (Fig. 11.); beobachtet man das Stadium im optischen Längsschnitte, so erhält man die Fig. 10. Oben finden wir die verlängerte Zelle *a*, am unteren Blatte dagegen sehen wir, dass eine der Zellen dieses Blattes in Folge der hier schnell vor sich gehenden Einstülpung ihren Zusammenhang mit der unteren freien Oberfläche des Embryo verliert und etwas nach oben geschoben wird." Aus den angezogenen Angaben, sowie aus den weiter folgenden Mittheilungen kann man keinesfalls erkennen, welches Schicksal die zu mehreren Zellen getheilten, ursprünglichen zwei Zellen eingehen, aus den Abbildungen — die mir aber höchst schematisch und in Bezug auf das Verhältniss des Hypoblastes zum oberen Blatte ganz unrichtig erscheinen — muss man dafür halten, dass *Kovalevsky* die grossen Zellen sich zu Epiblastelementen theilen lässt. Aber bei Lumbricus rubellus ist dies niemals der Fall: hier verhalten sich die Excretionszellen in ganz derselben Weise, wie bei den oben geschilderten Arten. Und was die Bildung der Urdarmhöhle anbelangt, so kann ich keinesfalls mit den Angaben *Kovalevsky's* übereinstimmen, welcher allerdings von der Meinung ausgeht, dass dieselbe anfänglich durch Einstülpung der Hypoblastzellen entsteht und erst secundär geschlossen wird. „Die eingestülpte Höhle," sagt der genannte Forscher, „wird immer mehr geschlossen und öffnet sich nach aussen durch die Spalte *o*."

Der nachfolgende, durch die Beobachtungen *Kovalevsky's* beeinflusste Autor (Hatschek) betrachtet die Gastrulabildung von Lumbricus als „ziemlich unverfälscht (primär)".

Ich komme jetzt zur Beurtheilung der Angaben *Kleinenberg's* über die Embryologie von „Lumbricus trapezoides", über welche er, wie oben erwähnt, angibt, dass je ein Ei überhaupt zwei Embryonen producirt. Ich habe aber auch bemerkt, dass in verschiedenen Entwicklungsstadien, die der genannte Autor als Zwillingsembryonen auffasst, Einzelindividuen zu verstehen sind und auf diese letztere komme ich bei dieser Gelegenheit zu sprechen, da ich die Bildung der Zwillingsembryonen in einem weiter unten folgenden Abschnitte zu behandeln beabsichtige.

Kleinenberg hat zwar in seiner Taf. IX. (des englischen Aufsatzes in Quart. Journ. Microsc. Sc. XIX.) meist die Entwicklungsstadien der Doppelembryonen abgebildet und eingehend beschrieben, nur in Fig. 5. stellt er ein Stadium dar, welches mit unserer Abbildung auf der Taf. XV., Fig. 11. fast völlig übereinstimmt, zumal auch hier keine Canälchen in den Excretionszellen vorhanden sind. *Kleinen-*

berg hat nun auch die Drüsenzellen beobachtet und richtig abgebildet (l. c. Taf. IX., Fig. 5, *eu*), da er aber die Stadien nach gefärbten Präparaten studierte und die Verfolgung der lebenden Larven vernachlässigte, konnte er allerdings die hier sich abspielenden Vorgänge in den Excretionszellen weder erkennen, noch beschreiben und abbilden; dagegen hat der Autor diesen Elementen eine sonderbare Rolle zugeschrieben. Nach dessen Auffassung stellen die drei Exxretionszellen nichts anderes vor, als einen rudimentären Embryo, indem es in seiner Abhandlung wörtlich heisst: "The above-described mode of formation of the twin embryos is realised in the great majority of cases, but not seldom embryos are found in other conditions, differing chiefly with regard to the age at which the twins are produced. We have seen above how the differentiation of the layers of the blastoderm begins at one pole while the embryoplastic material of the other hemisphere is still in an undifferentiated state, but yet that this inequality disappears very soon. There are, however, cases in which a single embryo attains a considerable development before the first rudiment of its companion is formed. I have represented one of them in fig. 5.: it is to be understood that this is much further developed than fig. 4. The endoderm has already its peculiar appearence and forms a closed sac; the germinal streaks are very distinct, although the example lacked any sign of a second embryo if the large cells which are obviously identical with those of the uniting ligament, do not indicate that a second individual may yet grow out."

Vielleicht hätte *Kleinenberg* die grossen drei Zellen anders gedeutet, wenn er die lebenden Larven untersucht, oder aber wenn er eine Mittheilung über die sog. Schluckzellen gelesen hätte. Wir wollen die letztere Deutung der uns beschäftigenden Elemente gleich besprechen, doch müssen wir noch auf die Angaben *Bučinsky's* über die Bildung der Gastrula und der Promesoblasten mit einigen Worten eingehen.

Sonderbarer Weise hat der genannte Autor die Excretionszellen von L. terrestris ganz übersehen, wenigstens macht er in seiner Arbeit nirgends eine Erwähnung darüber. Meinen Erfahrungen zufolge existiren dieselben auch bei der genannten Art, wo ich sie allerdings nur in späteren Stadien verfolgt habe, da mir die jüngeren Larvenstadien von Lumbricus terrestris nicht zu Gesicht kamen. Aus der bildlichen Darstellung und Beschreibung *Bučinsky's* geht keinesfalls klar hervor, ob er die Excretionszellen oder Promesoblasten beobachtete, indem er in dem Stadium der Gastrulabildung einige grösseren Zellen in der weiten Furchungshöhle abbildet (l. c. Taf. I., Fig. 4. ms) und für das „Mesoderm" hält. Meinen Erfahrungen zufolge kommt in den von mir untersuchten Formen das „Mesoderm", d. h. die Promesoblasten und die Mesoblaststreifen niemals in der von *Bučinsky* angegebenen Gestalt und Anordnung während der Gastrulabildung zum Vorschein. Wohl aber ist es möglich, dass die von B. gesehenen Elemente das larvale Mesenchym vorstellen.

Es kann keinem Zweifel unterliegen, dass die Furchung und Keimblätterbildung von Criodrilus derjenigen der Lumbriciden wesentlich entspricht und möglicherweise mit derselben ganz übereinstimmt. Die Beobachtungen über die Entwicklung von Criodrilus sind vor einem Decennium angestellt worden, wobei gewiss die Lösung anderer Fragen als die Eifurchung beabsichtigt wurde. Aus der demzufolge sehr lückenhaften Darstellung glaube ich doch schliessen zu dürfen, dass der Furchungsprocess und vielleicht die Keimblätteranlage dieselbe ist, wie wir bei Lumbriciden dargestellt haben. Bei Criodrilus ist die Furchung inäqual. „Das Ei zerfällt zuerst in eine grössere und eine kleinere Furchungskugel. Das nächste Stadium besteht aus drei Furchungskugeln, die alle in der Grösse untereinander verschieden sind. Auch in den weiteren Stadien, welche eine Furchungshöhle enthalten, ist die eine Seite durch geringere Anzahl grösserer Zellen von der anderen kleinzelligeren Seite zu unterscheiden. Schon im achtzelligen Stadium konnte man eine bilateral-symmetrische Anordnung der Elemente constatiren. In späteren Stadien sind die schon zahlreicheren Zellen noch immer in einfacher Schicht um die Furchungshöhle gelagert, nur zwei Zellen liegen nach innen zu, von der Oberfläche ausgeschlossen. Diese Zellen scheinen mir die Mesodermanlage zu bilden. Die Lageveränderung der Mesodermzellen, das Hineinrücken von der Oberfläche in die Tiefe geht der als Gastrulabildung zu bezeichnenden Einstülpung des Entoderms der Zeit nach voran; es ist deshalb sehr schwierig zu entscheiden, von welchen der sogenannten zwei primären Keimblätter das Mesoderm abstamme, da dieselben im Stadium der Mesodermbildung weder in ihren Lagebeziehungen, noch in ihren Gössenverhältnissen genügende Anhaltspunkte zur Unterscheidung bieten."

Nach der angeführten Mittheilung glaube ich annehmen zu dürfen, dass die Gastrulabildung ganz in derselben Weise vor sich geht, wie wir vornehmlich für Allolob. putra und foetida sichergestellt haben, und dass auch die grossen Promesoblasten denselben Vorgängen ihren Ursprung verdanken, wie bei den Lumbriciden überhaupt.

Ferner lauten die Angaben über die Excretionszellen von Criodrilus folgendermassen: „Das Vorderende wird von drei grossen Ektodermzellen gebildet, hinter denselben liegen die Zellen des Entoderms an der Bauchfläche frei zu Tage, während die Rückenfläche und die Seitenflächen vom Ektoderm bedeckt sind; am Hinterende liegen zwischen Ektoderm und Entoderm in der Tiefe die zwei Zellen des Mesoderms, je eine der rechten und linken Körperseite angehörend, und in der Medianebene einander berührend."

In dieser Beziehung stimmen die Verhältnisse der Promesoblasten sowohl bei Lumbriciden als Criodrilus überein, ebenso wie die nachfolgende Mittheilung über die Blastoporusschliessung und Bildung der Darmhöhle: „Die ursprüngliche weite Gastrulamündung, welche die ganze Bauchfläche eingenommen hatte, schliesst sich allmälig bis zu ihrem vorderen Rande hin, der von den drei grossen Ektodermzellen gebildet wird. Die Entodermzellen sind nun in einer einfachen Schichte um einen centralen Punkt angeordnet, ein Darmlumen ist aber nicht vorhanden."

Von der Function der von uns als Excretionszellen gedeuteten Drüsenzellen erfährt man bei den beschriebenen Stadien nichts; wahrscheinlich wurden nur conservirte Entwicklungsstadien beobachtet; gewiss aber functionirt der genannte Apparat bereits in diesem Stadium, allerdings aber schluckt er nicht das Eiweiss, wie man aus den weiteren Angaben des Verfassers erfährt. Das Plasma dieser Zellen ist bei Criodrilus ebenso grobkörnig und dunkel.

„Die besondere Beschaffenheit des Protoplasmas scheint mit einer besonderen Function dieser Zellen Hand in Hand zu gehen. Es wird nämlich durch das Verhalten dieser Zellen zu dem Munde und in den weiteren Stadien zum Oesophagus des Embryo sehr wahrscheinlich gemacht, dass diese Zellen die Function des Eiweissschluckens versehen."

Ich betrachte als überflüssig gegen diese, durch keine einzige Thatsache unterstützte Auffassung zu polemisiren.

§ 4. Älteres Larvenstadium. Bildung der Mesoblaststreifen.

Die älteren Larvenstadien zeichnen sich vornehmlich durch die Anlage der Mesoblaststreifen aus, welche sich einzig und allein aus den Promesoblasten bilden, über deren Ursprung wir uns bereits ausgesprochen, sowie hervorgehoben haben, dass sie auf dem hinteren Körperpole und zwar auf der Rückenfläche zwischen dem Epi- und Hypoblaste die Stelle einnehmen (Taf. XV., Fig. 7. *m* etc.). Dieselben sind bei allen von mir beobachteten Lumbriciden in einem Paare vorhanden, bei jeder untersuchten Art konnte ich nicht mehr und nicht weniger als zwei Promesoblasten sicherstellen, so dass die kürzlich von einer Seite (*Wilson*) gemachte Mittheilung, dass bei Allolobophora foetida und All. trapezoides vier Paar, bei „L. agricola" fünf Paar sog. Teloblasten vorhanden sein sollen, sich als entschieden irrthümlich herausstellt.

Die Promesoblasten zeichnen sich von den Zellen des Epi- und Hypoblastes sowohl durch die Grösse als den Inhalt aus. Bei den meisten Arten stellen sie grosse Kugeln vor, welche nicht selten grösser sind als die am vorderen Pole befindlichen Excretionszellen; bloss bei Lumbr. rubellus sind die Promesoblasten nur unbedeutend grösser (Taf. XX., Fig. 8. *m*) als die übrigen Epiblastzellen und es bedarf einer gewissen Übung diese zwei Zellen als selbständige Elemente zu unterscheiden. Namentlich wenn die Promesoblasten der genannten Art bereits eine Reihe von gleich sich gestaltenden Mesoblastzellen hervorgebracht haben, ist es ziemlich schwierig die eigentlichen Mutterzellen der letzteren zu entdecken. Man erkennt aber die letzteren immer nach dem hyalinen, glänzenden und mit spärlichen Körnchen versehenen Plasma, welches letztere meist eine radiäre Structur aufweist, da diese Elemente fast beständig in Knospung begriffen sind. Im Ruhestadium sieht man im Centrum des Promesoblastes einen grossen Kern mit hellerem Karyoplasma, in welchem meist zwei Kernkörperchen eingebettet sind (Taf, XV., Fig. 6. *m*).

Aus den Promesoblasten entstehen einzig und allein die Mesoblaststreifen, d. h. die bilateral symmetrisch verlaufenden Anlagen des Wurmkörpers. Die Art und Weise, wie dies geschieht, lässt sich nur durch die directe Beobachtung einer grossen Anzahl der Larven ermitteln. Ich habe diesen Vorgang an Allolobophora putra, deren Larven bereits lebhaft in der Eiweissflüssigkeit rotirten, verfolgt (Taf. XV., Fig. 6., 7., 7*a*, 7*b*). In Fig. 7*a* sieht man, dass das eine Promoblast soeben in der Theilung begriffen ist und sich anschickt eine Knospe zu produciren; die Theilungsspindel ist sehr gut entwickelt, der Periplast der nicht abgetheilten kleineren Tochterzelle ist kleiner als der der Mutterzelle — des Promesoblastes. Wie ich sicherstellen konnte, dauert der ganze Process etwa 10 Minuten und es entsteht die in Fig. 6., Taf. XV. reproducirte Configuration der Promesoblasten *m* und deren Theilungsproducte *ma*. Die Promesoblasten befinden sich dann im Ruhestadium und wachsen bald zur ursprünglichen Grösse heran, während die neu entstandenen Zellen (*ma*) sich sofort anschicken je ein neues Element zu produciren. Es entsteht hier wieder eine neue Knospe (Taf. XV., Fig. 7*b*, *ma*), die bald zur selbständigen Zelle wird (7*c*), während gleichzeitig die Mutterzellen, d. h. die primitiven Promesoblasten wieder ein neues Element hervorzubringen sich anschicken. Diese letzteren ordnen sich in derselben Richtung wie die früher entstandenen und jetzt mehr nach vorne verdrängten Zellen zu einer Reihe an und es gelang mir in keinem einzigen Falle sicher zu stellen, dass irgend ein Element aus der continuirlichen Zellreihe ausgetreten wäre und seitlich in die Leibeshöhle verdrängt würde. Die Promesoblasten befinden sich, wie angegeben, auf der hinteren Rückenfläche des Hypoblastes (Taf. XX., Fig. 17. *m*); die neu producirten Zellen und deren Nachkommenschaft lagern sich nun in je einer bogenförmigen Reihe (*kf*) links und rechts zu beiden Körperseiten, dann aber in fast gerader, oder leicht gekrümmter Richtung zum vorderen Körperpole bis zu den Excretionszellen, wo die letzten Elemente beider Reihen sich zur Bauchseite (Taf. XX., Fig. 18. *kf*) ganz umbiegen.

Die Mesoblaststreifen legen sich also sehr früh in der ganzen Länge der Larve an.

Die Theilungs-, resp. Knospungsproducte der Promesoblasten und deren Nachkommen nehmen von hinten nach vorne allmälig an Grösse ab. Da nun die Promesoblasten bei der ziemlich raschen Knospung sowohl in diesem als in späteren Stadien ganz dieselbe Grösse wie früher behalten, so muss man mit Recht annehmen — wie auch von anderer Seite vermuthet wurde — dass die Assimilationsvorgänge in diesen grossen Kugeln die intensivsten sind.

Inwieferne es der enge Raum der primitiven Leibeshöhle zwischen dem Epi- und Hypoblast erlaubt, behalten die neu entstandenen Zellen eine mehr oder weniger kugelige Gestalt, wie Fig. 13. und 14. *ks* auf der Taf. XV. veranschaulichen. Die vorderen kleinsten Zellen kommen schliesslich am Vorderpole des Larvenkörpers in Contact mit den Excretionszellen (Taf. XX., Fig. 18. *ks*). Gleichzeitig aber dauert die Vermehrung der dahinter liegenden einreihigen Zellen, so wie die Knospung der Promesoblasten fort, was zur Folge hat, dass die Elemente von jetzt an einen Druck an einander ausüben, ohne aus dem gemeinschaftlichen einreihigen Verbande auszutreten; sie werden daher von hinten und vorne zusammengedrückt und nehmen dadurch eine schildchenförmige Gestalt an (Taf. XV., Fig. 10., 12. *ks*), wie wir dieselbe auch an den Mesoblastzellen von Rhynchelmis sichergestellt haben.

Die aus je einer einfachen Zellreihe gebildeten Mesoblaststreifen sind namentlich in den hinteren Körperregionen der Larven leicht zu beobachten, da ihre Zellen durch einen hyalinen Inhalt und grosse Kerne von den mit grobkörnigem dotterreichem Plasma der Archenteronelemente sehr abweichend sind. Schwieriger sind die Mesoblaststreifen bei Allolobophora foetida und chlorotica wahrzunehmen, da ihr Cytoplasma fast dieselbe Lichtbrechung aufweist, wie die stark glänzenden Zellen des Hypoblastes (Taf. XV., Fig. 2. *ks*).

Über den Ursprung sowohl der Promesoblasten als Mesoblaststreifen der Oligochaeten liegen, wie erwähnt, höchst unsichere Angaben vor; es resultirt dies aus den ungenügenden, oder besser gesagt, lückenhaften Beobachtungen am frischen Materiale, auf welchem Wege es einzig und allein möglich ist den Ursprung der Promesoblasten zu ermitteln und ebenso an günstigen Präparaten die ersten Theilungen der letzteren zur Production der Mesoblastelemente sicher zu stellen. Ich habe bereits auf die diesbezüglichen Angaben *Bučinsky's* hingewiesen und es erübrigt nur die von anderen Seiten mitgetheilten Nachrichten über den Ursprung der Promesoblasten und Mesoblaststreifen zu besprechen.

Die Bildung des mittleren Blattes konnte *Kovalevsky* nur an Lumbricus sp. Kov. („Lumbricus rubellus Gr.") verfolgen, „dagegen beim gemeinen L. agricola konnte er seine Bildung nicht herausbringen, und dieselbe muss anders vor sich gegangen sein, da man an ihnen keine grosse Zelle am Hinterende des Keimstreifens findet, und es schien ihm bei günstiger Einstellung des Eies, dass er eine unmittelbare Abtheilung des mittleren Blattes von demjenigen des unteren Blattes gesehen hat."

Wie ich Eingangs dieser Schrift bemerkt habe, stimmt die von *Kovalevsky* bestimmte Art gar nicht mit dem L. rubellus Hoffm. überein; nun sehen wir aber, dass die letztgenannte Species die Promesoblasten zwar besitzt, aber dieselben sind so klein, dass sie leicht als gewöhnliche Mesoblastelemente angesehen werden können. Andererseits wissen wir, dass Lumbricus terrestris (Lumbricus agricola *Kovalevsky's*) „die grossen Zellen" besitzt, aus denen die Mesoblaststreifen hervorgehen.[*]) Übrigens erwähnt auch *Bučinsky*

---

[*]) Es ist nicht unmöglich, dass man in diesem Falle den Lumbricus rubellus Hoffm. wegen seiner Grösse ohne nähere Bestimmung für L. terrestris

(l. c. p. 43) in den späteren Entwicklungsstadien von L. terrestris die fünf- bis sechsmal, ja zehnmal grösseren Kugeln als die übrigen Mesoblastzellen mit welchen die Keimstreifen (zarodyševyja polosky) endigen.

Nach der Darstellung *Kleinenberg's* entstehen die „Mesoblasten" auf der Oberfläche des Blastoderms und senken sich nachträglich zwischen das Epi- und Hypoblast ein und zwar auf dem oboralen Pole. Diese Thatsache soll durch Fig. 3. und 4. der Kleinenberg'schen Abhandlung illustrirt werden.

Nun weiss ich aus eigenen Beobachtungen recht gut, wie es schwierig ist sich über die Achsen der jungen Stadien der Doppelembryonen zu orientiren und in den allerjüngsten Phasen kann man sich schwierig dahin aussprechen, welche von den vergrösserten Elementen des Blastoderms die Excretionszellen oder die Promesoblasten vorstellen. Von den letzteren aber haben wir mit voller Sicherheit nachweisen können, dass sie erst während der Einsenkung zwischen das Epi- und Hypoblast durch die Theilung einer ursprünglichen, unpaarigen Kugel entstehen und es dauert ziemlich lange, bevor dieselben zu Mesoblaststreifen hervorzuknospen beginnen. Anders dagegen bei *Kleinenberg*: in den angezogenen Figuren zeichnet derselbe die „Mesoblasten" als vergrösserte Bestandtheile des Epiblastes und bereits in diesem Stadium sollen die Keimstreifen („Germinal streaks"), die aus kleinen schildchenförmigen Zellen bestehen, vorhanden sein.

Ich betrachte als zweckmässig die diesbezügliche Angabe *Kleinenberg's* wörtlich wiederzugeben: „At the sides of each of these cells, between them and the ectoderm, appear very soon two or three small, very thin, disc-shaped cells placed one upon the other, with their bases firmly adherent (figs. 3., 4. *mes*). These cells, increasing rapidly in number, group themselves in two rows or cords, which, starting from the mesoblasts, are directed immediately towards the opposite edges of the lentiform body, where they turn up to join the oral extremity."

Ich erkläre mir alle diese Angaben aus lückenhaften Beobachtungen am conservirten Materiale, welches, wie oben erwähnt, zu der richtigen Auffassung dieser zwar einfachen, aber ziemlich rasch

---

betrachtete, wobei man die kleinen Promesoblasten der Embryonen leicht übersehen kann. Andererseits aber ist es ersichtlich, wie unglaubwürdig die Angabe eines anderen Autors (*Hatschek*) ist, nach welcher Lumbricus rubellus zwei grosse „Mesodermzellen" besitzen soll. — Meiner Ansicht nach ist es für die Wissenschaft gewiss nachtheilig, dass die Fortschritte der systematischen Zoologie von den Embryologen allzuviel vernachlässigt werden.

sich abspielenden Vorgänge gar nicht ausreicht. Nach meinen Beobachtungen kann es keinem Zweifel unterliegen, dass die ersten Producte der Promesoblasttheilung den Mutterzellen in Bezug auf die Grösse und Plasmabeschaffenheit gleichkommen und erst durch die weitere Theilung kleiner und schildchenförmig werden. Dies allerdings in ziemlich späten Stadien. In dieser letzteren Beziehung stimme ich mit *Kleinenberg* überein, dass die Vermehrung der Zellen der Mesoblaststreifen auf einen Knospungsvorgang zurückzuführen ist, wobei die grossen Promesoblasten ihre ursprüngliche Grösse nur durch die ausserordentlich energische „nutritive change" behalten.

Dagegen scheint bei Criodrilus die ursprüngliche Anlage der späteren Embryonalstreifen aus je einer einfachen Zellreihe zu bestehen, welche symmetrisch in den Seitentheilen zwischen dem Epi- und Hypoblaste der Larve verlaufen. Dies ist ersichtlich aus Fig. 2. und 6. der citirten Abhandlung.

Noch einige Worte zu den Angaben *Wilson's* über die Bildung der Mesoblaststreifen. Ich habe schon oben die Mittheilungen dieses Autors über die Zahl der sogenannten Teloblasten als irrthümlich bezeichnet und muss diese meine Ansicht näher begründen. Nach *Wilson*, welcher offenbar durch die bekannten Verhältnisse der Mesoblaststreifen von Clepsine beeinflusst zu sein scheint, sollen neben den ursprünglichen zwei Promesoblasten noch jederseits drei solche grosse Zellen vorkommen; es sollen also vier Paar „Teloblasten" sich an der Bildung der Mesoblaststreifen betheiligen und die Mutterstätte für die Bildung der wichtigsten Organe vorstellen. Die innersten zwei Zellen werden als „Mesoblasts", die nächst zu beiden Seiten derselben liegenden als „Neuroblasts" und die äusseren Zellpaare als „Lateral teloblasts" und „Nephroblasts" bezeichnet. Aus jedem von diesen „Teloblasten" entsteht eine Zellreihe, die sich nachher in ihren Elementen vermehrt und, wie wir weiter unten näher besprechen können, einerseits dem Nervensystem, andererseits den Nephridien Ursprung geben soll. Die Entstehung der letzterwähnten drei „Teloblastpaare" wird so gedeutet, dass „not only the neuroblasts, but also the nephroblasts and ‚lateral teloblasts' are modified ectoblastic cells".

Diese Angaben mussten mich allerdings überraschen, zumal ich bei keiner einzigen der genau von mir untersuchten Arten — somit auch bei Allolobophora foetida und All. trapezoides — keine Spur von den vermeintlichen Verhältnissen der Keimstreifen finden konnte, und dies zwar nicht nur in den allerersten Stadien der Entwicklung, sondern auch nicht in den späteren Entwicklungsperioden. Man könnte also einwenden, dass *Wilson* vielleicht andere, von den europäischen abweichende Arten untersucht hat, bei denen die Bildung der Mesoblaststreifen derjenigen von Clepsine entsprechen dürfte. Meiner Überzeugung nach wäre auch diese Voraussetzung nicht zutreffend, da es mir als erwiesen erscheint, dass die Anlagen des definitiven Annulatenkörpers, d. h. die Mesoblaststreifen bei allen Lumbriciden mit kleinen, dotterarmen Eiern einzig und allein aus einem Paare der Promesoblasten hervorgehen. Durch die Knospung der letzteren entsteht eine Reihe der zuerst hinter einander gestellten Zellen, die anfangs fast derselben Grösse sind, wie die Promesoblasten selbst; durch die weiter nach vorne erfolgte Theilung werden die Producte kleiner und, wie man später sehen wird, mehrschichtig; die äussere Zellschicht entspricht der späteren Somatopleura, die innere der Splanchnopleura. So sind die Verhältnisse bei Lumbriciden und Rhynchelmis; anders dagegen bei Clepsine. Hier gibt es thatsächlich mehrere Paare Promesoblasten, wie z. B. bei Clepsine marginata und complanata jederseits zu vier, bei Clepsine tessulata zu drei. Jeder von diesen Promesoblasten knospet zu je einer einfachen Zellreihe, welche erst secundär sich zur Bildung der Mesoblaststreifen verbinden. Es entsteht nun die Frage, welche ist die Ursache dieser grösseren Anzahl der Promesoblasten? Dies möchte ich folgendermassen erklären:*) Die Promesoblasten der Lumbriciden bestehen einzig und allein aus dem Bildungsplasma und entbehren durchaus der Dotterkügelchen. Ähnlich verhalten sich auch die Promesoblasten von Rhynchelmis, wo wir gesehen haben, dass sich ihr Bildungsplasma während der Furchung aus dem hinteren, dotterreichen Makromer befreit hat. Dieses Plasma reicht nun völlig aus zur Bildung der beiden Keimstreifen und es betheiligen sich an diesem Processe keine andere Makromerelemente. Bei Clepsine behalten dagegen die Promesoblasten die Beschaffenheit und Structur der grossen Hypoblastzellen, indem deren Bildungsplasma sich nicht aus den Dotterelementen befreit; somit sind die Promesoblasten von Clepsine grösserentheils mit Dotter erfüllt und enthalten nur ein unbedeutendes Quantum Bildungsplasma, welches demnach nicht genügt, dass aus einem einzigen Promesoblastenpaare die beiden Mesoblaststreifen zu Stande kommen könnten; es entsteht thatsächlich

---

*) Vergl. *F. Vejdovský*, Vývoj a morfologie exkrečních orgánův (Entwicklung und Morphologie der Excretionsorgane). Věstník král. spol. nauk v Praze 1887, pag. 697.

aus jedem Promesoblaste der Clepsineen nur eine einfache Zellreihe. Es ist demnach nothwendig, dass mehrere Promesoblasten mit ihrem Bildungsplasma sich an der Bildung der Keimstreifen betheiligen.

―――――――

Nach diesem Excurs können wir weiter das zuletzt besprochene Entwicklungsstadium in seiner Organisation betrachten. Der *larvale Excretionsapparat* gelangt hier zur vollen Ausbildung; es lassen sich wenigstens einzelne Abschnitte desselben verlässlicher als früher nachweisen. Er besteht aus einem inneren und äusseren Bestandtheile, welchen letzteren wir bereits bei früheren Stadien in den grossen, am vorderen Pole befindlichen Excretionszellen erkannt und ausführlich besprochen haben. In den älteren Larven sind die Excretionszellen bereits vollständig mit den Epiblastzellen bedeckt und befinden sich somit ganz in der primitiven Leibeshöhle (Taf. XV., Fig. 14. *x*, Taf. XX., Fig. 17., 18 *x*), functioniren aber nach wie vor in gleicher Weise, indem sie von den in verschiedenen Richtungen gewundenen Canälchen durchbohrt sind.

Der innere Theil des larvalen Excretionsapparates besteht aus feinen, meist wimpernden Canälchen, deren wir bereits früher erwähnt haben, welche aber jetzt viel deutlicher und namentlich in solchen Larven hervortreten, deren primitive Leibeshöhle zwischen dem Epi- und Hypoblaste als ein mehr oder weniger breiter Spalt erscheint (Taf. XV., Fig. 14. *ex*). Immer aber muss man sehr sorgfältig verfahren, wenn man diese äusserst feinen Canälchen entdecken soll. Die Verfolgung derselben ist erleichtert durch die lebhafte Wimperung, welche von hinten nach vorne, d. h. in der Richtung gegen die grossen Excretionszellen fortschreitet. Sonst sind die Wandungen der Canälchen sehr fein und es ist höchst schwierig ein zellen- oder kernartiges Gebilde auf ihrer Oberfläche zu finden. Das Lumen ist ebenso sehr unbedeutend, so dass das Vorhandensein der Wimpern sich nur als eine Welle kundgibt. Nach hinten kann man die Canälchen nur etwa bis in die Hälfte der Leibeshöhle verfolgen, ohne jedoch sicherstellen zu können, auf welche Art und Weise sie endigen. Nur bei Lumbricus rubellus, wo ich einzelne Abschnitte der Canälchen verfolgen konnte, habe ich deren vermeintliche innere Mündung in Form einer Flamme constatirt (Taf. XX., Fig. 8. *8a, ex*). Die Anzahl der Canälchen mit Sicherheit anzugeben wage ich nicht, es wollte mir einmal scheinen, dass jederseits am Rücken je ein

Canälchen verlauft, ein anderesmal erschienen mehrere wimpernde Ästchen.

Es kann aber keinem Zweifel unterliegen, dass die Canälchen mit den grossen, und zwar lateralen Excretionszellen in Verbindung stehen; dafür spricht zunächst die oben angegebene Beobachtung, dass bereits in dem jüngeren Larvenstadium ein solcher Zusammenhang stattfindet, denn die oben erwähnten wimperlosen Canälchen von Allolobophora trapezoides stellen eben nichts anderes vor, als die besprochenen Organe. Zweitens spricht dafür die Richtung der Wimperung, welche in den beobachteten Fällen stets von hinten nach forne fortschreitet. Schliesslich bestätigen die späteren Stadien der Excretionszellen ihre directe Communication mit den grossen Zellen.

Durch die Thätigkeit der besprochenen Larvenorgane füllen sich also die voluminösen Gänge der grossen Excretionszellen mit der oben mehrmals erwähnten Flüssigkeit. Es ist nun die Frage zu beantworten, auf welcher Stelle die letztere nach aussen entleert wird. Dies geschieht durch einen winzig kleinen, in der Medianlinie der vorderen Rückenseite befindlichen Rückenporus. Der Nachweis des letzteren ist mit ziemlich grossen Hindernissen verbunden und man muss die Larve bei hoher Einstellung und allerdings in günstiger Lage beobachten; im Momente der Entleerung erkennt man aber sogleich die spaltartige, im Epiblaste befindliche Öffnung, die sich während dieses Processess ein wenig erweitert und aus welcher nach der Contraction der Excretionszellen die Flüssigkeit wie ein hyaliner Strom in die etwas gelbliche Eiweissflüssigkeit sich ergiesst. Einmal aber auf das Vorhandensein der Öffnung aufmerksam gemacht, erkennt man dieselbe in allen entsprechenden Stadien, und da sie sehr lange, auch in den Embryonen mit 2—3 Segmenten persistirt, so kann man sie ohne grössere Schwierigkeiten, auch wenn die Excretionszellen gänzlich zu Grunde giengen, wahrnehmen.

Obwohl das in Fig. 14. auf der Taf. XV. abgebildete Stadium im optischen Schnitte dargestellt ist, so habe ich hier den Porus (p) in der Halb-Profillage eingezeichnet, um hiedurch das Verhalten der Öffnung zu den Excretionszellen zu veranschaulichen.*)

---

*) Ich kann nicht unerwähnt lassen, dass das Vorhandensein der Excretionscanälchen in den Lumbricidenstadien, die ich als Larven auffasse, bereits von anderer Seite bestätigt ist. Unmittelbar nach der vorläufigen Mittheilung, die ich über diesen Gegenstand im Zoologischen Anzeiger (Jahrg. 1887, pag. 681. „Das larvale und definitive Excretionssystem") veröffentlicht habe, hat mich Herr Dr. R. S. *Bergh* in Kopenhagen über die Excretionsorgane von Criodrilus be-

Was den Ursprung der larvalen Pronephridien — so werde ich aus den später angeführten Gründen die Canälchen bezeichnen — anbelangt, so ist es allerdings höchst schwierig das Keimblatt anzugeben, aus welchem sie entstehen; nichts desto weniger kann ich die Gründe anführen, welche dafür sprechen, dass die besagten Larvenorgane nur aus den Mesenchymzellen herrühren können, welche letzteren dem Epiblaste ihren Ursprung verdanken. Zunächst darf man nicht die Hypoblastzellen als Ursprungsstelle der Excretionzellen angeben, da es leicht nachweisbar ist, dass kein einziges dieser Elemente in die primitive Leibeshöhle hinaustritt. Aus den Promesoblasten entstehen ausschliesslich nur die Mesoblastzellen, die larvalen Pronephridien erscheinen aber bereits zur Zeit, wo die Promesoblasten noch nicht die Knospung zur Production der Mesoblaststreifen eingiengen. Somit kann man nur das Epiblast als Ursprungsstelle der in Rede stehenden Organe annehmen. Man hat aber auch in dieser Beziehung mit bedeutenden Schwierigkeiten zu thun, um die Entstehung aus dem Epiblaste durch Beobachtung nachzuweisen, und man muss eher zu den späteren Stadien Zuflucht nehmen, in welchen man auf der Rückenseite der Larven mehrere mesenchymatöse Elemente in der engen Leibeshöhle beobachtet, die theils mit dem Epiblaste im Zusammenhange stehen, theils sich an die Wandungen der larvalen Pronephridien anlegen, oder schliesslich frei zwischen dem Epi- und Hypoblaste liegen (vergl. Tafel XVIII., Fig. 1. *ms*). Ich glaube dafür halten zu müssen, dass sich diese mesenchymatösen Elemente sehr früh vom Epiblaste in die primitive Leibeshöhle abgeschnürt haben, und aus diesen entstanden die Pronephridien.

Andererseits wäre es nicht unmöglich, dass sich die grossen Excretionszellen weit nach hinten zu feinen Fortsätzen verlängert haben, die sich später durchbohrten und die mit Wimpern ausgestatteten Pronephridien ausgebildet haben. Die Gründe für diese Auffassung werde ich später anführen können. In beiden Fällen handelt es sich aber um den epiblastischen Ursprung der larvalen Pronephridien.

---

nachrichtigt und unter anderem schreibt er Nachfolgendes: „Rücksichtlich Lumbricus, so hat meine Frau schon vor 6—8 Wochen die Larvenorgane gefunden, sowie auch ihre dorsale Ausmündung; die Entstehung derselben hat sie allerdings nicht verfolgt. Die „Schluckzellen" kenne ich bei Criodrilus sehr wohl, wüsste aber doch keine Beziehung derselben zu den Urnieren zu erkennen." — Auf die Angaben von *Lehman* über die in Rede stehenden Organe werden wir weiter unten zurückkommen.

§ 5. Weitere Differenzirung der Mesoblaststreifen. Bildung des ersten Segmentes.

1. Die aus einfachen Zellreihen bestehenden Mesoblaststreifen verlaufen bisher bogenförmig rechts und links zwischen dem Epi- und Hypoblaste (Taf. XX., Fig. 17. *kf*). Die vorderen Elemente der Mesoblaststreifen nehmen allmälig an Grösse ab, und nachdem sie die Excretionszellen (*x*) erreicht haben, begeben sie sich auf die untere Seite des Hypoblastes (Taf. XX., Fig. 18. *kf*) und scheinen an den Rändern des Blastoporus zu endigen. Die Sicherstellung dieses Verlaufes ist selbstverständlich höchst schwierig und ich habe eine grosse Anzahl von Larven zu diesem Zwecke verwendet, ehe ich zu allgemeinem Verständniss der Sachlage gelangte.

Der raschere, in den vorderen Keimstreifszellen stattfindende Theilungsvorgang veranlasst, dass die ursprünglich einfachen Zellreihen sich vermehren, so nämlich, dass aus je einer Zelle zwei, vier bis acht entstehen, während nach hinten die Elemente an der Zahl abnehmen, dann wieder eine einfache Reihe bilden und schliesslich an die Promesoblasten sich anlegen. Ich habe ein solches Stadium in Fig. 7. *ks*. Taf. XVIII. von Allolobophora chlorotica abgebildet, wo man zugleich sieht, dass die Mesoblaststreifen zu beiden Seiten des Körpers verlaufen, was offenbar von der Vermehrung der Hypoblastzellen abhängig ist.

Die Larven des besprochenen Stadiums rotiren äusserst rasch in der Eiweissflüssigkeit, namentlich die von Allurus tetraëder, welche letzteren in Fig. 12., 13. und 14. auf der Taf. XVII. zu dem Zwecke dargestellt sind, um den grossen spaltförmigen Blastoporusrest zu veranschaulichen (*bl*). In Fig. 12. nimmt der letztere noch den grösseren Theil der Bauchseite ein und verschmälert sich fortschreitend von vorne nach hinten. In Fig. 13. und 14. sieht man dagegen, dass von dem Blastopor bereits nur eine weite kreisförmige Öffnung (*bl*) zurückbleibt. Die ganze Bauchfläche ist mit Flimmerhaaren bedeckt (Fig. 13.), die grossen, undurchsichtigen, weil mit einem grobkörnigen und bräunlichen Inhalte erfüllten Excretionszellen ragen hoch über den Blastoporusrest hervor (*x*). In Fig. 14. habe ich ein ähnliches Stadium abgebildet, vornehmlich um die Anordnung und grössere Zahl der Excretionszellen zu veranschaulichen. Die Promesoblasten (*m*) kann man in den in Profillage befindlichen lebenden Larven ganz verlässlich sicherstellen, da sich diese Zellen durch ihre bedeutende Grösse und glänzenden Plasmainhalt auszeichnen.

Wenn man aber dieselbe Larve von der Bauchseite betrachtet, so gelingt es bei etwas sorgfältigerer Beobachtung den Verlauf der Mesoblaststreifen mit ziemlicher Sicherheit zu erforschen. Ich habe die Larve in der entsprechenden Lage in Fig. 15., Taf. XVII. in der Weise abgebildet, dass man hier in dem Flächenbilde sowohl den spaltförmigen Blastoporusrest (*bl*), als die Mesoblaststreifen (*ks*), Excretionszellen und das Epiblast gleichzeitig sieht. Das letztere ist am vorderen Pole, wo es die Excretionszellen bedeckt, ganz abgeflacht, seine Elemente werden aber nach hinten fortschreitend höher. Die bereits zu beiden Seiten der Bauchseite bogenförmig verlaufenden Mesoblaststreifen nähern sich am hinteren Pole zu einander, während sie im weiteren Verlaufe nach vorne auseinander gehen, um schliesslich sich zu beiden Seiten des Blastoporusrestes und unterhalb der Excretionszellen nach unten zu umbiegen, ohne jedoch mit äussersten Enden zu verschmelzen. Diese äusseren, zu beiden Seiten des Blastoporusrestes hinziehenden Theile der Mesoblaststreifen stellen die Anlagen des ersten Segmentes vor (Taf. XVII., Fig. 15. I.).

Die Mesoblaststreifen erscheinen bei allen Lumbriciden in den entsprechenden Gestalts- und Lageverhältnissen, nur sind sie nicht leicht bei jeder Art zu verfolgen, was vornehmlich für Allolobophora foetida gilt, wo die glänzenden Hypoblastzellen die inneren Organisationsverhältnisse der Larven ungemein erschweren.

In Profillage habe ich den Verlauf der Mesoblaststreifen mit dem sich anlegenden ersten Segmente in Fig. 3., Taf. XVI. von Allolobophora putra abgebildet. Die optischen Querschnitte kann man von den rotirenden Larven herstellen, wenn nämlich die letzteren nach und nach in ein Ruhestadium übergehen. Die vergleichende Betrachtung solcher optischer Durchschnitte belehrt in überzeugender Weise von der Lage der Keimstreifen, sowie von der Constellation der sie bildenden Elemente.

In einem jüngeren Larvenstadium von Allolobophora chlorotica, als das in Fig. 7., Taf. XVIII. abgebildete, sieht man z. B. in dem optischen (Taf. XVIII., Fig. 9.) in der Region der Excretionszellen (*z*) geführten Querschnitte, dass die Mesoblaststreifen (*ks*) sich zu beiden Körperseiten befinden, doch mehr der Rückenfläche genähert; das zu den Mesoblaststreifen sich anlegende Epiblast besteht aus höheren, cubischen Zellen, während es auf der Bauchseite und noch mehr auf der Rückenseite ganz abgeflacht ist. Auf der ganzen Bauchfläche ist es mit lebhaft wimpernden Cilien besetzt.

Der entsprechende optische Querschnitt eines weiter fortgeschrittenen Stadiums von Allurus (Taf. XVIII., Fig. 2.) zeigt dagegen, dass die Mesoblaststreifen (*ks*) sich sehr der Bauchseite genähert haben, und dass jeder derselben aus zwei Schichten einer Splanchno- und einer Somatopleura besteht. Der Querschnitt ist fast dreiseitig, das abgeflachte Epiblast ist ein wenig vertieft, was offenbar von den erhöhten Zellen des unterhalb der Mesoblaststreifen hinziehenden Epiblastes herrührt.

Der entsprechende Querschnitt von Allolobophora putra (Taf. XVI., Fig. 1.) ist höchst interessant, weshalb wir denselben eingehender besprechen wollen.

Es sind vornehmlich die Mesoblaststreifen, die unser Interesse in Anspruch nehmen, und wir wollen daher die Anordnung deren Elemente genauer betrachten. In dem Querschnitte des linken Mesoblaststreifens sieht man in der Somatopleura eine sehr grosse, ovale Zelle mit grossem Kerne und hyalinem Inhalte. Diese Zelle tritt offenbar aus dem Verbande der Somatopleura aus und dringt zwischen die Zellen des Epiblastes ein, welches in Folge dessen vervollständigt wird und die früher ganz flachen Zellen desselben werden durch die cubischen Mesoblastzellen ersetzt. Dass die grosse Zelle thatsächlich in das Epiblast eindringt und sich hier theilt, kann man an mehreren entsprechenden optischen Querschnitten sicherstellen und ist auch in der rechten Hälfte des von uns reproducirten Querschnittes veranschaulicht (*e"*). Nebstdem zeichnet ganz ähnliche Bilder auch *Kleinenberg* von „Lumbricus trapezoides" und zwar angeblich nach thatsächlichen mit Reagentien und Färbungsmitteln behandelten Schnitten (l. c. Taf. IX., Fig. 12.), in Folge dessen die karyokinetischen Figuren der im Epiblaste sich theilenden Mesoblastzellen wiedergegeben sind. Die Bedeutung dieses Vorganges ist allerdings *Kleinenberg* unbekannt geblieben; derselbe begnügt sich nicht mit dem promesoblastischen Ursprunge der mehrzelligen Mesoblastschichten, sondern vindicirt ihnen unerklärlicherweise eine doppelte Quelle, indem er sagt: „Now the cells produced in such a way from the large ones certainly would not be placed elsewhere than in the mesoderm, and would form a part of it. I say, a part, because another, and I believe the larger part, certainly has a different origin. It has been explained above how the ectoderm cells transform themselves into wide and flat plates; this in true for the dorsal and ventral surfaces, but the cells of those tracts of ectoderm which cover the cords of mesoderm either keep their longer or shorter prismatic or cylindrical shape or recover that form after having been depressed before the mesoderm comes to raise them (figs. 11a, 11b, 12., 13. ecc)."

Diese Zellen sind kaum vermehrungsfähig und dies lässt auch *Kleinenberg* zu; die die Mesoblaststreifen bedeckenden Epiblastzellen sollen sich dagegn sehr rasch theilen; aber die neu entstandenen Elemente betheiligen sich nicht an der Bildung der äusseren Bedeckung, sondern begeben sich nach innen und tragen zur Vermehrung der Keimstreifenzellen bei. Die Querschnitte beweisen, dass es keine scharfe Grenze zwischen dem oberen und mittleren Blatte gibt, und es ist auch nicht möglich anzugeben, welche Zelle dem Epi- und welche dem Mesoblaste angehört.

Die Beobachtungen *Kleinenberg's* sind gewiss richtig und stimmen mit meiner Darstellung überein; aber die Auffassung des genannten Autors ist gewiss unrichtig. Die ursprünglichen Epiblastelemente vermehren sich überhaupt nicht mehr, somit auch diejenigen nicht, welche über die Mesoblaststreifen sich erstrecken; *Kleinenberg* bildet derartige Verhältnisse in den Stadien ab, wo die Mesoblaststreifen zu beiden Seiten des Larvenkörpers verlaufen; würden sich nun die letzteren aus den Elementen des Epiblastes vervollständigen, so müssten sich derartige Verhältnisse auch später wiederholen, als die Mesoblaststreifen sich an der Bauchseite nach und nach einander genähert haben. Solche Stadien hat *Kleinenberg* gar nicht veranschaulicht, sagt aber weiter: „But the direct production of mesoderm cells from the external layer lasts only a short time. With the progress of development a very distinct demarcation becomes established between the two layers, and the very important increase which the mesoderm henceforward undergoes is produced solely by the multiplication of its own proper cells." Ich kann nicht einsehen, weshalb sich die Mesoblaststreifen anfangs aus den Producten der Promesoblasten und des Epiblastes, später aber nur aus den ersten bilden sollten.

Allerdings aber hat der genannte Autor die Thatsachen verkehrt; wie man weit verlässlicher bei Rhynchelmis durch das Vorhandensein der auftretenden Theilungsfiguren nachweisen kann, dass das definitive Epiblast, oder besser, die Hypodermis sich aus den Zellen des ursprünglichen Epiblastes und der Mesoblaststreifen aufbaut, so geschieht dies in derselben Weise auch bei Lumbriciden und dieser Process wiederholt sich während der ganzen Zeit der fortschreitenden Annäherung der Mesoblaststreifen zur Bauchseite. Die Mesoblastproducte, welche zwischen die Elemente des primitiven Epiblastes eindringen, sind theilungsfähig und erst durch sie kommt die definitive Körperbedeckung des Annulaten zu Stande. Die von *Kleinenberg* gegebenen Darstellungen (namentlich Fig. 12. auf der Taf. IX.) sind in dieser Beziehung höchst belehrend.

Sonst hat *Kleinenberg* bereits einen Gegner in *Bučinsky* gefunden, welcher hervorhebt, dass „in den Mesodermzellen bereits in den frühen Stadien oft je zwei Kerne vorkommen, während in den Ektodermzellen zur selben Zeit nichts ähnliches erscheint". Und weiter hat *Bučinsky* gesehen, dass mit der Differenzirung der Mesoblaststreifen gleichzeitig auch die Zellen „des Ektoderms" sich bedeutend vermehren; auf welche Art und Weise, darüber theilt der Verfasser nichts Näheres mit.

Wir finden also auch bei Lumbriciden dieselbe Bildung der definitiven Hypodermis, wie wir bereits bei Rhynchelmis sichergestellt haben.

Was die *Excretionszellen* dieses Stadiums anbelangt, so zeichnen sie sich noch immer durch denselben grobkörnigen und dunklen Inhalt aus, doch erscheinen sie jetzt viel kleiner als im vorigen Stadium. Nur bei Allurus behalten die Excretionszellen fast dieselbe enorme Grösse und ragen, einem undurchsichtigen Hügel ähnlich, über den Larvenkörper hervor (vergl. Taf. XVII., Fig. 13. *x*); man findet gewöhnlich vier bis sechs solche grosse Excretionszellen (Taf. XVIII., Fig. 3. *x*). Das Canälchenknäuel, welches im vorigen Stadium so mächtig entwickelt war, ist jetzt viel unbedeutender, was wahrscheinlich in der selbständigeren Ausmündung der larvalen Pronephridien nach aussen seine Erklärung findet.

2. Das nächste Stadium ist charakterisirt durch das Vorhandensein des Stomodaeums, welches in dem ersten Momente seiner Entstehung als eine kurze, aber ziemlich weite Röhre der sich eingestülpten Hypodermis am Rande des Blastoporusrestes erscheint.

Den Nachweis dieser Einstülpung ist ziemlich schwierig durch directe Beobachtung zu erbringen und die Kleinheit der Objecte erlaubt auch nicht diese Stadien durch Querschnittmethode zu verfolgen; nichts desto weniger glaube ich eine solche Bildung des Stomodaeums aus der fertigen Hypodermis annehmen zu müssen, da sich sonst das Stomodaeum bereits in den jüngeren Larvenstadien aus dem primitiven Epiblaste gebildet hätte.

Ich habe dieses vermeintlich jüngste Stadium des Stomodaeums von Allolobophora putra beobachtet und in Fig. 12., Taf. XVIII. (*st*) veranschaulicht.

Wichtiger sind die Vorgänge, die sich an den vorderen Enden der Mesoblaststreifen abspielen. Wir haben im vorigen Stadium gesehen, dass sich die letzteren zu beiden Seiten des Blastoporusrestes nach unten umbiegen und somit ganz auf die Ventralseite zu liegen kommen. Nachher gliedern sich diese Mesoblastenden von den gemeinschaftlichen Strängen ab und stellen dann selbständige Anlagen zur Bildung des ersten Segmentes vor. Man hat sie auch als Kopfkeime im Gegensatze zu Rumpfkeimen bezeichnet, welche letzteren jetzt mit ihren äusseren Enden sich wieder an der Bauchseite befinden (Taf. XVIII., Fig. 12. *ks*, Fig. 13. *ks*).

Die bisher getrennten Anlagen des ersten Segmentes entwickeln sich von jetzt an selbständig, indem sie das junge Stomodaeum umwachsen und sowohl an der Bauch- als Rückenseite verschmelzen (Taf. XVIII., Fig. 12. *k*). Am Rücken stossen die Anlagen des ersten Segmentes an die hier befindlichen Excretionszellen (*x*), welche sie in Folge der fortschreitenden Zellvermehrung nach hinten verdrängen. Nun sieht man in der angezogenen, in Profillage gezeichneten Larve von Allolobophora putra, dass die Anlagen des ersten Segmentes scheinbar solid sind; aber die Betrachtung desselben Stadiums von der Bauchseite ergibt, dass sie bereits hohl sind, indem die Zellen zu zwei Platten, der Splanchno- und Somatopleura auseinander treten (Taf. XVIII., Fig. 13. *k*), von denen die erstere sich dicht an die Wandung des Hypoblastes und des in der Bildung begriffenen Stomodaeums, die andere an die Hypodermis anlegt. Dadurch entsteht eine paarige Höhlung zu beiden Seiten des Stomodaeums. In unserer Abbildung sieht man, dass diese Hälften der Leibeshöhle des ersten Segmentes bisher ganz getrennt sind, wie es auch in der von der Rückenseite reproducirten optischen Ansicht (Taf. XVIII., Fig. 11. *k*) zum Vorschein kommt. Bald aber verschmelzen die beiden Höhlen in der Medianlinie der Bauch- und Rückenseite zusammen und es entsteht eine einheitliche Höhle des ersten Segmentes oder, wie man sie in Folge des Vorhandenseins des Stomodaeums bereits bezeichnen kann, der **Kopfhöhle**.

Das betreffende Stadium von Allolobophora putra zeigt im Allgemeinen und von der Bauch- oder Rückenseite betrachtet, eine ellipsoide Gestalt, wie sie eben in Fig. 11. (Taf. XVIII.) reproducirt ist. Zu gewissen Zeiten stellt die Larve die rotirenden Bewegungen

*

ein und beginnt peristaltische, vom hinten nach vorne erfolgende Contractionen des Körpers auszuüben, wie ich in Fig. 13., Taf. XVIII. darzustellen versuche.

Die von der Rückenseite betrachteten Larven, jetzt eigentlich schon Embryonen, zeigen in der Medianlinie des Vorderkörpers einen unpaarigen Porus (Taf. XVIII. Fig. 11. *p*), hinter welchem die bereits in Degeneration begriffenen Excretionszellen folgen, trotzdem die larvalen Pronephridien nach wie vor in voller Thätigkeit sich befinden. Die letzterwähnten Organe werden wir weiter unten genauer besprechen.

In ganz entsprechenden Verhältnissen habe ich ferner auch die in Bildung begriffene Kopfhöhle von Lumbricus terrestris in Fig. 1., Taf. XIX. (*k*) abgebildet. Das Stomodaeum ist hier im optischen Durchschnitt und etwas schematisch gehalten. Nach hinten sieht man die grossen Zellen der Mesoblaststreifen (*ks*).

Das erste Segment entsteht also aus den paarigen vorderen Abschnitten der ursprünglichen Mesoblaststreifen, von denen sich die ersteren abgegliedert haben. Die beiden Hälften dieser Anlagen verschmelzen zunächst auf der Bauchseite, von wo sie sich zur Rückenseite zu beiden Seiten des Stomodaeums verbreiten und durch das Auseinanderweichen beider Lamellen, der Somato- und Splanchnopleura zur Bildung der definitiven Leibeshöhle des ersten Segmentes oder Kopfsegmentes Anlass geben.

Die in weiterer Bildung vorhandene Kopfhöhle der praeoralen Hälfte habe ich in optischem Längsschnitte und bei starker Vergrösserung in Fig. 17. auf der Taf. XVI. abgebildet; an die aus hohen Cylinderzellen bestehenden Hypodermis (*e*) legt sich dicht eine einfache Schicht von hyalinen Zellen des Somatopleura (*st*) an, welche letztere in eine aus mehreren Zellen bestehende Schicht übergeht, welche der vorderen Platte des sich bildenden Dissepimentes der nachfolgenden Segmente entspricht. Ähnlich verhält es sich auch mit dem postoralen Theile der Kopfanlage (vergl. Fig. 6., Taf. XVI. und die weiter zu besprechenden Querschnitte).

Ich habe mich mehreremals dahin ausgesprochen, wie es vortheilhaft ist die kleinen Embryonen der Lumbriciden zuerst im frischen Zustande zu untersuchen, da die conservirten und an Querschnitten untersuchten Präparate nur zu einseitigen und meist irrthümlichen Auffassungen Anlass geben können. Diesen Fehler hat auch *Kleinen-*

berg begangen; er macht keine Erwähnung, dass er die Embryonen nach der erst erwähnten Methode untersucht hätte, beschreibt aber seine Befunde nach den Querschnitten, die offenbar treu wiedergegeben sind, zur richtigen Verständniss der Thatsachen dagegen nur selten beitragen. Ich habe mich in diesem Sinne bereits oft aussprechen müssen und wiederhole es auch bezüglich der Kopfbildung, wie dieselbe von *Kleinenberg* geschildert wird. Wenn man auch die älteren und somit resistenteren Lumbriciden-Embryonen conservirt, so ziehen sich doch die zarten Zellschichten namentlich auf dem Vorderende zusammen und die Querschnitte der Mesoblaststreifen erscheinen dann aus mehreren Zellschichten zusammengesetzt, während man in den frischen Embryonen nur die ganz deutlich auftretenden Somato- und Splanchnopleura und die dadurch hervorgerufene „Kopfhöhle" sicherstellen kann. Anders dagegen bei *Kleinenberg*; er hat die Entwicklung des ersten Segmentes nur an Querschnitten untersucht und kommt daher zu dem Resultate, wonach die Enden der Keimstreifen — die nach seiner Auffassung aus den Mesoblaststreifen und verdickten Zellreihen des Epiblastes bestehen sollen — einfach zu beiden Seiten des Mundes sich verbreiten und gegen die Rückenseite hin und nach vorne verschmelzen, wodurch sie einen Bogen zu Stande kommen lassen, welchen der Verfasser als „Kopfkeimstreif" bezeichnet. Später entsteht in jeder Hälfte eine Höhlung, indem die Somato- und Splanchnopleura der Kopfkeimstreifen auseinanderweichen.

Die Angabe, dass am vorderen Körperpole des Embryos eine bogenförmige Commissur zu Stande kommt, ist sehr charakteristisch, da sie mit der *Kleinenberg*'schen Auffassung von der Entstehung des Kopfganglions im Zusammenhange steht.

Andererseits muss ich aber die Angabe, dass die Mesoblastanlagen des Kopfes zuerst auf der Rückenseite verschmelzen, als unrichtig bezeichnen. Und wenn sich *Kleinenberg* auf *Kovalevsky* beruft, dass derselbe auch einen Embryo von Rhynchelmis abbildet, wo die Kopfanlagen am Rücken verschmelzen, so hat er gewiss übersehen, dass in der citirten Abhandlung Kovalevsky's ein Querschnitt durch das Vorderende des Embryos (Fig. 17. und 18. auf welche sich Kleinenberg wahrscheinlich beruft) gegeben ist (l. c. Fig. 31., 32.), wo die „Keimstreifen" sich an der Bauchseite befinden. Übrigens werden wir auf diese Angaben noch zurückkommen.

Schliesslich scheint *Kleinenberg* dafür zu halten, dass aus den in Rede stehenden Kopfanlagen lediglich der Kopflappen entsteht, indem er sagt: „there is never a special rudiment for the praeoral ring, but that the cephalic lobe . . . . is formed simply by the union of the germinal streaks on the back."

Hätte nun *Kleinenberg* die frischen Embryonen untersucht, so müsste er finden, dass die äusseren Enden der Kopfanlage dicht hinter der Mundöffnung verschmelzen, dass somit auch der postorale Theil zum ersten Segmente angehört, wie dies meine Fig. 12. auf der Taf. XVIII. (*k*) veranschaulicht.

§ 6. Der Embryonalkörper.

Durch die stattgefundene Bildung des Kopfsegmentes, in welchem auch gleich das erste Ganglion auf die weiter unter geschilderte Art und Weise entsteht, wird eigentlich schon der Embryo angelegt, trotzdem die hinter dem Kopfe folgenden Mesoblaststreifen noch ganz und gar getrennt erscheinen. Sie gliedern sich aber sofort zu Ursegmenten und fliessen ebenfalls nach und nach in der Medianlinie der Bauchseite zusammen. In solchem Stadium liegt uns ein segmentirter Embryo vor, dessen Organisation an Allurus tetraëder eingehender dargestellt werden soll. Ich habe denselben in Fig. 16., Taf. XVII. in der Profillage darzustellen und alle die charakteristischen Organisationsverhältnisse im optischen Durchschnitte einzutragen versucht. Der Embryo ist von ovoider, an der Rückenfläche etwas abgeflachter Gestalt; hier sind auch die Epiblastzellen ganz flach, erheben sich aber nach und nach zur Bauchseite, wo bereits die definitive, aus cubischen Zellen bestehende Hypodermis des Annulaten vorhanden ist.

Zur Bauchseite des Embryos zähle ich aber auch den äusseren Rand des ursprünglichen Blastoporusrestes, welcher bei den früher geschilderten Formen ganz auf der Bauchseite sich befand, und bei Allurus tetraëder schief den vorderen Körperpol einnimmt.

Ferner sieht man auf dem abgebildeten Embryos der erwähnten Art, dass derselbe aus einer Anzahl von Segmenten besteht, welche — von der Oberfläche aus betrachtet — aus einer grösseren Menge von kleinen, hyalinen Zellen bestehen und durch deutliche Intersegmentalfurchen von einander geschieden sind, während das Epiblast bisher nicht segmentirt erscheint.

Die Ursegmente sind bis etwa in das zweite Drittel der Körperlänge gut entwickelt, weiter nach hinten ist die Segmentirung nicht deutlich und schliesslich sieht man den unsegmentirten, einheitlichen

Mesoblaststreifen. welcher zuletzt in den einreihigen Zellstrang übergeht und mit dem Promesoblaste *m* auf der Rückenseite endigt.

Wenn ich nun Allurus eingehender bespreche, so geschieht dies aus dem Grunde, dass es ein ausgezeichnetes Object — wie kein anderer Lumbricidenvertreter — vorstellt, an dessen lebenden Embryonen man sich von der allerersten Anlage des Ganglions des ersten Segmentes ganz verlässlich überzeugen kann. Die Quer- und Längsschnitte geben in dieser Beziehung gar keinen Aufschluss, da sich die ersten Ganglienanlagen ebenso wie die übrigen mit Reagentien behandelten Epiblast- und Mesoblastzellen gleich verhalten. Durch die Beobachtung der frischen Objecte kann man übrigens zur Beseitigung sämmtlicher Controversen über die Entstehung des centralen Nervensystems beitragen — derjenigen Controversen, welche der richtigen Auffassung über die allgemeine Morphologie der niedersten gegliederten Thiere und deren Organisation wesentlich im Wege standen.

Am Vorderrande des Stomodaeums, welcher, wie erwähnt, bei Allurus tetraëder in diesem Stadium beinahe terminal zu liegen kommt, trotzdem er doch der Ventralseite angehört (Taf. XVII., Fig. 16. *bl*). sieht man ein Paar dicht neben einander liegenden Zellen (*g*), welche sowohl durch ihre Grösse, als hyalines Cytoplasma und deutlich auftretende Kerne sehr auffallend sind. Sie liegen dicht vor den auf der Rückenseite stark nach hinten verdrängten Excretionszellen (*x*). scheinen aber mit der Hypodermis in innigstem Zusammenhange zu stehen, wie sie sich nach dem Vergleiche einer grösseren Anzahl der Larven als vergrösserte Elemente der Hypodermis kundgeben. Der Lage nach scheinen die Zellen, welche die allererste Anlage des centralen Nervensystems des Annulaten vorstellen, terminal zu liegen; nach den früher angeführten Erörterungen über die ursprüngliche Lage des Stomodaeums, gehören sie aber noch der Bauchseite an und sind nur durch die im Kopfsegmente stattfindenden Umbildungsvorgänge nach vorne verdrängt. Die Kopfhöhle scheint noch nicht mächtiger entwickelt zu sein, da die Mesoblastzellen zwischen der Hypodermis und den Excretionszellen sehr dicht an und neben einander vorhanden sind; die Somato- und Splanchnopleura des Kopfsegmentes sind in diesem Stadium bei Allurus noch nicht auseinandergetreten. Gelingt es den Embryo des beschriebenen Stadiums von der Rückenfläche zu untersuchen. so sieht man das in Fig. 17. auf der Taf. XVII. reproducirtes Verhältniss der paarigen Neuroblasten (*g*) in dem sich angelegten Kopfsegmente. Die Bezeichnung „Neuroblasten" glaube ich überhaupt für die ersten Anlagen des Centralnervensystems anwenden zu können, ohne jedoch dieselbe mit den gleichnamigen Elementen im Sinne *Whitman's* und *His'* identificiren zu wollen.

Die nachfolgenden Segmente sind zwar auch angelegt, man kann sich aber an frischen Präparaten vom Vorhandensein der Segmenthöhlen nicht überzeugen.

Brauchbare Schnitte von diesem Stadium gelang mir nicht anzufertigen.

Wir wollen nun ein wenig älteres Embryonalstadium betrachten. Dasselbe wiederholt sich in entsprechenden Gestalts- und Organisationsverhältnissen bei allen von mir untersuchten Arten und ich habe es nach frischen Exemplaren in Fig. 6., 8. auf der Taf. XVI. von Allolobophora putra und in Fig. 1., Taf. XVIII. von Allurus tetraëder abgebildet. Die letzt angezogene, in optischem Längsschnitte gehaltene Abbildung bedarf einer genaueren Besprechung. Man sieht hier ein gut entwickeltes, röhrenförmiges Stomodaeum (*st*), welches mit dem weiten Archenteron bereits zu communiciren scheint, obwohl es auch in späteren Entwicklungsstadien schwierig ist, eine solche Einmündung auch an wirklichen Längsschnittserien nachzuweisen. Trotzdem aber glaube ich, dass der Embryo bereits jetzt die Eiweissflüssigkeit zu sich nimmt und in der Urdarmhöhle zu einer wasserartigen Flüssigkeit assimilirt.

Die früheren kolossalen Excretionszellen (*x*) befinden sich ganz auf der Rückenseite in der primitiven Leibeshöhle und scheinen jetzt in einem Degenerationsstadium begriffen zu sein, indem sie der früher so auffallenden intracellulären Canälchenwindungen ganz entbehren. Dagegen treten die larvalen Pronephridien (*ex*) mit der allergrössten Deutlichkeit in der dorsalen primitiven Leibeshöhle hervor und verrathen sich durch lebhafte Wimperung. In der hinteren spaltartigen primitiven Leibeshöhle erscheinen die oben erwähnten Mesenchymzellen, welche bald in grösserer Menge, bald nur vereinzelt vorhanden sind. In welchem Verhältnisse die larvalen Pronephridien zu den grossen Excretionszellen stehen, darüber kann ich nichts Bestimmtes angeben; es erscheint hier an der Rückenseite ein winzig kleiner, nicht selten sehr schwierig nachweisbarer Porus (*p*), der mit einem Aste der larvalen Pronephridien in Verbindung steht; es gelang mir aber nicht zu ermitteln, ob dieser Ausführungsgang sich mit den Excretionszellen in einer directen Verbindung befindet.

Ganz nach hinten sieht man auf der Rückenseite die in ursprünglicher Grösse erhaltene Promesoblastzelle (*m*).

Von dem eigentlichen Annulaten-Körper sieht man in diesem Längsschnitte wenig. Nur die weitere Entwicklung der oben erwähnten zwei Neuroblasten ist in der Kopfhöhle auffallend. Man sieht jetzt, dass sich eine jede von den ursprünglichen zwei Zellen zu einer aus wenig (drei bis vier) Elementen bestehenden Gruppe getheilt hat, die aber von einer Membran umgrenzt, eine selbständige Hälfte bildet. Hierin erkennt man ganz bestimmt die künftige, bisher in innigem Zusammenhange mit der Hypodermis stehende Gehirnanlage, die hier als paariges Gebilde überzeugend zum Vorschein kommt, in der optischen Profillage allerdings nur in einer Hälfte wahrnehmbar ist.

Die entsprechenden Stadien von Allolobophora putra, die ich in Fig. 5., 6. und 8. auf der Taf. XVI. dargestellt habe, bilden eine wünschenswerthe Ergänzung zu dem optischen Längsschnitte desselben Stadiums von Allurus tetraëder.

Die angezogenen Figuren stellen beinahe die auf gleicher Altersstufe stehenden Stadien vor, obwohl deren äussere Gestaltsverhältnisse hier wie bei anderen Entwicklungsstadien ziemlich variabel sind, was wohl doch von der Anzahl der Segmente, der Ausbildung der Excretionszellen und der Segmenthöhlen abhängig sein dürfte. Schliesslich muss man auch die Lage des Embryo unter dem Deckgläschen berücksichtigen. Ich werde zunächst das in Fig. 6. abgebildete Stadium besprechen, da es mir doch als jüngeres zu sein scheint. Die Figur ist ebenfalls im optischen Längsschnitte gehalten und zwar in der Ebene der ventralen Somatopleura. Das Stomodaeum verhält sich wie in dem entsprechenden Stadium von Allurus, ebenso wie der Promesoblast *m*. Dagegen ist bei Allolobophora putra höchst schwierig die Anlage des Kopfganglions zu ermitteln. Die mesoblastische Anlage des Kopfes nimmt den ganzen vorderen Pol ein; das Stomodaeum mündet fast terminal aus, doch ist der dorsale Theil des Kopfes voluminöser als der ventrale, indem sich die Mesoblastzellen weiter nach hinten ausbreiten können. Die Excretionszellen erscheinen jetzt ganz degenerirt, indem sie sowohl des grobkörnigen dichten Inhaltes als des intracellulären Canälchen entbehren (*x*). Auch sind sie jetzt viel kleiner als früher, fallen aber durch ihren glänzenden, fettartigen Inhalt und grossen Kern sofort auf. In der besprochenen Profillage (Taf. XVI., Fig. 5.) sieht man nur zwei dieser Zellen und jede legt sich dicht an einen Ausführungsgang der larvalen Pronephridien an (*ex*), die bei Allolobophora putra in den meisten Fällen durch zwei Poren (Taf. XVI., Fig. 5. p^1 und p^2) nach aussen münden. Man kann hier ganz deutlich sicherstellen, dass sich jeder dieser Ausführungsgänge weit nach hinten in ein feines wimperndes Canälchen verlängert und dass der vordere Ausführungsgang nebst dem mit einem vorderen Ästchen in Verbindung steht, welches zweifelsohne paarig jederseits des Stomodaeums verläuft, wegen der Undurchsichtigkeit der Hypoblastzellen sich aber nicht weit verfolgen lässt.

Die hinter dem ersten Segmente (Kopfsegmente) folgenden sieben Segmente stehen auf gleicher Stufe der Entwicklung, indem sie in der ventralen Somatopleura dicht an der hinteren Fläche des Dissepimentes je eine grosse, hyaline Zelle mit Kern und Körperchen enthalten, die zwischen den kleineren und dicht neben einander liegenden Mesoblastzellen der Somatopleura sofort in die Augen fällt (Taf. XVI., Fig. 6. *prn*). In den hinteren Ursegmenten kann man auch diese Zellen wahrnehmen, trotzdem sie viel undeutlicher zum Vorschein kommen. Wir werden diese Zellen weiterhin als Pronephroblasten bezeichnen.

In Fig. 8., Taf. XVI. begegnet man ferneren Differenzirungen, von denen sich in diesem Stadium nicht mit Sicherheit angeben lässt, ob sie von der Hypodermis oder von der Somatopleura des Mesoblastes abhängig sind. Mir gelang erst von dem nächstfolgenden Stadium Querschnittserien herzustellen und werden wir somit weiter unten die Anlagen der Bauchganglien aus der Hypodermis ableiten können. In der angezogenen, fast kugeligen Figur sieht man etwas abweichende Gestaltsverhältnisse der Excretionszellen (*x*), welche alle drei hinter dem Kopfe liegend mit den distalen Enden an einer Stelle mit dem bisher primitiven Epiblaste in Verbindung stehen (Taf. XVI., Fig. 19.). Das Stadium war sonst ungünstig zur Ermittlung der larvalen Pronephridien.

Dagegen sind die Segmenthöhlen der an der Bauchseite angelegten Segmente sehr gut entwickelt und durch die bindegewebigen Dissepimente, über deren Bildung wir in dem nächsten Stadium eingehendere Angaben liefern werden, von einander geschieden. In der Mitte eines jeden Segmentes sieht man in dieser Profillage je eine grosse hyaline Zelle, welche man in gleichen Gestaltsverhältnissen so weit nach hinten sicherstellen kann, sofern man die in Bildung begriffenen Segmenthöhlen findet. Gelingt es das Stadium von der Bauchseite zu beobachten, was allerdings höchst selten vorkommt (und auch in diesem Falle wegen der Undurchsichtigkeit der Hypoblastzellen sehr schwierig ist), sieht man jederseits der medianen Bauchlinie in jedem Segmente zwei solche ganz von einander getrennte Zellen. Nach den Querschnitten der späteren Stadien muss man diese grossen Segmentzellen der Bauchseite als die allerersten Anlagen der Bauchganglien (Neuroblasten) ansehen, welche also ganz und gar unabhängig von einander, ebenso wie unabhängig von dem Kopfganglion entstehen. In jedem Segmente bildet sich ein Paar Hypodermiszellen zu Neuroblasten um, und stellen die erste Anlage des Ganglions vor.

Bevor wir auf die Besprechung eines älteren Entwicklungsstadiums von Allolobophora putra eingehen werden, müssen wir noch einer Eigenthümlichkeit der äusseren Gestalt der eben besprochenen Embryonen gedenken. Der Blastoporusrest befand sich auf der Bauchseite unterhalb der grossen Excretionszellen; das Stomodaeum liegt nun bald mehr, bald weniger terminal und ist auf der Rückenfläche von einem lippenartigen Fortsatz überwachsen, den wir aber keinesfalls mit dem Praestomium des entwickelten Annulaten vergleichen dürfen. Die Mächtigkeit der „Oberlippe" der Embryonen ist eben abhängig von den Dimensionen, resp. dem Degenerationszustande der Excretionszellen; sind dieselben noch mächtig entwickelt, wenn auch nicht functionsfähig, so tragen sie offenbar zur Hervorwölbung des vorderen Körperfortsatzes, zur Bildung der „Oberlippe", und der Mund scheint mehr der Bauchseite anzugehören. Sind die Excretionszellen dagegen weit in Verkümmerung begriffen, so ist der obere Fortsatz, jetzt also nur die dorsale Hälfte des ersten Segmentes, ganz auf die Rückenseite verschoben und die Mundöffnung erscheint mehr oder weniger terminal. Man braucht in dieser Beziehung nur die soeben besprochenen Figuren von Allolob. putra (Fig. 5., 6., 8.) zu vergleichen. Es kann aber vorkommen, dass in den jüngeren Stadien die Excretionszellen ganz degeneriren, während sie in den älteren Embryonen noch vorhanden sind und so muss man auch mit dieser Thatsache in Bezug auf die Auffassung des definitiven Praestomiums rechnen.

Als Consequenz dieser Deutung des embryonalen dorsalen Fortsatzes stellt sich die Nothwendigkeit ein, dass bei den Arten oder Entwicklungsstadien, wo die Excretionszellen gar nicht vorhanden sind oder durch Degeneration ganz zu Grunde gegangen sind, die Mundöffnung eine terminale Lage bewahren muss.

Dem ist thatsächlich so: für den ersten Fall führe ich Allolobophora foetida an, von welcher wir bereits früher hervorgehoben haben, dass sie durchaus der Excretionszellen entbehrt und thatsächlich liegt die Mundöffnung auch der jüngsten Embryonen, d. h. solcher Entwicklungsstadien, wo bereits das vorderste Segment mit der Gehirnanlage vorhanden ist, ganz terminal, wie deutlich Fig. 3., 4. und 5. auf der Taf. XV. veranschaulichen. Diese Lage wird der Mund auch bei den älteren Embryonen bewahren müssen, bevor es zur Bildung des definitiven Praestomiums — oder, wie man seit lange sagt, des Kopflappens — kommt. Thatsächlich sehen wir in den weit entwickelten Embryonen der genannten Art, die ich in Fig. 7., 8. und 9. auf der Taf XVII. abgebildet habe, dass die Mundöffnung ganz am Vorderende sich befindet.

Kovalevsky gibt an, dass die Mundöffnung des uns beschäftigenden Stadiums ganz auf die Rückenseite zu liegen kommen kann, was offenbar nicht zutreffend ist; sonst halte ich Fig. 17., Taf. VII. (l. c.) desselben Forschers für ganz schematisch, ebenso wie Fig. 18., nämlich was die Segmentirung anbelangt; mir sind wenigstens solche Bilder bei keiner untersuchten Art zu Gesicht gekommen. *Kovalevsky* gibt ferner an, dass der in Fig. 17. (l. c.) abgebildete Embryo in der Dotterhaut zu rotiren beginnt; auch diese Angabe ist nicht zutreffend, und zwar in zweierlei Richtung: einmal, dass schon die zweiblättrige Larve lebhaft rotirt, anderseits, dass weder die Larve noch der Embryo in der Dotterhaut die Bewegungen ausübt, da die genannte Membran sehr früh, noch während der Furchung zu Grunde geht. Ob nun der Ösophagus der Embryonen „die Schluckbewegungen auszuführen beginnt und die ganze Darmhöhle sich mit Eiweiss erfüllt", gelang mir durch directe Beobachtung nicht nachzuweisen; zwar sah ich einigemal, dass sich die Embryonen auf der Rückenseite peristaltisch von hinten nach vorne contrahirten, kann aber diese Thätigkeit nicht als allgemeine Erscheinung ansehen und ebenso wenig kann man sich von deren physiologischer Bedeutung aussprechen.

Auch nicht richtig ist die nachfolgende Angabe *Kovalevsky's*: „In Folge dieser Einsaugung des Eiweisses wird der Embryo besonders in seinem unteren Theile stark ausgedehnt, und die Zellen des Darmdrüsenblattes, sowie des denselben hier unmittelbar bedeckenden oberen Blattes, verlieren bald ihr cylindriches Aussehen und werden zum Pflasterepithelium." Wir haben gesehen, dass das primitive Epiblast (oberes Blatt) sehr früh wenigstens auf der Rückenseite aus ganz abgeplatteten Elementen bestand, während die Epiblaststreifen, unter welchen sich die Mesoblaststreifen erstreckten, aus hohen, cubischen Zellen zusammengesetzt waren.

Die zu diesem Behufe citirte Abbildung *Kowalevsky's* (l. c. Fig. 19.) ist in Bezug auf die Darstellung des zweischichtigen „oberen Blattes" gewiss nicht richtig, indem die Hypodermis überall an Querschnitten einfach ist.

Wenn wir jetzt das weitere Schicksal der eben angelegten Organe von Allolobophora putra erkennen sollen, so werden wir ein Stadium wählen, dessen Excretionszellen eben ganz zu Grunde gegangen sind und das Stomodaeum daher am vorderen Körperpole nach aussen sich öffnet. Ich habe diesen Embryo in frischem Zustande in Fig. 7. (Taf. XVI.), sowie nach den in Chromsäure conservirten Exemplaren und bei auffallendem Lichte in Fig. 1., 2., 3. (Taf. XVII.) abgebildet. Die Betrachtung des lebenden Embryos (Taf. XVI., Fig. 7.) bietet nicht viel Neues, als dass hier bereits eine grössere Menge von Segmenten angelegt ist und dass nur ein Excretionsporus (*p*) an der Grenze zwischen dem ersten Segmente und dem nachfolgenden larvalen Körper vorhanden ist: der hintere Porus ist offenbar degenerirt.

Interessanteren Verhältnissen der Körpergestalt des besprochenen Stadiums begegnen wir an den in Chromsäure erhärteten Embryonen, die ich in Fig. 1., 2., 3. auf der Taf. XVII. abgebildet habe. Fig. 1. ist eben in der Profillage gehalten; auf der Bauchseite erscheinen die angelegten Segmente als ein Wulst, welcher von den noch vorhandenen Promesoblasten (*m*) seinen Ursprung nimmt und am Vorderende mit dem fertigen, des Praestomiums allerdings entbehrenden Kopfsegmente aufhört. Dieser Embryonalkörper tritt auf den erhärteten Stadien bei auffallendem Lichte mit grosser Deutlichkeit hervor, indem er durch die weissliche Färbung von dem dunkleren Hypoblastinhalte, welcher mit der dünnen larvalen Epiblastumhüllung bedeckt ist, abweicht. Nur ein kleiner rückenständiger Fortsatz hinter dem Kopfsegmente erscheint etwas blasser als das übrige Epiblast; es ist die Stelle (*l*), wo früher die larvalen Excretionszellen vorhanden waren und wo jetzt nur der oben erwähnte, zu den larvalen Pronephridien angehörige Excretionsporus sich befindet. Man sieht denselben sehr gut auch auf den erhärteten, von der Rückenfläche aus betrachteten Embryonen (Taf. XVII., Fig. 2. *ex*). Hier erscheinen hinten die Promesoblasten *m* und der hintere Theil der bisher nicht differenzirten Keimstreifen während nach vorne das zweilappige grosse Kopfsegment (*kf*) hervortritt.

Ebenso sieht man das Kopfsegment an den von der Bauchseite betrachteten, erhärteten Embryonen (Taf. XVII., Fig. 3. *kf*) als einen mit zwei lateralen grossen Lappen versehenen Abschnitt, in dessen centraler Vertiefung die ziemlich grosse Mundöffnung (*m*) wahrnehmbar ist. Hinter dem Kopfsegmente folgen nun die nachfolgenden, allmälig nach hinten jüngeren Segmente und schliesslich die bisher nicht differenzirten Keimstreifen. Die mediane, von der Mundöffnung bis an den hinteren Körperpol verlaufende, ziemlich tiefe Furche bezeichnet die Linie, in welcher die beiden Keimstreifshälften verschmelzen. Aus der Betrachtung unserer Abbildung ergibt sich auch auf's Unzweideutigste, dass das Kopfsegment in seiner Entstehung keinesfalls von den nachfolgenden Segmenten abweicht, indem es ebenfalls aus zwei Hälften zusammengesetzt ist.

Das in Rede stehende Entwicklungsstadium erreicht in der längeren Achse nicht selten 0·3—0·5 mm. Länge und ist demnach zur Herstellung einer Schnittserie tauglich. Es kommen aber durch die Anwendung der Schnittmethode alle die Organisationsverhältnisse nicht so klar zum Vorschein wie an den optischen Längsschnitten der lebenden Embryonen und kann daher nur die Anlage des Nervensystems und einiger weniger Organe durch diese Methode illustrirt werden, während die in lebendem Zustande so deutlich hervortretenden Pronephroblasten man auf den Querschnitten nur recht undeutlich erkennen kann. Ich werde daher zunächst einige optische Längsschnitte des besprochenen Stadiums beschreiben. Die hintersten, als solche erkennbaren Segmente, zeigen überhaupt noch keine Leibeshöhle (Taf. XVI., Fig. 13.); in deren Somatopleura erscheinen die Pronephroblasten ganz in derselben Form und Lage, wie in dem vorigen Stadium (*prn*).

Die vorderen Segmente zeichnen sich dagegen durch eine geräumige Leibeshöhle aus, wie dieselbe eben durch das Auseinandertreten der Somato- und Splanchnopleura, sowie der Septallamellen hervorgehen konnte (Taf. XVI., Fig. 15.).

Der vorderste Pronephroblast hat sich durch fortschreitende Theilung zu einem soliden Zellstrange differenzirt (*exk*), welcher nur dem Segmente angehört, wo der Pronephroblast vorhanden war. Der Strang stellt das embryonale Pronephridium vor.

Bei noch niedrigerer Einstellung erkennt man schliesslich in den Segmenthöhlen die Neuroblasten, welche zwar beinahe in derselben Gestalt wie früher vorhanden sind, aber einige der vordersten bereits je eine selbständige Zellgruppe bilden.

Die weitere Entwicklung der Ganglien und des Nervensystems überhaupt, wie sie sich vornehmlich auf Querschnitten erkennen lässt, werden wir in einem speciellen Capitel über die Organogenie zusammenfassen und mit dem Hinweis auf die wichtigste Literatur besprechen. Selbstverständlich wird man auch die Bildung der Segmenthöhle, der Nephridien u. s. w. berücksichtigen müssen.

Das zuletzt beschriebene Embryonalstadium wurde kürzlich von *Lehman*[*]) vornehmlich in Bezug auf die Excretionsorgane besprochen. Der Autor hat dazu eine nicht näher beschriebene Allolobophora gewählt, die ich auch nach der schematischen und ganz irrthümlichen Darstellung des Embryo nicht bestimmen kann. Der etwas gestreckte Körper soll auf der ganzen Oberfläche mit Cilien besetzt sein, was offenbar nicht richtig ist. Das Epiblast ist hinten aus mehreren Zellschichten gezeichnet und die dorsale Fläche besteht aus fast so hohen Zellen wie die Haut der Bauchseite. Dies kommt niemals vor. Die Mesoblaststreifen sind auf der ganzen Länge vom Stomodaeum, welches der Verfasser als „Oesophagus" bezeichnet, bis zu den Promesoblasten segmentirt.

Auch der larvale Excretionscanal, welcher auf der Rückenseite des Embryo verläuft, ist wohl nur schematisch wiedergegeben. Er soll „nach vorn eine geräumige Höhle bilden, die mit kräftig schlagenden Wimpern versehen ist und sich nach aussen zu durch eine kreisrunde Öffnung öffnet, nach der zu die Wimpern sich bewegen". Die Öffnung liegt aber nicht, wie bei unseren Embryonen, am vorderen Körperabschnitte, sondern etwa in der Mitte des Körpers, was ich für irrthümlich halte. Ebenso betrachte ich die Deutung des Verfassers, nach welcher diese Organe mit den früher von mir als „embryonale Excretionsröhren" gedeuteten Canälchen identificirt werden, aus den weiter unten angeführten Gründen als ganz unrichtig.

Die *Excretionszellen* erscheinen in diesem Stadium bereits stark degenerirt, wenigstens entbehren sie ihres grobkörnigen Inhaltes und ebenfalls der früher so markanten Canälchen. Das definitive Zugrunde-

---

[*]) Geschlechtsproducte bei den Oligochaeten. Jenaische Zeitschrift. Bd. 21, 1887, pag. 340.

gehen der Excretionszellen erfolgt aber erst später, als sich der Körper bedeutend in die Länge gestreckt hat und das erste Segment als deutlicher Kopf auftritt. Über den Degenerationsprocess habe ich einige Beobachtungen vornehmlich an Allolobophora putra angestellt. Die früher dunkeln, mit grobkörnigem Plasma erfüllten Drüsenzellen werden allmälig durchsichtig (Taf. XVI., Fig. 9.), ihr Inhalt wird später glänzend und die Zellen werden durch die sich bildende Kopfhöhle ganz auf die Rückenseite verdrängt (Taf. XVI., Fig. 5., 6., 9. x). In vielen Fällen habe ich gesehen, dass die Kerne jeder Zelle sich zu wiederholten Malen theilen, wobei die Zellumrisse ganz unregelmässig werden und sich meist stark verlängern und pseudopodienartige Fortsätze nach hinten entsenden (Taf. XX., Fig. 19. x). Diese stark vergrösserten Drüsengebilde habe ich in Fig. 12. auf der Taf. XVI. abgebildet. Man sieht hier in der einen Drüse zwei grosse und einige kleinen Kerne, während in der anderen Hälfte ein in der Theilung begriffener grosser Kern vorhanden ist. In den grossen Kernen findet man immer mehrere, runde, stark lichtbrechende Kernkörperchen. Derartig gestaltete, mit pseudopodienartigen Fortsätzen versehene Excretionszellen habe ich auch in späteren Stadien gefunden (Taf. XVI., Fig. 10.), wobei ich die wimpernden larvalen Pronephridien niemals gefunden habe. Es ist also möglich, dass die pseudopodienartigen Fortsätze die excretorische Function übernommen haben. Bei den Embryonen nämlich, wo die Excretionszellen ihre ursprüngliche Gestalt beibehalten haben, wenn sie auch viel kleiner als früher sind, fungiren die deutlich auftretenden Pronephridien-Canälchen (Taf. XVI., Fig. 5., 6. ex) und man kann dieselben bis zu ihren Ausmündungen (p) verfolgen. Die Excretionszellen werden nach und nach undeutlicher, langgestreckt und bilden gewiss einen Bestandtheil der Wandung der Pronephridien (Taf. XVI., Fig. 18. x). Letztere, lang ausgezogene Gestalt nehmen schliesslich aber auch die mit pseudopodienartigem Fortsatze versehenen Drüsenzellen an und sind dann ähnlich grossen mesenchymatösen Elementen mit zahlreichen Kernen, welche ihre Fortsätze in der primitiven Leibeshöhle (hinter der Kopfhöhle) verästeln (Taf. XVI., Fig. 11. x). Später findet man aber keine Spur nach diesen merkwürdigen Excretionsorganen und es fungiren nur noch eine kurze Zeit die larvalen Pronephridien, die schliesslich auch spurlos zu Grunde gehen, nachdem sich in der Kopfhöhle neue Excretionscanälchen oder die embryonalen Pronephridien entwickelt haben.

Wir werden auf diese letzteren später zurückkommen.

§ 7. Über die Gestalt der Lumbriciden-Embryonen.

Die zuletzt beschriebene Gestalt des Embryos von Allolobophora putra wiederholen fast ausnahmslos die entsprechenden Entwicklungsstadien sämmtlicher einheimischer, von mir untersuchter Lumbriciden. Durch die allmälige Vermehrung der Segmente entsteht aber aus dem ovoid oder ellipsoid angeschwollenen Embryo ein lang ausgezogener, schlanker Körper, dessen hinteres Ende sich überall von der Bauchseite gegen den Rücken mehr oder weniger krümmt. Derartige Embryonen habe ich nach den in Chromsäure erhärteten Präparaten beim auffallenden Lichte in Fig. 4., 5. und 6. auf der Taf. XVII. abgebildet. In der Profillage (Fig. 4.) sieht man, dass der Mund noch terminal gelagert ist, obwohl die bereits weiter entwickelten Gehirnhälften zur Auswölbung des praeoralen Theiles beitragen (kf). Die nachfolgenden Segmente nehmen allmälig von vorne nach hinten an Grösse ab. Das Kopfsegment nimmt überhaupt den vorderen Körperpol in Anspruch, wie dies die Ansicht von der Rückenseite (Fig. 6.) veranschaulicht. In der Medianlinie, am Rande des Kopfsegmentes sieht man noch die letzte Spur des excretorischen Porus (ex). Von der Bauchseite betrachtet (Fig. 5.), zeigt das Kopfsegment seinen paarigen Ursprung auch in dem postoralen Abschnitte (kf).

Der Übergang von dem ovoiden und dem letzt beschriebenen Embryonalstadium ist in Fig. 9. und 10. (Taf. XVI.) im optischen Längsschnitte und bei starker Vergrösserung dargestellt. Ausnahmsweise befindet sich hier die Mundöffnung noch auf der Bauchseite, während der praeorale Theil der geräumigen Kopfhöhle epithelartig mit den Mesoblastelementen ausgekleidet ist. Das Gehirnganglion liegt in Fig. 9. g ganz auf der Scheitel, während es in Fig 10. weiter gegen die Rückenseite gerückt ist. Hinter der Kopfhöhle, ganz auf der Rückenseite, sieht man die in Degeneration begriffenen Excretionszellen (x).

Ähnliche Gestaltsverhältnisse zeigen auch die Embryonen von Allurus (Taf. XVIII., Fig. 4.), ferner die von Allolobophora chlorotica, trapezoides, Lumbricus rubellus, purpureus und Dendrobaena octaëdra.

Die schlanke Körperform behalten bis zur definitiven Entwicklung die Embryonen von Allolobophora putra, chlorotica, ferner die von Lumbricus purpureus, Allurus und Dendrobaena. Bei weiterem Wachsthum schwillt dagegen der mittlere Embryonalkörper von Allolobophora trapezoides und weniger der von Lumbricus rubellus auf, wohl durch reichere Aufnahme der Eiweissflüssigkeit, welche wie eine wasserklare Substanz den mittleren Theil des Mesenterons erfüllt.

Ganz abweichend von allen hier erwähnten Arten sind die Embryonen von Allolobophora foetida. Die Unterschiede in der Gestalt, namentlich der ersten Embryonalstadien, sind so auffallend, dass ich es für zweckmässig halte, denselben eine selbständige Beschreibung zu widmen.

Ich habe bereits früher hervorgehoben, das Allolobophora foetida von anderen Lumbriciden dadurch die Ausnahme macht, dass hier keine larvale Excretionszellen zur Entwicklung gelangen. Trotzdem schliesst sich der Blastopor in ganz derselben Art und Weise, wie bei übrigen Lumbriciden und der larvale Mund, als Blastoporusrest, findet sich auf der Bauchseite unweit vom vorderen Körperpole (Taf. XV., Fig. 2. b). Die Larve ist fast kugelig. Die Lage der Promesoblasten ist dieselbe wie bei den übrigen Arten, nur ist hier viel schwieriger an lebenden Objecten den Verlauf der Embryonalstreifen zu verfolgen. Wegen des intensiven Glanzes der Hypoblastzellen ist mir auch nicht gelungen, die Bildung des ersten Segmentes zu erkennen. Trotzdem zweifle ich nicht, dass dieser Vorgang in derselben Weise stattfindet, wie bei den oben geschilderten Arten. Da nur die grossen Excretionszellen bei All. foetida fehlen, so ist die Bildung des Kopfsegmentes gewissermassen verkürzt, d. h. dieses erste Segment nimmt mit seinen Organen sofort die terminale Lage ein. Man findet also den jüngsten Embryonalkörper mit der weiten terminalen Mundöffnung (Taf. XV., Fig. 3., 4. o), deren Randzellen zu hohen cylindrischen Elementen wulstartig sich umbilden. Durch die Einstülpung entsteht auch das weite Stomodaeum (Tafel XV., Fig. 5. st), dessen Verlauf uns die Höhe des ersten Segmentes andeutet. Die grossen medianen Zellen des Epiblastes sind mit Wimperhaaren besetzt und am unteren Mundrande befinden sich grössere, drüsenartige, dicht zu einander sich anreihende Elemente — der sog. Mundwulst. In der Kopfhöhle, die epithelartig mit den Mesoblastelementen ausgekleidet ist, befindet sich auf der Dorsalseite des Stomodaeums das Gehirnganglion (Taf. XV., Fig. 5. g). Die Hypoblastzellen stellen grosse, mit fast homogener, stark lichtbrechender Substanz erfüllte Elemente vor, die namentlich auf der Dorsalseite durch ihre Grösse auffallend sind (Fig. 3. *h*). Die weite Höhle des Mesenterons ist mit der klaren zähflüssigen Eiweissflüssigkeit erfüllt.

Wilson hat den medialen optischen Längsschnitt eines etwas späteren Embryonalstadiums von All. foetida — wo eine Reihe von Segmenten bereits angelegt ist — deshalb nicht richtig abgebildet, da er das sog. Subpharyngealganglion in das erste Segment verlegt.

Kovalevsky's Abbildung des Embryos von seinem „Lumbricus rubellus" (l. c. Fig. 17., Taf. VII.) entspricht, wenn nicht übereinstimmt, mit dem eben beschriebenen Stadium von Allolobophora foetida. Auch die Fig. 18. und 23., welche *Kovalevsky* als weitere Entwicklungsstadien von dem vermeintlichen „L. rubellus" liefert, sind identisch mit den entsprechenden Embryonen von Allolobophora foetida.

Wir wollen dieselben näher beschreiben.

In Folge einer reichlicheren Eiweissaufnahme schwillt der Embryo auf und wächst zugleich in die Länge. Dabei vergrössern sich vornehmlich die bauchständigen Drüsen am Rande des Stomodaeum, die man als Mundwulst bezeichnet (Taf. XVIII., Fig. 9., 10. *d*). Doch habe ich nicht bemerkt, dass sie die Schluckbewegungen des Stomodaeums unterstützen. Ich betrachte sie als embryonale Organe, die bald zu Grunde gehen, indem sie in den Stadien, welche ich in Fig. 7., 8., 9. auf der Taf. XVII. abbilde, nicht mehr vorkommen. Hier ist nur das einfache, röhrenförmige Stomodaeum vorhanden (*st*). Die drei angeführten Abbildungen mögen die Gestalt der älteren Embryonen veranschaulichen. Fig. 7. ist nach einem Präparate gezeichnet, welches wesentlich der Fig. 9. entspricht, nur ist der Embryo (Fig. 8.) durch den Druck des Deckgläschens seines Eiweissinhaltes entledigt und erscheint etwas zusammengeschrumpft. Die Mundöffnung (*o*) ist überall terminal. Neben dem Kopfsegmente ist in Fig. 9. noch das nachfolgende zweite Segment in seiner Entwicklung vollendet und durch beide zieht das ziemlich enge Stomodaeum (*st*). Die beiden Hälften des Gehirnganglions sind durch eine breite Commissur verbunden (Fig. 8. *g*). Auf der Rückenseite der ersten zwei Segmente verläuft ein lebhaft wimperndes Canälchen (*pn*) — das embryonale Pronephridium des ersten Segmentes, welches wir weiter unten eingehend besprechen werden, bemerken aber schon jetzt, dass es mit den larvalen Pronephridien genetisch nichts gemeinsam hat. In den nachfolgenden Segmenten sind bereits die definitiven Nephridien (*n*) vorhanden und die Borstenfollikel angelegt (*b*). In dem zweiten Segmente sieht man nur das Rudiment der Nephridien (*r, r'*). Zwischen dem Stomodaeum und der Leibeswand ziehen radienartige und vielfach verästelte Muskelfasern (Fig. 10. *mf*).

Das Praestomium bildet sich erst später durch das raschere Wachsthum der dorsalen Stomodaeumwandung.

Anhang.

Über Zwillingsbildungen der Lumbriciden.

Durch die Arbeiten einiger meiner Vorgänger ist die Thatsache bekannt geworden, dass aus den Eiern gewisser Lumbricidenarten Doppelembryonen hervorgehen. *Dugès* (l. c.) hat im J. 1828 zuerst solche Embryonen von „Lumbricus trapezoides" beschrieben und abgebildet und einen ähnlichen Fall von „L. agricola" erwähnen auch *Ratzel* und *Warschavsky*. Alle diese Autoren betrachten die embryonalen Zwillingsbildungen mit Recht als Abnormitäten, während der letzte Beobachter, *Kleinenberg*, dieselben von „L. trapezoides" als Producte einer regelmässigen Entwicklung ansieht, so nämlich, dass aus *jedem* Ei ein Zwillingsembryo zu Stande kommt.

Das Ei von „L. trapezoides" theilt sich nach den Angaben des genannten Verfassers zu zwei gleich grossen Blastomeren, von denen jedes je eine helle Zelle producirt, welche *Kleinenberg* mit den Mikromeren von Rhynchelmis — nach den Angaben *Kovalevsky's* — vergleicht. Sodann entstehen noch vier gleichgestaltete kleine Zellen, welche mit den ersteren zwei sich in der Furche zwischen den primären Furchungskugeln bandartig anordnen. Die letzteren treten auseinander und es soll eine Höhlung zwischen denselben zurückbleiben, welche sich durch eine kleine Öffnung nach aussen öffnet. Ein jedes von diesen grossen Blastomeren theilt sich wieder zu zwei. Später entsteht eine Kugel, in welcher die Blastomeren rings um eine nach aussen sich öffnende Furchungshöhle angeordnet sind. Sodann bilden sich die Keimblätter. Die peripherischen Zellen des einen Poles vermehren sich, mit Ausnahme von zwei, welche heranwachsen, von den übrigen kleinen Zellen umwachsen werden und somit eine centrale Lage einnehmen (l. c. Fig. 3. *cm*). Diese bezeichnet der Verfasser als „mesoblastic". Zwischen der äusseren Schicht — dem „Ektoderm" und den grossen Kugeln erstreckt sich eine Reihe von Zellen, die als „Entoderm" gedeutet werden, und zu beiden Seiten der grossen

Zellen sieht man noch „The first rudiment of the middle layer (mesoderm)". Bald darnach findet die Theilung des Keimes statt „into two hemispheres". Der Keim soll sich in einem Durchmesser verlängern und es erscheint eine Querfurche zwischen beiden Hälften — wohl aber nur an einem Pole und nicht an der ganzen Peripherie. Diese Furche vertieft sich und theilt den Keim in zwei fast gleich grosse Hälften, die noch durch eine Reihe von grossen „Ektoderm-cells" verbunden sind. Der beschriebene Process soll in Fig. 4., 6. und 7. (l. c.) Pl. IX. veranschaulicht werden.

Bevor ich auf die Beurtheilung der Angaben *Kleinenberg's* eingehen werde, will ich meine in dieser Beziehung errungenen Erfahrungen mittheilen, bemerke aber schon von vornherein, dass ich von einer Beschreibung der nach einander folgenden Stadien in der Bildung der Zwillingsembryonen absehe, zumal ich erkannt habe, dass man nur wenige Stadien finden kann, welche übereinstimmende Entwicklungsvorgänge durchmachen. Nachdem ich Hunderte von solchen Doppelmissbildungen untersucht habe, kann ich behaupten, dass sich dieselben in ebenso verschiedenen Achsen und Richtungen bereits in den ersten Phasen der Entwicklung anlegen, als es Eier gibt, welche die Zwillingsembryonen produciren. Diese Thatsache ist am besten durch die älteren Zwillingsstadien illustrirt, an welchen man richtig die Punkte und Flächen erkennen kann, mittels welcher die Körper derselben verwachsen sind. Schon aus diesem Grunde muss ich hervorheben, dass *Kleinenberg* nicht genug kritisch verfahren hat, wenn er bloss die jüngeren Entwicklungsstadien berücksichtigt und die späteren Zustände der Doppelmissbildungen vernachlässigt hat.

Andererseits könnte man allerdings dafür halten, dass die klimatischen Verhältnisse in Messina, wo der genannte Verfasser „L. trapezoides" embryologisch untersuchte, anders und vielleicht regelmässiger auf die Eientwicklung einwirken, als in Böhmen. Diese Vermuthung wäre um so mehr berechtigt, als *Kleinenberg* die embryonale Lumbricidenentwicklung bereits im Januar verfolgt hat, während die normale Entwicklung dieser Würmer in Böhmen, und vielleicht in Mitteleuropa überhaupt, erst in die Monate April, Mai Juni, ja, für Allolobophora trapezoides erst in Juli und August, seltener auch in September fällt. Wenn man aber die Abbildungen der ersten Entwicklungsstadien, wie sie *Kleinenberg* von „L. trapezoides" liefert, beurtheilt, so muss man dafür halten, dass auch die Zwillingsembryonen des Messinenser Regenwurmes in verschiedenen Achsen verwachsen sind.

Meine Beobachtungen der Lumbricidenzwillinge betreffen drei Arten.

1. Bei Lumbricus terrestris fand ich in einem Falle zwei Embryonen, welche mit den dorsalen Flächen des ersten Segmentes verwachsen waren. Beide Individuen waren von gleicher Grösse, doch konnte ich die genauere Art und Weise der Verwachsung nicht ermitteln, da sie bald unter dem Drucke des Deckgläschens sich losgetrennt haben. In dem zweiten Falle war der eine Embryo normal entwickelt, 0·25 mm. in der Länge und mit dem eben angelegten ersten Segmente, während die Mesoblaststreifen bisher unsegmentirt erschienen. Mit den grossen drei Excretionsdrüsen des ersten Segmentes hieng auf der Rückenseite ein bedeutender Höcker zusammen, welcher ebenfalls aus drei grossen gleichgestalteten Kugeln und einigen kleinen, unregelmässig angehäuften Epiblastzellen bestand. Es war dies offenbar ein Rudiment des anderen Embryo, welches in früherem Stadium bereits verkümmerte.

2. Bei Allolobophora foetida fand ich unter Hunderten von Embryonen nur eine Doppelmissbildung derselben Anordnung wie in dem ersten Falle von L. terrestris. Das eine Individuum war 0·9 mm. lang mit einer Reihe der bereits angelegten Segmenten, während das andere in der Länge nur 0·5 mm. hatte.

3. Allolobophora trapezoides Dugès ist in Bezug auf die Häufigkeit der Zwillingsproduction aus den Eiern eine höchst charakteristische Art, obwohl es andererseits nicht dem so ist, wie *Kleinenberg* annimmt, dass aus allen Eiern Doppelembryonen hervorgehen. Wir haben die Entwicklung der Einzelembryonen bereits dargestellt, es erübrigt nun die Doppelbildung der Zwillinge zu ermitteln.

Die Zwillingsembryonen können, — solange sie in den Cocons ihr Leben zubringen, existiren und wachsen, wenn sie auch in den ungünstigsten Flächen und Richtungen verwachsen würden. Unter solchen findet man nun eine ganze Reihe von Übergängen, und zwar von den Stadien, wo sich die Embryonen zu gewisser Zeit von einander trennen und selbständig sich weiter entwickeln können, bis zu den Zwillingsformen, wo die Körper beider Individuen in ungünstigen Achsen angelegt und verwachsen erscheinen, so dass eine Trennung von einander nicht möglich ist. Es wäre demnach zwecklos eine solche Übergangsreihe zu beschreiben, andererseits ist es auch unmöglich, in den jüngeren Entwicklungsstadien die Achse richtiger anzugeben, in welcher die Individuen sich anlegen. Ich bemerke bloss, dass ich nicht nur sämmtliche von *Kleinenberg* beschriebene Doppelbildungen, sondern auch eine grosse Reihe anderer Zwillingsstadien gesehen habe, welche letztere nämlich keinesfalls dem von genanntem Autor als typisch betrachteten Entwicklungsmodus entsprechen. Demnach werde ich im Nachfolgenden nur die charakteristischen Doppelembryonen anführen, solche nämlich, deren Verwachsungsflächen man ganz sicher ermitteln kann.

A) *Die Doppelmissbildung, wo die Individuen mit den Bauchflächen der ganzen Körperlänge nach verwachsen sind.* Ich fand mehreremals diese interessante Missbildung, immer je eins im Cocon. Die grösste war 8 mm. lang und ich habe sie auf der Taf. XIX., Fig. 14. nach dem Leben abgebildet. Am Vorderende sieht man beide Kopflappen gut und normal entwickelt, und sie bezeichnen die dorsalen Flächen beider verwachsenen Individuen. Der Wurm war ganz undurchsichtig, höchstens konnte man den Verlauf der Bauchstränge erkennen. An dem in Chromsäure erhärteten Präparate trat die „Seitenlinie" in der Form einer dunkleren Zellreihe hervor, welche segmentweise eingeschnürt erschien. Unter diesen Linien von rechts und links oder, wie auf unserer Abbildung dargestellt ist, vorn und hinten verlaufen die individuellen Bauchstränge. Die Frage nach der Organisation dieser höchst auffallenden Zwillingsbildung veranlasste, dass ich sie in eine Schnittserie zerlegte, und im Nachfolgenden will ich einige Querschnitte aus verschiedenen Körperregionen näher besprechen.

Die Querschnitte durch die Praestomien liefern nichts Interessantes und Abweichendes von den normalen Verhältnissen.

Ein weiterer Schnitt zeigt nur eine einzige Mundöffnung, aber mit deutlichen Spuren der Duplicität.

Ebenso paarig ist der Pharynx (Fig. 1., Taf. XXVII. *ph*) und seine Musculatur (*m, m'*). In demselben Schnitte sieht man die beiden Gehirnganglien (*g* und *g'*). In der gemeinschaftlichen Kopfhöhle sieht man die mehr oder weniger differenzirten Mesoblastzellen, und nur ein schmaler, zellenfreier Spalt unterhalb des Pharynx (*n*) bezeichnet die Symmetrie beider Seitenlinien. Auch die grossen Hypodermiszellen (*s, s'*), durch welche die Seitenlinien an der Oberfläche bezeichnet sind, deuten die paarige Verwachsung an.

In den nachfolgenden Schnitten werden wir, der Bequemlichkeit wegen, eine rechte und linke Hälfte, welche den Dorsalseiten der Individuen entsprechen — sowie eine obere und untere Hälfte unterscheiden.

Der durch das erste borstentragende Segment ein wenig schräg geführte Schnitt (Fig. 2., Taf. XXVII.) enthält nur die Borsten der linken Hälfte (*b*, *b'*), während die der rechten Hälfte in dem nächstfolgenden Schnitte (Fig. 3.) erscheinen. Dasselbe gilt von dem ersten Bauchstrangsganglion der betreffenden Hälften (Fig. 2.. 3. *bg*, *bg'*). Diese zwei Schnitte ergänzen sich also gegenseitig und sind durch das Vorhandensein eines doppelten Ganglions, sowie durch zwei erste Bauchstrangsganglien unstreitig höchst interessant. Die Hypodermis ist wie in allen nachfolgenden Schnitten von gleicher Höhe, nur die grossen Lateralzellen (*s*, *s'*), welche wohl den gleichgestellten Elementen der Einzelembryonen entsprechen, — wo sie allerdings auf der Bauchseite liegen — treten zwischen den übrigen Hypodermiszellen hervor. Die Borsten (*b*, *b'*) der einen Hälfte sind in vier Paaren in Fig. 2. dicht zu beiden Seiten der Bauchstrangsganglien gelagert und in dieser Lage und Anordnung wiederholen sie sich in allen nachfolgenden Schnitten. Aus dem Bauchstrangsganglion *bg* (Fig. 2.) entspringen zellige Stränge mit feinem Nervennetze begleitet und verbinden sich mit den entsprechenden Hälften der Gehirnganglien (*g*, *g'*): es ist dies der eine Schlundnervenring, während der andere nicht entwickelt zu sein scheint, da ich keine Spur desselben in der Schnittserie gefunden habe. Wie die Bauchstrangsganglien, so bestehen auch die Gehirne aus zwei symmetrischen Hälften, welche letzteren namentlich in Fig. 2. (*g'*) ihre volle Selbständigkeit bewahren. Die feinere Structur, d. h. die Anordnung der Ganglienzellen und des neuralen Reticulums ist sowohl in den Bauchstrangsganglien als in den Gehirnhälften dieselbe, und man kann bereits aus dieser teratologischen Anordnung der Ganglien ungezwungen das Gehirnganglion auf ein einfaches Bauchstrangsganglion zurückführen. In einem einzigen derartigen Schnitte wäre es thatsächlich schwierig zu entscheiden, was Gehirn und was Bauchstrangsganglion ist, nur die nach einander folgenden Schnitte können zur richtigeren Orientirung der Zugehörigkeit der betreffenden Componenten des Nervensystems beitragen.

Die Querschnitte durch die Rückengefässe treten in normalen Verhältnissen in Fig. 2. deutlich hervor.

Ein fast an der Grenze zwischen zwei Oesophagealsegmenten geführter Schnitt ist in Fig. 4. (Taf. XXVII.) dargestellt. Die Ringmuskelschicht des Leibesschlauches ist normal entwickelt und ebenso kann man kaum eine paarige Zusammenstellung von beiden Hälften des Längsmuskelepithels nachweisen. Die Zellen des letzteren sind an der ganzen Peripherie der Leibeshöhle fast von gleicher Höhe, die

255

Muskelfibrillen sind allerdings bisher nur an der Basis der Muskelzellen entwickelt, während der übrige Zellinhalt noch nicht differenzirt erscheint. In der ziemlich engen Leibeshöhle findet man eine reiche und überhaupt doppelte Organisation. Die Bauchstrangsganglien der rechten und linken Körperhälfte (*bg, bg'*) sind normal entwickelt, nur scheinen sie auf der gleichen Stufe der Differenzirung zu stehen. In der linken Hälfte ordnet sich das neurale Reticulum an zur Bildung der peripheren Nerven, während in der rechten Hälfte dasselbe noch in der Bildung begriffen ist.

Das Epithel zeigt zwar auch auf die doppelte Zusammensetzung des Oesophagus, indessen findet man das der rechten Hälfte viel niedriger und plasmareicher als in der linken Hälfte. Auf der Peripherie treten nur aus einer Schicht von kleinen, mit runden, intensiv sich färbenden Kernen versehenen Zellen die grosszelligen Gebilde hervor, die man als Kalkdrüsen bezeichnet (*kd, kd'*). Sie sind durchaus jederseits paarig entwickelt und wölben sich tief in die Leibeshöhle aus, gegen welche sie mit einer „Peritonealschicht" bedeckt sind. In den Vertiefungen zwischen den Kalkdrüsen der rechten und linken, ferner der oberen und unteren Hälfte befinden sich nun die Querschnitte der Gefässe. Oben und unten sieht man die Rückengefässe (*v, v'*) in normaler Entwicklung mit reichem Zellbelege (sog. Chloragogenzellen). Dagegen erscheinen die Querschnitte an den Stellen zwischen dem Oesophagus und Bauchstrangsganglion, wo also die Bauchgefässe liegen sollten, in rudimentärer Gestalt (*r, r'*). Es sind unregelmässige, aus grossen Elementen bestehende Zellgruppen, die in einer durch die sog. Mesenterien gebildeten Höhle liegen. Da man sie an allen nachfolgenden Schnitten in gleichen Gestaltsverhältnissen, d. h. als solide Gebilde findet, so muss man dafür halten, dass die Bauchgefässe hier nur rudimentär vorhanden sind.

Die Nephridien (*np, np' np^2, np^3*) sind in jeder Hälfte paarig vorhanden.

Der durch die mittlere Zone eines Oesophagealsegmentes geführte Schnitt (Taf. XXVII., Fig. 5.) weicht von der Organisation des zuletzt besprochenen nicht ab, er veranschaulicht noch die regelmässige doppelte Anlage der Borsten (*b, b', b^2, b^3*). Auch das Epithel des Oesophagus ist etwas abweichend.

Die weiter nach hinten geführten Schnitte treffen bereits den Magendarm und ich habe einen solchen in Fig. 6. (Taf. XXVII.) abgebildet. Sowohl die doppelten Ganglien (*bg, bg'*) als die symmetrische

Anordnung des Magendarmepithels zeigen wieder auf die doppelte Zusammensetzung dieser Körperregion.

Die eben besprochene Doppelmissbildung ist gewiss eine der interessantesten in teratologischer Hinsicht: die Individuen sind mittels der Bauchseiten verwachsen, aber die ursprüngliche Organisation ist in allen Organen bewahrt. Es ist hier nur ein einziger Verdauungstractus, welcher aber sowohl in Bezug auf den Pharynx, als auf den Oesophagus und Magendarm auf die ursprüngliche Dupplicität hinweist. Auch das Gefäss- und Excretionssystem sind hier durch die doppelte Anlage charakteristisch. Das wichtigste ist nun gewiss das Nervensystem: die Gehirnganglien liegen normal auf der Rückenseite des rechten und linken Individuums; aber die Bauchstrangsganglien verlaufen zu beiden Seiten des Zwillingswurmes. Es ist ersichtlich, dass jedes Bauchstrangsganglion einer Hälfte des einen und einer Hälfte des anderen Individuums seinen Ursprung verdankt.

Die Lage des Nervensystems in der besprochenen Doppelmissbildung spricht überhaupt gegen die Lehre von der Theilung eines, auch des jüngsten Entwicklungsstadiums zu zwei Individuen. In ihrer ganzen Organisation manifestirt sich im Gegentheil ein Verwachsthumsprocess von zwei gleichgestalteten und übereinstimmend sich entwickelnden Individuen.

Das jüngste Stadium der soeben beschriebenen Doppelmissbildung, welche ich in zwei Fällen zu beobachten Gelegenheit hatte, ist in Fig. 8. (Taf. XXVII.) dargestellt. Es sind zwei mittels der Bauchseiten des Hypoblastes verwachsene Larven. Die paarige Anlage des Mesenterons ist am Hinterende noch ersichtlich. Das hochzellige Epiblast bildet die äussere Larvenschicht und geht am vorderen Körperpole in die bekannten Excretionszellen über, von denen je eine in jedem Individuum (x, x') eben mit einer hyalinen Flüssigkeit erfüllt ist und hoch über den Körper hinaufragt.

Dieses Stadium war ganz undurchsichtig, so dass mir seine übrige Organisation unbekannt bleibt, zumal ich die Schnittmethode nicht angewendet habe. Eine gewiss wichtige Frage wäre hier zu entscheiden, wie das Stomodaeum mit der Mundöffnung entsteht. Da die beiden Larven hier auf den Bauchseiten verwachsen sind, so ist hier kein Blastoporusrest vorhanden und das Stomodaeum muss sich demnach ganz unabhängig von dem letzteren bilden, d. h. es entsteht durch blosse Epiblasteinstülpung am vorderen Körperpole zwischen beiden Individuen.

B) Die Doppelmissbildung, *deren Individuen längs der Rückenseiten verwachsen*, fand ich nur in einem einzigen Falle und bilde dasselbe in Fig. 7. (Taf. XXVII.) ab. Es ist ein sehr junges Embryonalstadium, wo die Stomodaeen (*st, st'*) in beiden Hälften entwickelt sind und sich nach aussen öffnen. Die „Köpfe" scheinen nicht innig verwachsen zu sein, da die beiden Hypodermislamellen zwischen den Individuen nachweisbar sind. Die ungünstige Körpergestalt dieser Missbildung erlaubte mir überhaupt nicht zu ermitteln, ob die Excretionszellen vorhanden waren oder nicht. Das Verhalten des Epiblastes ist aus der Abbildung ersichtlich, ebenso wie die paarige Aussackung des Mesenterons (*hp*).

C) *Die polar verwachsenen Doppelmissbildungen* sind bei Allolobophora trapezoides die häufigsten, aber auch die Modificationen dieser Verwachsung sind sehr zahlreich. In günstigen Fällen sind es die grossen Excretionszellen, mittels welcher die Individuen, namentlich in den jüngeren Stadien verbunden sind. Aber die Körper beider Individuen bewahren eine recht mannigfaltige Lage, weshalb wir nachfolgende Fälle unterscheiden wollen:

a) *Die Individuen entwickeln sich selbständig in der Längsachse* und dies:

α) in übereinstimmenden Körperseiten, so nämlich, dass die Mundöffnungen beider Individuen der einen Seite zugekehrt sind. Die Doppelmissbildungen dieser Art sind häufig und verharren ziemlich lange in Verbindung, so dass sich erst die jungen Würmer von einander trennen. Ich habe einen solchen Doppelwurm in Fig. 9. (Taf. XXVII.) abgebildet. Die Embryonen sind nicht gleich gross: der eine erreichte 6 mm., der andere 10 mm. in der Länge, beide sind aber fast gleich organisirt. Kurze Stomodaeen (*st, st'*) öffnen sich in die embryonalen Magendärme. Die Gehirnganglien (*g, g'*) erscheinen als blosse Hypodermisverdickungen.

Die Excretionszellen des kleineren Individuums (*x'*) sind sehr deutlich, doch scheinen sie nur unbedeutend an der Verbindung mit dem zweiten Individuum theilzunehmen. Die Excretionszellen (*x*) des letzt erwähnten Individuums sind stark in Degeneration begriffen.

Höchst interessant ist ein Fall der Doppelmissbildung, welche ich in Fig. 10. (Taf. XXVII.) im medianen Längsschnitte dargestellt habe. Die Individuen sind von gleicher Grösse und Gestalt, aber mit den ersten Segmenten so innig verwachsen, dass hier nach den Köpfen keine Spur nachweisbar ist. Zwischen beiden Individuen zieht eine bindegewebige Scheidewand (*gm*), welche wohl hypodermalen Ursprungs ist. In der lebenden Doppelmissbildung, welche ich in Fig. 3. (Taf. XIX.) dargestellt habe, zieht quer durch die Scheidemembran ein solider, mit einem feinkörnigen Plasma und lichtbrechenden Tropfen erfüllter Strang, gewiss das Pronephridium (*pn*) der beiden ersten Segmente, deren Höhle hier nur auf der Rückenseite rudimentär hervor tritt. Von den Gehirnganglien habe ich keine Spur gefunden.

Sehr interessant ist die Stomodaeumbildung; es stülpt sich die ventrale Hypodermis zwischen beiden Individuen in der Richtung gegen die Scheidewand ein (Fig. 10., Taf. XXVII. *st*) und erscheint daher als ein blindgeschlossener, aus grösseren birnförmigen Zellen gebildeter Schlauch.

Die Segmente sind auf der Bauchseite gut angelegt. In einem Individuum (Fig. 10., Taf. XXVII. *m*) wurden auch die Promesoblasten und die Mesoblaststreifen am hinteren Körperende getroffen. Die Grössenverhältnisse der Zellen auf der Dorsal- und Ventralfläche des Mesenterons sind in unserem Längsschnitte naturgetreu reproducirt. Sonst findet sich in der Darmhöhle eine coagulirende Flüssigkeit, die ich in der Abbildung nicht dargestellt habe, und die in den Embryonen überhaupt in gleicher Gestalt hervortritt und meist als verschluckte Eiweissflüssigkeit gedeutet wird. Ich kann nun die Frage, auf welche Art und Weise der genannte Inhalt in die Darmhöhle gelangt, nicht entscheiden, da das Stomodaeum, wie gesagt, nach innen blindgeschlossen ist.

β) Die Körperseiten befinden sich bei der Doppelmissbildung in verkehrter Lage. Auch diese Zwillinge sind sehr häufig und erscheinen namentlich in jungen Larven und zwar so, dass, wo bei dem einen Individuum die Rückenseite ist, sich die Mundöffnung des anderen Individuums nach aussen öffnet und umgekehrt. Eine solche Zwillingsform habe ich im Larvenstadium in Fig 1. (Taf. XX.) abgebildet. Beide Individuen sind überhaupt sehr schwach verbunden und trennen sich leicht von einander. In allen beobachteten Fällen waren die Individuen von gleicher Grösse und Organisation.

b) *Die gegenseitige Lage der Individuen bildet einen bestimmten Winkel.* Diese Regel ist von der vorher beschriebenen ableitbar. Sie ist dadurch begründet, dass nur das eine Individuum mit sämmtlichen Bedingungen der günstigen Entwicklung ausgerüstet ist, — dass es sich nämlich gut ernähren, bewegen und die schädlichen Flüssigkeiten ausscheiden kann, — während das andere Individuum dieser Bedingungen entbehrt. In Folge dessen verkümmert das letztere und erscheint als ein Anhängsel am vorderen Körperpole des grösseren Individuums und ist in verschiedenen Winkeln zu diesem letzteren gestellt.

Eine solche Doppelmissbildung ist in Fig. 12. (Taf. XIX.) abgebildet. Das grosse Individuum ist nicht abweichend von den Larven des entsprechenden Stadiums: es treten hier die grossen Promesoblasten, der Mesoblaststreifen und die voluminösen Excretionszellen (x) am vorderen Körperpole auf. Mit den letzteren sind in Verbindung etwas kleinere Excretionszellen des anderen kleinen Individuums, welche gleich einer Knospe der grossen Larve seitlich aufsitzt. Die Verkümmerung ist wahrscheinlich dadurch veranlasst, dass hier keine Promesoblasten zur Entwicklung gelangten, da der Körper des kleinen Individuums nur aus kleinzelligem Epiblaste besteht, in welchem wenige Hypoblastzellen eingeschlossen sind.

Noch auffallender ist die in F. 2. (T. XX.) abgebildete Doppelmissbildung: sie gehört zu derselben Kategorie, indem der grosse, bereits segmentirte Embryo normal entwickelt ist, aber das kleine Individuum verkümmerte durch andere Vorgänge. Das letztere hängt mit dem grossen direct durch das Epiblast zusammen, da die Excretionszellen zwar ein wenig grösser sind als die übrigen Elemente des äusseren Blattes, aber sie bewahren die Beschaffenheit der Epiblastzellen. Sie können in diesem Zustande kaum eine excretorische Function ausüben. Um so lebhafter functionirt das larvale Pronephridium des kleinen Individuums (ex): es tritt in der Form von verhältnissmässig langem und breitem, lebhaft wimperndem Canälchen in der ganzen Länge des Larvenkörpers hervor. Das Hypoblast ist nur in einigen kleinen Zellen vorhanden, die Promesoblasten (m) erfüllen den ganzen hinteren Larvenkörper, produciren aber keine Elemente zur Bildung der Mesoblaststreifen. Das teratologische Gesetz tritt in diesem verkümmerten Individuum in voller Klarheit hervor. Nur der grosse, normal organisirte Embryo hat die Aussicht, zum selbständigen Individuum heranzuwachsen, während der kleine zu Grunde geht.

Es ist kaum zu zweifeln, dass Fig. 10., welche *Kleinenberg* in seiner Abhandlung über die Entwicklung von „L. trapezoides" liefert, dem letzt beschriebenen Stadium der Doppelmissbildung entspricht: doch kann ich nicht entscheiden, ob der genannte Autor den von ihm gesehenen Doppelembryo richtig reproducirt.

Sowohl die unter dem Abschnitte a) als b) angeführten Doppelmissbildungen lassen sich von einem jüngeren Stadium ableiten, das ich in Fig. 11. (Taf. XIX.) abgebildet habe. Auffallend sind hier die grossen Excretionszellen, die 5 in der Anzahl (*c*), wohl zwei Individuen angehören. Sie bilden thatsächlich eine Verbindungszone zwischen beiden Individuen, die aber in verkehrter Körperlage zu einander sich befinden. Wenn sich nun diese beiden Individuen gleichmässig entwickeln, so entsteht die sub a), β) angeführte Missbildung; verkümmert aber ein Individuum der in Fig. 12. (Taf. XIX.) reproducirten Doppellarve, so liegt uns ein sub b) angeführter Fall vor.

Mit der Frage über die embryonale Zwillingsbildung hängt offenbar die Erscheinung zusammen, dass auch die erwachsenen Exemplare einiger Arten ausnahmsweise wenigstens ein Rudiment des zweiten Individuums an ihrem Körper tragen. Man kennt bisher mehrere Fälle der sog. doppelschwänzigen Regenwürmer. Vor Jahren (1874) habe ich in einer böhmischen Zeitschrift eine Notiz über einen doppelschwänzigen Lumbricus terrestris veröffentlicht, welches Exemplar ich in den Sammlungen des böhm. Museums gefunden habe. Der hintere Vierteltheil des Körpers dieses Regenwurmes spaltet sich unter einem scharfen Winkel zu zwei Ästen von gleicher Länge und Dicke und vielleicht von gleicher Anzahl der Segmente. Eine genauere Beschreibung kann man derzeit nicht geben.

Von anderen Seiten hat man lange keine Nachricht über solche Missbildungen bekommen. Erst Ende 1885 beschreibt Prof. *Jeffrey Bell* in „Ann. Mag. nat. hist." unter dem Titel „Notice of two Lumbrici with bifid Hinder-Ends" (With cuts p. 475—477) zwei Regenwürmer mit doppelten Hinterkörpern, von welchen der eine dem Lumbricus terrestris und der andere der Allolobophora foetida angehört. Ferner erwähnt derselbe Autor ein Exemplar mit ähnlicher Missbildung, welches sich in dem Universitätsmuseum zu Oxford befindet.

Ein Jahr später theilt uns auch *Horst**) mit, dass er von einem Fischer ein Exemplar von Lumbricus terrestris mit dem doppelten Körperende erhalten hat. Beide Enden haben 25 mm.

---

*) *Horst*, On a specimen of Lumbricus terrestris L., with bifurcated tail. — Notes from the Leyden Museum. Vol. VIII. 1886. p. 42.

Länge, der rechte ist ein wenig kürzer als der linke. Jede Hälfte soll nur mit zwei Borstenreihen ausgerüstet sein.

Andererseits hat auch *Ferd. Schmidt* eine kurze Notiz über diesen Gegenstand veröffentlicht.*) Es stehen ihm zwei Exemplare der Regenwürmer zur Verfügung, an denen man eine Art der embryonalen Theilung sicherstellen kann. Er verspricht uns eine detaillirte Arbeit darüber.

Schliesslich bemerke ich, dass mir der Inhalt der letzten, denselben Gegenstand behandelnden Arbeit von *Broom***) nicht bekannt ist.

Meiner Ansicht nach kann man diese „doppelschwänzigen" erwachsenen Regenwürmer aus den embryonalen Doppelmissbildungen ableiten. Namentlich scheint mir der in Fig. 8. (Taf. XXVII.) abgebildete Doppelembryo ein frühzeitiges Stadium der doppelschwänzigen Missbildungen vorzustellen. Allerdings aber muss man annehmen, dass ein Individuum dieses Doppelembryos sehr früh in dem Vorderkörper degenerirte und erscheint daher als ein seitlicher Fortsatz des normal sich entwickelnden Regenwurmes. Ferner muss man annehmen, dass die Doppelembryonen nicht mit den Bauchseiten, sondern seitlich verwachsen.

Eine Theilung der Larve oder des Embryos in einem späteren Stadium scheint mir — aus den weiter unten angeführten Gründen — nicht annehmbar zu sein. Jedenfalls muss sich die Angabe *Horst's*, dass die „Schwänze" der von ihm beschriebenen Missbildung nur je zwei Borstenreihen besitzen, durch die Schnittmethode bestätigen. Sollte sich aber diese Angabe als richtig herausstellen, dann müsste man allerdings auf die Entstehung der „Doppelschwänze" durch die Theilung eines Segmentes schliessen.

Meine Beobachtungen über die Doppelmissbildungen von Allolobophora trapezoides weichen wesentlich von den Angaben *Kleinenberg's* ab, was allerdings in der Darstellungsweise und in der Auffassung der einzelnen Entwicklungsstadien seine Ursache hat.

---

*) *Ferd. Schmidt*, Doppelmissbildungen bei Lumbriciden. — Sitzungsber. naturf. Gesellsch. Dorpat. Bd. 8., p. 146.
**) *Broom*, Abnormal Earthworm-bifid hinderend. — Transact. Nat. hist. Soc. Glasgow. 1889. p. 203—206.

Kleinenberg schildert die Entstehung der Doppelembryonen so, als ob er die Eifurchung und alle nachfolgenden Stadien der Entwicklung Schritt für Schritt am frischen Materiale beobachtet hätte. Das verdient aber kein Vertrauen: auf Grund meiner Untersuchungen der so zahlreichen Lumbriciden-Arten und namentlich der von All. trapezoides muss ich auf das Bestimmteste behaupten, dass man im frischen Zustande nur äusserst wenige nach einander folgende Entwicklungsvorgänge ermitteln kann. Es gilt dies namentlich von der Eifurchung, wo man höchstens vier nach einander sich bildende Blastomeren in den geöffneten Cocons beobachten kann, und auch in diesem Falle muss man noch immer erwägen, ob man mit einem normalen oder degenerirenden Eie es zu thun hat. Der Druck des Deckgläschens und namentlich das Durchdringen des Wassers oder der Salzlösung wirkt immer abweichend auf die sich furchenden Eier ein und es treten Veränderungen ein, die an normal sich entwickelnden Eiern nicht vorkommen. Leider gibt *Kleinenberg* nicht an, unter welchen Cautelen er die Furchung und die Keimblätterbildung an frischen Eiern verfolgte: wenn er dies aber auf dem Wege wie ich vorgenommen hat, so muss ich behaupten, dass er die Eifurchung bis zu der Zeit, wo sich die Keimblätter bilden, keinesfalls beobachten konnte.

Weiter ist aus den Angaben *Kleinenberg's* soviel ersichtlich, dass er die von ihm beobachteten Entwicklungsvorgänge als typisch und in keinem Falle abweichend betrachtet. Wenigstens gibt er nicht an, in wie vielen Fällen er die von ihm beschriebenen Stadien sichergestellt hat. Er glaubt ja, dass seine Fig. 2., 3., 4. etc. bis zur völligen Trennung der Individuen von einander directe Nachfolger eines und desselben Ausgangsstadiums vorstellen, welches er in Fig. 1. abbildet. Schliesslich scheint der genannte Autor dafür zu halten, dass sämmtliche Eier von „L. trapezoides" nur die Doppelembryonen produciren. Dies ist aber ein evidenter Irrthum. Dass die genannte Art auch in Messina in gewissen und vielleicht nicht seltenen Fällen sich normal, wie die übrigen Lumbriciden, entwickelt, d. h. dass aus den Eiern Einzelembryonen hervorgehen, beweisen gewisse Abbildungen, welche nur Stadien einer einfachen Entwicklung vorstellen, die aber *Kleinenberg* als Doppelembryonen betrachtet. So zeichnet er in seiner Fig. 5. die gewöhnliche Larve, wie sie in dieser Gestalt fast bei allen Lumbriciden vorkommt und durch die aus den Promesoblasten sich bildenden Mesoblaststreifen, sowie durch die drei grossen Excretionszellen am vorderen Körperpole ausgezeichnet ist.

Nun betrachtet *Kleinenberg* den letzteren, larvalen Excretionsapparat als ein „Rudiment des zweiten Embryo (*cu*)", ohne welche Gründe für diese seine Ansicht anzuführen. Ebenso bin ich überzeugt, dass Fig. 3. des genannten Autors nichts anderes als eine einfache Larve vorstellt; sonst ist mir auch nicht verständlich, wie aus diesem Stadium eine Doppelbildung zu Stande kommen sollte und ebenso kann ich mir nicht die Entstehung des erwähnten Stadiums aus der hohlen, nach aussen sich öffnenden Keimkugel vorstellen, welche der Verfasser in seiner Fig. 2. abbildet.

Es erübrigt mir jetzt noch die Frage zu beantworten, auf welche Art und Weise die Doppelembryonen der Lumbriciden zu Stande kommen. *Kleinenberg* fasst diesen Vorgang so auf, dass die Zwillingsembryonen sich in zwei Richtungen bilden können: 1. Diejenigen Formen, in welchen die Individuen von gleichen Dimensionen sind, sollen durch die Theilung eines Stadiums entstehen, wo bereits die Keimblätter angelegt sind. 2. Die Doppelmissbildungen mit ungleich grossen Individuen sollen dagegen einen anderen Ursprung haben. Hier soll der eine gut entwickelte Embryo ein Rudiment des anderen Individuums produciren, welches letztere demnach als eine Knospe des grossen Embryos aufzufassen wäre. Die Zellen, aus welchen dieses rudimentäre Individuum besteht, stellen nach *Kleinenberg* nur einen Überbleibsel der Blastomeren, welche direct aus der Furchung hervorgehen, die aber während der Bildung des ersteren Embryo intact blieben und erst später sich weiter entwickelten.

Die Fähigkeit von „L. trapezoides", Doppelembryonen zu produciren, wird nach *Kleinenberg* durch das Eindringen von zwei Spermatozoen in das Ei verursacht; dieselben sollen eine grössere Lebensthätigkeit — „regulated by means of special dispositions" — erregen, infolge dessen das Ei nicht einen, sondern zwei Embryonen producirt.

Eine solche Erklärung der Zwillingsbildung ist bei dem heutigen Stande unserer Kenntnisse über die Eibefruchtung kaum haltbar. Es ist auch überflüssig sich mit derselben länger zu befassen. Aber auch die Erklärung, wie sie *Kleinenberg* von der Entstehung der Doppelembryonen — einmal durch Theilung, ein andersmal durch Knospung eines vorgeschrittenen Entwicklungsstadiums — liefert, beruht nicht auf directen Beobachtungen, sondern ist sie nur als Resultat von Combinationen und unrichtigen Auffassungen zu betrachten. Warum sollte sich erst ein späteres, angeblich mit Anlagen sämmtlicher Keimblätter versehenes Larvenstadium zu zwei gleichen oder ungleichen Hälften entwickeln, wenn bereits die erste Theilung des Eies den Ausgangspunkt zur Bildung der Doppelembryonen bildet? Doch lasse ich lieber meine eigenen, in Bezug auf die erste Anlage der Doppelembryonen angestellten Beobachtungen folgen.

Nachdem ich erkannt habe, dass die grossen Exemplare von Allolobophora trapezoides in den meisten Fällen Doppelembryonen produciren, trachtete ich die direct oder unlängst abgelegten Cocons zu erhalten. Zu diesem Zwecke züchtete ich die grossen, grauen Exemplare in kleinen Terrarien. Leider aber legen diese Exemplare in der Gefangenschaft nur selten ihre Cocons ab und mir gelang auch nur einige wenige derselben zu finden, von denen mehrere noch ziemlich spät geöffnet, bereits vorgeschrittene Entwicklungsstadien enthielten. Auf den in Furchung begriffenen Eiern waren Abweichungen merklich, welche offenbar zur doppelten Anlage der Larven führten. In einem Falle fand ich ein demjenigen ähnliches Stadium, welches *Kleinenberg* in seiner Fig. 1. abbildet. Aber anstatt von zwei Blastomeren waren hier drei vorhanden, doch so, dass die eine grosse Kugel selbständig war, während die zwei anderen die Gestalt eines in Zweitheilung begriffenen Eies hatten. Zwischen der ersten selbständigen Kugel und den übrigen zwei Blastomeren befand sich nun eine Zone von sechs kleineren, hyalinen Zellen, denselben ähnlich, welche auch Kleinenberg in seiner Fig. 1. abbildet. Die Ungunst der Zeit, wo ich den Cocon mit diesem Stadium geöffnet habe, veranlasste, dass ich dieses mir ganz auffallende und nach wie vor nicht beobachtete Stadium weiter nicht verfolgen konnte. Gewiss aber muss man aus dieser Furchungsweise dafür halten, dass sich das Ei normal zuerst zu zwei grossen Blastomeren getheilt hat, von denen jedes selbständig sich zu einem Embryo fortentwickeln konnte. Die weitere Theilung der einen Kugel zu zwei gleich grossen Blastomeren unterstützt diese Ansicht. Die kleineren Blastomeren, welche als Verbindungsbrücke der beiden Embryonen dienten, entsprechen wohl den larvalen Excretionszellen, von denen wir bei Allurus tetraëder (Taf. XIII., Fig. 19.) in einem Falle nachgewiesen haben, dass sie sehr frühzeitig erscheinen und functioniren. Bei dem Einzelindividuum fanden wir Anfangs immer nur je drei dieser Zellen, während bei der Doppelbildung sechs entsprechende Elemente vorkommen.

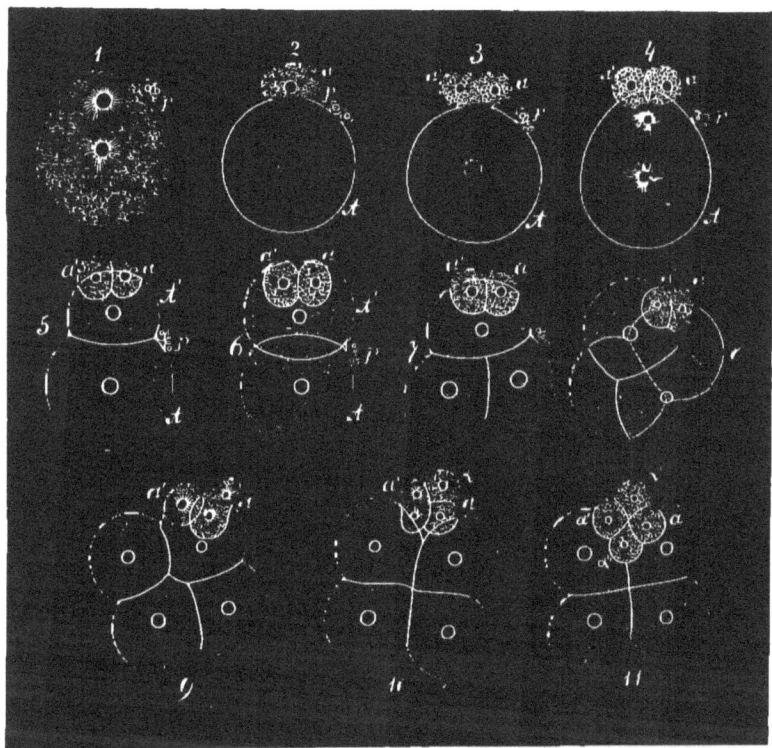

Fig. IX. *Doppelfurchung des Eies von* **Allolobophora trapezoides**.
(Der Deutlichkeit wegen sind die kleinen Blastomeren der einen Furchung in der natürlichen Structur gezeichnet, sonst aber ist der Inhalt der anderen Furchungsproducte derselbe.)

1. Das Ei vor der ersten Theilung mit karyokinetischer Figur. *p* Polzellen.
2. Das zu zwei ungleich grossen Blastomeren (*A*, *a*) getheilte Ei.
3. Das kleinere, selbständige Blastomer schnürt sich in der Längsachse ein.
4. Die Theilung zu *a* und *a'* ist vollendet. Das grosse Blastomer *A* verlängert sich in der Längsachse wie früher und ist wieder mit der karyokinetischen Figur versehen.
5. Das Blastomer *A* hat sich zu *A* und *A'* getheilt. Auf der letzteren liegen die kleineren Blastomeren *a*, *a'*.
6. Die Blastomeren *A*, *A'* sind von gleicher Grösse.
7. Das Blastomer *A* theilt sich meridional zu zwei Kugeln.
8. Das Blastomer *A'* theilt sich wieder zu zwei und es entsteht eine Bewegung sämmtlicher vier Blastomeren, bis sie eine kreuzförmige Figur bilden, welche in 9—11. veranschaulicht ist.
9. Das kleinere Blastomer *a* schickt sich zur Theilung an und
10. es entstehen die Blastomeren *a*, *a*, während *a'* sich zur Theilung anschickt.
11. Aus *a'* bilden sich *a' a'* und nach der vollendeten Bewegung sämmtlicher vier Blastomeren entsteht wieder das kreuzförmige Stadium.

Glücklicher war ich in einem anderen Falle, als ich eines Morgens auf der Humusoberfläche einen unlängst abgelegten und noch mit dem schleimigen Fortsatze versehenen Cocon gefunden habe. Ich öffnete denselben um 9 Uhr, vorsichtig vertheilte ich die Eiweissflüssigkeit auf dem Objectträger und die Umgebung des Deckgläschens umrahmte ich mit der Kochsalzlösung, um die Ausdunstung der Eiweissflüssigkeit zu verhüten. In der letzteren befand sich nur ein Ei von normaler Grösse und Structur. An diesem Ei verfolgte ich den Furchungsvorgang, dessen charakteristische Stadien in dem beiliegenden Holzschnitte (Fig. IX.) veranschaulicht sind.

Das rein kugelige Ei war befruchtet, da sich in seiner Umgebung die weit abstehende Dottermembran und an seiner Oberfläche die für Lumbriciden normalen drei Polzellen befanden. Etwa um 10 Uhr wölbte sich das Ei gegen die Seite aus, wo die Polzellen sassen. Es erschien hier eine durchscheinende Scheitel und bald konnte man die Theilungsfigur in der Form von beiden Tochterperiplasten wahrnehmen. Diese hiengen Anfangs zusammen, nach und nach aber entfernten sie sich von einander, bis der eine in das durchsichtige Plasma der Scheitel eindrang. Der Verlauf der ziemlich deutlich hervortretenden Cytoplasmastrahlen richtete sich nach der Bewegung der Periplaste (Fig. IX., 1.).

Etwa um 12 Uhr theilte sich das Ei zu zwei Blastomeren von ungleicher Grösse (Fig. IX., 2.), aber von derselben Plasmastructur. Das kleinere Blastomer wird ganz selbständig und sitzt am oberen Pole des grösseren. Es wächst auch weiterhin nicht im Gegentheil zur normalen zweiten Furchungskugel der Lumbriciden.

Im Verlaufe der nachfolgenden drei Stunden fand keine Veränderung der beiden Blastomeren statt, so dass ich bereits dafür hielt, dass eine Degeneration der Missbildung vorliegt. Gewiss aber befanden sich die Blastomeren in scheinbarem Ruhestadium, denn um 3 Uhr 7 Min. Nachmittags trat der weitere Furchungsprocess ein. Das kleinere Blastomer *a* verlängerte sich in der Querachse, eine Theilungsfigur und Einschnürung trat hervor (Fig. IX., 3.). Um 3 Uhr 30 Min. entstanden zwei neue Blastomeren *a*, *a'*, so dass jetzt das Furchungsstadium aus einem grossen und zwei kleinen Blastomeren bestand. Was die Structur anbelangt, so waren alle drei Kugeln gleich, indem sie die ursprüngliche dotterreiche Beschaffenheit des Eies beibehielten, und dasselbe wiederholte sich auch später, als sich sowohl das grosse, als die kleineren Blastomeren zu vier Kugeln getheilt haben.

Nach der Theilung des kleineren Blastomers zu zwei ist eine längere Ruhe in denselben eingetreten, während welcher die Theilung des grösseren Blastomers stattfand. Zunächst sehen wir in Fig. 4. ganz dieselben Vorgänge der Verlängerung und Bildung der karyokinetischen Figur in der Richtung gegen den animalen Pol, wie bei dem ursprünglichen Eie. Thatsächlich theilt sich das grosse Blastomer *A* zu zwei neuen Kugeln, von denen die vordere *A'* ein wenig kleiner ist als die hintere. Sie trägt auch auf ihrer Oberfläche die kleinen Blastomeren (Fig. IX., 5.) und wächst bald zur Grösse des ersten Blastomers *A* heran (Fig. IX., 6.). In der Furche zwischen diesen grossen Kugeln liegen die Polzellen *p*.

Nicht lange darnach verlängert sich das Blastomer *A* in der Querachse und theilt sich zu zwei Kugeln (Fig. IX., 7.), wie bei der normalen Furchung. Ebenso verlängert und theit sich *A'*, wonach sich sämmtliche vier Kugeln in der mehreremals beobachteten und in dieser Schrift auch bei Rhynchelmis beschriebenen Art und Weise zu bewegen beginnen, bis sie sich zu dem kreuzförmigen Stadium, wie in normaler Furchung, zusammenstellen (Fig. 9.—11.). Zu derselben Zeit hört das Ruhestadium der kleineren zwei Blastomeren auf, von denen das eine (Fig. IX., 9. *a*) sich verlängert und es ist ersichtlich, dass es sich zur Theilung anschickt. In dem anderen Blastomer (*a'*) bildet sich inzwischen eine monocentrische Sonne, welche sich aber bald zu zwei Periplasten theilt (Fig. IX., 10.), als die Kugel *a* sich zu *a* und *a* getheilt hat. Dann folgt auch die Theilung der Kugel *a'* zu *a'* und *a'* und die so entstandenen vier kleineren Blastomeren bilden schliesslich wieder die kreuzförmige Furchungsfigur, wie die grossen Kugeln (Fig. IX., 11.).

Die weiteren Furchungsvorgänge gelang es mir weiter nicht zu verfolgen; aber das, was in den beschriebenen Processen der Eifurchung ermittelt wurde, erscheint mir für die Frage nach der Entstehung der Doppelmissbildungen gewissermassen entscheidend. Das ursprüngliche Ei zerfiel in zwei Blastomeren, welche gleich den selbständigen Eiern, je eine neue Furchung durchmachen und wohl zur Bildung eines Individuums Anlass geben.

Dieselben Vorgänge dürften wir auch von dem von *Kleinenberg* in Fig. 1. abgebildeten Furchungsstadium, welches auch ich beobachtet habe, erwarten; es geht aus allen diesen Thatsachen hervor, dass die ersten zwei Blastomeren des normal sich furchenden Eies die Beschaffenheit des befruchteten Eies besitzen und unter Umständen jedes für sich von Neuem die Furchung eingehen kann.

Ich möchte diesen Vorgang als *Doppelfurchung* des Eies bezeichnen und aus ihm einzig und allein die Entstehung der Doppelmissbildungen erklären. Die Theilung eines vorgeschrittenen Furchungsstadiums, wo namentlich alle Keimblätter angelegt sind, erscheint mir nicht zulässig und sie wurde auch aus den oben hervorgehobenen Gründen von *Kleinenberg* nicht bewiesen. Sonst ist es auch schwierig sämmtliche oben beschriebene Formen der Doppelmissbildungen und ihre Verwachsungsachsen durch eine Theilung und Regeneration zu erklären, während durch die Doppelfurchung des Eies alle diese Erscheinungen leicht erklärbar sind. Die ursprünglichen zwei Blastomeren können sich selbständig für sich zu neuen Individuen fortentwickeln, ohne sich von einander zu trennen, und die Embryonen legen sich dann in solchen Achsen an, welche zur Bildung des Körpers günstig sind.

Auch die verkümmerten Individuen in den embryonalen Doppelmissbildungen sind leicht durch die Doppelfurchung des Eies zu erklären: wenn nämlich ein von den ersten zwei Blastomeren kleiner und mit wenigem Bildungsmateriale versehen ist — wie es eben in der von mir beobachteten Furchung der Fall war — so entsteht ein kleineres Individuum, welches also vom Anfang der Entwicklung an angelegt ist und nicht als nachträglich gebildete Knospe — im Sinne *Kleinenberg's* — aus dem grossen Individuum entsteht.

Sonst betrachtete ich die Frage nach der Bildung der Doppelembryonen, namentlich was die Vertebraten anbelangt, durchaus nicht für entschieden: im Gegentheil glaube ich, dass auf Grund der hier mitgetheilten Thatsachen und Ansichten eine specielle Aufmerksamkeit den ersten Furchungsvorgängen der die Doppelembryonen producirenden Eier gewidmet werden sollte.

Schliesslich ist es aber noch ein wichtiges Problem zu enträthseln: Warum sind die Doppelmissbildungen bei den übrigen von mir untersuchten Lumbriciden nur seltene Ausnahmen, während sie bei Allolobophora trapezoides so häufig vorkommen? Wirken hier die individuellen Charaktere oder gewisse äussere Einflüsse ein? Diese Fragen sind selbstverständlich recht schwierig zu beantworten, nichtsdestoweniger erlaube ich mir einige in dieser Beziehung errungenen Erfahrungen mitzutheilen.

Allolobophora trapezoides ist bekanntlich in ihren äusseren Charakteren, vornehmlich in der Grösse und Farbe sehr veränderlich. Die gewöhnlichsten in der Gartenerde lebenden Individuen sind von kleinen und mittelgrossen Dimensionen, von einer bläulich grauen oder weisslichen Farbe mit einem röthlichen Anfluge an vorderen Körpersegmenten. Wie ich nun ermitteln konnte, produciren diese Individuen meist nur Einzelembryonen, ich fand in den Cocons derselben nur höchstens 10% Doppelmissbildungen.

Dagegen fand ich in den Cocons, welche von den grossen, grauen bis graubraunen Exemplaren abgelegt wurden, in der Regel die Doppelembryonen. In den kälteren Sommertagen kamen auch Einzelembryonen vor — je eins in einem Cocon — aber in den heissen Juli- und Augusttagen 1887 (32° R.) fand ich durchaus und ausnahmslos die Doppelmissbildungen. Ich will aber aus diesen Thatsachen keinen bestimmten Schluss ziehen und überlasse auch diese Frage von der Einwirkung der äusseren Einflüsse auf die Bildung der Doppelembryonen, — als da sind die Mächtigkeit des Mutterkörpers, die Temperatur, die Feuchtigkeit, der Luftzutritt zu den Cocons etc. — den zukünftigen Beobachtungen. Andererseits ist für unsere Frage auch das lange Ruhestadium, in welchem die ersten zwei Blastomeren der Doppelfurchung, — ehe sie den weiteren selbstständigen Furchungsprocess eingiengen, — nicht ohne Interesse.

Capitel VII.

Der Embryonalkörper von Rhynchelmis.

§. 1.

Wenn wir die bisher erkannten Entwicklungsstadien von Rhynchelmis wohl mit Recht als die den freilebenden Larven der Polychaeten, oder den Larven der Lumbriciden als gleichwerthige Bildungszustände auffassen, so entsteht zunächst die Frage, zu welcher Zeit sich aus denselben der Annulaten-Embryo zu bilden anfängt? Meiner Ansicht nach muss man in dieser Beziehung von dem Zustande ausgehen, wo die sich auf der Bauchseite berührenden und verdickten vorderen Pole der Mesoblaststreifen von dem gemeinschaftlichen Boden sich abgeschnürt haben — oder besser gesagt — wenn die Anlagen des ersten Segmentes als selbständige Gebilde auftreten. Dies geschieht in dem Stadium, wo die Mesoblaststreifen von animalem Pole sich bis in die aequatoriale Zone der Keimkugel verschoben haben. Die letzteren bilden also den Ausgangspunkt unserer weiteren Darstellung der Annulatenbildung.

Die Anlagen des ersten Segmentes bezeichnen den vorderen Pol der Keimkugel (vergl. Taf. XI., Fig. 7.). Der weit längere Rest der Mesoblaststreifen nimmt inzwischen an Länge zu, in Folge dessen sich dieselben am freien, vorderen Pole zur unteren Fläche des Hypoblastes verschieben, während die mittlere und hintere Region der Mesoblaststreifen in fast derselben ursprünglichen Lage, wie früher, verharrt (vergl. Taf. XI., Fig. 10. *ks*).

Das erste Segment entsteht also, wie alle nachfolgenden aus den Mesoblaststreifen und das Epiblast betheiligt sich an diesem Processe nur insoferne, als einzelne Mesoblastelemente in dasselbe eindringen und zur Herstellung der definitiven Haut des Annulaten. d. h. der Hypodermis des ersten Segmentes beitragen. Die Anlagen des ersten Segmentes, oder — wie man sie kurz bezeichnen darf — die Kopfanlagen befinden sich zuerst auf der Bauchseite, wo sie sich berühren, während sie gegen die Rückenseite aus einander weichen und einen Theil des Hypoblastes umarmen (Taf. XI., Fig. 10. *k*). Da diese Partie des sich bildenden Kopfes vom Epiblaste ganz bedeckt ist, so ist es klar, dass sich der weiter hinten ganz offene Blastoporus an der Bildung des definitiven Mundes nicht betheiligen kann. Von dieser Thatsache kann man sich allerdings in allen Fällen nur an den von der Oberfläche betrachteten Stadien überzeugen; aus technischen Gründen ist es dagegen höchst schwierig die Verhältnisse der Keimblätter auf den Querschnitten zu controliren. Es gelang mir nur in einigen wenigen Fällen entsprechende Querschnitte durch den vordersten Pol des geschilderten Stadiums zu führen, doch habe ich keine Spur eines Stomodaeums nachweisen können. Die auf diese Weise gewonnenen Bilder entsprechen wesentlich denjenigen, welche auch *Kovalevsky* l. c. (Taf. V., Fig. 33.) zu Gesicht kamen. Wir werden auf die Angaben des genannten Forschers noch zurückkommen.

Nachdem das erste Segment sich deutlich von den Mesoblaststreifen abgeschnürt hat, verschieben sich die vordersten Theile der letzteren ganz auf die Bauchseite, bewahren aber noch die frühere Selbständigkeit, indem sie durch eine mediale Längsrinne von einander getrennt bleiben. Die Verwachsung geschieht nur allmälig von vorne nach hinten, wie sich auch der Blastoporus schliesst und wie man auf den nach einander folgenden Entwicklungsstadien ermitteln kann. Aus den zahlreichen, diesen Vorgang illustrirenden Stadien bilde ich ab nur das einzige in Fig. 12. auf der Taf. XI. von unten und dasselbe in Fig. 13., Taf. XI. von der Rückenseite. Auf der erst angezogenen Abbildung (Fig. 12.) sieht man das erste Segment deutlich aus zwei nicht völlig verwachsenen Hälften (*k*) zusammengesetzt: die zwischen den letzteren verlaufende Längsrinne hängt mit derjenigen zusammen, welche zwischen den sonst genäherten Mesoblaststreifen (*ks*) verläuft. Die letzteren gehen von der Berührungsstelle nach links und rechts auseinander, um sich schliesslich zur Rückenseite zu begeben (Taf. XI., Fig. 13. *ks*), wo sie mit dem durch die ursprüngliche Grösse sich auszeichnenden Promesoblasten (*ms*) endigen.

In Fig. 12. sieht man am vorderen Rande und den Seitentheilen der paarigen Anlagen des ersten Segmentes einen Saum, welcher nichts anderes als die eben hergestellte Hypodermis des vorderen Körperpoles vorstellt. Es gelingt zwar nur selten einen gediegenen Querschnitt durch dieses vordere Segment herzustellen, in glücklichem Falle kann man aber leicht ermitteln, dass diese Hypodermis dem ursprünglichen Epiblaste und einzelnen Mesoblastelementen ihren Ursprung verdankt.

Die Segmentirung der hinter dem ersten Segmente folgenden Mesoblaststreifen ist noch nicht eingetreten, wenigstens ist sie äusserlich nicht nachweisbar.

Dasselbe von der Rückenseite und beim auffallenden Lichte beobachtete Stadium ist in Fig. 13., Taf. XI. dargestellt; es stellt einen kegelförmigen, nach vorne zugespitzten, nach hinten abgestutzten Körper vor, wobei das erste Segment den vorderen Pol einnimmt. Nach hinten sieht man in der Mediallinie die Promesoblasten (ms), von denen die Mesoblaststreifen (ks) nach links und rechts auslaufen. Das erste Segment bildet bereits ein unbedeutend hervorragendes Praestomium (k).

Dieses Stadium besitzt bereits den Mund und das Stomodaeum, welche durch die Einstülpung der Hypodermis terminal zu Stande kommen. Es scheint auch das Gehirnganglion vorhanden zu sein, doch habe ich mich hierüber auf den Querschnitten nicht ganz verlässlich überzeugen können; in dem nächstfolgenden Stadium erscheint das Ganglion gut entwickelt. Dieses Stadium habe ich in Fig. A auf der Taf. XXI. veranschaulicht, und zwar in der Weise, dass der am Hinterende noch nicht geschlossene Blastoporus von der Bauchseite sichtbar ist. Der Fortschritt in der Entwicklung verräth sich gegenüber dem vorigen Stadium darin, dass das Kopfsegment (hl) des Embryos mit Mund und Stomodaeum versehen ist, dass es aber noch eine Anzahl von Segmenten enthält, welche aus den vereinigten Mesoblaststreifen der vorderen Körperregion hervortreten, während die hinteren Theile derselben, obwohl sich in der Mediallinie berührend, bisher nicht in die Segmente zerfallen: die hintersten Theile der Mesoblaststreifen erscheinen schliesslich ganz von einander getrennt.

Die histologische Structur der Mesoblaststreifen und deren weitere Differenzirung habe ich an Schnitten zu erkennen versucht, welche durch das abgebildete Stadium A. Taf. XXI., in den Richtungen *11*., *9*. und *10*. geführt wurden.

Fig. 11. (Taf. XXI.) veranschaulicht einen der hintersten Querschnitte (*11.*, A), wo der Blastoporus noch nicht geschlossen erscheint. Die vom Epiblaste nicht bedeckten Hypoblastkugeln (hp') sind voluminöser als die unter dem Epiblaste, resp. den Mesoblaststreifen befindlichen, indem hier die peripherischen Hypoblastzellen sehr klein und von cubischer Gestalt sind und daher als fast epithelartig angeordnet erscheinen (*hp*). Die Epiblastzellen, welche die Mesoblaststreifen bedecken, unterscheiden sich wieder durch ihre Grösse (*ep*) von den gewöhnlichen flachen Zellen, welche wir in den früheren Stadien erkannt haben. Der Mesoblaststreifen (*ks*) unterscheidet sich nicht von den früher erwähnten Zellenconfigurationen; es scheint nur, dass sich die Zellen hier ein wenig vermehrt haben.

Ein anderer, mehr nach vorne geführter Querschnitt — nämlich durch die Region, wo das Epiblast von beiden Seiten den Blastoporus bedeckt hat und in Folge dessen hier eine flache Schicht bildet, — ist in Fig. 9. *ep* (Taf. XXI.) abgebildet. Man sieht hier, dass einige Zellen der Mesoblaststreifen *m*, *m'*, *m''* direct zwischen die abgeflachten, mageren Elemente des Epiblastes eindringen und zur Umwandlung desselben zu einer lebensfähigen Hypodermis beitragen. Trotz der definitiven Verwachsung des Blastoporus bleiben die Mesoblaststreifen noch bedeutend von einander entfernt. Ihre Zellen stellen deutliche Schichten vor, die man als Splanchno- und Somatopleura unterscheidet: die letztere Schicht legt sich direct an das modificirte obere Blatt an. Eine auffallende Veränderung kann man jetzt in der Form der peripheren Hypoblastzellen in der Region der Mesoblaststreifen constatiren. Während dieselben in dem letzt geschilderten Schnitte epithelartig zusammengestellt waren, erscheinen sie jetzt ganz flach, entbehren auch schon vollständig der Dottertropfen und stellen mesenchymatöse Elemente vor (*hp*).

Betrachten wir schliesslich den dritten, am weitesten nach vorne geführten Schnitt (Fig. *A*, Taf. XXI. *10*.), welcher in Fig. 10. auf der Taf. XXI. reproducirt ist. Derselbe ist in Bezug auf die Organogenese höchst lehrreich und verdient eine ausführlichere Besprechung, zumal er sich von den beiden vorigen Schnitten wesentlich unterscheidet.

Das ursprünglich flache Epiblast der Bauchseite geht in ein hohes, cubisches Epithel über (*hd*), welches jetzt nur als eigentliche Hypodermis zu deuten ist, zumal sie an günstigen Schnitten eine feine Cuticula trägt. Noch verlässlicher als in den früheren Präparaten kann man hier ermitteln, dass das ursprüngliche Epiblast durch die Elemente der Mesoblaststreifen vervollständigt wird, wie eben die karyokinetischen Theilungsfiguren (*a. b. c*) diesen Vorgang am klarsten documentiren.

Zwischen der Somato- und Splanchnopleura erscheint jetzt die deutliche definitive Segmenthöhle; mit den inneren Theilen nähern sich die beiden Hälften der letzteren zu einander, indem der Theilungsvorgang der Mesoblastzellen hier reger ist als am äusseren Rande. Die beiden Platten der Mesoblaststreifen, nämlich die Somato- und Splanchnopleura verbreitern sich durch die Vermehrung ihrer Elemente zur rechten und linken Seite der primitiven, allerdings ganz reducirten und höchstens spaltförmigen Leibeshöhle. Viel rascher findet nun die Theilung der Somatopleura statt, was zur Folge hat, dass die Zellen aus dem epithelialen Verbande austreten und weiter zur Bildung der Hypodermis an den Körperseiten beitragen. Wir sehen z. B. in der Zelle c (Fig. 10.) eine Kernspindel, welche die Theilungsachse von der Somatopleura gegen die Hypodermis andeutet. In der Zelle b sieht man bereits die Spaltung einer ähnlichen Zelle zu zwei Tochterelementen, von denen das äussere sich im Epiblaste befindet. Dasselbe gilt für die Zelle a, welche aus dem Verbande der Somatopleura ausgetreten ist und sich in dem äusseren Epithel befindet, welches durch diese Vorgänge vervollständigt wird.

Die angezogene Abbildung bestätigt also die oben erwähnte Auffassung, nach welcher einzelne Elemente der Mesoblaststreifen sich an der Bildung der Hypodermis betheiligen. Sonst besteht in diesem Stadium sowohl die Somato- als Splanchnopleura aus einschichtigem Epithel.

Wenn man nun die Verhältnisse der vorigen Schnitte in Vergleich zieht, so betreffen die auffallendsten Veränderungen in dem soeben besprochenen Schnitte gerade das Hypoblast (Fig. 10., Taf. XXI.), welches früher nur aus einem soliden dicken Strange von polyëdrischen, dicht an und neben einander liegenden Zellen bestand (vergl. Taf. XXI., Fig. 9., 11.). Namentlich die centralen Zellen zeichnen sich hier durch eine beträchtliche Grösse aus, während die peripheren ganz abgeplattet erscheinen. In der angezogenen Abbildung (Taf. XXI., Fig. 10.) findet man bedeutende Veränderungen: die früher epithelartig angeordneten peripheren Zellen (hp) erscheinen jetzt als freie, mesenchymatische Elemente mit spärlichem Protoplasma und mageren Kernen; durch ihre Ausläufer dringen sie nicht selten in den Dotterinhalt ein, wie man besonders auf der Grenze der Splanchnopleura statuiren kann. Die früher so scharf abgegrenzten inneren Hypoblastzellen (vergl. Fig. 9., 11.) sind in unserem Schnitte (Fig. 10.) ungemein selten (dz) und auch hier werden die Zellmembranen resorbirt, wodurch ihr Inhalt mit der übrigen Dottermasse zusammenfliesst, welche letztere eben durch die Resorption der Zellmembranen der inneren Hypoblastzellen entstand. Nur durch diesen Vorgang entsteht eine Art Syncytium, dessen Grundsubstanz vornehmlich die Dotterkügelchen sind. Bemerkenswerth ist hier das Verhalten der Zellkerne: sie sind jetzt von einer beträchtlicherer Menge des feinkörnigen Protoplasma umgeben, welches eben nur ein Product der Assimilation zu deuten ist und welches nach und nach an seiner Peripherie eine feine Zellmembran entwickeln kann. Derartige plasmatische (d. h. dotterfreie) Zellen findet man in der Dottermasse in unregelmässiger Anordnung zerstreut, meist aber sich dem Centrum annähernd (Fig. 10., Taf. XXI, *dd*). Jedenfalls aber müssen diese Zellen beweglich sein, wie auch ihre amöbenförmige Gestalt vermuthen lässt. Sie bewegen sich von der Peripherie gegen das Centrum, ihr Cytoplasma färbt sich in Pikrokarmin rosa, die Kerne intensiv roth.

Nun ist es jedenfalls — in Anbetracht der geltenden Anschauungen über die mesenchymatösen Gewebszellen — vom höchsten Interesse, dass aus diesen verästelten und überhaupt unregelmässig contourirten Elementen sich das definitive Darmepithel aufbaut; sie stellen sich nämlich radienartig neben einander rings um ein centrales Lumen, welches anfänglich unbedeutend, aber doch deutlich hervortritt. Die pseudopodienartigen Fortsätze entsenden sie nun in den umliegenden Dotter, wodurch offenbar deren Ernährung stattfindet. Ob sie sich vermehren, kann ich mit Gewissheit nicht angeben, zumal ich an meinen Präparaten keine karyokinetischen Figuren sicher zu stellen vermag. Findet aber eine solche Vermehrung statt — was mir sehr wahrscheinlich ist — so geschieht es durch die akinetische und zwar recht rasche Theilung.

Aus den geschilderten Vorgängen ist einleuchtend, dass im Verlaufe der Embryobildung andere Ernährungselemente eintreten. Man darf sie aber nicht als neu betrachten, indem sie den alten Anlagen, nämlich den Dotterzellen (Hypoblastkugeln) ihren Ursprung verdanken. Dem soeben ausgesprochenen Satze ist so zu verstehen, dass die Zellkerne nach wie vor fungiren und nur der Zellinhalt eine andere Structur annimmt. In den Dotterzellen häuft sich in der nächsten Umgebung der Kerne ein feinkörniges Plasma an, welches offenbar durch Assimilation aus dem Dotter entsteht. Ein bestimmtes Quantum dieser definitiven Zellsubstanz befähigt die so entstandenen Zellen zur selbständigen physiologischen Arbeit, wonach sie sich zur Bildung des definitiven Darmepithels gruppiren.

Diese Zellen entsprechen jedenfalls den amöbenartigen Elementen, welche sich aus den Dotterkugeln vorzugsweise der Arthropoden bilden, worauf wir noch später zurückkommen werden, ebenso wie wir auch die Umwandlung der larvalen Mesenteronzellen der Lumbriciden zum definitiven Darmepithel besprechen wollen.

Ferner müssen wir noch auf einen nicht weniger wichtigen Umstand hinweisen. Die ursprünglich mesenchymatösen, später cylindrischen Epithelzellen stellen sich um ein centrales Lumen der künftigen Darmröhre zusammen. Wie kommt diese Höhlung, welche bereits in dem geschilderten Stadium im vorderen Embryonalkörper erscheint, zu Stande? Die hinteren Partien des Hypoblastes erscheinen sowohl jetzt als auch in späteren, weit in der Entwicklung fortgeschrittenen Stadien als ganz solide, lumenlose, aus Dotterkugeln bestehende Stränge (vergl. Taf. XXI., Fig. 7.). Wenn also eine Höhlung in den Hypoblastelementen in Bildung begriffen ist, muss man dafür halten, dass dieselbe mit der Aussenwelt communicirt, dass also der Mund bereits vorhanden ist. In unserem Stadium erscheint die Mundöffnung und das kurze Stomodaeum thatsächlich als eine hypodermale Einstülpung.

Wir werden auf diese letzteren Verhältnisse weiter unten genauer zurückkommen, müssen aber bereits jetzt hervorheben, dass diese Bestandtheile des zukünftigen Verdauungstractus angelegt sind und die Bildung des Lumens im Hypoblaste veranlassen. Mittels der Mundöffnung schluckt der Embryo die Eiweissflüssigkeit, welche auf diese Weise mit dem Dotter in Berührung kommt. Dadurch erfolgt eine neue Art der Assimilation in den Dotterkugeln, welche zur Umbildung der Dotterkügelchen zum körnigen Plasma wesentlich beitragen kann.

Das Nervensystem ist allen Umständen nach bereits in diesem Stadium, wenigstens in dem ersten Segmente angelegt; aus den günstigeren Querschnitten ist thatsächlich ersichtlich, dass es aus zwei symmetrischen Hälften besteht und sich unmittelbar vor der Mundöffnung befindet. Es ist aber keinesfalls möglich die allerersten Anfänge des vorderen Ganglions zu erkennen, zumal die Beobachtung dieser Zustände in frischen Embryonen nicht möglich ist. Wenn ich also in diesem wichtigen Punkte zu keinen befriedigenden und bestimmten Resultaten gelangt bin, so kann ich nach den weiter unten geschilderten Entwicklungsstadien soviel als sichergestellt annehmen, dass die Bildung des Nervensystems von Rhynchelmis in ganz derselben Weise vor sich geht, wie bei den Lumbriciden.

§ 2.

Das auf der Taf. XI., Fig. 14. und 15. abgebildete Stadium ist im Grossen und Ganzen kugelförmig und entspricht sonst dem letzt geschilderten Embryo; es weicht aber von demselben dadurch ab, dass das erste Segment über die Dottermasse hervorragt und die nächstfolgenden Segmente in grösserer Anzahl vorhanden sind. In dem hinteren Drittel sind dagegen die Mesoblaststreifen getrennt und verlaufen jetzt wie früher frei bis zu den Promesoblasten. Bei der Betrachtung der in Chromsäure erhärteten Embryonen erscheinen die Mesoblaststreifen aus vier bis fünf Längsreihen zusammengesetzt: es sind dies die reihenartig angeordneten Zellen der Somatopleura; der Blastoporus ist bereits ganz geschlossen.

Diese im frischen Zustande in der Eiweissflüssigkeit beobachteten Embryonen rotiren äusserst langsam, was man vornehmlich in solchen Cocons sicherstellen kann, welche ein bis drei Embryonen enthalten. Die rotirende Bewegung ist ganz dieselbe wie bei den Lumbriciden und ist durch die Wimpern veranlasst, welche die in der Medialreihe der Bauchseite befindlichen grossen Epiblastzellen besetzen. Genauer kann man diese Verhältnisse an Quer- und Längsschnitten studiren.

In dem geschilderten Stadium ist das erste, terminale Segment durch seine Grösse auffallend (Fig. 14., 15.); von der Bauch- oder Rückenseite betrachtet, erscheint es zweilappig, welche Gestalt eben durch das sich anlegende paarige Gehirnganglion veranlasst wird. In Fig. 15. (*k*) scheint es, als ob die Mundöffnung (*m*) auf der Bauchseite sich befände; die Profilansicht (Fig. 14.) zeigt dagegen sehr überzeugend, dass der Mund terminal liegt, in diesem Stadium aber bereits von den erwähnten Läppchen ein wenig verdeckt wird.

Die paarige Anlage des Mesoblastes in dem ersten Segmente, welche wir noch in Fig. 12. (Taf. XI.) hervorgehoben haben, erlischt in unserem Stadium gänzlich, indem die beiden Hälften der Mesoblasthöhlen völlig zusammenfliessen, während die nachfolgenden Segmente noch deutlich die paarigen Anlagen erkennen lassen (Fig. 15. *s*).

Die recht schwierig an den Querschnitten zu verfolgenden Verhältnisse der inneren Organisation des ersten Segmentes ergeben zunächst, dass das Stomodaeum deutlich als eine kurze hypodermale Einstülpung nach innen fortschreitet und dass die beiden Hälften des künftigen Gehirnganglions die praestomialen Läppchenhöhlen einnehmen, noch ganz mit der Hypodermis in Verbindung stehend.

Es scheint mir zweckmässig zu sein, an dieser Stelle auf die Differenzen hinzuweisen, welche sich aus meiner Schilderung der Embryonalbildung einerseits und den Angaben *Kovalevsky's* über denselben Gegenstand andererseits ergeben. Es kann keinem Zweifel unterliegen, dass der genannte Forscher gewiss dieselben Stadien wie ich vor sich hatte, sie aber wie deren Querschnitte infolge weniger günstiger Methoden etwas abweichend und meiner Ansicht nach nicht zutreffend auffasst. *Kovalevsky* bespricht vornehmlich ein Stadium, welches meiner Fig. 12. (Taf. XI.) entsprechen dürfte, und sagt, dass aus seiner Fig. 15. ersichtlich ist, wie „die Keimstreifen am vorderen Ende des Embryo zusammenzurücken beginnen, und noch weiter sind sie auf der Fig. 17. und 18. zusammengetreten, wo man schon deutlich die Anlage des Kopfes unterscheiden kann". Aus seiner Fig. 17. ist evident, „dass der Embryo an der vorderen Spitze eine dreilappige Form angenommen hat, welche auf die Kosten des oberen Blattes und des Keimstreifens entstanden ist". Höchst wahrscheinlich sah *Kovalevsky* ein etwas älteres Stadium als das in meiner Fig. 7. (Taf. XII.) abgebildete, welches ich dahin erklärt habe, dass hier beide verdickte Enden der Mesoblaststreifen zu Bildung des ersten Segmentes zusammentreten, den mittleren Lappen habe ich aber als die entstehende Hypodermis aus dem ursprünglichen Epiblaste und den einzelnen Mesoblastelementen gedeutet. Dies ist auch ersichtlich aus dem Querschnitte, welchen *Kovalevsky* durch die vorderste Region dieses Stadiums zu führen gelang (l. c. Fig. 33., Taf. V.). Die Mesoblaststreifen berühren sich hier fast in der Mediallinie der Bauchseite und bestehen aus zwei Platten, über welche die aus ungleich hohen Zellen gebildete Hypodermis hinzieht; in der Mediallinie zeichnet nun *Kovalevsky* die grossen Epiblastzellen, welche wir weiter unten eingehender beschreiben wollen.

Es ergibt sich aus dem Vergleiche der Darstellung *Kovalevsky's* und meiner Auffassung der späteren Stadien, dass der „mittlere Lappen" des ersten Segmentes nicht dem späteren Praestomium entspricht, indem das letztere sich paarig anlegt und in der Form der oben erwähnten Läppchen auftritt.

Weitere Stadien bildet *Kovalevsky* in seinen Fig. 19., 20. und 21. auf der Taf. XIX. ab, meiner Ansicht nach aber mehr schematisch und nicht zutreffend sowohl in Bezug auf die Gestalt des Embryos als dessen Segmentirung. Was die Fig. 21. anbelangt, so darf ich dafür halten, dass dem russischen Autor das in meiner Fig. 14., 15. abgebildete oder etwas jüngere Stadium vorlag. Über die Lage der Mundöffnung drückt sich Kovalevsky folgendermassen aus: „Zugleich bildete sich die Mundöffnung und der Vorderdarm als eine Einstülpung des oberen Blattes in der Spalte zwischen den vorderen Enden der beiden Keimstreifen." Dies ist gewiss nicht richtig, zumal wir gefunden haben, dass sich das erste Segment von der Bauchseite aus zwei selbständigen Hälften anlegt, die sich von hier aus gegen die Rückenseite verbreitern und die inzwischen sich bildende Hypodermis stülpt sich terminal zur Bildung des Stomodaeums ein.

Kovalevsky hat die bewimperte mediale Zellreihe auf der Bauchseite erkannt, obgleich er „den Embryo keine Rotationen machen sah".

„Dieser Embryo an Querschnitten untersucht zeigte uns schon bedeutende Veränderungen in der Zusammensetzung seiner Blätter. Das obere Blatt ist an der Bauchseite bedeutend verdickt und besteht aus zwei bis drei Zellschichten." Diese Angabe resultirt wahrscheinlich aus ungünstigen Querschnitten, die etwas schräg geführt wurden, was bei den kugeligen Embryonen sehr leicht ist. Es ist wohl möglich, dass während der Bildung der Hypodermis die einzelnen, von den Mesoblaststreifen sich ablösenden Zellen direct an die des Epiblastes zu liegen kommen, so dass es den Anschein hat, als ob die Hypodermis zweischichtig wäre; nichtsdestoweniger sind die Zellen des ursprünglichen Epiblastes, und namentlich dessen Kerne, so undeutlich, dass man sie vornehmlich bei schwächeren Vergrösserungen leicht übersehen kann. Von diesen spricht *Kovalevsky* aber gewiss nicht, denn seine Abbildungen (Fig. 33., 34., 36. etc.) zeigen thatsächlich nur durch schräge Schnitte hervorgerufene Mehrschichtigkeit des Hypodermis. Zwar deutet er diese vermeintliche Verdickung als Anfang des Nervensystems, wir werden aber sehen, dass die Bildung der Bauchstrangsganglien in den ersten Stadien ganz anders vor sich geht, als *Kovalevsky* angibt.

§ 3.

Die weitere Entwicklung erfolgt durch die Vervollständigung der bereits existirenden Bestandtheile des Embryos, sowie durch die Vermehrung der Segmente aus den hinteren Theilen der Mesoblaststreifen. Die hinter dem Kopfe folgenden Segmente verbreitern sich nach links und rechts mehr gegen die Rückenseite, was im Grossen und Ganzen ziemlich langsam vor sich geht. Die kugeligen Stadien erstrecken sich durch diese Vorgänge mehr in die Länge und man kann eine continuirliche Reihe von ovoiden, dann runden, nach hinten angeschwollenen, nach vorne verengten, ferner sowohl vorne als hinten gleichmässig dicken und schliesslich nach hinten allmälig sich verengenden Embryonen vorfinden. In den letzteren ist bereits eine Reihe vollständig entwickelter Segmente vorhanden. Mit diesen Vorgängen der äusseren Gestaltsverhältnisse schreitet fort die innere Organisation und wir müssen demnach einige dieser Stadien genauer besprechen.

Stadium Fig. 9.—11., Taf. XII. Es wäre überflüssig die Gestalt eines jeden nachfolgenden Stadiums und dessen Organisation besonders zu beschreiben; für die allgemeine Beurtheilung der weiteren Entwicklung werden wir nur einige Stadien wählen und die neu auftretende und sich vervollkommnende Organisation derselben hervorheben. Das kugelige und ovoide Stadium wächst in Folge der fortschreitenden Vermehrung der Mesoblastelemente mehr in die Länge, der Embryo wird schlanker, wie z. B. Fig. 9. auf der Taf. XII. veranschaulicht. Der Kopf ist bereits gut entwickelt, die Segmente in zwei Drittheilen der Körperlänge angelegt, während am hinteren Ende die Keimstreifen noch ganz und gar von einander getrennt erscheinen. Die Bauchrinne ist deutlich. Dieses Stadium kann man bereits im frischen Zustande bei schwachem Drucke des Deckgläschens in der Profillage beobachten, wie es in Fig. 10., Taf. XII. veranschaulicht ist. Das Epiblast ist auf der Bauchseite bereits vollständig durch die definitive Hypodermis verdrängt, deren Zellen in der Mediallinie mit den lebhaft wimpernden Cilien bedeckt sind. Der praeorale Theil des Kopfes wächst rascher und bildet einen stumpfen Kopflappen oder Praestomium, welches auf diese Weise die Mundöffnung von oben verdeckt, so dass es scheint, als ob die letztere auf der Bauchseite sich befände.

Die gesammte Höhlung des Praestomiums ist, so weit man dieselbe in dieser Lage beobachten kann, ganz von den grossen Hälften des Gehirnganglions erfüllt, und vielleicht nur in Folge dieses enormen Wachsthums desselben tritt das ursprüngliche, zweilappige Praestomium jetzt als ein unpaariger Kopflappen des ersten Segmentes hervor. Sonst ist das Gehirnganglion völlig undurchsichtig und scheinbar unpaarig. Die Kopfhöhle ist so undeutlich, dass man die hier befindlichen Organe an lebenden Objecten nicht ermitteln kann. Gewiss kann man aber voraussetzen, dass hier die Excretionscanälchen im Stadium der Pronephridien angelegt sind.

Das Stomodaeum ist nach wie vor an das erste Segment beschränkt.

Die nachfolgenden Segmente zeigen gut entwickelte Dissepimente und vollständig ausgebildete, wenn auch unbedeutende Leibeshöhle, in welcher bereits voluminöse Excretionsorgane hervortreten; aber was die Gestalt, den Verlauf und die Structur dieser Organe anbelangt, so ist es recht schwierig, sich in diesen Beziehungen verlässlich zu überzeugen. Die Profillage des Körpers und der undurchsichtige Dotter erschweren die genauere Erkenntniss der Excretionsorgane. Wir werden deshalb in Bezug auf die erste Anlage der Nephridien ältere Entwicklungsstadien wählen, welche letzteren durch die Durchsichtigkeit der Körperwandung und die bedeutend grössere Leibeshöhle den Entwicklungsprocess der fraglichen Organe zu ermitteln erlauben. Ich muss ausdrücklich hervorheben, dass die Verfolgung der so subtilen Organe, wie die Nephridien sind, durch die Schnittmethode zu keinem entscheidenden Resultate führen kann.

Dagegen belehren die Quer- und Längsschnitte durch das besprochene Embryonalstadium, dass die übrige Organisation weiter fortgeschritten ist, als in den vorigen. Die Querschnitte sind in Fig. 13., 14., 15. und 16. (Taf. XXI.) veranschaulicht; sie sind aus einer von vorne nach hinten geführten Schnittserie gewählt. Fig. 7., 8. und 12. (Taf. XXI.) stellen Querschnitte durch ein fast gleich altes Stadium vor, wie in Fig. 11. (Taf. XII.) dargestellt ist, und gehören insgesammt den hinteren Körpersegmenten an. Betrachten wir einen solchen in Fig. 7. (Taf. XXI.) abgebildeten Querschnitt der hinteren Körperregion. Das Hypoblast ist hier durchaus solid, aus grossen Dotterzellen zusammengesetzt, deren Kerne sich sehr schwach mit Pikrokarmin färben. Das ursprüngliche Epiblast (*ep*) umgibt die weit grössten Rücken- und Seitentheile des Hypoblastes und geht auf der Bauchseite in die Hypodermis (*hp*) über, welche letztere, wie bereits mehreremals hervorgehoben wurde, ihren Ursprung den Epi- und Mesoblastelementen verdankt. Die Innenränder der Hypodermis zu beiden Seiten der Mediallinie tragen die Ganglienanlagen (*n*). Die Mesoblasthälften verschmelzen vollständig, wodurch eine einheitliche Segmenthöhle zu Stande kommt, ausgekleidet durch die Somatopleura (*sp*) und Splanchnopleura (*sm*).

Die wichtigste Thatsache, welche aus der Betrachtung einer Schnittserie hervorgeht, ist die, dass jedes Bauchstrangsganglion sich selbst für sich anlegt, und dass es ursprünglich weder mit dem vorgehenden noch dem nachfolgenden Ganglion im Zusammenhange steht. Die Schnittserien durch das geschilderte Stadium bestätigen diesen Satz: wir sehen z. B. in Fig. 8. und 12. (Taf. XXI.) die Ganglienanlagen, während die nachfolgenden 1—2 Schnitte der letzteren völlig entbehren (Taf. XXI., Fig. 15., 16.), worauf die weiter nach hinten geführten Schnitte mit den Ganglienanlagen versehen sind.

Bevor wir einzelne wichtigere Schnitte näher betrachten werden, wollen wir noch unsere Aufmerksamkeit der sog. Bauchrinne widmen. In dem besprochenen Stadium ist diese Bildung sehr auffallend, so dass die Bezeichnung „Rinne" nicht immer passend erscheint. Wie bereits *Kovalevsky* bekannt war, besteht die mediale Bauchlinie aus grossen Zellen, welche der genannte Forscher auch auf dem Kopfsegmente sichergestellt hat. Da die sich bildende Hypodermis der Segmentation während der Bildung der Ursegmente nicht unterliegt, befinden sich die fraglichen Zellen der Bauchseite in einer continuirlichen Reihe und zeigen demnach keine segmentale Anordnung (Taf. XXI., Fig. 6.). Meist folgen die Zellen in einer einfachen Reihe hinter einander, seltener liegen je zwei kleinere neben einander. In der Flächenansicht erscheinen sie meist sechsseitig oder tonnenförmig, der Länge nach erstreckt, scharf contourirt, mit einem hellen Plasma, in welchem ein grosser, runder Kern mit deutlichem Zellnetze und excentrisch liegenden Nucleinkörperchen sich befindet. Bei starken Vergrösserungen gewahrt man auf der Oberfläche der Zellen reihenartig angeordnete Punkte, welche nichts anderes sind als Mikroporen der Cuticula, welche die Wimpern durchtreten. An Dauerpräparaten erscheinen nur die Überreste der Wimpern als niedrige, dicht neben einander gestellte Stiftchen (Taf. XXI., Fig. 12. *br*) an der Cuticularmembran, welche sich gewöhnlich mit Pikrokarmin gelb färbt und deshalb bei der Betrachtung der feinen Cuticula der übrigen Hypodermis (*hp*) auffallend ist.

Die angezogene Abbildung des stark vergrösserten Querschnittes durch die hinterste Region desselben ovoiden Embryos ist in mehrerer Hinsicht interessant. Man sieht zunächst die Annäherung der beiden Mesoblastsäckchen mit ihren Leibeshöhlen und die brückenartige Verbindung derselben oberhalb des Bauchstrangganglions. Die Splanchnopleura (Taf. XXI., Fig. 12. *sp*) legt sich dicht dem Hypoblaste an. Die mächtige Somatopleura besteht aus zwei bis drei Zellenreihen (*sm*), welche an günstigen Präparaten zahlreiche karyokinetische Figuren erscheinen lassen, woraus man an eine rege Zellvermehrung schliessen darf. Die inneren Wandungen (*m*) der ursprünglichen Mesoblastsäckchen entsprechen wohl den sog. Mesenterien von Polygordius etc.

Unsere Abbildung ist ferner sehr instructiv in Bezug auf die Erkenntniss der ersten Anlage des Bauchstrangganglions. Man sieht hier zu beiden Seiten der medialen Wimperzelle, oder, wenn dieselbe mehr eingestülpt ist, der Bauchrinne, je eine grosse Zelle (*n*), welche sowohl durch ihre Grösse als Structur von den übrigen Hypodermiszellen abweichend sind. Diese zwei grossen Zellen stellen die erste Anlage des Ganglions vor und wir werden sie demnach zweckmässig als *Neuroblasten* (wohl aber nicht im Sinne *Whitman's*) bezeichnen. Was ihren Ursprung anbelangt, so kann es keinem Zweifel unterliegen, dass sie nicht vom ursprünglichen flachen Epiblaste herrühren, sondern als vergrösserte Hypodermiszellen aufzufassen sind. Solange sie sich im Ruhestadium befinden, sind sie rein kugelig, mit einem intensiv sich mit Pikrokarmin färbenden körnigen Inhalte erfüllt und mit einem grossen, glänzenden Kern versehen. Solche Zellen sind aber an Schnitten ziemlich selten; meist trifft man sie im Stadium der Theilung, also mit karyokinetischen Figuren, wie eben die angezogene Abbildung veranschaulicht.

Diese zwei Zellen stellen thatsächlich einzig und allein die allererste Anlage des Bauchganglions eines jeden Segmentes vor und wie man mit grosser Wahrscheinlichkeit annehmen darf, entstehen sie in der Mitte — zu beiden Seiten der Bauchrinne, eines jeden Segmentes. In einer Schnittserie durch ein junges Segment erscheinen keine andere Anlagen des Nervensystems, als die geschilderten zwei Neuroblasten. Derartige Schnitte, welche keine Nervenanlage enthalten, wohl aber den Segmenten der vorderen Körperregion angehören, dürften der in Fig. 16. (Taf. XXI.) gegebenen Abbildung entsprechen; man findet hier auf der Bauchseite die gewöhnliche Hypodermis ohne jede Andeutung der Ganglienbildung, obwohl die grossen Zellen der Bauchlinie (*br*) hier in normaler Gestalt vorhanden sind. Die nachfolgenden Schnitte sind aber bereits mit mehrzelligen Ganglienanlagen ausgestattet.

Wollen wir die weitere Entwicklung des Nervensystems erkennen, so können wir einen mehr nach vorne (vor dem in Fig. 12. veranschaulichten) geführten und in Fig. 8. (Taf. XXI.) abgebildeten Schnitt beurtheilen. Die Medialzelle *br* ist bedeutend in dem Leibesschlauch eingestülpt; sie betheiligt sich aber keinesfalls an der Bildung des Bauchganglions. Das letztere ist noch in zwei von einander ganz unabhängigen Hälften angelegt (*n*). Jede Hälfte ist aber mehrzellig, d. h. aus einer körnigen Grundsubstanz bestehend, in welcher auf der einen Seite 5, auf der anderen 4, intensiver sich färbende Kerne mit 1—2 Kernkörperchen sich befinden. Die Zellgrenzen sind so undeutlich, dass es scheint, als ob hier ein Syncytium vorhanden wäre.

Gewiss aber sind diese Verhältnisse auf die Vermehrung der ursprünglichen zwei Neuroblasten zurückzuführen.

In der Hypodermis (*hp*) selbst findet man Zellen von ungleicher Grösse; die grösseren stellen offenbar die sich zur Theilung vorbereitenden Elemente dar, welche aus dem Mesoblast in das ursprüngliche Epiblast eingedrungen sind. Die kleineren, nur an sehr feinen Schnitten wahrnehmbaren Zellen mit undeutlich sich färbenden Kernen sind als Überbleibsel des alten Epiblastes aufzufassen und treten in derselben Gestalt in der übrigen epiblastischen Körperumhüllung hervor. Sowohl die Splanchno- als Somatopleura erweitern sich zu beiden Seiten zwischen dem Epi- und Hypoblaste; die erstere erscheint als eine aus niedrigen Elementen bestehende Membran, während die weit mächtigere Somatopleura (*sm*) durch die karyokinetischen Figuren ausgezeichnet ist. Durch die Vermehrung der Zellen wird die früher erwähnte brückenartige Verbindung (*m*) verdrängt und erscheint als bindegewebige Fasern zwischen der Somato- und Splanchnopleura. Später degeneriren auch diese Fasern und die beiden Hälften der ursprünglichen Ursegmente verschmelzen zur Bildung der einheitlichen Leibeshöhle, welche in allen vorderen Segmenten als solche hervortritt.

Die noch weiter nach vorne geführten Schnitte veranschaulichen die allmälige Vervollständigung der Bauchganglien, sowie auch die Differenzirung der Nervenzellen. Da aber alle diese Processe viel deutlicher an den zum Schneiden günstigeren Stadien hervortreten, so wollen wir sie in dem nächstfolgenden Abschnitte behandeln. An dieser Stelle wollen wir nur noch *a*) die durch den Kopf geführten Querschnitte, sowie *b*) einen Längsschnitt durch den vorderen Körpertheil besprechen.

a) Die vordersten zwei Querschnitte durch den Kopf enthalten noch nicht das Gehirnganglion, aus welcher Thatsache ersichtlich ist, dass dasselbe vom vorderen Pole ein wenig nach hinten gerückt ist, wie auch deutlich der mediale, in Fig. 2., Taf. XXII. (*g*) reproducirte Schnitt veranchaulicht. Der dritte durch den Kopf geführte und in Fig. 13. (Taf. XXI.) abgebildete Querschnitt zeigt das aus zwei grossen Hälften bestehende Gehirn, dessen intensiv sich färbende und mit körnigen Kernen versehene Zellen sehr überzeugend in den übrigen Bestandtheilen dieses Querschnittes hervortreten. Die beiden Gehirnhälften sind von einander durch eine breite Lücke getrennt, welche an unserer Abbildung noch von einer Dotterzelle (*d*) eingenommen ist. Die Gehirnhälften stehen noch in directer Verbindung mit der

Hypodermis, was auch der Längsschnitt (Fig. 2., Taf. XXII.) veranschaulicht. Sie sind auf der Rückenseite angeschwollen und begeben sich zur Bauchseite, nach und nach sich verengend. Es ist ersichtlich, dass diese verengten Theile der Gehirnhälften die ersten Andeutungen der späteren Schlundcommissuren vorstellen. Die Structur des Stomodaeums ist in Fig. 13., Taf. XXI. (*st*) so deutlich, dass ich von dessen näherer Beschreibung absehe. In der ziemlich weiten Höhlung zwischen dem Stomodaeum und den inneren Umrissen der Gehirnhälften liegen die Splanchno- und Somatopleura (*sp, sm*) des Kopfes, dicht an einander gelegen, und somit bisher keine definitive Kopfhöhle bildend. Jedenfalls aber entsprechen diese Schichten den entsprechenden Membranen der hinteren Segmente.

Der fünfte noch weiter nach hinten durch den Kopf geführte Schnitt erklärt den Bau und die Gestalt des Gehirnganglions in dieser Region. Das Stomodaeum ist völlig durchgeschnitten (Tafel XXI., Fig. 14. *st*) und ist mehr der Bauchseite genähert. Die Somatopleura und Splanchnopleura treten an einigen Stellen auseinander und lassen ein deutliches Coelom erkennen. Einige Zellen treten aus dem Verbande der genannten Schichten und liegen frei als sog. Mesenchymzellen in der primitiven Kopfhöhle. Alle diese Verhältnisse sind in Fig. 14., Taf. XXI. veranschaulicht.

Die Gehirnhälften (*g*) treten sehr schön hervor und weichen von den im vorigen Schnitte geschilderten Gestaltsverhältnissen nur dadurch ab, dass sie in der Mediallinie der Rückenseite zusammenhängen; offenbar sind die Anfangs ganz getrennten Hälften durch die Vermehrung der Elemente zu einander genähert und allmälig verschmolzen. Keinesfalls aber ist die Lehre von dem unpaarigen Ursprunge des Gehirnganglions haltbar; zu dieser irrthümlichen Angabe in meinem Werke wurde ich verleitet durch die Beobachtung der lebenden Embryonen und ohne Anwendung der Schnittmethode. Übrigens sieht man in der Entwicklung des Gehirnganglions von *Rhynchelmis* ganz dieselben Verhältnisse, wie bei den Lumbriciden.

Der in Rede stehende Querschnitt ist so geführt, dass die Stomodaealcommissur der einen Seite noch mit dem Gehirn zusammenhängt, während die der anderen Seite (*cm*) selbständig durchschnitten auf der Bauchseite liegt.

Der siebente und achte Querschnitt derselben Serie sind in Fig. 15. und 16. (Taf. XXI.) abgebildet; ich will nur den ersteren erwähnen wegen einer eigenthümlichen Verdickung der Splanchnopleura (*vv*) in der Mediallinie der Bauchseite; drei bis vier Zellen erscheinen als ein Knoten, welcher sich auch in nachfolgenden Schnitten, aber mit Unterbrechungen, erkennen lässt. Nach den weiteren Entwicklungsstadien zu urtheilen, haben wir es in dieser splanchnopleurischen unpaarigen Verdickung mit der ersten Anlage des Gefässsystems zu thun. Das Bauchgefäss entsteht also zuerst in dem ersten Segmente, d. h. im Kopfe, also wieder selbständig und unabhängig von den nachfolgenden Anlagen des Gefässsystems.

b) In dem um ein wenig älteren Stadium, welches wenigstens in der äusseren Gestalt dem eben an Querschnitten besprochenen gleichkommt, ist die Organisation vornehmlich in Bezug auf das Nerven- und Gefässsystem weiter fortgeschritten. Ich habe dessen medialen Hauptlängsschnitt in Fig. 2., Taf. XXII. abgebildet.

Die Bauchrinne, oder wie ich dieses gewiss wichtige Organ bezeichnen möchte — die Medullarrinne (*br*) — ist hier der ganzen Länge nach durchgeschnitten und zeigt sehr schön alle die oben hervorgehobenen Charaktere. Auf der unteren Mundseite sieht man zwei grosse Zellen, die den sog. Mundwulst bilden und von dieser Seite, gleich einer Lippe, die Mundöffnung schliessen können. Dicht mit der Hypodermis hängt der Bauchstrang zusammen und besteht aus vollkommen entwickelten Ganglien (*n*).

Die histologische Structur der Ganglien erscheint auf solchen Schnitten bereits sehr vorgeschritten; die Kerne treten in der körnigen Grundsubstanz nicht überall gleich deutlich hervor; indem sie auf der Ganglienbasis sich viel intensiver färben als auf der inneren Seite, wo man meist nur die Kerncontouren wahrnehmen kann. Hier verläuft auch ein aus einer hyalinen Substanz bestehender Strang, welcher bei stärkeren Vergrösserungen ein schwach entwickeltes Reticulum und hie und da einen undeutlichen Kern erkennen lässt. Dieser Strang erhebt sich bucklig auf jedem Ganglion und ist gegen die Leibeshöhle hin mit den Zellen der Somatopleura bedeckt, die allerdings zu einem flachen Epithel differenzirt und in unbedeutender Menge vorhanden sind (*sm*). Der Strang selbst stellt den Neurochord dar, dessen Ursprung und weitere Entwicklung wir später eingehender darstellen werden.

Das erste Segment wächst bereits zum Praestomium heran, welches an den erhärteten Präparaten regelmässig als am vorderen Pole eingezogener Lappen erscheint; hier sind auch die Hypodermiszellen bedeutend höher, säulchenartig angeordnet mit schön sich färbenden Kernen. Auf der Rückenseite sind dagegen die Zellen des

Praestomiums viel niedriger und schliesslich gehen sie in das ganz flache Epithel des normalen, primitiven Epiblastes über.

Wie wir bereits hervorgehoben haben, liegt das Gehirnganglion nicht im vorderen Pole des Praestomiums, sondern ganz auf der Rückenseite (g): es ist also eine Verschiebung des Ganglions von der Bauchseite zuerst in den vorderen Praestomiumpol und dann schliesslich auf die Rückenseite des ersten Segmentes eingetreten. Dieser gewiss wichtiger Vorgang ist einzig und allein nur durch die fortschreitende Bildung des Praestomiums, d. h. durch das raschere Wachsthum der dorsalen Stomodaeumwandung zu erklären.

Das Stomodaeum besteht aus hohem Cylinderepithel (st), welches sich als directe Fortsetzung der eingestülpten Hypodermis erweist: es ist nur auffallend, dass die Zellen der unteren Stomodaealseite viel höher sind als die der Rückenseite. Das in Rede stehende Organ nimmt nur das erste Segment ein, wie man sich auch in allen nächstfolgenden Stadien am lebenden Materiale überzeugen kann. Wenn man aber an unserem Längsschnitte sieht, dass die untere Seite des Stomodaeums sich weiter nach hinten bis in das vierte Segment erstreckt, so muss man mit Recht behaupten, dass die Entwicklung dieses Organs auf dieser Seite mehr fortschreitet als auf der Rückenseite. Durch die verdickten Wandungen bildet sich das Stomodaeum zum Pharynx um. Nirgends aber kann man wahrnehmen, dass an der Pharynxbildung sich die Mesoblastelemente der Splanchnopleura betheiligen sollten. Die obere Seite des Stomodaeums entspricht aber noch immer der Länge des ersten Segmentes, dessen ziemlich geräumiges Coelom mit den Mesoblastzellen ausgestattet ist: die Somatopleura bedeckt die Hypodermis der Rückenseite, sowie die innere Fläche des Gehirnganglions und geht auf der vorderen Seite des Stomodaeums in die Splanchnopleura über. An unserer Abbildung tritt aber die epitheliale Anordnung der Somato- und Splanchnopleura ebenso deutlich hervor, wie in späteren Stadien (vergl. Taf. XXII., Fig. 3.). Dagegen kann man die mesenchymatösen Elemente (mch) sehr überzeugend an dem zuerst besprochenen Längsschnitte beobachten; man sieht zunächst, dass die einzelnen Zellen beiderlei Schichten, namentlich die der Splanchnopleura, ohne aus dem Verbande der Membran auszutreten, zahlreiche plasmatische Fortsätze in die Kopfhöhle entsenden. Andererseits findet man die Mesenchymzellen in der Kopfhöhle.

In den nachfolgenden Segmenten ist das Coelom auf der Bauchseite gut entwickelt. Der Darmcanal ist durch eine einfache Zellschicht, die man gewöhnlich als Peritonaeum bezeichnet, bedeckt. Man sieht ferner in der angezogenen Abbildung, dass zwischen dem Pharynx und dem Peritonaeum ein aus ziemlich grossen Zellen bestehender Strang hinzieht (*vv*). Es ist dies die weitere Anlage des Bauchgefässes, dessen Ursprung wir auf dem Querschnitte durch den Kopf als mediale Verdickung der Splanchnopleura selbst erkannt haben. Die Entwicklung des Bauchgefässes ist demnach weit fortgeschritten, indem sich das letztere von seinem Mutterboden losgelöst hat und jetzt als ein selbständiges, von dem Peritonaeum theilweise bedecktes Organ erscheint. Wie nun das Gefäss aus den einzelnen segmentalen Anlagen zum Strange wird, darüber werden wir uns später belehren können.

§ 4.

Stadium Fig. 12., 14. (Taf. XII.) — Fig. 3—10. (Taf. XXII.).
Der in diesem Abschnitte zu behandelnde Embryo unterscheidet sich von dem vorgehenden Stadium nur durch die beträchtlichere Körperlänge, somit durch die Vermehrung der Segmente und durch die völlige Verschmelzung der Keimstreifen auch am hinteren Körperpole. Wenn ich also dieses Stadium besonders bespreche, so geschieht dies aus dem Grunde, dass der Körper viel günstiger zu untersuchen ist und namentlich die ersten Differenzirungsprocesse des Nervensystems erkennen lässt.

An den in Chromsäurelösung erhärteten und beim auffallenden Lichte beobachteten Embryonen kann man die von vorne nach hinten erfolgende Vervollkommnung der Segmente beobachten. Wie das erste Segment oder der Kopf sich von der Bauchseite in beiden Hälften gegen die Rückenseite erweiterte, bis das vollkommene Segment zu Stande kam, so findet derselbe Process statt auch bei der Bildung eines jeden nachfolgenden Segmentes. Auf dem in Fig. 14. (Taf. XII.) abgebildeten Embryo sieht man, dass der Kopf (*I*) bereits entwickelt ist, indem er vor der Mundöffnung bereits zum bedeutender als im früheren Stadium verlängerten Praestomium auszuwachsen anfängt. Das zweite Segment (*II*) hat sich fast zur Rückenseite verbreitert; während die Segmente III, IV, V, VI etc. stufenweise nach hinten weniger entwickelt sind, bis sie schliesslich auf dem Stadium der ursprünglichen, an der Bauchseite genäherten Mesoblastanlagen verharren. Es ist deshalb sicher, dass alle Segmente, auch das erste nicht ausgenommen, auf eine und dieselbe Art und Weise entstehen.

Den Fortschritt in der Entwicklung der Organe kann man

bereits in den älteren Segmenten der lebenden Embryonen verfolgen, indem der Körper schlanker und die Hypodermis völlig durchsichtig ist und das Thier selbst erträgt den Druck des Deckgläschens. Die auf solche Weise erkannte Organisation des lebenden Embryos ist in Fig. 12. (Taf. XII.) veranschaulicht. Man sieht, dass nicht nur das erste, sondern auch das zweite Segment die vollständige Leibeshöhle (Coelom) enthält, während die letztere der nachfolgenden Segmente sich nur auf die Bauchseite beschränkt. Das Praestomium ist bereits mit Sinnesorganen, d. h. mit Tasthaaren besetzt, wie dieselben in ähnlicher Form für die niederen Oligochaeten, namentlich die Naidomorphen charakteristisch sind. Die mesenchymatösen Elemente (mch) der Körperhöhle sind nicht von den des vorigen Stadiums verschieden.

Das Gehirnganglion (g) hat sich fast völlig von der Hypodermis abgeschnürt und erscheint seitlich als ein angeschwollenes, beiderseits in einen breiten Strang übergehendes Organ, welches letztere unmittelbar mit dem ersten Bauchganglion (s) zusammenhängt.

Von neuen, in diesem Stadium zuerst in voller Function befindlichen Organen treten die Excretionsorgane (pn) des ersten Segmentes hervor, welche ich in meinem Werke*) erwähnt und dieselben als „provisorische oder embryonale" bezeichnet habe. Ich schreibe darüber Nachfolgendes:

„Die Excretionsorgane ..... erscheinen als ein Paar kurzer, durchsichtiger und dünnwandiger Canälchen (Taf. XVI., Fig. 3. e), die zu beiden Seiten des Pharynx verlaufen, mit hinteren Enden über dem Hypoblaste liegen, wodurch ihr freies Ende nicht näher zu ermitteln ist. Die dünnen Wandungen der Canälchen sind mit feinen Wimpern ausgestattet, die in der Richtung nach aussen bis zur äusseren, zu beiden Seiten der Mundöffnung befindlichen Mündung schlagen (Taf. XVI., Fig. 3. o). Die äussere Bedeckung der embryonalen Excretionsorgane bilden einige wenige, aber voluminöse und mit dunklem, grobkörnigem Inhalte und kleinem Kerne versehene „Peritonealzellen", die meist in lange Fortsätze auslaufen; durch die letzteren werden die Excretionsorgane gewissermassen an die Leibeswandung befestigt. Die äussere Mündung ist etwas schwierig zu entdecken, indem sie stets mit einem Häufchen körniger, brauner Substanz bedeckt ist, welche letztere wahrscheinlich eine Secretmasse vorstellt."

*) System und Morphologie der Oligochaeten, pag. 121

Zu dieser Beschreibung füge ich jetzt weitere Bemerkungen über die in Rede stehenden Organe bei. Indem ich dieselben mit den Excretionsorganen der übrigen Segmente vergleiche, und zwar sowohl in Bezug auf die Entwicklung als deren fertige Gestalt, werde ich sie von jetzt an wieder als *Pronephridien**) bezeichnen, welchen Begriff ich weiter unten zu begründen hoffe. Vorderhand handelt es sich um Beantwortung von 2 Fragen: 1. Welcher ist der Ursprung der Pronephridien? 2. Warum beschränken sich diese Organe nicht an das erste Segment, sondern rücken auch in die Region des 2. bis 3. Segmentes?

Die erste Frage kann ich keinesfalls befriedigend beantworten, und zwar aus dem Grunde, dass man sich über die ersten Anlagen der Excretionsorgane von Rhynchelmis und der Lumbriciden am conservirten Materiale überhaupt nicht zuverlässig überzeugen kann; nur die Verfolgung der lebenden Embryonen ist in dieser Hinsicht massgebend. Aber die ersten Phasen der Kopfbildung, d. h. die Differenzirung des Mesoblastes in der Kopfhöhle ist aus den oben hervorgehobenen Schwierigkeiten nicht möglich in den lebenden Thieren zu erkennen. Somit kann ich mich auch über die erste Anlage der Pronephridien nicht aussprechen. Ich fand zwar an einigen Schnitten der vorigen Stadien solide, aus zwei bis drei Mesenchymzellen bestehende Stränge, von denen ich dafür halte, dass sie die ersten Anlagen der Pronephridien bilden; indessen kann ich nichts Näheres darüber mittheilen. Soviel muss ich aber auf das Bestimmteste behaupten, dass diese Organe im ersten Segmente entstehen, wie sie sich Anfangs auch an das Kopfsegment beschränken. Sie können sich aber nach hinten verlängern, solange nämlich sich das zweite Segment noch nicht auf die Rückenseite verbreitet hat, und folglich das Dissepiment zwischen dem ersten und zweiten Segmente noch nicht vorhanden ist. Das in Rede stehende Dissepiment bildet sich erst später als bereits die Pronephridien im zweiten Segmente fungiren. Nun entwickelt sich das dritte Segment später als das zweite, d. h. dass Dissepiment zwischen dem 2/3 Segmente entsteht auf der Rückenseite später, und so können sich die Pronephridien des Kopfes auch in die Region des dritten Segmentes erstrecken. Diese Zustände der Pronephridien werden wir thatsächlich in den späteren Stadien erkennen.

---

*) Ich habe diese Bezeichnung bereits vor 3 Jahren in einer böhmisch geschriebenen Abhandlung, sowie in einer vorläufigen Mittheilung im Zoolog. Anzeiger 1877 vorgeschlagen.

Der fast medial und etwas schief durch das besprochene Stadium geführte Längsschnitt ist in Fig. 3., Taf. XXII. veranschaulicht. Die Kopfhöhle zeigt fast dieselben Verhältnisse, wie in dem früheren Stadium. Die Somatopleura (sm') und Splanchnopleura (sp') sind epithelartig angeordnet. Das Stomodaeum erstreckt sich nach hinten und geht in die Höhle des Oesophagus (oe) über, welche direct mit der Magendarmhöhle (d) communicirt. Die letztere bildet einen bedeutenden Hohlraum zwischen den Hypoblastzellen, welche auf der Bauchseite niedriger sind als auf der Rückenseite. Die Epithelzellen dieser Magendarmhöhle sind flach und niedrig. In den ursprünglichen, mit Dotter erfüllten Hypoblastzellen gewahrt man bereits keine Kerne; auch erscheinen die Grenzmembranen der Hypoblastzellen resorbirt und der Dotter bildet daher eine einheitliche Masse, in welcher man nur hie und da eine mit feiner Membran umgrenzte Kugel wahrnehmen kann.

Für die Erkenntniss der weiteren Bildungsweise des Nervensystems müssen wir einige Querschnitte durch dieses Stadium besprechen, indem dieselben dadurch interessant erscheinen, als man in den hinteren Segmenten die Anlage des Bauchstrangsganglions nicht mehr aus zwei Neuroblasten — wie in früheren Stadien — sicher zu stellen vermag. Ein jedes, auch das jüngste Segment dieses Stadiums, besitzt zwar auch die paarige Ganglienanlage, aber dieselbe ist sehr niedrig und erscheint als eine in der Hypodermis befindliche gemeinsame Masse mit zahlreichen Kernen (Taf. XXII., Fig. 8. n). Die letzteren färben sich intensiv mit Pikrokarmin, während die grösseren Zellen der Hypodermis nur wenig imbibirt erscheinen.

Die beiden Hälften der Ganglienanlage sind mit ihren oberen Theilen sehr genähert, während sie unten ganz von einander getrennt erscheinen, so dass hier ein förmlicher Hohlraum zwischen beiden Ganglienhälften entsteht. Wenn man nun die grosse Zelle der Bauchfurche berücksichtigt, welche sich an manchen Praeparaten sehr tief zwischen beide Ganglienanlagen einsenkt, so erklärt man sich die falsche Angabe eines Autors (Hatschek), nach welcher der Bauchstrang der Lepidopteren und Annulaten durch die Einstülpung des Epiblastes — gerade so wie bei den Vertebraten — entstehen soll. In den weiter nach vorne geführten Schnitten wiederholen sich die Verhältnisse des Nervensystems, wie wir bereits früher erkannt haben, wohl aber ist hier der Fortschritt in der weiteren Differenzirung der Gewebe nicht zu verkennen. Ein aus der Region der Darmhöhle (Taf. XXI., Fig. 3.) geführter Querschnitt ist in Fig. 7. (Taf. XXII.)

reproducirt; das Bauchganglion ist hier in zwei Hälften angelegt, von denen eine jede aus 4—5 Zellen besteht. Die grosse Zelle der Medullarrinne (*br*) greift tief zwischen beide Ganglionhälften ein.

Der aus der Region des Oesophagus oder dem Anfangstheile der Magendarmhöhle geführte Schnitt (Taf. XX., Fig. 6.) zeigt die weiteren Differenzirungsvorgänge der Organe. Die Zelle der Medullarrinne (*br*) bildet an diesem Schnitte einen breiten Buckel, woraus man schliessen darf, dass diese Zellen contractil sind. Die Ganglienhälften sind sehr voluminös, greifen tief bis zur Splanchnopleura der Leibeshöhle hinein, berühren sich mit ihren oberen Theilen, ohne jedoch zu verschmelzen. Die unteren Theile der Ganglienanlagen sind dagegen weit von einander entfernt, so dass der canalartige Raum sehr auffallend hervortritt. Auf der oberen Fläche sind die Ganglienhälften mit einem flachen Epithel der bereits zum Peritonaeum differenzirten Somatopleura bedeckt.

Die Elemente, aus denen die Ganglionanlagen bestehen, haben fast dieselbe Structur, wie wir früher sichergestellt haben; nur die oberen Theile dicht unter der peritonealen Hülle sind abweichend. An unserem Querschnitte sehen wir auf jeder Seite ein aus einem hyalinen, nur bei sehr starken Vergrösserungen unbedeutend körnigen Protoplasma bestehendes Feldchen (*pl*), welches sich niemals mit Pikrokarmin, Boraxkarmin etc. färbt. Es ist offenbar ein Theil des internuclearen Protoplasma, in welchem die Kerne eingebettet sind. Die allererste Bildung dieses cytoplasmatischen Inselchen ist sehr undeutlich und kann sich deshalb der Aufmerksamkeit des Beobachters entziehen; bei der sorgfältigeren Verfolgung erscheint sie aber immer dicht unter dem Peritonaeum als eine Differenzirung, man möchte sagen, als eine Verdünnung des erwähnten internuclearen Protoplasmas. Es ist nun sehr wahrscheinlich, dass eben nur durch diese Differenzirung sich die oberen Theile der Ganglienhälften erweitern und sich früher in der Mediallinie zu einander nähern als die unteren Flächen.

Ich habe bereits früher hervorgehoben, dass jedes Ganglion selbstständig, d. h. unabhängig von den übrigen sich anlegt, und zwar als zwei Neuroblasten oder — in den hinteren Segmenten der späteren Stadien — als zwei symmetrische Zellgruppen in der Mitte eines jeden Segmentes. Durch die Vermehrung der Elemente dieser ursprünglichen Anlagen erstreckt sich das Ganglion in der ganzen Länge des Segmentes und nähert sich so dem nächst vorderen und hinteren Ganglion, von welchen es nur durch Dissepimente getrennt ist, wie man in der Abbildung des Längsschnittes Fig. 2. und 3. Taf. XXII.

ersehen kann. Es entsteht nun die Frage, wo man die Stelle suchen muss, in welcher zuerst die erwähnte Differenzirung des internuclearen Protoplasmas stattfindet?

Zwei vor dem eben geschilderten hinter einander etwas weiter nach vorne geführte Schnitte zeigen sehr überzeugend, dass es nur eben die Mitte der, wenn auch nicht verschmolzenen Hälften des zukünftigen einheitlichen Bauchstrangsganglions ist, woher diese Differenzirung des Protoplasmas ausgeht.

Fig. 10. (Taf. XXII.) stellt einen Schnitt durch die Mittelzone eines in der Entwicklung fortgeschritteneren Segmentes dar, wo auch der Durchschnitt des Nephridiums (*np*) veranschaulicht ist.

Die einschichtige Splanchnopleura (*sp*) bedeckt das Hypoblast, in welchem sich das Epithel des Oesophagus bildet. Die mehrschichtige Somatopleura (*sm*) differenzirt sich zu Elementen des Muskelepithels und des Peritonaeums, welches letztere auch die obere Fläche des Ganglions bedeckt.

Das Ganglion selbst besteht aus zwei verschmolzenen Hälften, wenn man auch an dessen Basis einen Rest des oben erwähnten canalartigen Raumes wahrnehmen kann. Die Differenzirung des internuclearen Protoplasmas erscheint in denselben Verhältnissen, wie Fig. 6. veranschaulicht, nur beginnt sich das hyaline Protoplasmafeldchen mehr zu erweitern und zur Mediallinie des Ganglions zu nähern.

Der unmittelbar hinter dem besprochenen mittleren geführte Schnitt (Fig. 9., Taf. XXII.) zeigt etwas abweichende Verhältnisse des Ganglions, welches weit niedriger ist, ohne jede Spur des paarigen Baues und entbehrt des hyalinen Feldchens des differenzirten Protoplasmas. Man muss demnach mit Recht dafür halten, dass diese Differenzirung aus der Mitte des Ganglions ausgeht, d. h. von der Stelle aus, wo sich das Ganglion anlegt und woher der Differenzirungsprocess nach vorn und hinten des Ganglions fortschreitet.

In Fig. 9. sieht man einen Querschnitt der Neuralzellen (*n*), durch welche zwei hinter einander folgende Ganglien verbunden werden.

Auf den Querschnitten Fig. 6., 9. und 10. sind noch einige Gestaltsverhältnisse der Organisation auffallend, die eingehender besprochen werden müssen. Es handelt sich zunächst um die ventrale Verdickung der Splanchnopleura (*rv*), welche wir bereits früher erwähnt und als die Anlage des Bauchgefässes bezeichnet haben. In den soeben erwähnten Abbildungen ist ein deutlicher Fortschritt in der Entwicklung dieser Verdickung ersichtlich; sie ist auf der Fig. 6.

und 10. nicht mehr als Bestandtheil der Splanchnopleura erkenntlich, indem sie bezüglich der histologischen Structur als ein selbständiges Gebilde hervortritt, wenn es sich auch noch dicht den Hypoblastzellen anlegt. Die Zellen der Verdickung sind nämlich nicht mehr, wie früher, epithelartig angeordnet, sondern sieht man hier eine gemeinschaftliche plasmatische Grundsubstanz, in welcher intensiv sich färbende Kerne unregelmässig eingebettet sind. Die Verdickung selbst ist also bisher solid, nicht hohl und functionsfähig.

Was die Lage der einzelnen Verdickungen der Splanchnopleura anbelangt, so ist es ebenso vom Interesse zu erfahren, dass sie nur an solchen Schnitten zum Vorschein kommen, welche direct durch die mittlere Zone eines Segmentes geführt wurden, also auf solchen Schnitten, wo auch die Differenzirung des internuclearen Plasma in den Ganglienhälften hervortritt. Auf den den Dissepimenten nahen Schnitten (Taf. XXII., Fig. 9.) kann man nichts von den Anlagen des Bauchgefässes wahrnehmen. Es geht also aus den geschilderten Thatsachen hervor, dass sich das Gefässsystem zuerst segmental auf der Bauchseite des Embryos anlegt.

In dem beobachteten Stadium tritt auch ein Fortschritt in der Entwicklung der Leibeshöhle hervor, welche sich beiderseits bedeutend zur oberen Seite erweitert hat.

Ich habe oben durch die Verfolgung der karyokinetischen Figuren sichergestellt, dass die Hypodermis des Leibesschlauches auf der Bauchseite durch die austretenden Elemente der Somatopleura an die Stelle des alten Epiblastes ersetzt wird. Wenn sich nun die Segmente bis zur Rückenseite verbreiten sollen, so ist die Vermehrung der Elemente der Somato- und Splanchnopleura nothwendig. Dies kann man auch aus der Fig. 9., Taf. XXII. ersehen. Auf der Bauchseite besteht die Hypodermis aus dem cubischen Epithel, welches allmälig zu beiden Seiten des Körpers in das ursprüngliche, flachzellige Epiblast übergeht. Aus dem letzteren muss die Hypodermis durch das Hinzutreten neuer Mesoblastelemente sich bilden, welche letzteren aus der Somatopleura zwischen die alten Epiblastzellen eindringen. Obwohl unsere Abbildung nur bei schwacher Vergrösserung reproducirt ist, so sieht man doch die stattfindenden Veränderungen in den einzelnen Elementen, welche theils mit karyokinetischen Figuren versehen sind, theils am Übergange aus der Somatopleura in das Epiblast sich befinden.

Ein auf diese Weise vervollständigtes Entwicklungsstadium ist in dem Schnitte (Fig. 10. Taf. XXII.) veranschaulicht, wo die Hypodermis der Rückenseite bereits ein cubisches Epithel bildet, obwohl dasselbe noch niedriger ist als das der Bauchseite. Zur definitiven Herstellung der Hypodermis der Rückenseite tragen wohl die Zellen bei, welche man auf unserer Abbildung zwischen dem Epi- und Hypoblast sieht.

Es ist höchst wahrscheinlich, dass *Kovalevsky* das eben geschilderte Stadium in Bezug auf die Organogenie beobachtet hat. Da aber der genannte Forscher bekanntlich nur von ganz allgemeinem Standpunkte die Entwicklung der Organe betrachtete und sich vornehmlich daran angedeihen liess, die Keimblätterlehre der Vertebraten auf die der Wirbellosen auszudehnen, so konnte er offenbar nicht tiefer auf die Bedeutung der Anlagen einzelner Organe von Rhynchelmis etc. eingehen. (Doch sind auch die Nachfolger hinter dem Altmeister der Embryologie zurückgeblieben.) Übrigens sind die Angaben über die Entwicklung des Nervensystems, der Excretionsorgane etc. unseres Forschers allzugut bekannt, als dass ich dieselben auf dieser Stelle nochmals besprechen sollte.

§ 5.

In den weiteren Entwicklungsvorgängen des Embryos bis zum vollkommenen Wurme kann man einzelne Stadien bereits im frischen Zustande ohne grössere Schwierigkeiten beobachten, was das Verständniss der nachher aus diesen Stadien hergestellten Schnitte wesentlich erleichtert. Die Beobachtung der nach einander folgenden Stadien ist bei Rhynchelmis auch dadurch befördert, dass in den meisten Cocons eine grössere Anzahl der entwickelten Embryonen vorhanden ist, welche man demnach einige Tage nach einander beobachten und den Fortschritt in der Organisation verfolgen kann. In dieser letzteren Beziehung habe ich so verfahren, dass ich die auf dem letzt besprochenen Entwicklungsstadium befindlichen Embryonen aus den Cocons befreit und dieselben in reinem Brunnenwasser gehalten habe. Das Gefäss, wo sich die Embryonen befanden, wurde sorgfältig verschlossen, wodurch der Zutritt der Bakterien und Pilze überhaupt zum Wasser im hohen Masse eingeschränkt wurde. Diese Manipulation hat sich eigentlich zuerst bei einem zu dem Zwecke vorgenommenen

Versuche bewährt, ob sich die Embryonen thatsächlich durch die in den Cocons befindlichen Eiweissflüssigkeit ernähren; wäre dies thatsächlich der Fall, so müssten sie, aus der Flüssigkeit genommen und in das reine Wasser verlegt, zu Grunde gehen. Wenn sie aber nicht absterben, so möchte die Ernährung nur auf die Kosten des in den Hypoblastzellen enthaltenen Dotters geschehen und die Embryonen dürften sich auch in reinem Wasser weiter entwickeln.

Diese letzte Praemisse hat sich als richtig bewährt: die Embryonen entwickelten sich in ihrem neuen Medium ebenso regelmässig, wie andere in den Cocons befindlichen und zwar bis zum Stadium, wo die jungen Würmer lebhaft auf dem Boden des Gefässes herumkriechen konnten. Dann mussten sie allerdings eine Nahrung von aussen her zu sich nehmen und wurden deshalb in ein Gefäss mit Schlamm versetzt.

Aus dem erwähnten Versuche geht also soviel mit Sicherheit hervor, dass die wasserklare Eiweissflüssigkeit in den Cocons von Rhynchelmis nicht zur ausschliesslichen Ernährung der Embryonen dient. Aber auch auf den Querschnitten durch das im vorigen Abschnitte geschilderten Stadien konnte ich in der sich bildenden Magendarmhöhle keine Flüssigkeit sicherstellen, welche mit der Eiweissflüssigkeit übereinstimmen würde. Die einzig mögliche Erklärung der weiteren Ernährung der frei gemachten und im reinen Wasser sich entwickelnden Embryonen ist die, dass sie sich auf die Kosten des reichen Dottermateriales der Hypoblastzellen entwickeln können.

Nachdem ich also die so gezüchteten Embryonen eines und desselben Cocons tagtäglich während des Lebens untersucht habe, gelangte ich zur Erkenntniss einiger für die allgemeine Entwicklungsgeschichte sehr wichtigen Thatsachen, welche man durch die Schnittmethode keinesfalls — der äusserst feinen histologischen Structur wegen — ermitteln kann.

Fig. 13., 15. und 16. (Taf. XII.) und Fig. 4. und 5. (Taf. XXI.) sind nach solchen lebenden Embryonen dargestellt. Äusserlich zeichnet sich diese fortschreitende Entwicklung sowohl durch die zunehmende Körperlänge, als auch durch die Abnahme der in früheren Stadien so bedeutenden Dicke aus; ferner nimmt die Durchsichtigkeit des Leibesschlauches zu und schliesslich verlängert sich das Praestomium allmälig zum fadenförmigen Rüssel. So sehen wir, dass das Praestomium des in Fig. 13. (Taf. XII.) abgebildeten Stadiums noch stumpf und kurz ist. Der Pharynx nimmt hier bereits zwei Segmente ein. Zwischen dem letzteren und der Körperwandung ziehen einige Muskelfäden, die wohl aus den Mesenchymzellen entstanden sind. Das sehr deutlich hervortretende Pronephridium (*pn*) steigt tief in das dritte Segment hinein, doch kann man nicht wegen des Magendarmes sein freies Ende verfolgen. An seiner Wandung sieht man eine grosse Deckzelle, die ebenfalls Charaktere einer Mesenchymzelle trägt.

Zwei neue Organe, von deren Ursprung wir uns bisher zu überzeugen nicht die Gelegenheit hatten, sind erstens die lateralen Ganglienzellstränge (*sl*) und zweitens die Borsten.

Was die ersteren anbelangt, so ziehen sie zu beiden Seiten des Körpers und erscheinen als je eine Reihe von glänzenden, birnförmigen Zellen, von deren Beschaffenheit wir uns an Querschnitten besser überzeugen können. Die Ganglienzellstränge stehen bekanntlich in Verbindung mit dem Gehirnganglion.

Über das Alter der Bauch- und Rückenborsten habe ich mich bereits in meinem Werke (System und Morphologie der Oligochaeten pag. 75) ausgesprochen und bestätige jetzt zu wiederholten Malen, dass die Bauchborsten früher als die Rückenborsten erscheinen. Je mehr nach hinten, um so deutlicher sind die Rückenborsten, während die Bauchborsten schon deutlich aus der Haut hervortreten. Noch weiter nach hinten sieht man nur die Bauchborsten und die Stellen der künftigen Rückenborsten sind von einem glänzenden, scharf umschriebenen Feldchen eingenommen, welche sonst auch die vorderen entwickelten Borsten begleitet. Es ist die Hautdrüse, aus welcher die Borste sich entwickelt. Wir werden auf den Bildungsprocess der Borsten noch in dem Capitel über die Organogenie zurückkommen.

Erwähnungswerth in dem besprochenen Stadium ist die eintretende Differenzirung des Muskel- und Peritonealepithels, welche wir später auch eingehender zu besprechen haben.

Aus den eben beschriebenen Embryonen bildet sich der junge, einer völlig entwickelten, blinden Nais nicht unähnliche Wurm. Die überraschende Durchsichtigkeit erlaubt die Verfolgung der Organisation solcher jungen Würmer mit sehr befriedigenden Erfolgen. Das Praestomium ist sehr verlängert (Taf. XII., Fig. 16.), auch das Rückengefäss pulsirt regelmässig, aber die Blutflüssigkeit ist noch farblos.

In dem um einen Tag älteren, schon ganz geraden Wurme, dessen hintere Segmente auch ganz entwickelt sind, wenn auch in der Organisation etwas zurückstehend, ist die Blutflüssigkeit grünlich gelb (Taf. XXI., Fig. 4.) und das rüsselförmige Praestomium noch länger. Und als neben den Bauchborsten je eine zweite Borste aus der Haut hervorzutreten beginnt, — während neben den Rückenborsten je ein undeutlicher Anfang der zweiten Borste zum Vorschein kommt, — zu dieser Zeit erscheinen im 2. und 3. Segmente deutliche Seitengefässschlingen; das Praestomium ist rüsselförmig (Taf. XXI., Fig. 5.).

Der mit entwickelten Seitengefässschlingen, mit deutlich paarigem Gehirnganglion, mit mehr gelber als rötlicher Blutflüssigkeit versehene junge Rhynchelmis ist jetzt sehr ähnlich einer Stylaria, mit welcher er auch in Bezug auf die Grösse übereinstimmt.

In diesem Stadium degeneriren bereits die Excretionsorgane der ersten 6 Segmente, welche mit den erwähnten Organen ebenso versehen waren, wie alle nachfolgende Segmente. Das Pronephridium des Kopfsegmentes ist längst zu Grunde gegangen.

Die in Rede stehenden jungen Würmer sind auf der Taf. XXI. Fig. 1., 2., 3. abgebildet und nähern sich in der Organisation dem fertigen Thiere. In solchen Würmern erscheinen auch die ersten Anlagen der Geschlechtsdrüsen, über welche wir uns bereits in dem ersten Capitel dieses Werkes ausgesprochen haben.

II. ABSCHNITT.

Die Organogenie der Oligochaeten.

§ 1. Neuere Literatur über die Entwicklung der Lumbriciden und eigene Beobachtungen.

Gleichzeitig oder fast gleichzeitig mit der Herausgabe des 2. Heftes dieser Untersuchungen erschienen drei, die Entwicklung der Oligochaeten betreffenden Arbeiten, von denen ich die von *Roule* (über die Embryologie von „Enchytraeoides") vorläufig unberücksichtigt lassen will. Höchst wichtig für die Embryologie der Annulaten im Allgemeinen und für die Lehre über die Keimblätterbildung im Speciellen sind dagegen die Arbeiten von *E. B. Wilson* und *R. S. Bergh*.

Wilson's „Embryology of the Earthworm"[1]) bestätigt von Neuem das Vorhandensein der Teloblasten und weist auf die Bedeutung hin, welche dieselben in der Organogenie der Lumbriciden haben. Bald darauf bestätigte *R. S. Bergh* das Vorkommen der Teloblasten in einer vorläufigen Mittheilung,[2]) welchen Gegenstand er einige Monate später in der Zeitschrift für wiss. Zoologie sehr eingehend dargestellt hat.[3]) Diese zwei Arbeiten konnten allerdings auf meine Untersuchungen nicht ohne Einfluss bleiben und thatsächlich veranlassten mich, die Eifurchung der Lumbriciden von Neuem vorzunehmen, um mich namentlich nicht nur über das Vorhandensein sondern auch über die Entstehung und Bedeutung der Teloblasten zu überzeugen. Dadurch kam ich bald zur Überzeugung, dass die von mir im 2. Hefte dieser Untersuchungen in Abrede gestellten Furchungskugeln

---

[1]) Journal of Morphology. Vol. III. Nro. 3. 1889.
[2]) Neue Beiträge zur Entw. d. Regenwürmer. Zool. Anz. 1890. p. 186.
[3]) Neue Beiträge z. Entw. der Anneliden. I Zur Entw. und Differenzirung der Keimstreifen von Lumbricus. 1890. p. 469.

bei den von mir neuerdings untersuchten Lumbriciden in der That vorhanden sind, wodurch ich die früheren Angaben berichtige.[1])

In seiner neueren Arbeit gelang es *Wilson* nicht den Ursprung der Teloblasten zu ermitteln; er äussert sich nur dahin, dass diese Kugeln erst zur Zeit erscheinen, als das Stomodaeum angelegt ist; zu dieser Zeit sieht man, dass einige Epiblastzellen in deutlichen Längsreihen angeordnet sind und jede dieser Reihen endet mit einer grossen Zelle, — dem Teloblaste — das sich später ebenfalls zwischen das Epi- und Hypoblast einsenkt.

Auch *R. S. Bergh* gelang es nicht, den Ursprung der Teloblasten sicherzustellen; nach seiner Angabe sind in den 0·3—1·5 *mm* langen Embryonen „die Urzellen und Zellreihen" vollständig entwickelt. Bei den Würmern, welche grösser als 1·5 *mm* waren, fand dagegen *Bergh* keine Teloblasten.

Zu meinen diesbezüglichen Untersuchungen wählte ich vornehmlich eine Varietät von Allolobophora putra, die man als „All. arborea" bezeichnet, deren Eier meiner Erfahrung nach für die Verfolgung der Furchung sich als sehr geeignet erweisen. Später konnte ich auch die analogen Verhältnisse bei Allolobophora trapezoides und Dendrobaena octaëdra feststellen und bin demnach in der Lage, meine früheren Angaben nicht nur mit den Ergebnissen der erwähnten Autoren in Einklang zu bringen, sondern auch die Frage nach dem Ursprunge der Teloblasten gewissermassen zu beantworten. Obwohl ich nun einige der jüngsten Furchungsstadien der erst erwähnten Allolobophora kenne, so beginne ich doch nicht mit denselben, da ich deren weitere Fortsetzung bis zu den Stadien nicht verfolgt habe, wo man die Anfänge und das weitere Schicksal der Teloblasten deutlich unterscheiden kann. Dabei bemerke ich, dass man die Furchung des Lumbricideneies mit den stärksten Vergrösserungen und die einzelnen Stadien vornehmlich von der Ober-

---

[1]) Die vorliegenden Beobachtungen über die Furchung des Lumbricideneies wurden bereits im J. 1890 abgeschlossen; trotzdem veröffentlichte ich nicht diese Ergebnisse, da ich das Frühjahr 1891 abwartete, um auch die Eier von Rhynchelmis zu berüeksichtigen und namentlich das Schicksal der ursprünglichen Mesomeren und deren Beziehungen zu den Teloblasten der Lumbriciden durch erneuerte Untersuchungen klarstellen zu können. Leider aber ist das Moldauwasser in dem Fundorte bei Troja durch die Fabriksdejecte in der Masse vergiftet worden, dass die früher hier so zahlreich vorkommenden Würmer ganz zu Grunde giengen. Vorläufig acceptire ich die Deutung Whitman's und Bergh's dass die Mesomeren von Rhynchelmis den Teloblasten von Clepsine gleichwertig sind.

fläche aus beobachten muss, um die Teloblasten und ihre Mutterzellen zu erkennen und ihr weiteres Schicksal sicherzustellen. Die Beobachtung der Furchungsstadien mit schwachen Vergrösserungen hat nämlich verschuldet, dass ich die Teloblasten früher übersehen habe.
Ich beginne mit dem Stadium Fig. 1—4. (Taf. XXIX.); in Fig. 1. ist es von dem vegetativen Pole abgebildet, wo man in der vorderen Hälfte 3 grosse Excretionszellen, in der hinteren dagegen die Hypoblastzellen sieht. Die Grenzen zwischen beiden sind so unbestimmt, dass es scheint, als ob die Excretionszellen allmälig mit den Hypoblastkugeln zusammenfliessen. Durch die drei grossen, bläschenartigen Kerne und intracellulären Canäle sind die Excretionszellen als selbständige Elemente charakterisirt.

In der Fig. 2. ist dasselbe Stadium vom animalen Pole dargestellt; am vorderen Pole sieht man theilweise die Excretionszeilen, die übrige Oberfläche besteht dagegen aus Zellen von zweierlei Art. Die einen sind kleiner, mit einem hyalinen Plasma erfüllt und entsprechen den Mikromeren von Rhynchelmis. Durch eine bestimmte bilateral-symmetrische Anordnung machen sich 6 mittlere Zellen bemerkbar, indem sie noch in Theilung begriffen sind. Hinter denselben folgen nun 2 Paar grössere Kugeln, welche den Mesomeren von Rhynchelmis entsprechen, und ich will sie auch mit diesem Namen bezeichnen. Dieselben unterscheiden sich von den Mikromeren nicht nur durch ihre Grösse, sondern auch durch einen dichteren Inhalt, in welchem die Protoplasmapartikeln radial angeordnet sind. Die vorderen Mesomeren befinden sich ganz auf der Oberfläche, während die hinteren (m^2) theilweise von den ersteren (m^1) bedeckt sind.

Die gegenseitige Lage der Mikro- und Mesomeren zu den Hypoblast- und Excretionszellen ist in Fig. 3., d. h. in der Profilansicht veranschaulicht. Die Excretionszellen (ex) unterscheiden sich von den übrigen sowohl durch ihre Grösse und die intracellulären Canälchen, als durch den Plasmainhalt, welcher theils aus dichterem Plasma, theils aus kleinen hyalinen Alveolen besteht. Wenn die letzteren zahlreich vorhanden sind, so zeigt das Protoplasma die bekannte „schaumige" Structur. Bei manchen Embryonen sucht man indessen vergebens nach einer solchen Structur, indem das Protoplasma einfach körnig erscheint.

Die Mesomeren des ersten Paares (m') ragen hoch über das zweite Paar (m) hervor, welches nur theilweise hervortritt. Dieses Stadium ist im optischen Durchschnitt in Fig. 4. dargestellt. Die Hypoblastkugeln greifen tief in das Innere hinein und erscheinen als säulenartige, mit dotterartigem Plasma versehene Zellen. Am oberen Pole ist das Hypoblast mit Mikromeren und den beiden Mesomeren (m', m^2) bedeckt, von den letzteren senkt sich das eine (m') in die primitive Furchungshöhle ein und geht in eine Reihe von kleineren Mesoblastzellen (m') über. Die Mesomeren des hinteren Paares (m') stellen demnach die Promesoblasten von Rhynchelmis vor, durch deren Knospung die Mesoblastreihe (ms) zu Stande kam.

Man darf kaum bezweifeln, dass aus dem geschilderten das in Fig. 5. und 6. abgebildete Stadium hervorgeht. Fig. 5. stellt die Gastrula von der Oberfläche vor, wo nun die Mesomeren des ersten Paares (m') in derselben Lage und Gestalt wie im vorigen Stadium erscheinen, während die hinteren Mesomeren von der Oberfläche ganz verschwunden sind. Durch die Theilung der oberen Mesomeren entstanden dagegen beiderseits zwei etwas kleinere Zellen (t), die man als die ersten Teloblasten bezeichnen kann.

Die optische Profilansicht (Fig. 6.) durch dasselbe Stadium veranschaulicht sehr belehrend die Anordnung der Keimblätter. Die grossen Hypoblastkugeln (hp) nehmen die untere Seite ein und berühren nach vorne die Excretionszellen (ex). Die Mikromeren des vorigen Stadiums erscheinen als Epiblast (ep), dessen stark abgeplattete hintere Elemente die hinteren Mesomeren oder Promesoblasten (m^2) bedecken; die Knospungsproducte der letzteren (ms) liegen in der engen Furchungshöhle zwischen dem Epiblaste und Hypoblaste.

Das ein wenig ältere Stadium ist in Fig. 7. und 8. veranschaulicht: Fig. 8. zeigt, dass das Epiblast sich nach vorne bedeutend verbreitet und zum grösseren Theile die Excretionszellen (ex) bedeckt hat. Das Hypoblast (hp) nimmt die ganze, durch das Epiblast gebildete Höhle ein. Das in Fig. 5. dargestellte Stadium ist in weiterer Entwicklung ebenfalls von der Dorsalfläche in Fig. 7. abgebildet. Die Mesomeren des ersten Paares (Fig. 5. und 7. m') haben ihre ursprüngliche Lage und Grösse beibehalten. Das Teloblast (Fig. 5. t) hat sich auf der einen Seite zu zwei Tochterzellen getheilt (Fig. 7. t, t'), während es auf der anderen Seite in Theilung begriffen ist. Die Teloblasten (t, t') mit den Mesomeren (m') bilden einen Bogen, dessen Bestandtheile sowohl durch ihre Grösse als einen dichteren Inhalt aus den kleineren und völlig durchsichtigen Epiblastzellen hervortreten.

Der optische Horizontalschnitt durch ein wenig älteres Stadium (Fig. 9.) veranschaulicht noch genauer diese Organisationsverhältnisse.

Die Excretionszellen (*ex*) treten hier in ihrem ganzen Umfange hervor. Das Epiblast ist bedeutend abgeplattet. Unmittelbar unter den Mesomeren des ersten Paares, die allerdings nicht veranschaulicht sind, liegen die Mesomeren des zweiten Paares, oder die Promesoblasten (m^2), sich in mehrzellige Mesoblastreihen (*ms*) zu beiden Seiten des Hypoblastes fortsetzend. Nach vorne befinden sich über den Mesoblaststreifen die Teloblasten des zweiten Paares (t^2), die sich offenbar von der Oberfläche tiefer unter das Epiblast eingesenkt haben.

In Fig. 10. ist ein Stadium veranschaulicht, wo die Teloblasten (t', t^2) vollständig entwickelt sind und in den Mesomeren (m') karyokinetische Figuren erscheinen, welche in den vorgehenden Stadien nicht vorhanden waren. Offenbar befanden sich dieselben in einem Ruhestadium und beginnen jetzt – nach der Production der Teloblasten — ihre weitere Theilungsthätigkeit. Die letzte kann man sehr schön an frischen Objecten ermitteln, und ich habe die nach einander folgenden Stadien dieses Vorganges in Fig. 13.—15. veranschaulicht. Überall erscheint dieselbe Folge der Theilung: das getheilte Periplast (welches anfangs in der Achse liegt, wie Fig. 10. veranschaulicht) dreht sich in der Richtung zum äusseren Teloblaste, der Kern nimmt die Gestalt der Spindel an (Fig. 13.), das Mesomer verlängert sich höckerartig (Fig. 14.), um schliesslich in eine kleinere Zelle (Fig. 15. *ep*) hervorzusprossen. Diese Zelle wächst aber weiter nicht heran, sondern behält diese Grösse und gleicht dadurch den übrigen Epiblastelementen. In den von mir beobachteten Fällen geht die Theilung beider Mesomeren nicht gleichzeitig vor sich, sondern theilt sich das eine früher als das andere, wie es eben in unseren Fig. 10., 13., 14. und 15. *m'* dargestellt ist.

Die durch Theilung der Mesomeren producirten Mikromeren (Fig. 15. *ep*) verharren nicht in ihrer ursprünglichen Lage zwischen den Mesomeren und Teloblasten, sondern werden durch nachfolgende Theilungsproducte nach vorne oder nach hinten zwischen die übrigen Epiblastzellen verdrängt.

Durch die fortgesetzte Theilung der Mesomeren nehmen die letzteren allmälig an Grösse ab und werden schliesslich so klein, wie die übrigen Mikromeren, d. h. die eigentlichen Epiblastzellen (Fig. 16. *m'*); sie liegen gerade zwischen den Teloblasten (t', t^2), welche sowohl ihre Grösse als Lage behalten, allmälig aber sich tiefer unter die umliegenden Epiblastelemente einsenken.

Das Stadium, welches wir in Fig. 10. von der Rückenfläche betrachteten, ist in Fig. 11. von vorne veranschaulicht, wo die

Excretionszellen (ex) den vorderen Pol einnehmen, das Epiblast (ep) aber unten noch nicht geschlossen ist. Dasselbe Stadium vom hinteren Pole betrachtet, ist in Fig. 12. theilweise in optischem Längsschnitte dargestellt, um die gegenseitige Lage der Mesomeren des ersten (m^1) und zweiten (m^2) Paares mit den Mesoblaststreifen (ms) zu veranschaulichen

Eine Einstülpung des Hypoblastes zur directen Bildung des Archenterons konnte ich in den geschilderten Stadien nicht sicherstellen; die grossen Hypoblastkugeln senken sich ohne bestimmtere Anordnung in das Innere des Epiblastes ein und ordnen sich erst in nachfolgenden Stadien epithelartig an zur Bildung einer unbedeutenden Höhle.

Wenn ich durch diese Beobachtung die früher mitgetheilten Angaben über die Bildung des Archenterons bestätige, so waren trotzdem die von mir geäusserten Zweifel über das Vorkommen einer „typischen Gastrula" bei den Lumbriciden gewissermassen nicht berechtigt; bei den früher von mir untersuchten Lumbriciden habe ich vergeblich eine Hypoblasteinstülpung nachzuweisen versucht. Schliesslich gelang es mir dieselbe bei Dendrobaena sicherzustellen und ich bilde dieses Stadium in Fig. 8. (Taf. XXX.) vom hinteren Pole in optischem Durchschnitt ab. Hier allerdings kann man schwierig von einer zweischichtigen Gastrula sprechen, da dieses Stadium schon früher als die Hypoblasteinstülpung stattfand, nicht nur mit den Promesoblasten, sondern auch mit den Mesoblaststreifen versehen ist. Eingehendere Beobachtung ergibt nämlich Nachfolgendes: Die „Gastrula" von Dendrobaena ist sehr flach, mit ganz abgeplattetem Epiblaste, in welchem nur zwei grosse Teloblasten (t^1) hervortreten. Die grossen Hypoblastzellen stülpen sich nach Innen ein, und wie ich sie vom unteren Pole (Blastopor) beobachtete, konnte ich deren 17 zählen.

Zwischen dem Epi- und Hypoblaste liegen die grossen Promesoblasten (m^2), aus welchen zu beiden Seiten die Mesoblaststreifen (ms) hervorgehen.

Die bereits bewegliche, obwohl noch nicht beständig im Eiweiss rotirende Larve von Allolobophora ist im optischen Horizontalschnitte in Fig. 1. Taf. XXX. so veranschaulicht, dass man sowohl die Promesoblasten (m^2) als die bisher im Epiblaste befindlichen Teloblasten (t^1) sieht; die letzteren gehen in eine Zellreihe über, welche bereits unter dem Epiblaste (e) verläuft.

Dasselbe Stadium (Fig. 2. Taf. XXX.), von der unteren Fläche betrachtet, zeigt einen grossen Blastopor und die beiden Teloblastpaare (t' t^2), die sich also bereits auf der Bauchseite befinden und als sich der Blastopor von hinten nach vorne geschlossen hat, kommt das bereits früher (Taf. XVI. Fig. 2. und XVII. Fig. 13.) abgebildete und beschriebene Stadium zu Stande, welches ich zur Vervollständigung und vornehmlich zur Veranschaulichung der Teloblastenlage und der Zellreihen in Fig. 3. (XXX.) wiedergebe. Der Blastoporrest ist schlitzartig (bl); rechts von diesem ist die Larve von der Oberfläche mit ihren grossen bewimperten Bauchzellen (br) dargestellt, während auf der linken Seite der Verlauf der unter dem Epiblaste befindlichen Zellreihen mit ihren Teloblasten (t', t^2) zu sehen ist. Nach Innen zu liegt die aus grösseren Zellen bestehende Mesoblastreihe (ms), welche sich ebenso wie die übrigen Zellreihen am Rande des Blastoporrestes nach unten krümmt. In dieser Larve erscheinen zuerst die larvalen Pronephridien (prn) in der primitiven Leibeshöhle (zwischen den Zellreihen und dem Epiblaste).

Bei den älteren Larven kommen 4 Teloblastenpaare vor; auf welche Art und Weise dieselben aus den primären 2 Paaren hervorgegangen sind, kann ich nicht angeben. Nach *Bergh* theilt sich das primäre „Myoblast" zweimal nach einander und so sollen aus einem primären drei neue hervorgehen.

Es ist nun nöthig die eben mitgetheilten Beobachtungen mit den im 2. Hefte dieser Schrift in Einklang zu bringen. Das Stadium, von welchem ich jetzt ausgehe, war mir früher überhaupt unbekannt und so kann ich mich jetzt bestimmter vom Ursprunge der Promesoblasten aussprechen als früher. Während ich auf pag. 203. die Vermuthung ausgesprochen habe, dass dieselben am hinteren Rande „des Gastrulamundes" entstehen, und dass sie allmälig zwischen das Epi- und Hypoblast eindringen, kann ich jetzt die Promesoblasten auf 2 grosse Furchungskugeln zurückführen, welche sich früher zwischen das Epi- und Hypoblast einsenken, bevor das letztere sich überhaupt zur Bildung der Archenteronhöhle eingestülpt hat. Diese Thatsache ist höchst bedeutungsvoll: die Promesoblasten und die Mesoblaststreifen befinden sich bereits unter dem Epiblaste (wie ich auch auf der Taf. XXIX., Fig. 7. abbilde), während die Hypoblastelemente noch auf der Oberfläche sich befinden, da bisher keine Einstülpung stattgefunden hat. Dies ist auch am besten durch das citirte Bild von Dendrobaena (Taf. XXX., Fig. 8.) illustrirt, wo die Hypoblasteinstülpung erst dann stattfindet, als die Mesoblaststreifen bereits angelegt sind.

Wir haben auch erkannt, dass die Promesoblasten sowohl bezüglich der Gestalt als Structur und Grösse mit den anderen zwei Furchungskugeln übereinstimmen, welche wir als das erste Mesomerenpaar bezeichnet haben und aus welchen die Teloblasten entstehen. Nun ist es wichtig auch meine früheren Angaben über diese Kugeln zu vergleichen.

Ich habe sie thatsächlich gesehen und zeichne sie nur in einem einzigen Falle bei der Furchung von Allolob. foetida (Taf. XIV. Fig. 4.); doch habe ich ihre Bedeutung nicht erkannt. Auch zeichne ich sie in einem späteren Stadium (Taf. XV., Fig. 6 und 7.), doch fasse ich sie unrichtig als Promesoblasten mit ihren Theilungsproducten auf (*ma*, Taf. XV., Fig. 6. u. 7.). Damit hängt zusammen die irrige Auffassung der weiteren Mesomerentheilung (der vermeintlichen Promesoblasten), welche auf der Taf. XV. Fig. 7*a*, 7*b*, 7*c* dargestellt ist. Die unrichtige Darstellung dieser Thatsachen ist vorzugsweise dadurch verschuldet, dass ich versäumt habe, die Stadien von der Oberfläche zu beobachten. Daher muss der Text pag. 219. und 220. durch diese Bemerkung berichtigt werden. Aus den Promesoblasten gehen überhaupt nur *kleinzellige* Mesoblaststreifen hervor, in welcher Beziehung also die Lumbriciden mit Rhynchelmis übereinstimmen.

Es kann keinem Zweifel unterliegen, dass die von mir als Mesomeren beschriebenen Kugeln von Rhynchelmis und den Lumbriciden gleichwerthige Gebilde vorstellen. In Rhynchelmis habe ich 3 Paare derselben constatirt, während bei Allolobophora nur 2 Paare vorkommen. Das habe ich allerdings nur in dem Stadium gefunden, von dem ich jetzt ausgehe (Taf. XXIX. Fig. 2.); ob die in der angezogenen Figur vor den Mesomeren befindlichen und symmetrisch angeordneten Kugeln einem dritten Mesomerenpaare ihren Ursprung verdanken, kann ich derzeit nicht entscheiden.

Die Mesomeren liegen ursprünglich sowohl bei Rhynchelmis als Lumbriciden auf der Oberfläche, wie die kleineren Mikromeren und späteren Hypoblastkugeln; man könnte demnach die Mesomeren als Epiblastzellen bezeichnen, was aber nicht rathsam ist, denn es gehen von einem Theile der Mesomerenproducte die Mikromeren hervor, welche erst später zu Epiblastelementen werden, während die zwei hintersten Mesomerenpaare theils Promesoblasten, theils Teloblasten vorstellen. Ich möchte demnach die Mesomeren als einfache Furchungskugeln auffassen.

Zur endgiltigen Entscheidung dieser wichtigen Frage wäre es
allerdings höchst nothwendig die Furchung des Lumbricidencies
Schritt für Schritt zu verfolgen, was bekanntlich sehr schwierig ist.
Dazu kommen auch die merkwürdigen Excretionsdrüsen, welche mit
Ausnahme von Allolob. foetida bei allen übrigen Lumbriciden bekannt
sind. Stellen dieselben gewöhnliche Furchungskugeln vor, die irgend
welchen Kugeln von Rhynchelmis und Allolob. foetida entsprechen, oder
stellen sie ein provisorisches, bereits während der Furchung func-
tionirendes Organ vor?

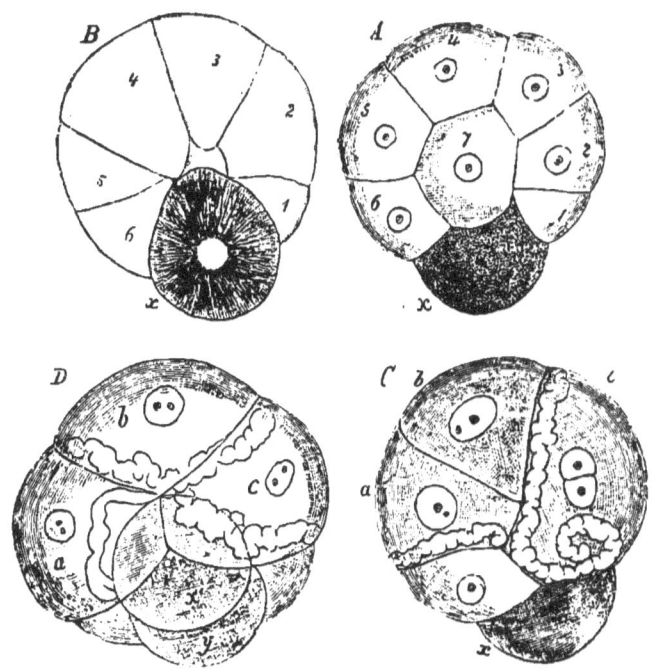

Zur Beantwortung dieser beiden Fragen, trachtete ich zuwieder-
holten Malen die allerersten Furchungsstadien mehrerer Lumbriciden
zu erkennen, und wiewohl die Erfolge dieser Untersuchungen sehr
lückenhaft sind, so theile ich dieselben dennoch den Fachgenossen
mit, da sie meine frühere Angabe, dass die Excretionszellen bereits
während der ersten Furchungsstadien functioniren, bestätigen.

In dem beiliegenden Holzschnitte Fig. *A* ist ein frühes Furchungsstadium von der Oberfläche abgebildet, an welchem man 7 gleichgestaltete, aus hyalinem Protoplasma bestehende Blastomeren (1—7)

und eine grössere, mit feinkörnigem Protoplasma erfüllte Furchungskugel (x) unterscheiden kann. Im optischen Durchschnitte (B) sieht man, dass die Kugeln 1—6 eine unbedeutende Furchungshöhle umgeben, in welche die Kugel (x) eingreift.

Von der entgegengesetzten Seite und ebenfalls von der Oberfläche aus betrachtet, ist dasselbe Stadium in Fig. C dargestellt; von den ersterwähnten Blastomeren sieht man nur die Kugel x und 1, während die übrige Oberfläche von 3 grossen Kugeln (a, b, c) eingenommen ist, die sowohl durch ihre grossen, bläschenförmigen Kerne (mit 1—2 Kernkörperchen), als durch die hyalinen intracellulären Canälchen charakteristisch sind. Man erkennt darin die bereits früher beschriebenen Excretionszellen.

In einem späteren Stadium theilt sich x zu zwei Kugeln x', y, die sich tiefer zwischen die übrigen Kugeln einsenken (Fig. D).

Nun ist es sehr schwierig die Kugeln in ihren Beziehungen zu den späteren Keimblättern zu deuten; ich nehme an, dass die grossen Zellen a, b, c von Anfang an als Excretionszellen functioniren und demnach ein provisorisches Organ vorstellen.

Was das Schicksal der Teloblasten anbelangt, so habe ich bei einer und derselben Art ganz verschiedene Verhältnisse gefunden. In den meisten Embryonen von der untersuchten Allolobophora existiren die Teloblasten sehr lange und ich habe sie oft auch in den 3—4 mm langen jungen Würmchen gefunden. Nicht selten suchte ich aber vergeblich in den 2—1·5 mm. langen Embryonen nach den Teloblasten. Dasselbe konnte ich auch bei anderen Arten, namentlich bei Dendrobaena statuiren.

Was die Lage der Teloblasten in den fertigen Embryonen anbelangt, so habe ich sie meist in der von *Wilson* und *R. S. Bergh* beobachteten Anordnung gefunden und veranschauliche sie in der ovoiden Larve von Allolobophora (Taf. XXX., Fig. 5), sowie in dem fast kugeligen Stadium von Dendrobaena (Taf. XXX., Fig. 10.) in der Profillage. Man findet hier jederseits 4 Teloblasten, von denen die ersten drei beinahe in derselben Ebene gelegen sind, während das vierte weit nach vorne verschoben ist (x). Die Promesoblasten (ms) haben die bereits früher erwähnte Lage.

Bei der Degeneration gehen zuerst die Teloblasten des vierten Paares (x) zu Grunde, so dass man in den älteren Stadien, namentlich in jungen Würmern (Fig. 6.), keine Spur dieser Zellen findet. Man trifft auch Fälle, in denen die Teloblasten des ersten Paares (n) nicht in der erwähnten Lage, sondern weit nach hinten (Fig. 6. n)

liegen. Dies widerspricht zwar der Angabe *Bergh's*, dass die Anordnung der Teloblasten „eine sehr constante ist", hat aber meiner Ansicht nach keine grössere Bedeutung. Am Constantesten sind die mittleren zwei Urzellen (*nph*, *m*) gelagert.

Im Bezug auf die Bezeichnung der Teloblasten gehen die Ansichten auseinander: die Promesoblasten werden übereinstimmend mit mir von *Wilson* als „primary Mesoblast" bezeichnet, während sie von *Bergh* als „innerer oder hinterer Myoblast" angeführt werden. Die unteren Teloblasten bezeichnen beide Autoren als Neuroblasten. Die weiteren drei Urzellen führt dann *Bergh* als „vordere oder äussere Myoblasten"; *Wilson* bezeichnet in seiner letzten Arbeit die Teloblasten des 2. und 3. Paares als Nephroblasten, das vierte Paar als lateralen Teloblast.

Es ist kaum zu leugnen, dass die Deutung dieser Mutterzellen die Keimstreifen, mit Ausnahme der Promesoblasten und Neuroblasten, mit grossen Schwierigkeiten verbunden ist und es kommt auf die Verfolgung der Differenzirungsprocesse der betreffenden Zellreihen an, um darnach die richtige Auffassung zu treffen. Ich trachtete in dieser Beziehung ins Klare zu kommen, doch vermag ich nur theilweise zur Beantwortung dieser wichtigen Frage beizutragen.

Was den Urprung der Zellreihen anbelangt, so bestätige ich die Angaben meiner Vorgänger. Die Mesoblaststreifen der Lumbriciden entstehen in gleicher Weise, wie die von Rhynchelmis. Die Querschnitte der Zellreihen — wie bereits *R. S. Bergh* richtig hervorhebt — habe ich auf der Taf. XVI., Fig. 1 *ks* für Lumbriciden, auf der Taf. XXI., Fig. 7—12 für Rhynchelmis bildlich dargestellt, irrthümlicherweise aber als Descendenten der Mesoblaststreifen erklärt, die zur Verstärkung der Hypodermis dienen sollen.

§ 2. **Hypoblast und Verdauungskanal.**

1. Den Ausgangspunkt zur Bildung des Hypoblastes von Rhynchelmis bilden die ersten vier Makromeren, die bekanntlich während der Bildung der Mikro- und Mesomeren in einem Ruhestadium verharren (pag. 175). Erst später vermehren sich dieselben, bilden aber auch in kugeligen und ovoiden Embryonen keine Darmhöhle (pag. 274), da sie einen continuirlichen, lumenlosen Strang vorstellen (Taf. XXI., Fig. 7.). Die peripheren Hypoblastzellen sind etwas kleiner, fast epithelartig angeordnet (Taf. XXI., Fig. 11. *hp*)

und nachdem sich ihr ursprünglich dotterartiger Inhalt zu einem feinkörnigen Plasma modificirt hat nehmen sie eine amöbenförmige Gestalt an (Taf. XXI., Fig. 10. *hp*). Von nun an finden auch im Innern des Hypoblastes Differenzirungsprocesse statt, die zur Bildung eines Darmlumens führen (pag. 274—276). Sowohl die peripheren als die innerhalb der Dottermasse entstandenen plasmatischen Zellen wandern an die Peripherie dieses Lumens und ordnen sich epithelartig an (Taf. XXI., Fig. 10. *d*). Wir haben auch zu erklären versucht, wie die Darmhöhle zu Stande kommen konnte (pag. 276).

Auf der Taf. XXII. (Fig. 2. und 3.) sind verticale Längsschnitte durch zwei nach einander folgende Entwicklungsstadien veranschaulicht. Fig. 2. stellt ein etwas jüngeres Stadium mit dem fertigen Stomodaeum (*st*) vor, welches letztere als eine direkte Fortsetzung der Epiblasteinstülpung bis zu den grossen Hypoblastkugeln erscheint.*) Die letzteren begrenzen bisher keine Höhlung. In Fig 3. sieht man dagegen, dass sich das Stomodaeum in einen engen Canal fortsetzt, welcher schliesslich in eine voluminöse Höhlung übergeht. In allen von mir untersuchten Embryonen des entsprechenden Alters habe ich die Höhlung gefunden und nicht selten fand ich hier eine klare, schwach diffus sich färbende Substanz, die ich als verschluckte Eiweissflüssigkeit betrachte. Dahinter folgt nun wieder das solide, aus Dotterzellen bestehende Hypoblast. Die Wandungen sind ziemlich niedrig und bestehen aus theilweise resorbirten Hypoblastkugeln, die nach Innen mit einem niedrigen Epithel ausgestattet sind. Ob die Zellen dieses Epithels auf dieselbe Art und Weise, nämlich aus den mesenchymatösen Zellen entstanden ist, kann ich nicht entscheiden; glaube aber, dass zuerst das Protoplasma den Rand der Dotterkugeln umsäumte und die Kerne nachträglich in das letztere einwanderten. Zu solcher Ansicht führt mich zunächst der Umstand, dass man zwischen einzelnen Elementen vergeblich nach einer Zellmembran sucht, und zweitens die Querschnitte von etwas jüngeren Stadien. Ein solcher Schnitt ist in Fig. 9. (Taf. XXII.) abgebildet. Auf der Bauchseite der in Rede stehenden Höhlung sieht man bereits fertige, wenn auch niedrige Epithelzellen mit intensiv sich färbenden Kernen, während das Epithel der Rückenseite erst im Begriffe ist sich zu bilden. Feine Protoplasmastrahlen strömen aus den Dotterkugeln und bilden an der Peripherie der Höhlung einen plasma-

---

*) Vergl. „O tvoření střevního epithelu a vývoji zažívacího ústroji annulatův". Sitzungsber. d. königl. böhmischen Gesellsch. d. Wissensch. Prag. 1891. p. 134 und ff.

tischen Saum. In einzelnen Theilen des letzteren sieht man keine Kerne, während in anderen dieselben unregelmässig gruppirt erscheinen, und schliesslich sieht man die Kerne noch in den Proplasmaströmungen, die im Begriffe sind den erwähnten Saum zu erlangen. Erst secundär ordnen sich die Kerne regelmässig an und indem durch eine Verdichtung des Plasma besondere Grenzmembranen zu Stande kommen, entsteht das oben beschriebene Epithel.

In dieser Epithelbildung erblicke ich eine Modification des erst geschilderten Modus durch die Bildung der Mesenchymzellen innerhalb der Dottermasse und je älter die Embryonen sind, um so rascher bildet sich das definitive Darmepithel auf die letzt erwähnte Art und Weise. Und je rascher die Dotterkügelchen zu Grunde gehen, d. h. sich zu feinkörnigem Plasma umbilden, um so reichlicher entstehen die Epithelzellen des Darmes.

Die Umbildung der Dotterkügelchen zu feinkörnigem Plasma beruht auf ziemlich einfachen Vorgängen, denen ich aber nur in späteren Stadien eine Aufmerksamkeit gewidmet habe. Die Elemente des Dotters von Rhynchelmis bestehen aus ungleich grossen Kügelchen; die grösseren messen 0˙004—0˙008 mm im Durchschnitt; doch trifft man nicht selten noch grössere Körperchen. Sie enthalten meist ein, zuweilen auch mehrere kernartige, stark lichtbrechende Körperchen (Taf. XXII., Fig. 11.) und erinnern in dieser Gestalt an die Elemente des weissen Dotters; natürlich kann hier aber von einer Zellnatur keine Rede sein. Die kleineren Dotterkügelchen sind nur 0˙001—0˙002 mm gross und in späteren Stadien in weit grösserer Menge vorhanden als die grossen Kügelchen, aus denen sie wohl entstanden sind. Man beobachtet nämlich in früheren Stadien, dass die grossen Elemente sich theils einschnüren und theilen, theils — und dies in weit grösserer Menge — läppchenartige Fortsätze auf ihrer Oberfläche zeigen. In Fig. 12. sieht man diese Theilungsstücke des Dotters in allen Stadien veranschaulicht. Die Läppchen schnüren sich von den Mutterkugeln ab und erscheinen dann theils als selbständige Elemente (*z*), theils gruppiren sie sich zu inselartigen Massen (Taf. XXII., Fig. 12. *z¹*). Dabei verlieren sie ihren Glanz, werden matt, um schliesslich das feinkörnige Protoplasma vorzustellen. Nicht selten trifft man die ursprünglichen Dotterzellen in ihren früheren Dimensionen als plasmatische Inselchen, in denen noch einzelne Dotterkügelchen vorhanden sind (Taf. XXII., Fig. 12. *po*). Sie zerfliessen dann zu plasmatischen Strängen, welche die oben erwähnten Kerne enthalten und sich zum Darmepithel umbilden (Taf. XXII. Fig. 11. *pn*).

Die Zellen des definitiven Darmepithels sind nicht gegen die Dotterkugeln abgegrenzt; dies sieht man an den Querschnitten sowohl durch den späteren Oesophagus (Taf. XXII. 6. 10 *oe*), als durch die angeschwollene Höhlung hinter diesem Darmabschnitte (Fig. 7, *d*, 9.). Dasselbe Verhältniss veranschaulicht der Längsschnitt (Taf. XXII., Fig. 3. *d*). Dadurch ist die Ernährung der Epithelzellen aus den Dotterelementen ermöglicht und thatsächlich nehmen sie an ihrer Grösse zu. Die erwachsenen Zellen des Darmepithels (Taf. XXII., Fig. 12. *ep*) sind keilförmig, ragen mit den verbreiterten Enden in die Darmhöhle hinein und zeigen sehr frühzeitig wimperartige Fortsätze. Ihre Kerne sind sehr gross. Mit den hinteren verengten Enden fliessen die Zellen theils mit den Dotterelementen, theils mit den plasmatischen Inseln — zusammen, um sich auf deren Kosten zu vergrössern. Ob sie sich noch theilen, konnte ich nicht ermitteln, da ich weder karyokinetische, noch akinetische Figuren gesehen habe.

Neben den echten Darmepithelzellen sieht man aber in den Wandungen des sich bildenden Magendarmes unter der Muscularis (Taf XXII., Fig. 12. *m*) noch zahlreiche, grosse und meist verästelte Zellen (*b*), deren Inhalt ein fast hyalines, selten schwach feinkörniges Protoplasma und je ein grosser, kugeliger Kern ist. Zwischen diesen Zellen und dem Darmepithel befinden sich die Überreste der Dotterzellen. Welche Bedeutung diese Zellen haben, und ob sie sich vielleicht später an der Bildung des Darmepithels betheiligen, vermag ich derzeit nicht zu entscheiden.

Aus dem Geschilderten ist aber zu ersehen, dass die ursprünglichen Hypoblastkugeln complicirte Umbildung erfahren, um das definitive Darmepithel herzustellen. Schwierig nur ist die Frage über die Herkunft der Zellkerne zu beantworten. In den ersten Theilungsvorgängen der Hypoblastkugeln konnte man leicht die karyokinetische Theilung sicherstellen. Bei der späteren Vermehrung der Kugeln gelingt es nicht diese Figuren zu statuiren. Bei der Resorption der Grenzmembranen der Hypoblastkugeln findet offenbar eine intensivere Kerntheilung statt, die sich in den sich bildenden Plasmainseln und Plasmasträngen ansammeln. Ich glaube demnach, dass die Kerne des definitiven Darmepithels als Descendenten der Kerne der Hypoblastkugeln aufzufassen sind, vermag aber nicht zu entscheiden, ob sie sich karyokinetisch oder akinetisch vermehren.

2. Die von mir gegebene Darstellung weicht wesentlich von der, welche *Kovalevsky* über die Bildung des definitiven Darmepithels liefert. Der genannte Forscher hat nämlich beobachtet, dass die

Hypoblastkugeln („Darmdrüsenkeimzellen") sich sehr spät umwandeln und zwar so, „dass die Kerne derselben, anstatt in der Mitte zu liegen, an die Ränder der Zellen getreten sind und unmittelbar unter der Darmfaserplatte zu liegen kommen" (l. c. Taf. V., Fig. 36.). Meiner Ansicht nach hat man es hier mit den peripheren Hypoblastzellen zu thun, deren Entstehung wir während der Theilung der Kugeln verfolgen konnten. In dieser Beziehung stimmt die Abbildung *Kovalevsky's* (l. c. Fig. 38.) mit der meinigen überein (Taf. XXII., Fig. 10. *hp*), wo aber gleich zu ersehen ist, dass die plasmatischen Zellen nicht nach aussen, sondern gegen das centrale Lumen des künftigen Oesophagus wandern. Von einem späteren Stadium sagt *Kovalevsky* (l. c. p. 19.): „Von den Darmdrüsenkeimzellen werden schon die inneren verbraucht, und es entsteht in Folge dessen eine centrale Höhle, auf der noch (Fig. 40.) drei kernlose Dotterkörnchenhaufen liegen; dagegen liegen die Kerne der an die Darmfaserplatte grenzenden Kugeln haufenweise in dem sie umgebenden Protoplasma, welches nicht in abgegrenzte Zellen zerfällt, und dessen Fortsetzungen sich oft bis zur Spitze der noch immer abgegrenzten Kugeln ziehen." Die angezogene Abbildung *Kovalevsky's* stellt offenbar ein jüngeres Stadium der von mir dargestellten Verhältnisse (Fig. 11. Taf. XXII.) dar, nur glaube ich, dass *Kovalevsky* die zwischen den Dotterkügelchen sich erstreckenden Plasmastränge mit den Kernen übersehen hat. Ähnliche Bilder, wie *Kovalevsky* liefert, erhielt ich von den frühzeitig aus den Cocons herausgenommenen Embryonen, die ich isolirt im Wasser gezüchtet habe. Aus solchen Würmchen besitze ich Präparate, welche *Kovalevsky* in seiner Fig. 41. abbildet und von denen er sagt: „Auf einem mehr nach vorne geführten Schnitte (Fig. 41.) finden wir schon eine sehr geräumige Darmhöhle, in deren Wandungen die Dotterkugelhaufen und das Protoplasma mit ihren Kernen fast den gleichen Raum einnehmen; bei noch weiterer Entwicklung wird noch der Rest des Dotters verbraucht und in den jungen Euaxes sieht man schon ein echtes Epithelium, welches den Darm umkleidet".

Meine jetzige Darstellung der Entstehung des Darmepithels von Rhynchelmis weicht von der ab, welche ich in meiner vorläufigen Mittheilung gegeben habe;*) hier habe ich nämlich angenommen, dass die peripheren umgebildeten Hypoblastzellen zum definitiven Epithel werden. Damals habe ich die „mesenchymatösen" Zellen und Plasmainseln mit Kernen nicht erkannt. Diese Bemerkung muss

---

*) Die Embryonalentwicklung von Rhynchelmis. 1885.

ich vorausschicken, um auf die Unterschiede zwischen der Bildung des Darmepithels von Rhynchelmis und der Rhynchobdelliden hinzuweisen.

Whitman, dem wir so schätzbare Arbeiten über die Entwicklung von Clepsine verdanken, beruft sich auf meine letzt erwähnte Mittheilung, um auf die Identität der Epithelbildung des Magendarmes bei Rhynchelmis und Clepsine hinzuweisen.*) Nach den Angaben von *Whitman* bildet sich das Darmepithel von Clepsine aus drei Makromeren oder Entoblasten dadurch, dass sich die Kerne der letzteren vermehren und auf der Oberfläche der Macromeren in besonderen Plasmainseln erscheinen, die als „Entoplaste" bezeichnet werden. Aus diesen Entoplasten bildet sich auf der Oberfläche des Dotters ein sehr flaches Epithel, welches schliesslich zum Säulenepithel wird. Daher ist „the residual yolk" in das definitive Entoderm eingeschlossen, wo er sich resorbirt und assimilirt. Es ist die einzige Nahrung des jungen Wurmes, auch wenn sich derselbe vom Mutterkörper lostrennt.

Es ist daher ein bedeutender Unterschied in der Lage des definitiven Darmepithels von Rhynchelmis und Clepsine; auch wenn wir jene niedrigen Zellen, welche im Dotter von Rhynchelmis entstehen und die oben erwähnte Darmhöhle ausstatten, nach dem Vorgange *Whitman's* als Entoplaste bezeichnen würden, so hat man bei Rhynchelmis gerade das Gegentheil dessen, was bei Clepsine vorkommt und was ich aus eigenen Erfahrungen bestätigen muss. Den ganzen Vorgang der Bildung des definitiven Darmepithels von Clepsine und Rhynchelmis versuche ich im Nachfolgenden zu vergleichen:

Clepsine.	*Rhynchelmis.*
1. Drei Makromeren oder Endoplaste.	1. Vier Makromeren.
2. Zahlreiche Entoplaste, d. h. protoplasmatische Inseln mit Kernen ohne Zellmembranen.	2. Zahlreiche Hypoblastkugeln, entstanden durch Theilung der ersteren. An der Peripherie kleinere Hypoblastzellen, die schliesslich das feinkörnige Protoplasma enthalten.

---

*) Journal of Morphology. I. 1887. pp. 133—138.

3. Aus den Entoplasten entsteht ein sehr flaches Epithel und aus diesem	3. Nach der Resorption der Membranen der dotterreichen Hypoblastkugeln entstehen Plasmainseln mit zahlreichen Kernen, oder einzelne Plasmazellen, die von der Peripherie zur centralen Höhlung wandern und hier ein niedriges Epithel bilden.
4. das hohe Cylinderepithel, welches den Dotter einschliesst.	4. Die Zellen des letzteren werden zum Cylinderepithel, dessen Elemente mit dem übrig gebliebenen Dotter zusammenhängen und sich davon ernähren. Nach aussen ist der Dotter noch von besonderen grosskernigen Zellen umgeben.

Die entsprechende Bildung des definitiven Darmepithels wie bei Rhynchelmis scheint auch bei Nereis cultrifera vorzukommen. Nach *Salensky* *) besteht das ursprüngliche Hypoblast dieses Polychaeten aus 4—5 Kugeln, deren Deutoplasma vom Protoplasma geschieden ist. Das letztere befindet sich im Centrum, seine Kerne theilen sich, die einzelnen plasmatischen Partien bleiben aber ziemlich lange untereinander vereinigt und bilden das definitive oder secundäre Entoderm. Es scheint mir, dass bei Nereis ganz übereinstimmende Wanderung des künftigen Darmepithels aus der Dottermasse stattfindet wie bei Rhynchelmis. Die Abbildungen von *Salensky* (l. c. Taf. XXIV. und XXV.) Fig. 16. NA, B, 17., 17. NA, 18. N, 19. NB, 19. N, 21. N und 22. NB bekräftigen mich in meiner Ansicht. Und dass thatsächlich eine Wanderung der aus den ursprünglichen 4 Hypoblastkugeln differencirten Protoplasmainseln sammt ihren Kernen an die innere Peripherie der künftigen Darmhöhle stattfindet, beweist die jüngste Arbeit von *C. Wistinghausen* **) über die Entwicklung von Nereis Dumerilii. Hier bilden sich allerdings zunächst 4 Protoplasma-Anhäufungen mit je einem grossen Kern am vegetativen Pole der Makromeren, die der Autor als „4 Urentodermzellen" deutet, die aber jedenfalls den Entoplasten von Clepsine ent-

---

*) *Salensky*, Études sur le développement des Annélides. II. Partie. Arch. de Biologie 1882. III. p. 562 etc. — 1887. VI. p. 628 etc.
**) Untersuch. über die Entwickl. von Nereis Dumerilii. Mittheil. zool. Stat. Neapel. 10. Bd. 1891.

sprechen. Nach der Vermehrung der Kerne im streifigen Protoplasma findet nun eine Wanderung längs der Theilungsfurchen statt und es entsteht schliesslich eine zusammenhängende Zell-Lage.

3. Die Bildung des definitiven Darmepithels der Lumbriciden ist weit einfacher als die von Rhynchelmis. Die ursprünglichen Hypoblastkugeln senken sich in den meisten Fällen in das Epiblast ein, während in seltenen Fällen (Dendrobaena, Lumbricus? Allolobophora foetida nach *Wilson*) eine Einstülpung stattfindet, wodurch nach der Schliessung des Blastopor's ein allseitig geschlossenes Archenteron zu Stande kommt. Seine Zellen sind gross, kubisch, das Protoplasma ist im lebenden Zustande bei den meisten Arten (Lumbricus, Allolobophora trapezoides, Dendrobaena) feinkörnig, bei Allolobophora foetida fast homogen und glänzend. In den jungen Würmern findet nun eine Veränderung der Archenteronzellen in der Weise statt, dass sich der körnige Plasmainhalt an der Basis der Zellen vermehrt, während der innere Theil derselben aus einem fast homogenen Plasma besteht (Taf. XXVII., Fig. 12., 13.). Diese inneren lappenartigen Fortsätze der Darmzellen ragen in verschiedenen Höhen in das Darmlumen hinein, später aber erfüllen sie sich mit demselben körnigen Inhalte, der früher die Archenteronzellen charakterisirte (Taf. XXVII., Fig. 4., 5.). Derartige Gestaltsverhältnisse des jungen Darmepithels findet man wenigstens in den meisten Präparaten; in anderen sieht man dagegen keine Spur nach den erwähnten lappenartigen Zellfortsätzen. Ich schliesse darnach, dass die Archenteronzellen derartige Fortsätze nur während der Nahrungsaufnahme aus der verschluckten Eiweissflüssigkeit entsenden und hierdurch auf die Pseudopodien einer Amoebe erinnern.

4. Über die Entstehung des Stomodaeums habe ich mich bereits früher ausgesprochen; es nimmt überhaupt nur das erste Segment ein. Dass der Oesophagus dem Hypoblaste seinen Ursprung verdankt, habe ich auch bereits im „System und Morphologie der Oligochaeten" dargelegt. Die Einstülpung des Epiblastes zur Bildung des Proctodaeums am hinteren Körperende findet erst in sehr späten Entwicklungsstadien statt und nimmt anfänglich nur das letzte Segment an der Dorsalseite ein (Taf. XXVIII. Fig. 5.). An älteren Würmchen verlängert sich der Enddarm auch bis in das 2. (vorletzte) Segment und ist leicht durch seine hyalinen, dünnen Wandungen und das verengte Lumen von dem eigentlichen Magendarm erkennbar (Taf. XXVIII. Fig. 4.). Diese Verhältnisse des Enddarmes sind leicht bei allen Lumbriciden nachzuweisen.

Am schwierigsten ist die Frage über die Herkunft des Pharynx zu beantworten. Ich habe früher (System und Morphologie der Oligochaeten pag. 100) nachzuweisen versucht, dass dieser Theil des Darmtractus dem Epiblaste seinen Ursprung verdankt, da ich die stomodaeale, anfangs an das erste Segment sich beschränkende Einstülpung als Pharynx bezeichne. Diese Einstülpung sollte sich später in die nachfolgenden Segmente erstrecken und mit dem verengten oesephagealen Theile, der dem Hypoblaste seinen Ursprung verdankt, in Verbindung treten. Dieser Auffassung scheinen die von der Oberfläche betrachteten Präparate zu entsprechen; Fig. 5. auf Taf. XXI. zeigt wenigstens, dass sich das Stomodaeum bis in das 2. Segment erstreckt hat und hier mit dem Hypoblaste sich verbindet. Allein die Untersuchung der Schnittserien durch jüngere Stadien unterstützt vielmehr die Ansicht, dass auch das Pharynxepithel aus den modificirten Hypoblastzellen sich aufbaut. Die auf der Taf. XXII. abgebildeten verticalen Längsschnitte (Fig. 2. und 3.) zeigen wenigstens, dass die stomodaealae Epiblasteinstülpung in das gleichgestaltete Epithel übergeht, welches bereits in der Region der Hypoblastkugeln sich erstreckt und namentlich auf der Bauchseite in die hinteren Segmente eingreift, um sich hier in das noch niedrige Oesophagusepithel fortzusetzen. Bedenkt man nun, dass in den kugeligen Entwicklungsstadien sich die Hypoblastkugeln bis zum ersten Segment erstrecken und dass die Umbildung derselben zum definitiven Darmepithel am vorderen Ende anfängt und dann nach hinten fortschreitet, so erklärt man sich, dass das Vorderdarmepithel im zweiten, dritten etc. Segmente nur den Hypoblastkugeln seinen Ursprung verdankt. Da das definitive Darmepithel auf der Bauchseite früher zu Stande kommt als auf der Rückenseite, so erklärt man sich die Gestaltsverhältnisse, welche in den Abbildungen 2. und 3. (Taf. XXII.) hervortreten. In Fig. 2. sieht man nebstdem, dass das Epithel der Rückenseite erst in der Bildung aus den Hypoblastkugeln begriffen ist, während die letzteren der entsprechenden Region der Bauchseite bereits verschwunden sind. In dieser Region befindet sich aber im erwachsenen Wurme der Pharynx, welcher erst später durch die verdickten Wandungen der Rückenseite und mächtige Muskelzüge sich auszeichnet (vergl. Taf. XXI. Fig. 1. 2. 3.).

Der Oesophagus zeichnet sich durch das verengte Lumen aus, welches von Anfang an als solches erscheint (Taf. XXII. Fig. 3. *6. oe*).

Dass das Stomodaeum der Lumbriciden von Anfang an sich ebenso an das erste Segment beschränkt, habe ich bereits früher mehrmals hervorgehoben und auf der Taf. XVI. Fig. 5—10, sowie Taf. XVIII. Fig. 4. illustrirt. Dasselbe findet man auch in späteren Stadien, wo der Embryo sich bedeutend in die Länge erstreckt (z. B. Fig. 4. XVIII.), nicht selten aber sieht man, dass die Röhre bis in das 2. und 3. Segment reicht (z. B. Fig. 9. *st*). In solchen Fällen ist es schwierig anzugeben, ob der hintere Theil aus den Epiblast- oder Hypoblastzellen besteht; gewiss aber befindet sich im 2. etc. Segmente der mit verdickter Dorsalwandung sich auszeichnende und ausstülpbare Pharynx (Taf. XIX. Fig. 15.).

Ich habe in meinem Werke den Pharynx von dem weiter nach hinten gestreckten Stomodaeum abgeleitet und *Wilson* (pag. 412) hat diese Annahme durch seine Beobachtungen an „L. foetidus" bestätigt. Ich glaube aber, dass man die Anfänge der Pharynxbildung in jüngeren Stadien suchen muss, in solchen nämlich, als sich das angeschwollene Archenteron von vorne nach hinten zu verengen anfängt; und man wird wahrscheinlich auch bei Lumbriciden ganz dieselben Verhältnisse der Pharynxbildung finden, wie bei Rhynchelmis.

Die von mir früher (pag. 248 und 249) mitgetheilten Angaben über den sog. Mundwulst von Allolob. foetida sind in gleicher Weise auch von *Wilson* dargestellt worden, indem er denselben für eine larvale Verdauungsdrüse auffasst (l. c. p 413), deren Secret die zähe Eiweissflüssigkeit in der nächsten Umgebung des Embryo verdünnt und zum Verschlucken befähigt.

§ 3. Allgemeine Differenzirung der Mesoblaststreifen.
Die Leibeshöhle.

Ich habe bereits in früheren Capiteln hervorgehoben, dass das ganze Mesoblast (im eigenen Sinne des Wortes) lediglich von den beiden Promesoblasten hervorgeht und dass an diesem Processe kein Epiblastelement theilnimmt. Dies hat unabhängig von mir auch *Wilson* nachgewiesen.

Aus den Mesoblastreihen bilden sich zuerst lumenlose Säckchen, die je mehr nach vorne, desto deutlichere Höhlungen aufweisen; die letzteren treten zuerst auf der Bauchseite der Embryonen auf und verbreiten sich nach und nach zu beiden Seiten des Archenterons. Fig. 6. (Taf. XXX. *ms*) veranschaulicht uns diese allmälige Höhlenbildung in den einzelnen Somiten des jungen Embryo und man sieht an gediegenen Längsschnitten, dass die Höhlungen der Somiten mit schönem kubischen Epithel ausgestattet sind.

Das eben Gesagte gilt auch von dem ersten Segmente oder Kopfe, welches übereinstimmende Mesoblastverhältnisse mit dem gewöhlichen Rumpfsegmente erweist. Das anfangs solide Mesoblast umwächst das Stomodaeum, spaltet sich nachher zu einer Somato- und Splanchnopleura, welche beiden die epitheliale Auskleidung des Kopfsegmentes bilden; in dieser Kopfhöhle kann man anfangs schwierig die flottirenden Mesoblastzellen nachweisen. (Vergl. Taf. XVI. Fig. 10. 11. 17., Taf. XVIII. Fig. 4. 11. 13.) Diese Verhältnisse sind recht klar an lebenden, durchsichtigen Embryonen von Allolob. putra zu sehen.

Die ersten Anfänge des Kopfmesoblastes von Rhynchelmis sind leicht und auch mit schwachen Vergrösserungen nachweisbar, wie wir sie bereits (pag. 271) beschrieben und in Fig. 6—10 k auf der Taf. XI. abgebildet haben. Schwieriger verhält sich die Sache in den Larven der Lumbriciden; ich habe lange vergebens die ersten Anlagen des Kopfmesoblastes gesucht, doch schliesslich dieselben mit den stärksten Vergrösserungen entdeckt. Sie erscheinen zuerst in ganz jungen Larven, welche bisher nur 2 Paar Teloblasten (neben den Promesoblasten) besitzen (Taf. XXX. Fig. 9. t^1, t^2). An der Grenze zwischen den Excretionszellen und dem Archenteron verläuft jederseits in der primitiven Leibeshöhle ein Zellstrang (Taf. XXX. Fig. 9. k); derselbe ist auf der Bauchseite verengt und scheint hier mit einer grösseren Zelle zusammenzuhängen (Fig. 9. a. x), die ich als vergrösserte Zelle der Mesoblaststreifen auffasse. Von der Oberfläche betrachtet, besteht der Zellstrang aus flachem Epithel, dessen Elemente schwach pigmentirt sind. Im optischen Durchschnitte zeigt der Zellstrang ein Lumen (Taf. XXX. Fig. 9, 9b) — die sich bildende Kopfhöhle.

In anderen noch jüngeren Larven fand ich nur sehr niedrige, zu beiden Seiten des Blastoporrestes befindliche Säckchen, die sich also durch Zellvermehrung gegen die Dorsalseite ausbreiten können und so die Anlagen des ersten Segmentes vorstellen. An Schnitten habe ich diese Anlagen des Kopfmesoblastes nicht untersucht.

Es ist kaum zu bezweifeln, dass die besprochenen Anlagen den sog. Kopfkeimen der Hirudineen entsprechen; hier treten sie allerdings viel deutlicher, als bei Lumbriciden hervor und nach den Untersuchungen von *R. S. Bergh* legen sie sich vollkommen getrennt von den „Rumpfkeimen" an.

Sowohl die Längs- als Querschnitte durch den Kopf der Embryonen von Rhynchelmis zeigen ganz dieselben Verhältnisse, wie die der Lumbriciden; das Mesoblastepithel bedeckt an der ganzen

Peripherie das Stomodaeum und das Gehirnganglion, welches bisher mit der Hypodermis im Zusammenhange steht. (Vergl. Taf. XXII. Fig. 3.. 4.. Taf. XXI., Fig. 13.. 14.)

Dass aus diesem Mesoblastepithel des Kopfsegmentes die Wanderzellen zu Stande kommen und die Kopfhöhle nach und nach als verzweigte. amöboide Zellen erfüllen, habe ich bereits früher beschrieben und in Fig. 2. (Taf. XXII.) abgebildet. Die Kopfhöhle ist überall die älteste, die Leibeshöhlen der nachfolgenden Segmente bilden sich allmälig von vorne nach hinten.

Die Kopfhöhle sowohl von Rhynchelmis als der Lumbriciden weicht also genetisch nicht von der Leibeshöhle der nachfolgenden Segmente ab. Sie wächst erst nachträglich zum sog. Praestomium aus. welches letztere daher nicht als Kopf. sondern als ein Kopffortsatz oder Kopflappen aufzufassen ist. Dafür sprechen zuerst die embryologischen Thatsachen bei Lumbriciden. wo der Mund am vorderen Körperende terminal nach aussen mündet, und erst nachträglich durch den sich verlängernden Kopflappen von der Rückenseite verdeckt wird. Dies allerdings erst sehr spät. nachdem das Kopfganglion längst angelegt ist und sich somit nicht im Praestomium bilden kann, wie unlängst von einer Seite behauptet wurde.

Zweitens kommt der Kopflappen nicht allen Annulaten zu, wie unlängst *E. Meyer* bei Terebelliden constatirt, allerdings aber die Abwesenheit desselben durch secundäre Umstände zu erklären versucht hat. Unter den Oligochaeten sind nebstdem einige Gattungen, wie Urochaeta, Diacheta und Deodrilus durch *Beddard*[*]) und *Benham* bekannt geworden. die der Praestomien völlig entbehren, und deren Kopfsegment wohl in dem embryonalen Stadium (mit terminal gelegenem Munde) persistirt.

Nach und nach differenzirt sich das Mesoblastepithel sowohl im Kopfe als in den nachfolgenden Segmenten. die nicht differenzirten Zellen treten aber aus dem Verbande der Muskelschicht der Somatopleura aus, um in der Leibeshöhle zu flottiren. Ich habe den Vermehrungsprocess der Mesoblastzellen bereits früher (pag. 273. u. 274.) geschildert und berichtige an dieser Stelle nur die dort mitgetheilten Angaben dahin. dass die vermeintlich in das Epiblast eintretenden und die Hypodermis herstellenden Mesoblastzellen eigentlich die Zellenreihen der Teloblasten vorstellen (vergl. Taf. XXI., Fig. 9—12.).

---

[*]) *F. E. Beddard*, On the anatomy of a Spec. of Diacheta Quart micr. Journ. XXXI.; On the Struct. of a new Gen. of Oligoch. (Deodrilus) etc. Ibidem vol. XXXIII. (1891.)

Die Vermehrung der Mesoblastzellen ist in der Somatopleura eine weit intensivere als in der Splanchnopleura; dies beweisen nicht nur die weit häufigeren karyokinetischen Figuren in der ersteren (Taf. XXI., Fig. 8.), sondern auch thatsächlich zahlreicher hier vorhandene Zellen (Taf. XXI., Fig. 10., 12.). Namentlich in den Embryonen der Lumbriciden sieht man an der Leibeswand ein mehrschichtiges Mesoblastepithel, das lange in undifferenzirtem Stadium verbleibt und ziemlich spät sich in der weiter unten angegebenen Weise zu verschiedenen Geweben differenzirt. In jungen Würmern von Rhynchelmis sieht man sowohl an der Leibeswand als an den Dissepimenten sehr flache Peritonealzellen, zwischen welchen einzelne wuchernde Elemente in die Leibeshöhle hineinragen. Dieselben trennen sich sehr frühzeitig los, fallen in die bisher enge Leibeshöhle, wo sie zu grossen Zellen heranwachsen, die durch ihre knäuel- und lappenförmige Gestalt sehr auffallend sind (Taf. XXVI., Fig. 11., 12., 23. *w*). Es sind die ersten Wanderzellen, deren ursprüngliche Gestalt und Grösse an den Querschnitten nicht nachweisbar ist. In älteren Würmern, deren Leibesschlauch bereits mit deutlicher Muskelschicht ausgestattet ist, bilden die Peritonealzellen nur selten ein zusammenhängendes Epithel; sie ragen aus der Muskelschicht tief in die Leibeshöhle hinein (Taf XXII., Fig. 12. *l*), einzelne trennen sich los und bewegen sich amoebenartig an der Oberfläche verschiedener Organe (Rhynchelmis Taf. XXIV., Fig. 3. *wz*, — Allolobophora putra Taf. XXXII., Fig 8. *wz*). Diese Thatsachen sind übrigens schon längst bekannt, nur über die Herkunft der Mehrzahl der Wanderzellen in der Leibeshöhle gehen die Ansichten auseinander. Nach meinen jetzigen Erfahrungen bilden sich die Wanderzellen zuerst aus den Elementen der Peritonealhülle, die sowohl die Muskelschicht des Leibesschlauches als der Dissepimente bedeckt. Zu dieser Zeit sind die Blutgefässe noch nicht vorhanden, wohl aber ist die den Darmcanal umkleidende Splanchnopleura vollständig entwickelt, indem sie sich von der Bauchseite gegen die Rückenseite der jungen Würmer erweitert. Bei Rhynchelmis bildet sie immer nur ein einschichtiges Epithel und in diesen Gestaltsverhältnissen erscheint sie auch in den jungen Regenwürmern, deren Segmenthöhlen noch nicht ganz entwickelt erscheinen (Taf. XXXII., Fig. 12.). Später vermehren sich die Elemente der Splanchnopleura in der Weise, dass sie nicht selten in mehreren Schichten aufgelagert erscheinen (Taf. XXVII., Fig. 12.), namentlich in den Körperregionen, wo sich der Magen und die Kalkdrüsen anlegen (Taf. XXVII., Fig. 4., 5. *kd*).

Aus dem Gesagten geht hervor, dass das einschichtige Splanchnopleura-Epithel von Rhynchelmis nicht nur die Muskularis des Magendarms, sondern auch die dem Peritonealepithel der Leibesmuskelschicht entsprechende Ausstattung bilden muss. Thatsächlich war ich nicht im Stande besonders differenzirte Muskelzellen am Magendarme von Rhynchelmis zu finden. Im jungen, 3 *mm* langen Würmchen besteht die äussere Umkleidung des Magendarmes aus grossen cubischen Zellen (Taf. XXII., Fig. 11. *chl*) mit klarem Inhalte und runden Kernen. In weiten Abständen von einander erscheinen an der Basis einzelner Zellen punktförmige, intensiv roth sich färbende Querschnitte der Längsmuskelfasern (*m*), die sich also nach meiner Ansicht aus einem winzigen Plasmatheile der Splanchnopleurazellen differenzirt haben, während der übrige Theil der Zellen unverändert persistirt und später sich zur Substanz der Chloragogenzellen modificirt. Auch die Ringmuskeln des Magendarmes bilden sich nur aus einem Theile des basalen Plasmatheiles der Splanchnopleurazellen. Dasselbe sieht man auch in späteren Stadien, wo die Chloragogenzellen deutliche charakteristische Gestalt annehmen (Taf. XXII., Fig. 12. *chl*). Dieselben können sich nun ebenfalls wie die übrigen Peritonealzellen von den Magendarmwandungen lostrennen, um in der Leibeshöhle zu flottiren.

Bei den Lumbriciden differenziren sich aber die Splanchnopleurazellen sehr frühzeitig, bereits im einschichtigen Stadium, indem einzelne Zellen im Wachsthum zurückbleiben, sich weiter nicht vermehren und schliesslich von den Nachbarzellen umwachsen werden, so dass sie sich schliesslich zwischen der Darmwandung und den späteren Chloragogenzellen befinden, um sich theils zu Quer-, theils zu Längsmuskelfasern zu differenziren (Taf. XXXII., Fig 12. *mz, mz'*; Taf. XXVII., Fig. 12.).

Bei allen diesen Vorgängen sind bereits in der Leibeshöhle zahlreiche Wanderzellen vorhanden, während das Bauchgefäss erst in der Anlage begriffen ist (Lumbriciden Taf. XXXVI., Fig. 12. *bg*), oder wenn es bereits vorhanden ist, wie bei Rhynchelmis (Taf. XXII., Fig. 11., 12. *vv*), so entbehrt es einer aus grösseren, bläschenförmigen Elementen bestehenden Bedeckung. Und in dieser Gestalt erscheint das Bauchgefäss auch in erwachsenen Würmern; bei keinem Oligochaeten findet man den aus grossen Zellen bestehenden Belag auf dem Bauchgefässe, wie es *Kükenthal* [*]) bei Tubifex gesehen haben will.

---

[*]) Über die lymphoiden-Zellen der Anneliden. Jen. Zeitschr. XVIII. 1885.

Nach dem genannten Forscher entstehen die lymphoiden Zellen „im vorderen Theile des Körpers aus Zellen, welche dem Bauchgefässe und dessen Verzweigungen aufsitzen". Hier kann nur Beobachtungsfehler vorliegen; *Kükenthal* hat wahrscheinlich die in der Leibeshöhle der Bauchseite in der Umgebung des Bauchgefässes angehäuften Wanderzellen gesehen und dieselben als einen Gefässbelag betrachtet. Nach meinen Erfahrungen „coaguliren" die Wanderzellen unter dem Drucke des Deckgläschens in verschiedenen Körpertheilen und können in dieser Gestalt als eine aus grossen Zellen bestehende Umhüllung der betreffenden Organe betrachtet werden. Thatsächlich ist das Bauchgefäss von Tubifex nur mit spärlichen, flachen und nur mit Hilfe der Reagentien nachweisbaren Peritonealzellen bedeckt. Auch wäre es möglich, dass *Kükenthal* das mit Wanderzellen vollgepfropfte Lymphgefäss beobachtete; bisher aber habe ich keine Gelegenheit gehabt den Tubifex von neuem zu untersuchen, um mich zu überzeugen, ob diese Lymphbahn thatsächlich auch bei Tubifex und überhaupt bei niederen Oligochaeten vorhanden ist.

Bei den Regenwürmern ist das ventrale Lymphgefäss wenigstens in den Geschlechtssegmenten vorhanden und zwar zwischen dem Bauchgefässe und dem Darmtractus; ich werde auf das Lymphgefässsystem der Regenwürmer noch weiter unten zurückkommen.

Über die Herkunft der Chloragogendrüsen habe ich mich bereits im Allgemeinen im „System und Morphologie der Oligochaeten" ausgesprochen, indem ich sie als modificirte Peritonealzellen deutete. Die embryologischen Thatsachen zeigen nun weiter, dass diese Zellen von Anfang an die Magendarmwandungen bedecken und erst mit dem Erscheinen des Blutgefässsystems als „Chloragogendrüsen" functioniren; nach dem Loslösen der mit den Excretionskörnchen vollständig erfüllten Chloragogenzellen werden die letzteren durch „frische" Wanderzellen ersetzt, die sich an die Gefässwandungen des Magendarmes mittels der pseudopodienartigen Fortsätze ankleben und durch Aufnahme der Excretionsproducte aus der Blutflüssigkeit zu Chloragogenzellen werden. Die Darstellung *Kükenthal's*, nach welcher die Chloragogenzellen durchaus aus den lymphoiden Zellen entstehen sollen, muss daher wesentlich modificirt werden.

Meine Darstellung über die epitheliale Anordnung des Mesoblastes sowohl im Kopfsegmente als in den nachfolgenden Rumpfsegmenten stimmt keinesfalls mit den diesbezüglichen Angaben von

Wilson überein. Derselbe unterscheidet das epitheliale „Trunk-Mesoblast" und das mesenchymatische „Migratory-Mesoblast", welches letztere wohl mit den von mir erwähnten Mesenchymzellen in der primitiven Leibeshöhle identisch ist. Nach *Wilson* stellt dieses Mesenchym auch das Kopfmesoblast vor, indem sich die einzelnen Zellen des epithelialen Rumpfmesoblastes lostrennen und in den Kopflappen oder das Praestomium eintreten.

Ich kann mit dieser Darstellung nicht übereinstimmen; meiner Ansicht nach hat *Wilson* allzu späte Stadien beobachtet, wo bereits sich das ursprünglich epitheliale Kopfmesoblast zu Wanderzellen und Muskelfasern differenzirt. Thatsächlich beruft er sich auf ein sehr weit fortgeschrittenes Stadium von Allolobophora foetida (l. c. Fig. 50.), wo bereits die verzweigten radiären Muskelfasern zwischen dem Stomodaeum und der Leibeswand entwickelt sind, wie ich den entsprechenden Embryo auf der Taf. XVII., Fig. 9. und 10. abbilde und pag. 249 beschreibe. Ausserdem betrachte ich die Auffassung *Wilson's* der Dissepimentvertheilung in der angezogenen Figur (l. c. Fig. 50.) als irrthümlich. Das von *Wilson* als erstes Dissepiment (l. c. Fig. 50. *d'*) gedeutete Gebilde ist wohl kein Dissepiment, so dass das Stomodaeum nicht zwischen dem ersten und zweiten Dissepiment sich nach aussen öffnet, sondern terminal auf dem Kopfsegmente, eben wie ich (Taf. XXII, Fig. 9.) abbilde. Sonst entnehme ich aus zahlreichen Abbildungen *Wilson's*, dass das Kopfmesoblast ursprünglich epithelartig angeordnet ist und in dieser Beziehung mit jedem der nachfolgenden Segmente übereinstimmt.

§ 4. Die Entwicklung der Leibesmuskulatur.

1. Die *Bildung der Längsmuskelfasern* der Somatopleura habe ich zunächst an lebenden Embryonen von Rhynchelmis in Flächenpräparaten untersucht. Die bisher nicht differenzirtn Zellen der Somatopleura bilden ein schönes, aus gleich grossen Elementen bestehendes Pflasterepithel mit grossen ovalen Kernen. Nachher beginnen sich die Zellen gleichmässig in der Längsachse des Embryos auszuziehen und nehmen eine spindelförmige Gestalt an (Taf. XXIII., Fig. 1.). Schon in diesem Stadium gewahrt man eine Differenzirung des Zellplasma zur contractilen Substanz, die als glänzende Fasern in der Centralachse der Zellen, namentlich an den Polen, hervortritt. Die dichte plasmareiche Kernsubstanz erlaubt nicht diese Fasern in der ganzen Länge der Zelle wahrzunehmen, was aber be-

reits in dem nächsten Stadium (Taf. XXIII., Fig. 2.) gelingt. Die Zellen des Muskelepithels sind noch mehr verlängert und laufen an beiden Polen in lange zugespitzte Fasern aus (Fig. 3.). Die ebenfalls ausgezogenen Kerne sind jetzt viel heller als im vorigen Stadium und liegen, wenn man die Zellen im Profil betrachtet, an der gegen die Leibeshöhle zugekehrten Seite (Taf. XXIII., Fig. 5.). Die contractilen Fasern befinden sich demnach in dem basalen Theile der Zellen und verbinden sich der Reihe nach mit den vorderen und hinteren Muskelzellen (Fig. 2.). Mit dem weiteren Differenzirungsprocesse erscheinen die Muskelkerne als undeutliche spindelförmige Körperchen, den contractilen Fasern anliegend (Taf. XXIII., Fig. 6, 7., 8.); sowohl diese, als die Kerne sind von einer feinkörnigen plasmatischen Hülle umgeben — offenbar einem Reste des nicht differenzirten Protoplasma. In lebenden Embryonen erscheinen die Muskelzellen dieses in der Profillage betrachteten Stadiums als niedrige Höckerchen, zwischen denen die nicht zu Muskelfasern differenzirten Somatopleurazellen in die Leibeshöhle hineinragen (Taf. XXIII., Fig. 9.).

Die lebenden Embryonen von Rhynchelmis lassen sich nicht mit starken Vergrösserungen in Bezug auf die Muskelfaserbildung untersuchen; ich konnte daher auf diesem Wege nicht sicherstellen, ob aus jeder Zelle nur eine oder mehrere Muskelfasern zu Stande kommen.

Darüber belehren uns die Querschnitte, indem sie zeigen, dass sich aus jeder Zelle mehrere Fasern bilden.

In dem Querschnitte (Taf. XXIII., Fig. 10., 16.) sieht man zahlreiche, fast senkrecht zur Hypodermis gestellte Muskelfasern; je eine grössere Anzahl derselben gehört einer Zelle, deren Plasmatheil mit dem Kerne in die Leibeshöhle hineinragt. Die Fasern wachsen in die Höhe auf Kosten des Zellplasma, welches schliesslich (bei erwachsenen Würmern) sammt den Kernen absorbirt wird. In Fig. 26. (Taf. XXIII.) sieht man bereits keine Zellen, es treten nur die Muskelfasern hervor, zwischen denen in Fig. 12. (Taf. XXII.) einzelne, den Peritonealzellen gleichwerthige Elemente (l) mit einem Plasmafortsatze angeheftet sind. Dasselbe wiederholt sich auch im späteren Leben der erwachsenen Würmer, wie es Fig. 4 (Taf. XXIV) veranschaulicht.

In gleicher Weise bildet sich die Längsmuskulatur des Bauchstranges von Rhynchelmis: mehrere Muskelfasern entstehen auf der Basis je einer Zelle. Auf dem Querschnitte des jungen Bauchstranges sieht man an der Dorsalseite drei Muskelzellen (Taf. XXIII., Fig. 10.

m m^2, m^3): nicht selten aber kommen in der Centrallinie 2 solche Zellen vor (Fig. 14., Taf. XXIII.). Man trifft diese Zellen nicht an allen Querschnitten, aus welchem Grunde ich dafür halte, dass sie keine continuirliche Reihen längs des Bauchstranges bilden. Dagegen treten die Muskelzüge, sowohl die lateralen, als der mediane in der ganzen Länge vor. Die Bildung der Muskelfasern ist in Fig. 15. (Taf. XXIII. m^1, m^2) dargestellt: sie befinden sich an der Basis der durch grosse runde Kerne angeschwollenen Zellen als niedrige, glänzende Stäbchen, die auch nach der Degeneration der Kerne nur unbedeutend höher erscheinen (vergl. Taf. XXIII., Fig 13., 16., 18. m^1, m^2). In den erwachsenen Würmern erscheinen die lateralen Bauchstrangsmuskeln als hohe, intensiv sich färbende Blätter (Taf. XXIV., Fig. 1., 3. m), welche nicht selten mit einer deutlichen Peritonealmembran bedeckt sind (Taf. XXIV., Fig. 4. m).

Merkwürdig ist der Medianmuskelzug des Bauchstranges. Die Anlagen desselben trifft man bei allen jungen Embryonen von Rhynchelmis als 1 oder 2 Zellen, aus denen später niedrige Muskelfasern zu Stande kommen und die man ausnahmslos auch noch in jungen Würmern findet (vergl Taf. XXIII., Fig. 13., 15., 16. m^3). Unterhalb dieser radialen Muskelzüge bildet sich der Neurochord, welcher durch weitere Ausbildung sich über den Bauchstrang erhebt und die Muskeln allmälig in der Weise verdrängt (Taf. XXIII., Fig. 18. m^3), dass sie sich schliesslich tief zu beiden Seiten an den Wandungen des Neurochord's befinden (Taf. XXIII., Fig. 23 m^3). Man kann also diese medialen Bauchstrangsmuskeln als Neurochordmuskeln bezeichnen, die aber bei Rhynchelmis in späteren Stadien degeneriren und man sucht sie vergeblich in den erwachsenen Würmern (Vergl. Taf. XXIV.).

Phylogenetisch sind die Neurochordmuskeln von Rhynchelmis von gewisser Bedeutung; sie functionirten offenbar bei den Vorfahren der genannten Gattung in derselben Weise, wie sie bei dem nächstverwandten Lumbriculus variegatus noch thätig sind. Ich habe sie bei der letztgenannten Art schon früher*) beschrieben und abgebildet (l. c. Taf. XII., Fig. 23. m^1): hier haben die Neurochordmuskeln ganz dieselbe Lage wie bei den Embryonen von Rhynchelmis, d. h. an der Dorsalfläche, zu beiden Seiten des mittleren Neurochordstranges.

2. Die *Bildung der Längsmuskulatur der Lumbriciden*. Die Längsmuskeln der Regenwürmer zeichnen sich durch complicirtere

---

*) System und Morphologie der Oligochaeten.

Gestaltsverhältnisse unter den Oligochaeten aus, indem sie in den Muskelkästchen angeordnet sind, und dies ist der einzige Charakter, durch welchen sich die früher allgemein anerkannte Unterabtheilung der Terricolen von den Limicolen unterscheidet. Dem entsprechend ist auch die Bildung der Längsmuskulatur der Lumbriciden und wohl auch der meisten Polychaeten eine complicirtere, als die der niederen Oligochaeten (und vielleicht auch der sogenannten Archianneliden), wenn sie auch auf denselben Entwicklungsprincipien beruht.

Die noch nicht differencirte Somatopleura der Regenwürmer ist mehrschichtig; man findet nur selten eine einzige Zellschicht, 3—4 Zellschichten sind die gewöhnlichsten. Die meisten dieser Zellen stellen Muskelzellen vor, während die innerste, gegen die Leibeshöhle zugekehrte Lage der Somatopleurazellen sich zu flachem Peritonealepithel umwandelt.

Eingehender betrachtet, gestaltet sich der Differencirungsprocess folgendermassen: Die ersten Muskelfasern erscheinen zuerst in der tiefsten, also den Ringmuskelzellen aufliegenden Zellschicht. Diese Zellen unterscheiden sich wenig von den höher liegenden; die Muskelfasern erscheinen an der Basis der Zellen als glänzende, scharf contourirte, runde Feldchen (Taf. XXXI., Fig 1*a*, 1*b*, *lm*), die ziemlich weit von einander angeordnet sind. Ich finde meist 4 Querschnitte der Muskelfasern in jeder Zelle, und erst nachträglich vermehren sie sich (1*b*), indem die später entstandenen Muskelfasern in den Lücken zwischen älteren Fasern erscheinen. Der Boden, aus welchen sich die Muskelfasern bilden, ist ein glänzendes Plasma, das in ungemein schwacher Schicht an der Basis der Muskelzellen sich erstreckt, und sich nur durch seinen Glanz verräth. Ich war nicht im Stande eine Structur in diesem „Muskelplasma" zu unterscheiden. Das übrige Plasma der Muskelzelle ist dagegen klar, nicht glänzend und hier liegt der Kern. Dieses nicht differencirte Plasma vermehrt sich offenbar, denn in den weiteren Stadien vergrössern sich die Muskelzellen, wenn sie auch, wie bei Allolob. putra (Taf. XXXI., Fig. 1. *mz*) von verschiedener Höhe sind. Über den Muskelzellen befindet sich in unserer Abbildung eine höhere Lage der noch nicht differencirten Mesoblastzellen (*id*) und schliesslich das innerste, überall leicht nachweisbare Peritonealepithel (*pt*). Fig. 9. (Taf. XXXI.) stellt einen Querschnitt von Allolob. trapezoides aus der vorderen Körperregion vor, wo im definitiven Stadium die Muskelkästchen nicht so regelmässig wie eiter nach hinten angeordnet sind. Hier sieht man die fast gleich gestalteten hyalinen Muskelzellen (*mz*), weiter oben die grossen und den Muskelzellen entsprechenden Elemente (*id*) und schliesslich das intensiver sich färbende flache Peritonealepithel (*pt*), aus welchem einzelne Zellen (*st*) zwischen die Muskelzellen eindringen. Auch in diesem Stadium enthalten nur die tiefsten Zellen die Muskelelemente und zwar an der Basis (Fig. 1., 9. *m*), während der weit grösste Plasmatheil der Zellen undifferenzirt bleibt. Die Querschnitte der Muskelfasern stellen bereits etwas in die Höhe ausgezogene geschlossene Röhrchen vor, deren Lumen sich allerdings nur als eine dunklere Linie verräth (Fig 4.). Dadurch entspricht die unterste Muskelzellenlage der Lumbriciden der Muskulatur von Rhynchelmis, bei welchem, sowie bei allen Lumbriculiden Tubificiden, Naidomorphen etc., sie in dieser einfachen Schicht lebenslang persistirt. Bei Regenwürmern erscheinen diese Verhältnisse nur in den sog. primären Muskeln, die zuerst zu beiden Seiten des Bauchstranges in den jüngsten Embryonen zum Vorschein kommen (Taf. XXXI., Fig. 11. *pm*), wie schon *Bergh* hervorgehoben hat. Ich betrachte dieselben als Embryonalmuskeln, da ich nicht sicher bin, ob sie auch im erwachsenen Stadium fungiren. *Bergh* leitet sie von den äussersten Zellen der Somatopleura ab, ich sehe sie aber immer ausserhalb derselben, nämlich in der primitiven Leibeshöhle und halte dafür, dass ihr Ursprung in den larvalen Mesenchymzellen zu suchen ist.

An der Bildung der Längsmuskelschicht des Leibesschlauches betheiligen sich weiter noch die höher stehenden Zellen der Somatopleura. Fig. 2. stellt die in der Bildung begriffene Muskulatur unter dem Bauchstrange von Allolob. putra vor, wo die Muskelschicht niedriger erscheint als in den Seitentheilen des Körpers. Man sieht hier zwei fast gleich gestaltete, mit hyalinem Plasma erfüllte Zellen, die gegen die Leibeshöhle mit einer sehr flachen Peritonealzelle bedeckt sind. Die ursprüngliche Grenzmembran zwischen beiden Zellen ist noch erhalten, der Kern der oberen Zellen ist der Membran genähert. Die untere Zelle trägt die Muskelfasern an der Basis und den Seitentheilen, die obere nur an den letzteren.

In Fig. 3. (Taf. XXXI.) ist der weitere Bildungsprocess veranschaulicht. Hier ist die junge Längsmuskelschicht verschieden hoch, indem sie aus einer, zwei und drei Zellschichten besteht. Das Plasma und die Kerne der Muskelzellen sind dieselben wie in den früher besprochenen Stadien (*mz*). Die Grenzmembranen der Zellen sind zum Theile resorbirt, zum Theil persistiren sie noch. Zwischen den

Muskelzellen verlaufen die Stützlamellen, über deren Ursprung wir uns weiter unten aussprechen werden können. Die Muskelfasern beschränken sich nicht mehr an die Basis der untersten Muskelzellen, sondern sind zu beiden Seiten der Stützlamellen angeordnet und zeigen also die bekannte gefiederte Gestalt wie in erwachsenen Würmern.

Die Entwicklungsgeschichte erklärt uns daher in klarster Weise die scheinbar so complicirten, histologischen Verhältnisse der Muskulatur der Chaetopoden. Wir wollen eine stark vergrösserte Partie der vollständig entwickelten Längsmuskulatur der Regenwürmer besprechen und wählen dazu Allolobophora putra und Lumbricus terrestris, um die in der letzten Zeit mitgetheilten Angaben über die Structur der Längsmuskulatur der Chaetopoden mit den eben auf entwicklungsgeschichtlichem Wege erkannten Thatsachen in Einklang zu bringen.

Bei Allolobophora putra sind die Structurverhältnisse um so leichter zu untersuchen, als das Plasma der Muskelzellen weite Lücken zwischen den Muskelfasern erfüllt und die radialen Blutgefässe, welche vom Peritoneum gegen die Hypodermis durch die Stützlamellen ausstrahlen, nicht so häufig sind, wie z. B. bei Lumbricus terrestris. Zwei Muskelkästchen von All. putra sind in Fig. 5. (Taf. XXXI.) veranschaulicht. Jedes Muskelkästchen ist umgrenzt 1) gegen die Leibeshöhle durch die Peritonealmembran (pt), 2) von unten durch eine bindegewebige Übergangsschicht zwischen der Ring- und Längsmuskelschicht (lg), die ich im „System und Morph. der Oligochaeten" als Basalmembran bezeichnet habe, und 3) durch die seitlichen Stützlamellen, welche zwischen beiden erstgenannten Schichten hinziehen (st).

Jedes Muskelkästchen besteht aus einem hyalinen Protoplasma („Substanz intercolumnaire", *Cerfontaine*), in welchem nur bei sehr starken Vergrösserungen namentlich in der Umgebung der Kerne eine coagulirte, nicht selten feinkörnige Protoplasmasubstanz hervortritt. Deutlicher tritt das feinkörnige Protoplasma an Längsschnitten hervor (Taf. XXXI, Fig. 7.). Die Zahl der Kerne ist je nach der Höhe der Muskelkästchen verschieden, 1—3 ist die gewöhnlichste (Fig. 5. z). Nach dieser Zahl der Kerne kann man schliessen, aus wie vielen Muskelzellen das Kästchen (auf dem Querschnitte) besteht. Die Längsschnitte (Fig. 7.) zeigen, dass die Kerne in der Längsachse der Muskelfasern ausgezogen sind. Sowohl auf der Basis als zu beiden Seiten, rechts und links, sind die Muskelfasern von blätterartiger Gestalt angeordnet: niemals kommen sie auf der inneren Peritonealfläche vor, wie man auf den Bildern verschiedener Autoren sieht. Der plasmatische Theil der Muskelkästchen öffnet sich auch nicht in die Leibeshöhle, wie *Rohde* angibt, der denselben als „Hohlraum" (bei L. terrestis) bezeichnet.[*]

Ganz entsprechende Gestaltsverhältnisse liefern die in Fig. 12. (Taf. XXXI.) dargestellten Muskelkästchen von Lumbricus terrestris. Die Kerne der Muskelkästchen sind hier zahlreicher, wie auch die Längsmuskelschicht der genannten Art höher ist. Einzelne Kerne können auch zwischen die Muskelfasern eindringen, so dass es scheint, als ob dieselben den letzteren angehören. Die Lücken zwischen je zwei Muskelkästchen von Lumbricus terrestris treten viel deutlicher hervor, ebenso wie die dicken und zahlreichen Blutgefässe, die in denselben verlaufen (*bl*), während bei Allolob. putra ziemlich spärliche Blutgefässe zwischen einzelnen Kästchen wahrnehmbar sind (Fig. 6., Taf. XXXI. *bl*). Diese Hauptgefässe können auch seitliche Äste entsenden, die dann die Kästchen der Quere nach durchtreten (Fig. 6. *bl'*).

Etwas schwieriger ist die Deutung der Stützlamellen; es sind mehr oder weniger deutlich hervortretende, blasse Stränge, die am klarsten in der Muskelschicht von All. trapezoides (Taf. XXXI., Fig. 10 *bg'*) erscheinen, während sie bei All. putra als sehr feine Züge zwischen je zwei Muskelkästchen verlaufen (Fig. 5., Taf. XXXI. *st*), hier aber in der basalen Hälfte um so schöner zu verfolgen sind, als sie an ihrem Verlaufe mit dem schwarzen Pigmente begleitet sind. Am schwierigsten sind sie bei Lumb. terrestris wahrzunehmen (Taf. XXXI., Fig. 12. *bg'*). In meinem Werke über Oligochaeten habe ich sie als verticale Fortsetzungen des zwischen der Quer- und Längsmuskelschicht hinziehenden Gewebes gedeutet, was sie auch thatsächlich sind, allerdings aber ist dieses Bindegewebe kernführend, während ich früher die Kerne nicht nachweisen konnte. *Rohde* bezeichnet dasselbe bei „L. agricola" als „ein vollständig homogenes Gewebe" (*zg*), bei „L. olidus" als ein „intermuskuläres Bindegewebe".[**] Von anderer Seite sind die Stützlamellen als vom Peritoneum abgezweigte kernführende Stränge gedeutet worden.

---

[*] Das Muskelkästchen entspricht dem Muskelbündel Rohde's.

[**] An einer anderen Stelle deutet *Rohde* die Stützstränge als „in der Muskulatur allenthalben auftretendes, als secundäres Abscheidungsproduct der Muskelzellen zu betrachtendes, meist fasriges Zwischengewebe".

Meine Deutung dieser intermuskulären Stützstränge ist nachfolgende: Aus der bindegewebsartigen Grenzmembran zwischen der Längs- und Quermuskelschicht erheben sich mehr oder weniger deutliche Stränge zwischen einzelnen Muskelkästchen und können sich z. B. bei All. foetida, wo die Anordnung nicht so regelmässig, wie bei L. terrestris und All. putra ist, mehrfach verzweigen und die einzelnen Muskelkästchen von allen Seiten umgeben. Auch bei All. putra entsenden sie seitliche Verzweigungen (Fig. 5.) Bei den letztgenannten Arten verbindet sich ihr oberes Ende mit der Peritonealmembran, was leicht durch das Vorhandensein der an der Ansatzstelle vorhandenen Kerne nachweisbar ist (Fig. 5. 6. *pt*). Bei L. terrestris bedeckt das Peritonaeum die inneren Flächen der Muskelkästchen und entsendet seitliche Fortsätze, die zwischen je zwei Kästchen ziemlich tief eingreifen, um sich mit den feinen Fasern der sonst schwierig nachweisbaren intermuskulären Stränge zu verbinden. Die Kerne der Stützlamellen treten an einzelnen Partien zahlreicher als an anderen hervor, sie sind von anderer Art, als die der Blutgefässe oder der Zellen, aus welchen sich die letzteren bilden sollen; so sieht man z. B. in Fig. 6. (Taf. XXXI. *bz*) in der undeutlichen Lücke zwischen je zwei Muskelkästchen einen Kern, der durch einen Plasmastrang mit dem Gefässe (*bl'*) zusammenhängt und mit ihm eine Blutgefäss-Bildungszelle vorstellt.

Was schliesslich die Auffassung der *Muskelfasern* anbelangt, so kann man sie keinesfalls als kernführende „Muskelzellen" (*Rohde* und *Cerfontaine*) deuten. Nur ein Theil des Plasma einer Muskelzelle hat sich zu zahlreichen Muskelfasern differenzirt, während der Zellkern unverändert im Centrum des nicht differenzirten Plasma persistirt. Die genannten Autoren berufen sich darauf, dass sie an den isolirten Muskelfasern Kerne sicherstellen konnten; aber ihre Angaben sind ziemlich unsicher und die von ihnen gezeichneten Kerne (namentlich von „L. olidus" bei *Rohde*) stellen kaum diese Gebilde vor. Indessen wäre es möglich, dass bei der Differenzirung des Zellplasma einzelne Muskelfasern sich ganz in der Nähe des Zellkernes bilden und dann scheinbar kernführend sich erweisen.

Die Muskelfasern („colonnes musculaires" *Cerfontaine*) sind echte Röhren, wie man sich überall an guten Querschnitten überzeugen kann; namentlich die basalen Längsmuskelfasern von *Allolob. trapezoides* (Taf. XXXI., Fig. 10. *mr*) sind in dieser Beziehung sehr instructiv, ebenso wie jene von *All. foetida*, während die oberen Muskelfasern mehr plattgedrückt erscheinen, weshalb sie die blattförmige Gestalt beibehalten. Diese Verhältnisse sind sonst durch die Arbeiten älterer Autoren, namentlich aber durch *Rohde* gut bekannt. Es erübrigt mir nur über die Structur der Rinde der Muskelröhren einige Bemerkungen anzuknüpfen. Nach *Rohde* zerfällt die „contractile" Rindensubstanz der Muskelzelle bei allen Chaetopoden in Primitivfibrillen von punktförmigem Querschnitt, welche sich zu radiär gestellten Fibrillenplatten von linienförmigem Querschnitt anordnen". Bei schwachen Vergrösserungen bemerkt man an Querschnitten der Muskelfasern thatsächlich die radiäre Strichelung der Rindensubstanz, so dass man zu der Ansicht, dass die Muskelfasern aus „Primitivfibrillen" zusammengesetzt sind, geführt werden kann. *Cerfontaine*,*) welcher leider die Arbeit *Rohde's* gar nicht berücksichtigt, spricht nicht mehr von Fibrillen; er hat erkannt, dass „toute la surface de la coupe est doublement striée" und weiter, dass „ces stries très nettes ne sont pas des simples lignes, mais ont une constitution moniliforme. Elles sont formées par un certain nombre de renflement réuni entre eux par de parties plus amincies".

C. F. *Marshall***) hat dagegen die mit Goldchlorid behandelten Muskelfasern von L. terrestris als lange Zellen beschrieben, die aus längsverlaufenden Linien bestehen; die letzteren sind aus punktförmigen, ziemlich unregelmässig angeordneten Körperchen zusammengesetzt, doch bilden sie keine transversalen Linien. An Querschnitten hat *Marshall* die Structur der Muskelfasern nicht untersucht.

Es erübrigt uns die Natur der vermeintlich doppelten Strichelung, über welche *Cerfontaine* berichtet, aufzuklären. Auf den stark abgeplatteten Muskelfasern bemerkt man thatsächlich, dass die Elemente der contractilen Substanz aus dunkleren Stricheln bestehen, die mit blasseren abwechseln. An den angeschwollenen, contrahirten Fasern erkennt man (Taf. XXXI., Fig 5. a), dass dieselben aus einer hyalinen Grundsubstanz bestehen, die sich an der Peripherie gegen das Plasma der Muskelzelle schärfer abgrenzt. Die an stark abgeplatteten Muskelfasern hervortretende Strichelung erscheint jetzt als aus äusserst feinen Fibrillen bestehend, die in ihrem Verlaufe knötchenartig sich verdicken („constitution moniliforme" *Cerfontaine*); sie verlaufen aber nicht so regelmässig parallel neben einander, wie *Cerfontaine* bei L. terrestris angibt, sondern entsenden auch seit-

---

*) Rech. sur le syst. cutané et sur le syst. musculaire du Lombric terrestre. Mém. cour. et mém. des sav. étrang. Acad. roy. Belg. 1890.

**) Observ. on the Struct. and distrib. of stripe1 and unstrip. Muscle in the animal kingdom etc. Quart. micr. Journ. 1888. p. 75.

liche, wenn auch weit feinere und undeutlichere Ästchen, wodurch ein Fasernetz zu Stande kommt, welches an das Reticulum im Cytoplasma erinnert. Die radial um das Centrum der Muskelfasern gestellten „Fibrillen" sind etwas stärker als ihre seitlichen Verzweigungen und bei der Dilatation der Muskeln erscheinen sie daher deutlicher als dunkle Stricheln. Sehr instructiv erscheint diese Structur an solchen Muskelfasern, die theilweise abgeplattet, theilweise angeschwollen sind, wie es Fig 5. *b* (Taf. XXXI.) veranschaulicht; hier besteht der angeschwollene Theil aus feinem Reticulum, während der abgeplattete, stielartige Theil der Muskelfaser die bekannte Doppelstrichelung aufweist.

Wenn daher der Ursprung der Muskelfasern näher bestimmt werden soll, so muss man von dem Plasma der Muskelzellen ausgehen. Dasselbe hat sich an der Basis und den Seitentheilen zur Grundsubstanz der Muskelfasern differenzirt, in welcher sich das ursprüngliche Reticulum in der Weise anordnete, dass es mehr an der Peripherie der contractilen Grundsubstanz überhand nahm, während es im Centrum der Fasern sich nicht weiter entwickelte. Auf diese Weise kam die röhrenförmige Gestalt der Muskelfasern zu Stande. Der übrige, undifferenzirte Theil der Muskelzelle enthält den Kern, der sich nie an der Bildung der Muskelfaser betheiligt.

Über die Entwicklung der Längsmuskulatur der Lumbriciden hat bisher nur *R. S. Bergh* eingehendere Angaben mitgetheilt, indem er beobachtete, dass die Muskelfasern anfänglich in einer einfachen Schicht vorhanden sind. Auch hebt er hervor, dass die Muskelfasern niemals Kerne enthalten, welche letzteren „innerhalb der Längsbündel, später zwischen den Fasern" liegen.

3) Die Structur der Ringmuskulatur der Lumbriciden weicht nicht von der eben besprochenen der Längsmuskeln ab, wie auch *Cerfontaine* die übereinstimmenden Verhältnisse der Ringmuskelröhren mit den der Längsmuskeln hervorgehoben hat. Ich füge jetzt noch bei, dass die Ringmuskelfasern von Allolob. foetida, wenigstens in der vorderen Körperpartie dieselbe gefiederte Anordnung wiederholen, wie sie für die Längsmuskeln der meisten Lumbriciden so charakteristisch ist, während die Faserbündel der Längsmuskulatur bei der genannten Art ebenso unregelmässig angeordnet sind, wie die Ringmuskelbündel anderer Regenwürmer.

Was den Ursprung der Ringmuskulatur anbelangt, so leitet sie bekanntlich *Bergh* von den äusseren drei Zellreihen des Keimstreifens ab und bezeichnet dieselben als „äussere Muskelplatte". Nach

Bergh wuchert die letztere stark und erstreckt sich lateralwärts, die Zellen werden stark abgeplattet und bilden zwischen der Epidermis und den inneren Muskelplatten eine einfache Schicht. Die Zellen ziehen sich dabei spindelförmig aus und bilden sich zu Ringmuskeln um, indem sich ihre Zellsubstanz aufhellt und ihre Spitzen lang ausgezogen werden, bis sich am Rande einer solchen Zelle eine stark brechende, oft wellig gebogene Faser zeigt, wodurch die Zelle sich als Muskelzelle charakterisirt. Die Dickenzunahme findet in der Weise statt, dass neue Fasern den alten aussen aufgelagert werden.

Diese so ausführlich dargestellte Bildungsweise der Ringsmuskulatur hat *Bergh* durch die Schnittmethode und zwar durch Herstellung der vertikalen Querschnitte sichergestellt. Die Abbildungen *Bergh's* sind sehr sorgfältig wiedergegeben, wie ich mich selbst aus den Präparaten des genannten Autors überzeugt habe. Lebende Embryonen hat aber *Bergh* nicht untersucht, was zur Erforschung des Ursprunges des Nephridialsystems unentbehrlich ist.

Solange ich die Bildung der Pronephridien durch Beobachtung der lebenden Embryonen nicht gekannt und mich nur an die Untersuchung der vertikalen Querschnitte beschränkt habe, betrachtete ich die Angaben *Bergh's* für richtig und fasste sämmtliche drei äussere Zellreihen der Lumbriciden für eine gemeinschaftliche Anlage der Quermuskelschicht auf. Auch die oberflächliche Besichtigung der älteren Querschnitte von Rhynchelmis-Embryonen, die ich auf der Taf. XXI. (Fig 9. 10. und 7.) abbilde, bekräftigte mich in dieser Ansicht. Als ich aber die entsprechenden Präparate mit starken Systemen untersuchte, musste ich die Richtigkeit der Angaben *Bergh's* bezweifeln. Und schliesslich habe ich durch Untersuchung der lebenden Embryonen von Dendrobaena die zweite, in der Differenzirung zu Pronephriden begriffene Zellreihe sichergestellt.

Die Bilder der vertikalen Querschnitte von Rhynchelmis, welche ich auf der Taf. XXXII. (Fig. 1—4.) bei starken Vergrösserungen (Zeiss, hom. Imm.) wiedergebe, entsprechen den diesbezügligen Abbildungen *Bergh's* von Lumbricus (l. c. Taf. XX, Fig. 22. 25. und theilweise 23.) In Fig. 1. (Taf. XXXII.) sieht man im Epiblaste die Querschnitte der 5 Zellreihen (a, b, c, d, e), von denen die 2 innersten (d, e) die Neuralreihe vorstellen und sich in weiteren Stadien immer durch ihre Grösse von den übrigen unterscheiden. Weiter nach vorne sieht man die drei Zellreihen a, b, c nicht mehr (Taf. XXXII., Fig. 3.); an der Stelle derselben treten mehrere spindelförmig ausgezogene Faserzellen hervor (*rm*). Aus diesem Umstande können wir aber keinesfalls annehmen, dass sich sämmtliche drei Zellreihen zu diesen Muskelfasern umgebildet haben, indem man in älteren Stadien (wo bereits die Neuralreihen in der Ventrallinie genähert erscheinen, Taf. XXXII., Fig. 4.) sieht, dass die zweite Zellreihe c noch im Epiblaste liegt, (auf der einen Seite) drei Kerne enthält und sich daher nicht zum Muskelepithel umgebildet hat, wie es mit den Zellreihen a, b der Fall ist. Nur aus den Elementen einer oder beider letzteren Zellreihen kann die Ringmuskelschicht ihren Ursprung haben, da wir weiter unten sehen werden, dass die zweite Zellreihe sehr frühzeitig zur Bildung der Pronephridien zerfallen ist.

§ 5. Entwicklung und Morphologie der Excretionsorgane.

Während der Entwicklungsvorgänge des Oligochaetenkörpers begegneten wir vier verschiedenen Formen der Excretionsorgane, die wir als 1) Excretionszellen, 2) larvale Pronephridien, 3) embryonale Pronephridien und 4) als Nephridien bezeichnet haben. Im Nachfolgenden wollen wir die Entwicklung und Morphologie dieser Organe in übersichtlicher Darstellung auseinandersetzen.

1) Die Excretionszellen habe ich bereits in früheren Capiteln besprochen (vergl. pag. 197. 204. 206. 208.) und sie als umgebildete Mikromeren bezeichnet. Nach den jetzigen Erfahrungen deute ich sie einfach als Furchungskugeln, die sehr frühzeitig ihre, durch das Vorhandensein vielfach verschlungener Canälchen und Vacuolen sich auszeichnende excretorische Function documentiren (vergl. Holzschnitt pag. 307). Diese Zellen, welche nur bei Allolobophora foetida fehlen, wie auch übereinstimmend mit mir *Wilson* hervorhebt, gehen unverändert in das Larvenstadium über, indem sie immer den vorderen Körperpol bezeichnen (pag. 204 und 208—213).

Die Excretionszellen functioniren vornehmlich im Verlaufe der Furchungsvorgänge und in den nächstfolgenden Stadien der Promesoblasten- und Teloblastenbildung, wie es am besten Fig. 1—11. (Taf. XXIX.) veranschaulichen. Ihre Thätigkeit wird indessen auch nicht eingestellt, wenn sie vom Epiblaste ganz bedeckt werden und sich in der primitiven Leibeshöhle befinden. Dann aber tritt der weitere Bestandtheil der Excretionsorgane zu, die ich als *larvale Pronephridien* bezeichne.

2) Das Auftreten und den allgemeinen Charakter der larvalen Pronephridien haben wir bereits kennen gelernt (pag. 225—227).

Es erübrigt uns einige neueren Beobachtungen mitzutheilen. Zuerst habe ich sie beobachtet im Stadium, wo der Blastoporus noch sehr weit ist und die Proteloblasten sich zu beiden Körperseiten befinden (Taf. XXX., Fig. 3.). Sie erscheinen als feine zwischen dem Epiblast und den Zellreihen, also in der primitiven Leibeshöhle verlaufende Canälchen. In späteren Stadien, als die Excretionszellen bedeutend degenerirt erscheinen, sind die larvalen Pronephridien in einem Paare vorhanden. Dies habe ich sowohl bei Allolob. putra als Dendrobaena sichergestellt. Betrachtet man die ovoiden Stadien der genannten, für die Verfolgung der larvalen Pronephridien günstigsten Regenwürmer in der Profillage, wie Fig. 5. (Allolobophora putra) und Fig. 10. (Dendrobaena) veranschaulichen, so verlauft das Canälchen von den Excretionszellen auf der Rückenseite nach hinten, begibt sich dann etwa in dem letzten Drittel der Körperlänge nach vorne und zur Bauchseite (Fig. 5., 10. *pn*), den weiteren Verlauf gelang es mir aber nicht weiter zu verfolgen.

Die Function der larvalen Pronephridien erreicht ihre höchste Stufe in den Entwicklungsstadien, deren Keimstreifen erst in den ersten Phasen der Differenzirung begriffen sind, d. h. wenn die Mesoblaststreifen in die ersten Segmente zu zerfallen beginnen, die Neuralreihen am Vorderende des Körpers zur Bildung des Bauchstranges sich annähern und der Vordertheil der Nephridialreihen in die embryonalen Pronephridien sich differenzirt. Dieses Stadium ist eben in Fig. 10. (Taf. XXX.) dargestellt. Dass die larvalen Pronephridien später spurlos zu Grunde gehen, haben wir bereits früher (pag. 245 und 246) hervorgehoben.

Die Darstellung der Excretionszellen und larvalen Pronephridien bezieht sich lediglich auf die Lumbriciden, wo diese beiden Organe bei sämmtlichen untersuchten Arten — mit Ausnahme von Allolobophora foetida — nachgewiesen wurden. Die Durchsichtigkeit der Larven ermöglicht die Verfolgung dieser Organe. Die Excretionszellen oder denselben entsprechende Organe habe ich dagegen bei Rhynchelmis nicht nachweisen können. Es ist nun fraglich, ob die larvalen Exretionscanälchen auch bei Rhynchelmis vorkommen. An einzelnen Schnitten habe ich zwar feine Canälchen gefunden (vergl. Taf. XXXII., Fig. 3. *p*), doch ist es schwierig, dieselben mit den larvalen Pronephridien der Lumbriciden zu identificiren. Einerseits habe ich sie nur an der Bauchseite gefunden, andererseits befinden sie sich in dem engen Raume zwischen der sich bildenden Ringmuskelschicht und der Somatopleura des Mesoblastes.

Wahrhaft kolossal sind die larvalen Pronephridien von Criodrilus, über welche uns zuerst *R. S. Bergh* belehrt hat.*) Nach der Abbildung und Beschreibung, welche der genannte Forscher liefert, scheint es, dass die Canälchen in denselben Gehaltsverhältnissen bei Criodrilus, wie bei Dendrobaena und Allobob. putra vorkommen. *Bergh* konnte sich nicht überzeugen, ob die Flimmerung in der „Urniere" vorkommt, da er das lebende Material nicht untersuchte. Dagegen gelang es *Bergh* die äussere Mündung am Hinterende des Organs zu entdecken. Das blindgeschlossene Vorderende liegt neben dem „Oesophagus". Die Entdeckung der larvalen Pronephridien bei Criodrilus ist für mich persönlich sehr erfreulich, zumal ich in meinem Werke (*System und Morphologie der Oligochaeten*, pag. 100 Anm.) die Vermuthung ausgesprochen habe, dass der hintere Theil der von Hatschek als „Oesophagus" gedeuteten Röhre den provisorischen Excretionsapparat vorstellt. Allerdings aber habe ich damals die embryonalen Pronephridien oder die „Kopfniere" im Auge gehalten, da die larvalen Organe zu dieser Zeit durchaus unbekannt waren. Nun identificirt auch *Bergh* die Pronephridien von Criodrilus mit der „Kopfniere" von Rhynchelmis, was mir jetzt als durchaus unzulässlich erscheint. Bei der letztgenannten Gattung kommt die „Kopfniere" sehr spät zum Vorschein, als das Kopfsegment deutlich entwickelt ist, während in früheren Stadien es kaum möglich ist, über deren Vorhandensein sich zu überzeugen. Richtig ist dagegen die Homologisirung *Bergh's* der larvalen Pronephridien von Criodrilus mit den von Aulostoma und Nephelis.

3) Im Gegensatz zu den larvalen Pronephridien unterscheide ich ferner *embryonale Pronephridien*, welche mit der Bildung eines jeden Segmentes angelegt werden. Mit der Bildung des ersten Segmentes, oder des Kopfes, entsteht das erste Paar der embryonalen Pronephridien, oder wie man sie allgemein bezeichnet, „die Kopfniere", welcher wir zuerst unsere Aufmerksamkeit widmen wollen.

Die embryonalen Pronephridien habe ich zuerst bei Rhynchelmis entdeckt und dieselben nach dem damaligen Stand der Wissenschaft als „provisorische oder embryonale Excretionsorgane" bezeichnet. Auch habe ich sichergestellt, dass dieselben sowie die entsprechenden Organe bei Rhynchelmis, Chaetogaster, Aeolosoma und Nais bald zu Grunde gehen. Näheres über die embryonalen Pronephridien des Kopfes von Rhynchelmis habe ich bereits früher (pag. 290) mitgetheilt.

---

*) *Bergh R. S.* Zur Bildungsgesch. der Excretionsorg. bei Criodrilus; in Semper's Arbeiten. Bd. VIII. 1888.

Auch bei allen von mir untersuchten Lumbriciden sind die besprochenen Organe des ersten Segmentes gut entwickelt, stehen aber in keinen Beziehungen zu larvalen Excretionsorganen. Überall kommen sie in entsprechenden Gestaltsverhältnissen wie bei Rhynchelmis, indem sie sich meist auch in das zweite Segment verlängern. Bei Allolobophora trapezoides (Taf. XIX., Fig. 15. pn. Taf. XXVIII., Fig. 6. pn) habe ich die innere Wimperung nicht sichergestellt, während bei allen übrigen Arten, vornehmlich bei Allolobophora foetida, die Wimpern lebhaft von vorne nach hinten schlagen (Taf. XVII., Fig. 9. pn). Die äussere Mündung, — den bei den meisten Oligochaeten bekannten Kopfporus, — habe ich bei Allolobophora foetida nicht gefunden.

Über die Bildungsweise der embryonalen Pronephridien des Kopfes habe ich keine Erfahrungen; die den Zellreihen des Rumpfes entsprechenden Elemente habe ich zwar auch im ersten Segmente sichergestellt, ob sie aber den Pronephridien den Ursprung geben, kann ich derzeit nicht entscheiden.

*Wilson**)* hat die in Rede stehenden Organe auch bei „L. communis" als lebhaft wimpernde Canälchen sichergestellt, welche auf den Schnitten in den Wandungen des Archenterons eingebettet waren. Er hat weder äussere noch innere Mündungen derselben gefunden.

Nach *E. Mayer**)* kommen im „Kopfmundsegmente" der jungen Terebelloiden ein Paar thätige Excretionsorgane, die ebenso als Kopfniere gedeutet werden. Ihre Structur ist dieselbe wie bei Rhynchelmis und Lumbriciden, aber bei den Terebelloiden kommt dem inneren geschlossenen Ende eine lange mächtige Geissel zu.

Wie wir weiter unten erkennen werden, gleicht daher die „Kopfniere" der Terebelloiden den Pronephridien der Rumpfsegmente von Rhynchelmis. Nach dem genannten Autor ist das Bestehen der Kopfniere von relativ langer Dauer; „schon sehr früh entwickelt, sind sie auch in voller Thätigkeit, wenn das erste bleibende Nephridienpaar sich seiner Ausbildung nähert". „Erst wenn das vorderste definitive Paar Nierenorgane so weit ist, dass es allen den Anforderungen des ganzen Körpers an excretorischer Leistung gerecht werden kann, beginnt die Degeneration der Larvennephridien." Das

---
*) l. c. p. 422.
**) Studien über den Körperbau der Anneliden. Mittheil. zool. Stat. in Neapel 1887.

klingt beinahe so, wie ich bereits 1884 (System und Morphologie der Oligochaeten auf der Seite 161) von dem Schicksale der embryonalen Pronephridien des Kopfes hervorgehoben habe.

4) Bestimmter kann man sich über die Herkunft und Bildungsweise der Pronephridien und deren Umbildung zu den Nephridien der Rumpfsegmente aussprechen; dies allerdings nicht in gleichem Masse über die Entstehung der Pronephridien von Rhynchelmis, deren Embryonen und junge Würmchen ich vor Jahren in frischem Zustande untersuchte. Im Mangel an conservirtem Materiale konnte ich leider die Frage nicht entscheiden, wie sich die Pronephridien zu den Zellreihen verhalten, namentlich ob eine der letzteren, die Nephridialreihe das Material zur Bildung der Pronephridien — wie bei Lumbriciden — liefert.

Die von mir auf dem angedeuteten Wege errungenen Resultate sind die nachfolgenden: *)

In den hintersten Segmenten der jungen Würmer erscheinen die ersten Stadien der Pronephridien als vergrösserte Zellen zu beiden Seiten des Bauchstranges. Ihre Lage ist sehr verschieden, theils hinter dem Dissepimente, theils zwischen den viel kleineren Zellen desselben (Taf. XXVI., Fig. 1.); nicht selten liegt die Zelle so, dass sie mehr an der Vorderseite des Dissepiments sich befindet, gleichzeitig aber dem nachfolgenden Segmente angehört. Übrigens sind die Höhlungen der jungen Segmente so eng, dass man bei oberflächlicher Untersuchung leicht zu der Ansicht verleitet werden kann, dass die Pronephridialzellen eine zusammenhängende Reihe bilden. Man erkennt diese Zellen auch in den Segmenten, die noch nicht hohl sind. In den mehr nach vorne beobachteten Anlagen der Pronephridien bestehen sie aus zwei Zellen, von denen die eine, grössere vor, und die kleinere hinter, oder im Dissepimente liegt (Taf. XXVI., Fig. 2.). Nicht selten sind aber diese Zellen von gleicher Grösse, die hintere liegt meist etwas schräg. Das nächste Stadium ist in Fig. 3. (Taf. XXVI.) dargestellt. Die präseptale Zelle hat sich zu zwei ungleich grossen Elementen getheilt, zwischen denen sich eine allseitig geschlossene Vacuole ausgebildet hat (Fig. 4.). Die Vacuole ist mit einer klaren Flüssigkeit erfüllt und hier schwingt eine sehr deutlich hervortretende Geissel. Welcher von beiden Zellen diese letztere angehört, lässt sich nicht entscheiden, indem die Geissel

---

*) Vergl. Vývoj a morfologie oxkrečních organů. Věstník král. spol. nauk. v Praze. 1887.

in der Vertiefung zwischen beiden Zellen befestigt ist; aus späteren, etwas aberranten Stadien lässt sich vermuthen, dass die grössere Zelle der Träger der Geissel ist. Indessen findet man auch besprochene Stadien, wo beide Zellen fast oder ganz gleich gross sind.

In diesem Stadium liegt uns also das erste fungirende Pronephridium vor, dessen vorderer Theil mit der Geissel das Pronephridiostom vorstellt und dieses in einen sehr kurzen und nicht durchbohrten Strang sich fortsetzt.

Auch die weiter nach vorne folgenden Segmente zeigen übereinstimmende Structurverhältnisse der Pronephridien, die sich nur dadurch von dem oben besprochenen Stadium unterscheiden, dass der postseptale, aus einer Zellreihe bestehende und nicht durchbohrte Strang sich durch fortschreitende Theilung der hinteren Zelle verlängert, wie dies Fig. 5. und 6. (Taf. XXVI.) veranschaulichen.

Spärliche flache Peritonealzellen bedecken den Strang, der auch in späteren Stadien solid bleibt, obwohl er sich weiter differenzirt.

Aus dem Pronephridium entsteht nämlich das *Nephridium*, das bekannte, durch einen complicirteren Trichter, drüsigen Lappen und den Ausführungsgang charakterisirte Segmentalorgan. Wir wollen die Bildung dieser Bestandtheile des Nephridiums eingehender betrachten.

a) **Die Entstehung des drüsigen Lappens oder der Schlinge** geht allmälig vor sich und man kann den ganzen Vorgang in einer Reihe der gegen das Vorderende des Körpers folgenden Excretionsorgane ermitteln, wie Fig. 7—12. auf der Taf. XXVI. veranschaulichen. Der ursprünglich schlanke, postseptale Theil des Stranges verdickt unmittelbar hinter dem Pronephridiostom und dies in der Weise, dass einige Zellen sich bedeutend vergrössern (Fig. 78.) und durch Theilung sich rasch vermehren; dadurch entsteht eine voluminöse Anschwellung (Fig. 9. *gl*) hinter dem Pronephridiostom, während das hintere Ende des Stranges unverändert schlank bleibt. Die drüsige Anschwellung beginnt nun einseitig zu wachsen und verlängert sich zu einem mächtigen Lappen (Fig. 10. *gl*), welcher seitlich von dem Darmcanal sich in den dorsalen Theil des Segmentes erstreckt, dabei aber noch undurchbohrt, wie der postseptale Strang selbst, bleibt.

Der Lappen besteht aus zahlreichen, an und neben einander gestellten Zellen, die sich im nachfolgenden Stadium zu differenziren beginnen. Der Lappen wächst nämlich noch mehr in die Länge und erscheint jetzt viel schlanker als früher. Seine centralen Zellen ordnen sich reihenförmig hinter einander, bestehen aber nach wie vor aus einem feinkörnigen und undurchsichtigen Protoplasma, während die oberflächliche Lage der Zellen einen anderen histologischen Charakter annimmt. Sie wachsen nämlich in die Höhe, werden keilförmig und ihr Protoplasma erscheint als eine klare, glänzende Substanz, in welcher runde Kerne hervortreten (Fig. 11. *gl*). Diese äussere Bedeckung des Lappens stellt die bekannten Drüsen der Nephridien vor, und man betrachtet sie gewöhnlich als umgebildete Peritonealzellen. Thatsächlich aber sind es nur modificirte Elemente der ursprünglichen Anlage des Nephridiallappens.

Das besprochene Stadium stellt einen Übergang zwischen dem embryonalen Pronephridium und dem echten Nephridium des erwachsenen Wurmes vor, indem hier alle Anlagen des sog. Segmentalorgans vorhanden sind. Allerdings aber fungirt das Organ noch als Pronephridium, indem es noch nicht mit der Leibeshöhle communicirt. Wie dies zu Stande kommt, belehrt:

b) die Umbildung des Pronephridiostoms zum Nephridiostom und die darnach stattfindende Durchbohrung des Organs. Während der bisher geschilderten Vorgänge bleibt die Trichteranlage in der Entwicklung zurück. Überall finden wir noch die mit klarer Flüssigkeit erfüllte Vacuole mit der darin schwingenden Geissel (Fig. 7—11.). Eine Communication der Vacuole mit dem Coelom gelang es mir nicht nachzuweisen. Die ursprünglichen zwei Trichterzellen vermehren sich nur sehr langsam. Die Beobachtung dieses Processes ist übrigens sehr schwierig und man muss die Würmchen hin und her drehen, um die richtige Einsicht von der Gestalt des Trichters zu gewinnen. In Fig. 8. sieht man den Trichter aus vier Zellen bestehend, die rosettenartig in die Bauchhöhle des vorderen Segmentes hineinragen. In diesem vierzelligen Stadium verharren die Trichter wohl auch in den folgenden Stadien, da ich keine wesentlichen Umbildungen derselben statuiren konnte; allerdings aber war es möglich die zweilippige Anlage der Trichter schon in den ersten zwei Zellen zu sicherstellen und man begegnet denselben in zahlreicheren Fällen (Fig. 3. 5. 7. 10. 11.); nichtsdestoweniger kommen auch Fälle zu Gesicht, wo diese Zellen gleich gross sind. Es scheint mir, dass der Trichter sich erst dann in die Leibeshöhle öffnet, als alle acht Zellen, die für den Nephridiostom der erwachsenen Würmer charakteristisch sind (vergl. System und Morphologie d. Oligochaeten, Taf. XIII., Fig. 2.) vorhanden sind. Der so gestaltete Trichter setzt sich nicht scharf von dem postseptalen Theile des Nephridiums ab, wie namentlich Fig. 23. (Taf. XXVI.) veranschaulicht. Die hier abgebildeten Nephridien sind aus dem 27., 28. und 29. Segmente eines jungen, Stylaria-ähnlichen Rhynchelmis genommen und von der Bauchfläche gezeichnet, so dass der dorsale Lappen nicht sichtbar ist. In dem Trichter erscheint eine Öffnung, die sich zu einem hellen Canälchen verlängert, nur der hinterste schlanke, an der Leibeswand befestigte Theil ist noch nicht durchbohrt. Als Ausgangspunkt der Trichter-Öffnung ist die Vacuole des Pronephridiostoms zu deuten, wie es die weitere Existenz der Geissel beweist. Die Vacuole erweitert sich mehr nach hinten und es entstehen im Plasma des Lappens noch andere selbständige Lakunen, die nach und nach verschmelzen und so einen zusammenhängenden Canal vorstellen. Die Geissel selbst verlängert sich und schwingt dann in dem so enstandenen Canälchen. Das letztere hat seinen bestimmten Verlauf; es geht vom Trichter bis in das hinterste Ende des Lappens, begibt sich dann zurück, um sich dann direct in den früher noch soliden Strang fortzusetzen. Dieser Verlauf ist bereits im Stadium Fig. 12. (Taf. XXVI) dargestellt und es liegen uns also die wesentlichen Bestandtheile eines vollkommenen Nephridiums vor: 1) Der Nephridiostom, an dessen Rande feine Wimpern zum Vorschein kommen; 2) der drüsige Lappen mit dem in späteren Stadien zahlreiche Windungen bildenden Canal und der äusseren einzelligen Drüsenbedeckung (Fig. 13.) und 3) der schlanke Ausführungsgang.

Von dem früheren Pronephridium ist nur noch die mächtige Geissel erhalten, die aber noch in späteren Stadien, neben dem Flimmerbesatz in dem Trichter functionirt (Taf. XXVI., Fig. 13.). In diesen späteren Stadien sieht man aber, dass die Geissel der oberen, grösseren Lippe des Nephridiostoms angehört.

Der Ausführungsgang des Nephridiums ist ebenfalls als Rest des Pronephridiums zu deuten; er unterscheidet sich von dem soliden Strange des letzteren bloss durch seinen Ausfuhrscanal. Er entspringt immer unmittelbar hinter der Stelle, wo der Nephridiallappen zu Stande kam, wie es Fig. 21. und 22. (Taf. XXVI.) veranschaulichen. Dasselbe Verhältniss der drei besprochenen Bestandtheile des Nephridiums gilt auch für das Nephridium des erwachsenen Wurmes (Taf. XXVI., Fig. 20.), welches schliesslich von einem Blutgefässe begleitet wird.

Die contractile Endblase entsteht bei Rhynchelmis sehr spät durch die Einstülpung der Hypodermis, was ich übrigens schon in meinem Werke dargestellt habe.

Das bisher Geschilderte über die Entwicklung der Nephridien von Rhynchelmis habe ich in den weit zahlreichsten Fällen sichergestellt und betrachte sie daher als die typische. Nichtsdestoweniger habe ich einige Ausnahmen von dieser Regel gefunden, die ziemlich oft und zwar in den ersten 5—6 Segmenten sichergestellt wurden, und es ist vom Interesse, dieselben ausführlicher zu besprechen.

Wie ich bereits in meinem Oligochaeten-Werke hervorgehoben habe, degeneriren die Nephridien in den vorderen Segmenten. Sie entwickeln sich hier ursprünglich in normaler Weise, der Pronephridiostom und der Lappen legen sich in derselben Weise an, wie in den hinteren Segmenten. Der Lappen selbst entfaltet sich sogar zu einer enorm grossen Schlinge, die dadurch entsteht, dass sich der Lappen der Länge nach spaltet und selbständige Wandungen für das auf- und absteigende Canälchen bildet. In dieser Beziehung gleichen die Nephridien der erwähnten Segmente von Rhynchelmis dem kleinen Lappen an den Nephridien der Lumbriciden. Die enorm langen Schlingen von Rhynchelmis erstrecken sich dann weit nach hinten, so dass es bei oberflächlicher Beobachtung den Anschein hat, dass jedes Nephridium mehrere Segmente einnimmt.

Merkwürdig ist hier das Verhalten der Pronephridiostomen; dieselben entwickeln sich nie zu echten, mehrzelligen und tief in die Leibeshöhle der vorstehenden Segmente hineinragenden Organen, sie persistiren einfach in ihrer ursprünglichen Gestalt, nur bricht die Vacuole in die Leibeshöhle durch und so entsteht die dem echten Nephridiostom entsprechende Öffnung, an welcher zuweilen kurze Wimpern zu Stande kommen (Fig. 17., Taf. XXVI.). Um so mächtiger erscheint dagegen die Geissel in diesen in der Entwicklung zurückgebliebenen und in gleicher Fläche mit den Dissepimenten liegenden Trichtern (Fig. 14. 15. 19.). Von Bedeutung ist nun, dass zuweilen neben der gewöhnlichen Geissel noch eine secundäre am Rande der Trichtermündung erscheint (Taf. XXVI., Fig. 14.), die lebhaft in der Leibeshöhle schwingt; nebstdem habe ich gefunden, dass anstatt dieser äusseren Geissel an der Trichteröffnung eine breite und glashelle Zittermembran angebracht war (Fig. 16.), die nach der Art der Mundmembran der Ciliaten-Infusorien wellenartige Bewegungen ausübte.

Die wichtigste Erscheinung in diesen vorderen Nephridien ist meiner Ansicht die, dass neben dem „Haupttrichter" noch secundäre kleinere, aber gleichgestaltete Mündungen zu Stande kommen können. Sie bilden sich in der Wandung des Lappens, so dass der hier verlaufende Canal seitliche Ästchen abgibt, die sich direct in die Leibeshöhle öffnen. Ich habe sie zwar selten beobachtet, glaube aber, dass sie doch zahlreicher vorhanden sind und sich nur durch ungünstige Lage der Organe der Beobachtung entziehen. In Fig. 15. (Taf. XXVI.) ist eine solche secundäre Trichtermündung am Nephridiallappen dargestellt. Die Mündung selbst ist von einem niedrigen Kragen umgeben, welcher an dieselben Bildungen gewisser Mastigophoren erinnert. Aus dem Kragen selbst ragt in die Leibeshöhle eine Geissel, die viel schwächer ist als die des Haupttrichters, verräth sich aber leicht durch die Schwingungen. (Die punktirte Linie bezeichnet den Raum, in welchem die Schwingungen stattfinden.) In der Mündung selbst befindet sich noch die zweite, viel stärkere Geissel, die tief in den Lappencanal eindringt und überhaupt mit der Geissel des Haupttrichters übereinstimmt. Die wahrscheinliche Bedeutung dieser Thatsachen werden wir weiter unten näher besprechen.

5) **Entwicklung der Nephridien der Lumbriciden.** Wenn ich über die Herkunft der Pronephridialstränge von Rhynchelmis in Folge des Mangels an günstigem Materiale nicht ins Klare kommen konnte, so ist es mir möglich diese Frage bei den Lumbriciden näher zu beantworten, und wenn mir die bekannten Angaben *Whitman*'s und *Wilson*'s über die Entwicklung der Nephridien von Clepsine und Lumbriciden anfänglich gewissermassen als bedenklich, ja unannehmbar erschienen, so war ich umsomehr überrascht, — ich bekenne mich gerne — als ich diese Angaben der genannten Forscher durch eigene Beobachtung bestätigen konnte. Das günstigste Material zur Ermittelung der Nephridien-Herkunft ist Dendrobaena, deren durchsichtige Larven die Untersuchung dieser Vorgänge in lebendem Zustande zu erkennen erlauben. Eine solche ist in Fig. 10. (Taf. XXX.) in der Profillage abgebildet. Man sieht hier die vier Teloblasten, von denen ich den zweiten (np) als Nephridioblast und die von ihm producirte Zellreihe als „Nephridiostich" bezeichne. Die Zellen dieser Reihe haben die bereits von *Wilson* und *Bergh* beschriebene Structur. Der Nephridiostich zieht aber nicht in der ganzen Länge der Larve, wie es bei der nachfolgenden dritten Zellreihe der Fall ist, sondern zerfällt am Vorderende in fünf schräg gestellte Segmente, d. h. die Anlagen der Nephridien. Die jüngste Anlage stellt sich als eine vergrösserte Zelle der Nephridialreihe vor, mit der sie noch theilweise zusammenhängt. Ihr Protoplasma ist klar und etwas glänzend, wie die oben geschilderten postseptalen Zellen, aus denen sich das Pronephridium von Rhynchelmis bildet. Der grosse, runde Kern tritt

sehr deutlich in der erwähnten Zelle. Die vorstehende Nephridialanlagen stellen schräge, dicht nach einander folgende Zellreihen vor, von denen jede aus einer grossen, gleich gestalteten Terminalzelle und einem stielartigen, soliden Strange besteht.

Es liegt uns daher die erste Nephridialanlage vor, welche sich aber rasch weiter entwickelt, so dass man sie in dieser Gestalt in späteren Stadien nur selten findet. Ich habe in lebenden Embryonen nur vorgeschrittenere Pronephridien gefunden, von denen ich die von Allolobophora putra in Fig. 11. und 12. (Taf. XXX.) abbilde. Die grossen terminalen Zellen, die offenbar die Anlagen der Trichter vorstellen, sind hier bereits zu zwei im Dissepimente liegenden Zellen getheilt, während der postseptale verengte Theil mit der Leibeswand verbunden ist. Man wird kaum die Ähnlichkeit dieses Stadiums mit dem fungirenden Pronephridium von Rhynchelmis leugnen können, nur habe ich die helle Vacuole mit der Geissel nicht gefunden. Andererseits trifft man theilweise degenerirte Nephridialanlagen, denen die Trichteranlage fehlt, was vorzugsweise für das Organ des zweiten Segmentes gilt (Taf. XXX., Fig. 13.).

An den vertikalen Längsschnitten durch das Hinterende des Körpers von jungen Würmchen habe ich ganz dieselben Verhältnisse der Nephridialanlagen gefunden, wie *Wilson* (l. c. Taf. XXI., Fig. 83. und 84.) abbildet, und welche wohl mit den jüngsten, oben besprochenen Stadien von Dendrobaena übereinstimmen. Solche werde ich daher nicht weiter beschreiben. Die Flächenpräparate lieferten mir dagegen fast dieselben Bilder, wie sie *Bergh* (l. c. Taf. XXI., Fig. 34.) darstellt; nur finde ich die Nephridialanlagen durchaus schräg verlaufend, ebenso wie ich sie oben in lebender Dendrobaenalarve beobachtet habe. Dieser schräge Verlauf zeigt eben auf die Ursprungsstelle der Nephridialanlagen, nämlich auf den äusseren Nephridiostich. Die vertikalen Querschnittserien können daher keinen verlässlichen Einblick über den Bildungsvorgang gewähren. Aus diesem Grunde habe ich schräge Schnitte herzustellen versucht, allerdings war es nicht leicht die Richtung „a priori" zu finden, doch gelang es mir schliesslich einige gediegenere Schnittreihen anzufertigen, an denen die Nephridialanlagen sehr überzeugend hervortreten.

In dem jüngsten Stadium, welches mir durch diese Procedur sicherzustellen gelang und welches ich in Fig. 10. (Taf. XXXII.) abbilde, entspringt unweit von den noch ganz getrennten Bauchstrangsanlagen die Nephridialanlage. Der in die Leibeshöhle hineinragende, aus einer soliden Zellreihe bestehende Strang biegt sich an der

Contactstelle mit der Leibeswand bogenförmig und verläuft dann ganz im Epiblaste, wo er mit einer grösseren Zelle (*n p*) endigt. In dieser Zelle, die offenbar dem Nephridialstich angehört, muss man den Ursprung des Nephridiums suchen. Der in der Leibeswandung eingeschlossene Theil ist mit den noch nicht differenzirten Mesoblastelementen bedeckt, die sich auch auf dem in die Leibeshöhle hineinragenden Theil als peritonealer Überzug kundgeben. Die Umrisse der ganzen Nephridialanlage sind scharf ausgeprägt, was noch deutlicher in der in Fig. 11. (Taf. XXXII.) abgebildeten Anlage hervortritt. In diesem Schnitte ist noch die Trichteranlage (*t*) getroffen; es ist eine grosse, mit hyalinem Plasma und grossem Kerne versehene Zelle; das Organ ist mittels eines muskulösen (?) Stranges (*s*) an die laterale Leibeswand befestigt.

Dieselbe Lage behält das sich bildende Nephridium auch in den späteren Stadien, wo bereits die Bauchstrangsanlagen zu verschmelzen und die Nephridien zu Seitenlappen zu sprossen beginnen. Diese Stadien habe ich in Fig. 12. und 13. veranschaulicht und da sie sich durch dieselben Structurverhältnisse wie früher auszeichnen, so erfordern sie keine weitere Beschreibung.

Im Grossen und Ganzen macht das Nephridium denselben Entwicklungsvorgang wie das von Rhynchelmis; nur die erwähnte Geissel ist hier nicht nachgewiesen worden, sodass das als Pronephridium bezeichnete Stadium hier bloss als solider Strang zu deuten ist. Aber in dem sich in späteren Stadien bildenden Trichter kann man doch eine provisorische Wimperausstattung sicherstellen, nämlich als sich die ursprüngliche Trichterzelle getheilt hat. Die Trichteranlage besteht dann aus zwei Zellen (Taf XXX., Fig. 15.), zwischen denen eine canalartige Mündung existirt und sich in den weiter nach hinten fortschreitenden Gang verlängert. In der Mündung dieses primären Trichters gewahrt man nun mit starken Vergrösserungen sehr lange, lebhaft schwingende Flimmerhaare, die als ganzes an die bekannten Wimperflammen der Platthelminthen erinnern.

Die Beobachtung der Lappen- und Schlingenbildung auf den Nephridien der Lumbriciden ist ungemein dadurch erschwert, dass sie sehr frühzeitig, bereits als die Anlagen noch ganz solid sind, stattfindet und bald die ganze Segmenthöhle erfüllt. An den Schnitten kann man sich kaum über die einzelnen Abschnitte der jungen Nephridien überzeugen. In lebenden jungen Würmern von Allolobophora foetida habe ich nachfolgendes sichergestellt:

Am geraden Strange bildet sich durch seitliche Zellwucherung eine ziemlich voluminöse Anschwellung, welche sich aber bald zu zwei ungleich grossen Lappen theilt; der kleinere Lappen ist nur schwierig nachweisbar, da er meist von dem grossen bedeckt ist; er verläuft direct hinter dem Dissepimente, bei der günstigen Lage des Nephridiums erscheint er aber als ein hinterer Anhang des grossen Lappens. In dieser Gestalt ist ein junges, noch nicht durchbohrtes Nephridium in Fig. 11. (Taf. XVII.) abgebildet.

Sowohl der kleine als der grosse Lappen spaltet sich der Länge nach zu je einer zweischenkligen Schlinge, die also als secundäre Auswüchse des ursprünglichen einfachen und geraden Stranges aufzufassen sind.

Der kleine Lappen persistirt ziemlich lange als selbständiger Anhang der grossen Schlinge, ich finde ihn (von sechs Längscanälen durchbohrt) noch in jungen Würmern von Lumbricus rubellus. Bei Allolobophora trapezoides und chlorotica bildet sich dagegen die grossse Schlinge unmittelbar durch seitliche Ausbuchtung des soliden Pronephridialstranges, so dass die beiden Schenkel der Schlinge als direkte Fortsetzungen des letzteren zu betrachten sind.

Hiernach ist der Verlauf der Nephridien der Lumbriciden viel complicirter als der von Rhynchelmis und der übrigen Annulaten überhaupt. Dazu kommt noch, dass jeder Lappen, beziehungsweise die Schlingenschenkel von mehreren Canälen durchbohrt sind.

Verlässliche Angaben über die Nephridien von Lumbricus terrestris verdanken wir bekanntlich *C. Gegenbaur*, welche neuerdings durch sehr sorgfältige Untersuchungen an derselben Art von *Benham* bestätigt wurden.[*] Namentlich der Verlauf der Canäle innerhalb der Schlingen ist von beiden Forschern ausgezeichnet dargestellt worden, *Benham* hat nebstdem den histologischen Bau und das Gefässsystem der Nephridien sehr sorgfältig bearbeitet.

Ich kann die Angaben des letztgenannten Forschers bestätigen, zumal ich übereinstimmende Verhältnisse des Canälchenverlaufes bei den oben genannten Arten sichergestellt habe. In den jungen Dendrobaena-Exemplaren erinnern die Nephridien an die von Clepsine bioculata (nach den Untersuchungen von *Schulze*).

Es erübrigt mir noch über die contractilen Endblasen einige Worte zu verlieren: es ist dies nothwendig in Anbetracht der unlängst ausgesprochenen Ansicht von *Bergh*, dass diese Nephridialtheile der

---

[*] Quart. microsc Journ. 1891.

Lumbriciden nicht mit den gleich fungirenden Endblasen der übrigen Annulaten homolog sind, indem „Trichter-, Schlingen- und Endabschnitt sich aus einer einheitlichen Anlage herausdifferenziren". Unter der Bezeichnung „Endabschnitt" wird offenbar die in Rede stehende contractile Endblase gemeint.

Meine Erfahrungen in dieser Beziehung widersprechen der Auffassung *Bergh's*; es ist zwar nicht so leicht bei Lumbriciden die ersten Anlagen der Endblasen zu finden, da sie ziemlich früh in den Embryonen functioniren; nichtsdestoweniger gelingt es vornehmlich bei Lumbricus rubellus sicherzustellen, dass die in Rede stehenden Endabschnitte in gleicher Weise zu Stande kommen, wie ich bereits in meinem Oligochaetenwerke für Tubifex, Rhynchelmis usw. angegeben habe. In jungen Embryonen von L. rubellus findet man drei verschiedene Entwicklungsstufen der Nephridien. 1) Die hintersten Segmente enthalten die fast vollständig differenzirten Nephridiallappen, in denen die Canäle verlaufen; aber der Ausführungsgang ist noch nicht durchbohrt und ist an dem Hautmuskelschlauche angebracht, ohne mit der Aussenwelt zu communiciren. 2) In den mittleren Segmenten findet man schon die Anlagen der Endblasen. Bekanntlich münden dieselben bald vor einer der Bauchborsten, bald vor den Rückenborsten oder selbst auf der Rückenseite. Die sorgfältige Vergleichung der Ausmündungen der Nephridien der Lumbriciden, wie sie *A Borelli**[)] gegeben hat, kann ich aus eigener Beobachtung bestätigen. Indessen habe ich noch bedeutendere Variationen bei L. rubellus gefunden. Die Ursache dieser variablen Ausmündung der Nephridien liegt eben in der Stelle, wo sich die Endblase anlegt. Die dorsal entstehenden Hypodermiseinstülpungen sind die längsten und daher ziemlich leicht zu beobachten, wozu noch der Umstand beiträgt, dass sie dicht unterhalb der Hypodermis verlaufen und aus klaren Zellen bestehen.

Die erste Anlage der Endblase verhält sich folgendermassen: Ein winziger Porus befindet sich in der Hypodermis, deren Zellen in einen langen scheinbar soliden Strang sich fortsetzen. Der Anfangstheil ist etwas angeschwollen, die Zellen sind in der ganzen Länge epithelartig angeordnet und in optischem Längsdurchschnitt erscheinen sie daher aus zwei dicht einander sich anlegenden Lamellen zusammengesetzt. In weiterem Stadium werden die Zellen flacher, das Central-

---

*) Sul rapporto fra i nefridii e le setole nei lombrici anteclitelliani. Bullet. mus. zool. ed anatom. comp. Torino 1887. II. Nro. 27.

lumen ist noch unbedeutend, tritt aber ganz deutlich in der äusseren Anschwellung. Schliesslich werden die Epithelzellen der Endblase ganz abgeplattet, die Wandungen sind sehr dünn, und man kann die Zellgrenzen in lebendem Zustande nicht mehr wahrnehmen. Nur die äussere Anschwellung der Endblase mit erweitertem Lumen zeigt noch die epitheliale Anordnung der Zellen. Die „Endblase", die man hier besser als „Endcanal" bezeichnen sollte, existirt bei Lumbricus rubellus in dieser canalartigen Gestalt sehr lange; ich habe sie noch in jungen Würmern von 14 mm Länge gefunden, und auch in den erwachsenen Würmern ist sie niemals so angeschwollen, wie z. B. bei den Allolobophoraarten.

In Dendrobaena octaëdra habe ich die jungen Endblasen als dickwandige Säcke gefunden, deren distales Ende ebenfalls „schnabelartig" gekrümmt ist und mit der Aussenwelt communicirt. Sie sind in dem inneren Ende blindgeschlossen, obwohl der Ausführungsgang bereits durchbohrt ist. Die Wandungen platten sich später fast zur Unkenntnis ab, und es entsteht eine lange birnförmige Endblase, deren äusseres canalartig verengtes Ende unter der Hypodermis verläuft. Bei Allolobophora trapezoides, putra und chlorotica ist dieser subhypodermale Canal äusserst lang und so dünnwandig, dass man ihn lediglich bei der völligen Anschwellung der Endblase wahrnehmen kann.

Die mesoblastischen Zellen bedecken anfänglich die ganze Oberfläche der Endblasen, später verlängern sie sich in verschiedenen Richtungen, um sich zu Muskelfasern umzubilden.

Noch einige Worte über die *intracellulären Canäle* der Lumbriciden-Nephridien. *Benham* gibt an, dass das Nephridium aus grosser Anzahl der durchbohrten („drain-pipe") Zellen besteht.

Dies scheint wohl an dem fertigen Nephridium so zu sein, wo in den Schlingen mehrere Canäle neben einander verlaufen. Dass die Zellen der Endblase nicht durchbohrt sind, habe ich bereits hervorgehoben. Die äusserst dünne Wandung derselben ist bloss durch die enorme Ausdehnung der ursprünglichen Anlage des intercellulären Schlauches verursacht, wodurch die Zellkerne weit von einander zu liegen kommen.

Dasselbe gilt auch von den Canälchen, die intercellular verlaufen, indem ihre Wandungen aus echtem Epithel gebildet sind. Auch der Verbindungscanal und der Ausführungsgang von Dendrobaena ist intercellular. Von der Oberfläche betrachtet, besteht der letztere aus dicht aneinander anliegenden schildchenartigen Segmenten, von denen ein jedes aus einer Anzahl Zellen besteht, wie die schön hervortretenden, der Quere nach in bestimmten Abständen angeordneten Kerne beweisen. Sowohl die optischen als wirklichen Längsschnitte zeigen ferner, dass diese Zellen ein prächtiges Epithel bilden, innerhalb desselben der wimpernde Canal hinzieht. Das gleiche sieht man an jungem Ausführungsgange von Lumbricus rubellus. Wenn sich später dieser Abschnitt des Nephridiums auszieht, sind seine Wandungen ebenfalls dünn und man kann von der epithelartigen Anordnung der Zellen keine Spur finden.

Obwohl ich die histologischen Verhältnisse der übrigen Canäle im Nephridium der Lumbriciden nicht genauer untersuchte, so glaube ich doch annehmen zu müssen, dass auch sie meist intercellular, und nicht durchaus intracellular verlaufen, wohl aber verliert an Bedeutung das bisher von den meisten Forschern angenommene Dogma, dass phylogenetisch zwischen den inter- und intracellularen Excretionsorganen ein principieller Unterschied vorliege.

Zur Geschichte der Nephridienentwicklung. Die älteren Angaben über diesen Gegenstand habe ich bereits in meinem Werke und nach mir *R. S. Bergh* eingehend besprochen. Das was ich früher über die Nephridienentwicklung der Oligochaeten mitgetheilt habe, resultirte aus den Beobachtungen, welche ich vornehmlich am wachsenden Hinterende der Naidomorphen und Tubificiden angestellt habe. Hier ist allerdings keine Spur nach einer Nephridialzellreihe vorhanden und so konnte ich die ersten Anlagen der Nephridien als von einander durchaus unabhängige postseptale Zellstränge deuten, an deren Vorderende sich eine grosse Zelle zum Wimpertrichter herausbildet. *Bergh*[*]) hat meine Beobachtungen bestätigt und ergänzt. Nach ihm entstehen die Nephridien von Criodrilus in der Hautmuskelplatte, doch steht die Anlage in keinem Zusammenhange mit den entsprechenden Anlagen des vorhergehenden und nachfolgenden Segmentes. Trichter-, Schlingen- und Endabschnitt des Nephridiums differenziren sich aus einer einheitlichen Anlage: der Trichter entsteht aus der „Trichterzelle", die zuerst zum Vorschein kommt. Das Lumen des Schlingentheiles soll durch Vacuolenbildung und durch Zusammenfliessen derselben zu Stande kommen. Das Endstück bricht einfach zwischen den Hypodermiszellen nach aussen.

---

[*]) Zur Bildungsgeschichte der Excretionsorgane bei Criodrilus. Semper's Arbeiten Bd. VIII.

351

Dann folgten die Arbeiten Ed. *Meyer's*;*) in der ersten bespricht er die Entwicklung der Nephridien von Polymnia nebulosa, in der zweiten die von Psygmobranchus. In beiden entstehen die Trichter getrennt von dem Nephridialschlauche, mit dem sie sich erst secundär durch Ausstülpung verbinden. Die postseptalen Stränge bilden sich dagegen aus dem sogenannten retroperitonealen Gewebe, das morphologisch von den Trichtern ganz verschieden sein soll.

Wie früher schon *Whitman* bei Clepsine, so hat 1887 *Wilson* bei „Lumbrius" die Herkunft der Nephridien von der Nephridialzellreihe dargestellt. Nach demselben bilden sich nur die Schlingen der Nephridien aus den genannten Zellreihen, die Nephridiostomen dagegen an den Vorderflächen der Dissepimente aus dem eigentlichen Mesoblast.

Sehr scharf hat sich *Bergh* gegen die angeführte Darstellung *Wilson's* ausgesprochen, zuerst in seiner Criodrilus-Arbeit und dann in seiner zweiten Abhandlung.**) Bei Lumbriciden entsteht nach *Bergh* wieder eine grosse „Trichterzelle" in den sogenannten inneren Muskelplatten schon zur Zeit, als diese noch solid sind: wenn die Ursegmente erst gespalten werden, liegen die Trichterzellen immer an den Vorderwänden der Dissepimente. Die hinten sich denselben anschliessenden Zellen stellen die Anlagen des Schlingen- und Endtheils der Nephridien vor, die auch in späteren Stadien keine Beziehungen zu den äusseren Muskelplatten", und zur Epidermis haben. Somit wiederholt *Bergh* den in der ersten Arbeit aufgestellten Satz: „Trichter-, Schlingen- und Endabschnitt differenziren sich aus einer einheitlichen Anlage heraus, die in den inneren Muskelplatten ohne Betheiligung der Epidermis entsteht." Die von *Bergh* mitgetheilten Angaben resultiren aus sehr sorgfältigen Untersuchungen sowohl der Schnittserien als Flächenpräparate. Ich hielt sie solange für die einzig richtigen, bevor ich die in Differenzirung zu Nephridialanlagen begriffene zweite Zellreihe in sehr jungen Larven (Fig. 10., Taf. XXX.) nicht gesehen habe. Die postseptale grosse Zelle, die ich direct hinter dem Dissepimente in optischen Längsschnitten in Fig. 15. und 17. (Taf. XVI. *prn*) zeichne, würde meiner Ansicht nach einerseits der differenzirten Zelle der Nephridialreihe, andererseits der „Trichterzelle" *Bergh's* entsprechen. *Bergh* widerspricht dieser Angabe in der Weise, dass die erwähnte Zelle nicht hinter, sondern vor dem Dissepimente liegen

---
*) Studien über den Körperbau der Anneliden I—III. Mittheil. zool. Station in Neapel VII. 1886. — Studien etc. IV. Ibidem 1888.
**) Neue Beiträge z. Embryol. d. Anneliden. Z. f. w. Z. Bd. L. 1890.

soll. Dagegen muss ich Nachfolgendes hervorheben: wenn meine Darstellung unrichtig ist, so kann auch die frühere Angabe *Bergh's* über die erste Anlage der „Trichterzelle" bei Criodrilus nicht correct sein. Der genannte Autor macht in seiner zweiten Arbeit gar keine Erwähnung von dieser Differenz zwischen Criodrilus und Lumbriciden und doch zeichnet er die „Trichterzelle" bei der erst genannten Gattung theils hinter, theils direct im Dissepimente, nicht aber vor dem Dissepimente (vergl. *Bergh* Criodrilus. Taf. XIII., Fig. 2. *tz*). Auch die Angabe, dass die Trichterzellen bereits in den noch soliden Segmenten sich anlegen, kann nicht verallgemeinert werden; in Fig 6. (Taf. XXX.) bilde ich ab den hinteren Körpertheil eines 6 *mm* langen Embryo von Allolobophora putra, wo die Segmenthöhlen bereits deutlich hervortreten, aber der „Trichterzellen" durchaus entbehren, indem die Nephridial-Zellreihe in diesem Körpertheile noch ganz und gar undifferenzirt verläuft und mit dem Nephridioblaste (*nph*) endigt.

In seiner zweiten Arbeit*) verharrt *Wilson* an seiner ersten Angabe, dass die Trichteranlage aus dem Mesoblast herstamme, obwohl dies in seinen Abbildungen nicht ersichtlich ist, ich glaube eher annehmen zu müssen, dass die grossen Trichterzellen mit den hinteren Strängen eine einheitliche Anlage bilden; ich kann dies um so mehr behaupten, als ich die allerfrühesten Anlagen der Nephridien in den Larven von Dendrobaena beobachtet habe, wo die Dissepimente noch nicht klar hervortreten. Nun haben diese allerjüngsten Stadien der Nephridien ganz dieselbe Gestalt und Anordnung, wie *Wilson* in seiner Fig. 83. abbildet: die grosse Trichterzelle und der solide, aus schildchenartigen Zellen bestehende Strang ist ihr Charakter.

Ich stelle mir den ganzen Differenzirungsprocess, nach dem sich aus der Nephridialreihe das junge Nephridium anlegt, folgendermassen vor:

Eine Zelle der Nephridiostichs vergrössert sich und stellt die vom *Bergh* als Trichterzelle bezeichnete allerjüngste Anlage vor. Diese dringt in das sich bildende Segment ein, theilt sich der Reihe nach, ohne an ihrer Grösse abzunehmen und dringt schliesslich auf die vordere Fläche des Dissepimentes durch, wo sie die Anlage des Trichters bildet. Wo die Nephridialanlage die Dissepimente nicht durchwächst, bildet sich kein Trichter (vergl. Chaetogaster). Dadurch kann man auch

---

*) The embryology of the earthworm. Journ. of Morphology, Vol. III, 1889.

die seitliche Trichterbildung am Schlingentheile der Nephridien erklären, wie ich vor Jahren bei Anachaeta dargestellt habe. In diesem Satze glaube ich die Angaben Wilson's, Bergh's und die meinigen in Einklang gebracht zu haben. Die übrigen Mittheilungen der genannten Forscher über die Bildung der „Schlingentheile" dürften in den oben dargestellten Thatsachen erklärt werden.

Morphologie der Excretionsorgane. In den letzten Jahren haben sich die Nachrichten über die Nephridien, oder denselben entsprechende Stadien der Würmer in dem Masse angehäuft, dass es mir angezeigt erscheint, dieselben einer Sichtung zu unterziehen und sie wo möglich in eine bestimmtere Bahn zu bringen. Als ich über die Entwicklung und Anatomie der Oligochaeten-Nephridien am besten belehrt bin, gehe ich von dieser Annulaten-Gruppe aus, um die in Rede stehenden Organe anderer Würmer zu vergleichen.

In den niederen Oligochaeten trifft man durchaus dieselben, das Nephridium charakterisirenden Bestandtheile, nach denen man auf den Ursprung desselben aus einem einfacheren Zustande — dem Pronephridium — schliessen kann. Die Naidomorphen und Tubificiden und Lumbriculus zeichnen sich wesentlich durch die entsprechende Anordnung der Trichter, Schlingen und Ausführungsgänge wie Rhynchelmis aus. Acolosoma ist in dieser Beziehung nicht genauer untersucht worden; nach dem aber, was bisher über die Nephridien dieser Gattung bekannt ist, scheinen diese Organe nach dem besprochenen Typus gebaut zu sein. Den Nephridien der Chaetogastriden fehlt der Trichter, im übrigen stimmen sie mit den Naidomorphen überein. Branchiobdella als Repräsentant der Discodriliden ist mit Nephridien ausgestattet, die merkwürdigerweise mit den der Lumbriciden wesentlich übereinstimmen; die lange Schlinge und der kürzere Lappen schliessen sich seitlich an einen langen Ausführungsgang an, dem nur die voluminöse Endblase der Lumbriciden fehlt. Was das letzterwähnte Organ anbelangt, so ist es schwierig dessen Existenz in den niedern Oligochaetenfamilien überhaupt nachzuweisen, indem sich an dessen Bildung bei Naidomorphen, Chaetogastriden und Enchytraeiden nur einige wenige Hypodermiszellen betheiligen; möglicherweise ist es nur eine einzige Hypodermisdrüse, welche die Communication der Nephridien mit der Aussenwelt vermittelt.

Ganz allein dastehend unter den Oligochaeten sind die Nephridien der Enchytraeiden; der Trichter, Lappen und Ausführungsgang sind leicht nachweisbare und seit lange bekannte Bestandtheile der in

Rede stehenden Organe der genannten Familie. Doch findet man hier die allermöglichste Variabilität in der Entfaltung des Lappens, die wohl auf die einzelnen Entwicklungsphasen des Nephridiums von Rhynchelmis erinnert. Man findet z. B. nur einfache Verdickung am Nephridium hinter dem Nephridiostom, die direct in den schlanken Ausführungsgang übergeht: so bei Anachaeta, Buchholzia, Enchytraeus Buchholzii, humicultor etc.

Andererseits findet man Formen, wo die Verdickung zu einem kurzen Lappen auswuchert, wie bei Ench. Perrieri, und schliesslich die Nephridien mit voluminösen seitlichen Lappen, wie z. B. bei Ench. ventriculosus, leptodera, puteanus etc.

In den höheren Oligochaetenfamilien, die neuerdings *Benham**) als „Magadrili" bezeichnet, sind die Nephridien verhältnissmässig wenig bekannt, namentlich derjenigen Gattungen, bei denen die Nephridien nach Typus der Lumbriciden gebaut sind und die *Benham* als „Meganephrica" unterscheidet. In seiner verdienstvollen Arbeit**) führt der genannte Autor sämmtliche Gattungen mit den grossen Nephridien an. Ich kann nur aus einigen Abbildungen dafür halten, dass diese Nephridien wesentlich den der einheimischen Lumbriciden entsprechen, d. h. dass die allgemeine Anordnung der Trichter, Schlingen, Ausführungsgänge und Endblasen dieselbe ist, wie bei Lumbriciden. So stellt *Benham****) das Nephridium von Microchaeta Rappi dar, bei welchem der Ausführungsgang sehr reducirt zu sein scheint, wogegen die Schlingen ungemein zahlreich vorhanden, wohl

---

*) Mit der Eintheilung der Oligochaeten, wie sie *Benham* in „Naidomorpha" und „Lumbricomorpha" vorschlägt, kann ich nicht übereinstimmen. Zu den ersteren stellt er 1) Aphanoneura, 2) Naididae, 3) Chaetogastridae. Die andere Gruppe der „Lumbricomorphen" theilt *Benham* in „Microdrili" und „Megadrili" ein und zu den ersteren sollen die von mir vorgeschlagenen Familien der 1) Discodriliden, 2) Enchytraeiden, 3) Tubificiden, 4) Phreoryctiden und 5) Lumbriculiden angehören.

In Anbetracht der näheren Verwandtschaftsbeziehungen zwischen den „Naidomorphen" im Sinne *Benham's* und den letztgenannten 5 Familien der „Lumbricomorphen" ist es kaum möglich diese Eintheilung anzunehmen; die Annahme *Benham's*, dass verschiedene, zu den Lumbricomorphen gezählte Familien durch ausgezeichnete anatomische Merkmale nicht unterschieden werden können, betrifft wohl einige Vertreter der „Megadrili", nicht aber die von mir aufgestellten Familien, mit Ausnahme der Lumbriculiden, die nach den jetzigen Kenntnissen in mehrere Familien eingetheilt werden müssen.

**) An attempt to classify earthworm. Quart. micr. Journ. 1890. p. 201.
***) Studies on earthworms. Quart. journ. micr. sc. 1886. Notes on two Acanthodriloid earthworms from New Zealand. Ib. 1892. p. 289.

aber von gleichgestalteten drei Canälen durchbohrt sind, wie der einfache Lappen von L. rubellus.

Auch die Nephridien von Urobaenus, Diachaeta, Trigaster und Plagiochaeta, wie sie durch die Beobachtungen desselben Autors bekannt geworden sind, scheinen nach demselben Plane gebaut zu sein, wie die Lumbriciden. In dieser Annahme unterstützen mich auch die Abbildungen der Nephridien, welche *Beddard**) von Thamnodrilus etc. und namentlich *Horst***) von Moniligaster Houtenii, Rhinodrilus Tentatei und Eudrilus liefern. Nach den Darstellungen des letztgenannten Forschers kann keinem Zweifel unterliegen, dass die Nephridien der von ihm untersuchten Regenwürmer ganz denselben Verlauf der beiden Schlingen und des Ausführungsganges wiederholen, wie ich für Lumbriciden in dieser Arbeit hervorhebe.

Nach den angeführten Beispielen wird man noch kaum zweifeln können, dass die nach einem einheitlichen Plane gebauten Nephridien der „Meganephrica" aus einem einfacheren, geraden und soliden Strang hervorgegangen sind, den ich als Pronephridium deute.

Wie verhält es sich nun mit dem anderen Typus der „Lumbricomorpha", für welchen *Benham* einen Collectivnamen „Plectonephrica" gewählt hat?

Die Repräsentanten dieser künstlichen Gruppe zeichnen sich durch gewiss auffallenden Bau der Nephridien aus, die zuerst *Beddard****) 1885 bei Acanthodrilus multiporus entdeckt, und *Baldwin Spencer*†) 1888 bei Megascolides australis bestätigt hat. Nachher hat sich erwiesen, dass die „Plectonephridien" viel verbreiteter in Oligochaeten vorkommen und heute kennt man mehr als 10 Gattungen, die mit solchen Excretionsorganen versehen sind.

Die Plectonephridien zeichnen sich dadurch aus, dass sie aus zahlreichen feinen Röhrchen und kleinen Trichtern bestehen, die in jedem Segmente ein durch mehrere oder spärlichere Öffnungen nach

---

*) On the Structure of a new Genus of Lumbricid Proceed. zool. Society 1887. p. 154.

**) Descript. of earthworms. Notes from the Leyden Museum IX. p. 97. — Sur quelques Lombricides exotiques appartenant au genre Eudrilus. 1890. J. III. p. 223.

***) Sur les organes segmentaires de quelques vers de Terre. Annal. sc. nat. 1885.

†) The anatomy of Megascolides australis. Transact. roy. Soc. of Victoria. Vol. I. 1888.

aussen mündendes Netzwerk bilden. Nebstdem kann sich segmental noch ein „Meganephridium" wiederholen, wie es namentlich für Megascolides und 1891 von *Beddard**) beschriebenen Libyodrilus violaceus charakteristisch ist. Das „Meganephridium" steht hier in Verbindung mit einem im Hautmuskelschlauche sich verzweigenden Netzwerke. Ausführlich hat die mannigfaltige Anordnung dieser eigenthümlichen Nephridien bei Perichaeta, Megascolides, Acanthodrilus, Deinodrilus und Dichogaster vornehmlich *Beddard***) besprochen und ich verweise auf seine Darstellung.

Uns handelt es sich um die Beantwortung der Frage, in welchen genetischen Beziehungen befindet sich das Nephridialnetzwerk („Plectonephridium") zu den oben dargestellten Nephridien von Rhynchelmis und Lumbriciden, deren Entwicklung wir erkannt haben.

Diese Frage ist bereits sehr eingehend sowohl von *Beddard* und *Horst* als von *Bald. Spencer* und *Benham* discutirt worden; sie bewegt sich vorzugsweise in der Richtung, um zu beantworten:

1. Was ursprünglicher ist, das Nephridialnetzwerk von Perichaeta etc., oder das einfache Paar Nephridien von Lumbricus etc.

2. In welchen Beziehungen befindet sich das Nephridialnetzwerk zum Excretionsapparate der niederen Würmer.

Nach der vornehmlich von *Beddard* und *Spencer* vertretenen Ansicht sind die „Plectonephridien" ursprünglicher als die „Meganephridien" in welchen letzteren die verzweigten Canäle in den Schlingen mit dem Nephridialnetzwerke von Perichaeta etc. homogenetische Gebilde vorstellen. *Benham* schliesst sich dieser Anschauung an und leitet ein einfaches Nephridium von einer aggregirten Gruppe der plectonephrischen Röhrchen ab.

In Anbetracht dieser Theorien belehrt uns die Embryologie, dass ein einfacher (bald mit einer Geissel, bald ohne dieselbe) Strang — oder das Pronephridium — ursprünglicher ist, als ein Netzwerk, welches erst secundär in dem Nephridiallappen und Ausführungsgange zu Stande kommt. Es hat daher meiner Ansicht nach sowohl das „Plecto- als Meganephridium" gleiche genetische Bedeutung. Beiden muss ein einfacher, paarig in jedem Segmente sich anlegender Strang — das Pronephridium — vorausgehen, aus welchem erst

---

*) On the Struct. of an earthworm allied to Nemertodrilus etc Quarterly microsc. Journ. 1891.

**) On certain points in the Struct. of Urochaeta and Dichogaster etc. Ib. 1889. p. 235.

secundär seitliche Wucherungen entstehen, die sich als zahlreichere oder spärlichere Nephridiallappen erweisen. In grosser Menge bilden sich offenbar die Läppchen bei den mit „Plectonephridien" versehenen Oligochaeten und in den vorderen Segmenten von Megascolides. In den hinteren Segmenten des genannten Riesenregenwurmes reduciren sich die Läppchen an einige grösere, welche der Lage nach den Schlingen am Nephridium von Lumbricus entsprechen.*) Das gleiche gilt auch für die Nephridien von Libyodrilus.

Aber der äussere Theil der Nephridien der genannten Gattungen stellt wieder ein complicirtes Canälchennetz vor, welches sich — wie sehr instructiv *Beddard* bei Libyodrilus darstellt — im Hautmuskelschlauche verzweigt. Zur Erklärung dieser eigenthümlichen Thatsachen belehrt uns wieder die Entwicklungsgeschichte. Der Ausführungsgang des Nephridium persistirt bei Allolobophora lange in dem Hautmuskelschlauche; in den entwickelten Würmern zeigt er reichliche Verzweigungen, die wohl mit dem Netzwerke von Libyodrilus homolog sind. Bei dem letzteren und wohl bei den meisten „plectonephrischen" Regenwürmern fehlt die voluminöse contractile Endblase, indem sie durch zahlreiche Seitencanäle des Ausführungsganges ersetzt ist. Nur einige wenige Hypodermalzellen an der Mündung der feinen Ausfuhrscanälchen bei Megascolides errinnern noch an die grossen Endblasen der Lumbriciden.

Die Nephridien der Polychaeten stimmen wesentlich mit denen der Oligochaeten überein und um so mehr die der Hirudineen. In der Gruppe der Polychaeten können wir ganz dieselben Bestandtheile an einzelnen Nephridien unterscheiden, sowie die verschieden mächtige Entfaltung des Lappentheiles und des Trichters finden. Beispielsweise kann ich nur an die Nephridien der Capitelliden hinweisen, die unlängst so schön von *Eisig* bildlich dargestellt wurden und bei denen eine Ähnlichkeit mit den der Enchytraeiden kaum in Abrede gestellt werden kann. Auch das Nephridium von Areni-

---

*) Vorläufig werde ich mich nicht aussprechen von der Natur der merkwürdigen Längscanäle, welche die Nephridien von Megascolex und Libyodrilus in einer Reihe von Segmenten untereinander verbinden. Die bei Polymnia und Lanice bekannten Längsschläuche sind meiner Ansicht nach durch Verwachsung der contractilen Endblasen der betreffenden Segmente entstanden.

cola, wie es kürzlich von *Benham* abgebildet und beschrieben wurde, entspricht in seinen Bestandtheilen vollständig dem typischen Baue der Oligochaetennephridien. Weitere Beweise in dieser Beziehung kann man in den Arbeiten von *Williams*, *Claparède* etc. etc. nachsuchen.

Es ist kaum nothwendig hervorzuheben, dass zwischen den Nephridien der Oligochaeten und Hirudineen kein wesentlicher Unterschied vorliegt. Nebstdem wissen wir aus der Arbeit von *Whitman*, dass die in Rede stehenden Organe der Hirudineen sich segmentweise aus einer gemeinschaftlichen Zellenreihe herausbilden und anfangs solide Stränge vorstellen, welche letzteren dem Pronephridium der Oligochaeten entsprechen Der sich frühzeitig in einer grossen Zelle anlegende Trichter — wie ich aus eigener Erfahrung bei Clepsine kenne — gelangt aber nicht zur Entwicklung, in welcher Beziehung die Hirudineen mit einer Familie der Oligochaeten — der Chaetogastriden — übereinstimmen.

Auch unter den Hirudineen kennen wir „plectonephrische" Repräsentanten, wie sie meines Wissens zuerst *Bourne* in Pontobdella kennen gelehrt hat.

Wie es sich nun bei Polychaeten mit dem embryonalen Pronephridium verhält, issen wir bisher sehr wenig. Aus der oben angeführten Angabe *E. Meyer's* ist soviel festgestellt, dass die Pronephridien des ersten Segmentes, oder die Kopfniere, wesentlich mit den Pronephridien der Rumpfsegmente von Rhynchelmis übereinstimmen. Derselbe Autor hat die jungen Nephridialstadien bei Nereis kennen gelehrt und es geht aus seiner Darstellung hervor, dass den Nephridien der Rumpfsegmente ein einfacheres Pronephridiumstadium vorangeht.

Schliesslich ist die merkwürdige Gattung Dinophilus anzuführen, deren Excretionsorgane wesentlich mit dem Pronephridium von Rhynchelmis übereinzustimmen scheinen und sich in gleicher Gestalt in allen Segmenten, das erste nicht ausgenommen, wiederholen und in diesem einfachen Stadium — mit einer Wimperflamme — lebenslang persistiren.

Wie *Korschelt*, *Meyer*, *Weldon* und *Harmer* übereinstimmend hervorheben, muss man die Excretionsorgane von Dinophilus mit denen der Plathelmithen vergleichen. Ich schliesse mich dieser Auffassung an und möchte auch das Pronephridium der Oligochaeten als gleichwerthig den Excretionsorganen der Plathelminthen betrachten;

consequenterweise müsste aber auch das Nephridium der Annulaten als die höchste Stufe des ursprünglich einfachen Excretionsapparates der Plathelminthen angesehen werden Leider aber wissen wir über die Entwicklung der Excretionsorgane der Plathelminthen nichts, so dass eine nähere Parallele zwischen den der letzteren Wurmgruppe und den Annulaten lediglich am vergleichend anatomischen Wege durchführbar ist. Und auch hier hat man es mit einigen Schwierigkeiten zu thun, um die Identität der Annulaten-Pronephridien mit den Canälchen der Plattwürmer nachzuweisen.

Das Pronephridiostom besteht bei Rhynchelmis aus zwei Zellen, die Geissel schwingt in einer intercellularen Lacune; die Wimperflamme der Plathelminthen schwingt dagegen nur innerhalb einer Zelle; allein die beiden Zellen von Rhynchelmis entstehen ursprünglich aus einer grossen „Trichterzelle". Nebstdem gehört die Geissel nur einer Zelle an und in aberranten Fällen von Rhynchelmis konnten wir sicherstellen, dass die Geissel in der Leibeshöhle und nicht in der intercellularen Lacune ihre Schwingungen ausübt.

Das „Plectonephridium" ist dagegen viel ähnlicher dem Excretionsapparate der Plathelminthen, und dies vornehmlich durch sein Canälchennetz. Aber die zahlreichen Trichter sind mit äusseren Wimpern ausgestattet gleich dem Nephridiostom der „Meganephridien". Indessen wissen wir, dass der letztere seinen Ursrpung dem Pronephridiostom verdankt, und ferner, dass sich in gewissen Fällen am Schlingentheile der Nephridien von Rhynchelmis auch secundäre, mit schwingenden Geisseln ausgestattete Pronephridiostomen entwickeln können. Aus diesen secundären Pronephridiostomen dürften die zahlreichen Trichter bei den plectonephrischen Regenwürmern entstanden sein.

Dass die Wimperflammen in dem Stamme der Würmer auch in anderen Modificationen vorkommen können, beweisen neben den Oligochaeten auch die Nemertinen, wie unlängst eben O. *Bürger*[*]) nachgewiesen hat. Derselbe hat an den Enden der Canäle des Nephridialapparates bei zahlreichen Nemertinengattungen hohle blinde Kölbchen entdeckt. die von einem einschichtigen Epithel ausgekleidet sind. In jedem Kölbchen, angeheftet am blinden verdickten Ende, schwingt eine Wimperflamme in das Lumen des Kölbchens hinein.

Ich glaube kaum zu verfehlen, wenn ich die in Rede stehenden Organe der Nemertinen mit den Pronephridiostomen von Rhynchelmis

---
*) Die Enden des excretorischen Apparates bei den Nemertinen. Z. f. w. Z. LIII. 2. 1891, p 322—333.

identificire; die ersteren sind allerdings aus mehreren Zellen zusammengesetzt, während die von Rhynchelmis nur aus zwei Zellen bestehen. Aus dem Wimperkölbchen könnte aber ebenfalls ein echter Nephridiostom zu Stande kommen, wenn sich sein Lumen, wie die Lacune am Pronephridiostom von Rhynchelmis in die Leibeshöhle öffnen würde.

Nach einem Vergleiche der Wimperkölbchen der Nemertinen mit dem Excretionsapparat der Plathelminthen spricht sich *Bürger* gegen die Homologie zwischen diesen Organen der genannten Wurmgruppen aus. Namentlich scheint ihm der Mangel „einer Schlusszelle" bei Nemertinen sehr wichtig zu sein, die hier durch den Wimperkolben ersetzt ist. Der Verfasser ist daher der Ansicht, dass beiderlei Nephridien genetisch grundverschiedene Bildungen sind, „so verschieden z. B., wie das Coelom von Sagitta und Polygordius".

Von der Entwicklung des Nephridialapparates der Nemertinen wissen wir nichts Genaueres, ebenso wie über die der Plathelminthen; aus diesem Grunde ist es auch schwierig zwischen beiden Excretionsapparaten eine Parallele zu ziehen. Nach den jetzigen Kenntnissen steht aber soviel fest, dass die Endorgane des Nephridialapparates in einer und derselben Wurmgruppe sehr veränderlich sein können. Wir wissen z. B., dass bei den meisten Rhabdocoelen die Wimperflammen nicht vorhanden sind, während sie bei anderen schön entwickelt sind.[*]) Der Excretionsapparat der meisten einheimischen Dendrocoelen ist mit Wimperflammen ausgestattet, während ich vergeblich diese Endorgane bei Anocellis coeca gesucht habe;[**]) hier sind die Wimperflammen durch blosse Zellen ersetzt. Als ein Analogon zu dieser Mannigfaltigkeit der in Rede stehenden Endapparate bei Plathelminthen könnte man die Pronephridien der Annulaten anführen.

Zunächst sind die Pronephridien des Kopfes der oben angeführten Polychaeten mit einer Geissel ausgestattet, während die von Rhynchelmis blind endigen. Andererseits schwingt im Pronephridiostom von Rhynchelmis eine Geissel, während das entsprechende Pronephridien-Stadium der Lumbriciden mit einer vergrösserten Zelle anfängt.

---

*) Ich habe sehr grosse Wimperflammen unlängst in einem landlebenden Prochynchus gefunden

**) *Vejdovský*, Exkreční apparát Planarií. Sitzungsb. kön. böhm. Gesellsch. d. Wiss. Prag.

Die Variabilität dieser Endorgane am Nephridialapparate der Würmer wird wohl durch künftige Untersuchungen noch vielfach nachgewiesen werden.

Derzeit begnügen wir uns mit der Constatirung der Thatsache, dass das niedrigere Nephridialstadium der Würmer, welches ich als Pronephridium bezeichne, in verschiedener Weise theils im Körperparenchym, theils in der Leibeshöhle endigt. Es ist bald eine einfache Drüsenzelle (Plathelminthen, Lumbriciden), bald eine hohle, mit Wimperflamme ausgestattete Zelle (Plathelminthen, Dinophilus), bald ein doppelzelliger Pronephridiostom mit der inneren Geissel (Rhynchelmis) oder schliesslich ein mehrzelliges hohles Kölbchen mit einer Wimperflamme (Nemertinen).

Es handelt sich uns die morphologische Bedeutung des Pronephridiostoms der Oligochaeten zu beurtheilen; bei den meisten untersuchten Arten entsteht derselbe aus der vorderen Zelle des soliden Stranges. Sämmtliche Zellen dieses Stranges sind gleichwerthig, somit auch die Pronephridiostomzelle. Da auch an dem Nephridiallappen gleichgestaltete Pronephridiostomen zu Stande kommen können, wie wir sie bei Rhynchelmis kennen gelernt haben und aus welchen bei Perichaeta und anderen exotischen Oligochaeten die zahlreichen Nephridiostomen entstehen, so kann es keinem Zweifel unterliegen, dass *jede Zelle* des ursprünglichen Pronephridiums sich zu einem Nephridiostom umbilden kann.

Dasselbe habe ich auch für Microplana humicola*) hervorgehoben: hier bestehen die Excretionscanälchen aus einer Anzahl der hinter einander folgenden Zellen, von denen jede mit einer Wimperflamme ausgestattet ist und auf diese Weise mit der geschlossenen Anfangszelle übereinstimmt. Die Excretionscanälchen stellen daher eine Reihe von Pronephridiostomen vor, von denen der vordere bei den meisten Plathelminthen im ursprünglichen geschlossenen Zustande persistirt, bei den meisten Annulaten aber sich zum Nephridiostom umwandelt.

Die Pronephridien geben den Ursprung nicht nur den Nephridien, sondern sie können sich bei einigen Oligochaeten zu Speicheldrüsen umwandeln.

---

*) Note sur une nouvelle Planaire terrestre (Microplana humicola) etc. Revue biologique du Nord de la France 2° Anné. Nr. 4. 1890. — O novém rodu zemských planarii (Microplana humicola). Věstník král. spol. nauk v Praze 1890.

Bezüglich dieser Organe will ich hervorheben, dass ich sie bereits 1879*) bei den Euchytraeiden nach den damaligen Kenntnissen als „modificirte Segmentalorgane" gedeutet und ähnliches für die Speicheldrüsen von Urochaeta (gland à mucosité Perrier), Moniligaster, Grubea und Siphonostoma behauptet. Schliesslich habe ich die Ansicht ausgesprochen, dass die Speicheldrüsen von Peripatus denselben Ursprung haben, was durch spätere embryologische Untersuchungen bestätigt wurde.

Gleichzeitig mit der Herausgabe des 3. Heftes dieser Untersuchungen erschien eine Arbeit von *Fr. E Beddard*,**) in welcher der Verfasser den paarigen Ursprung der Nephridien in jedem Segmente hervorhebt. Nur das 1. und 2. Segment haben ein gemeinschaftliches Nephridienpaar, mit welchem später das zweite und schliesslich noch ein oder zwei hintere Nephridien verwachsen um auf diese Weise den Speicheldrüsen Ursprung zu geben.

Nach den Abbildungen, welche *Beddard* liefert (vornehmlich Fig. 16. und 19. l. c.), kann es keinem Zweifel unterliegen, dass die Nephridien von Acanthodrilus ebenfalls aus einem soliden, paarig in jedem Segmente angelegten und mit einem Nephridiostom versehenen Strange hervorgehen.

Das Nephridium im ersten und zweiten Segmente von Acanthodrilus entspricht wohl dem Pronephridium des Kopfes bei Rhynchelmis und der Lumbriciden, wo es aber spurlos degenerirt, während es bei Acanthodrilus und Urochaeta zuerst das echte lappentragende Nephridialstadium durchmacht und schliesslich sich zu einer Speicheldrüse umwandelt.

§ 6. Das Nervensystem.

Whitman***) gebührt das Verdienst zuerst den Ursprung des Nervensystems der Hirudineen klargestellt zu haben. Der Bauchstrang entsteht nicht direct, wie bisher angenommen wurde, durch die Verdickung des Epiblastes, sondern aus zwei symmetrisch verlaufenden Neuralreihen, welche nach hinten von den grossen Neuroblasten entspringen. Dieselbe Entwicklung des Nervensystems ist auch für die Lumbriciden von *Wilson* nachgewiesen und von *Bergh* bestätigt worden.

---

*) Beitr. zur vergleich. Morphologie der Annuliden. 1879. p 29.—30.
**) Development of Acanthodrilus multiporus. Quart. micr. Journ. 1892.
***) C. O. *Whitman*, A contrib to the history of the Germ-layers in Clepsine. Journal of Morphology. I. 1887.

Nach den wiederholten Beobachtungen und namentlich nach der Auffindung der Neuroblasten (im Sinne, Whitman's) und Neurostichen nehme ich die frühere Angabe über die getrennte Anlage der Ganglien des Bauchmarkes zurück und bestätige die Angaben der genannten Forscher.

Bergh hat nebstdem eine beachtenswerthe Entdeckung gemacht; es gelang ihm nämlich schon in den 0·5 mm langen Embryonen einen Plexus von Nervenzellen und Nervenfasern zu finden, der sich entlang der Mittellinie des Bauches zwischen den Neuralplatten entwickelt. Bergh hält es für wahrscheinlich, dass dieser Plexus aus dem Epiblaste hervorgeht und später dem aus den Neuralreihen entstandenen Bauchmarke einverleibt wird, wobei seine Elemente zuerst als Ganglionzellen functioniren.

Diese wichtige Angabe veranlasste mich, dass ich erneuerte Beobachtungen in dieser Richtung anstellte, und thatsächlich gelang mir nicht nur mit der von Bergh angegebenen Methode die Nervenzellen in jungen segmentirten Embryonen zu finden, sondern dieselben noch in ganz jungen lebenden Larvenstadien sicherzustellen.

Die Entdeckung dieser Nervenzellen ist allerdings höchst schwierig, und es gelingt dieselben nur in solchen lebenden Larven zu finden, deren Hypoblast mit durchscheinenden Dotterelementen erfüllt ist. Allolobophora putra (var. arborea) fand ich zu diesem Zwecke als das günstigste Object und bilde deren sehr junge Larve mit bloss 2 Paar Teloblasten auf der Taf. XXX., Fig. 4. von der Bauchseite ab. Die larvalen Nervenzellen sind hier bogenförmig angeordnet (n) und befinden sich vor dem Blastoporus zwischen den Excretionszellen und dem Epiblaste, dann zu beiden Körperseiten zwischen dem Hypo- und Epiblaste. Diese Nervenzellen sind ähnlich den überall auf der Rückenseite zwischen dem Epiblaste und Hypoblaste zerstreuten mesenchymatischen Elementen, von denen ich oben angegeben habe, dass sie vermuthungsweise den larvalen Pronephridien Ursprung geben. Während aber die Wanderzellen beständig ihren Ort und ihre Gestalt wechseln können, sind die grossen larvalen Nervenzellen unbeweglich und behalten auch ihre Gestalt. Bergh hat an den mit Goldchlorid behandelten Präparaten uni- und bipolare Zellen beobachtet, während im lebenden Zustande dieselben regelmässig als multipolare Elemente erscheinen, doch so, dass der eine Nervenfortsatz etwas länger ist als die übrigen. Diese Nervenzellen scheinen sich durch directe Theilung zu vermehren, da ich die karyokinetischen Figuren in den sich theilenden Elementen nicht gefunden habe.

*

Dass diese Nervenzellen sich ebenfalls wie die Neurostichen an der Bildung des Centralnervensystems des Annulaten betheiligen, wie *Bergh**) behauptet, scheint mir sehr zweifelhaft zu sein; meine, allerdings nicht ausführliche Beobachtungen in dieser Richtung konnten die Angabe des genannten Autors nicht bestätigen. Nach der Annäherung der Neuralreihen zur Bauchseite liegen wohl auch die larvalen Nervenzellen in der Medianlinie des Annulatenkörpers, und müssten die resistente Nervenhülle des Bauchstranges durchdringen, um auf dessen Aufbaue theilzunehmen. Zur Zeit, als das Neuralreticulum im Bauchstrange sich anlegt, findet man schon keine Spur der larvalen Neuralzellen, und glaube daher, dass sie ebenso degeneriren, wie die larvalen Excretionsorgane.

Ich erblicke in den fraglichen Nervenzellen ein Homologon mit dem centralen Nervensystem, dem Nervenringe der Medusen, welcher aber bei den stark degenerirten Lumbricidenlarven wesentlich reducirt erscheint.

Über die Bildung der Ganglien im Centralnervensystem habe ich mich bereits oben (pag. 291—293) ausgesprochen; es erübrigt mir jetzt noch auf einige Einzelnheiten hinzuweisen und vornehmlich die Entwicklung des Neuralreticulums oder der sog. Punktsubstanz zu besprechen.

Zunächst muss ich die Angabe *Bučinsky's* zurückweisen, nach welcher sich an der Bildung der Bauchganglien des Regenwurmes auch das Mesoblast betheiligen soll. Nur die schrägen oder dickeren Querschnitte können zur Vermuthung Anlass geben, dass die oberen Ganglienanschwellungen aus dem Mesoblaste hervorgehen. Thatsächlich aber sind es nur die Elemente der Neurostichen, aus welchen sich die Ganglien bilden (vergl. Taf. XXXII., Fig. 12., 13.). Die basalen Zellen des Ganglions sind grösser, aus hyalinem Plasma bestehend und ihre Kerne färben sich nicht so intensiv (*a*), wie die oberen, kleinen und dicht gruppirten Zellen (*b*).

Jede Ganglionhälfte von Rhynchelmis ist von einer bindegewebigen Membran (Nervenhülle) umgeben, an die sich die Muskelzellen anlegen (Taf. XXXII., Fig. 4., 5 *m*). Die letzteren stammen aber nicht

---

*) Der Verfasser spricht sich auf pag. 486 dahin aus, dass er nicht ganz sicher ist, ob die Nervenzellen des Bauchplexus dem Bauchstrange einverleibt werden, gleich darnach berücksichtigt er aber gar nicht seinen Zweifel und nimmt das Centralnervensystem des Annulaten als aus zwei verschiedenen Anlagen entstanden an; so auf pag. 486, 487, 490.

vom Mesoblaste her, sondern haben denselben Ursprung, wie Ringmuskeln des Leibesschlauches. Innerhalb der bindegewebigen Membran (des Neurilems) vermehren sich embryonale Nervenzellen.*) Die Mutterzelle einer Ganglionhälfte behält sehr lange ihre ursprüngliche Grösse und liegt auf der äusseren Basis des Ganglions (Tafel XXXII., Fig. 4., 5 *nb*). Es ist dieselbe grosse Zelle, die ich früher als Neuroblast (p. 292) bezeichnet habe. Bei den Lumbriciden tritt dieselbe nicht immer so klar, wie bei Rhynchelmis hervor. Diese grosse Zelle befindet sich in reger Theilung, fast auf jedem Schnitte sieht man hier die karyokinetischen Figuren. Aus ihr entstehen die kleineren Zellen, die sich zwar auch kinetisch theilen können, aber ihre Vermehrung scheint nicht so intensiv zu sein (Taf. XXXII., Fig. 4. 5 *nz*).

Noch bevor die beiden Ganglienhälften ganz verschmolzen sind, finden einige Differenzirungsprocesse innerhalb der Ganglionmasse statt, welche ich jetzt eingehender zu besprechen beabsichtige. Meine Darstellung betrifft in erster Reihe Rhynchelmis, dessen Nervensystem zu histogenetischen Untersuchungen weit günstiger ist als das der Lumbriciden. Nichtsdestoweniger konnte ich auch bei den letzteren dieselben oder fast dieselben Differenzirungsvorgänge sicherstellen.

Zunächst ist hervorzuheben, dass die Zellen des Ganglions lange indifferent bleiben; sie haben durchaus denselben histologischen Charakter, soweit man dies mit den jetzigen Untersuchungsmethoden sicherzustellen vermag. Man kann nicht von Ganglienzellen sprechen, man unterscheidet keine Glia- und Epithelzellen, man sieht nur gleichgestaltete und fast gleich grosse Elemente auf jedem Querschnitte. Und dies nicht nur in den Bauchstrangsganglien, sondern auch im Gehirn und in den Schlundcommissuren. In Fig. 6., Taf. XXXII. habe ich einen verticalen Längsschnitt durch das Gehirn (*gh*) reproducirt, um die anormale Höhlung (*d*) im Gehirnganglion zu veranschaulichen.

Die erste Differenzirung, welche man in einem Ganglion regelmässig sicherstellen kann, ist die Anlage des **Neuralreticulums oder des Leydig'schen Punktsubstanz.**

Dieselbe beginnt schon zur Zeit, als die Ganglionhälften noch getrennt sind (Taf. XXII., Fig. 6.) und wird dadurch eingeführt, dass

---

*) Ich benütze diese Bezeichnung, obwohl sie nicht das richtige trifft; aus diesen „Nervenzellen" bilden sich nicht nur die Ganglienzellen und das Neuralreticulum, sondern auch die sog. Gliazellen, die man kaum als nervöse Elemente ansprechen kann.

in dem oberen Theile einer jeden Hälfte, dicht unter der peritonealen Hülle je ein hyalines Feldchen erscheint (Fig. 6., Taf. XXII, *pl*). Ich habe schon auf pag. 292. dieses Feldchen als aus dem internuclearen Protoplasma bestehend erklärt, wobei man voraussetzen muss, dass die Grenzmembranen einiger Zellen resorbirt wurden und das Cytoplasma der letzteren sich verdünnt hat. Ähnliches Verhältnis der hyalinen Plasmafeldchen sieht man auch auf Fig. 10. (Taf. XXII, *pl*), wo die beiden Ganglionhälften zum grossen Theile verwachsen sind.

Später erstreckt sich der hyaline Plasmahof in der Umgebung einiger Kerne, deren Zahl sich an den Querschnitten jeder Ganglionhälfte constant als 4 erweist (Taf. XXIII., Fig. 10 *nr*).

Die letzteren nehmen schon in diesem Stadium einen anderen Charakter an, als die übrigen umliegenden Kerne der Nervenzellen; sie sind nämlich bedeutend angeschwollen, stark lichtbrechend und bestehen aus fettartigen Kügelchen, in denen man das Kernkörperchen nur schwierig entdecken kann.

Bei den Lumbriciden (Taf. XXXII., Fig. 9. *ps*) verrathen sich diese 4 Kerne sowohl durch ihren Glanz als einen gelblichen Ton.

Durch die fortschreitende Anschwellung werden die Kerne zu einander genähert und je nach der Stelle in dem Ganglion verschmelzen sie theils vollständig, theils bleiben sie durch das sie umgebende hyaline Cytoplasma getrennt. Wir wollen einige dieser Zustände, wie sie an Querschnitten sehr schön hervortreten, eingehender besprechen.

In Fig. 12. (Taf. XXIII.) befinden sich die 4 verschmolzenen Kerne (*nr*) in einem breiten Cytoplasmahof (*pr*), an dessen Peripherie einige Kerne der gewöhnlichen Neuralzellen liegen. Im Cytoplasma verlaufen zwar spärliche, aber deutlich hervortretende Fäden (Cytoplasmareticulum), das centrale Kernreticulum zeigt keine deutlichen Umrisse; es hat sich wohl die Kernmembran ganz resorbirt. Die glänzenden, nur schwach sich in Pikrokarmin färbenden Kernkörperchen (*j*) sind hier in Degeneration begriffen. Nach der Zahl derselben, sowie nach der vierlappigen Gestalt des Kernreticulums ist ersichtlich, dass hier 4 Kerne verschmolzen sind. Ähnliches sieht man in Fig. 16.; Fig. 17. stellt den centralen Theil eines Kernes vor, in welchem noch das Kernkörperchen persistirt. In Fig. 16. sind die beiden Hälften des Kernreticulums getrennt, Fig. 18. (Taf. XXIII.) zeigt dagegen, dass sie mittels einer Querbrücke anastomosiren; ebenfalls Fig. 13. (*nr*).

Wie die Anastomosen zwischen beiden Hälften zu Stande kommen, erklärt uns der Querschnitt durch das erste Bauchstrangsganglion, wo die Kerne ungemein gross sind (Taf. XXIII., Fig. 21. nr^{1-4}). Jeder Kern besteht aus einem feinen Reticulum, dessen Filamente sich zu einem Fortsatz vereinigen, in welcher Gestalt die Kerne selbst an die Ganglienzellen erinnern.*) Die Kernfortsätze der einen Seite ziehen zu den der anderen Seite, und auf diese Weise bilden sie eine Quercommissur in dem hyalinen Cytoplasma, wie Fig. 21. (Taf. XXIII.) veranschaulicht. Zwei Kerne mit ihren polaren Fortsätzen sind in Fig. 22. (Taf. XXIII.) bei starker Vergrösserung abgebildet. Ich habe keine äussere Membran an der Peripherie sowohl der Kerne als ihrer Fortsätze statuiren können; das Reticulum ist somit nackt ebenso wie die Commissur, welche letztere sich bloss durch eine dichtere Granulirung von den Filamenten des Kernes selbst auszeichnet.

In dem ersten Bauchstrangganglion betheiligen sich jederseits sämmtliche vier Kerne an der Bildung der Quercommissur innerhalb des Cytoplasma. Ähnliche Verhältnisse sieht man auch in den nachfolgenden Ganglien des Vorderkörpers, wie Figuren 18., 20. und 25. (Taf. XXIII.) veranschaulichen. Indessen ist es nur eine bestimmte Region, wo diese Quercommissur durch die Fortsätze sämmtlicher vier Kerne hervorgerufen wird. Insoferne mich die Schnittserien belehren, ist dies der Fall unmittelbar vor und hinter den peripheren Nerven. Das Neuralreticulum bildet hier demnach in jeder Ganglionhälfte ein einheitliches, meist vierlappiges Feld (vergl. Fig. 18., 20.). Anders dagegen in anderen Ganglienzonen.

Fig. 26. (Taf. XXIII.) stellt einen Querschnitt durch die mittlere Zone eines Ganglions im vorderen Körper, direct durch peripherischen Nerven vor. Das vollständig entwickelte Kernreticulum ist hier jederseits in drei Felder getheilt, nämlich in ein grösseres oberes und zwei kleinere untere. Die letzteren (nr^3, nr^4) stellen die ursprünglichen zwei Kernreihen vor, die demnach nicht verschmolzen sind. Dagegen ist das obere Feld (nr^{1+2}) durch das Verwachsen von zwei oberen Kernreihen entstanden und steht durch eine Quercommissur mit dem der anderen Seite in Verbindung. Das hyaline Cytoplasma, in welchem diese Reticularfelder eingebettet sind, bildet zwischen den oberen und unteren Feldern eine plasmatische Bahn, durch welche später die Ganglienzellen ihre Plasmafortsätze in die peripheren Nerven entsenden.

Ähnliche Verhältnisse der Reticularvertheilung in dem Ganglion bietet auch Fig. 15. (Taf. XXIII.) dar, mit dem Unterschiede, dass

---

*) Meines Wissens haben B. *Haller* und *Fr. Nansen* die Kernfortsätze in den gewöhnlichen Ganglienzellen zuerst beobachtet.

hier die inneren unteren Felder verschmolzen sind; es ist dies in der unmittelbaren Nähe der grossen Medianzelle (*mz*).

Die Entwicklung des Neuralreticulums belehrt uns daher sehr überzeugend,

1. dass es *zuerst* in dem Centralnervensystem der Oligochaeten erscheint;

2. dass es daher keinesfalls nur aus den protoplasmatischen Fortsätzen der Ganglienzellen entstehen kann;

3. dass sich an seiner Bildung jederseits vier Kernreihen betheiligen, die an bestimmten Stellen der Bauchstrangsganglien in den Connectiven verschmelzen, andererseits aber von einander getrennt bleiben;

4. dass die verschmolzenen Kernreihen je vier Zellreihen entsprechen, deren Cytoplasma verschmilzt und die Kernreihen umgiebt.

Der letzt hervorgehobene Vorgang, die Entstehung des Syncytiums aus mehreren Zellen, ist längst bekannt: die Bildung des Neuralreticulums belehrt uns ferner, dass auch durch die Verwachsung der Kerne ein einheitliches Gewebe zu Stande kommen kann, welches nur an gewissen Stellen durch canälchenartige Bahnen unterbrochen wird, — dort nämlich, wo die Plasmafortsätze der Ganglienzellen verlaufen.

Die chemische Beschaffenheit des bisher geschilderten Neuralreticulums — nämlich aus den jungen Würmern, in welcher Beziehung es dem der erwachsenen Individuen nahe steht — weicht wesentlich von derjenigen der ursprünglichen Zellkerne ab, aus welchen das Reticulum entstanden ist.

Wie ich oben bereits hervorgehoben habe, unterscheiden sich die Kerne keinesfalls von den der übrigen Neuralzellen, indem sie sich in gleicher Weise mit Pikrokarmin färben. Nach der fortschreitenden Wucherung verlieren aber die Kerne die Fähigkeit die Färbungsflüssigkeit aufzunehmen und nach der Degeneration der Kernkörperchen sieht man nur — namentlich wenn man die Embryonen mit Chromessigsäure behandelt — das stark entwickelte Reticulum, dessen weite Maschen von einer farblosen Substanz erfüllt sind. In dieser Beziehung belehren uns besser die Querschnitte durch die erwachsenen Rhynchelmis. Aber auch die Längsschnitte durch den Bauchstrang sowohl der Embryonen der genannten Art als der Lumbriciden sind für die Erkenntnis der Gestaltsverhältnisse des Neuralreticulums sehr belehrend. In Fig. 27. (Taf. XXIII.) ist ein Längsschnitt durch den Bauchstrang von Rhynchelmis abgebildet, welcher das obere Kernreticulum mit den seitlichen, bisher nicht differenzirten Neuralzellen, die Muskelschicht des Leibesschlauches und die Hypodermis getroffen hat.

Das Neuralreticulum (*nr*) verläuft hier in dem hyalinen Plasmastrange (*pr*), in welchem feines Cytoplasmanetz vertheilt ist. Von den ursprünglichen Kernen ist hier keine Spur vorhanden, die Filamente färben sich durchaus nicht, und die Maschen des Reticulums sind in der Längsachse des Bauchstranges ausgezogen.

Ähnlich verhält es sich mit dem Neuralreticulum der Lumbriciden. In Fig. 8. (Taf. XXXII.) ist ein fast verticaler Längsschnitt durch den Bauchstrang eines Embryo von Allolobophora putra abgebildet, wo bereits die Ganglienzellen (*gz*) functioniren. Das Neuralreticulum (*nr*) erscheint segmentweise eingeschnürt, so zwar, dass man zwischen je zwei Ganglien (*g*) eine schlanke Commissur wahrnimmt. In diesem Stadium der Entwicklung erinnert das Neuralreticulum noch an das ursprüngliche Kernreticulum: seine in der Längsachse des Bauchstranges ebenfalls ausgezogene Filamente tragen stellenweise intensiv sich mit Pikrokarmin färbende Körnchen, welche somit auf die ursprüngliche chromatische Substanz der Kerne hinweisen. In späteren Entwicklungsstadien findet man aber in dem Neuralreticulum keine Spur dieser Körnchen.

Die von den Ganglienzellfortsätzen ganz unabhängige Entstehung des Neuralreticulums ist somit durch embryologische Untersuchung erwiesen. Diese Thatsache, welche ich bereits in meinem „System und Morphologie der Oligochaeten" vertreten habe, steht allerdings in schroffem Gegensatze mit den bisherigen Anschauungen über den Ursprung des fraglichen Gewebes, nach welchen die multipolaren Ganglienzellen ihre Fortsätze in ein feines Nervennetz auflösen. Der Hauptvertreter dieser Ansicht ist *B. Haller*,[*]) welcher in seiner Arbeit allerdings nur den Bauchstrang der erwachsenen Würmer berücksichtigt hat. Auf die Besprechung der zahlreichen Literatur, namentlich auf die Ansichten von *Nansen* will ich hier nicht eingehen, da sie neuerdings von *G. Retzius*[**]) in eingehendster Weise besprochen wurden und mit meinen Darstellungen kaum in Einklang gebracht werden können. Ich möchte nur auf die in jüngster Zeit veröffent-

---

[*]) Beitr. zur Kenntnis der Textur des Centralnervensystems höherer Würmer. Arbeiten a. d. zool. Inst. in Wien. 1889.

[**]) Zur Kenntnis des Nervensystems der Crustaceen. Biolog. Untersuchungen. Neue Folge. I. 1890.

lichten Mittheilungen von *W. Biedermann**) und *G. Retzius* hinweisen. Nach der Anwendung von Methylenblau gelang es den genannten Forschern die Ganglienzellfortsätze und ihre Verästelung in den Ganglien von Hirudo, Nereis etc. sehr genau sicherzustellen und auf Grund dieser seinen Erfahrungen kommt *Biedermann* zu dem Resultate, dass die „Centralmasse" („Punktsubstanz" *Leydig's*) sich aus Elementen verschiedener Herkunft zusammensetzt „und ein ausserordentlich complicirtes Geflecht oder vielleicht ein in sich geschlossenes Netz feinster Nervenfasern darstellt, welches theils aus der Verästelung von Ganglienfortsätzen, theils aus direct sich verzweigenden Wurzelfasern hervorgeht, wozu noch Seitenzweige der die Ganglien durchsetzenden Commissuren-Längsfasern kommen".

Nach den mit Methylenblau gefärbten Ganglien von Astacus kommt *G. Retzius* zu dem Ergebnisse, dass die „Punktsubstanz" aus einem Geflecht der varicösen, nicht anastomosirenden, in eine Zwischensubstanz eingebetteten Seitenzweige der Zellenfortsätze besteht. Er leugnet überhaupt die Netzbildungen, die sich auch an der Bildung der Nervenfasern nicht betheiligen.

Bei Nepethys fand aber der genannte Forscher, dass die die „Punktsubstanz constituirenden Nebenfortsätze nicht, wie bei Astacus und Palaemon, in der Mitte der gangliösen Anschwellungen, sondern vorwiegend an der Peripherie derselben, wo auch die Ganglienzellen belegen sind", sich verästeln. Diese feinen „Nebenfortsätze" der „Stammfortsätze" verästeln sich meist dichotomisch und zu wiederholten Malen; „durch die reichliche Verästelung der Nebenfortsätze der vielen Ganglienzellen, sowie der aus den Ganglien durchtretenden Fasern entstehenden Nebenfortsätze wird die sog. Punktsubstanz ihrer Hauptmasse nach gebildet; in ihre Zusammensetzung treten dann noch die centralen Endverästelungen der aus den peripherischen Nervenzweigen stammenden Fasern ein". Es entsteht daher ein reichliches Geflecht, ein Neuropilem (*His*), aber kein Netz von untereinander zusammenhängenden Fortsätzen der Ganglienzellen (gegen *B. Haller*).

Nach diesen Mittheilungen *Biedermann's* und *G. Retzius* ist es sicher, dass die von ihnen sichergestellten Verhältnisse „der Punktsubstanz" mit meinen auf embryologischem Wege erzielten Resultaten nicht vereinbar sind. Die „Punktsubstanz" von *Retzius* ist nicht das

---

*) Über den Ursprung und Endigungsweise der Nerven in den Ganglien wirbelloser Thiere. Gen. Zeitschrift. 1891

Neuralreticulum, welches ich in den Embryonen von Rhynchelmis in seiner Structur dargestellt habe. Wohl aber bin ich überzeugt, dass die Beobachtungen der genannten Forscher über jeden Zweifel richtig sind.

Ich habe doch schon vor Jahren (im System und Morphologie der Oligochaeten pag. 91.) darauf hingewiesen, dass die „fibrilläre Punktsubstanz" im Bauchstrange der erwachsenen Dendrobaena (einer Lumbricide) theils aus längs verlaufenden Fibrillen, theils aus dem zierlichen Fibrillengeflecht der Ganglienzellfortsätze — die ich mit gewöhnlichem Pikrokarmin an Längsschnitten (l. c. Taf. XIV., Fig. 16.) nachgewiesen habe — besteht. Diese Fibrillen sind jedoch anderer Art als die in der Längsachse des Bauchstranges verlaufenden, welche letzteren sich mit Pikrokarmin nicht färben.

Nun bin ich überzeugt, dass die in Methylenblau sich färbenden „Nebenfortsätze" von *Retzius* meinem „Fibrillengeflecht" entsprechen und ebenso die langen Nervenfasern, die, wie ich weiter unten erwähnen werde, innerhalb des Neuralreticulums verlaufen. Ich muss daher nachdrücklich hervorheben, dass das Gewebe, welches ich jetzt als Kern- oder Neuralreticulum beschreibe, nicht mit der „Punktsubstanz" von *Retzius* identisch ist. Diese zwei Begriffe müssen wir auseinanderhalten; die „Punktsubstanz" von *Retzius* ist gewiss nervöser Natur, wenn man nach den gleichen Einwirkungen von Methylenblau auf die Ganglienfortsätze und deren „Nebenfortsätze" urtheilen darf. Ob das Neuralreticulum nervös ist, wissen wir nicht; nach seinen Beziehungen zu den Ganglionfortsätzen wäre eher die Ansicht berechtigter, dass das Neuralreticulum als ein Stützgewebe im Nervensystem der Wirbellosen functionirt.

Nach diesem Excurs wollen wir noch das Neuralreticulum des erwachsenen Rhynchelmis besprechen. Dasselbe erinnert zwar in einzelnen Fällen auf dieselben Zustände der Embryonen und junger Würmer, nichtsdestoweniger ist in den meisten Fällen höchst schwierig die ursprüngliche Textur zu statuiren. Das Neuralreticulum nimmt in den erwachsenen Würmern die ganze obere Hälfte des Bauchstranges ein, verdrängt bis zur Unkenntnis das umgebende Cytoplasma, und selbst die später sich differenzirenden Ganglien- und Gliazellen, und man muss sehr sorgfältig nachsuchen, um seine Hülle und deren Kerne zu erkennen.

Ich habe einige Querschnitte des Bauchstranges des erwachsenen Rhynchelmis auf der Taf. XXIV. reproducirt, um sie mit den Gestaltsverhältnissen der embryonalen und oben beschriebenen Zustände zu vergleichen.

Fig. 1. stellt einen Querschnitt durch das zweite Bauchstrangsganglion vor; das nach der Behandlung der Würmer mit Chromessigsäure äusserst schön hervortretende Neuralreticulum ist hier durch einen cytoplasmatischen Canal (*cpm*) in zwei Hälften getheilt; die obere Hälfte stellt die oberen zwei Felder vor, welche ganz verschmolzen sind, ebenso wie die der unteren Hälfte. Von dem das Neuralreticulum umgebenden Cytoplasma sind nur schwache Spuren oben (*cp*) und unten (*cpm*) vorhanden. Die Gliahülle des Reticulums werden wir weiter unten besprechen.

Fig. 3. stellt einen Querschnitt durch das 5., Fig. 4. durch das 9. Bauchstrangsganglion vor. In beiden sieht man dieselbe Anordnung des Neuralreticulums, wie wir in den embryonalen Zuständen sichergestellt haben. Die unteren zwei Felder sind in beiden Fällen durch canalartige Cytoplasmastränge (*g*) von einander geschieden, in welchen die Fortsätze der unteren Ganglienzellen verlaufen. Das übrige Cytoplasma des Kernreticulums erscheint als ein enger Saum (*cp*) unterhalb des Neurilems, am Grunde des Reticulums (*cpm*) und als quere Bahn (*cpm*) zwischen den oberen und unteren Feldern.

In Fig. 5., 6 und 7., welche die Querschnitte durch die hinteren Bauchstrangsregionen vorstellen, erkennt man nur die Modificationen in der Vertheilung des Neuralreticulums.

Ich habe bisher nur die Textur des Neuralreticulums in dem Bauchstrange besprochen; es fragt sich nun, ob die Anordnung des genannten Gewebes in dem Gehirnganglion auf die eines Bauchstrangsganglions zurückzuführen ist?

Die allerersten Differenzirungsprocesse der Neuralzellen im Gehirnganglion habe ich nicht verfolgt; in den jungen Würmern konnte ich aber ganz ähnliche Bildungsvorgänge des Neuralreticulums sicherstellen wie im Bauchstrange. Die Schnittserien durch das Gehirnganglion des erwachsenen Rhynchelmis beweisen ferner, dass die Anordnung des Reticulums wesentlich der entspricht, wie wir in dem Ganglion des Bauchstranges gefunden haben. Zu diesem Zwecke bilde ich auf der Taf. XXXI. (Fig. 14.) den mittleren Querschnitt durch eine Hälfte des Gehirnganglions bei mässiger Vergrösserung ab, um die identischen Stränge des Neureticulums zu veranschaulichen; selbstverständlich entspricht die obere Seite des Gehirnganglions der unteren im Bauchstrange. Somit stimmt das grosse, quer verlaufende Reticularfeld in einer Gehirnhälfte mit dem oberen Felde eines Bauchstrangsganglion überein und ebenso entsprechen die oberen, durch den Cytoplasmacanal — (in welchem wieder die Ganglienzellfortsätze verlaufen) — von einander getrennten Felder des Gehirnganglions den unteren zwei Feldern im Bauchstrangsganglion

---

Wenn wir die Entstehung des Neuralreticulums aus den erwähnten vier Kernreihen in jeder Hälfte des Centralnervensystems erkannt haben, so entsteht zunächst die Frage, welche Differenzirungen die übrigen embryonalen Zellen in dem angelegten Bauchstrange (und wohl auch im Gehirnganglion) eingehen, und in welchen Beziehungen die differenzirten Zellen zu dem Neuralreticulum sich befinden?

Wir wollen zunächst die **Gliazellen** besprechen, da ihre Entstehung in der Umgebung des Neuralreticulums zuerst deutlich wahrnehmbar ist. Ob die Bezeichnung „Glia" hier passend ist, will ich nicht entscheiden, aber in Anbetracht der herrschenden Bezeichnung wähle ich diesen Namen für die bindegewebigen Zellen, welche, obwohl in geringer Anzahl, doch eine continuirliche, sogar auch epithelartige Hülle um das Neuralreticulum, beziehungsweise das Cytoplasma des Kernreticulums bilden.

In den Querschnitten durch sehr junge Embryonen, wo bereits die Kerne verschmolzen sind, findet man noch keine solche Hülle; erst später flachen sich einige wenige Neuralzellen an der Peripherie des Reticulums ab und sind nur nach ihren ebenfalls flachen Kernen erkennbar. Bei starker Vergrösserung sieht man, dass die Gesammtheit dieser Zellen eine Umhüllung um die Cytoplasmastränge mit ihren verschmolzenen Kernen vorstellt. Ich habe diese „Gliahülle" in Fig. 26. (Taf. XXIII.) abgebildet (nl^3). In den meisten Schnitten sind die Kerne sehr klein und flach, dass man sie leicht übersehen kann. In den erwachsenen Rhynchelmis treten die Kerne der Gliahülle viel deutlicher hervor, indem sie sich intensiv färben (vergl. Taf. XXIV., Fig. 4. *cp* und Fig. 6.), wenn sie auch hier in spärlicher Anzahl vorhanden sind.

In grosser Anzahl sind die Gliazellen an der Peripherie des Neuralreticulums im Gehirnganglion von Rhynchelmis vorhanden. In der Gestalt weichen sie keinesfalls von den im Bauchstrange ab, sind aber so dicht neben einander gestellt, dass sie eine förmliche epitheliale Umhüllung des Reticulums vorstellen. (Vgl. Fig. 14., Taf. XXXI. *p* [unten].) Allerdings aber trifft man nicht an jedem Schnitte so dicht neben einander gestellte Gliazellen; in einzelnen Theilen sucht man sogar vergeblich nach diesen Zellen.

Die Gliahülle entsendet bei Rhynchelmis keine Fortsätze in das Neuralreticulum, in welcher Beziehung der genannte Wurm mit den Regenwürmern übereinstimmt. Auf diese „bindegewebige Umhüllung der Fasermasse" bei Dendrobaena habe ich bereits im „System und Morphologie der Oligochaeten" aufmerksam gemacht. B. Haller*) hat später hervorgehoben, dass die Neurogliahülle bei Lumbricus keine Fortsätze „in das centrale Nervennetz" entsendet. Hierdurch unterscheiden sich die Oligochaeten von den erranten Polychaeten, da bei den letzteren nach der Behauptung des genannten Forschers ein reichliches Glianetz in dem eigentlichen Nervennetze vorhanden sein soll.

Die Gliazellen, welche, wie gesagt, zuerst an der Peripherie des Neuralreticulums zum Vorschein kommen, verbreiten sich später auf die inneren Wandungen des genannten Gewebes, wo sie theils einzeln, theils zu epithelartigen Complexen zusammentreten und so die einzelnen Reticularstränge umhüllen. Die früher mehrmals erwähnten cytoplasmatischen Bahnen zwischen den Reticularfeldern werden auf diese Weise von den Gliazellen ausgestattet, wie am besten Fig. 14. auf der Taf. XXXI. (*a*) veranschaulicht. Der Zellkörper der Gliazellen ist stark abgeplattet und legt sich dicht an das Reticulum an, wobei nur der ebenfalls flache Kern das Vorhandensein solcher Zelle verräth (vergl. Fig. 15., Tafel XXXI. *a*).

Auch im Bauchstrange begegnet man den Gliazellen an den Wandungen der Canäle, durch welche die Ganglienzellfortsätze verlaufen. Namentlich an den verticalen Längsschnitten kann man sich von deren Vorhandensein überzeugen (vergl. Taf. XXV., Fig. 8. *st*, Fig. 5. *c*).

Wie es sich mit den Gliaumhüllungen der Ganglienzellfortsätze verhält, welche in das Neuralreticulum eintreten und hier in gewisser Regelmässigkeit verlaufen, werden wir weiter unten besprechen.

Nachdem wir die Umbildung der embryonalen Zellen des Bauchstranges zum Neuralreticulum und zu Gliazellen erkannt haben, können wir die Entstehung der **peripherischen Nerven** behandeln, obwohl die mediane Ganglienzelle und die Neurochorde früher zu Stande kommen, als das periphere Nervensystem. Da ich nämlich über das spätere

---

*) C. c. p. 67, 68.

Verhalten der Ganglienzellfortsätze zu den peripheren Nerven keine Erfahrung habe und lediglich die Betheiligung des Neuralreticulums und dessen Umhüllungen an der Bildung der Nerven gewissermassen erkannt habe, so will ich zuerst diese Vorgänge besprechen.

An der Bildung der peripheren Nerven betheiligen sich:

1. Das hyaline Cytoplasma, in welchem das Neuralreticulum im Bauchstrange eingebettet ist.

Diese Grundsubstanz der peripheren Nerven erscheint früher, als das Reticulum selbst lateral zu knospen beginnt und erscheint als ein hyaliner, ziemlich scharf contourirter Strang (Taf. XXIII., Fig. 26. *nl"*). Die Membran selbst, welche die hyaline Substanz umhüllt, ist eine directe Fortsetzung der Gliahülle des Neuralreticulums, doch gelang mir in den sich anlegenden Nerven nicht die Kerne an dieser inneren Nervenhülle sicherzustellen. Es ist wahrscheinlich, dass sich eine oder einige wenige Zellen der Gliahülle des eigentlichen Neuralreticulums bis in die periphere Axensubstanz erweitern, was bei der Kürze der Nerven sehr möglich ist. In den peripheren Nerven der Lumbriciden kann man leicht in dieser inneren Nervenhülle zahlreiche, intensiv sich färbende Kerne sicherstellen. Sehr überzeugend erkennt man diese innere Gliahülle an den Querschnitten des peripheren Nerven des Gehirnganglions von Rhynchelmis. In Fig. 14. (Taf. XXXI.) ist der peripherische Nerv des Gehirnganglions direct an seiner Wurzel durchgeschnitten (*nr*) und man sieht die eigentliche Nervensubstanz von einer kernführenden Membran umhüllt, die hier in directem Zusammenhange mit der oben besprochenen Gliahülle des Neuralreticulums steht.

In der cytoplasmatischen Grundsubstanz des Neuralreticulums haben wir mehreremals ein feinfaseriges Netz hervorgehoben; dasselbe erstreckt sich zwar auch in die Grundsubstanz der peripheren Nerven, nichtsdestoweniger gewahrt man es deutlicher nur an der Wurzel des Nerven, weiter aber zum Distalende des Nerven wird das Cytoplasmanetz undeutlicher und die Grundsubstanz erscheint daher fast als eine homogene Flüssigkeit.

2. Nach aussen von diesem Plasmastrange legt sich an den sich bildenden Nerv eine äussere Hülle, welche sich als Fortsetzung der Ganglienzellschicht eines Bauchstrangsganglions ergiebt. Allerdings aber treten hieher keine Neuralzellen ein, nur die äussere structurlose Hülle des Bauchstrangsganglions umgiebt den peripheren Nervenstrang (Taf. XXIII., Fig. 26. *nl'*). In den sich bildenden Nerven habe ich ebenfalls keine Kerne gefunden, die bei den Lumbriciden dagegen

sehr häufig vorkommen. Diese Nervenhülle ist dieselbe, welche ich im „System der Morphologie der Oligochaeten" bei Dendrobaena als dicke, körnige, zwischen der äusseren peritonaealen Scheide und Muskulatur befindliche Schicht bezeichnet habe, in welcher das Neuralgefäss verläuft, und welche später *B. Haller* einzig und allein richtig als die eigentliche Nervenhülle des Bauchstranges und der peripheren Nerven von Lumbricus bestimmt und als Neurogliahülle bezeichnet hat. Sie geht offenbar aus den äusseren embryonalen Zellen des Bauchstranges hervor, indem sie sich zu bindegewebsartigen Gliazellen umbilden. Aber auch im Gehirnganglion von Rhynchelmis tritt auf der Oberfläche diese Schicht sehr schön hervor, indem sie sehr dick ist und ihre grosse Kerne viel zahlreicher vorhanden sind als im Bauchstrange (vergl. Taf. XXXI., Fig. 14. *p* [oben] Fig. 15. *p*).

Dass das Peritonaeum des Centralnervensystems der Annulaten keine eigentliche Nervenhülle vorstellt — wie zutreffend *B. Haller* hervorhebt — beweist am klarsten Rhynchelmis. Bei der Anlage des Bauchstranges sieht man an seiner Oberfläche nur wenige Mesoblastzellen, welche bestimmt angeordnet, die oben bereits beschriebenen Muskelzellen des Bauchstranges vorstellen. Eine continuirliche Peritonealhülle fehlt hier gänzlich und wird später durch einige wenige, auf den Querschnitten hie und da erscheinende Elemente ersetzt, welche nebstdem ihre Stelle verändern können und als Wanderzellen functioniren (vergl. Taf. XXIII., Fig. 25., 26.). Sonst ist der Bauchstrang des jungen Rhynchelmis ganz „nackt", d. h. der peritonealen Hülle entbehrend. Aber auch in den erwachsenen Würmern begegnet man keiner epithelialen Peritonealumhüllung des Bauchstranges, und gerade hier sieht man in zahlreichen Fällen, dass die dem Peritoneum entsprechenden Elemente verästelte, amoebenförmige Wanderzellen vorstellen (vergl. Taf. XXIV., Fig. 1., 3. *wz*, Fig. 2. *pt*). Nur in wenigen Schnitten habe ich einer continuirlichen Umhüllung der oberen Bauchstranghälfte begegnet, die ich als echte Peritonealmembran deuten möchte, und ich bilde sie in Fig. 4. (Taf. XXIV. *pt*) ab. Es ist eine bindegewebige Hülle mit spärlichen Kernen, welche die Muskulatur (*m*) und den grossen Neurochord überzieht. Möglicherweise entspricht diese abstehende Membran den weiter unten zu erwähnenden Mesenterien, die ich in Fig. 6., 8. (Taf. XXIV. *ms*) darstelle.

Um so mächtiger tritt die peritonaeale Umhüllung des Gehirnganglions hervor; wenigstens weiss ich nicht, wie anders die dicke und feste, vom Gehirnganglion weit abstehende Membran zu deuten wäre, welche ich in Fig. 14. (Taf. XXXI. *n*) abbilde. Man findet hier nur spärliche, sehr abgeflachte und intensiv sich färbende Kerne. Bei den Enchytraeiden habe ich seinerzeit dieselbe kapselartige Umhüllung des Gehirnganglions beschrieben und bemerkt, dass auf ihrer Oberfläche feine Muskelzüge gelagert sind, mit denen die cerebroparietalen Muskeln in Verbindung stehen. Ähnliches wird man wahrscheinlich auch in der festen Hülle des Gehirnganglions von Rhynchelmis suchen können indem, wie unsere Abbildung (Fig. 14.) vorstellt, zahlreiche Muskelzüge (m) an der fraglichen Umhüllung sich inseriren.

3. Schliesslich betheiligt sich an der Bildung der peripheren Nerven das Neuralreticulum; es geschieht dies erst zur Zeit, als der axiale Cytoplasmastrang mit seinen beiden Umhüllungen seitlich in der Leibesmuskulatur verläuft. So sieht man in Fig. 26. (Taf. XXIII.), dass die Nervenhüllen angelegt sind, das Neuralreticulum aber bisher keine Fortsätze in den axialen Strang entsendet. In Fig. 25. (Taf. XXIII.) ist ähnlicher Schnitt abgebildet, hier aber bildet sich seitlich aus dem Neuralreticulum ein Fortsatz, welcher in den axialen Cytoplasmastrang gerichtet ist und hier allmälig sich verliert. Dasselbe ist auch in Fig. 20. tr (Taf. XXIII.) abgebildet. Man sieht demnach keine Nervenröhrchen, sondern nur das in der Richtung des axialen Stranges sich ausziehende Neuralreticulum, welches die Hauptsubstanz des peripheren Nerven vorstellt. Die Querschnitte durch die erwachsenen Würmer veranschaulichen am klarsten die Structur des Neuralreticulums in den peripheren Nerven. Ich habe einige solche Querschnitte aus verschiedenen Körperregionen auf der Taf. XXIV. womöglich sorgfältigst zu reproduciren versucht und betrachte für angezeigt, den Verlauf der Nerven eingehender zu besprechen, da Rhynchelmis in dieser Beziehung von allen mir bekannten Würmern und Thieren überhaupt abweichend ist.

Soviel ich an Schnitten ermitteln konnte, entsenden nur die vorderen und mittleren Bauchstrangsganglien die peripheren Nerven und zwar, wie Lumbriculus, nur je ein Paar in jedem Segmente. Aus den vorderen Bauchstrangsganglien gehen die peripheren Nerven nach links und rechts bis zum Leibesschlauche und entsprechen also dem normalen Verlaufe der peripheren Nerven. Zu diesem Zwecke habe ich einen Schnitt durch das zweite Bauchstrangsganglion mit seinen Nerven (pn) in Fig. 1. (Taf. XXIV.) abgebildet. Die weiter nach hinten folgenden Ganglien sind in dieser Beziehung abweichend; da sie sich mittels einer Leiste tiefer in die Leibeshöhle erheben, so begeben sich ihre peripherischen Nerven in ziemlich schiefer Richtung zum Leibesschlauche, wie Fig. 3. (Taf. XXIV.) vorstellt; sie können sogar dicht zu beiden Seiten des Bauchstranges liegen und dann verlieren sie sich im Leibesschlauche an der Basis der Bauchstrangsleiste, welche wir weiter unten genauer zu besprechen beabsichtigen.

Schliesslich finden wir die weiter nach hinten folgenden Ganglien, welche keine frei in der Leibeshöhle verlaufende periphere Nerven abgeben, da die letzteren — und dadurch ist Rhynchelmis merkwürdig — innerhalb der Bauchstrangsmasse hinziehen. Aus zahlreichen Präparaten, welche diesen gewiss auffallenden Verlauf der peripheren Nerven zeigen, habe ich nur zwei in Fig. 4. und 5. auf der Taf. XXIV. bildlich dargestellt. Fig. 5. ist bei schwacher Vergrösserung gezeichnet und man sieht nur, dass die peripheren Nerven (*pn*) als Fortsetzungen der unteren Felder des Neuralreticulums durch die untere Bauchstrangsmasse vertical zum Leibesschlauche verläuft. In Fig. 4. sind die peripheren Nerven (*pn*) der Länge nach durchgeschnitten, und wahrscheinlich stammen sie von den oberen und unteren Reticularsträngen her.

Die Bauchstrangsganglien des mittleren und hinteren Körpers von Rhynchelmis entbehren überhaupt der peripheren Nerven, wie Fig. 6., 7. (Taf. XXIV.) veranschaulichen.

Was den Ursprung des Neuralreticulums in den peripheren Nerven anbelangt, so kann man sich darüber auf Fig. 1. und 3. (Taf XXIV.) überzeugen; sowohl der obere als der äussere untere Strang des Neuralreticulums setzt sich seitlich in den peripheren Nerven fort, wobei das Neuralreticulum sich bedeutend in die Länge auszieht. Die Fibrillen verlaufen nicht selten auf lange Strecken parallel nebeneinander, in Folge dessen sie den blassen Nervenfasern der Wirbelthiere nicht unähnlich sind; dazu kommt noch der Umstand, dass die hyaline Substanz in den Maschen des Reticulums reichlich vorhanden ist und diese Thatsachen konnten wohl *Leydig* und *Nansen* zu der Anschauung verleiten, dass es sich hier um blasse Nervenröhrchen (mit „Spongio- und Hyaloplasma") handelt.

Ob in den peripheren Nerven der Bauchstrangsganglien des Regenwurmes aus dem Reticulum wirkliche „Nervenfasern" hinziehen, wie sie *B. Haller* beschreibt und abbildet, muss ich dahingestellt bleiben lassen, da ich derartig gestaltete Elemente des Neuralreticulums niemals gesehen habe. Ich stimme demnach der Deutung des genannten Forschers, dass die peripheren Nerven doppelten Ursprungs sind, nur dahin bei, dass das unverändert in die peripheren Nerven sich erstreckende Neuralreticulum des Bauchstranges von den Ganglienzellfortsätzen begleitet wird. Dabei bleibt allerdings noch immer die

Frage offen, ob das Neuralreticulum auch in den peripheren Nerven nervös ist.

Die peripheren Nerven des Gehirnganglions verästeln sich reichlich im Kopfrüssel von Rhynchelmis. Die Anordnung dieser dicken Endnerven ist sehr interessant, indem sie direct in der Hypodermis gelagert sind (Taf. XXXI., Fig. 16. *n*).

Wie oben bereits erwähnt, gelang es mir mit den angewandten Methoden die Betheiligung der Ganglienzellfortsätze an der Bildung der peripheren Nerven von Rhynchelmis nicht zu ermitteln. Das Nervensystem dieses Wurmes lässt sich nicht, wie das der Lumbriciden etc., auspräpariren oder sonst im lebenden Wurme mit Methylenblau-Flüssigkeit behandeln, um darnach den neuerdings namentlich durch *Retzius* u. A. bekannt gewordenen merkwürdigen Verlauf und Verzweigung der Ganglienzellfortsätze im Bauchstrange überhaupt erkennen zu lassen. Indessen kenne ich diese interessanten Thatsachen bei Regenwürmern aus eigener Erfahrung und es ist kaum zu zweifeln, dass auch das Neuralreticulum der peripheren Nerven bei Rhynchelmis von mehreren Ganglienzellfortsätzen begleitet wird, wie bei anderen Chaetopoden, Hirudineen und Arthropoden.

Dasselbe gilt auch von den Schlundcommissuren, an deren Querschnitten (Taf. XXXI., Fig. 13.) das Neuralreticulum von einer kernführenden Gliahülle (*p*) und der äusseren Nervenhülle (*n*) umgeben ist.

Über die Bildung der **Ganglienzellen** habe ich nur spärliche Erfahrungen. Die Differenzirung der embryonalen Zellen des Bauchstranges beruht wesentlich auf Vergrösserung einiger Elemente, die in regelmässiger Anordnung auf der Peripherie des Neuralreticulums gelagert sind. An den Schnittserien kann man mit Bestimmtheit nur die Thatsache sicherstellen, dass die sog. Medianzelle in jedem Ganglion als die erste, differenzirte Ganglienzelle zu Stande kommt, während die Nachbarzellen noch in ursprünglichem Zustande verharren.

Die bei Hirudo, Travisia und Lumbricus etc. beschriebenen Medianzellen liegen bekanntlich in der Medianlinie des Ganglions, dort nämlich, wo die beiden Hälften des Neuralreticulums mit ihren Umhüllungen sich an einander anlegen. Die Grösse der Medianzelle hat zur Folge, dass man sie gewöhnlich an zwei nach einander folgenden Schnitten wiederfindet. Ich bilde sie in Fig. 15., 16., 18. *mz* und 20. *ml* (Taf. XXIII.) und Fig. 11. *mz* (Taf. XXII.) ab. Die Medianzelle trägt frühzeitig den Charakter einer Ganglienzelle; ihr Kern ist bedeutend gross (Fig. 20., Taf. XXIII. *ml*), das Cytoplasma enthält ein reichliches Reticulum, welches in einen Zellfortsatz sich ausdehnt und dieser letztere ist gegen den sich bildenden medianen Neurochord gerichtet. Dort, wo der Fortsatz der medianen Ganglienzelle verläuft, verschmelzen nicht die inneren Felder des Neuralreticulums, so dass der Fortsatz zwischen den inneren Lamellen der Neurogliahülle hinzieht.

In späteren Entwicklungsstadien, als die meisten Zellen in der Umgebung des Neuralreticulums den Charakter der Ganglienzellen angenommen haben, ist es ziemlich schwierig die Medianzelle zu unterscheiden; sie weicht histologisch kaum von den übrigen Ganglienzellen ab. Ich bilde sie in den Ganglien der erwachsenen Würmer in Fig. 3. (Taf. XXIV. *g*) aus einem vorderen Bauchstrangsganglion und in Fig. 7. aus einem der hinteren Körpersegmente ab.

Sonst entsprechen die Ganglienzellgruppen von Rhynchelmis der Anordnung, die für Lumbricus, Dendrobaena etc. charakteristisch ist. Man unterscheidet zwei laterale Zellgruppen (Taf. XXIV., Fig. 4. und 7. *lg*), und zwei untere, submediane Gruppen zu beiden Seiten der oben erwähnten Medianzelle (Taf. XXIV., Fig. 7. *mg*). Dort, wo die peripheren Nerven entspringen, findet man keine lateralen Ganglienzellengruppen (Taf. XXIV., Fig. 1., 3.), sondern nur die submedianen.

Die meisten Ganglienzellen von Rhynchelmis sind unipolar, nur selten findet man zwei oder mehrere Zellfortsätze. Die Grösse der Ganglienzellen ist ungemein variabel, wie man namentlich an verticalen Längsschnitten statuiren kann. Die in Fig. 7. und 8. auf der Taf. XXV. abgebildeten veranschaulichen uns am besten dieses Grössenverhältnis. Zwischen den grossen Ganglienzellen, deren Fortsätze innerhalb der Gliahüllen verlaufen, findet man recht zahlreiche und verschieden grosse, durchaus unipolare Zellen, von denen es schwierig zu entscheiden ist, ob sie nervöser Natur sind. Einige derselben und zwar die in der nächsten Umgebung der grossen Ganglienzellen erscheinen als zarte unipolar verlängerte Fadenzellen. Es ist nicht unmöglich, dass sie als Stützzellen der letzteren functioniren (Fig. 7. *st*), obwohl sie sich histologisch von den grossen Ganglienzellen nicht unterscheiden.

Da es sich mir nicht darum handelt eine detaillirte Beschreibung der histologischen Verhältnisse der Ganglienzellen zu geben, so will ich nur noch einiges über die Anordnung und Gestaltsverhältnisse der Ganglienzellen im Gehirnganglion mittheilen, vornehmlich um die Frage zu beantworten, ob es möglich ist, die Anordnung der

Ganglienzellen des Gehirnganglions auf die eines Bauchstrangsganglions zurückzuführen. Zu diesem Zwecke bilde ich in Fig. 14. und 15. (Taf. XXXI.) zwei nach einander folgende mittlere Querschnitte durch das Gehirnganglion von Rhynchelmis ab, indem wir bereits sichergestellt haben, dass die Anordnung des Neuralreticulums der eines Bauchstrangsganglions entspricht.

Dasselbe gilt auch von der Anordnung der Ganglienzellen; auch hier begegnet man einer (oder mehreren?) Medianzelle (Fig. 15. g in der Mitte), welche in der Medianlinie zwischen beiden Ganglienhälften liegt. Zu beiden Seiten derselben befinden sich zwei oder mehrere etwas kleinere Ganglienzellen.

Der lateralen Ganglienzellgruppe eines Bauchstrangsganglions entspricht ganz ähnliche Zellgruppe in der Nähe des Gehirnneurochords (Fig. 14. *nch*), deren Elemente aber etwas kleiner sind als die im Bauchstrangsganglion.

Mit den unteren submedianen Ganglienzell-Gruppen des Bauchstranges stimmen vollinhaltlich die dorsalen Ganglienzellgruppen des Gehirnganglions überein, welche ich in Fig. 14. (*g*) und Fig. 15. (*gg* rechts) veranschauliche.

Neben den beschriebenen Ganglienzellgruppen sieht man in der dorsalen Fläche des Gehirnganglions zahlreiche andere unregelmässig zerstreute Ganglienzellen von verschiedener Grösse und Gestalt (vergleiche Fig. 15., Taf XXXI.). Wie sich die meisten am Querschnitte gestalten, wird man von ihnen annehmen müssen, dass sie multipolar sind, allerdings aber kann man nicht die Richtung genau angeben. in welcher die Fortsätze verlaufen. Zwischen diesen grösseren und intensiv sich färbenden Ganglienzellen trifft man noch hin und wieder zerstreute kleinere blasse Elemente (Taf. XXXI., Fig. 15. *ng*), welche durch dieselben Gestaltsverhältnisse ausgezeichnet sind, wie die oben beschriebenen Neurogliazellen des Neuralreticulums (*ng'*). Ich betrachte sie auch thatsächlich für solche, die als Stützzellen der Ganglienzellen functioniren.

Der Verlauf der Ganglienzellfortsätze in dem Bauchstrange der Würmer hat, dank den neueren Methoden (mit Methylenblau), auf diesen bisher ziemlich dunklen Gegenstand ein neues Licht geworfen. Nichtsdestoweniger kann man mit dieser Methode nur den Verlauf der Fortsätze der auf der Oberfläche des Bauchstranges befindlichen Ganglienzellen verfolgen. Zur eingehender Erkenntnis, wie sich die Zellfortsätze vornehmlich zum Neuralreticulum verhalten, wissen wir bisher wenig. Dazu sind Quer- und Längsschnitte unentbehrlich, doch sind die bisherigen Methoden zur Ermittlung dieser Verhältnisse wenig befriedigend. Dass gewisse Ganglienzellfortsätze in das Neuralreticulum eintreten und hier sich verästeln, habe ich bereits 1884 bei Dendrobaena nachgewiesen, was neuerdings von *Biedermann* und *Retzius**) bestätigt wurde. Jetzt kann ich auch für Rhynchelmis dasselbe Verhältnis zwischen den Ganglienzellfortsätzen und dem Neuralreticulum statuiren. In den Querschnitten durch den Bauchstrang findet man im Neuralreticulum hyaline, runde Querschnitte besonderer, ziemlich regelmässig sich wiederholender Röhrchen. So sieht man auf dem Querschnitte Taf. XXIV., Fig. 1. in den oberen Reticularsträngen jederseits zwei solche Röhrchen (*nch*), in Fig. 4 verlaufen zwei Röhrchen in den unteren (lateralen und inneren) Strängen und ebenso in Fig. 5. (*nch*).

Ich fasse diese Röhrchen als durchgeschnittene Gliahüllen besonderer Ganglienzellfortsätze auf, die allerdings durch die angewandte Methode an den Querschnitten nicht erhalten sind. Auch habe ich nur selten Kerne auf den Gliahüllen finden können. Diese Nervenröhrchen entsprechen wohl den drei Gruppen „eng an einander liegender stärkerer Nervenfasern", welche *Friedländer***) in den beiden „Hauptfasersträngen" des Bauchmarkes von Lumbricus erwähnt. Ähnliche Röhrchen habe ich zuletzt auch im Bauchstrange von Allolobophora putra sichergestellt; hier sind sie dadurch bemerkenswerth, dass sie recht zahlreiche Kerne führen und somit als echte Gliahüllen der Ganglienzellfortsätze aufzufassen sind. Die letzteren sind dadurch von dem Neuralreticulum isolirt und es sind wahrscheinlich nur die äusseren feinen verästelten Fortsätze, die mit den Fibrillen des Reticulums in nähere Beziehungen kommen, keinesfalls aber das eigentliche Neuralreticulum bilden, wie *B. Haller* u. A. annehmen. Auch im Gehirnganglion von Rhynchelmis begegnen wir derselben Textur der Ganglienzellfortsätze, wie Fig. 15. (Taf. XXXI.) theilweise veranschaulicht.

Die grossen Ganglienzellen (*g*) entsenden lange Fortsätze (*b, c*) tief in das Neuralreticulum; die letzteren sind sowohl von einander als vom Reticulum durch deutliche Gliahüllen isolirt, verästeln sich reichlich am äusseren Ende, und die feinsten Endzweige verlieren

---

*) Soeben ist mir eine sorgfältige Arbeit von *Cerfontaine* über den Verlauf der Ganglienzellfortsätze im Bauchstrange von Lumbricus zugekommen.

**) Beiträge zur Kenntnis des Centralnervensystems von Lumbricus. Z. f. w. Z. 1888.

sich spurlos in dem Reticulum; ihre canälchenartige Umhüllung kann man an feinen Schnitten bis zur äussersten Spitze verfolgen.

Es erübrigt uns schliesslich noch die Bildung und Morphologie der **Neurochorde** zu besprechen.

Diese so vielmals besprochenen Gebilde legen sich kurz nach der Herausbildung des Neuralreticulums an. In der dorsalen Medianlinie des Bauchstranges findet man an Querschnitten eine oder zwei durch grosse Kerne sich auszeichnende Zellen, welche durch die mächtige Entfaltung des Neuralreticulums gegen die Leibeshöhle so verdrängt erscheinen, dass sie scheinbar als von mesoblastischen Elementen (Peritonealzellen) herstammend sich erweisen. Ich und später *Eisig* haben sie thatsächlich mit Unrecht als mesoblastische Zellen erklärt, zumal ich sie mit den Muskelanlagen des Bauchstranges verwechselt habe. Genauere Untersuchungen belehrten mich aber, dass sie desselben Ursprungs sind wie die Neurogliazellen in der Umgebung des Neuralreticulums. Man trifft sie ebenso spärlich entwickelt, wie die Neurogliaelemente, ozu noch der Umstand beiträgt, dass sie ziemlich früh eine Differenzirung eingehen. In Fig. 14. (Taf. XXIII.) sieht man in der oberen Medianlinie des Bauchstranges zwei dicht an einander anliegende Kerne, welche den erwähnten Neurochordsanlagen angehören. In Fig. 26. findet man aber nur eine solche Zelle, welche mit grossem Kerne versehen ist. Das Cytoplasma dieser Zelle ist bedeutend aufgequollen, es ist hyalin und glänzend und enthält feine Fäserchen (Cytoplasmareticulum).

Aus diesen grossen, aus hyaliner fettartiger Substanz und feinem Cytoplasmanetz bestehenden Neurogliazellen entsteht der Neurochord, welcher in den ersten Phasen seiner Entstehung nicht als eine Nervenscheide functionirt, sondern als solider Strang erscheint (vgl. Fig. 15., 16., 23., 25., 26., Taf. XXIII.). In den Schnitten durch die vorderen Körpersegmente findet man durchaus nur einen einzigen, dafür aber mächtigen Neurochord (Fig. 18., 20., 23., 24. *nch*), weiter in den mittleren Köpersegmenten sind neben dem medialen noch zwei laterale Stränge vorhanden (Fig. 24., 25.), welche letzteren je mehr nach hinten, desto mächtiger erscheinen, während der mediale schwächer wird. Aber nicht in allen Schnitten kommen die Neurochordanlagen zum Vorschein, aus welchem Umstande ich dafürhalte, dass die ursprünglichen Anlagen in jedem Ganglion unabhängig von einander zu Stande kommen und nachträglich der Länge nach verschmelzen.

Später erscheinen die Neurochorde an Querschnitten als Röhren, d. h. in der Mitte der hyalinen fettartigen Neurochordmasse findet man das mit einer coagulirter Substanz erfüllte Lumen. Die Contouren dieser inneren „Röhre" sind ziemlich scharf und dunkel, und es gelang mir in keinem Falle,hier einen Kern zu finden. Die Stelle, wo diese innere Lichtung in dem Neurochord zuerst und regelmässig erscheint, befindet sich dort, wo die oben erwähnte grosse mediane Ganglienzelle aus unteren Lagen (Taf. XXIII., Fig. 20. *ml.*, Fig. 18.) ihren Fortsatz durch die Gliahülle zwischen den Neuralreticulumsträngen entsendet. Das Canälchen dieser Gliahülle ergiebt sich daher als directe Fortsetzung des Neurochordcanales und die erwähnte (offenbar durch die angewandten Conservirungsflüssigkeiten) coagulirte Substanz ist der Querschnitt des Ganglienzellfortsatzes, also als Nerv, welcher den Neurochord durchtritt In den Querschnitten durch vorgeschrittene Entwicklungsstadien findet man diesen Neurochordnerven schon ganz deutlich (Taf. XXII., Fig. 11., Taf. XXIII., Fig. 24. *n*) als einen ziemlich scharf umschriebenen Bündel von feinkörniger Substanz. Der mediane Neurochord wird zuerst mit dem Nerven begleitet, während die lateralen bisher solid, nicht durchbohrt erscheinen (Fig. 24., Taf. XXIII.). Die Neurochordmuskeln haben wir bereits oben besprochen.

Die Vergleichung der in den Embryonen sich anlegenden Neurochorde mit den des erwachsenen Rhynchelmis*) ergiebt nun Nachfolgendes:

Sowohl in dem Gehirnganglion, als in den Schlundcommissuren und dem Bauchstrang ziehen mächtige Neurochorde. Die des Bauchstranges gestalten sich anders in den vorderen als in den hinteren Bauchstrangsganglien. In den vorderen Segmenten ist nur der mediale Neurochord vorhanden (vergl. Taf. XXIV., Fig. 1., 2., 4., 5.). Erst weiter nach hinten findet man an Querschnitten zu beiden Seiten des medialen Stranges auch die schlanken Anfänge der lateralen Neurochorde (Taf. XXIV., Fig. 3. *x*), die an ihrem weiteren Verlaufe nach hinten allmälig an Dicke zunehmen, so dass die mittleren Körpersegmente mit drei gleich dicken Neurochorden versehen sind (ver-

---

*) Den feineren Bau der Neurochorde von Rhynchelmis, welcher unter allen Oligochaeten das günstigste Object in dieser Beziehung vorstellt, habe ich erst nach der Behandlung mit Chromsäure mit starkem Zusatz von Essigsäure erkannt; es färbt sich dann der prächtige Nervenbündel, sowie die Ganglienzellfortsätze, aus welchen er entsteht, ziemlich intensiv roth und an Längsschnitten tritt seine Structur sehr überzeugend hervor.

gleiche Fig. 6.). In dem letzten Drittel des Körpers nimmt aber die Dicke des mittleren Neurochords ab, während die lateralen vorherrschen (Taf. XXIV., Fig. 7.), so dass schliesslich in den hintersten Segmenten der mediale Neurochord bis zur Unkenntnis verschwindet (Taf. XXIV., Fig. 8. *y*. Taf. XXV., Fig. 1. *y*) und nur die lateralen (*x*) deutlich hervortreten. Auch die horizontalen Längsschnitte (Taf. XXV., Fig. 9., 10., 11.) veranschaulichen uns diese Dickenverhältnisse.

Der Neurochord des ersten Bauchstrangsganglions spaltet sich nun zu zwei lateralen Ästen, und jeder von diesen zieht auf der inneren Seite der Schlundcommissur (Taf. XXXI., Fig. 13. *nch*) bis in das Gehirnganglion, wo man den Neurochord an Querschnitten auf dem äussersten Ende jeder Ganglienhälfte (Taf. XXXI., Fig. 14. *nch*) wiederfindet.

Das Bildungsmaterial der lateralen Neurochorde tritt in den vorderen Bauchstrangsganglien zu beiden Seiten des medialen Neurochords hervor; es sind wieder die Neurogliazellen mit grossen Kernen und hyaliner Plasmasubstanz, die wir in den embryonalen Anlagen derselben sichergestellt haben (vergl. Taf. XXIV., Fig. 1., 2., 4., 5. *s*). In Fig. 4. sieht man nebstdem, dass diese Neurogliaanlage zu beiden Seiten des medialen Neurochords mit der neuroglialen Medianlamelle in Verbindung steht, welche zwischen dem neuralen Reticulum hinzieht. In diesen Lamellen entstehen an bestimmten Stellen Neurogliaröhrchen, die sich bis in die ursprüngliche Substanz (Myelin?) des Neurochords fortsetzen und in welchen die Ganglienzellfortsätze verlaufen, um den Nervenfaserbündel des Neurochords zu bilden (Taf. XXIV., Fig. 3.).

Hierdurch wird die doppelte Contour der Neurochordscheide erklärt. Ich wiederhole, dass die Neurochordstränge ursprünglich als solide, nicht durchbohrte Züge sich anlegen. In allen angezogenen Figuren (Taf. XXIV.) sieht man dagegen, dass sie doppelt contourirt sind, dass die äussere Contour (Fig. 1., 4, 5. etc. *a*) glatt und somit gegen die Einwirkung der angewandten Reagencien resistenter sich erweist, während die innere Contour (*b*) immer mehr oder weniger geschrumpft ist, was auf eine weichere Beschaffenheit derselben hinweist.

Zwischen den beiden Contouren erstreckt sich die vielbesprochene hyaline, glänzende und fettartige Myelin(?)-Substanz, in welcher an Querschnitten nur äusserst spärliche Kerne (Taf. XXIV., Fig. 2.) zum Vorschein kommen. Dagegen treten hier ungemein zahlreiche, vielfach sich durchkreuzende Fäserchen hervor, die ich als modificirtes Cytoplasmareticulum der ursprünglichen Gliazellen auffasse. Eine bestimmtere, lamellöse Anordnung der Fäserchen kann ich nicht sicherstellen.

Diese äussere Schicht der Neurochorde hat ihren Ursprung in der ursprünglichen Anlage der Neurogliazellen in der medialen Dorsallinie des embryonalen Bauchstranges. Zwischen der inneren Contour der Neurochorde und dem weiter unten zu besprechenden Nervenfaserbündel findet man ganz dieselbe Substanz und dasselbe Fasernetz, wie in der äusseren Scheide. Die Kerne sind hier ebenfalls sehr spärlich und ich habe sie an Querschnitten nur selten als abgeflachte, intensiv roth sich färbende und der inneren Contour anliegende Körperchen (vergl. Taf. XXV., Fig. 1.) gefunden. Die Längsschnitte (Taf. XXV., Fig. 5., 6., 8.) zeigen nämlich, dass die Zellkerne in ziemlich weiten Abständen von einander liegen, ebenso wie die Kerne der äusseren Neurochordumhüllung (Fig. 8. *e*).

Die Neurochorde der Schlundcommissuren und des Gehirnganglions haben denselben Bau, wie die des Bauchstranges.

Den Urprung des inneren Neurochordstranges (die Bezeichnung „Röhre" scheint mir nicht zutreffend zu sein) muss man in den Gliazellen suchen, welche die Ganglienzellfortsätze an ihrem Verlaufe in den Neurochord begleiten.

Innerhalb des besprochenen innern Stranges zieht nun in jedem Neurochorde ein *Nervenfaserbündel*. Aus dem Gehirnganglion setzt sich derselbe in die Neurochorde der Schlundcommissuren fort, in dem ersten Bauchstrangsganglion verbinden sich die Äste mit dem Nervenfaserbündel des medialen Neurochords im Bauchstrange, wo er der ganzen Körperlänge nach hinzieht, nach hinten allmälig an Dicke abnehmend. (Vergl. im Gehirnganglion Taf. XXXI., Fig. 14. *nch*, in Schlundcommissuren Taf. XXXI., Fig. 13. *nch*. Der graue Fleck in dem Neurochord stellt den durchgeschnittenen Nervenfaserbündel vor. In den vorderen Bauchstrangsganglien Taf. XXIV., Fig 1., 2., 4. *n*; in der mittleren Körperregion Taf. XXIV., Fig. 6. *n*; in dem hinteren Körperdrittel Taf. XXIV., Fig. 7. *n*, Taf. XXV., Fig. 1. *y*; in den hintersten Segmenten Taf. XXIV., Fig. 8. *y*.)

Wie die lateralen Neurochorde, so sind auch deren Nervenfaserbündel nur im Bauchstrange functionirend und stehen in keinen Beziehungen zu den Schlundcommissuren und zum Gehirnganglion. Sie sind auch stärker in der hinteren Körperregion als in den mittleren Körpersegmenten (Taf. XXIV., Fig. 7., 8.).

Die Sicherstellung des Nervenfaserbündels in den Neurochorden ist abhängig nur von gewissen Conservirungsflüssigkeiten, die aber für jede Thierform selbst in den engeren Abtheilungen nicht zu denselben Resultaten führen muss. Ich habe im „System und Morphologie der Oligochaeten" angegeben, dass man in den Neurochorden von Rhynchelmis keine Nervenfasern entdecken kann; doch habe ich damals nur die in blosser Chromsäure erhärteten Würmer untersucht. Später habe ich einen schwachen Essigsäurezusatz angewendet, nach welchem schon eine diffus sich färbende Substanz im Centrum des Neurochords zum Vorschein kam (Taf. XXIV., Fig. 3 n). Als ich schliesslich die Essigsäure in grösserem Quantum (0·2—0·3%) mit der 0·5% Chromsäurelösnng durch 24 Stunden auf die lebenden Würmer einwirken liess, da bekam ich die überzeugendsten Bilder der Nervenfaserbündel in den Neurochorden, wie sie auf der Taf. XXIV. und XXV. möglichst naturgetreu reproducirt sind.

Diese Methode hat aber nur für Rhynchelmis ihren Vortheil; vergebens trachtete ich dieselben Resultate auf dem nächstverwandten Lumbriculus und um so weniger an den Regenwürmern zu erzielen.

Die Nervenfaserbündel in den Neurochorden von Rhynchelmis färben sich schön rosaroth und treten somit aus der hyalinen Substanz der Neurochorde ganz präcise hervor. An Querschnitten erscheinen sie etwas schärfer umgränzt (Taf. XXIV., Fig. 1., 4., 6., 7. n), eine feinere Structur gelang es mir dagegen nicht zu ermitteln. Die Längsschnitte sind in dieser Beziehung viel belehrender; sie zeigen zunächst, dass der Dickendurchmesser der Nervenfaserbündel sehr veränderlich ist, bald angeschwollen, bald eingeschnürt und dass der Bündel oft wellenförmig verläuft (vergl. Taf. XXV., Fig. 6., 9., 10.). Aus den angezogenen Längsschnitten gelangt man weiter zur Überzeugung, dass es sich hier keinesfalls um einfache Ganglienzellfortsätze handelt, sondern dass dieselben in grösserer Anzahl und der Reihe nach in das Neurochord eintreten, um hier zu einem einheitlichen Nervenstrange zusammenzutreten. Die Bezeichnung „Nervenfaserbündel" ist dadurch gerechtfertigt.

Der Zusammenhang der Ganglienzellfortsätze mit dem Nervenfaserbündel des Neurochords ist in Fig. 6. und 7. (Taf. XXV.) veranschaulicht (nur die äussersten Spitzen der Fortsätze sind vom Lithographen etwas dick gezeichnet, natürlicher ist dieser Fortsatz in dem Querschnitte Taf. XXIV., Fig. 7. v reproducirt). In dem Längsschnitte Fig. 8. (Taf. XXV.) befinden sich die lateralen Zweige (ns) des Nervenfaserbündels in bestimmten Abständen; aus deren Dicke kann man dafürhalten, dass sie aus mehreren Ganglienzellfortsätzen bestehen, welche Ansicht auch der Querschnitt Fig. 3. (Taf. XXIV.) unterstützt.

Die Neurogliahüllen der Ganglienzellfortsätze sieht man sehr gut an den angezogenen verticalen Längsschnitten (Taf. XXV., Fig. 5. c, Fig. 8. st), die horizontalen Längsschnitte lassen nebst dem die Anordnung der Nervencanälchen an der unteren Seite der Neurochorde erkennen (Taf. XXV., Fig. 9., 10., o); es sind runde, ziemlich scharf conturirte Öffnungen, welche meiner Ansicht nach *Rohde* an Sthenelais zuerst gesehen und als „merkwürdige nervöse Organe" gedeutet hat.

Der Nervenfaserbündel hat dieselbe Structur wie die Ganglienzelle und ihr Fortsatz; dies ist aus unseren Abbildungen (Taf. XXV.) ersichtlich. Die Grundsubstanz des Nervenfaserbündels — in welcher niemals Kerne erscheinen — besteht aus einer Grundsubstanz, die sich nur sehr schwach färbt, nicht selten auch ganz hyalin bleibt; es ist dies eine dem Zellsafte entsprechende Substanz, in welcher zwar feine, aber doch immer deutlich hervortretende, intensiver sich färbende Körnchenreihen, die in der Längsrichtung des Nervenfaserbündels angeordnet sind. Es ist dies das Cytoplasmareticulum, dessen feinste Componenten, die Fädchen und Plasmakörnchen, reihenförmige Anordnung angenommen haben. Dieselbe Structur ist in den Ganglienzellen und ihren Fortsätzen längst bekannt und in unseren Abbildungen (Taf. XXV.) ersichtlich.

Die scharfen Umrisse der Nervenfaserbündel an den Querschnitten sind vielleicht durch die Brechung der sie umgebenden Neurochordsubstanz hervorgerufen; an den Längsschnitten findet man keine schärfere Umgrenzung der Nervenfaserbündel; sie entbehren einer speciellen Membran, ebenso wie die Ganglienzellen und deren Fortsätze nackt sind. Feine Längsschnitte belehren indessen, dass die Nervenfaserbündel und die Ganglienzellfortsätze sich nicht überall dicht an die sie umgebende Substanz der Neurochorde anlegen, sondern dass sie in einer engen Lichtung verlaufen (vergl. Taf. XXV., Fig. 12.).

In Anbetracht der Deutung der Neurochorde als gewöhnliche Nervenfasern muss man immer den complicirten Bau derselben im Auge halten. Die enorme Entwicklung ihrer Scheiden führt zu der Ansicht, dass die letzteren als eine Isolirungs- und zugleich Schutzvorrichtung für die zarten Nervenfaserbündel dienen. Dazu kommen noch besondere äussere bandartige und vielleicht elastische Ringe, welche bei den Contractionen des Bauchstranges eine gewisse Rolle spielen.

Beobachtet man von der Bauchseite einen jungen, ganz durchsichtigen Rhynchelmis während seiner Contractionen, so sieht man, dass auch die früher ganz steifen Neurochorde des Bauchstranges sich zusammenziehen. Dabei gestalten sich der Reihe nach eingeschnürte Neurochorde (Taf. XXV., Fig. 13.) als schraubenförmige Stränge, deren Windungen in den lateralen Neurochorden von links nach rechts (x_1, x_1), in dem medialen Neurochorde (y) dagegen in entgegengesetzter Richtung verlaufen. Bei der Dilatation des Wurmkörpers verschwinden plötzlich die Einschnürungen und die Neurochorde erscheinen wieder in ihrer ursprünglichen Lage und Gestalt.

Die Contractionen des Bauchstranges werden wohl durch seine Muskeln regulirt, die bei Rhynchelmis zu beiden Seiten der Neurochorde hinziehen (vergl. die Querschnitte Taf. XXIV.). Die fast regelmässigen Einschnürungen der Neurochorde werden dagegen durch eigenthümliche ringartige Bänder verursacht, die an der Oberfläche der Neurochordscheide vertheilt sind (vergl. Taf. XXV., Fig. 2. *bd*, Fig. 3., 4 *bd*, Fig. 9.). Es ist schwierig sich über den Ursprung dieser Bänder auszusprechen; sie färben sich schwach und diffus und sind daher leicht an isolirten Neurochorden sicherzustellen; dagegen gelang mir nicht Kerne oder kernartige Gebilde auf ihnen zu finden. Namentlich deutlich treten die Bänder an den halbcontrahirten Neurochorden hervor, wie Fig. 4. (Taf. XXV.) veranschaulicht. Die Function der Bänder und ihrer Beziehungen zu dem inneren Strange, in welchem der Nervenfaserbündel verläuft, ist aus dieser naturgetreuen Abbildung ersichtlich.

Nur die äussere Neurochordscheide erscheint eingeschnürt, während der innere Strang mit dem Nervenfaserbündel unverändert daliegt; wie es sich aber bei mächtigeren Contractionen des Bauchstranges verhält, vermag ich allerdings nicht anzugeben.

Nach der Differenzirung der ursprünglichen Zellen in dem embryonalen Bauchstrange zum Neuralreticulum, den Glia- und Ganglienzellen verbleibt noch im basalen Theile des Bauchstranges eine Anzahl von Zellen, die sich später in einer anderen Art differenziren. Wie die Fig. 11., 12. (Taf. XXII.), ferner Fig. 15, 16., 26. etc. (Taf. XXIII.) veranschaulichen, legt sich der embryonale Bauchstrang dicht dem Leibesschlauche an und wird nur durch die Ringmuskelschicht von der Hypodermis geschieden. Diese basalen Zellen vergrössern sich bedeutend und ihre Kerne färben sich nicht so intensiv wie die der späteren Ganglienzellen (Taf. XXII., Fig. 11., 12.). Ihre weiteren Differenzirungsvorgänge habe ich nicht genauer untersucht, glaube aber die Ansicht aussprechen zu dürfen, dass an diesen basalen Zellen jene merkwürdigen nervösen Elemente entstehen, welche man in dem Bauchstrange des erwachsenen Wurmes findet. Diese Ansicht ist dadurch unterstützt, dass man auch in den hintersten Segmenten des erwachsenen Rhynchelmis an der Basis des Bauchstranges die grossen Kerne findet (Taf. XXIV., Fig. 8., 7. *nv*). Die Zellkörper sind hier aber meist zu quer verlaufenden Röhrchen ausgezogen. Am deutlichsten treten diese Verhältnisse in Fig. 1., 4., 6. (Taf. XXIV.) zum Vorschein. Der Bauchstrang hängt mittels einer verengten Leiste, die an Querschnitten als ein stielartiger Fortsatz erscheint, mit dem Leibesschlauche zusammen. An den mit Chromsäure behandelten Präparaten ist es schwierig eine bestimmte Structur und Anordnung der hier vorhandenen Elemente sicherzustellen. Man findet hier nur eine hyaline, glänzende Substanz, in welcher feine Fäden unregelmässig verlaufen und zwischen denen mehrere schwach sich färbende Kerne eingebettet sind (Taf. XXIV., Fig. 3. *nv*). Nur in dem verengten Stiele sieht man eine Andeutung von röhrchenartigen Elementen, die zum Leibesschlauche gerichtet sind und sich hier an der Basis der Hypodermis verlieren.

Genauere und bestimmtere Auskunft über die fraglichen Elemente liefern die mit Chromessigsäure behandelten Präparate. In Fig. 1. (Taf. XXIV.) sieht man unterhalb der Ganglienzellschicht des Bauchganglions meist quer verlaufende, ziemlich scharf contourirte Röhrchen, die mit einer hyalinen Flüssigkeit erfüllt sind, sich ebenso in die Bauchstrangsleiste begeben, um dann in den Muskelschichten des Leibesschlauches nach rechts und links zu verlaufen. In noch grösserer Anzahl findet man diese Röhrchen in Fig. 6. *nv* (Taf. XXIV.), wo auch die Kerne, als Begleiter einzelner Röhrchen zu sehen sind, so wie die im Leibesschlauche verlaufenden Röhrenfasern (*nv*[1]).

Was die Deutung dieser Elemente anbelangt, so habe ich sie früher als Bindegewebe betrachtet, zumal mir ihre röhrenartige Beschaffenheit nicht bekannt war. Jetzt glaube ich kaum zu verfehlen, wenn ich sie als nervöse Elemente betrachte und mit blassen Nervenfasern vergleiche.

Die Bauchstrangsleiste ist ein charakteristisches Organ von Rhynchelmis, bestehend demnach aus einer grossen Anzahl von Nervenröhrchen, zwischen denen allerdings noch feinere Stützfäserchen (Fig. 4., Taf. XXIV.) zu finden sind. Ob die Nervenröhrchen in gewissen Beziehungen zu den Ganglienzellen und dem Neuralreticulum stehen, weiss ich nicht zu entscheiden, glaube aber, dass sie einen selbständigen Theil des peripherischen Nervensystems vorstellen, welcher vornehmlich auf die ventralen Reize des Thieres reagirt. Es ist bekannt, dass Rhynchelmis unter allen bisher bekannten Oligochaeten der empfindlichste Wurm gegen äussere Reize ist; berührt man denselben auf der Bauchseite, so schlingelt und krümmt er sich so energisch, dass der spröde Körper leicht in mehrere Stücke zerfällt.

Die nervöse Bauchstrangsleiste von Rhynchelmis entspricht vielleicht dem unpaaren Nerven, welchen *Timm* bei Phreoryctes in der centralen Mitte jedes Ganglions zuerst entdeckt und beschrieben hat und ich selbst bei der genannten Gattung aus eigener Anschauung genau kenne. Für die definitive Homologie dieser nervösen Bildungen wäre nur zu entscheiden, ob der Nerv von Phreoryctes aus selbständig ausgehenden Nervenröhrchen wie bei Rhynchelmis besteht, oder ob er, wie *Michaelsen* bei Pachydrilus angiebt, aus dem Neuralreticulum hervorgeht. Diese Frage wird hoffentlich in der nächstfolgenden Zukunft beantwortet werden.

§ 7. Das Blutgefässsystem.

In diesem Abschnitte beabsichtige ich zu besprechen:

1. Die Bildung des Gefässsystems von Rhynchelmis,

2. das embryonale Gefässsystem der Lumbriciden,

3. das embryonale und definitive Mesenterium, und schliesslich

4. einige Bemerkungen über die ventrale Lymphbahn von Allolobophora putra anzuknüpfen.

1. Sowohl bei Rhynchelmis als Lumbriciden legt sich zuerst das Bauchgefäss an und zwar schreitet die Bildung desselben von vorne nach hinten fort. Die erste Anlage des Bauchgefässes von Rhynchelmis erscheint an Querschnitten als die mediane Splanchnopleuraverdickung, in welcher 3—4 vergrösserte, epithelartig in einer einzigen Schicht angeordnete Zellen von den übrigen Splanchnopleura-Elementen hervortreten (Taf. XXI., Fig. 15. *rv*).

Diese allererste Bauchgefäss-Anlage konnte ich regelmässig in dem zweiten Körpersegmente (also direct hinter dem Kopfsegmente) bei den in Fig. 10. (Taf. XII.) abgebildeten Embryonen sicherstellen: weiter nach vorne fand ich keine Verdickung (Fig. 5., Taf. XXII.). Die Splanchnopleura in der Medianlinie des Kopfsegmentes hat hier dieselbe Dicke wie in den Seitentheilen der Leibeshöhle. Allein, wie die Längsschnitte auch durch spätere Entwicklungsstadien veranschaulichen (Taf. XXII., Fig. 2.), hängt die verdickte Bauchgefässanlage (*vv*) des zweiten Segmentes mit der niedrigen Splanchnopleura des Kopfsegmentes zusammen.

Die epitheliale Anordnung der Splanchnopleurazellen ist in den späteren Stadien dadurch verwischt, dass sich die Zellen offenbar vermehren, was nach der grösseren Anzahl der Kerne kenntlich ist (Taf. XXII., Fig. 6., 10. *vv*); an Querschnitten erscheint die Bauchgefässanlage als ein Syncytium mit einer feinkörnigen plasmatischen Grundsubstanz, in welcher die intensiv sich färbenden runden Kerne ohne bestimmtere Anordnung eingebettet sind. Nur an der scharf contourirten Membran des Bauchgefässes bemerkt man dicht anliegende Kerne, was namentlich in späteren Stadien viel deutlicher hervortritt (vergl. Taf. XXII., Fig. 11. *vv*).

Diese embryonale Bauchgefässanlage verharrt sehr lange in ihrer ursprünglichen Lage, d. h. im Niveau der Splanchnopleura; selbst bei jungen Würmern, wo bereits die Blutflüssigkeit circulirt, findet man das Bauchgefäss in dieser Lage (Taf. XXIII., Fig. 16., 24. *vv*). Wie aus dieser ersten *soliden* Bauchgefässanlage das spätere sinusartige Darmgefässnetz (Taf. XXVIII., Fig. 8. *dg*), und aus diesem das Rückengefäss zu Stande kommt, habe ich nicht genauer verfolgt. An einzelnen Schnitten sieht man nur, dass sich die bisher solide Anlage zu beiden Seiten des Hypoblastes erweitert (Taf. XXII., Fig. 6. *vv*), und hier vielleicht zwischen der Splanchnopleura und den Hypoblastzellen dem Darmgefässnetz den Ursprung giebt.

Der plasmatische internucleäre Inhalt der Bauchgefässanlage ist später sehr verdünnt und erscheint schliesslich als eine wasserklare Blutflüssigkeit (Taf. XXII., Fig. 11. *vv*), welche auch für die jungen Würmer von Rhynchelmis im Rückengefässe charakteristisch ist. Aus der soliden Anlage ist demnach das hohle Bauchgefäss entstanden, welches erst nachträglich von seiner Ursprungsstelle (Taf. XXII., Fig. 11. *vv*) tiefer in die Leibeshöhle rückt, wobei sich die definitiven Mesenterien bilden.

Über den Ursprung des Rückengefässes kann ich wenig sagen: dasselbe kommt zum Vorschein zuerst in den Embryonen, in welchen noch die Pronephridien des Kopfsegmentes functioniren und die Borstenfollikel mit den ersten Anlagen der Borsten versehen sind (Taf. XXI., Fig. 4.). Hier erscheint das schwach pulsirende Rückengefäss in den ersten fünf Segmenten und steht hinten offenbar mit dem Blutgefässnetze in Verbindung, welches zwischen der Splanchnopleura und dem Hypoblaste sich verästelt. In dieser Beziehung erinnert demnach das embryonale Gefässsystem von Rhynchelmis an die bekannten Verhältnisse der Enchytraeiden, wo allerdings das Gefässnetz durch den Darmblutsinus vertreten wird.

Das Rückengefäss der jungen Würmer ist sehr dünnwandig, an Querschnitten findet man hin und wieder einen oder zwei intensiv sich färbende Kerne der Zellen, aus welchen das Gefäss besteht; reichlich dagegen sind die äusseren Peritonealzellen, welche in ihrer Gestalt anfänglich von den gewöhnlichen Peritonealzellen der Leibeshöhle nicht abweichen (vergl. Taf. XXI., Fig. 12. *vd*, Taf. XXIII., Fig. 19. *vd*). Erst sehr spät bilden sich dieselben zu den bekannten Chloragogenzellen (Taf. III., Fig. 1. *co*) um.

Die Lage und der Verlauf des Rückengefässes wiederholen sich auch in den späteren Entwicklungsstadien, wo bereits die Seitengefässschlingen vorhanden sind, d. h. das Rückengefäss verläuft in den ersten fünf Segmenten frei in der Leibeshöhle, während es weiter nach hinten mit dem Darmblutgefässnetze communicirt (Taf. XXI., Fig. 3. *vd*, Fig. 1. *vv*). Das Bauchgefäss der genannten Segmente hat sich dagegen zu zwei parallel neben einander verlaufenden Ästen gespalten, die in dem Kopfsegmente in das Rückengefäss übergehen (Taf. XXI., Fig. 2. *vr*). In dieser Körperregion findet man in jedem Segmente nur je ein Paar Seitengefässschlingen (Taf. XXI., Fig. 1., 3. *a*), in den weiteren Segmenten kommt dagegen noch ein Paar Seitengefässe zu, die man nach ihrer Lage als „präseptale" bezeichnen kann (Taf. XXI., Fig. 3. *b*). Dieselben unterscheiden sich in mehrerer Hinsicht von den ersteren, die zwischen dem Bauch- und Rückengefässe, beziehungsweise zwischen dem Bauchgefässe und dem Darmgefässnetze verlaufen. Die präseptalen Zweige entspringen ventralwärts aus dem Darmgefässnetze, ziehen nach links und rechts in die Leibeshöhle, wo sie in dieser ersten Anlage blind endigen; schliesslich unterscheiden sich diese Seitengefässe durch ihren äusseren Überzug, welcher aus Chloragogenzellen besteht.

In erwachsenen Würmern sind die letzt besprochenen Gefässe bekanntlich gefiedert, d. h. mit seitlichen Zweigen versehen, welche sich zur Leibeswand begeben und hier mittelst blinder Ampullen endigen. Namentlich sind die hinteren Körpersegmente durch diese Gefässampullen charakteristisch. Die Bildung der Seitenzweige und ihrer Ampullen, welche erst in jungen, frei lebenden Würmchen stattfindet, ist in Fig. 7. (Taf. XXVIII.) dargestellt. In dieser Abbildung ist ein horizontaler Längsschnitt durch zwei Körpersegmente im Niveau der Borsten (*bb*, *d*) reproducirt. Die Borsten sind durch mächtige Interfollicular-Muskelzüge verbunden, die Segmente durch Dissepimente (*ds*) von einander getrennt. Die in diesen zwei Segmenten verlaufenden Gefässe (*sc*) sind mit spärlichen „Peritonealelementen" (*e*) besetzt, welche man durch ihren Plasmainhalt und die länglichen Kerne, sowie die Lage an der Oberfläche der Gefässe leicht unterscheiden kann. Die Seitenzweige entspringen aus dem Hauptstamme dort, wo der Kern der eigentlichen Gefässwandung gelagert ist. An dieser Stelle entsteht — gewöhnlich an zwei gegen einander liegenden Punkten, wo eben die Kerne gelagert sind — je ein Höckerchen (*a*). Der Kern kann sich vergrössern und bald theilen, so dass man in solchen sich anlegenden Seitenknospen je zwei Kerne vorfindet (*b*). Gewöhnlich aber bleibt der Kern einfach und liegt an der Scheitel des jungen Gefässhöckers, welcher als seitlicher Auswuchs des Hauptgefässstammes erscheint (*c*. Die terminale Lage der Kerne ist hier eine gesetzmässige Erscheinung; der Gefässhöcker sprosst weiter in die Länge und erscheint dadurch als ein gewöhnliches Seitengefäss mit eigenen Wandungen und terminalem Kerne; soll sich nun dieses Seitengefäss wieder weiter verzweigen, so geht diesem Vorgange zuerst die Theilung des terminalen Kernes voraus (*d*).

2. Auch bei Lumbriciden hat das Bauchgefäss denselben Ursprung wie bei Rhynchelmis; es erscheint ziemlich früh als eine Verdickung der Splanchnopleura längs der Mediallinie des embryonalen Hypoblastes. Diese Verdickung aber ist nicht von gleichem Umfange in verschiedenen Körperregionen: während sie nämlich in hinteren Segmenten des Embryo auf ähnliche Gestaltsverhältnisse und Anordnung der Zellen wie bei Rhynchelmis erinnert, findet man die Splanchnopleura-Verdickung viel voluminöser, indem hier die Zellen in grösserer Anzahl vorhanden sind (Taf. XXXII., Fig. 12. *bg*). Sie sind auch von verschiedener Gestalt; die peripheren sind meist kleiner und ihre Kerne färben sich intensiv roth, während die central liegenden meist mit einem hyalinen Plasma und grösseren blassen Kernen versehen sind. Hin und wieder trifft man allerdings auch in der Mitte des Bauchgefässstranges eine kleinere Zelle mit tief rothem Kerne.

Die Querschnitte zeigen demnach sehr überzeugend, dass das Bauchgefäss als solider Zellenstrang angelegt wird und es ist interessant, dass es in den oben besprochenen Zwillingsembryonen, welche mit ihren Bauchflächen der ganzen Körperlänge nach verwachsen sind (Taf. XIX, Fig. 14.), in diesem soliden Zustande verharrt, wenn es auch von den Mesenterien umwachsen wird (Taf. XXVII., Fig. 4., 5. *r*, *r*). Wie sich der Strang in diesem anormalen Zustande zu den übrigen Blutgefässen, namentlich zu dem Rückengefässe, welches in dem Embryo normal entwickelt erscheint (Taf. XXVII., Fig 4., 5. vv^1) verhält, kann ich nicht entscheiden.

Die Umbildung des soliden Zellstranges zum hohlen Bauchgefässe habe ich überhaupt nicht verfolgt; dass dies aber sehr früh zu Stande kommt, beweist die Thatsache, dass das Bauchgefäss bereits in den Embryonen mit terminaler Mundöffnung functionirt. In Figur 6. (Taf. XXVIII) ist das Vorderende eines solchen Embryo nach dem Leben gezeichnet; die Pronephridien des Kopfes (p' sind noch vorhanden, das Rückengefäss und die Seitenbogen fehlen aber bisher; nur das hohle Bauchgefäss ($v\ v$) verlauft frei in der Leibeshöhle zwischen dem Bauchstrange und Darmcanal. Es ist nach vorne bedeutend verengt in einen faserigen, wahrscheinlich soliden Fortsatz auslaufend, mittels welchen es an der Stomodaeumwandung befestigt ist. Weiter nach hinten, vom zweiten Segmente angefangen, ist das Bauchgefäss angeschwollen und noch weiter nach hinten verliert es sich in der mesoblastischen Umhüllung des Magendarmes.

Der innere Inhalt dieses embryonalen Bauchgefässes ist eine wasserklare Blutflüssigkeit, an den Wandungen findet man ziemlich zahlreiche, glänzende Kerne der Gefässzellen.

Wie sich nun die später zum Vorschein kommenden Componenten des embryonalen Blutkreislaufes zu dem Bauchgefässe verhalten, vermag ich nicht anzugeben; offenbar werden die lateralen Gefässtämme, aus denen später das Rückengefäss hervorgeht, ziemlich früh — als noch die Blutflüssigkeit farblos ist — angelegt und lassen sich in lebendem Zustande nicht weiter verfolgen. An Querschnitten gelang es mir diese wichtigen Verhältnisse nicht genau zu ermitteln. Ich begnüge mich daher mit der Beschreibung der Thatsachen, welche ich in den bereits in Entwicklung fortgeschrittenen Embryonen sichergestellt habe und welche ich auf der Taf. XXVIII., Fig. 1., 2., 3., 5. möglichst naturgetreu veranschauliche.

Fig. 1. stellt einen angeschwollenen Embryo von Allolobophora foetida von der Rückenseite vor, dessen glasheller Körper bei mässigem Drucke des Deckgläschens den Verlauf sämmtlicher Hauptgefässtämme durchschimmern lässt. In den vorderen Körpersegmenten ist nebstdem das Gehirnganglion (g), die Septaldrüsen (sd) und Nephridien eingetragen. Von der Bauchseite schimmert das Bauchgefäss durch (vv), welches, wie die Profilage des Embryo (Fig. 2.) veranschaulicht, von den Schlundcommissuren des Gehirnganglions bis zum hintersten, schwach eingerollten Körperende verläuft. Hier steht es in Verbindung mit zwei Seitengefässtämmen (vs), die sich zu beiden Seiten

*

des angeschwollenen Magendarmes nach vorne begeben und hier in der Region, wo der verengte Oesophagus in den eigentlichen Magendarm (d) übergeht, sich zur Rückenseite des ersteren begeben, um hier durch die Verwachsung beider Hälften das Rückengefäss (rd) zu bilden. Die Wandungen der Seitengefässstämme sind anfangs (d. h. hinten) von gleicher Dicke, weiter aber nach vorne bilden sie ampullenartige, segmentweise eingeschnürte Anschwellungen, welche sich auch noch in dem Verwachsungsnahte zum Rückengefässe sowohl äusserlich als an Querschnitten erkennen lassen. Auch das Rückengefäss bildet mächtige segmentale Anschwellungen, von denen die vordere sich nach vorne in ein zartes Gefäss verlängert, um schliesslich in den Schlundgefässring zu übergehen.

In den älteren Embryonen ist das auf gleiche Weise entstandene Rückengefäss länger, und die Zahl der Rückengefässampullen eine grössere, wie eben die Abbildung eines älteren Embryo von Allolobophora putra (Taf. XXVIII., Fig. 3. vd) beweist. Mit derselben Anordnung des embryonalen Blutgefässsystems findet man schliesslich auch ganz erwachsene, junge, aber bisher in den Cocons eingerollte Regenwürmer. So bilde ich in Fig. 9. (Taf. XXVIII.) das hintere Körperende von der 25 mm langen, aus dem Cocon herauspräparirten Allolobophora trapezoides ab, um die hinteren getrennten Seitengefässstämme (vs) und die vorderen ampullenartigen Anschwellungen des Rückengefässes (vd) zu veranschaulichen.

Der peritoneale Überzug des Rückengefässes modificirt sich frühzeitig zu Chloragogenzellen und zwar, wie Fig. 3. (Taf. XXVIII.) veranschaulicht, fängt diese Umbildung in den vordersten Segmenten an, während die hinteren Theile des Rückengefässes noch der Chloragogendrüsen entbehren.

Das Bauchgefäss ist in jedem Segmente mittels eines Seitenbogens sowohl mit den lateralen Gefässstämmen, als auch mit dem Rückengefässe verbunden. Über den Ursprung dieser Gefässe habe ich keine speciellen Beobachtungen angestellt, glaube aber, dass sie sich gleichzeitig mit den lateralen Seitengefässstämmen aus einem gemeinschaftlichen Sinus herausdifferenziren. In dem hintersten Körperende der beschriebenen Embryonen von Allolobophora foetida (Taf. XXVIII., Fig. 2.) sieht man nämlich, dass das Bauchgefäss in einen Darmsinus (s) übergeht, aus dem theils die lateralen Längsstämme, theils die Seitenbogen durch die Bildung selbständiger Wandungen zu Stande kommen. Im Mangel an hinreichendem Materiale habe ich leider die Querschnitte durch diese Stadien nicht herstellen können, um die ausgesprochene Vermuthung von dem gemeinschaftlichen Ursprunge der genannten Gefässe unterstützen zu können.

In Embryonen und jungen Würmern sowohl von Rhynchelmis als der Lumbriciden habe ich auf die in jedem Segmente sich wiederholenden Seitengefässschlingen, welche zwischen dem Bauch- und Rückengefässe verlaufen, hingewiesen. Auch das Kopfsegment weicht in dieser Beziehung von den nachfolgenden „Rumpfsegmenten" nicht ab, indem wohl die Seitengefässe (Taf. XXVIII., Fig. 3. *1*), mittels welcher das Rückengefäss mit dem Bauchgefässe anastomosirt, mit den Seitengefässen der Rumpfsegmente (Fig. 3. *2—6*) homodynam sind. Mit Bezug auf seine Organisation, namentlich auf die definitive Leibeshöhle (Coelom), ferner auf das Vorhandensein der embryonalen Pronephridien, auf das mit dem Ganglion des Bauchstranges übereinstimmende Gehirnganglion und schliesslich auf das Gefässsystem: muss man das erste Segment oder Kopfsegment als modificirtes Metamer betrachten. Dagegen stellt der sog. Kopflappen, das Praestomium — sowohl seiner Entstehung als der Organisation nach — einen secundären Auswuchs des Kopfsegmentes (welches man neuerdings auch als Peristomium bezeichnet) vor und hat mit dem echten Metamer nichts Gemeinschaftliches.

Über die Entwicklung des Gefässsystems der Annulaten liegen bisher nur spärliche Mittheilungen vor. Meine Untersuchungen bestätigen die Angabe *Kovalevsky's*,[*]) nach welcher sich das Bauchgefäss als ein compacter Zellstrang anlegt, in welchem erst secundär das hohle Gefäss zu Stande kommt. Auch habe ich bereits früher[**]) die Entdeckung desselben Forschers bestätigt, dass sowohl bei Lumbricus als Criodrilus das Rückengefäss aus zwei getrennten Anlagen sich aufbaut, welche Angabe ich auch 1890 an Allolobophora foetida, putra und Dendrobaena erweitert habe. Bezüglich der erst genannten Art hat 1890 (1889) auch *E. Wilson*[***]) gleichlautende Mittheilung veröffentlicht. Was aber die erste Anlage des Bauchgefässes anbelangt, so weichen die Angaben *Wilson's* von den meinigen princi-

---

[*]) *A. O. Kovalevsky*, Entwicklung der Würmer und Anthropoden.
[**]) *Vejdovský*, Die Entwicklung des Herzens bei Criodrilus. Sitzungsber. d. kön. böhm. Gesellsch. d Wissensch. Prag. 1879. — System und Morphologie der Oligochaeten. 1884. — Příspěvky k nauce o vývoji srdce annulatů. Věstník král. spol. nauk. 1890.
[***]) The Embryology of the Eartworms. l. c.

piell ab. Nach demselben hat das Bauchgefäss zuerst keine eigentlichen Wandungen und repräsentirt die ursprüngliche Furchungshöhle. Erst nachträglich vermehren sich die Zellen an der Peripherie dieser Höhle und das fertige Bauchgefäss liegt im splanchnischen Mesoblast.

Dagegen hätte ich Nachfolgendes zu bemerken Es ist richtig, dass ein Hohlraum zwischen der Splanchno- und Somatopleura, in der Medianlinie der Leibeshöhle sehr frühzeitig vorkommt. Ich bilde denselben bei Rhynchelmis in Fig. 12. und 8. auf der Taf. XXI. (*m*) ab. Es kommt aber nicht in allen nach einander folgenden Schnitten zum Vorschein, so dass man ihn nicht als eine continuirliche Längsbahn betrachten kann. Da er auch von allen Seiten mit mesoblastischen Wandungen umgeben ist, so kann man ihn auch nicht als einen Überrest der ursprünglichen Furchungshöhle betrachten. Die Seitenwandungen des Hohlraumes (*m*) stellen meiner Ansicht nach die embryonalen Mesenterien vor, welche später durch definitive Mesenterien, als das Bauchgefäss bereits functionirt, ersetzt werden. Das Bauchgefäss legt sich sonst viel später an, wie eben die bereits oben angezogenen Fig. 6., 10., 11 etc. (Taf. XXII.) veranschaulichen.

Über die Entstehung des Rückengefässes der Polychaeten hat genauere Angaben *Zalensky*[*]) mitgetheilt Nach ihm bildet sich das Gefässsystem bei Psygmobranchus und Terebella aus einem Darmsinus, welches zwischen dem Darmepithel und der Splanchnopleura gelagert ist; die Blutgefässe sind als blosse Verlängerungen dieser Höhle zu betrachten, mit welcher sie noch eine zeitlang verbunden sind. Das Rückengefäss von Terebella hat keinen paarigen Ursprung, sondern entsteht offenbar, wie bei Rhynchelmis, direct aus diesem Darmsinus, welcher bei dieser letztgenannten Gattung allerdings durch ein reichlich verästeltes Darmnetz ersetzt wird. Der Darmblutsinus ist für manche Chaetopoden sehr charakteristisch; so zeigte 1850 *Quatrefages* (Ann. sc. Nat. t. XIV.), dass die Amphicoriden und Fabricia einen solchen Darmsinus besitzen, während später von *Claparède* (Structure d. annél sédentaires pag. 76) entdeckt wurde, dass die Serpulliden, Ammachariden, Aricia und Chaetopterus eines Rückengefässes entbehren, welches durch den Darmblutsinus ersetzt wird. Schliesslich habe ich gezeigt, dass bei den Enchytraeiden das Rückengefäss aus dem Darmblutsinus entspringt.

Die Entwicklungsgeschichte zeigt nun, dass das Bauchgefäss ursprünglicher ist, als der Darmblutsinus und ferner, dass das Bauch-

---

*) *Zalensky*, Études sur le developpement des Annélides. Archives de Biologie.

gefäss nicht die ursprüngliche Furchungshöhle vorstellt (gegen *Bütschli*, *Zulensky, Wilson*). Die weitere Thatsache, dass das Bauchgefäss zuerst als medial verdicktes Splanchnopleura-Epithel erscheint, spricht gegen die Auffassung der Gebrüder *Hertwig*, nach denen das Blutgefässsystem nur aus dem „Mesenchym" herstammen soll. Diese Thatsache scheint zu Gunsten der „Neuromuskular-Theorie" *Kleinenberg's* zu sprechen, allerdings aber darf man nicht vergessen, dass der ursprünglichste Gefässstrang — das Bauchgefäss — nicht mit contractilen Wandungen versehen ist; die Elemente aber, aus den es sich aufbaut, haben denselben Ursprung wie die Muskulatur des Darmes, ferner das Chloragogenepithel und schliesslich die definitiven Mesenterien.

Auch andere Angaben über die Herkunft des Gefässsystems scheinen die bei den Oligochaeten ermittelten Thatsachen wenigstens theilweise zu bestätigen. So giebt *J. Nusbaum* (Archives Slaves de Biologie I. p. 320 und 539) an, dass das Bauchgefäss von Clepsine als ein solider Zellstrang in der Mediallinie der Splanchnopleura entsteht und erst secundär hohl wird. Ob dies auch mit dem Rückengefässe der Fall ist (wie *Nusbaum* behauptet), muss ich dahingestellt bleiben lassen.

3. Mit der Frage über die Entwicklung des Gefässsystems hängt auch die *Entstehung der Mesenterien* zusammen, wie ich bereits oben angedeutet habe.

Nach den bei Rhynchelmis sichergestellten Thatsachen wird man *a*) *embryonale* und *b*) *definitive* Mesenterien unterscheiden müssen. Die ersteren functioniren nur in den frühen Entwicklungsstadien und entstehen während der Annäherung beider Mesoblastsäckchen in der Mediallinie des Hypoblastes bei der sich bildenden Segmenthöhle. Die beiden inneren Lamellen bilden zuweilen leistenförmige Wandungen zwischen den rascher wachsenden Somato- und Splanchnopleura, infolge dessen ein medianer Hohlraum zu Stande kommt, welcher, wie oben gesagt, von *Wilson* bei Allolobophora foetida als die erste Anlage des Bauchgefässes aufgefasst wird (Tafel XXI., Fig. 12. *m*).

In späteren Stadien berühren sich beide Lamellen zwischen den Coelomsäckchen (Taf. XXI., Fig. 7.) und erinnern dadurch an das Bauchmesenterium von Polygordius. Bald aber tritt eine Degeneration beider Lamellen ein und man trifft an Querschnitten nur dessen Spuren in Form von bindegewebigen Fasern, die man zwischen der Splanchno- und Somatopleura in der Mediallinie der Bauchhöhle findet (Taf. XXI., Fig. 8. m).

In weiteren Entwicklungsstadien, nachdem schon in den Bauchstrangsanlagen die oben geschilderten Differenzirungsvorgänge zum Neuralreticulum stattfinden, und das Bauchgefäss in der Splanchnopleura angelegt ist, sieht man an Querschnitten keine embryonalen Mesenterien (Taf. XXII., Fig. 6., 10.).

Das bereits hohle Bauchgefäss wird später von den umliegenden Splanchnopleurazellen beiderseits umwachsen (Taf. XXII., Fig. 11.) und kommt jetzt in die Leibeshöhle zwischen den Darmcanal und den Bauchtrang zu liegen (Taf. XXII., Fig. 12. vv).

Die erwähnten Zellen verlängern sich in verticaler Richtung, um sich mit einer anderen Lamelle zu verbinden, welche sich von der mesoblastischen Umhüllung des Bauchstranges gegen das Bauchgefäss erhebt (Taf. XXIII., Fig. 11., 24. ms). In den erwachsenen Würmern zeigt dieses *definitive Mesenterium* seine ursprüngliche doppelte Anlage namentlich in den hinteren Segmenten sehr überzeugend (Taf. XXIV., Fig. 6., 8. ms, Taf. XXV., Fig. 1. ms).

4. Die Leibeshöhle der Annulaten stellt einen grossen Lymphraum vor, welcher nur durch die Dissepimente in einzelne Abschnitte getheilt ist. Die lymphoiden Zellen sind je nach der Jahreszeit und dem Grade der Geschlechtsthätigkeit in grösserer und spärlicherer Anzahl vorhanden. Im Laufe der eintretenden Geschlechtsreife finde ich bei den Regenwürmern eine Unzahl von lymphoiden Körperchen, welche fast sämmtliche Räume der Segmenthöhlen erfüllen. Die Geschlechtssegmente sind zu dieser Zeit fast vollständig von den Genitaldrüsen, ihren Ausführungsgängen und den grossen Gefässbogen eingenommen, so dass hier die Circulation der lymphoiden Zellen eingeschränkt ist. Hier aber kann man sich von der Existenz einer speciellen Lymphbahn überzeugen, welche die vorderen, mit Lymphzellen erfüllten Segmente mit den postgenitalen verbindet. Die nachfolgende Beschreibung der in Rede stehenden Lymphbahn betrifft vornehmlich Allolobophora putra.*) Sie verläuft zwischen dem Bauchgefässe und der Darmwand und stellt einen bilateral symmetrischen Raum vor, welcher in der Mediallinie, dort eben, wo das Bauch-

---

*) Die Abbildung des beschriebenen Sachverhaltes dürfte später veröffentlicht werden.

gefäss verläuft, eingeschnürt ist. Zu beiden Seiten der Lymphbahn liegen die lateralen Längsgefässe.

Die äussere Wandung der Lymphbahn, mittels welcher sie von der eigentlichen Leibeshöhle abgeschlossen ist, ist eine bindegewebige Membran, welche von den Wandungen des Bauchgefässes entspringt, sich nach links und rechts begiebt, um schliesslich in die Muskulatur des Darmes zu übergehen. Den künftigen Untersuchungen ist vorbehalten zu entscheiden, ob diese Wandung der Lymphbahn aus den modificirten Mesenterien zu Stande kommt — was ich als sehr wahrscheinlich betrachte — oder ob sie sich, wie der ganze Lymphraum, aus der ursprünglichen Bauchgefässanlage herausbildet.

Weiter nach hinten öffnet sich die ventrale Lymphbahn zu beiden Seiten in die Leibeshöhle und die hier an fixirten Präparaten vertheilten Lymphzellen machen es sehr wahrscheinlich, dass ihre Circulation eine regelmässigere ist, als bisher angenommen.

Die wichtigsten Corrigenda:

Pag. 69.	Zeile 2 von oben statt	„theilweisse"	setze	„theilweise"
„ 69.	„ 8 „ unten „	„Fig. 10."	„	„Fig. 18."
„ 69.	„ 7 „ „ „	„(v)"	„	„(sv)"
„ 90.	„ 1 „ oben „	„Taf. VI."	„	„Taf. V."
„ 125.	„ 13 „ „ „	„auffast"	„	„auffasst"
„ 125.	„ 15 „ „ „	„noch *Leydig*"	„	„nach *Leydig*"
„ 138.	„ 11 „ unten „	„Fig. III."	„	„Fig. IV."

ENTWICKELUNGSGESCHICHTLICHE UNTERSUCHUNGEN.

VON

Dr. FRANZ VEJDOVSKÝ,
PROFESSOR AN DER BÖHM. UNIVERSITÄT IN PRAG.

HEFT I.

ENTHALTEND:

REIFUNG, BEFRUCHTUNG UND DIE ERSTEN FURCHUNGSVORGÄNGE DES RHYNCHELMIS-EIES

(MIT TAF. I—X UND 7 HOLZSCHNITTEN)

PRAG

DRUCK UND VERLAG VON J. OTTO

1888

Im Verlage von **J. Otto**, Verlagsbuchhandlung und Buchdruckerei in **Prag**, sind erschienen:

Botanische Wandtafeln. Bilder für den Anschauungs-Unterricht für Volks-, Bürger- und Mittelschulen, für Lehrerbildungs-Anstalten etc. Nach der Natur gemalt von Fr. Pokorný.

I. Serie: *Flachs, Feuerlilie, Spitzahorn.*
II. Serie: *Gemeiner Stechapfel, Tollkirsche* und *Gartenmohn.*
III. Serie: *Haselnuss, Rothe Fingerhutsblume* und *Hahnenfuss.*

Preis einzelner Serie:

unaufgespannt . . . . fl. 3·— österr. Währ. = Mark 6·—
mit Leisten . . . . „ 3·90   „   „ = „ 7·80
aufgespannt . . . . „ 4·20   „   „ = „ 8·40

Erscheint in circa 40 Bildern (80 cm. hoch, 56 cm. breit), wovon immer je 3—4 eine Serie bilden werden.

☛ Pokorný's Botanische Wandtafeln sind vom k. k. Minist. für Cultus und Unterricht ddo. 9. Dez. 1883 Nr. 19,410, von der Russischen Regierung und von der königl. Kroatisch-Slavonischen u Dalmatinischen Landesregierung mit dem Erlasse von 6 Jänner 1885 Z. 469. genehmigt worden.

Studien über nordböhmische Arbeiterverhältnisse. Von Dr. Albin Bráf. - Lex. 8. (162 Seiten.) Preis 2 fl. = 4 M.

Das Buch der Prager Malerzeche. (Kniha bratrstva malířského v Praze) 1348—1527. Vollständiger Text nebst einem kritischen Commentar zu der von Prof. Paugerl (und Prof. Woltmann) veranstalteten Ausgabe dieses Buches im 13. Theile von Eitelberger's „Sammlung von Quellenschriften für Kunstgeschichte etc." Von A. Patera & F. Tadra. (97 Seiten.) Herabgesetzter Preis 40 kr. = 70 Pf.

Geschichte der Regierung Ferdinands I. in Böhmen. I. Band. *Ferdinands I. Wahl und Regierungsantritt.* Von Dr. Ant. Rezek. (174 Seiten.) Preis 1 fl. 50 kr. = 2 M. 50 Pf.

Quellen und Untersuchungen zur Geschichte der böhmischen Brüder. Von Dr. Jarosl. Goll.

I. Der Verkehr der Brüder mit den Waldensern. — Wahl und Weihe der ersten Priester. Lex. 8. (140 S.) Preis 1 fl. 80 kr. = 3 M.

II. Peter Chelčický und seine Lehre. Lex. 8. (98 Seiten.) Preis 1 fl. 20 kr. = 2 M.

Nues über J. Kepler. Von Franz Dvorský. Mit 21 Beilagen. (44 Seiten.) Herabgesetzter Preis 10 kr.

Lehrbuch der böhmischen Sprache für deutsche Volksschulen. I. Theil. (95 Seiten.) Brosch. 60 kr., gebd. 80 kr.

Johann Žižka. Versuch einer Biographie desselben von W. W. Tomek. Übersetzt von Dr. V. Prochaska. 8. (246 Seiten.) Preis 1 fl. 50 kr. = 2 M. 50 Pf.

ENTWICKELUNGSGESCHICHTLICHE
UNTERSUCHUNGEN

VON

Dr. FR. VEJDOVSKÝ,
PROFESSOR AN DER BÖHM. CARL-FERDINANDS-UNIVERSITÄT
IN PRAG.

HEFT III.

ENTHALTEND:

DIE ORGANOGENIE DER OLIGOCHAETEN.

(MIT TAFEL XXI—XXXII UND I HOLZSCHNITT.)

HEFT I ENHÄLT: REIFUNG, BEFRUCHTUNG UND DIE ERSTEN FURCHUNGSVORGÄNGE
DES RHYNCHELMIS-EIES. HEFT 2 ENTHÄLT: DIE ENTWICKLUNGSGESCHICHTE
DER LUMBRICIDEN. HEFT 3 ENTHÄLT: DIE ORGANOGENIE
DER OLIGOCHAETEN.

PRAG
DRUCK UND VERLAG VON J. OTTO
1892.

ENTWICKELUNGSGESCHICHTLICHE
UNTERSUCHUNGEN

VON

Dr. FR. VEJDOVSKÝ,
O. Ö. PROFESSOR AN DER BÖHM. CARL-FERDINANDS-UNIVERSITÄT
IN PRAG.

HEFT IV.

PRAG
DRUCK UND VERLAG VON J. OTTO
1892.

www.ingramcontent.com/pod-product-compliance
Lightning Source LLC
Chambersburg PA
CBHW050844300426
44111CB00010B/1116